DAS OBRIGAÇÕES EM GERAL

ANTUNES VARELA

PROFESSOR DA FACULDADE DE DIREITO DE COIMBRA
PROFESSOR HONORÁRIO DA FACULDADE DE DIREITO
DA UNIVERSIDADE FEDERAL DA BAHIA
E
MEMBRO DA ACADEMIA DOS JUSPRIVATISTAS
EUROPEUS DE PAVIA (ITÁLIA)

DAS OBRIGAÇÕES EM GERAL

7.ª EDIÇÃO

8.ª REIMPRESSÃO DA 7.ª EDIÇÃO DE 1997

VOLUME II

DAS OBRIGAÇÕES EM GERAL - VOLUME II

AUTOR
ANTUNES VARELA

EDITOR
EDIÇÕES ALMEDINA, S.A.
Rua Fernandes Tomás nºs 76, 78, 80
3000-167 Coimbra
Tel.: 239 851 904
Fax: 239 851 901
www.almedina.net
editora@almedina.net

DESIGN DE CAPA
FBA.

PRÉ-IMPRESSÃO
G.C. – GRÁFICA DE COIMBRA, LDA.

IMPRESSÃO E ACABAMENTO
PAPELMUNDE, SMG, LDA
Vila Nova de Famalicão

Março, 2013
DEPÓSITO LEGAL
118051/97

Os dados e as opiniões inseridos na presente publicação
são da exclusiva responsabilidade do(s) seu(s) autor(es).

Toda a reprodução desta obra, por fotocópia ou outro qualquer
processo, sem prévia autorização escrita do Editor, é ilícita
e passível de procedimento judicial contra o infractor.

 | GRUPOALMEDINA

BIBLIOTECA NACIONAL DE PORTUGAL – CATALOGAÇÃO NA PUBLICAÇÃO

VARELA, Antunes, 1919-

Das obrigações em geral. – 7.ª ed., 8.ª reimp.
(Manuais universitários)
2.º v. : p. - ISBN 978-972-40-1040-3

CDU 347
     378

CAPÍTULO IV

CUMPRIMENTO E NÃO-CUMPRIMENTO

SECÇÃO I

CUMPRIMENTO*

SUBSECÇÃO I

Noções gerais

274. (¹). *Noção de cumprimento.* O *cumprimento* da obrigação é a realização voluntária da prestação debitória. É a actuação da relação obrigacional, no que respeita ao dever de prestar (²).

---

* VAZ SERRA, *Do cumprimento como modo de extinção das obrigações*, 1953; PIRES DE LIMA e A. VARELA, *Cód. Civ. anot.*, comentário aos arts. 762.º e segs.; CUNHA DE SÁ, *Direito ao cumprimento e direito a cumprir*, na *Rev. Dir. Est. Soc.*, XX, 1973, pág. 149 e segs.; CALVÃO DA SILVA, *Cumprimento e sanção pecuniária compulsória*, Coimbra, 1987, esp.ᵗᵉ pág. 67 e segs.; ANDREOLI, *Contributo alla teoria dell'adempimento*, 1973; MACCHIN, *Il pagamento*, 1936; MARTORANO, *Natura giuridica del pagamento*, 1927; SCHLESINGER, *Il pagamento al terzo*, 1961; CATALA, *La nature juridique du payement*, 1961; DI MAJO, *Pagamento (dir. priv.)*, na *Enc. del dir.*; GIORGIANNI, *Pagamento (dir. civ.)*, no *Novis. Dig. Ital.*; NICOLÒ, *Adempimento*, na *Enc. del dir*; TRABUCCHI, *Istituzioni*, 36.ª ed., n.º 225, pág. 531; EHMANN, *Die Funktion der Zweckvereinbarung bei der Erfüllung*, na *J.Z.*, 1968, pág. 549; *Id., Ist die Erfüllung Realvertrag?*, na *N.J.W.*, 1969, pág. 1833; JACKISCH, *Der Begriff der Erfüllung im heutigen Recht*, J.J., 68, pág. 287; WIESE, *Beendigung und Erfüllung vom Dauerschuldverhältnissen*, no *Fests. für Niperdey*, 1, 1965, pág. 837; ZEISS, *Leistung, Zuwendungsweck und Erfüllung*, na *J.Z.*, 1963, pág. 7 e GERNHUBER, *Die Erfüllung und ihre Surrogate*, Tübingen, 1983.

(¹) A numeração das matérias abrangidas neste volume II da 7.ª edição corresponde à sequência da numeração que vem da 9.ª edição do volume I: consequência do desencontro temporal das várias edições dos dois volumes da obra.

(²) Da actuação da relação obrigacional num sentido complexivo, que abrange tanto o lado activo como o lado passivo da obrigação, trata UGO NATOLI no seu extenso curso monográfico de quatro volumes, intitulado *«L'attuazione del rapporto obbligatorio»*, I, II, III, IV.

Das obrigações em geral

«O devedor cumpre a obrigação, no dizer do artigo 762.º, quando realiza a prestação a que está vinculado».

Embora a prestação possa, em princípio, ser efectuada, não só pelo devedor, mas por terceiro, interessado ou não no cumprimento, deve reservar-se o termo *cumprimento*, por uma questão de terminologia, para a realização voluntária da prestação pelo devedor (cfr., no entanto, a redacção do n.º 2 do art. 768.º: «...desde que o devedor se oponha ao *cumprimento*...»).

Não pode realmente dizer-se, em bom rigor, que o *terceiro cumpre* a obrigação, porque ele não estava adstrito (vinculado) à realização da prestação.

Num sentido amplo pode dizer-se que a obrigação se cumpre, sempre que o obrigado efectua a prestação, espontânea ou compulsivamente (arts. 762.º e 817.º).

No seu sentido próprio, mais rigoroso, o cumprimento não abrange a realização coactiva da prestação, resultante da *execução* judicial, até porque nesta falta o acto voluntário que é o cerne do cumprimento[1]. A meio termo, entre o genuíno *cumprimento* e a realização coactiva da prestação, por meio da *execução*, situa-se o cumprimento efectuado sob a sanção pecuniária compulsória (art. 829.º-A). No cumprimento, o devedor pode agir sob a pressão *genérica* do recurso do credor à execução ou até sob a cominação imediata da penhora dos seus bens (art. 811.º, n.º 1, do Cód. Proc. Civil), ao passo que na sanção pecuniária compulsória, ele actua sob a ameaça *específica* da sanção crescente que individualmente lhe é imposta pelo juiz[2].

Dentro dos quadros sinópticos da relação jurídica, o cumprimento é usualmente tratado como um dos *modos de extinção* das obrigações.

---

[1] No mesmo sentido, embora notando que o resultado prático (o *efeito jurídico*) do *cumprimento* e da *execução* pode ser o mesmo, LARENZ, *Lehrbuch des Schuldrechts*, I, 14.ª ed., 1987, § 18, I, pág. 236.

[2] Veja-se a apreciação crítica da *inovação* da sanção pecuniária compulsória, introduzida pelo Decreto-Lei n.º 262/83, de 16 de Junho, feita em PIRES DE LIMA e ANTUNES VARELA, *Código Civil anotado*, II, 3.ª ed., anot. ao art. 829.º-A.

Cumprimento e não-cumprimento

Antes, porém, de ser uma *causa de extinção* do vínculo obrigacional[1], o cumprimento é a actuação do meio juridicamente predisposto para a *satisfação do interesse do credor*[2]. É o acto culminante da vida da relação creditória, como consumação do sacrifício imposto a um dos sujeitos para realização do interesse do outro.

São, na verdade, realidades muito diferentes o ficar o devedor *desonerado* da obrigação (do dever de prestar) e o cumprir ele a obrigação. Se a coisa que devia ser entregue ao credor é destruída por uma causa não imputável ao devedor, este fica desonerado, nos termos do artigo 790.º, 1. Mas não pode dizer-se que tenha *cumprido*. E a diferença reflecte-se expressivamente, dentro dos contratos bilaterais, no direito à *contraprestação*. Se o devedor ficou apenas *desonerado*, mas não chegou a *cumprir* a obrigação, perderá em princípio o direito à contraprestação (art. 795.º, 1), ao invés do que sucede no caso de ter *cumprido*, realizando a sua prestação.

Foi precisamente com o intuito de realçar a *função* capital do cumprimento que o Código Civil o inseriu, a par da matéria afim do *não-cumprimento*, num capítulo autónomo (cap. VII: arts. 762.º e segs.), distinto daquele (cap. VIII: arts. 837.º e segs.) em que são reguladas as restantes causas de extinção das obrigações[3].

Além do efeito *externo* ou *reflexo* sobre a vida da relação obrigacional, comum ao cumprimento e a todas as outras figuras versadas ao Capítulo VIII, há uma diferença *essencial* entre um e

---

[1] E nem sempre o será: haja em vista o caso da *sub-rogação*.

[2] Acerca do tríplice aspecto sob o qual o cumprimento pode ser encarado, (observância do dever de prestar; satisfação do interesse do credor; liberação do devedor), vide ANTUNES VARELA, *Pagamento*, na Enciclop. *Verbo* e DIEZ-PICAZO, n.º 732.

[3] Cfr., já a propósito da *solutio*, na *obligatio* do direito romano, SEBASTIÃO CRUZ, *Da solutio*, 1962, n.º 5. O mesmo relevo *funcional* ou *instrumental* explica ainda o facto de o Código de 1867, dentro da sua sistematização muito característica, ter incluído o *cumprimento* num capítulo a que deu a designação genérica de «*efeitos e cumprimento dos contratos*».
Ordenação semelhante à do Código português vigente é adoptada no Código italiano (cfr. arts. 1 176 e segs. e 1 230 e segs.).

Das obrigações em geral

outras, proveniente da *função* própria do *cumprimento* no ciclo vital da obrigação.

Ao mesmo tempo que *realiza o cumprimento devido* (acção ou omissão a que o devedor se encontra adstrito; prestação debitória), sendo nesse sentido um meio de liberação do devedor, o cumprimento assegura, em princípio, a satisfação do interesse do credor. Assim sucede, mesmo quanto à obrigação de *meios*, quando a prestação não permita alcançar o *resultado* final almejado pelo titular do crédito. Nas obrigações de *resultado*, o cumprimento envolve já a produção do efeito a que tende a prestação ou do seu sucedâneo, havendo assim perfeita coincidência entre a realização da prestação debitória e a *plena* satisfação do interesse do credor.

275. *O cumprimento e o princípio da boa fé.* Afirmando explicitamente que, tanto no *cumprimento da obrigação*, como no *exercício do direito* correspondente, as partes devem proceder de *boa fé* ([1]), o n.º 2 do artigo 762.º toca, no que concerne ao cumprimento, duas notas fundamentais.

Por um lado, deduz-se do preceito legal que nem sempre bastará uma realização *formal* da prestação debitória, para que a obrigação se considere cumprida: pode ser, v. gr., contrário à *boa fé* que o devedor se proponha cumprir certas obrigações num dia em que sabe ter ocorrido uma verdadeira tragédia íntima ou familiar ao credor ([2]).

([1]) Igual dever (*jurídico*) recai sobre as partes no período anterior das *conversações* ou *negociações* prévias (*pourparlers*, como lhe chamam os autores franceses: CAR-BONNIER, pág. 77): artigo 227.º.

([2]) São muito ricas, tanto a jurisprudência como a doutrina alemãs, relativas aos múltiplos aspectos em que, na prática, se desdobra o princípio da *boa fé*, como ideia orientadora do processamento da relação obrigacional (§ 242 do B.G.B.). Alguns autores têm mesmo procurado ordenar criteriosamente os grupos de casos em que o princípio tem sido aplicado, numa tentativa de sistematização que bem pode

Cumprimento e não-cumprimento

Por outro lado, além dos deveres de prestação, principal ou secundária, que fluem da relação obrigacional, o cumprimento pode envolver a necessidade de observância de múltiplos deveres acessórios de conduta ([1]). Estes deveres acessórios de conduta não podem, pela sua natureza, ser objecto da acção de cumprimento (judicial), a que se refere o artigo 817.º. Mas a sua inobservância pode, além do mais, dar lugar a um cumprimento *defeituoso*, nos termos do n.º 2 do artigo 762.º, obrigando o devedor a reparar os danos dele resultantes ou a sofrer outras consequências.

O princípio da *boa fé*, embora proclamado apenas quanto ao cumprimento dos direitos de crédito, deve considerar-se extensivo, através do canal aberto no n.º 3 do artigo 10.º, a todos os outros domínios onde exista uma *relação especial* de vinculação entre duas ou mais pessoas ([2]).

---

ajudar a esclarecer o sentido da regra e a prevenir também os abusos a que se presta a sua aplicação prática: Brox, pág. 47 e segs.

Vejam-se, por todos, Palandt, *Bürgerliches Gesetzbuch*, 25.ª ed., 1966, § 242; Staudinger, *Kommentar*, 11.ª ed., vol. II, 1, b, § 242; Siebert, *Treu und Glauben*, Erl. zu § 242 (Soergel-Siebert, B.G.B., 9.ª ed., 1959), além das considerações desenvolvidas e da bib. já cit. por Vaz Serra (*Objecto da obrigação — A prestação. Suas espécies, conteúdo e requisitos*, n.ᵒˢ 12 e segs. e, especialmente, nota 84).

Vide, por último, na literatura jurídica portuguesa, Menezes Cordeiro *boa fé no direito civil*, 1984, I e II e Carneiro da Frada, *Contrato e deveres de protecção*, Coimbra, 1994, especialmente n. 7 e segs., pág. 69 e segs.

Na doutrina italiana, a propósito do disposto no artigo 1375 do respectivo Código, sobre a forma como deve ser executado o contrato, v. Stolfi, *Il principio di buona fede*, na *Riv. dir. com.*, 1964, I, pág. 174; Carusi, *Correttezza (Obblighi di)*, na *Enc. del dir.*, pág. 790 e segs.; Salvatore Romano, *Buona fede (dir. priv.)*, na *Enc. del dir.*, V, pág. 677 e segs.; A. Giaquinto, *L'esecuzione del contratto*, 1967, pág. 365 e segs.; U. Breccia, *Diligenza e buona fede nell'attuazione del rapporto obligatorio*, 1968.

([1]) Em sentido bastante próximo do prescrito no artigo 762.º, 2, do Código português vigente, dispunha já o artigo 1135 do Código Civil francês nos seguintes termos: «*Les conventions obligent non seulement à ce qui y est exprimé, mais encore à toutes les suites que l'équité, l'usage ou la loi donnent à l'obligation d'après sa nature*». Cfr. ainda o disposto no artigo 1258 do Código espanhol. Vide J. De Los Mozos, *El principio de la buena fé*, 1965, pág. 205 e segs.

([2]) Brox, pág. 45. Cfr., a título de exemplo, o disposto nos artigos 239.º (quanto à integração do negócio) e 437.º (relativamente à resolução ou modificação do contrato por alteração das circunstâncias).

Das obrigações em geral

Nas relações de crédito, por força do próprio texto do n.º 2 do artigo 762.º, o princípio tanto se aplica ao devedor (no cumprimento da obrigação), como ao credor (no exercício do direito correlativo).

O devedor não pode cingir-se a uma observância puramente *literal* das cláusulas do contrato, se a obrigação tiver natureza contratual. Mais do que o respeito *farisaico* da fórmula na qual a obrigação ficou condensada, interessa a colaboração *leal* na satisfação da necessidade a que a obrigação se encontra adstrita. Por isso ele se deve ater, não só à *letra*, mas principalmente ao *espírito* da relação obrigacional.

Assim se explica que, mesmo quando a prestação seja indeterminada e a determinação caiba ao devedor, a escolha tenha, em princípio, de ser feita segundo juízos de equidade (art. 400.º, 1), não podendo o obrigado desonerar-se mediante a entrega de coisas da pior qualidade (¹). E assim se compreende também que o mandatário se possa e deva afastar das instruções recebidas, quando seja de supor que o mandante aprovaria a mudança de actuação, se tivesse conhecido certas circunstâncias que ignorou (art. 1162.º).

Também ao credor incumbe não dificultar a actuação do devedor, realizando inclusivamente os actos (*posar* para o pintor a quem encomendou o seu retrato; facultar os elementos de informação necessários ao trabalho de auditoria que encomendou à firma especializada; etc.) ou removendo as dificuldades que lhe caiba tomar a seu cargo, de harmonia com as circunstâncias de cada caso. São numerosos os vestígios desta ideia que se encontram dispersos pelo Código Civil e pela legislação avulsa, nomeadamente no que se refere ao regime das relações obrigacionais duradouras,

---

(¹) Cfr., a título de novo exemplo, o disposto no artigo 525.º, 2, que recusa ao devedor solidário o poder de opor ao condevedor que o demanda, em via de regresso, qualquer meio de defesa que só por culpa daquele não foi oportunamente deduzido contra a pretensão do credor.

como as provenientes do contrato de locação e do contrato de trabalho([1]).

O apelo aos princípios da *boa fé*, feito nos termos amplos que constam do artigo 762.º, 2, não envolve uma remissão para os *critérios casuísticos*, para o *sentimento de equidade* ou para o *prudente arbítrio* do julgador. Do que se trata é de apurar, dentro do contexto da lei ou da convenção donde emerge a obrigação, os *critérios gerais objectivos* decorrentes do dever de leal cooperação das partes, na realização *cabal* do interesse do credor com o *menor sacrifício* possível dos interesses do devedor, para a resolução de qualquer dúvida que fundadamente se levante, quer seja acerca dos deveres de prestação (forma, prazo, lugar, objecto, etc.), quer seja a propósito dos deveres acessórios de conduta de uma ou outra das partes.

Tem passado quase inteiramente despercebida a muitos dos nossos autores mais versados na literatura jurídica germânica a diferença notória existente entre a *largueza* com que a lei portuguesa (especialmente nos arts. 762.º, n.º 2 e 227.º) abraça o princípio da boa fé e a *estreiteza* com que a mesma ideia, através da *Treu und Glauben*, é recebida no § 242 do Código Civil alemão.

O § 242 do BGB limita-se, de facto, a apelar para a *boa fé* (*Treu und Glauben*), tal como os usos do comércio jurídico a definem, quanto *à realização da prestação* (*die Leistung so zu bewirken*), ao passo que a lei portuguesa, além de obrigar a agir de acordo com os cânones da boa fé quem quer que negoceie com outrem para conclusão de um contrato (art. 227.º), vincula em seguida ao mesmo princípio, quer o devedor, quer o credor, não apenas no que toca à realização da prestação debitória, mas em tudo quanto respeita, seja ao cumprimento da obrigação (*lato sensu*), seja ao próprio exercício do direito.

([1]) No mesmo sentido poderá ainda invocar-se, por ex., o preceituado no artigo 802.º, 2 (que retira ao credor o direito de resolução do negócio, quando o não cumprimento parcial, embora imputável ao devedor, não afecte apreciavelmente o seu interesse) e o disposto no artigo 1208.º, quanto ao modo como o empreiteiro deve executar a empreitada. Cfr. PIRES DE LIMA e ANTUNES VARELA, *Código Civil anotado*, II, 3.ª ed., pág. 791.

Das obrigações em geral

Assim ampliado e fortalecido, o princípio da *boa fé* torna-se, no direito português, um manancial inesgotável de deveres acessórios de conduta, quer dentro, quer fora do contrato, quer na realização do interesse para que directamente aponta a prestação devida, quer na tutela de todos os demais interesses do credor e do devedor envolvidos na relação obrigacional.

A boa fé, escreve DIEZ-PICAZO[1], é um «arquétipo de conduta social: a lealdade nas relações, o proceder honesto, esmerado, diligente»[2].

A lei preferiu o termo *cumprimento* ao vocábulo usual *pagamento*, por este ter, na linguagem corrente, o sentido mais restrito de *cumprimento das obrigações pecuniárias*. O sentido legal e natural do vocábulo *cumprimento* equivale, porém, ao sentido *técnico* do termo *pagamento*[3].

276. *Regra da pontualidade.* A regra mais importante a observar no cumprimento da obrigação é a da *pontualidade*.

Regra que a lei enuncia a propósito dos contratos («o contrato, diz o n.º 1 do art. 406.º, deve ser *pontualmente* cumprido»), mas que, pelo seu espírito, tem de considerar-se extensiva a todas as obrigações, ainda que de matriz não contratual. O advérbio *pontualmente* é aqui usado, não no sentido restrito de cumprido *a*

---

[1] *Ob. cit.,* n.º 11, pág. 46.

[2] Sobre os vários aspectos em que se desdobra o critério da *boa fé,* vide LARENZ, *Allgemeneir Teil,* 5.ª ed., § 29 *a,* III, pág. 521 e sobre os vários preceitos em que na lei civil portuguesa aflora o princípio da *boa fé, vide* MENEZES CORDEIRO, *ob. cit.,* I. pág. 19 e segs.

[3] Em sentido diferente, preferindo a *palavra* pagamento à expressão *cumprimento,* GUILHERME MOREIRA, *Obrigações,* n.º 68. O termo *liquidação,* que na linguagem corrente é também usado com o sentido de *pagamento* ou *cumprimento* (liquidação de um débito), é ainda utilizado, quer nas leis, quer na prática, com outros significados: o de determinação do objecto ou fixação do montante das obrigações *genéricas* ou *ilíquidas* (arts. 378.º a 380.º do Cód. Proc. Civ.) e o de conjunto das operações destinadas à realização, em numerário, do activo de certas massas patrimoniais (cfr. as disposições relativas à *liquidação* do património da empresa *falida* no processo especial de *falência,* hoje em dia regulado no Cód. dos Proc. Esp. de Recup. da Empresa e de Fal.)

tempo e horas, mas no sentido amplo de que o cumprimento deve coincidir, *ponto por ponto, em toda a linha*, com a prestação a que o devedor se encontra adstrito (¹).

Do conceito amplo de *pontualidade* vários corolários se podem deduzir quanto aos *termos do cumprimento*:

a) O primeiro é que *o obrigado se não pode desonerar, sem consentimento do credor, mediante prestação diversa da que é devida*, ainda que a prestação efectuada seja de valor equivalente ou até superior a esta. Sem acordo do credor, não poderá liberar-se, dando *aliud pro alio* (dação em cumprimento)(²): *aliud pro alio invito creditori solvi non potest.*

«A prestação de coisa diversa da que for devida, embora de valor superior, diz o artigo 837.º, só exonera o devedor se o credor der o seu consentimento».

Tratando-se de obrigação genérica, mesmo que a escolha pertença ao devedor, terá ele de escolher segundo juízos de equidade (art. 400.º, 1), se outro não tiver sido o critério estipulado.

b) A segunda ilação é que o devedor não goza do chamado *beneficium competentiae* (³). Não pode exigir a *redução* da prestação estipulada, com fundamento na precária situação económica em que o cumprimento o deixaria(⁴). Nem sequer ao tribunal é lícito facilitar as condições de *cumprimento* da prestação, autorizando v. g. o pagamento escalonado da dívida (como permite, por exemplo,

---

(¹) M. ANDRADE, *ob. cit.*, n.º 64. O efeito do cumprimento só se produz, escreve BROX (pág. 171), se o devedor entregar ao credor a prestação exacta no lugar próprio («*wenn der richtige Schuldner dem richtigen Gläubiger die richtige Leistung am richtigen Ort erbringt*»).

(²) VAZ SERRA, *Dação em cumprimento, consignação em depósito, confusão e figuras afins*, 1954, n.º 3.

(³) Correspondente ao que os romanos designavam por *condemnatio* «*in id quod facere potest*»: SEBASTIÃO CRUZ, *ob. cit.*, pág. 42. A excessiva onerosidade da prestação tem manifesta conexão com o problema da *impossibilidade subjectiva* da prestação, que muitos autores alemães pretendem solucionar com a teoria do *limite do sacrifício* (*Opfergrenze*) exigível do devedor. Cfr. *infra, Não cumprimento*.

(⁴) LOCHER, no AcP., 121, pág. 93.

Das obrigações em geral

depois do aditamento da Lei de 20-8-1936, o art. 1244 do *Code Civil*) ou concedendo ao devedor o que os autores franceses chamam *un terme de grâce*.

Terá de cumprir, ainda que a realização da prestação o deixe na miséria, privando-o dos meios necessários à sua subsistência ou ao sustento dos seus. Esse facto não lhe servirá de fundamento para obter a redução da dívida, continuando *todo* o seu património a responder pelos danos que a *mora* ou a falta de cumprimento cause ao credor.

Estão, no entanto, isentos de *penhora* (e, consequentemente, *de execução*) certos bens, que se reputam essenciais à satisfação de necessidades primárias do executado (cfr. art. 822.º, 1, alíneas *f*) e *g*) do Cód. Proc. Civ., quanto aos bens absoluta ou totalmente impenhoráveis; e o art. 823.º, n.º 2), quanto aos bens relativa ou parcialmente impenhoráveis), que a lei entende dever acautelar.

Uma coisa é, porém, o *objecto* da penhora; outra, o *montante* da dívida exequenda.

Há, entretanto, obrigações cuja prestação pode variar, por decisão judicial, de harmonia com a evolução de determinados factores, entre os quais figuram as possibilidades económicas do devedor (caso típico da obrigação de alimentos). Se estas diminuirem, o devedor poderá invocar tal circunstância, para obter a redução da prestação (cfr. arts. 2004.º e 2012.º e 567.º, 2).

c) A terceira conclusão é que a prestação debitória deve ser realizada *integralmente* e *não por partes*, não podendo o credor ser forçado a aceitar o cumprimento parcial ([1]).

O princípio encontra-se directamente formulado no artigo 763.º, que ressalva, entretanto, a hipótese de ser outro o regime convencionado ou imposto por lei ou pelos usos ([2]).

([1]) Sobre a questão de saber quando é que se trata de *um só crédito* ou de vários créditos, embora nascidos da mesma relação obrigacional, cfr. VAZ SERRA, *ob. cit.*, n.º 29.

([2]) Idêntica doutrina estava já consagrada no artigo 721.º do Código de 1867, que, todavia, não estabelecia nenhuma ressalva quanto aos usos.

Cumprimento e não-cumprimento

A exigência da realização integral da prestação dá como resultado que, pretendendo o devedor efectuar *uma parte* apenas da prestação (entregar cem das trezentas toneladas de produto encomendadas, ou parte apenas da mobília comprada, por exemplo) e recusando-se o credor a recebê-la, *não há mora do credor*, mas do devedor, *quanto a toda a prestação debitória* e não apenas quanto à parte que o devedor se não propunha realizar[1]. Nada obsta, porém, a que o credor, em qualquer caso, receba apenas, *se quiser*, uma parte da prestação, como nenhuma razão impede que ele, renunciando ao benefício, exija só uma parte do crédito (art. 763.º, 2). A aceitação do credor não evita, entretanto, que o devedor fique em mora, quanto à parte restante da prestação, salvo se houver prorrogação do prazo relativamente ao cumprimento dessa parte [2].

A convenção do *cumprimento em prestações*, ou por partes, é relativamente vulgar nas obrigações pecuniárias provenientes de certos *tipos* de compras (automóveis, aparelhos electrodomésticos, de rádio, televisão, etc.) — provenientes de propostas em massa, especialmente dirigidas a certas camadas da classe média. A possibilidade do cumprimento *parcial* pode resultar, indirectamente, do facto de se terem estabelecido prazos diferentes para o cumprimento de duas ou mais prestações parciais, da circunstância de se editar uma obra em fascículos ou uma colecção em volumes, etc. O cumprimento parcial é permitido *por lei* no caso das obrigações incorporadas em letras (Lei Uniforme, art. 39.º) ou em cheques (L. U., art. 34.º) [3] no caso especial de imputação do cumprimento previsto no n.º 2 do artigo 784.º, no caso de pluralidade de

---

[1] Cfr. ac. do S.T.J., de 6-X-1970 (B.M.J., 200.º, pág. 233).

[2] PESSOA JORGE, *Lições*, pág. 281; VAZ SERRA, *ob. e loc. cits.*

[3] A possibilidade de cumprimento parcial nas obrigações cambiárias explica-se, principalmente, por nele não estar apenas em jogo o *interesse* do portador que reclama ou aceita o pagamento, mas o de todos os garantes anteriores do título.

Das obrigações em geral

fiadores, que gozem do *benefício da divisão* (art. 649.°) (¹). E é ainda sancionado no caso de compensação legal de dívidas de montante desigual, quanto à dívida de maior volume (art. 847.°, 2).

Os casos em que o cumprimento *parcial é imposto pelos usos* (fornecimento, por exemplo, de matérias-primas em grande quantidade, que não são consumidas na sua totalidade senão ao cabo de um período relativamente longo) coincidirão, em regra, com as hipóteses em que a recusa do cumprimento parcial, por parte do credor, violaria o princípio da *boa fé* (art. 762.°, 2).

A regra de que a prestação deve ser efectuada no todo, e não apenas por partes, vigora mesmo para a hipótese de a obrigação ser contestada.

O devedor não pode, quando assim seja, forçar o credor a receber a parte não contestada da prestação, recusando a entrega da restante. Reconhecendo-se a final o direito do credor à prestação, o devedor será considerado em mora quanto a *toda* a prestação debitória.

Conquanto o devedor não possa forçar o credor a receber parte apenas da prestação, nada impede que este último exija só uma parte da prestação (art. 763.°, 2), visto o princípio da realização integral da prestação ser fundamentalmente ditado no seu interesse (²).

(¹) Nos casos em que por lei, convenção, ou pelos usos, seja permitido o cumprimento parcial, a recusa do credor em aceitar parte da prestação constitui-lo-á *em mora* quanto a essa parte da prestação.

O devedor pode, nesses casos, incorrer por seu turno em mora quanto à parte restante.

(²) O artigo 722.° do Código de 1867 já facultava ao credor a possibilidade de exigir uma parte apenas da prestação, mas só no caso de a prestação ser em parte líquida e noutra parte ilíquida. Quando assim fosse, ele poderia exigir e reconhecer a primeira, enquanto não pudesse verificar-se a certeza do resto (cfr. arts. 810.°, 1 e 2, do Cód. Proc. Civ., onde se admite a execução imediata da parte líquida).

Eliminada aquela disposição do Código de 1867, que o Código vigente não reproduziu, conclui-se, além do mais, que o facto de a dívida ser litigiosa só em parte

Cumprimento e não-cumprimento

Como o devedor pode, no entanto, ter interesse em se desonerar da obrigação de uma só vez, reconhece-se-lhe a faculdade de, mesmo nesse caso, oferecer a prestação por inteiro (art. 763.º, 2, *in fine*) — colocando o credor em mora quanto a toda a prestação, se recusar recebê-la nos termos em que esta é oferecida.

277. *Requisitos do cumprimento:* A) *Capacidade do devedor.* Para que haja cumprimento válido, não basta a coincidência entre a prestação *devida* e a prestação *efectuada* pelo devedor ou por terceiro. É necessário que outros *requisitos* se verifiquem, quanto ao *acto* da prestação[1].

---

não confere ao devedor a faculdade de impor ao credor a recepção da parte restante, sob pena de incorrer em *mora (credendi).* Cfr., a propósito, VAZ SERRA, *ob. cit.,* pág. 94.

[1] Deixa-se intencionalmente de lado a questão da natureza jurídica do acto do cumprimento, cuja sede própria é a teoria do acto *jurídico.*

A questão não reveste interesse de maior quanto aos casos em que a obrigação tem por objecto um *acto material* ou uma *omissão,* embora não falte quem afirme, mesmo nos casos de prestação de serviços ou de realização da empreitada e hipóteses análogas, que, sendo a prestação executada por um incapaz, o devedor não fica desonerado. Cfr. LARENZ, § 18, I, pág. 176. As divergências levantam-se principalmente a propósito das prestações de *coisa* e de *facere,* quando este consiste num acto jurídico.

São três, abstraindo de certos aspectos secundários, as respostas fundamentais dadas pela doutrina ao problema: *a)* uns, como BETTI e von TUHR, por exemplo, afirmam a natureza *contratual* do acto — assente sobre o *animus solvendi* do devedor e sobre um acto de disposição do crédito, por parte do credor; *b)* outros afastam decididamente a natureza contratual do cumprimento, considerando-o como um *acto devido,* e afirmando, consequentemente, a sua validade, mesmo quando por detrás dele não há o *animus solvendi,* com o fundamento de que a *realização da prestação* corresponde ao que *objectivamente* é devido ao credor: é esta, com algumas variantes de pormenor, a tese fundamental de OPPO, NICOLÒ, CARNELUTTI, PUGLIATTI, GERNHUBER, KRETSCHMAR, LARENZ, CALVÃO DA SILVA, etc.; *c)* numa posição intermédia situam-se aqueles para quem a *natureza* do cumprimento varia consoante o conteúdo da prestação devida, podendo ir desde o simples acto real (prestações de *non facere* ou de facto material; *rein faktisches Tun)* até ao verdadeiro negócio jurídico (contrato promessa de contratar): é a tese, entre outros, de ENNECCERUS, de ESSER e de VAZ SERRA *(ob. cit.,* pág. 20-21).

Cfr., além da esclarecedora explanação de VAZ SERRA, a síntese de NATOLI *(ob. cit.,* II, 1962, pág. 27) sobre a doutrina italiana e a exposição de LARENZ, § 18, 1,

Das obrigações em geral

O primeiro requisito é o da *capacidade* (de exercício) *do devedor*.

Se a prestação for efectuada pelo devedor capaz (ou pelo seu representante voluntário) ou pelo representante legal do incapaz (dentro da esfera dos seus poderes de administração), nenhumas dúvidas se levantam, nesse aspecto, sobre a *validade* do cumprimento.

Sendo efectuada por *incapaz*, a prestação *continua a ser válida*, a não ser que constitua um *acto de disposição* ([1]).

Diz-se *acto de disposição* aquele que, incidindo directamente sobre um direito existente, se destina a *transmiti-lo, revogá-lo* ou *alterar* de qualquer modo o seu conteúdo ([2]).

Assim, se a prestação consistir num puro *acto material* (pintar um quadro, reparar um muro, limpar uma dependência, lavar e passar peças de vestuário, etc.), numa *omissão* ou num mero acto jurídico de *entrega* (como nas obrigações de prestar coisa determinada, quando o domínio da coisa se tenha já transferido para o credor, ou nas obrigações de restituir), a incapacidade do devedor não afecta a validade do cumprimento ([3]). Porém, se a prestação pressupõe uma operação de escolha do devedor (como pode suceder nas obrigações genéricas ou alternativas) ([4]) ou se, por qualquer

pág. 237 (que ilustra com alguns exemplos e alcance prático da diferença entre as doutrinas *contratualistas* ou *quase contratualistas*, como a de ENNECCERUS-LEHMAN e a de FIKENTSCHER, e a teoria da efectivação *real* da prestação: *Theorie der realen Leistungsbewirkung*); H. EHMANN, *Ist die Erfüllung Realvertrag?*, na NJW, 1969, n. 42, pág. 1833; GERNHUBER, *ob. cit.*, pág. 100 e segs.; CALVÃO DA SILVA, *ob. cit.*, pág. 93 e segs.

([1]) VAZ SERRA, *ob. cit.*, n.º 4 e, especialmente, nota 22, na qual transcreve uma passagem de RUGGIERO (*Istit.*, III, pág. 103), para quem o duplo requisito (*capacidade e poder de disposição*) só é indispensável quando a *solutio* assuma o carácter de uma alienação.

([2]) M. ANDRADE, *Teoria geral da rel. jurídica*, II, n.os 71 e 88; LARENZ, *Allgemeiner Teil des deutschen bürgerlichen Rechts*, 1967, pág. 324 e segs.

([3]) Cfr., no mesmo sentido, o disposto no artigo 1191 do Código italiano. Solução da qual NICOLO (*Adempimento*, n.º 3, *Enc. del dir.*) justificadamente tira mais um argumento — e de peso — contra a teoria negocial do cumprimento.

([4]) São hipóteses em que o domínio sobre a coisa apenas se transfere com o acto de entrega ou de escolha, efectuada em certos termos (art. 408.º, 2). Equiparável

outra razão, o cumprimento exprime um acto de alienação ou oneração de bens, já a incapacidade do devedor torna o acto *anulável*[1]. O mesmo sucede, por igual razão, nos casos em que o cumprimento se traduz na realização de um verdadeiro negócio jurídico (contrato prometido em relação ao contrato-promessa).

Mesmo, porém, nos casos em que o cumprimento constitui um acto de disposição, o credor pode opor-se à anulação, se demonstrar que o devedor não teve nenhum prejuízo com a prestação efectuada, por ter afinal de entregar-lhe, em virtude da obrigação renascida, tudo quanto tivesse recebido em virtude da anulação (*dolo facit qui petit quod redditurus est*)[2].

É o que sucederia, por exemplo, com o pagamento da dívida pecuniária feita pelo incapaz com moeda corrente.

Se a prestação é efectuada por terceiro, a incapacidade deste constituirá sempre motivo de anulação do acto.

278. *Cont.* B) *Capacidade do credor.* Exige-se, por outro lado, que seja capaz (para receber a prestação) o credor perante quem a obrigação tenha sido cumprida (art. 764.º, 2).

Se for incapaz e o cumprimento for anulado a requerimento do representante legal ou do próprio incapaz, terá o devedor que

---

a elas, sob determinado aspecto, é o cumprimento das obrigações pecuniárias, embora a escolha das moedas (*nummos*) com que se extingue a obrigação não tenha nenhuma relevância especial.

Está ainda sujeito ao mesmo regime o *cumprimento* das obrigações de prestação de coisa, não derivada de contrato (pagamento da indemnização devida, por exemplo, sobretudo se ela não tiver sido liquidada judicialmente), bem como, por igualdade ou por maioria de razão, a realização da prestação por terceiro (incapaz).

(¹) *Anulável*,.e não *nulo*, nos termos correspondentes à tutela jurídica concedida aos interesses dos incapazes (arts. 125.º e 139.º).

(²) É discutida a questão de saber se envolve um acto de disposição o pagamento *ante tempus* da dívida a prazo: em sentido afirmativo, VAZ SERRA, *ob. cit.*, pág. 23 e os autores aí referidos; em sentido oposto, com base no artigo 1 185, II, do Código italiano, U. NATOLI, *ob. cit.*, pág. 16. A solução exacta resulta claramente do disposto no artigo 476.º, 3.

Das obrigações em geral

efectuar nova prestação ao representante do credor (quem paga mal, diz o velho brocardo, paga duas vezes) (¹).

Esta solução é explicável, em princípio, mas poderia levar, em muitos casos, a situações injustas.

Suponhamos, de facto, que a prestação foi feita ao credor incapaz, mas que este a aproveitou em bens consumíveis necessários ao seu sustento ou na aquisição de valores que enriqueceram o seu património.

A realização de nova prestação, em semelhantes circunstâncias, equivaleria a um injusto locupletamento do incapaz à custa do devedor.

Para evitar tal injustiça, pode o devedor opor-se à anulação da prestação, alegando que ela chegou ao poder do representante legal do incapaz ou que enriqueceu o património deste (excepção do enriquecimento sem causa) (²), valendo a prestação como causa de desoneração do devedor na medida em que tenha sido efectivamente recebida pelo representante ou haja enriquecido o credor incapaz (art. 764.º, 2).

279. *Cont.* C) *Legitimidade do devedor para dispor do objecto da prestação.* O cumprimento, para ser plenamente válido, se consistir num acto de disposição, necessita ainda de que o devedor possa dispor da coisa que prestou.

(¹) GUILHERME MOREIRA, n. 70. O fundamento da anulabilidade não está tanto na falta do *poder de disposição* sobre o crédito, que se extingue com o cumprimento, como na falta de *maturidade* ou *discernimento* para administrar a prestação recebida; e daí que a anulação possa ser impedida, mediante a alegação e a prova de que a prestação chegou ao poder do representante legal do incapaz ou enriqueceu o património deste (valorizando o seu activo, impedindo o aumento do seu passivo ou poupando despesas de outro modo necessárias).

(²) Parece mais apropriado falar em excepção fundada no enriquecimento sem causa do que em *exceptio doli* (cfr. VAZ SERRA, *ob. cit.*, pág. 28), visto ela ter por medida, não o *objecto* da prestação efectuada, mas o montante do enriquecimento obtido à custa do *solvens*.

A falta do poder de disposição do devedor pode derivar de uma de três circunstâncias: *a)* de ser alheia a coisa prestada; *b)* de não ter o devedor capacidade para alienar a coisa; *c)* de carecer apenas de legitimidade para o fazer (cumprimento por parte de um dos cônjuges com coisa que só poderia ser alienada por ambos eles).

Em qualquer dos casos, porém, o devedor, quer tenha agido de boa fé, quer de má fé, não pode impugnar o cumprimento, salvo se ao mesmo tempo oferecer nova prestação (art. 765.º, 2).

Apesar do vício da prestação efectuada, como o devedor não tem nenhum interesse relevante na impugnação do cumprimento, dá-se prevalência ao eventual interesse do credor em reter a prestação ([1]), à semelhança do que prescreve o artigo 1 192 do Código italiano.

E só quando o interesse do titular do crédito seja devidamente assegurado (mediante a oferta de nova prestação) se faculta ao devedor a impugnação.

O credor é que pode ter justificado interesse em não ficar exposto aos ataques de terceiro (do proprietário da coisa, que a possa reivindicar; do cônjuge do *solvens*, que venha anular o acto: art. 1 678.º 3; dos credores da massa falida ou insolvente, etc.) contra o cumprimento. E, por isso mesmo, se lhe reconhece a faculdade de, estando de boa fé (por ignorar a falta do poder de disposição do devedor), impugnar o cumprimento e exigir nova prestação do devedor, acrescida da indemnização dos danos que tenha sofrido. Se, no acto do cumprimento, souber que é alheia a coisa com que o devedor efectua a prestação, ou seja, se estiver de má fé, também o credor carecerá de legitimidade para impugnar o acto.

([1]) Tratando-se de prestação efectuada com *coisa alheia*, acima do interesse do credor avulta ainda o do dono da coisa. O regime aplicável ao cumprimento será então, com as necessárias adaptações, o da curiosa *invalidade mista* aplicável à venda de bens alheios (arts. 892.º e segs. e 939.º).

Das obrigações em geral

280. *Nulidade e anulação do cumprimento: as suas causas e seus efeitos.* Seja qual for, em tese geral, a sua natureza jurídica, o cumprimento está sujeito, em princípio, às causas de nulidade e de anulabilidade próprias dos negócios jurídicos.

Ser-lhe-ão directamente aplicáveis, nos casos excepcionais em que o cumprimento possa ser fundadamente considerado como um *contrato* ou um *negócio jurídico unilateral*; ser-lhe-ão extensivas, por força do disposto no artigo 295.º, nos casos em que o cumprimento funcionar como um acto jurídico não negocial.

Se a nulidade ou anulabilidade do cumprimento provier da invalidade do negócio causal em que a prestação se integra, a restituição ao *solvens* far-se-á nos termos dos artigos 289.º e 290.º.

Assim, se *A* tiver vendido certa coisa a *B* e a tiver entregue a este, em execução do contrato que mais tarde é declarado nulo ou anulado (por vício de forma ou de substância), a restituição da coisa operar-se-á nos termos que resultam da invalidade da venda.

Se, porém, o cumprimento tiver sido efectuado para solver uma dívida que se apura não existir, o *solvens* terá direito à repetição do indevido, nos termos do artigo 476.º, 1, independentemente da existência (da alegação e da prova) de qualquer *erro* de quem pagou ou de *dolo* de quem recebeu a prestação [1]. Igual regime se aplica ao cumprimento da obrigação existente, mas feito a quem não era o verdadeiro credor (art. 476.º, 2).

Fora, porém, destes casos e dos casos de cumprimento por terceiro, efectuado nos termos previstos pelos artigos 477.º e 478.º, haverá outras hipóteses em que o cumprimento pode ser *nulo* ou

---

[1] Havendo *erro* ou *dolo*, o *solvens* terá de pedir, em primeira mão, a restituição nos termos mais rigorosos próprios da nulidade ou da anulação; e só na hipótese de esta falhar, por qualquer razão, lhe será lícito requerer, *subsidiariamente*, a repetição nos termos mitigados ou limitados do *enriquecimento sem causa*. Reina ainda, a este respeito, uma grande confusão na nossa doutrina, em grande parte explicável pelo facto de no projecto do Código Civil (art. 257.º, 2, da 1.ª revisão ministerial) se mandar aplicar à restituição fundada na declaração de nulidade ou na anulação o regime do enriquecimento sem causa.

anulável por vício que afecta o próprio acto do cumprimento (erro, dolo, coacção, simulação, erro na declaração, reserva mental conhecida([1]), etc.).

Nestes casos, se a causa da invalidade do cumprimento não for imputável ao credor, uma vez destruído retroactivamente o acto do cumprimento, renasce a obrigação e, com ela, as respectivas garantias. Sendo, porém, imputável ao credor a causa da invalidade (por ser ele o autor do dolo ou da coacção, por ex.), embora a obrigação possa renascer, com ela não renascem já as garantias prestadas por terceiro. Estas só ressurgirão se o terceiro, na altura em que o cumprimento se efectua, tiver conhecimento do vício de que o acto padece (art. 766.º), porque então não há nenhuma expectativa séria, da sua parte, quanto à extinção da obrigação, que a lei deva tutelar.

SUBSECÇÃO II

Quem pode fazer e a quem pode ser feita a prestação

281. *Quem pode cumprir.* Vejamos quem *pode realizar a prestação* debitória e a quem *pode* a prestação *ser efectuada.*

É sobre o titular passivo da relação obrigatória que recai o *dever de prestar.* Por isso, nenhuma dúvida se levanta quanto à possibilidade de a prestação ser por ele efectuada([2]), ou pelo seu representante (legal([3]) ou voluntário).

([1]) A relevância específica destes vícios está, contudo, muito limitada pela natureza jurídica que o cumprimento revestir em função do *conteúdo* da prestação debitória. Assim, tanto o erro como o dolo só poderão gerar a anulação do acto, se contra esta não proceder a ideia concentrada na antiga fórmula latina *dolo facit...*, ou se o credor não puder excepcionar a *compensação* contra ela.

([2]) Tem-se em vista o *devedor* à data do cumprimento, que pode não ser o devedor originário, mas o sucessor deste, o cessionário da posição contratual respectiva, ou a pessoa a quem a dívida foi transmitida, nos termos dos artigos 595.º e segs.

([3]) Sendo o devedor *incapaz*, é mesmo sobre o seu representante legal que recai, em função da representação, o dever de cumprir. Haja em vista, porém,

Das obrigações em geral

A lei vai, porém, mais longe, admitindo em termos muito amplos (à semelhança, aliás, da legislação anterior: art. 747.º do Código de 1867) a possibilidade de *a prestação ser feita também por terceiro*, embora o credor se lhe possa opor, quando a prestação *não seja fungível* ([1]).

«A prestação, diz o artigo 767.º, I, pode ser feita tanto pelo devedor como por terceiro, interessado ou não no cumprimento da obrigação».

A prestação é *por natureza* não fungível (não podendo, quando assim seja, ser efectuada por terceiro, sem o consentimento do credor), se estiver directamente relacionada com a pessoa do devedor, por atender às qualidades ou à situação especial deste (aos dotes do artista a quem foi encomendada a obra de arte; ao prestígio da *firma* fornecedora, etc.). Nesse caso, a substituição do devedor por outrem *prejudicaria* o credor ([2]). Noutros casos, são as próprias partes quem, independentemente da natureza da prestação, estipula desde logo que a prestação haja de ser efectuada pelo devedor (*não fungibilidade convencional*).

Há, em contrapartida, muitas convenções em que os próprios contraentes, por vezes logo na constituição da obrigação, prevêem a possibilidade da substituição do devedor por outrem (*substituto*) no cumprimento.

A substituição pode dar-se algumas vezes, mesmo sem convenção expressa, no mandato, no depósito, na própria prestação de

---

quanto aos menores, o disposto, não só no artigo 126.º (dolo do menor), mas principalmente no artigo 127.º, 1, *b*), quanto aos negócios jurídicos próprios da sua vida corrente.

([1]) Veja-se, sobre a realização da prestação debitória por terceiro, a monografia clássica de NICOLÒ, *L'adempimento dell'obbligo altrui*, 1936. Se a prestação for naturalmente não fungível, a aceitação da prestação de terceiro, por parte do credor, equivale a uma *dação em cumprimento*. PESSOA JORGE, *ob. cit.*, pág. 347, nota 1.

([2]) O credor poderá ainda opor-se à prestação por terceiro, não autorizado pelo devedor, quando tiver fundadas razões para duvidar da capacidade do *solvens* ou do seu poder de disposição sobre a coisa prestada.

Cumprimento e não-cumprimento

serviços([1]), e poderá dar-se, em regra, nos contratos de fornecimento de artigos ou produtos de tipo uniforme, etc. Já não assim em trabalhos de peritagem, de lições especializadas, de intervenções cirúrgicas, etc. — em prestações nas quais se tomam fundamentalmente em linha de conta as especiais aptidões do devedor([2]).

A intervenção consentida a terceiros (que não sejam *auxiliares*, nem *substitutos* do devedor) na realização da prestação explica-se, quer no interesse do credor, quer no interesse do devedor, quer em muitos casos no interesse do próprio terceiro([3]).

O credor terá vantagem em ver satisfeita, quanto antes, a necessidade a que o direito de crédito se encontra adstrito: e, por isso mesmo, se explica que a oposição do devedor à intervenção do terceiro não impeça o credor de aceitar validamente a prestação (art. 768.º, 2, *in fine*), embora nesse caso ele possa recusar o cumprimento *sem incorrer em mora*, a não ser que o terceiro tenha interesse no cumprimento.

O devedor pode lucrar com a intervenção do terceiro; e, de todo o modo, não verá a sua posição agravada com esse facto, pois

---

([1]) O facto de a prestação ser *não fungível* não impede que o devedor possa ser coadjuvado no cumprimento por auxiliares. Cfr. artigos 1 165.º (quanto ao mandatário), 264.º, n.º 4 (procurador) e 1 198.º (depositário). Nos casos em que a prestação seja fungível, o devedor pode recorrer, não apenas a *auxiliares*, mas a verdadeiros *substitutos*. Equiparáveis em certos aspectos a estes casos são aqueles em que o devedor *delega* a operação do cumprimento em terceiro, para que este actue por ordem dele (pagamento feito por meio de cheque, ou seja, por ordem dada ao banco no qual o devedor terá quantias em depósito, bastantes para cobrir a operação).

Note-se, porém, que nem os representantes legais, nem os núncios, nem os auxiliares são *terceiros*: NICOLÒ, *ob. cit.*, pág. 33.

([2]) Mesmo na prestação de serviços *não especialmente qualificados*, não pode dizer-se que vigore como regra a possibilidade de substituição do devedor, desde que na escolha deste relevem as suas qualidades *pessoais* ou a relação de *confiança* que o liga ao credor: a empregada doméstica ou a mulher a dias não podem ser substituídas pela parente ou amiga, contra a vontade da dona da casa.

([3]) A hipótese versada no texto é a de o terceiro efectuar a prestação, sabendo que a respectiva obrigação é de outrem; se ele presta, erroneamente convencido de que a dívida é própria, o regime é outro, como se sabe: artigo 477.º.

Das obrigações em geral

o pior que pode suceder-lhe é ficar vinculado, perante o *solvens*, nos mesmos termos em que o estava em face do credor. Por isso se explica também que, nos termos do n.º 1 do artigo 768.º, o credor seja, em princípio, forçado a aceitar a prestação de terceiro, sob pena de incorrer em mora (*credendi*) perante o devedor.

Por seu turno, o terceiro pode ter *interesse* em cumprir, quer porque tenha garantido o cumprimento (e pretenda acautelar-se contra o risco de uma indemnização onerosa), quer porque tenha alguma vantagem directa na satisfação do crédito (sublocatário que paga a renda devida pelo locatário, com o fim de evitar a caducidade do seu direito: art. 45.º do Regime do arrendamento urbano; credor hipotecário que paga o prémio de seguro da coisa hipotecada; credor pignoratício que paga uma outra dívida, também garantida pela coisa empenhada). Quando assim seja, isto é, sempre que o terceiro possa ficar sub-rogado nos direitos do credor, nos termos do artigo 592.º (por estar directamente interessado na satisfação do crédito), não pode o credor recusar a prestação de terceiro, mesmo que o devedor se oponha ao cumprimento (art. 768.º, 2) ([1]).

282. *Direitos do terceiro que efectua a prestação.* A realização da prestação debitória por terceiro, satisfazendo o interesse do credor ([2]), determina a *perda* do direito de que este dispunha; mas nem sempre essa *perda* equivale à *extinção* do direito.

Se o terceiro que *presta* é convencionalmente sub-rogado nos direitos do credor, por se verificar algum dos casos previstos nos artigos 589.º ou 590.º, ou é sub-rogado por lei, por ter garantido o cumprimento, ou por estar, mercê de outra causa, directamente

---

([1]) Em sentido diferente, tanto o § 267 do B.G.B., como o artigo 1 180 do Código italiano, que admitem a recusa do credor ao cumprimento por parte de terceiro, logo que o devedor se oponha.

([2]) É NICOLÒ (*A dempimento*, n.º 12, *Enc. del dir.*) quem especialmente acentua que a realização da prestação por terceiro não visa *cumprir* a obrigação (do *dever de prestar*), mas satisfazer o direito (o interesse) do credor.

interessado na satisfação do crédito (art. 592.º)(¹), ou por se dar alguma das excepções abrangidas pela parte final do n.º 1 do artigo 477.º, o crédito não se extingue, transmitindo-se antes a respectiva titularidade para o *solvens* (²).

Fora destes casos, várias hipóteses importa ainda distinguir.

Se o terceiro agiu como gestor de negócios, competir-lhe-ão contra o devedor os direitos que resultam do disposto nos artigos 468.º e 469.º; se agiu como mandatário, caber-lhe-ão os direitos correspondentes às obrigações do mandante prescritas no artigo 1167.º. Se quis beneficiar gratuitamente o devedor, libertando o seu património do débito que o onerava, o cumprimento constituirá uma *liberalidade indirecta* ao beneficiário (quando este a aceite), à qual serão aplicáveis, na medida em que a analogia das situações o justifique, as regras do contrato de doação (³).

Diferente destas hipóteses é a de o terceiro não agir com o ânimo de cumprir obrigação alheia, mas considerando-a erroneamente como *dívida própria*.

Se o terceiro cumpriu apenas porque, em virtude de erro desculpável, considerou própria a obrigação alheia, goza do direito de repetição contra o credor, nos termos próprios do enriquecimento sem causa; verificando-se, porém, alguma das excepções previstas na parte final do n.º 1 do artigo 477.º, o autor da prestação fica sub-rogado nos direitos do credor.

E nos casos restantes? Nomeadamente, quando o terceiro cumpra por não saber se a dívida é própria ou alheia, ou por erro

---

(¹) O § 268 do B.G.B. aponta como casos típicos de terceiros interessados no cumprimento os titulares de direitos reais sobre a coisa executada pelo credor e o possuidor da coisa, quando uns ou outro possam perder o seu direito com a execução. Cfr., a propósito, DIEZ-PICAZO, n.º 741.

(²) Sobre as várias atitudes em que o devedor se pode encontrar perante o cumprimento de terceiro, veja-se DIEZ-PICAZO, n.º 741.

(³) Se o devedor não aceita, e a extinção da dívida, todavia, se mantém, terá o *solvens* o direito de exigir a restituição daquilo com que o devedor se enriqueceu, sem causa, à sua custa: VAZ SERRA, *ob. cit.*, nota 75, *in fine*.

Das obrigações em geral

indesculpável julgue que ela é própria, ou quando a vontade de sub-rogar não revista a forma exigida por lei?

Nesses casos, haverá, em regra, lugar à restituição fundada no enriquecimento sem causa, na medida em que, libertando-se do vínculo que onerava o seu património, o devedor se enriqueceu, sem causa justificativa, à custa do *solvens*.

283. *A quem pode ser feita a prestação*. A prestação pode e deve, em princípio, ser feita ao *credor* ou ao seu sucessor, a título universal ou a título particular. Deve ser efectuada a quem seja credor no momento do cumprimento, ao *credor actual*, que pode ser o herdeiro, o legatário, o cessionário, etc., do credor *primitivo* ou *inicial* (art. 769.°). O preço deve ser entregue ao vendedor, a coisa vendida ao comprador, a renda ao senhorio, etc. Não exonera o devedor o cumprimento feito ao credor do credor, sem prejuízo do disposto acerca da acção sub-rogatória (arts. 606.° e segs.) e do preceituado na alínea *d*) do artigo 770.°.

Sendo o credor incapaz, ou tratando-se de uma pessoa colectiva ou de uma sociedade, a prestação deve ser efectuada ao representante legal ou estatutário do titular do crédito. Se for feita ao credor incapaz, o cumprimento é, em princípio, anulável e não isenta o devedor da obrigação de efectuar nova prestação, com ressalva do disposto no n.° 2 do artigo 764.° ([1]).

Se o credor capaz tiver representante (*voluntário*) para aceitar a prestação, esta pode ser feita indiferentemente ao credor ou ao representante ([2]); o devedor pode, no entanto, recusar-se legitima-

---

([1]) A ressalva contida na 2.ª parte do n.° 2 do artigo 764.° revela que a razão da invalidade do pagamento ao incapaz não está tanto na falta de qualquer elemento *intrínseco* do acto solutório, como no fim de evitar que o *accipiens*, vítima da sua incapacidade, dissipe sem proveito a prestação recebida: NICOLÒ, *Adempimento, Enc. del dir.*, n. 7.

([2]) O artigo 748.° do Código de 1867 afirmava que a prestação devia ser feita ao próprio credor ou ao seu *legítimo* representante. Eliminando o qualificativo *legítimo*, o novo Código (art. 769.°) teve principalmente em vista *permitir* que a prestação fosse efectuada também ao representante voluntário.

mente a satisfazer a prestação ao representante voluntário do credor ou à pessoa por ele autorizada a recebê-la[1], salvo convenção em contrário (nesse sentido, o art. 771.º)[2].

Quando o crédito for dado em penhor e a constituição da garantia tiver sido notificada ao devedor, a prestação tem de ser entregue ao credor pignoratício, salvo se o crédito tiver por objecto uma prestação de dinheiro ou de outra coisa fungível: neste caso, a prestação tem de ser feita aos dois credores conjuntamente, e, na falta de acordo entre eles, terá o devedor de recorrer à consignação em depósito[3].

A prestação feita a terceiro não extingue, portanto, a obrigação, sendo ineficaz perante o credor; por isso, de acordo com o brocardo segundo o qual quem paga mal paga duas vezes, o devedor terá de efectuar nova prestação[4]. Há, todavia, casos em que a prestação feita a terceiro extingue o vínculo, liberando o devedor, embora subsequentemente possa, em alguns casos, nascer para o *accipiens* a obrigação de transferir a prestação para o credor. São eles os seguintes (art. 770.º):

a) Se o cumprimento nesses termos foi estipulado ou consentido pelo credor, mediante *procuração* ou *autorização* conferida a ter-

---

[1]. Tratando-se, porém, de simples núncio ou encarregado de cobrança do crédito, o devedor não pode recusar o cumprimento. PIRES DE LIMA e ANTUNES VARELA, *ob. e vol. cits.,* anot. ao art. 771.º.

[2] A ideia de que o devedor não é obrigado a satisfazer a prestação ao representante voluntário do credor, nem à pessoa por este autorizada a recebê-la, se não houver convenção nesse sentido, pode à primeira vista parecer contraditória com a faculdade que o credor tem de ceder o crédito a terceiro, independentemente do consentimento do devedor.

São, todavia, situações diferentes (PIRES DE LIMA e ANTUNES VARELA, *ob. cit.,* II, anot. ao art. 771.º), que justificam, pela diferença dos interesses em jogo, a diversidade de regime.

[3] Sendo o crédito penhorado ou arrestado e tendo a diligência sido notificada ao devedor (art. 856.º, 1, Cód. Proc. Civ.), fica este obrigado a efectuar a prestação *à ordem* do tribunal (arts. 402.º e 860.º, 1, do mesmo diploma).

[4] Para evitar semelhante percalço, quando o direito do interpelante ou do aparente credor seja duvidoso, o devedor pode recorrer à consignação em depósito (art. 841.º, 1, *a*)).

Das obrigações em geral

ceiro, ou através de *delegação* para o terceiro receber em seu próprio nome (*adjectus solutionis causa*). A procuração, autorização ou delegação podem ser dadas, tanto no momento em que a obrigação é constituída, como em data posterior.

Nenhum destes actos está subordinado a forma especial, sujeitando-se apenas o devedor a ter que cumprir de novo, se não fizer prova deles.

Fala-se (na lei) em *estipulação*, quando há acordo entre credor e devedor ([1]) ou há permissão do credor em negócio unilateral, e em *consentimento* do credor quando, nascendo a obrigação embora de um negócio bilateral, a prestação a terceiro (o pagamento num Banco, a um procurador ou a um núncio) é autorizada em declaração unilateral do credor.

Uma das formas correntes de consentir na prestação a terceiro é a de se confiar a este o *recibo* ou documento de *quitação* a que o *solvens* tem direito (art. 787.º) ([2]).

b) Se o credor, não tendo embora autorizado a prestação a terceiro, a *ratificar* (depois de efectuada), dando como bom o cumprimento feito a esse estranho à relação creditória. Vale igualmente para a ratificação, na falta de disposição especial, o princípio da liberdade de forma consagrado no artigo 219.º.

c) Se o terceiro (*accipiens*) houver adquirido posteriormente (por qualquer título: sucessão, transmissão entre vivos, arrematação

---

([1]) A estipulação prevista na alínea *a*) do artigo 770.º pode ter um duplo sentido, que à interpretação negocial cumpre apurar. Pode a estipulação *obrigar* o devedor a prestar a terceiro (e inserir-se eventualmente a estipulação num contrato a favor de terceiro). E pode limitar-se a dar ao devedor a faculdade (não revogável unilateralmente) de prestar a terceiro (*solutionis causa adjectus*): neste caso, o terceiro não pode *exigir* a prestação, mas *tem legitimidade* para recebê-la, e deve recebê-la, quando ela lhe for oferecida, sob pena de fazer com que o credor incorra em *mora* (*accipiendi*).

([2]) Quanto à hipótese de falsificação da *quitação* ou de esta ser exibida por pessoa a quem já foram cassados os poderes de cobrança da dívida, veja-se VAZ SERRA, *ob. cit.*, pág. 62 e segs.; BROX, pág. 73 (cfr. § 370 do B.G.B.).

ou adjudicação em juízo — art. 860.º, 2, do Cód. Proc. Civ.) o crédito. O cumprimento não deixou, em tal hipótese, de ser *mal feito*, desde que a aquisição do crédito é posterior ao acto solutório. Não seria, porém, razoável nem conveniente que se anulasse a prestação efectuada a terceiro, forçando o devedor a cumprir de novo perante o antigo credor, para que este, por seu turno, efectuasse nova prestação a quem dela foi privado.

Mais prático, mais seguro e mais simples é o caminho conducente ao mesmo resultado final, que a lei traçou e que equivale à convalidação da prestação (art. 770.º, al. *c*)).

d) Se o credor vier a aproveitar-se do cumprimento e não tiver interesse fundado em não considerar a prestação efectuada a terceiro como feita a si próprio[1]. Está claramente compreendido nesta rubrica o caso de o *accipiens* ter entretanto entregue ao credor ou transferido para ele (depositando a soma recebida na sua conta bancária, por exemplo) a prestação que recebeu do devedor. Maiores dúvidas, sobretudo na prática, há-de suscitar a aplicação da lei aos casos em que a prestação haja sido feita ao credor do credor dela [2].

A deve, por hipótese, 200 contos a *B*; em vez de pagar a este, paga a *C*, a quem *B* devia quantia igual ou superior.

Dir-se-á que *B* beneficiou do cumprimento, na medida em que se libertou, no todo ou em parte, do vínculo que o prendia a *C*. Mas falta saber se ele terá ou não interesse *fundado* em não considerar a obrigação como feita a si próprio, pergunta a que só é possível responder em face das circunstâncias de cada caso concreto. A ideia de que, no exemplo figurado, deve ser *B* (e não *A*) quem decide sobre o cumprimento da sua dívida a *C*, conquanto tenha algum peso, não será porventura decisiva, porque de igual liberdade deve gozar *A*, relativamente à sua dívida para com *B*, e

---

[1] ENNECCERUS-LEHMANN, *Tratado*, § 61 (§ 284), I, 1; VAZ SERRA, *ob. cit.*, n. 23.
[2] V. HECK, § 56, 10.

Das obrigações em geral

porque a extinção da dívida de *B* a *C* se faz afinal sem violentar directamente a vontade de *B*. O que está essencialmente em causa não é saber se a dívida de *B* a *C* pode ser extinta sem o consentimento do devedor (quanto a esse ponto, não deixam os arts. 767.º e 768.º nenhuma dúvida séria!), mas sim se o direito de *B* contra *A* se mantém ou se extinguiu com a prestação de *A* a *C* ([1]).

Há casos em que não pode, todavia, deixar de reconhecer-se o interesse do credor em não considerar a prestação como feita a si próprio: v. gr., quando, com fundamento na falta de cumprimento da outra parte, ele pretenda resolver o contrato bilateral em que a obrigação se integra ([2]) ou quando, estando insolvente, ele prefira (podendo ainda fazê-lo) pagar a uns credores de preferência a outros.

e) Se o credor for herdeiro do *accipiens* e responder pelas obrigações deste.

É o caso de *C* (*accipiens*) ter morrido, depois de efectuada a prestação, e lhe ter sucedido como herdeiro *B*, o credor a quem *A* (*devedor*) deveria ter entregue a prestação. Se *B* responder pelas obrigações de *C*, a invalidade da prestação daria como resultado que ele, como credor, teria jus a novo cumprimento, enquanto como herdeiro deveria restituir a mesma prestação ao *solvens*, que indevidamente a entregara a *C* (autor da sucessão). Teria, em suma, de restituir a um título aquilo que haveria de receber, a título diferente.

A lei extrai a consequência mais lógica desta espécie de confusão, que é a de se considerar convalidada a prestação (art. 770.º, al. *e*)).

([1]) Aliás, a extinção da dívida de *A* a *B* pode operar-se ainda por outra via. Tendo pago a *C*, *A podará* ficar sub-rogado nos direitos de *C* contra *B*, se tiver interesse no cumprimento, ou, pelo menos, com direito à restituição daquilo com que o devedor ficou enriquecido à sua custa, e, nessa qualidade, compensar a sua dívida em face de *B* com o seu crédito sobre ele.

([2]) PESSOA JORGE, *Lições*, pág. 358.

Parece líquido, no entanto, que a convalidação só se dá na medida em que a responsabilidade do interessado, como herdeiro, cubra o direito que lhe assiste como credor. Se ele, em virtude da partilha da herança, responder por uma quota parte apenas das obrigações do autor da sucessão (cfr. art. 2098.º, 1), só na medida correspondente a prestação feita a este se considera liberatória.

f) Se a lei considerar *eficaz* a prestação. Assim sucede, por exemplo, no caso da acção sub-rogatória (arts. 606.º e segs.) e, em certos termos, no da penhora do crédito (art. 860.º, 1, do Cód. Proc. Civ.), no do seu penhor (art. 685.º do Cód. Civil), no caso de falência e de insolvência (art. 146.º do *Cód. dos processos especiais de recuperação da empresa e de falência*).

Não se considera, portanto, como eficaz o cumprimento ao *credor aparente* ([1]), a não ser nos casos excepcionais em que, por atenção à boa fé do *solvens*, a lei expressamente o reconhece como tal.

Estão nestas circunstâncias a prestação efectuada pelo devedor ao cedente, antes de aquele ter conhecimento da cessão (art. 583.º, 1 e 2), ([2]) e a realizada ao antigo credor, por erro, depois de o fiador haver cumprido a obrigação, mas não ter avisado o devedor (art. 645.º, 1).

Nos outros casos de credor aparente (portador de recibo, que não foi autorizado a cobrar a dívida, por ex.), a prestação efectuada a terceiro não goza de eficácia *liberatória*. O *solvens* pode repetir a prestação, nos termos do n.º 2 do artigo 476.º, e terá que efectuar nova prestação perante o credor.

([1]) Outra era a orientação proposta por VAZ SERRA (*ob. cit.,* pág. 79 e segs.; *Anteprojecto*, art. 431.º).

([2]) Sobre as questões de saber se o crédito deve ou não considerar-se transmitido, nas relações entre cedente e cessionário, antes de o devedor ter conhecimento da cessão, veja-se *infra*, Cap. VI, *Cessão de créditos*.

Das obrigações em geral

SUBSECÇÃO III

Lugar e tempo da prestação

284. *Princípio geral. Lugar da prestação e lugar do resultado.* Ainda em obediência *ao princípio* fundamental da *pontualidade*, a prestação deve ser efectuada no *lugar* estipulado pelas partes ou fixado pela lei para o cumprimento.

A fixação do *lugar* da prestação tem uma importância prática muito grande, porque a prestação pode ter um *valor económico* quando efectuada em determinado lugar e possuir um valor muito diferente, se realizada noutro lugar.

Como não há exigências especiais de forma, a convenção relativa ao lugar do cumprimento pode resultar, tanto de declaração *expressa*, como de declaração *tácita* dos interessados [1] (arts. 219.º e 217.º).

Entre as disposições *especiais* a que a lei manda atender, figuram os artigos 885.º (quanto ao pagamento do preço) [2], 1 039.º (quanto ao pagamento da renda ou aluguer), 1 195.º (quanto à restituição da coisa depositada), 2 270.º (quanto ao cumprimento do legado) e ainda o artigo 24.º do Decreto-Lei n.º 49 408, de 24-XI-

---

[1] Pode considerar-se resultante de declaração *tácita* das partes a fixação do lugar do cumprimento das prestações que, pela sua própria natureza ou aplicação, têm de ser efectuadas em determinado local: empreitada de construção de um edifício em certo terreno ou de obras de conservação de determinado imóvel, obrigação de cultivar um prédio rústico, de limpar certas árvores, a prestação de serviço doméstico, o contrato de trabalho para certa fábrica, etc.

[2] O artigo 885.º desdobra-se em duas regras especiais: a primeira, relativa à hipótese da entrega *simultânea* do preço e da coisa vendida, mantém a doutrina do § 1.º do artigo 1 583.º do Código de 1867; a segunda, referente à hipótese de o preço não dever ser pago no momento da entrega da coisa, resolve uma dúvida suscitada no domínio da legislação anterior, optando pelo regime aplicável, não ao lugar do cumprimento das obrigações em geral, como queria a opinião dominante na vigência do Código de 1867, mas ao lugar do cumprimento das obrigações pecuniárias: cfr. VAZ SERRA, anot. ao ac. S.T.J., 3-10-1967 (na RLJ, 101.º, pág. 219) e anot. ao ac. de 23-1-1968 (*Rev. cit.*, pág. 375).

-1969 (quanto às condições de transferência do trabalhador para outro local de trabalho).

Como disposições especiais devem ser ainda considerados o artigo 773.º (segundo o qual a prestação, que tenha por objecto coisa móvel determinada, deve ser feita no lugar onde a coisa se encontrava à data da conclusão do negócio)[1] e o artigo 774.º, que manda cumprir as obrigações *pecuniárias* no lugar do domicílio do credor ao tempo do cumprimento[2].

Esta última disposição converte a generalidade das obrigações pecuniárias em *dettes portables*. E reveste um interesse prático enorme, por virtude da extraordinária frequência com que as obrigações pecuniárias nascem no comércio.

Regra supletiva. Não havendo estipulações das partes nem disposição especial da lei, que fixe o lugar do cumprimento, *a prestação deve ser efectuada no lugar do domicílio que o devedor tiver à data do cumprimento*[3] (art. 772.º, 1).

---

[1] Era já esta a solução fixada na 1.ª parte do artigo 744.º do Código de 1867. O n.º 2 do artigo 773.º manda, porém, aplicar a mesma doutrina à prestação de coisa *genérica,* que deva ser escolhida de um conjunto determinado ou de coisa que deva ser produzida em certo lugar (venda de tantas toneladas de combustível de certo depósito, de certa quantidade de azeite de um lagar ou de tantos moios de trigo da colheita de certa herdade).

É possível que, uma vez por outra, as partes possam não ter querido que a prestação seja efectuada no lugar em que a coisa móvel se encontrava à data em que a obrigação se constituiu; optou-se, no entanto, pela solução rígida do artigo 773.º, por uma questão de *certeza*, que compensa esse possível inconveniente (em sentido contrário, VAZ SERRA, *Lugar da prestação*, n. 4).

[2] O artigo 774.º amplia a todas as obrigações pecuniárias a doutrina que o artigo 1 529.º do Código de 1867 mandava já aplicar à restituição das quantias emprestadas, visto não haver nenhuma razão decisiva para restringi-la ao contrato de empréstimo.

A razão principal do regime está na facilidade com que hoje se fazem transmissões ou remessas de dinheiro (por vale, cheque, etc.), podendo assim o devedor evitar, sem nenhum embaraço ou incómodo de maior, que o credor se desloque ao seu domicílio para reclamar a entrega: NUSSBAUM, *Teoria jurídica del dinero*, trad. esp., § 8.º, II, b.

[3] A fixação do lugar da prestação tem importância, não só para a questão do cumprimento, mas para vários outros efeitos, nomeadamente a determinação do tri-

Das obrigações em geral

Esta é a regra *supletiva* aplicável ao lugar do cumprimento da obrigação. No caso, porém, de o devedor haver *mudado de domicílio* entre a constituição da obrigação e a data do cumprimento, a prestação será efectuada no domicílio primitivo, se a mudança causar prejuízo ao credor. A opção pelo domicílio inicial tanto se dá na hipótese de a mudança se ter dado dentro do território continental, como no caso de se ter operado para fora dele [1].

Se o devedor tiver mais de um domicílio, nos termos do artigo 82.º, a prestação deve ser feita no domicílio correspondente à data do cumprimento, ou seja, no lugar onde habitualmente resida nessa altura. E não será lícito falar em mudança de domicílio, quando assim seja, se, ao tempo em que a obrigação foi constituída, já o devedor residisse alternadamente em diversos lugares.

Às obrigações em que o credor deve ir *buscar* ou mandar procurar a prestação ao domicílio do devedor ou a outro lugar dão os franceses o nome de *dettes quérables* e os alemães a designação de *Holschulden* [2]. E dá-se, pelo contrário, na doutrina francesa o nome de *dettes portables* àquelas cuja prestação tem de ser levada ao lugar do domicílio do credor (caso típico das obrigações pecuniárias: art. 774.º).

Nas obrigações de prestação de coisa que deva ser enviada para lugar diferente do lugar de cumprimento (*Schickschulden*), os autores distinguem entre o *lugar da prestação*, «*lieu de la délivrance*», «*place of delivery*» (que interessa ao cumprimento, à determinação do tribunal competente, etc.) e o lugar *do resultado* ou *do efeito*, onde finda a obrigação do devedor, ou melhor, os seus *principais deveres acessórios de conduta* [3].

---

bunal territorialmente competente para a acção destinada a exigir o cumprimento da obrigação ou a indemnização pelo não cumprimento (art. 74.º, 1, do Cód. Proc. Civ.).

[1] Neste último caso, o artigo 744.º do Código de 1867 mandava efectuar a prestação no domicílio do credor.

[2] BROX, pág. 75; LARENZ, § 14, IV.

[3] VAZ SERRA, *Lugar da prestação. Tempo da prestação. Denúncia. Cessão da posição contratual,* 1955, ns. 9 e 10; ESSER, § 22.

Mudança de domicílio do credor. À semelhança do que fez relativamente ao devedor, a lei previu também, no artigo 775.º, a possibilidade de o *credor mudar de domicílio* após a constituição da obrigação, nos casos em que a prestação, por estipulação das partes ou por disposição da lei, deva ser efectuada no domicílio dele.

Quando assim seja, se a mudança tornar mais oneroso o cumprimento, concede-se ao devedor a faculdade de cumprir no seu domicílio, a não ser que o credor o indemnize do agravamento de encargos que acarreta o cumprimento no novo domicílio [1]. Se a mudança não onerar mais o devedor, terá a prestação de ser efectuada no lugar do novo domicílio do credor, sem margem para qualquer indemnização [2]. De qualquer modo, também o credor deve, na altura própria, comunicar ao devedor a mudança do seu domicílio.

Consagrou-se deste modo uma solução intermédia, relativamente às duas que eram sustentadas no domínio do Código de 1867: uma optava pelo domicílio do credor à data da constituição da obrigação; outra, por aplicação analógica do § único do artigo 744.º, remetia para o domicílio do devedor.

As obrigações em que o devedor tem de levar, ou enviar à sua custa, a coisa devida ao domicílio do credor ou a outro lugar, dão os autores alemães a designação de *Bringschulden* [3].

285. *Impossibilidade da prestação no lugar fixado.* A impossibilidade de cumprimento no lugar fixado (obrigação de o artista se exibir numa cidade onde as autoridades proibiram espectáculos dessa natureza, por exemplo) determina, em regra, a nulidade da obrigação ou a extinção desta: nulidade da obrigação, no caso de

---

[1] Igual solução deve valer ainda, por analogia, para a hipótese de o crédito ter sido transmitido por cessão, sub-rogação ou sucessão *mortis-causa*: PIRES DE LIMA e A. VARELA, *Cód. Civ. anot.,* II, 3.ª ed., art. 775.º; VAZ SERRA, anot. ao ac. do S.T.J., de 3-10-1967 (R.L.J., 101.º, pág. 221).

[2] Nesse sentido VAZ SERRA *anot. cit.*

[3] VAZ SERRA, *ob. cit.,* n. 9; BROX, *loc. cit.;* LARENZ, *loc. cit.*

Das obrigações em geral

impossibilidade originária (arts. 280.º, 1, e 411.º, 1); extinção do vínculo obrigacional, quando a impossibilidade seja superveniente e não proceda de causa imputável ao devedor (art. 790.º).

Pode, no entanto, suceder que a prestação seja impossível no lugar fixado, mas possível fora desse lugar, e que a determinação deste não seja essencial à vontade dos sujeitos da relação. Dois peritos estrangeiros são contratados para trabalhar junto duma fábrica, que é mais tarde destruída por um incêndio. Mas a sua tarefa pode, perfeitamente, ser executada noutros locais.

Quando assim seja, nenhuma razão havendo para não considerar válida a obrigação, duas soluções se apresentam como possíveis: ou procurar o lugar que, em cada caso concreto, atentas as circunstâncias da convenção, melhor se ajuste à vontade presumível das partes; ou adoptar directamente as disposições supletivas que a lei consagra sobre o lugar da prestação (arts. 772.º a 774.º).

Foi esta última a orientação que o artigo 776.º consagrou, mais uma vez em obediência à *certeza* que se pretendeu imprimir, na medida do possível, a todo o regime da relação obrigacional.

286. *Tempo da prestação. Classificação das obrigações quanto ao tempo do cumprimento; obrigações exigíveis e obrigações pagáveis; obrigações puras e obrigações a prazo. Ideias gerais.* O momento em que a obrigação deve ser cumprida pode ser fixado por *convenção das partes* ou por *disposição legal.* Frequentes vezes, no comércio jurídico, os interessados estipulam, de facto, a data em que a *obrigação se vence* — ou seja, o momento a partir do qual a *prestação pode ser exigida.* Outras vezes é a própria lei (cfr. o art. 1148.º, 1, 2 e 3, quanto ao mútuo, e o art. 1211.º, 2, relativamente à empreitada) que fixa o prazo de determinadas obrigações.

Antes, porém, de se conhecer o momento a partir do qual o credor pode *exigir* o cumprimento da obrigação (sob pena de o devedor, não cumprindo, incorrer em *mora debendi*), interessa por vezes conhecer o momento a partir do qual o devedor *pode cumprir* a obrigação, forçando o credor a receber a prestação oferecida

Cumprimento e não-cumprimento

(sob pena de, recusando o recebimento e a respectiva quitação, ser ele quem incorre em *mora credendi*).

A doutrina alemã distingue, efectivamente, com inteira propriedade, entre o momento a partir do qual o credor pode *exigir* o cumprimento da obrigação (o momento da *Fälligkeit* — da *exigibilidade* ou do *vencimento* — do crédito) e o momento a partir do qual o devedor *pode prestar*, forçando o credor a receber, sob pena de *mora* na aceitação (o momento da *Erfüllbarkeit*, ao qual se poderá chamar, à míngua de melhor termo, a *pagabilidade* do débito)([1]).

A distinção entre os dois momentos é nítida no caso das *obrigações a prazo*, em que o prazo funcione a favor do devedor.

Nesse caso, o credor não pode exigir o cumprimento da obrigação antes de decorrido o prazo, por não haver ainda *Fälligkeit* do crédito. Mas o devedor *pode*, renunciando ao benefício do prazo, oferecer validamente a prestação, por haver já *Erfüllbarkeit* do débito.

O aspecto que maior interesse prático e teórico reveste na questão (do *tempo* da prestação) é, no entanto, por óbvias razões, o da *exigibilidade* da obrigação — a determinação do momento a partir do qual o credor pode exigir a realização da prestação devida.

«Na falta de estipulação ou disposição especial da lei, diz a esse respeito o artigo 777.º, 1, o credor tem o direito de exigir a todo o tempo o cumprimento da obrigação, assim como o devedor pode a todo o tempo exonerar-se dela» ([2]).

Logo no n.º 2 do mesmo artigo se prevê, no entanto, a possibilidade de, não obstante a falta de estipulação ou disposição legal,

---

([1]) Vide, por todos, LARENZ, *Lehrbuch*, I, 14.ª ed., § 14, V, pág. 198.

([2]) O ac. do S.T.J. de 15-1-1971 (*Rev. Trib.*, 89.º, pág. 205) versa sobre um caso em que as partes fixaram, por lapso manifesto, para data do cumprimento (de um acto sujeito a escritura pública) um dia (20-8-67) que era domingo. O acórdão, que decidiu *bem* no julgamento da acção, entendeu — *mal* — não ser aplicável à hipótese versada o disposto na alínea *e*) do artigo 279.º. No sentido da boa doutrina, a breve anot. da *Rev. Trib.*

Das obrigações em geral

se tornar indispensável o estabelecimento de um prazo; «quer pela própria *natureza da prestação*, quer por virtude das *circunstâncias que a determinaram*, quer *por força dos usos*».

Há, com efeito, prestações que, seja pela sua natureza (construção de uma casa, realização de um estudo financeiro complexo e moroso), seja pelas circunstâncias que a determinaram (empréstimo de uma mobília a um casal cujo mobiliário há-de ser embarcado do Brasil para o continente), seja pela força dos usos (retribuição das prestações de trabalho que é usual serem remuneradas não dia a dia, mas só periodicamente), não podem ou não devem ser subordinadas ao princípio da *imediata exigibilidade* das obrigações sem prazo.

Sintetizando a doutrina dos dois números do artigo 777.º, as obrigações podem reunir-se, segundo uma classificação tradicional relativa ao tempo do seu *vencimento*, em dois grandes grupos: *a) obrigações puras*, de um lado; *b) obrigações a prazo* ou *a termo*, do outro.

As *obrigações puras* (art. 777.º, 1) são aquelas que, por falta de estipulação ou disposição em contrário, se vencem logo que constituídas, ou seja, logo que o credor, mediante interpelação, exija o seu cumprimento (*quod sine die debetur statim debetur*) ou o devedor pretenda realizar a prestação devida. As obrigações *a prazo* são aquelas cujo cumprimento não pode ser *exigido* ou *imposto* à outra parte antes de decorrido certo período ou chegada certa data ([1]). O prazo marca a data antes da qual o credor não pode exigir a prestação, se o devedor ainda a não tiver efectuado, ou não pode ser forçado a recebê-la.

Dentro da categoria das obrigações a prazo cabem ainda aquelas a que se refere o n.º 2 do artigo 777.º (obrigações de prazo

---

([1]) Da convenção das partes pode resultar uma situação *mista* ou *intermédia*: a de a prestação só ser devida se determinado evento futuro (condição) se verificar, sendo porém, imediatamente exigível, logo que ocorra a condição.

No fundo, era esta a situação que se verificava, quanto a uma obrigação *instrumental* ou *acessória* assumida pelos promitentes vendedores, no caso decidido pelo ac. do S.T.J., de 23-4-1971 (*Bol. Min. Just.*, 205.º, pág. 72).

natural, circunstancial ou *usual*). Antes da entrada em vigor do novo Código Civil, o prazo destas obrigações, na falta de acordo entre as partes, só podia ser fixado judicialmente na *execução para prestação de facto*, como uma espécie de fase introdutória nela enxertada (arts. 939.º e 940.º do Cód. Proc. Civ. de 1939). Em qualquer outro caso, o credor parece que teria de aguardar o decurso de um prazo razoável, a fim de que a obrigação fosse considerada como vencida pelo tribunal, na hipótese de ter de recorrer às vias executivas.

Com a nova legislação procurou-se atender ao legítimo interesse do credor na fixação oportuna de um prazo para tais obrigações, dando-lhe a faculdade de *recorrer aos tribunais*, para essa exclusiva finalidade (fixação *judicial* do prazo), sempre que não consiga chegar a acordo com o devedor (arts. 1456.º e 1457.º do Cód. Proc. Civil).

De análoga faculdade goza, aliás, o devedor, na hipótese de a determinação do prazo ter sido convencionalmente confiada ao credor, se este se *recusar* a fazê-lo, ou de qualquer modo o não fizer.

O prazo *convencional* tanto pode ser *originário* (contemporâneo da obrigação), como *subsequente*. Tanto o prazo *originário*, como o *subsequente*, podem ser substituídos por outro, que *amplie* ou *reduza* (caso pouco frequente) o prazo anterior. Quando o novo prazo constitui um aditamento ao anterior, começando a contar-se só após o termo deste (*ex nunc*), diz-se correntemente que houve uma *prorrogação* do prazo: o prazo deveria findar em 6 de Janeiro; é *prorrogado* por seis meses, o que significa que a obrigação se vencerá apenas em 6 de Julho. Devendo o novo prazo contar-se *ab initio* ou *ex tunc*, teremos antes a *substituição* do *prazo inicial* por um *prazo diferente*.

Os prazos têm, por via de regra, carácter *suspensivo*: vencer-se a obrigação em 6 de Janeiro significa que o credor não pode exigir o seu cumprimento antes dessa data. Excepcionalmente, porém, o prazo tem algumas vezes a natureza de *final* ou *resolutivo*: a empresa realizadora de certo sorteio só paga os prémios que forem levanta-

Das obrigações em geral

dos até determinada data; a repartição pública só paga os documentos de dívida, que forem cobrados dentro de tantos dias, a contar da sua emissão; etc.

Para se determinar o sentido preciso da respectiva cláusula, torna-se mister saber a favor de qual dos sujeitos da obrigação o prazo foi estabelecido. No seguimento da orientação tradicional (*favor debitoris*), o artigo 779.º diz que o prazo se tem por estabelecido a favor do devedor (*dies adjectio pro reo est non pro stipulatore:* D., 45, 1,41,1), quando se não mostre que o foi a favor do credor, ou de um e outro conjuntamente.

Ter-se o prazo por estabelecido a favor do devedor significa que o credor não pode exigir o cumprimento antes de vencida a obrigação, mas que é lícito ao devedor, renunciando o benefício, cumprir antes do vencimento do prazo ([1]). Sendo o benefício atribuído ao credor ([2]), é este quem pode exigir o cumprimento antes do tempo estipulado, mas não pode ser forçado a receber a prestação antes de findo o prazo. Quando o prazo beneficie a ambos ([3]), nem o credor pode ser forçado a receber antes do tempo a prestação, nem o devedor coagido a efectuá-la.

([1]) Se só por erro tiver cumprido *ante diem*, nem por isso lhe será lícito exigir a repetição do *indevido*, mas apenas a restituição daquilo com que o credor se tenha enriquecido por virtude da antecipação (art. 476.º, 3).

([2]) Assim sucede, em regra, no contrato de depósito: «O prazo de restituição da coisa, diz o artigo 1 194.º, tem-se por estabelecido a favor do depositante».

([3]) É o que, por seu turno, se verifica, como regra, no contrato de mútuo remunerado. «No mútuo oneroso, diz o artigo 1 147.º, o prazo presume-se estipulado a favor de ambas as partes, mas o mutuário pode antecipar o pagamento, desde que satisfaça os juros por inteiro».

A possibilidade de cumprimento antecipado conferida ao mutuário não colide com as noções dadas, uma vez que a condição a que ele fica subordinado (a do pagamento do chamado *inter usurium*, no caso de pagamento antecipado) ressalva o interesse mutuante subjacente ao benefício do prazo.

Quanto ao problema geral de saber a qual das partes compete o direito aos rendimentos da coisa (direito ao *inter usurium*, quando de prestação pecuniária se trate), há que ter em conta, além deste artigo 1147 relativamente ao caso especial do *mútuo* oneroso, ao disposto no n.º 3 do artigo 476.º, no âmbito da figura geral do enriquecimento sem causa. Cfr., a propósito, ALMEIDA COSTA, *ob. cit.*, 6.ª ed., pág. 889, nota 3.

Em qualquer caso, uma vez vencido o prazo, o credor pode exigir o cumprimento da dívida, não tendo os tribunais entre nós a possibilidade, que o artigo 1244 do *Code Civil* (na alínea introduzida pela Lei de 20-VIII-36) confere aos tribunais franceses, de fixarem *un terme de grâce* (não superior a um ano), quando a posição do devedor e a sua situação económica o justifiquem.

Prestações com data fixa ou com prazo limitado. Reveste, por último, a maior importância a questão de saber qual o alcance que as partes pretendem dar à fixação do *prazo*, quanto à eficácia do negócio que serve de fonte à obrigação. Se a fixação do prazo significa que a prestação tem de ser efectuada dentro dele, sob pena de o negócio *caducar*, por a prestação já não ter interesse para o credor, há o que os autores chamam um negócio fixo *absoluto* ([1]), um *prazo absolutamente fixo,* ou, como lhe chama BAPTISTA MACHADO([2]), uma *prestação temporalizada.* Se a fixação do prazo não envolve a necessária caducidade do negócio, mas apenas a faculdade de o credor, vencido o prazo sem que a obrigação seja cumprida, *resolver* o negócio ou exigir indemnização pelo *dano moratório,* há um negócio fixo *relativo* ou *simples* ([3]).

Há casos em que a *essencialidade* do prazo resulta logo do *fim* a que a obrigação se encontra adstrita, ficando o prazo como que *inscrustado* no conteúdo da prestação.

É o que sucede com a contratação do táxi para o cliente apanhar o avião ou o comboio de certa hora, o copo de água ajustado para certa boda de casamento ou o cantor contratado para o recital de certa data.

([1]) A estes casos são naturalmente equiparáveis os das obrigações cuja prestação tem de ser realizada em certa data, sob pena de perder todo o seu interesse para o credor (empregado de mesa contratado para servir em determinada cerimónia; músico obrigado a participar num espectáculo marcado para certa data, etc.).

([2]) BAPTISTA MACHADO, *Risco contratual e mora do credor,* Coimbra, 1988, sep. do *Bol. Fac. Dir.,* pág. 11.

([3]) VAZ SERRA, anot. ao ac. do S.T.J., de 12-1-1971 (R.L.J., 104.º, pág. 302).

Aos casos deste tipo chamam alguns autores ([1]) negócios de *prazo (termo) essencial objectivo*.

Aos casos em que o prazo é *essencial*, não pela *natureza* ou *finalidade* da obrigação, mas por mera *determinação* das partes, dár-se- -á em contrapartida o nome de negócios de termo (prazo) *essencial subjectivo*.

287. *Critérios especiais de fixação indirecta do prazo.* À semelhança do que já se fazia na legislação anterior (§ único do art. 743.º), o código vigente prevê a hipótese de se ter estipulado que o devedor cumprirá *quando puder (cláusula de melhoria).* Nesse caso, a prestação só será exigível, tendo o devedor a possibilidade de cumprir (art. 778.º). Para exigir o cumprimento, o credor terá de alegar e provar que o devedor dispõe de meios *económicos* bastantes para efectuar a prestação, sem que esta o deixe em situação precária ou difícil ([2]). Falecido o devedor sem ter cumprido, pode a prestação ser exigida dos seus herdeiros, já *sem necessidade de prova da sua possibilidade económica de cumprimento*, embora se saiba que a responsabilidade deles está, em princípio, limitada pelas forças da herança (art. 2071.º).

A lei imprime assim carácter *pessoal* à faculdade concedida ao devedor, a ponto de o herdeiro não suceder nela.

Omissa na legislação anterior era a hipótese de o prazo ser confiado ao arbítrio do devedor (de o devedor cumprir *quando quiser: cum voluerit*), que o artigo 778.º prevê e regula no n.º 2. O regime estabelecido mostra, por um lado, que se respeitou a plena liberdade concedida ao devedor, quanto à escolha do momento do cumprimento, e, por outro, que se considerou também de carácter

---

([1]) BAPTISTA MACHADO, *Pressupostos da resolução por incumprimento*, Coimbra, 1979, sep. do *Bol. Fac. Dir.*, pág. 65.

([2]) Não se exclui, entretanto, a hipótese de a interpretação do negócio levar à conclusão de que, ao inserirem a cláusula *cum potuerit*, as partes quiseram aludir antes, tratando-se sobretudo de prestação de facto (escrever um artigo, realizar uma obra, fazer uma escrita, etc.), à possibilidade material ou à disponibilidade de tempo: PIRES DE LIMA e A. VARELA, *Cód. Civ. anot.*, com. ao art. 778.º.

pessoal a faculdade que lhe é atribuída, estando os seus sucessores obrigados a cumprir, como se tal cláusula não existisse ([1]).

Esta era já, de resto, a doutrina tradicionalmente ensinada entre nós, no silêncio da legislação anterior ([2]).

288. *Perda do benefício do prazo: A) Insolvência do devedor.* Há circunstâncias que, apesar de a obrigação ser *a prazo*, e de este ser estabelecido *em benefício exclusivo ou conjunto* do devedor, determinam o vencimento *imediato* da obrigação, por caducidade do prazo estabelecido (art. 780.º).

A primeira delas é a de «o devedor *se tornar insolvente,* ainda que a insolvência não tenha sido judicialmente declarada» (art. 780.º, 1) nada impedindo que a insolvência seja reconhecida em acção exclusivamente destinada a obter o vencimento antecipado da dívida([3]).

A *insolvência* consiste na situação em que se encontra o devedor que, por carência de meios próprios e por falta de crédito, se mostre impossibilitado de cumprir pontualmente as suas obrigações (art. 3.º do Cód. dos Proc. Esp. de Recuperação da Emp. e de Fal.) ([4]). Logo que tal situação se verifique, a dívida a ter-

---

([1]) Se igual faculdade competisse aos herdeiros, observa M. ANDRADE (pág. 304) com razão, «estaríamos em face duma condição meramente potestativa *a parte debitoris,* não existindo, portanto, verdadeira vinculação do devedor e, consequentemente, obrigação civil». Diferente é o regime fixado no artigo 1 183, II, do Código italiano, que confia nestes casos ao juiz o estabelecimento do prazo, segundo as circunstâncias.

([2]) P. LIMA e A. VARELA, *Noções fundamentais de direito civil,* I, 6.ª ed., pág. 326.º, nota 1 e aut. *cit.*

([3]) Idêntica doutrina se encontra consagrada, quanto à *falência,* uma vez declarada, no artigo 151.º, n. 1, do Código dos Processos Especiais de Recuperação da Empresa e de Falência, e deve considerar-se aplicável à *declaração* de insolvência, quer por força do texto expresso do artigo 780.º do Código Civil, quer por virtude da disposição contida no artigo 25.º, n.º 2, daquele Código dos Processos Especiais.

([4]) Essencialmente distinto da concepção *estática* da insolvência era o conceito *dinâmico* da falência, privativo dos comerciantes, que consistia na impotência do devedor para cumprir pontualmente os seus débitos.

Apesar disso, era à *falência* do devedor que, a propósito do vencimento antecipado da obrigação, aludia o artigo 741.º do Código Civil anterior, usando manifes-

Das obrigações em geral

mo torna-se imediatamente exigível, na medida em que deixa de justificar-se a confiança do credor, que está na base da concessão do prazo.

Assim resultaria já da conjugação do disposto no artigo 1 196.°, 1 (ant. redacção), do Código de Processo Civil com a remissão genérica contida no artigo 1 315.° do mesmo diploma, no caso de a insolvência ser judicialmente declarada. O artigo 780.° esclarece, porém, pondo termo às dúvidas que poderiam suscitar-se perante o silêncio da legislação anterior, que não é necessária, para o efeito, a declaração judicial *prévia* da insolvência do devedor.

Na própria acção em que peça o cumprimento (imediato) da dívida, o credor pode alegar e provar (oportunamente) a insolvência do devedor ([1]).

Deixou, no entanto, de ser equiparado, para este efeito, à *insolvência* do devedor o *justo receio* da insolvência (como sucedia na vigência do art. 741.° do Cód. de 1867, depois da modificação nele introduzida pelo Dec. n.° 19 126), pois a perda do benefício do prazo poderia precipitar injustamente o afundamento do devedor em situação económica difícil, mas ainda não de desespero. O justificado receio da insolvência do devedor pode, entretanto, servir de fundamento ao *arresto* dos seus bens (arts. 619.° do Cód. Civ. e 406.° e seguintes do Cód. Proc. Civil). O arresto tem de ser requerido em termos de a acção de dívida (que só se vencerá na data fixada) ser proposta sem quebra do prazo resolutivo a que se refere o

---

tamente o termo *falido*, não no seu sentido *técnico-jurídico*, mas na acepção *corrente*, vulgar (M. ANDRADE, *ob. cit.,* n. 70), em larga medida correspondente ao sentido com que o termo insolvência hoje se encontra consagrado, em termos gerais, no artigo 3.° do diploma regulador das falências.

([1]) Note-se, porém, a profunda e estrutural diferença existente entre a *exigibilidade* do dumprimento imediato da obrigação facultada ao credor, nos termos do artigo 780.°, n.° 1, e o *vencimento imediato* de todas as dívidas do falido, *resultante imediatamente* da simples *declaração de falência* do devedor. *Vide* ALMEIDA COSTA, *ob. e ed. cits.,* págs. 891.

Cumprimento e não-cumprimento

artigo 389.º, 1, alínea *a*), do Código de Processo, sob pena de a providência caducar.

289. *B) Diminuição das garantias prestadas ou falta das garantias prometidas, por causa imputável ao devedor.* A segunda causa de vencimento antecipado, por caducidade do prazo, é a *diminuição das garantias do crédito, ou a falta das garantias prometidas, por causa imputável ao devedor* [1].

A dívida estava garantida por hipoteca; mas, por culpa (dolo ou negligência) do devedor, o prédio urbano hipotecado foi total ou parcialmente destruído pelo fogo. ou o prédio rústico que servia de segurança ao crédito sofreu séria desvalorização. O devedor tinha prometido afiançar a dívida ou assegurá-la com certa hipoteca, mas não cumpre a promessa feita. O devedor deu, culposamente, como penhor ou como garantia hipotecária, coisa que lhe não pertencia.

Em qualquer dos casos, a dívida a *termo* torna-se imediatamente exigível, perdendo o devedor o benefício do prazo [2].

Tal como no Código anterior (art. 741.º), não se exige que a diminuição da garantia a torne *insuficiente*. Entende-se, por uma questão de segurança, que mesmo havendo uma folga entre o montante do crédito e o valor da garantia, no momento da constituição desta, não há razão para não manter essa diferença. Além disso, observam os autores [3] que a diminuição das garantias por facto imputável ao devedor constitui uma violação do contrato, perante

---

[1] MORENO QUESADA, *El vencimento antecipado del credito por alteracion de sus garantias, Anuário de Derecho Civil.* 1971, pág. 429.

[2] A questão de saber se o devedor, forçado a cumprir antes do prazo, pode exigir o *interusurium*, nos casos em que a dívida não vença juros, presta-se a dúvidas: VAZ SERRA, *ob. cit.,* n. 16.

Sendo instaurado processo executivo contra o devedor, qualquer *outro* credor *preferente* pode vir reclamar o pagamento do seu crédito (ao lado do credor exequente), mesmo que esse crédito não esteja vencido: cfr., a propósito, o ac. do S.T.J., de 21-1-1972 e a pertinente observação da *Rev. Trib.,* 90.º, pág. 223.

[3] M. ANDRADE, *ob. cit.,* pág. 312.

Das obrigações em geral

a qual se justifica que o credor perca a confiança que a outra parte lhe merecia.

Por análogo raciocínio se conclui que não basta, para impedir a perda do benefício do prazo, a alegação de ser *supérflua* a garantia prometida, que o devedor (ou terceiro) não presta.

Ao contrário do Código anterior, que no artigo 741.º aludia apenas à diminuição das seguranças *estipuladas* no contrato ([1]), o artigo 780.º do Código vigente refere-se genericamente à diminuição das garantias do crédito, na manifesta intenção de abranger tanto as garantias constituídas no momento da contracção da dívida, como as estipuladas em momento posterior, e em termos de compreender não só as constituídas por acordo, como as criadas por força da lei (*hipoteca judicial*).

A diminuição de garantias, por facto imputável ao devedor, pode servir de fundamento ao pedido de *substituição* ou *reforço* delas, em lugar da realização imediata da prestação. Preferindo o credor essa solução, que pode reparar o prejuízo havido com a diminuição da garantia quanto à *segurança* ou *valor* do crédito, não há razão que justifique o indeferimento da sua opção. Essa é a doutrina estabelecida no n.º 2 do artigo 780.º, na sequência lógica do preceituado no número anterior.

Há, todavia, necessidade de se aproximar deste artigo 780.º, aplicável às garantias *em geral*, o disposto noutros preceitos isolados quanto a certas garantias *em especial*, para se completar o exame dos efeitos a que pode dar lugar a *diminuição de garantias do crédito*.

Quanto à fiança, diz o artigo 633.º, 2, que, mudando de fortuna o fiador nomeado, em termos de haver risco de insolvência, tem o credor a faculdade de exigir o reforço da fiança, e, subsidiariamente (caso o devedor a não reforce ou não ofereça outra garantia idónea, dentro do prazo fixado pelo tribunal), o cumprimento imediato da obrigação.

([1]) No mesmo sentido, o artigo 1 188 do *Code Civil:* «O devedor não pode invocar o benefício do prazo, quando tiver falido ou quando, por culpa sua, tiverem diminuído as garantias que ele dera, *pelo contrato*, ao credor».

Confrontando esta disposição com o artigo 780.º, chega-se às seguintes conclusões:

1) Se a garantia dada pela fiança diminuir por causa imputável ao devedor (hipótese pouco provável, mas possível), o credor (seja qual for o grau dessa diminuição e quaisquer que sejam as suas repercussões sobre o crédito) pode exigir, como melhor lhe aprouver (sempre, é evidente, com o *travão* da *boa fé* à perna: art. 762.º, n.º 2), o imediato cumprimento da obrigação, ou a substituição ou reforço da garantia, e só subsidiariamente o cumprimento da dívida (art. 780.º, 1 e 2).

2) Se a diminuição da garantia dada pela fiança for imputável, não ao devedor, mas ao próprio fiador ou a terceiro, ou for devida a caso fortuito, o credor pode exigir o reforço da fiança ou outra garantia idónea e, subsidiariamente, o cumprimento imediato da obrigação, contanto que a mudança de fortuna do fiador crie justificado receio da sua insolvência (art. 633.º, 2 e 3).

Em termos semelhantes, *mutatis mutandis*, se há-de conjugar e harmonizar o disposto no artigo 780.º com o preceituado, quanto à hipoteca, no artigo 711.º, cuja doutrina é extensiva à consignação de rendimentos (cfr. art. 665.º) e ao penhor (cfr. art. 678.º).

Quer dizer:

a) Se a garantia dada pela hipoteca, pela consignação ou pelo penhor, diminuir de valor por facto imputável ao devedor, o credor goza dos direitos que lhe conferem os n.ᵒˢ 1 e 2 do artigo 780.º;

b) Se a coisa hipotecada, consignada ou empenhada, perecer por causa imputável a terceiro ou por caso fortuito ([1]), ou se a

---

([1]) Havendo apenas *receio* fundado de que a coisa se perca ou diminua de valor, permite-se, mas só quanto ao penhor, a venda antecipada, mediante prévia autorização judicial (art. 674.º, 1.). Não assim quanto à hipoteca: VAZ SERRA, *Hipoteca*, n. 22.

Das obrigações em geral

garantia, por idênticos motivos, se tornar *insuficiente* para segurança da obrigação (¹), tem o credor o direito de exigir a sua substituição ou reforço e, subsidiariamente, o imediato cumprimento da dívida (²), por força do prescrito no artigo 711.º, 1.

c) De especial, nestes casos, há ainda a hipótese de a garantia ter sido constituída por terceiro, sendo o devedor estranho a essa constituição. Quando assim seja, é do terceiro, autor da garantia, que o credor pode exigir, não só a substituição ou o reforço da garantia, mas o próprio cumprimento imediato da obrigação (ou o registo da hipoteca sobre outros bens, tratando-se de obrigação futura) — contanto que o perecimento da coisa ou a insuficiência da garantia seja devida a culpa do terceiro.

290. *C*) *Falta de cumprimento de uma prestação, nas dívidas pagáveis em prestações. Venda a prestações.* A terceira causa de vencimento antecipado, ou de caducidade do prazo, respeita apenas às chamadas *dívidas em prestações.*

Trata-se de obrigações cujo objecto, apesar de globalmente fixado, se reparte em várias fracções, escalonadas ao longo do tempo. Ao contrário, porém, do que sucede nas obrigações de prestação continuada e de trato sucessivo, em que o tempo exerce uma influência essencial na determinação da prestação debitória, nas *obrigações liquidáveis em prestações* o objecto está fixado desde a constituição da dívida, e só o seu *pagamento* (*cumprimento,* ou *liquidação* como lhe chama o art. 781.º), em regra para facilidade do devedor, é repartido por fracções.

(¹) Desde que a diminuição da garantia não proceda de facto imputável ao devedor, desaparece o facto *subjectivo* (da quebra da confiança provocada pela violação do contrato) que justifica o vencimento antecipado, qualquer que seja a expressão quantitativa absoluta ou relativa dessa diminuição, e só a razão *objectiva* da insuficiência da garantia justifica cabalmente os poderes conferidos por lei ao credor.

(²) Tratando-se de obrigação futura, em lugar do cumprimento imediato, o credor terá antes direito a registar hipoteca sobre outros bens do devedor (art. 701.º, 1, *in fine*).

Ora, quanto a esse tipo de obrigações, diz o artigo 781.º (correspondente ao art. 742.º do Cód. de 1867) o seguinte: «Se a obrigação puder ser liquidada em duas ou mais prestações, a falta de realização de uma delas importa o vencimento de todas».

Vendeu-se um automóvel pelo preço global de 2 000 contos, estipulando-se que o pagamento se faria em cinco prestações mensais de 400 contos.

Se o comprador faltar ao pagamento de qualquer delas, imediatamente se vencerão, por força do preceito transcrito (cfr., porém, a disposição especial do art. 934.º quanto ao caso especial das *vendas a prestações*), todas as que ainda estejam em dívida. O inadimplemento do devedor, quebrando a relação de *confiança* em que assenta o plano de pagamento escalonado no tempo ([1]), justifica a perda do benefício do prazo quanto a todas as prestações previstas para futuro ([2]).

O credor *fica*, por conseguinte, com *o direito de exigir* a realização, não apenas da prestação a que o devedor faltou, mas de todas as prestações restantes, cujo prazo ainda se não tenha vencido.

Assim se deve interpretar o texto do artigo 781.º, e não no sentido de que, vencendo-se imediatamente, *ex vi legis*, as prestações restantes, o devedor comece desde esse momento, ao arre-

---

([1]) «Se o credor, escreve M. ANDRADE (*ob. cit.*, pág. 319), permitiu que o devedor pagasse por prestações, foi para lhe facilitar o pagamento, de maneira que, se este deixa de pagar uma prestação, o credor perde a confiança que nele tinha, e portanto desaparece a base de que o credor partiu ao fazer a concessão, bem se justificando que o credor possa exigir o total pagamento da dívida».

([2]) A sanção prescrita no artigo 781.º vale mesmo no caso da venda a prestações, em que o vendedor tenha feito *reserva da propriedade* (art. 409.º, 1). Embora esta cláusula traduza já, em certo aspecto, uma falta de confiança plena no comprador, o atraso deste no cumprimento pontual das prestações fixadas continua a justificar a perda do *benefício* que lhe fora concedido (cfr. ac. de 4-2-1971 da Rel. do Porto, na *Rev Trib.*, 89.º, pág. 279). E não se diga sequer que a exigência de todas as prestações em dívida envolve, nesse caso, a renúncia à cláusula de reserva do domínio. A cláusula mantém todo o seu interesse até que a obrigação do comprador esteja *efectivamente* cumprida. Vide VASCO XAVIER, *Venda a prestações. Algumas notas sobre os artigos 934.º e 935.º do Código civil*, Coimbra, 1977, n. 3.

Das obrigações em geral

pio da doutrina geral do artigo 805.º, n.º 1, a responder pelos danos moratórios.

O vencimento imediato das prestações cujo prazo ainda se não vencera constitui um benefício que a lei concede — mas não *decreta* ela própria — ao credor, não prescindindo consequentemente da interpelação do devedor.

A interpelação do devedor para que cumpra imediatamente toda a obrigação (realizando todas as prestações restantes) constitui a manifestação da vontade do credor em aproveitar o benefício que a lei lhe atribui [1].

A sanção não vale, obviamente, para as obrigações de prestação *continuada*, nem para o caso de haver várias obrigações em face do mesmo credor. Não é o facto de a entidade patronal não pagar o salário de uma semana ao trabalhador que dá a este o direito de exigir a entrega dos salários correspondentes a todas as semanas futuras, compreendidas na duração do contrato de trabalho.

Da mesma sorte, a falta de pagamento dos juros não implica o vencimento imediato da dívida de capital, visto não se tratar de fracções da mesma dívida, mas de dívidas distintas, ainda que estreitamente conexas entre si. No caso do contrato de locação, a falta de pagamento da renda ou aluguer pode dar lugar, não só à indemnização prevista no artigo 1 041.º, como também à resolução do contrato e à consequente restituição da coisa (art. 1047.º do Cód. Civil e art. 64.º, 1, al. *a*), da Lei do arrendamento urbano)[2]; também o mútuo oneroso pode ser resolvido, se o mutuário não pagar os juros no seu vencimento (art. 1 150.º)[3].

---

[1] Vide, por todos, VASCO XAVIER, *op. cit.*, pág. 7, nota 4; e ALMEIDA COSTA, *ob. e ed. cit.*, pág. 893.

[2] O que a falta de pagamento da renda não legitima é o poder de exigir imediatamente todas as rendas futuras até ao termo do contrato.

[3] Note-se que também esta *resolução* do mútuo oneroso se não identifica, por inteiro, com o vencimento de todas as *prestações* (*amortizações* e *respectivos juros*) contraídas pelo mutuário em falta.

Venda a prestações. Também no que respeita à *venda a prestações*, o regime geral do artigo 781.º sofre alguns *desvios*, explicáveis pelo *interesse social* que revestem algumas modalidades da compra e venda a prestações e pela *protecção especial* que, sem prejuízo da segurança do comércio jurídico, se considerou equitativo conceder ao comprador, nesse *tentador* tipo de aquisições, com entrega imediata da coisa.

Assim, de acordo com o disposto no artigo 934.º, «vendida a coisa a prestações, com reserva de propriedade, e feita a sua entrega ao comprador, a falta de pagamento de uma só prestação que não exceda a oitava parte do preço não dá lugar à resolução do contrato, nem sequer, haja ou não reserva de propriedade, importa a perda do benefício do prazo relativamente às prestações seguintes, sem embargo de convenção em contrário».

Quer isto dizer que, nas vendas a prestações, com entrega antecipada da coisa, para haver lugar à perda do benefício do prazo concedido ao comprador, não basta a falta de pagamento de qualquer prestação: é essencial que a prestação, a cujo pagamento o comprador faltou, exceda a oitava parte do preço ou que o comprador tenha faltado ao pagamento de mais de uma prestação ([1]).

291. *Limites da eficácia atribuída à perda do benefício do prazo.* A perda do benefício do prazo, nos termos previstos pelo artigo 780.º, pode resultar da insolvência de um só dos devedores, quando eles forem vários, ou ser devida a facto imputável também só a um ou alguns deles.

Quando assim for, mesmo que a dívida seja solidária, a sanção aplicável ao devedor directamente em causa não se estende aos outros co-obrigados. Essa seria a solução imposta pelos princípios fundamentais da solidariedade, em matéria de *meios pessoais de de-*

([1]) Sobre a venda a prestações de bens consumíveis, veja-se ainda o Dec.-Lei n.º 490/71, de 10-11, completado pela Portaria n.º 341/72, de 16-6.

Das obrigações em geral

fesa. Mas o artigo 782.º não hesitou em consagrá-la aberta e directamente, dizendo que a perda do benefício do prazo não se estende aos co-obrigados do devedor.

E tão pouco se estende, na determinação do mesmo preceito, a terceiro que, a favor do crédito, tenha constituído qualquer garantia.

Tratando-se, por conseguinte, do terceiro que, à custa dos seus bens, constituiu o penhor ou a hipoteca, o credor terá que aguardar o momento em que a obrigação normalmente se venceria para poder agir contra ele. E, como se não distingue entre garantias reais e garantias pessoais, esse será também o regime aplicável ao terceiro (fiador) que tenha afiançado a dívida.

A este regime há, todavia, que ressalvar o disposto na 2.ª parte do n.º 2 do artigo 701.º e no artigo 678.º; nos casos aí previstos, em que a diminuição da garantia constituída por terceiro é devida a culpa deste, o credor tem o direito de exigir dele a substituição ou o reforço da garantia, e subsidiariamente, o imediato cumprimento da obrigação.

SUBSECÇÃO IV

Imputação do cumprimento

292. *Imputação pelo devedor. Limitações.* Se o devedor tiver diversas dívidas por saldar ao mesmo credor, interessa saber a qual delas se refere o cumprimento, na hipótese de o *solvens* o não declarar. Tendo as dívidas *natureza diferente,* não há, em princípio, nenhuma dificuldade: é a própria natureza da prestação efectuada que logo denuncia a obrigação a que o cumprimento se reporta.

Também não há problema quando, sendo as dívidas da mesma natureza, as coisas entregues pelo devedor chegam para as extinguir a todas.

As dificuldades surgem, quando, sendo as dívidas da mesma espécie, o cumprimento não chega para as satisfazer a todas.

Se *A* tiver contraído junto de *B* quatro dívidas de 2500 contos (cada uma delas), uma de 5000 e outra de 10000, e entregar para começo de pagamento delas a importância de 15000 contos, pode ficar-se realmente em dúvida sobre quais delas devem considerar-se extintas com a *solutio* do devedor.

De harmonia com o princípio básico da *liberdade negocial*, a primeira indicação a considerar para o efeito será a do *acordo* (expresso ou tácito) das partes (art. 783.º, 1 e 2).

Na falta de acordo, a lei confere ao devedor, quando a prestação por ele efectuada não baste para extinguir todas as obrigações, a faculdade de designar as dívidas a que o cumprimento se refere. Não se trata, porém, de uma faculdade *discricionária, arbitrária* ou *indiscriminada*, na medida em que tem de subordinar-se, lógica e razoavelmente, a duas regras fundamentais em matéria de cumprimento ([1]).

Por um lado, o devedor não pode designar, contra a vontade do credor, uma dívida ainda não vencida, se o prazo tiver sido estabelecido em benefício (quer exclusivo, quer conjunto) do credor. Por outro, não lhe é permitido designar, contra a vontade do credor, uma dívida de montante superior ao da prestação efectuada, desde que o credor tenha o direito de recusar a prestação parcial.

Devendo a *B* 10000 contos por um lado, e 5000 por outro, *A* não pode imputar a entrega que faça de 5000 na liquidação da dívida mais vultuosa.

De contrário, a designação do devedor violaria a regra do cumprimento *integral* (e não por partes), tal como infringiria o benefício da estipulação do prazo, se quisesse imputar a entrega ao cumprimento de uma obrigação ainda não vencida, com prazo a favor do credor.

([1]) Em termos análogos interpretava já M. ANDRADE (*ob. cit.*, pág. 291) o texto do artigo 728.º do Código de 1867, que atribuía a mesma faculdade de designação ao devedor, sem qualquer discriminação.

Das obrigações em geral

Outra limitação à liberdade de designação do devedor é a que, relativamente à dívida de capital, acompanhada de juros e outras verbas acessórias, se acha consagrada no artigo 785.º, 2. A imputação no capital, antes de pagas as outras verbas, dependentes ou secundárias (¹), só pode ser feita com o acordo do credor.

293. *Regras supletivas.* Não havendo acordo sobre a imputação do pagamento e não tendo o devedor feito a designação, a determinação da dívida, a que o cumprimento se refere, far-se-á de acordo com as regras supletivas a que o artigo 784.º manda sucessivamente recorrer.

Em primeiro lugar, a imputação preferirá a dívida vencida; sendo várias as dívidas vencidas, a que oferecer menor garantia para o credor; estando várias igualmente garantidas, a mais onerosa para o devedor (a que ele, por conseguinte, teria mais interesse em extinguir); entre várias igualmente onerosas, a que mais cedo se tiver vencido (²); se várias se tiverem vencido ao mesmo tempo, a mais antiga em data.

(¹) Embora no caso se não trate, em bom rigor, de várias dívidas, mas de uma só, acompanhada de vários encargos, as situações a que se refere o artigo 785.º podem suscitar dificuldades análogas às da existência de várias dívidas da mesma espécie, relativamente à imputação.

Refere-se a disposição legal aos casos em que, além do capital, o devedor esteja obrigado a pagar *despesas* ou *juros*, ou a indemnizar o credor em consequência da mora. Trata-se, por ex., de um crédito pignoratício de 10 000 contos, aos quais se juntaram os juros estipulados, mais os juros de mora e as *despesas* que o credor fez com a coisa empenhada (art. 670.º, *b*)).

Na falta de acordo entre os interessados, e na falta de designação do *solvens*, a prestação que não chegue para cobrir a dívida e todos os encargos acessórios presumir-se-á feita por conta, sucessivamente, das despesas com a coisa, dos juros moratórios, dos juros contratuais ou *compensatórios* e do capital.

O *solvens* pode afastar-se desta ordem, na designação que faça; o que não pode, porém, é imputar a prestação no capital, sem acordo do credor, antes de estarem extintos os encargos acessórios.

(²) Entre a prioridade na *constituição* ou *assunção* da dívida e a prioridade no *vencimento*, o artigo 784.º, 1, optou pelo segundo critério — ponto que era bastante controvertido, no domínio da legislação anterior, em face da referência, um tanto

Se houver assim, entre os múltiplos créditos da mesma espécie, alguns já vencidos ao lado de outros ainda por vencer, a imputação far-se-á de preferência nos primeiros. Os créditos comuns, que dão menor segurança ao credor, preferirão, neste aspecto, aos créditos com preferência, tal como os créditos *exequíveis* àqueles que o não são. Os créditos com juros mais elevados, porque são mais pesados para o devedor, sobrelevam aos de taxa inferior; e assim por diante.

Se os critérios supletivos descritos não permitirem resolver a dificuldade, presume a lei, em última instância, que a prestação foi feita por conta de todas as dívidas rateadamente, ainda que deste modo haja quebra do princípio do cumprimento integral([1]).

Admitamos que, no exemplo acima referido (quatro dívidas de 2500 contos, uma de 5000 e outra de 10000), a dívida de 10000 contos é a mais antiga, mas que todas as demais se encontram já vencidas, gozam das mesmas garantias, são igualmente onerosas e se constituiram e venceram na mesma data.

Neste caso, a entrega de 15000 contos extinguirá toda a dívida de 10000, e os 5000 contos restantes distribuir-se-ão rateadamente pela dívida de 5000 (1 666 666$) e pelas quatro dívidas de 2500 (no total 3 333 333$).

---

equívoca, que o artigo 729.º do Código de 1867 fazia à (dívida) *mais antiga:* M. ANDRADE, *ob. cit.*, pág. 294 e autores aí citados.

([1]) No caso de falência ou insolvência, há que observar as regras especiais desses institutos, segundo os quais os créditos serão pagos rateadamente, sem consideração pela sua onerosidade ou antiguidade, depois de respeitada a prioridade dos créditos privilegiados ou preferentes (entre os quais se não incluem os que apenas gozem de hipoteca judicial ou de penhora: art. 200.º, n.º 3, do *Cód. dos Proc. Esp. de Recuperação da Empresa e de Falência*).

De regime próprio goza também a chamada *conta corrente*, nos termos da qual os vários créditos e débitos dos contraentes se vão continuamente encontrando, de modo que só o *saldo final* constitui verdadeira dívida a considerar para o efeito do *cumprimento*.

Das obrigações em geral

SECÇÃO II

NÃO CUMPRIMENTO*

SUBSECÇÃO I

Noções gerais

294. *Não cumprimento. Noção.* As obrigações são, na grande massa dos casos, espontaneamente *cumpridas*. Realizada (voluntariamente) a prestação debitória, a obrigação preenche em regra a sua função, satisfazendo, através do meio próprio (o *cumprimento*), o interesse do credor e liberando o devedor do vínculo a que se encontrava adstrito.

Frequentes vezes sucede, porém, que a obrigação *não é cumprida*. Fala-se (na terminologia técnica e na linguagem corrente) de *não cumprimento* da obrigação, para significar que *a prestação debitória não foi realizada* — nem pelo devedor, nem por terceiro —, e que, além disso, a obrigação se não extinguiu por nenhuma das outras causas de satisfação além do cumprimento, que o Código Civil prevê e regula nos artigos 837.º e segs.. O não cumprimento é, neste sentido, *a situação objectiva de não realização da prestação debitória* e de insatisfação do interesse do credor, independentemente da causa de onde a falta procede.

A, que devia entregar certo livro a *B*, queimou-o, impossibilitando a prestação devida. Ou não fez a entrega na data fixada, porque o livro desapareceu. Ou porque pura e simplesmente o não quis entregar.

C, que se comprometeu a levar *D*, de táxi, ao comboio, não compareceu à hora fixada, fazendo que este perdesse a viagem.

---

* VAZ SERRA, *Impossibilidade superveniente. Desaparecimiento do interesse do credor. Casos de não-cumprimento da obrigação*, 1955; A. VARELA, *Inadimplemento*, na Enc. Verbo; G. VINEY, *Traité de droit civil, Les obligations, La responsabilité: conditions*, L.G.D.J., Paris, 1982, pág. 211 e segs.; GIORGIANNI, *L'inadempimento*, 1959; *Id., Inadempimento (dir. priv.)* na *Enc. del dir.*; BIANCA, *Dell'inadempimento delle obbligazioni*, 1967, no Com. de SCIALOJA e BRANCA; AMORTH, *Errore e inadempimento nel contrato*, 1967; SCHERNER, *Rücktrittsrecht wegen Nichterfüllung*, 1965.

Ou a viagem não se fez, porque o cliente, depois de ter chamado o táxi, não apareceu a utilizá-lo.

Na grande massa dos casos, o *não cumprimento* da obrigação assenta na falta da *acção* (prestação *positiva*) exigida do devedor. Mas pode também consistir na prática do *acto* que o obrigado deveria não realizar, nos casos menos vulgares em que a obrigação tem por objecto uma prestação *negativa* (não usar, por ex., a coisa recebida em penhor ou em depósito: arts. 671.°, al. *b*) e 1189.°).

Sob a designação genérica de *não cumprimento*, que encabeça, ao lado do *cumprimento*, um dos capítulos (VII) mais importantes do Livro das Obrigações, cabem, assim, situações muito diferentes, que importa distinguir e classificar, visto não ser o mesmo o regime jurídico que lhes compete. Entre as distinções teoricamente possíveis, curar-se-á especialmente das duas mais importantes que transparecem, entrecruzadas uma com a outra, quer na terminologia e na sistematização legais da matéria, quer nos pressupostos da disciplina que a lei fixa. Trata-se da distinção entre o *não cumprimento definitivo* e o *simples retardamento* (ou *mora*), de um lado; e entre o não cumprimento *imputável* ao devedor (a *falta* de cumprimento) e o que lhe *não é imputável*, do outro.

Note-se, aliás, que o *cumprimento* e o *não cumprimento* não esgotam, na sistematização legal e científica da matéria, todas as situações que interessam ao momento culminante da *extinção* da obrigação. Ao lado de um e outro, como possíveis vicissitudes da relação obrigacional, figuram ainda (abstraindo da prescrição ou da caducidade do direito, da nulidade, da anulação, da denúncia ou da revogação da relação creditória) as (legalmente) chamadas *causas de extinção das obrigações além do cumprimento*. Nestes casos, embora se não realize a prestação debitória mediante o funcionamento regular do vínculo obrigacional, a obrigação *extingue-se*, ou porque se satisfez indirectamente o *direito* do credor *à prestação* (dação em cumprimento, compensação, novação), ou porque se cumpriu validamente o *dever de prestar* (consignação em depósito e, em certo

Das obrigações em geral

sentido, a compensação) ou porque se perdeu o direito de crédito (prescrição, remissão, confusão).

O *não cumprimento* pode assim definir-se, com maior propriedade, como a *não realização da prestação debitória, sem que entretanto se tenha verificado qualquer das causas extintivas típicas da relação obrigacional.*

295. *Modalidades do não cumprimento quanto à causa: A) Inimputável ao devedor; B) Imputável ao devedor.* O primeiro elemento que interessa à fixação das consequências do não cumprimento da obrigação é a *causa* da falta de cumprimento.

Umas vezes o não cumprimento procede de facto *imputável* ao devedor: foi este quem vendeu a *B* o prédio que prometera vender a *A*; quem pôs em funcionamento a fábrica que se obrigara a manter fechada; quem destruiu a coisa que devia entregar; quem não tomou as precauções de *segurança* que deveria ter posto em prática, no interesse da sua clientela; quem não prestou as informações que deveria ter prestado na oferta pública que lançou no mercado de capitais ([1]). Outras vezes, o não cumprimento procede de *facto de terceiro* (que destruiu a coisa devida), de circunstância *fortuita* ou de *força maior* (doença súbita e grave que impediu a actuação do artista no concerto em que devia participar), da *própria lei* (que proibiu, por hipótese, a realização do negócio jurídico prometido) ou até do *credor* (que recusou a cooperação indispensável à realização da prestação).

A questão de saber se o não cumprimento é ou não *imputável* ao devedor reveste uma importância capital para a definição do seu regime. A própria sistematização do Código sobre a matéria reflecte o interesse primordial deste factor, enquanto se agrupam

---

([1]) São exemplos deste tipo os que G. VINEY (*ob. cit.,* IV, n. 186, pág. 217) intencionalmente destaca, para mostrar como a *relação obrigacional* se mostra cada vez mais recheada de obrigações que provêm directamente da lei — e não da vontade das partes — e como a *responsabilidade contratual,* através do enriquecimento constante do conteúdo do contrato, abrange cada vez maior número de casos de violação de obrigações nascidas da lei.

na 1.ª subsecção (do art. 790.º ao art. 797.º) os casos de impossibilidade do cumprimento e mora *não imputáveis* ao devedor, e se
reúnem na 2.ª (do art. 798.º ao art. 812.º) as hipóteses de *falta de
cumprimento* e *mora imputáveis ao devedor.*

Só nos casos de não cumprimento imputável ao obrigado se
pode rigorosamente falar em *falta de cumprimento.*

Dentro do núcleo genérico de hipóteses de não-cumprimento
não imputável ao devedor, interessa destacar ainda, pelo regime
especial a que estão sujeitos, os casos em que a falta de cumprimento procede de *causa imputável ao credor.*

Por um lado, estão sujeitos a um regime próprio, consagrado
nos artigos 813.º e seguintes, os casos de *mora do credor.* Por outro,
também no artigo 795.º, 2, se fixa um importante desvio ao princípio estabelecido no n.º 1 desse preceito, para o caso de a prestação
se tornar impossível por causa imputável ao credor.

296.   *Modalidades do não cumprimento quanto ao efeito:* A) *falta de
cumprimento;* B) *mora;* C) *cumprimento defeituoso.* Se, deixando de lado
a *causa,* considerarmos o *efeito* do não cumprimento sobre a relação creditória, outra classificação interessa à definição do seu regime ([1]).

Há casos em que a prestação, não tendo sido efectuada, *já não
é realizável* no contexto da obrigação, porque se tornou *impossível* ou
o credor *perdeu o direito* à sua realização, ou porque, sendo ainda
materialmente possível, *perdeu o seu interesse para o credor,* se tornou
praticamente inútil para ele.

A devia entregar a *B* um livro que, entretanto, se perdeu ou
inutilizou. *C* adoeceu gravemente no dia em que devia participar
no espectáculo de gala organizado pelo empresário. *D* vendeu a *E*
o imóvel que prometera vender a *F. G* devia pintar a sala de jantar
da casa de *H,* que entretanto foi devorada por um incêndio.

([1]) Cfr., a propósito, a sistematização adoptada por Diez-Picazo, n.º 822.

Das obrigações em geral

É aos casos deste tipo que a lei e os autores se referem, quando falam, umas vezes, da *impossibilidade da prestação* e outras vezes, em termos mais amplos, do *não cumprimento definitivo*.

O não cumprimento *definitivo* da obrigação pode, com efeito, provir da *impossibilidade* da prestação (impossibilidade fortuita ou casual, imputável ao devedor ou imputável ao credor) ou da *falta* irreversível de cumprimento, em alguns casos equiparada por lei à impossibilidade (art. 808.º, 1).

Ao lado destes casos, há situações de *mero retardamento, dilação* ou *demora da prestação*. A prestação não é executada no momento próprio, mas ainda é possível, por continuar a corresponder ao interesse do credor. Pode este ter sofrido prejuízo com o não cumprimento, em tempo oportuno; mas a prestação ainda mantém, no essencial, a utilidade que tinha para ele. *A* devia entregar em Fevereiro 1000 contos a *B*, ou restituir os livros que *C* lhe emprestou. Não cumprindo na data fixada, pode causar um prejuízo ao credor. Mas o interesse deste na prestação não desaparece com a falta de cumprimento no momento oportuno.

A este tipo de situações dão a lei e os autores a designação técnica de *mora*. Pode assim definir-se a *mora* como o *atraso* ou *retardamento* no cumprimento da obrigação.

«O devedor considera-se constituído em mora, na definição textual do artigo 804.º, 2, quando, por causa que lhe seja imputável, a prestação, *ainda possível*, não foi efectuada no tempo devido».

A *mora* pode, no entanto, provir de *facto imputável ao credor*. «O credor, diz por seu turno o artigo 813.º, incorre em mora, quando, sem motivo justificado, não aceita a prestação que lhe é oferecida nos termos legais ou não pratica os actos necessários ao cumprimento da obrigação».

E pode resultar ainda de circunstâncias não imputáveis nem ao devedor, nem ao credor, como sucede em certos casos de *impossibilidade transitória* ou *temporária* (art. 792.º): embargo de exportação, durante certo período, dos produtos que a empresa se comprome-

Cumprimento e não-cumprimento

teu a enviar ao cliente estrangeiro; bloqueio do único porto por onde a mercadoria devia sair; destruição da via férrea, por onde os produtos devem ser transportados; obstrução do porto de embarque ou de destino da mercadoria, por encalhe de navio; greve no serviço de transportes que atinge a remessa dos produtos; etc.

Ao lado das duas que acabam de ser caracterizadas, há ainda que referir, dentro da rubrica geral do não cumprimento, uma terceira categoria de situações, a que se tem dado o nome de *cumprimento defeituoso, mau cumprimento ou cumprimento imperfeito*: comerciante que cumpre oportunamente a obrigação, mas entregando géneros avariados ou produtos deteriorados; vendedor que não avisa do perigo de utilização da coisa e com a omissão causa danos.

O Código Civil não cura especialmente dos casos deste tipo ([1]), como categoria autónoma, no capítulo do não cumprimento, embora lhes faça alusão expressa no n.º 1 do artigo 799.º.

Mas o seu regime pode ser determinado, com relativa segurança, tendo em vista as normas reguladoras, quer do não cumprimento da obrigação, quer de alguns contratos especiais, como a compra e venda, a empreitada e a locação.

SUBSECÇÃO II

Impossibilidade do cumprimento e mora
não imputáveis ao devedor

297. *Impossibilidade não imputável ao devedor**. Identificados os vários tipos de situações que cabem dentro da categoria geral do

---

([1]) Muitos dos nossos autores também se não referiam a semelhante forma de não cumprimento, dando a entender que de duas uma: ou o defeito do cumprimento afectava em termos não essenciais o interesse do credor, e nenhuma influência exercia, nesse caso, sobre a sorte da obrigação; ou prejudicava em termos fundamentais a substância da prestação debitória, e então haveria, consoante os casos, *mora* ou *não cumprimento* definitivo da obrigação.

* Além da bib. indicada por M. ANDRADE, *ob. cit.*, pág. 403, *vide* CANDIAN, *Caso fortuito e forza maggiore, Novissimo Digesto Italiano*; L. Mosco, *Impossibilità sopra-*

Das obrigações em geral

não cumprimento da obrigação, interessa conhecer o regime de cada um deles.

Seguindo a ordem da sistematização adoptada pelo Código Civil, principiar-se-á pela impossibilidade e pela mora *não imputáveis* ao devedor.

Quanto à impossibilidade, afirma o artigo 790.º que a obrigação se extingue, quando a prestação se torna impossível ([1]). A consequência fundamental da impossibilidade *superveniente* da prestação, por causa não imputável ao devedor, é a *extinção* da obrigação, com a consequente exoneração do obrigado.

Trata-se de solução inteiramente distinta da fixada no artigo 401.º para a impossibilidade *originária* da prestação, que é a *nulidade* do negócio jurídico donde a obrigação procede ([2]). Embora

---

venuta della prestazione, na Enc. del. dir.; E. WOLF, *Ein Wort zum Unmöglichkeitsproblem,* NJW, 55, pág. 11; HIMMELSCHEIN, *Erfüllungszwang und Lehre von den positiven Vertragsverletzungen,* no AcP, 135, pág. 255 e segs.: MEINEKE, *Rechtsfolgen nachträglicher Unmöglichkeit der Leistung beim gegenseitigen Vertrag,* no AcP, 171, pág. 19; BRECHT, *System der Vertragshaftung,* J. J., 53, pág. 213; C. WOHLLSCHLÄGER, *Die Entstehung der Unmöglichkeitslehre,* 1970; H. KOHLER. *Unmöglichkeit und Geschäftsgrundlage bei Zweckstörungen im Schuldverhältnis,* 1971.

([1]) A própria letra da disposição mostra que ela se aplica à hipótese da impossibilidade *superveniente,* não da impossibilidade *originária.*

Quanto à impossibilidade *originária* da prestação, rege o disposto no artigo 401.º, que repete a máxima de Celso: *impossibilium nulla obligatio est* (WOLLSCHLÄGER, *ob. cit.,* pág. 13 e segs.).

O caso de, nascendo a obrigação de um negócio a termo ou sob condição, a prestação ser possível na data da conclusão do negócio, mas se tornar impossível antes de vencido o termo ou verificada a condição, é equiparado à impossibilidade superveniente pelo n.º 2 do artigo 790.º. No caso inverso, é o artigo 401.º, 2, que considera o negócio convalidado *ex lege.*

Pode também suceder que, tendo-se tornado impossível, a prestação volte, entretanto (por ter sido abolida a proibição legal, por ter aparecido a coisa que desaparecera ou fora furtada, etc.), a ser possível.

Nesse caso, se a obrigação se inseria num contrato bilateral, que já havia sido resolvido, nenhum dos contraentes poderá ser forçado ao renascimento do contrato, a menos que outra seja a solução imposta pelo princípio da *boa fé* (art. 762.º, 2), em face dos termos e das circunstâncias do contrato. Não assim, porém, se a obrigação provinha, por exemplo, de um acto de última vontade (v. g., de um legado). Cfr. OERTMANN, *Anfängliches Leistungsvermögen,* no AcP, 140, pág. 129.

([2]) A sufragar esse entendimento está, entre outros, o facto de o artigo 1051.º, al. *e)* — que é, no seu aspecto fundamental, uma aplicação da doutrina geral do

Cumprimento e não-cumprimento

desonere o obrigado do dever de prestar, a impossibilidade superveniente da prestação já o não libera, por exemplo, do «*commodum*» de representação, a que se refere o artigo 794.º.

A disposição do artigo 790.º, 1, corresponde ao artigo 705.º do Código de 1867. Este recorria, porém, a uma enumeração de *conteúdo positivo*, para discriminar os casos em que o devedor, faltando ao cumprimento do contrato, ficava exonerado de responsabilidade: assim sucedia, quando o obrigado tivesse sido impedido de cumprir por *facto do credor*, por *força maior* ou por *caso fortuito*.

O novo Código usa, pelo contrário, uma fórmula de recorte *negativo* (*não ser* a causa de impossibilidade da prestação *imputável* ao devedor), semelhante à dos Códigos italiano, alemão, suíço e grego.

É mais ampla do que a do Código anterior, pois abrange o caso de a impossibilidade ser imputável a terceiro ou à própria lei, que a outra não abarcava no seu texto, além de tocar *directamente* as duas notas fundamentais (impossibilidade da prestação, por um lado; e não imputabilidade da *causa* ao devedor, por outro) justificativas da exoneração de responsabilidade do obrigado ([1]).

Impossibilidade objectiva ou subjectiva; total ou parcial. A prestação torna-se *impossível* quando, por qualquer circunstância (legal, natural ou humana), *o comportamento exigível do devedor*, segundo o conteúdo da obrigação ([2]), *se torna inviável*. Se a inviabilidade respeita a

---

artigo 790.º, 1 (cfr. ac. da Rel. de Lisboa, de 4-II-1970, na *Rev. Trib.*, 89.º, pág. 317 e ainda ano 87.º, pág. 243 e segs.) — considerar *caduca* (e não *nula* a locação, no caso de *perda* da coisa locada.

([1]) O simples confronto, à vista desarmada, dos textos correspondentes dos dois diplomas (o de 1867, arrancando indiscriminadamente da falta de cumprimento do contrato; o de 1966, partindo da *impossibilidade* da prestação como causa extintiva da obrigação) revela a existência dos múltiplos aspectos em que a nova formulação legal representa um aperfeiçoamento da antiga.

([2]) A ressalva *segundo o conteúdo da obrigação* visa exactamente chamar a atenção para o recorte especial da *impossibilidade* (da prestação) em certos casos especiais, como o das *obrigações genéricas*: cfr. LARENZ, *Lehrbuch*, I, 14.ª ed., § 21, 1, *d*), pág. 316 e L. MOSCO, *est. cit.*, n. 17, na *Enc. del dir.*

Das obrigações em geral

todos, porque ninguém pode efectuar a prestação (destruição do quadro ou da jóia que deveria ser entregue ao credor), a impossibilidade é *objectiva*. Se apenas o devedor a não pode executar (pintor que se obrigou a fazer o retrato do filho do credor e entretanto cegou; operário que perdeu os braços no acidente; etc.), mas outros o podem fazer, a impossibilidade diz-se *subjectiva*.

A impossibilidade estender-se-á, as mais das vezes, *a toda a prestação* (destruição da coisa; incapacitação do devedor). Mas pode atingir *uma parte* apenas da prestação, se a destruição (o incêndio, a inundação, o raio) afectou só uma parte da coisa (divisível) ou algumas das várias coisas (cumulativamente) devidas.

Quando assim seja, uma de duas hipóteses se pode verificar: o credor pode ter ainda interesse na realização da parte possível da prestação; o cumprimento parcial não reveste interesse para ele.

O regime destas hipóteses é diferente ([1]).

Impossibilidade da prestação e mera **difficultas praestandi**. Para que a obrigação se extinga, é necessário, segundo a letra e o espírito da lei, que a prestação se tenha tornado verdadeiramente *impossível*, seja por determinação da lei, seja por força da natureza (caso fortuito ou de força maior) ou por acção do homem. Não basta que a prestação se tenha tornado *extraordinariamente onerosa* ou *excessivamente difícil* para o devedor, como pode suceder com frequência nos períodos de mais acentuada inflação monetária ou de súbita valorização de certos produtos.

Causa de extinção da obrigação é a *impossibilidade* (física ou legal) da prestação (a que pleonasticamente se poderia chamar *impossibilidade absoluta*), não a simples *difficultas praestandi, a impossibilidade relativa*.

Era diferente, contudo, a orientação preconizada (sobretudo no período de crise subsequente à primeira guerra mundial) nal-

---

([1]) Vide *infra*, n.º 305.

guns sectores da doutrina alemã, que consideravam liberatória, em certos termos, a mera *impossibilidade relativa* ou *económica*. O dever de prestar, não se impondo em termos cegos e indiscriminados ao obrigado, teria como limite, segundo essa concepção, o sacrifício razoavelmente exigível do devedor, à luz dos princípios da boa fé, para satisfazer o interesse do credor.

Tudo quanto excedesse os limites do *sacrifício exigível* do obrigado devia ser equiparado, em princípio, à impossibilidade da prestação: embora não determinasse a extinção necessária da obrigação, porque o devedor podia querer cumprir, apesar de tudo, e ter mesmo interesse em fazê-lo (possivelmente para não perder o direito à contraprestação ou para manter o seu bom nome), daria ao devedor a faculdade de se exonerar do vínculo ([1]).

A doutrina do *limite do sacrifício* (*der Opfergrenze*), encabeçada por BRECHT, STOLL e HECK, não é geralmente aceite noutros países, nem é perfilhada pela doutrina de longe dominante na literatura e na jurisprudência alemãs, pela perigosa *incerteza* e pelos inevitáveis *arbítrios* a que daria lugar a sua aplicação prática ([2]). E também pode considerar-se afastada pela nova lei civil portuguesa, que, eliminando intencionalmente os preceitos do anteprojecto VAZ SERRA (*Direito das obrigações*) referentes ao *carácter* (*custo* ou *peso*)

([1]) ENNECCERUS-LEHMANN, §§ 45, II e 46, I, 2; HECK, *ob. cit.*, pág. 85 e segs. Contra LARENZ, § 21, I, *e*); STAUDINGER-WERNER, *Kommentar*, 11.ª ed., § 275, notas 8 e 9; TITZE, *Die Unmöglichkeit der Leistung*, 1900, pág. 107, nota.

Cfr. a abundante literatura citada num e noutro sentido por MARIO BESSONE, *Adempimento e rischio contrattuale*, 1969, especialmente pág. 156 e segs.

Veja-se ainda a forma como GIORGIANNI (*L'inadempimento*, 1960, n.º 50, pág. 227 e L. MOSCO, *est. cit.*, n.ºs 5 e segs., na *Enc. del dir.*) tentam conciliar o artigo 1218 do Código italiano, que só isenta o devedor de responsabilidade quando a inadimplência assenta na impossibilidade que lhe não seja imputável, com o artigo 1 176, que apenas exige do devedor a diligência dum bom pai de família.

([2]) Cfr., quanto à doutrina e jurisprudência francesas, PLANIOL, RIPERT e RADOUANT, *Traité prat.*, VII, n.º 839; quanto à Itália, RUGGIERO e MAROI, *Istit. dir. priv.*, 8.ª ed., II, pág. 143.

Das obrigações em geral

excessivo da prestação (art. 8.°), apenas alude, no artigo 790.°, à *impossibilidade* da prestação como causa extintiva da obrigação ([1]).

Há, todavia, que ter em conta, no tratamento jurídico dos casos de *sacrifício* ou *custo excessivo* da prestação, o disposto nos artigos 437.°, 566.°, 762.°, 812.° e, principalmente, no artigo 334.° ([2]).

Por um lado, sabe-se que a alteração *anormal* de certas circunstâncias vigentes à data da negociação pode dar lugar à resolução do contrato, ou à sua modificação segundo critérios de equidade (art. 437.°), e que igual regime é aplicável ao erro sobre as circunstâncias que constituem a base negocial (art. 252.°, 2).

Por outro, o artigo 566.°, 1, afasta a indemnização mediante reconstituição natural, sempre que esta seja de tal modo onerosa para o devedor, que a não justifique o interesse do credor ([3]).

Por fim, a circunstância de se impor ao credor o dever de agir de boa fé, no exercício do seu direito, tem como efeito que, embora não extinga a obrigação, a *difficultas prestandi* obrigará o credor a indemnizar o devedor, sempre que a dificuldade da prestação resulte de facto imputável àquele titular.

De igual direito a indemnização gozará o devedor contra o terceiro que ilicitamente tenha dificultado o cumprimento da obrigação ou agravado o seu custo.

([1]) Em sentido oposto, Vaz Serra, na anot. ao ac. do S. T. J., de 27-X-1970, na R. L. J., 104.°, pág. 214, onde se considera a teoria do «limite do sacrifício» imposta pelo princípio da boa fé e pela interpretação das declarações negociais que fundam a obrigação. Contra esta última afirmação é, porém, inteiramente pertinente a observação, feita por Larenz e outros autores, de que o devedor se não obriga a despender este ou aquele esforço, mas a *realizar a prestação*, efectuando todas as diligências que para tal se mostrem necessárias.

([2]) Haverá, além disso, que ter em linha de conta, não como causa de *impossibilidade* da prestação, mas como fundamento de *inexigibilidade* (temporária) da obrigação aqueles casos em que à exigência da prestação se *oponha* a existência de *direitos* ou *deveres* de plano superior ao direito de crédito (nomeadamente os *direitos fundamentais* do devedor).

([3]) A disposição correspondente do Código civil alemão (§ 251, II) é um dos argumentos em que se baseiam alguns dos juristas alemães para defender a tese da equiparação da mera *excessividade* da prestação à sua *impossibilidade*: Esser, § 33, I, pág. 203.

Cumprimento e não-cumprimento

Se a dificuldade for apenas devida a circunstâncias fortuitas (desvalorização da moeda, estragos causados por temporais ou outros acidentes da natureza), terá o devedor de suportá-los inteiramente à sua custa, mesmo que a prestação se torne acentuadamente onerosa e que ele tenha usado de toda a diligência exigível para prevenir a situação. Nenhuma violação do princípio da boa fé haverá na exigibilidade da prestação, quando assim seja, desde que o credor mantenha um compreensível interesse na sua realização ([1]).

· Só quando o exercício do crédito, em face das circunstâncias, exceda manifestamente os limites impostos pela boa fé, o devedor poderá legitimamente faltar ao cumprimento, não por *impossibilidade* da prestação, mas pelo abuso no exercício do direito do credor.

298. *Impossibilidade objectiva e impossibilidade subjectiva.* Para que a obrigação se extinga, basta que a prestação seja *impossível* para o devedor? Ou será ainda necessário que a impossibilidade se estenda a toda é qualquer pessoa?

Por outras palavras: causa extintiva da obrigação é a impossibilidade *objectiva* (*Unmöglichkeit*, na terminologia técnica dos autores

---

([1]) Também DIEZ-PICAZO (n.ᵒˢ 837 e segs.) tende a aceitar um *limite* ao esforço exigível do devedor, com fundamento na ideia de que o devedor só responde pelos danos causados ao credor quando falta *culposamente* ao cumprimento da obrigação (cf., entre nós, o disposto no art. 798.º). A verdade, porém, é que a conjugação dos textos dos artigos 790.º, 1, 791.º e 798.º leva a concluir que para a obrigação se extinguir não basta alegar e provar que, não obstante toda a diligência exigível do devedor, ele a não pode cumprir. A obrigação só se *extingue* quando há realmente impossibilidade (objectiva) da prestação. E também se sabe que a própria impossibilidade objectiva não basta para afastar o *«commodum»* de representação. Tudo sinais de que a lei considera que o devedor, ao contrair a obrigação, não só se compromete a preparar em tempo oportuno os *meios* necessários ao cumprimento e a afastar os obstáculos a este cumprimento (diligência preparatória e diligência preventiva), como assume o *risco* de a prestação se lhe tornar *impossível* (subjectivamente) de cumprir, desde que não haja impossibilidade objectiva da prestação (que inclui a mera impossibilidade de ele se fazer *substituir* por terceiro no cumprimento: art. 791.º). Cfr. L. MOSCO, *est. cit.*, n.º 12, na *Enc. del dir.* e PINTO MONTEIRO, *Cláusulas limitativas e de exclusão de responsabilidade civil*, Coimbra, 1985, n. 53, especialmente nota 545.

Das obrigações em geral

alemães) ou a mera impossibilidade *subjectiva* (*Unvermögen*), atinente ao obrigado? ([1]).

O artigo 791.º responde directamente à questão, dizendo que «a impossibilidade relativa à pessoa do devedor importa igualmente a extinção da obrigação, se o devedor, no cumprimento desta, não puder fazer-se substituir por terceiro».

Trata-se, portanto, dum critério formalmente oposto ao que o artigo 401.º, 3, consagra para o caso da impossibilidade *originária*.

Quanto à impossibilidade superveniente, a resposta à questão da persistência ou da extinção da obrigação depende da *natureza* da prestação debitória.

Tratando-se de *prestação não fungível*, ou seja, de prestação em que, pela sua natureza intrínseca, pela estipulação das partes ou por disposição da lei, o devedor não possa ser substituído por terceiro, basta a impossibilidade subjectiva para que a obrigação se extinga.

Se, pelo contrário, a prestação for fungível, só a impossibilidade objectiva constitui causa extintiva do vínculo([2]).

A, artista de variedades, obriga-se a participar num espectáculo em certa data. Adoece gravemente nesse dia, ficando impossibilitado de cumprir: a obrigação extingue-se.

B compromete-se a fornecer certa quantidade de géneros ou de produtos da sua fábrica. O facto de a sua colheita falhar, de a fábrica ter sofrido avaria grave, que paralisou a sua laboração, ou de ter sido mandada encerrar, por ordem das autoridades, não o

---

([1]) Esta distinção não se identifica com a destrinça entre a *impossibilidade absoluta* e a chamada *impossibilidade relativa*.

A impossibilidade *subjectiva* (atinente apenas ao devedor) tanto pode ser *absoluta* (caso de o devedor da prestação de facto *não fungível* cair em estado de coma, com perda absoluta de consciência por ex.), como *relativa* (caso do artista cuja vida corre grave risco com o cumprimento da obrigação). E outro tanto pode afirmar-se em relação à impossibilidade *objectiva*, que também será *absoluta*, quando ninguém pode prestar, e *relativa*, quando a prestação para todos seja *excessivamente onerosa* ou *difícil*.

([2]) Outro é o entendimento dado ao artigo 791.º por PESSOA JORGE (*Ensaio*, pág. 105 e segs.), para quem a impossibilidade subjectiva só não será exoneratória quando, nos *termos da própria obrigação*, o devedor estiver vinculado a fazer-se substituir por terceiro.

Cumprimento e não-cumprimento

exonera da obrigação. E o mesmo se diga, *mutatis mutandis*, da alienação de *coisa alheia*.

A dureza que a solução possa revestir em certos casos, forçando o devedor a sacrifícios aparentemente excessivos para cumprir, não é ao direito civil, através do afrouxamento do vínculo obrigacional, que compete atenuá-la, mas ao direito processual civil, impedindo na acção executiva a penhora e a venda judicial de bens essenciais à vida e ao sustento do executado e do seu agregado familiar (art. 822.º a 824.º do Cód. Proc. Civil).

Há quem relacione a distinção entre a *impossibilidade objectiva* e a *impossibilidade subjectiva* com a classificação das obrigações em *obrigações de meios e obrigações de resultado*.

Há casos, diz-se, em que o devedor, ao contrair a obrigação, se compromete a garantir a produção de certo resultado em benefício do credor ou de terceiro, como o vendedor, que, ao vender determinada coisa, se obriga a transferir o domínio e a posse da coisa alienada. São as chamadas obrigações de *resultado*.

Outras vezes, porém, o devedor, ao contrair a obrigação, não fica adstrito à produção de nenhum *resultado* ou efeito: promete apenas realizar determinado esforço ou diligência para que tal resultado se obtenha. A obrigação é apenas de *meios*, e não de *resultado*. O médico não se obriga a *curar* o doente, a recuperar a sua saúde, comprometendo-se apenas a tratá-lo, a assisti-lo, com vista à sua *possível cura do mal*; outro tanto se podendo afirmar, *mutatis mutandis*, quanto ao advogado, no contrato de mandato ou patrocínio judiciário.

Nas primeiras, diz-se, só a *impossibilidade objectiva* exoneraria o devedor, ao passo que, nas outras, tanto a impossibilidade objectiva como a subjectiva constituiriam causa liberatória do obrigado.

O critério mais certeiro, quanto à eficácia liberatória da impossibilidade, é, porém, o que consta do artigo 791.º.

Se o devedor garante certo *resultado*, em termos de se poder fazer substituir por terceiro no cumprimento da obrigação, só a

Das obrigações em geral

impossibilidade objectiva extinguirá o vínculo; e nem essa, se o devedor se tiver obrigado em termos de responder perante o credor, mesmo quando a prestação se torne objectivamente impossível, assumindo o *risco* da não verificação do resultado previsto, qualquer que seja a sua causa (contanto que esta não seja imputável ao próprio credor).

Pode, no entanto, a obrigação ser apenas *de meios*, e haver elementos, apesar disso, para concluir que o devedor se pode (e deve) fazer substituir por terceiro no cumprimento dela: quando assim seja, também só a impossibilidade objectiva exonerará o devedor do vínculo que contraiu.

299. *A impossibilidade da prestação, a frustração do fim da prestação e a realização do fim da prestação por outra via* ([1]). A impossibilidade da prestação nasce frequentemente de um acto *imputável* ao devedor (que inutilizou ou fez desaparecer a coisa devida; faltou ao cumprimento na data estabelecida, no negócio de prazo absolutamente fixo; alienou a favor de terceiro o móvel que prometera vender ao credor). Mas pode resultar outrossim, não só de circunstâncias fortuitas ou de força maior (a inutilização ou desaparecimento da coisa devida provém de um facto da natureza; a proibição do negócio prometido procede de uma lei posterior à celebração do contrato) ou de facto de terceiro, como também de *um facto do credor*.

A lei prevê expressamente esta última hipótese, quando, a propósito dos contratos *bilaterais,* alude (no art. 795.º, 2) à impossibilitação da prestação por causa *imputável* ao credor.

Obrigando o credor a responder pela contraprestação, a despeito de não receber a prestação, a lei quer manifestamente referir-se aos casos em que a impossibilidade da prestação debitória resulta de um acto *censurável* ou *reprovável* (culposo, *hoc sensu*) do

---

([1]) Vaz Serra, *Impossibilidade superveniente, desaparecimento do interesse do credor, casos de não cumprimento da obrigação,* Lisboa, 1955, n.os 16 e segs., pág. 134 e segs.

Cumprimento e não-cumprimento

credor (que intencional ou culposamente contribuiu para a inutilização ou desaparecimento da coisa devida, que culposamente reteve o devedor na altura em que ele devia realizar a prestação de serviço, etc.).

Ao lado, porém, dos casos desse tipo, outros há em que a impossibilidade provém ainda de um *facto relativo ao credor*, mas sem que a este possa ser assacada a menor *culpa* na sua verificação. O doente, a quem o cirurgião deveria operar, morre entretanto; o barco, que o rebocador ia safar, afunda-se, mal o contrato com a empresa proprietária do rebocador havia sido concluído; o aluno, a quem o professor dava aulas de canto, ensurdece por completo ([1]).

As situações deste tipo (que escapam manifestamente à letra e ao espírito do n.º 2 do art. 795.º) têm suscitado na doutrina estrangeira duas ordens de dificuldades: uma, de carácter teórico; outra, de natureza prática.

A primeira refere-se ao enquadramento *dogmático* de semelhantes situações. Os autores têm dificuldade em catalogá-las como casos de *impossibilidade* da prestação, visto o devedor continuar em condições de, por si, *realizar o comportamento devido* (o cirurgião, de operar; o rebocador, de safar o barco; o professor de música, de dar as aulas de canto). E aqueles que, como WIEACKER([2]) e KÖHLER([3]), deliberadamente as inserem na categoria da *impossibilidade*, alargam de caso pensado o conceito de *prestação*, para nele incluirem, não só o *comportamento* ou *conduta* a que o devedor se encontra adstrito, mas também o próprio *interesse* (primário) do credor nesse comportamento([4]).

([1]) *Vide* estes e outros exemplos do mesmo estilo referidos (e largamente examinados) por KÖHLER, *ob. cit.*, pág. 17 e segs.

([2]) *Leistungshandlung und Leistungserfolg im bürgerlichen Schuldrecht*, nos *Festschrifte für* NIPPERDEY, 1965, I, pág. 783 e segs.

([3]) *Ob. cit.*, pág. 22 e segs.

([4]) De todas as dificuldades da doutrina, no enquadramento sistemático destas e outras situações afins, dá notícia desenvolvida BAPTISTA MACHADO, *Risco contratual e mora do credor*, Coimbra, 1988, pág. 9 e segs.

Das obrigações em geral

A segunda dificuldade consiste na fixação do tratamento jurídico adequado a estas espécies, qualquer que seja a sua exacta qualificação.

Há quem entenda que, não tendo o credor a menor *culpa* na verificação da causa perturbadora da relação obrigacional, nenhuma razão há para o considerar vinculado à sua contraprestação e para se não aplicar, consequentemente, a tais situações o regime entre nós fixado no n.º 1 do artigo 795.º ([1]) (perda do direito à contraprestação, por parte do devedor desonerado). Outros, pelo contrário, sustentam que, apesar de o credor não ter culpa na *frustração* do fim da prestação, o facto de a *causa* dessa frustração se referir mais a ele do que à contraparte torna justo que o devedor não perca o direito à contraprestação. O *risco* da frustração do fim da prestação correria, assim, por conta do credor, e não do devedor desonerado.

Esta segunda dificuldade será examinada a propósito dos *efeitos* da impossibilidade da prestação. Quanto à primeira, importa logo observar que os casos de *frustração* do fim da prestação podem perfeitamente caber dentro do conceito de impossibilidade (da *prestação*).

Se não engloba, de facto, o *interesse* do credor (que é já um elemento estranho à prestação debitória ([2])), a *prestação* nem sempre se limita ao círculo da realidade dominado pela vontade do devedor. Há, em muitos casos, elementos estranhos, circunstâncias exteriores, que integram ou condicionam a actuação do obrigado, de tal modo que a sua falta gera uma verdadeira *impossibilidade* da prestação.

A operação, que o cirurgião se obrigou a realizar, pressupõe, além da actuação profissional do obrigado, a vida do paciente. Se este morre, a operação torna-se impossível, porque não se opera

---

([1]) Correspondente, na sua doutrina, ao § 323 do BGB.

([2]) Cfr. vol. I, n.º 39, pág. 163 e segs.

um cadáver. Da mesma forma, a empresa proprietária do rebocador não se comprometeu a realizar as operações *abstractamente* necessárias ao desencalhe dum barco: obrigou-se a *desencalhar* aquele barco. Se este se afundou entretanto, a prestação prometida pelo dono do rebocador tornou-se *impossível* ([1]).

Problema análogo ao dos casos de frustração do fim da prestação suscitam as hipóteses em que o *fim da prestação* é obtido por outra via, que não o cumprimento da obrigação.

A mandou vir um reboque, com o fim de retirar o veículo que obstruía a saída da sua garagem. Entretanto, antes de o reboque chegar, apareceu o dono da viatura, que a retirou. O barco, que encalhara e devia ser safado pelo rebocador que para o efeito se contratou, desencalhou inesperadamente por acção natural das águas, antes de o rebocador iniciar a operação. O doente, que devia ser operado, curou-se antes de a intervenção principiar.

Enquanto, nos casos normais de *impossibilidade*, o interesse do credor fica definitivamente por satisfazer, nas hipóteses que acabam de ser descritas o interesse do credor fica plenamente satisfeito. Só que foi preenchido por uma outra via, que não o cumprimento da obrigação, tornando por esse facto igualmente *impossível* a prestação a que o devedor se encontrava adstrito ([2]): não se pode *retirar* o veículo que já saíra do local pelos seus meios normais; não se operam órgãos sãos, ou já curados da deficiência de que padeciam; não se desencalha um barco que já se conseguiu

---

([1]) Só há, porém, verdadeira *impossibilidade* (da prestação), tratando-se de pressupostos cuja falta impede a verificação do efeito *imediato* ou *primário* da prestação debitória e não a produção de qualquer efeito posterior. Como exemplos deste último tipo, pode citar-se o caso do empregado que compra um automóvel com o fito de assegurar o seu transporte diário para o local de trabalho, mas que o não consegue por virtude de reprovações sucessivas no exame de condução, ou do estudioso que compra na livraria o exemplar de um livro acabado de editar e encontra a seguir, em casa, um exemplar desse livro oferecido pelo autor ou pelo editor: cfr. KöHLER, *ob. cit.*, pág. 81 e segs.; LARENZ, § 21, I, *c*).

([2]) WIEACKER, *ob. cit.*, pág. 807; BEUTHIEN, *Zweckerreichung und Zweckstörung im Schuldverhältnis*, 1969, pág. 27 e segs.

Das obrigações em geral

safar pelos seus próprios meios ou por acção dos elementos naturais.

Embora por caminhos diferentes, todas as situações examinadas conduzem ao mesmo resultado prático: a *impossibilidade* da prestação[1].

300. *Não exercício (definitivo) do direito, por causa imputável ao credor.* Distintos dos que acabam de ser referidos (de verdadeira impossibilidade da prestação, segundo o conteúdo da obrigação), são aqueles casos de *não exercício definitivo* do direito à prestação, que BAPTISTA MACHADO[2], no seu interessantíssimo estudo sobre a matéria, coloca à cabeça do largo espectro de situações que se propôs examinar.

Trata-se do caso de *A* reservar passagem num cruzeiro turístico, mas, a caminho do barco, ter sofrido um acidente que o impossibilitou de partir; ou de *B* ter reservado um bilhete para certo espectáculo e se ter impossibilitado de assistir, por ter sido acometido de doença súbita.

Casos a que se poderiam acrescentar, na mesma linha orbital de situações, os de *C*, em qualquer das hipóteses de reserva de passagem ou de bilhete, ter deliberado pura e simplesmente, à última hora, não participar no cruzeiro ou não assistir ao espectáculo, podendo fazer uma coisa ou outra.

Em nenhuma das hipóteses se pode, com rigor, falar de verdadeira *impossibilidade* da prestação[3].

([1]) CALVÃO DA SILVA, *ob. cit.*, n. 15, especialmente nota 125.

([2]) *Risco contratual e mora do credor (risco da perda do valor-utilidade ou do rendimento da prestação e desperdício da capacidade de prestar vinculada)*, Coimbra, 1988, sep. do *Bol. Fac. Dir.*, pág. 4.

([3]) No mesmo sentido, parece, BAPTISTA MACHADO, *op. cit.*, pág. 54, quando escreve: «... o problema da repartição do risco contratual não é um problema necessariamente solidário com o da impossibilidade da prestação, pois pode apresentar-se como um problema autónomo a resolver por critérios próprios.

Pode antes acontecer que a prestação deva ser *havida como feita*, sempre que a perda do seu valor ou o desaparecimento da sua utilidade resultem de mora do credor ou de contingências da esfera de risco do credor».

Cumprimento e não-cumprimento

A *prestação* (a *actividade* exigível do devedor) não só era *possível*, no momento aprazado para o cumprimento da obrigação, como foi inclusivamente *realizada* (no caso de o cruzeiro se ter efectuado ou de o espectáculo ter sido levado a cabo).

O que houve, em qualquer dos casos, foi o *não exercício* do direito à prestação no momento próprio, visto se tratar de prestações com termo *absolutamente fixo*. E porque de prestações com termo absolutamente fixo se trata, nem sequer de *mora* do credor será correcto falar — mas sim de *não exercício definitivo do direito à prestação*, cujo regime é estudado a propósito dos casos de mora do credor.

É de importância capital, na determinação do regime completo a que tais situações estão sujeitas, a distinção básica, desenvolvida por BAPTISTA MACHADO, entre o chamado *risco da prestação*, a cargo do devedor, e o *risco da utilização dela*, que recai sobre o credor.

301. *Impossibilidade temporária: mora não imputável ao devedor* (¹). A impossibilidade da prestação pode, como se prevê no artigo 792.º, ser apenas *temporária*.

O impedimento do único porto por onde podem sair as mercadorias cessará dentro de semanas. A doença grave, que incapacitou (acidentalmente) o devedor de cumprir, demorou algumas horas apenas. A greve, que impediu a entrega da mercadoria na data estipulada, findou ao cabo de poucos dias. A ordem de transferência do dinheiro de um país para outro, necessária ao cumprimento da dívida, sabe-se que vai demorar ainda meses, mas que virá.

Se a causa da demora no cumprimento fosse devida a culpa do devedor, este responderia pelos danos que a mora trouxe ao credor. Não lhe sendo imputável, não responderá por tais danos; mas não ficará exonerado da obrigação, visto ser *temporário* ou *transitório* o obstáculo ao cumprimento. O efeito da impossibilidade

---

(¹) VAZ SERRA, *ob. cit.*, n. 8, pág. 60 e segs.

Das obrigações em geral

temporária será, portanto, o de exonerar o devedor dos danos moratórios, mas só enquanto a impossibilidade perdurar.

Há casos, porém, em que, não sendo a prestação efectuada dentro de certo prazo, seja qual for a razão do não cumprimento, a obrigação se considera *definitivamente não cumprida*. São, de um modo geral, os casos da prestação com *termo absolutamente fixo* ou em que a demora no cumprimento faz desaparecer o interesse do credor na prestação.

Assim sucede, quando a lei fixa um prazo máximo para a realização do acto a que o devedor se obrigou ([1]), bem como na generalidade dos casos em que, expressa ou tacitamente (através da *finalidade* atribuída à prestação), as partes fixaram um *termo* (*essencial* ([2])) para o cumprimento, findo o qual o credor já se não considera vinculado a aceitar a prestação, com o fundamento de que esta já lhe não interessa (cantor ou pianista que adoece no dia em que devia participar no sarau para que foi contratado).

Em todos estes casos, que o n.º 2 do artigo 792.º pretende retratar, a impossibilidade temporária equivale, teórica e praticamente ([3]), à impossibilidade definitiva. Também só pode haver não

---

([1]) Cfr. o ac. do S. T. J., de 12-1-1971 (no Bol. Min. Just., 203.º, pág. 150), embora tenha sido proferido com base nas disposições do Código de 1867.

([2]) Sobre o *termo essencial*, v. ANDREOLI, *Appunti sulla clausola risolutiva espressa e sul termino essenziale*, na *Riv. trim. de dir. civ.*, 1950, págs. 72 e segs.; NATOLI, *Il termino essenziale*, na *Riv. dir. comm.*, 1957, I, pág. 221 e segs.

([3]) Pode, no entanto, suceder (especialmente quando a existência do *termo* para o cumprimento da obrigação proceda de estipulação das partes) que das circunstâncias decorra que só ao credor será lícito equiparar a impossibilidade temporária à definitiva, continuando o devedor vinculado se, não obstante o decurso do termo, o credor ainda manifestar interesse em receber a prestação. Cfr. VAZ SERRA, *Impossibilidade superveniente por causa não-imputável ao devedor e desaparecimento do interesse do credor*, no *Bol. Min. Just.*, 46.º, pág. 63.

Haja em vista os termos da distinção feita pelos autores alemães entre negócios *absolutamente* fixos (*absolute Fixgeschäfte*) e negócios *geralmente* ou *simplesmente* fixos (*gewöhnlichen Fixgeschäfte*): LARENZ, § 21, I, *a*).

cumprimento definitivo, e não simples mora, nas obrigações de prestação negativa, muito embora o não cumprimento possa aí ser *parcial*, quando se trate de prestações negativas *duradouras*.

302. *Efeitos da impossibilidade:* A) *Extinção da obrigação*. A principal consequência da impossibilidade (superveniente) da prestação não imputável ao devedor é a *extinção da obrigação*[1], perdendo o credor o direito de exigir a prestação e não tendo, por conseguinte, direito à indemnização dos danos provenientes do não cumprimento[2]. Efeito que se verifica, quer a impossibilidade provenha de facto do credor ou de terceiro, quer resulte de caso fortuito ou da própria lei[3].

O facto de terceiro só não extinguirá a obrigação, se for praticado por alguma daquelas pessoas que, pela relação de dependência em que se encontram perante o obrigado (comissário, auxiliar, filho menor, pupilo, etc.), responsabilizem este perante o credor.

O caso fortuito consiste no facto natural (tempestade, inundação, desabamento de terras, descarrilamento de comboios, doença do devedor, etc.), cujas consequências o devedor não possa evitar e em cuja verificação não tenha culpa. Se, usando da diligência normalmente exigível, o devedor não tinha possibilidade de prevenir a verificação do evento, nem o reflexo que ele teve sobre a prestação debitória, nenhuma responsabilidade lhe poderá ser assacada.

Nada obsta também a que a impossibilidade proceda de um facto da autoria do devedor e a obrigação se extinga de igual

---

[1] Semelhante é a fórmula usada no § 275 do BGB, ao considerar o devedor livre (ou exonerado: *frei*) da obrigação.

[2] Sem prejuízo, entretanto, do direito que o credor possa ter ao chamado «*commodum*» de representação (art. 794.º): v. *infra*, n.º 303; e sem embargo de, tratando-se de contrato bilateral, o credor ficar desonerado da respectiva *contraprestação*.

[3] *Vide*, quanto ao caso especial da empreitada, quando a execução da obra se torne impossível por causa não imputável a qualquer das partes, o disposto no artigo 1227.º.

forma. Basta que o facto não seja *imputável, stricto sensu,* ao devedor, como se ele destruiu *sem culpa* a coisa devida. É ao devedor que incumbe, no caso da responsabilidade contratual, provar que a impossibilidade da prestação não procede de culpa sua: artigo 799.º, 1([1]).

303. B) *«Commodum» de representação.* Se, porém, *em virtude do facto que determinou a impossibilidade,* o devedor adquirir algum direito sobre certa coisa ou contra terceiro (pessoa que destruiu a coisa devida; o Estado ou outra pessoa colectiva pública, que a expropriou; a companhia seguradora, que assumiu o risco da perda ou perecimento da coisa; etc.), já se não justificaria que tal direito não aproveitasse ao credor.

Esta a razão de ser do disposto no artigo 794.º, que consagra o chamado *«commodum»* de representação em benefício do credor, sem necessidade de o beneficiário provar qualquer prejuízo correspondente([2]).

Tendo a obrigação por objecto a prestação de coisa determinada, normalmente só haveria lugar ao *«commodum»* de representação, substituição ou sub-rogação, se o domínio se não tiver ainda transferido para o credor, no momento em que a prestação se torna impossível. Se, nesse momento, a coisa já pertence ao credor, o direito contra o terceiro que culposamente a houver destruído, ou contra a companhia seguradora que a tiver segurado, por exemplo, nascerá directamente no património do credor.

Haverá também lugar ao *«commodum»* de sub-rogação nos casos de *alienação* de coisa indeterminada ou de alienação feita com

---

([1]) Cfr. RAAPE, *Die Beweislast bei positiver Vertragsverletzung,* no AcP, 147, pág. 217 e segs.; BALLERSTEDT, *Zur Lehre vom Gattungskauf,* nos *Festschrift für* NIPPERDEY, 1955, pág. 261.

([2]) Sobre os possíveis benefícios abrangidos no *«commodum»* de representação, v.VAZ SERRA, *ob. cit.,* pág. 53.

Cumprimento e não-cumprimento

reserva de propriedade, se o credor não for ainda titular de um direito real, quando a prestação se impossibilita.

Entendem alguns autores [1] que há lugar ao «*commodum*» de representação, não só nos casos em que o direito adquirido pelo devedor se destina a substituir a coisa *desaparecida* ou *inutilizada* (*commodum ex re*), mas também naqueles em que o facto gerador da impossibilidade da prestação, não envolvendo a perda ou a inutilização da coisa, causa o seu afastamento da *disponibilidade* do devedor (*commodum ex negotiatione*). Neste último caso, o direito do credor recairia sobre o *correspectivo* adquirido pelo devedor em virtude da alienação da coisa.

A hipótese de uma alienação da coisa devida, mediante um acto não imputável ao devedor, dificilmente se concebe num sistema jurídico como o português, em que a alienação de coisa determinada goza, em princípio, de eficácia real. Se ela, porém, se verificar (v. gr., alienação a terceiro da coisa devida, ainda não transferida para o domínio do credor, mediante acto do procurador, sem culpa do mandante-devedor), nada obsta a que se lhe aplique também, se for caso disso, a doutrina do artigo 794.º.

304.   C) *Perda do direito à contraprestação.* A prestação cuja realização se torna impossível pode fazer parte de um contrato bilateral. O táxi que ia prestar certo serviço a um cliente não pôde chegar a casa deste, porque a polícia lhe interditou a passagem, ou porque violenta tromba de água cortou o único caminho por onde podia transitar.

Neste caso, como é sabido, o devedor fica desonerado da sua obrigação, desde que a causa da impossibilidade da prestação lhe não seja imputável. Mas será o cliente, credor da prestação, obrigado a pagar a viagem? Se já tiver pago, poderá exigir a restituição do preço?

---

[1] BROX, pág. 138 e LARENZ, § 21, I, *b*).

Das obrigações em geral

A resposta depende, nos termos dos n.os 1 e 2 do artigo 795.º, do facto de a causa da impossibilidade *ser* ou *não* ser imputável ao credor.

Na primeira hipótese, o credor terá que efectuar a *contraprestação*, embora possa descontar nela (art. 795.º, 2) o valor do benefício que o devedor eventualmente tiver com a exoneração.

A coisa que devia ser reparada ardeu, porque o credor da reparação, dono dela, intencional ou culposamente lhe puxou fogo. Nesse caso, o credor terá que pagar o preço fixado para a reparação, abatido o *lucro* que o devedor porventura haja tido, aproveirando o tempo que doutro modo gastaria com a reparação acordada.

Na segunda hipótese, diz o artigo 795.º, 1, fica o credor desobrigado da contraprestação([1]). Se já a tiver realizado, terá o direito de exigir a sua restituição; atendendo, porém, à *falta de culpa* do devedor, a restituição far-se-á segundo os termos mitigados do enriquecimento sem causa.

É a consequência normal do mecanismo (*sinalagma*) próprio do contrato bilateral. O devedor fica desonerado da obrigação, mercê da impossibilidade da prestação. Como, porém, a prestação é o correspectivo da contraprestação, o devedor liberado perde imediatamente o direito à contraprestação, sem ser sequer necessário pedir a resolução do contrato.

Em vez de optar pela sua desoneração ou pela restituição da contraprestação, o credor pode preferir o *«commodum»* de representação ou de sub-rogação, se a ele houver lugar, visto que a faculdade conferida no artigo 794.º também se aplica às obrigações pro-

---

([1]) Salvo se a impossibilidade da prestação provier do perecimento ou destruição da coisa e o risco desses eventos correr por conta do credor.

Não sendo esse o caso, pode dizer-se que, embora a impossibilidade da prestação desonere o obrigado, é este quem sofre o *risco* das despesas que já tenha feito com os preparativos da prestação: ESSER, *ob. cit.*, § 33, VI.

venientes de contratos bilaterais. O que o credor não pode é cumular o *«commodum»* de representação com a sua desoneração, embora possa reduzir a sua contraprestação na medida em que a vantagem por ele subsidiariamente adquirida não equivalha à prestação debitória.

Ao lado, porém, dos casos em que a impossibilidade da prestação procede de causa imputável ao credor (art. 795.º, 2), e em que este, não obstante a extinção da obrigação a cargo do devedor, se mantém adstrito à *contraprestação*, e ao lado dos casos em que, não havendo culpa do credor, o devedor fica desonerado da obrigação, mas perde o direito à contraprestação, há as hipóteses em que a impossibilidade da prestação procede de uma causa *ligada à pessoa ou aos bens do credor, embora não imputável a este*.

É o que sucede na generalidade dos casos de *frustração do fim da prestação* ou *consecução, por outra via, do fim da prestação*. O barco, que devia ser rebocado, afunda-se, ou safa-se pelos seus próprios meios. O doente, que devia ser operado, morre ou cura-se naturalmente, antes de o cirurgião chegar ao local onde a intervenção se faria.

Nestes casos, repugnaria ao espírito do artigo 795.º a solução de obrigar o credor (ou seus herdeiros) a efectuar a contraprestação. Mas também não seria justo que o devedor houvesse de suportar, sem nenhuma compensação, as despesas que tenha feito ou o prejuízo que haja sofrido, sabendo-se que a causa da impossibilidade da prestação se registou numa *zona de risco* que é mais do credor do que do devedor.

A solução que pode e deve extrair-se, por analogia com o disposto no artigo 468.º, 1, para os casos deste tipo, é a de reconhecer ao devedor da prestação de serviços, que sem culpa sua se tornou impossível, o direito a ser indemnizado, quer das despesas que fez, quer do prejuízo que sofreu.

305. D) *A questão do risco*. As regras examinadas nos números precedentes podem ser perturbadas pelos princípios que, dentro

Das obrigações em geral

do sistema, regulam o *risco* do perecimento ou deterioração da coisa. A perturbação está, porém, circunscrita aos contratos *comutativos*, visto o problema do *risco* ser, no fundo, o problema do *risco da contraprestação* ([1]).

Não basta, com efeito, no âmbito desses contratos, saber que o devedor fica desonerado. A coisa, que o vendedor devia entregar, pereceu; mas o devedor já recebera o preço dela. Será obrigado a restituí-lo?

A primeira regra que, neste domínio, importa reter é a de que «nos contratos que importem a transferência do domínio sobre certa coisa ou que constituam ou transfiram um direito real sobre ela, o perecimento ou deterioração da coisa por causa não imputável ao alienante corre por conta do adquirente» (art. 796.º).

A vende a *B* certa coisa móvel, que é destruída por um incêndio não imputável a *A*. Como o domínio sobre a coisa se transferiu para *B* no próprio momento do contrato, é por conta de *B* (credor e adquirente da coisa) que corre o risco de tal evento. Por isso, o credor não gozará nesse caso dos direitos conferidos no artigo 795.º, 1, tendo, pelo contrário, de entregar o preço devido, se ainda o não tiver pago, ou podendo o vendedor retê-lo, se ele já tiver sido entregue.

É a aplicação das máximas do direito romano: *res perit domino; casum sentit creditor; periculum rei venditae statim ad emptorem pertinet, tametsi adhuc ea res emptori tradita non sit* (*Instit.*, 3, 23, 3).

O princípio está, no entanto, sujeito a alguns desvios ou adaptações ([2]).

([1]) M. ANDRADE, *ob. cit.*, pág. 428; G. GORLA, *Del rischio e perícolo nelle obbligazione*, 1934 ns. 25-27.

([2]) Quanto ao risco no contrato de empreitada, há que ter especialmente em conta o disposto no artigo 1 212.º que distingue entre a empreitada da construção de móveis (um barco, uma mobília) e a da construção de imóveis. Neste último caso, sendo o terreno pertença do dono da obra, o *risco* do perecimento dos materiais fornecidos pelo empreiteiro corre por conta deste, enquanto se encontram no esta-

A vendeu um automóvel a *B*, mas obrigou-se a entregá-lo só passados quinze dias após a celebração do contrato, para que o pudesse utilizar ainda numa viagem que projecta fazer.

Se, entretanto, o automóvel perecer por caso fortuito, o risco corre por conta do alienante e não do adquirente. É a doutrina consagrada no n.º 2 do artigo 796.º: «Se, porém, a coisa tiver continuado em poder do alienante em consequência de termo constituído a seu favor, o risco só se transfere com o vencimento do termo ou a entrega da coisa, sem prejuízo do disposto no artigo 807.º».

Outra adaptação, que o princípio comporta, é a exigida pelos contratos feitos *sob condição*.

Sendo a condição resolutiva, como a cláusula não impede o efeito translativo (imediato) do contrato, o risco do perecimento da coisa corre por conta do credor (adquirente): mas, para tal, é necessário que a coisa lhe tenha sido entregue.

Se a condição for suspensiva, como o domínio ou o direito (real) sobre a coisa se não transfere ou se não constitui enquanto o evento se não verifica, o risco durante a pendência da condição corre por conta do alienante; uma vez verificada a condição, o risco passa naturalmente a correr por conta do credor (adquirente): artigo 796.º, 3.

No caso especial das obrigações *alternativas* e das obrigações *genéricas*, a questão do risco há-de solucionar-se de acordo com o momento da transferência do domínio sobre o objecto da prestação para o credor.

Se as quantidades de feijão ou de milho, com que o devedor pensava cumprir a obrigação (genérica), se inutilizaram sem culpa

---

leiro. Mas passa a correr por conta do dono da obra, à medida que os materiais vão sendo incorporados no solo. Quanto à locação, vejam-se os artigos 1032.º e segs.; quanto ao comodato, artigo 1134.º; etc. Sobre a interpretação destes preceitos e dos seus lugares paralelos, Pires de Lima e A. Varela, *Cód. Civ. anot.*, II, *anotações aos respectivos artigos*.

Das obrigações em geral

sua, mas antes de a obrigação se ter _concentrado_ sobre as espécies para o efeito apartadas, é ele quem, não exonerado do dever de prestar, suporta o _risco_ do facto. E o mesmo regime se aplica, com as necessárias acomodações, ao caso das prestações em _alternativa_ ou das obrigações pecuniárias (hipótese de desaparecimento das espécies pecuniárias com que o devedor pensava cumprir).

O artigo 797.º refere-se ao caso especial de a coisa, por força da convenção, dever ser enviada para local diferente do lugar do cumprimento.

_A_ vende a _B_, em Lisboa, certa quantidade de mercadorias, que se obrigou a enviar por caminho de ferro para Faro.

Quando assim seja, a transferência do risco opera-se _com a entrega_ ao transportador ou expedidor da coisa ou à pessoa indicada para execução do envio.

Interessa fundamentalmente determinar, nestes casos, o lugar do cumprimento da obrigação, a fim de sabermos se o local para onde a coisa é enviada coincide com ele ou é diferente dele, pois só à última hipótese se refere o preceito legal.

Ora, a determinação do lugar do cumprimento da obrigação constitui, em princípio, uma questão de interpretação da convenção. Assim, se o preço de mercadoria é fixado à porta da fábrica, isso significará, em regra, que é o local da produção o lugar do cumprimento da obrigação.

Se o preço é estipulado _FOB_ (_free on board_) ou _FOR_ (_free on railway_), deve considerar-se como lugar do cumprimento o cais ou a estação ferroviária onde a mercadoria é embarcada. Se o preço é fixado _CIF_ (_cost, insurance and freight_), tudo se passa como sendo o cais do porto de destino da mercadoria o lugar de cumprimento, embora interesse sempre saber que espécies de _riscos_ ou _avarias_ foram incluídos no contrato de seguro; se o preço é apenas C & F (_cost and freight_), excluindo por conseguinte o _seguro_ (_insurance_) da mercadoria, tudo se passa, para efeitos de risco, como sendo o lugar de cumprimento o cais de embarque.

Advirta-se ainda que todas estas regras concernentes ao risco, como aliás as regras relativas aos efeitos da impossibilidade, têm carácter supletivo (arg. *a contrario* do art. 809.º). Nenhumas razões de interesse ou ordem pública impedem que os contraentes fixem em termos diferentes o regime do *risco* do *perecimento* ou *deterioração* da coisa.

Como nada obsta, por outro lado, a que o devedor *garanta* o credor contra o risco da impossibilidade não imputável da prestação, obrigando-se a indemnizá-lo, nesse caso, pelo valor correspondente.

306. *Regime da impossibilidade parcial. Resolução do contrato.* E se a impossibilidade for apenas *parcial*? Se o incêndio ou o ciclone tiverem destruído parte apenas da coisa devida? Se a doença grave tiver impossibilitado só algumas das actuações a que o artista se obrigara? Se o abalo de terra tiver destruído só uma parte da casa arrendada?

Nesse caso, à semelhança do regime prescrito para a *nulidade* ou *anulabilidade parcial* do negócio jurídico (art. 292.º), o devedor ficará exonerado mediante a prestação do que for possível. Quanto à parte restante, a impossibilidade, desde que não seja imputável ao obrigado, continua a constituir causa extintiva da obrigação.

Pode, todavia, suceder que a obrigação se insira num contrato a título oneroso, por forma que à prestação (tornada parcialmente impossível) corresponda uma contraprestação. Nesse caso, embora se justifique a exoneração do devedor, seria injusto que, diminuindo a prestação, se mantivesse a *contraprestação*, tal como foi estipulada, se o facto impeditivo de parte da prestação se não integrar na *esfera* ou *zona* dos riscos que correm por conta do credor.

Se o artista se impossibilitou, depois de dar apenas dois dos quatro recitais a que se obrigara, compreende-se que ele não responda pela parte da prestação que não pôde cumprir. Mas não se justificaria que o empresário houvesse de pagar a remuneração

Das obrigações em geral

correspondente aos quatro recitais, quando se realizaram somente dois.

Nesse sentido manda a parte final do n.º 1 do artigo 793.º que, no caso de ser cumprida parte apenas da prestação devida, por virtude da impossibilidade da restante, se reduza *proporcionalmente* a contraprestação a que a outra parte estiver vinculada. Sempre que se trate de contrato oneroso de alienação de bens ou de constituição de encargos sobre eles, a redução da contraprestação far-se-á nos termos do artigo 884.º, 1 e 2 (cfr. art. 939.º).

Há casos, no entanto, em que o cumprimento parcial da prestação não tem interesse para o credor, porque à finalidade do contrato só convém a prestação *total*.

À fábrica que comprou certa quantidade de produtos, ao restaurante que encomendou certa porção de géneros ou ao empreiteiro que encomendou certa quantidade de mármore com determinadas características, pode nada interessar, de facto, a entrega de parte apenas da mercadoria, dos géneros adquiridos ou do mármore encomendado.

Quando assim seja, é lícito ao credor, nos termos do n.º 2 do artigo 793.º, recusar o cumprimento parcial, *resolvendo* o negócio ([1]).

Esta e outras disposições paralelas revelam bem que a *resolução* do contrato bilateral não tem como pressuposto essencial a violação *culposa* da obrigação que recai sobre a outra parte.

([1]) Vide, em sentido paralelo, o disposto no artigo 1050.º do Código Civil e ainda no artigo 10.º do Decreto-Lei n.º 385/88, de 25 de Outubro (correspondente ao antigo artigo 1069.º do Cód. Civil, na sua primitiva redacção): BAPTISTA MACHADO, *Pressupostos da resolução por incumprimento*, Coimbra, 1979, pág. 7. Sobre os termos e efeitos da resolução, v. *infra*, n.º 314.

SUBSECÇÃO III ·

Falta de cumprimento e mora imputáveis ao devedor*

307. *Falta de cumprimento. Noção.* As mais das vezes, porém, o *não cumprimento* da obrigação provém de causa imputável ao devedor.

É o inquilino que não entrega a renda até ao último dia do prazo; é o devedor de quantia realizável em prestações que não paga uma destas, apesar de já vencida; é o motorista de táxi que, por esquecimento ou para efectuar outro serviço mais lucrativo, não aparece a tempo de efectuar a viagem a que se obrigara; etc.

A violação do dever de prestar, por causa imputável ao devedor, pode revestir uma tríplice forma: *a impossibilidade da prestação; o não cumprimento definitivo ou falta de cumprimento (inadimplemento ou inadimplência)*; e a *mora*.

Há casos em que o devedor não cumpre, tornando mesmo impossível o cumprimento da obrigação, como sucede quando, por culpa sua, pereceu ou se deteriorou por completo a coisa devida. A esses casos se referem, de modo especial, os artigos 801.º a 803.º, sob a rubrica «*impossibilidade do cumprimento*».

Outras vezes, a prestação devida, não tendo sido efectuada no momento próprio, seria ainda possível, mas perdeu, com a demora, todo o interesse que tinha para o credor.

---

* VAZ SERRA, *ob. cit.*, pág. 153 e segs.; BAPTISTA MACHADO, *Pressupostos da resolução por incumprimento*, Coimbra, 1979. BIANCA, *ob. cit.*; A. RUIZ, *Responsabilità contratuale in dir. rom.*, 2.ª ed., 1958; LUPOI, *Il dolo del debitore*, 1969; BENATTI, *La costituzione in mora del debitore*, 1966; RAVAZZONI, *La costituzione in mora del debitore*, 1957; GIORGIANNI, *Inadempimento (dir. priv.)*, na *Enc. del dir.*; A. MAGAZZÙ, *Mora del debitore*, na *Enc. del dir.*; BAUMANN, *Schuldtheorie und Verbotsirrtum im Zivilrecht*, no AcP, 155, pág. 495; BRODMANN, *Uber die Haftung für Fahrlässigkeit*, no AcP, 99, pág. 327; LÖWISCH, *Rechtswidrigkeit und Rechtfertigung von Forderungsverletzungen*, no Acp, 165, pág. 421; ZEUNER, *Gedanken über Bedeutung und Stellung des Verschuldens im Zivilrecht*, no J. Z., 66, pág. 1.

Das obrigações em geral

Diferentes destes são já os casos em que, depois de ter incorrido em simples demora no cumprimento, o devedor não realiza a prestação *dentro do prazo* (suplementar) *que razoavelmente tiver sido fixado pelo credor* (art. 818.º, 1) ([1]).

O fabricante não entregou a encomenda dentro do prazo que o armazenista, diferindo o mais possível o começo das suas vendas para a estação mais próxima, lhe fixou para o efeito, depois do *termo* inicialmente estabelecido. O promitente vendedor não cumpre a promessa feita, nem no prazo inicialmente estipulado, nem sequer dentro do prazo suplementar que, ao abrigo do disposto no artigo 808.º, n.º 1, o promitente comprador lhe fixou para o efeito.

Nesse caso, havendo não cumprimento definitivo do contrato--promessa, o promitente comprador pode decidir-se pela resolução do contrato, com a respectiva indemnização. Porém, se for possível ainda a realização do contrato prometido, ele poderá requerer também, em lugar de resolução, a execução específica do contrato-promessa.

Devem ser de igual modo incluídos no núcleo das situações de *não-cumprimento definitivo* (ou de *falta definitiva de cumprimento*) os casos em que, sendo a prestação ainda possível com interesse para o credor, o devedor declara a este não querer cumprir ([2]).

Em todos estes casos se pode genericamente falar de *falta de cumprimento, de incumprimento* ou de *não cumprimento imputável ao devedor* — por contraposição à *mora*, de que se trata noutro lugar.

Aos casos de não cumprimento definitivo, em que a prestação conserva ainda todo o interesse para o credor, corresponde a sanção específica da *realização coactiva* da prestação, prevista e regulada, quanto ao seu aspecto substantivo, nos artigos 817.º e seguintes.

308. *Efeitos da falta de cumprimento:* I) *Obrigação de indemnizar.* O efeito *fundamental* do não cumprimento *imputável* ao devedor consiste na obrigação de *indemnizar* os prejuízos causados ao credor. Trata-se de uma *sanção* que vale, genericamente, tanto para a *falta*

([1]) Cfr. DIEZ-PICAZO, n.º 825.

([2]) Neste sentido cfr. também VAZ SERRA, *Impossibilidade superveniente...*, p. 192. Cfr. ainda, a propósito do artigo 1219 do Código italiano, GIORGIANNI, *Inademplimento* (*dir. priv.*), n.º 4, na *Enc. del dir.*

de cumprimento, stricto sensu, como para a *impossibilidade* (subentende-se: imputável ao devedor) de cumprimento, como para a própria *mora debitoris* (que cabe · no conceito *lato* de *falta de cumprimento*).

«O devedor que falta culposamente ao cumprimento da obrigação, diz o artigo 798.º (integrado nos *princípios gerais* sobre a matéria) torna-se *responsável pelo prejuízo que causa ao credor*».

A principal sanção estabelecida para o não cumprimento consiste, portanto, na obrigação imposta *ex lege* ao devedor de indemnizar o *prejuízo* causado ao credor. Este prejuízo compreende tanto o *dano emergente* como o *lucro cessante* (art. 564.º) — todo o interesse contratual *positivo* ([1]), na hipótese de a obrigação provir de contrato — e é determinado em função dos danos *concretamente* sofridos pelo credor. A prestações perfeitamente iguais podem, assim, corresponder indemnizações absolutamente distintas, desde que sejam diferentes os danos causados pelo não cumprimento a um e a outro dos credores. A falta de entrega de um automóvel a quem dispõe de dois ou mais para o seu serviço pode causar um dano sensivelmente menor do que provoca a falta de entrega de um veículo igual a quem pensava colocá-lo como táxi na praça e tinha já várias viagens aprazadas com ele.

O não cumprimento (inadimplemento ou inadimplência do devedor) da obrigação tem, assim, como principal consequência, abstraindo da realização coactiva da prestação, nos casos em que ela é viável (art. 817.º), o nascimento de um *dever secundário de prestar* que tem por objecto, já não a prestação debitória inicial, mas a reparação dos danos causados ao credor ([2]).

([1]) O *«interesse positivo»* ou *«de cumprimento»* é aquele que resultaria para o credor do cumprimento curial do contrato. Abrange, portanto, não só o equivalente da prestação, mas também a cobertura pecuniária (a reparação) dos prejuízos restantes provenientes da inexecução, "de modo a colocar-se o credor na situação em que estaria, se a obrigação tivesse sido cumprida.". O *«interesse negativo»* ou *«de confiança»* aponta antes para a situação em que o credor se encontraria, se não tivesse celebrado o contrato. Cfr., a propósito, BROX, pág. 90; VAZ SERRA, anot. ao ac. do S. T. J., de 15-1-1971 (na R. L. J., 104, pág. 379).

([2]) Sobre a questão de saber se esta *obrigação de indemnizar* (subsequente ao inadimplemento) é diferente da obrigação primitiva ou faz parte integrante desta,

Das obrigações em geral

E nos próprios casos de *execução específica* (uma das modalidades de realização coactiva da prestação, regulada nos arts. 827.º e segs.), à prestação principal devida *ab initio* será normalmente aditada a prestação *secundária* correspondente à cobertura dos danos entretanto causados ao credor, incluindo logo a necessidade de recurso à acção judicial.

309. *Pressupostos da obrigação de indemnizar a cargo do devedor:* A) *Ilicitude.* Para que recaia sobre o devedor a *obrigação de indemnizar o* prejuízo causado ao credor, é necessário que o não cumprimento (a falta de cumprimento) lhe seja imputável. Significa isto, como se depreende da simples leitura do artigo 798.º, que vários pressupostos se devem reunir para o efeito: o facto objectivo do não cumprimento, que tanto pode ser uma omissão, como uma acção (nos casos de prestação negativa); a ilicitude; a culpa; o prejuízo sofrido pelo credor; o nexo de causalidade entre o facto e o prejuízo.

A *ilicitude* resulta, no domínio da responsabilidade contratual, da relação de desconformidade entre a conduta devida (a prestação debitória) e o comportamento observado.

O obrigado, a quem o veículo fora emprestado, devia ter restituído o automóvel e não o entregou; devia contratualmente ter-se abstido de abrir certo estabelecimento e, todavia, abriu-o.

Tal, porém, como no domínio do ilícito extracontratual, também aqui o *não cumprimento* da obrigação pode, excepcionalmente, constituir um acto *lícito*, sempre que proceda do *exercício de um direito* ou do *cumprimento de um dever.*

Se o crédito tiver sido dado em penhor, por exemplo, o obrigado não só *pode,* como *deve,* recusar o cumprimento da interpelação do credor, visto que a prestação há-de, em princípio, ser efectuada ao credor *pignoratício* (arts. 684.º e 685.º).

---

vide vol. I, 9.ª ed., n.º 38, pág. 158 e segs.; Vaz Serra, *Impossibilidade superveniente...,* Lisboa, 1955, pág. 154 e segs.

Cumprimento e não-cumprimento

Entre os casos de não cumprimento da obrigação, legitimados pela circunstância de consistirem no exercício de um direito ou de uma faculdade, destacam-se a *excepção de não cumprimento do contrato*, nos *contratos bilaterais*, e a *recusa de entrega da coisa*, com base no *direito de retenção*.

1) *Excepção de não cumprimento do contrato* ([1]). O primeiro caso, circunscrito aos contratos *bilaterais* ou *sinalagmáticos* (art. 428.º), resulta do facto de se reconhecer ao devedor a faculdade de recusar (legitimamente) a prestação a que se encontra adstrito, *enquanto* o outro contraente não cumprir ou não oferecer o cumprimento simultâneo da prestação que lhe incumbe.

A excepção funciona a favor do devedor, mesmo no caso de o credor ter requerido a realização coactiva da prestação através do *processo executivo* (art. 804.º, 1 do Cód. Proc. Civil).

2) A *recusa* legítima da obrigação de entrega da coisa, fundada no *direito de retenção*, aparece regulada entre as garantias das obrigações, visto a lei equiparar, em princípio, a *retenção* ao penhor e à hipoteca, consoante o poder do devedor recaia sobre coisas móveis ou sobre imóveis (art. 758.º e 759.º) ([2]). Mas é, ao mesmo tempo, uma causa de licitude do não cumprimento, permitindo ao detentor da coisa (transportador, mandatário, gestor, etc.), obrigado a entregá-la a seu dono, não cumprir (licitamente) a sua obrigação de entrega, enquanto não for pago das despesas que fez com a coisa ou dos danos que ela lhe causou (arts. 754.º e 755.º) ([3]).

Três requisitos fundamentais condicionam esta causa *legítima* de não cumprimento da obrigação de entrega da coisa:

([1]) Cfr. vol. I, n.º 105, pág. 408; LARENZ, § 15.

([2]) PIRES DE LIMA e A. VARELA, *Cód. Civ. anot.*, I, com. aos artigos 758.º e 759.º.

([3]) Apesar das afinidades existentes entre ambos, a excepção de não cumprimento do contrato e o direito de retenção constituem figuras distintas e autónomas. Cfr. ESSER, § 24, II, 1; LARENZ, § 16: BROX, pág. 81.

a) Licitude da detenção da coisa. É preciso, em primeiro lugar, que o devedor detenha a coisa por uma causa lícita (que ele a não tenha obtido por meios ilícitos: art. 756.º, alínea *a*));

b) Reciprocidade de créditos. O devedor da entrega da coisa deve ser credor de uma outra obrigação em face da contraparte, funcionando a retenção, antes de mais, como um meio legítimo de coacção sobre o interessado na recuperação da coisa([1]);

c) Conexão substancial entre a coisa retida e o crédito do autor da retenção. Entre a coisa retida e o crédito do detentor deve existir uma relação de conexão que justifique o emprego dela como meio de coacção sobre o devedor. Essa conexão está definida em termos gerais no artigo 754.º: o crédito há-de ter resultado ou de *despesas feitas por causa* da coisa (conexão *intelectual*, lhe chama M. ANDRADE([2]).) ou de *danos por ela causados* (conexão *material*, na terminologia do mesmo autor).

310. B) *Culpa*. Noção. Modalidades. Grau da culpa.* Não basta, porém, a *ilicitude* do comportamento do devedor, para que ele seja obrigado a indemnizar o credor pelos danos resultantes da falta de cumprimento.

É preciso ainda que o devedor tenha agido com *culpa*, como resulta da simples leitura do texto do artigo 798.º, ao responsabilizar só o devedor que falta *culposamente* ao cumprimento da obrigação.

([1]) Se o credor da entrega da coisa ceder o seu direito ou transmitir a coisa, o direito de retenção continuará a ser oponível ao cessionário ou adquirente; de contrário, desvanecer-se-ia facilmente, e sem justificação, a protecção concedida ao devedor da entrega da coisa. No mesmo sentido, LARENZ, § 16, nota 1 da pág. 159.

([2]) *Ob. cit.*, pág. 330.

* LARENZ, § 20; DIEZ-PICAZO, n.os 843 e segs.; M. LUPOI, *ob. cit.*; TUNC, *Force majeure et absence de faute en matière contractuelle*, na R. T., 1945, pág. 235 e segs.; RODIÈRE, *Une notion ménacée; la faute ordinaire dans les contrats*, R. T., 1954, pág. 201 e segs.; RADOUANT, *Du cas fortuit et de la force majeure*, 1919.

Agir com *culpa* significa actuar em termos de a conduta do devedor *ser pessoalmente censurável* ou *reprovável*. E o juizo de *censura* ou de *reprovação* da *conduta* do devedor só se pode apoiar no reconhecimento, *perante as circunstâncias concretas do caso*, de que o obrigado não só *devia*, como *podia* ter agido de outro modo.

Só a título excepcional (como, por exemplo, no contrato de trabalho, relativamente aos acidentes de trabalho, ou no contrato de transporte, quanto aos danos provenientes de acidentes de viação, ou ainda em certos casos de contrato de fornecimento, na área da responsabilidade do *produtor*)[1], o devedor responde *sem culpa*, em termos de responsabilidade *objectiva*.

A regra é que o devedor não responde, quando não possa ser *censurado* ou *reprovado* pela falta de cumprimento[2].

A *culpa* do devedor pode, tal como sucede com a culpa do agente no domínio da responsabilidade extracontratual, revestir uma dupla forma: o *dolo* ou a *negligência*.

No primeiro caso, há uma *adesão* da vontade ao comportamento ilícito, que é a falta de cumprimento da obrigação. O devedor tem conhecimento do efeito da sua conduta, da falta de cumprimento da obrigação, sabe que ela é ilícita, e, apesar disso, quer ou aceita esse resultado. O motorista de táxi não vai buscar o cliente à hora que lhe foi indicada, para o forçar a perder o comboio, ou porque lhe apareceu entretanto um serviço mais lucrativo, que ele prefere à obrigação anteriormente contraída, ou porque admitiu a possibilidade de realizar um outro serviço a

---

[1] Vide ainda *infra,* n.º 312; a propósitio da responsabilidade (objectiva) do devedor pelos actos dos seus auxiliares (art. 800) e também n.º 310, a respeito da responsabilidade do produtor.

Além disso, deve ter-se presente que é segundo o padrão da *culpa em abstracto* que a lei manda avaliar a *negligência* do devedor.

[2] Se, não obstante a inexistência de culpa do devedor, a obrigação persiste por não chegar a haver impossibilidade objectiva da prestação, ao credor só resta um meio de protecção: a acção de cumprimento, visto a obrigação se manter e a prestação continuar a ser possível.

Das obrigações em geral

tempo de não perder o primeiro, mas na disposição de sacrificar este, em caso de incompatibilidade (¹).

No segundo caso (*negligência*), a censura do devedor funda-se apenas em ele não ter agido com a *diligência* ou com o *discernimento* exigíveis para ter *evitado* a falta de cumprimento da obrigação, ou para a ter *previsto e evitado*, quando porventura nem sequer dela se tenha apercebido. O motorista do táxi faltou ao primeiro serviço só porque se esqueceu do compromisso que assumira ou porque levianamente julgou que lhe era possível fazer o segundo percurso a tempo de não faltar ao primeiro (²).

O não cumprimento *doloso* exprime uma relação mais forte entre o *comportamento ilícito* (a falta de cumprimento da obrigação) e a *vontade* do devedor. E merece, por essa razão, uma *reprovação* ou *censura* mais viva da parte do direito.

A *negligência* assenta numa ligação menos forte entre a vontade do devedor e a falta de cumprimento da obrigação. Umas vezes a *negligência* traduz-se em o devedor, apesar de ter *previsto* a falta de cumprimento como um efeito *possível* da sua conduta, ter acabado por aceitar *precipitada* ou *levianamente* que poderia cumprir: o motorista do táxi convenceu-se injustificadamente de que po-

---

(¹) Os exemplos do texto são intencionalmente escolhidos para mostrar que também no domínio da responsabilidade contratual há lugar para distinguir entre o dolo *directo*, o dolo *indirecto* e o dolo *eventual*. Na caracterização deste, nenhuma razão existe para rejeitar a preferência pela tese da *Willenstheorie sobre a Vorstellungstheorie*. Cfr. ENNE-CERUS-NIPPERDEY, § 210, II.

Não é essencial ao *dolo* a intenção de causar um prejuízo ao credor (*animus nocendi*). Bastará para esse efeito, como DIEZ-PICAZZO (n. 844) observa, a intenção de arrecadar um benefício à custa do não cumprimento: táxi que falta à viagem onde ganharia 2, para fazer o percurso onde ganhará 20 (*animus lucri faciendi*).

Sobre a inclusão da consciência da ilicitude no conceito do dolo, têm perfeito cabimento as considerações feitas no capítulo da responsabilidade extracontratual a propósito da crítica movida pela doutrina e jurisprudência alemãs à *Schuldtheorie*, que NIPPERDEY tentou transplantar do direito penal para a responsabilidade civil (*supra*, vol. I, n.º 153. Cfr. SCHMIDT, *Praktische wichtige Auswirkungen der neuen Schuldtheorie im Zivilrecht*, N. J. W., 58, pág. 488.

(³) LARENZ, § 20, II.

deria efectuar o segundo serviço, e regressar a tempo de realizar o primeiro; o dono da fábrica calculou mal as possibilidades de laboração das suas máquinas e aceitou uma encomenda que depois não pôde cumprir.

Outras vezes, a negligência consistirá em o devedor, *censuravelmente*, não se ter apercebido sequer da *possibilidade da falta de cumprimento* como um efeito da sua conduta.

A *negligência* do devedor pode verificar-se ao longo dos vários momentos em que se processa a vida da relação obrigacional: na altura da constituição da obrigação (devedor que se compromete a fornecer certa quantidade de produtos, sem previamente se certificar de que as matérias-primas disponíveis lhe permitem cumprir); na preparação da prestação (fabrico dos produtos em más condições); na execução da prestação (no acondicionamento, embalagem ou expedição da mercadoria) ([1]).

A distinção entre o *dolo* e a *negligência* não assume, na falta de cumprimento das obrigações, a mesma importância que tem no capítulo da responsabilidade delitual, visto não ser aplicável à responsabilidade contratual o disposto no artigo 494.º. Mas tem interesse na fixação do campo de aplicação de outras disposições legais, nomeadamente dos artigos 814.º e 815.º (mora do credor); 853.º, 1, al. *a*) (exclusão da compensação); 956.º e 957.º (responsabilidade do doador); 1 134.º (responsabilidade do comodante); 1 151.º (responsabilidade do mutuante); 1 681.º (responsabilidade do cônjuge administrador); etc. ([2]).

Não há *culpa* do devedor, sempre que o não cumprimento seja imputável a facto do credor ou de terceiro (sem prejuízo de quanto se dispõe no art. 800.º, relativamente aos representantes legais ou

---

([1]) DIEZ-PICAZO, n. 847.

([2]) Sobre a distinção clássica feita na doutrina e na jurisprudência francesa entre *la faute lourde, la faute légère* e *la faute très légère*, de acordo com o *grau de culpa* do devedor, e sobre a evolução da jurisprudência e da legislação nesse ponto, veja-se A. WEIL e TERRÉ, *Droit civil. Les obligations*, 2.ª ed., 1975, ns. 405 e segs.

Das obrigações em geral

auxiliares do devedor) ou seja devido a *caso fortuito* ou de *força maior*. Na designação genérica de caso fortuito ou de força maior cabem todos os factos determinantes da falta de cumprimento, cuja verificação o devedor não poderia normalmente prever ou cujos efeitos não poderia normalmente prevenir.

311. *Presunção de culpa.* A culpa do devedor na falta de cumprimento da obrigação ou na impossibilitação da prestação é apreciada nos termos aplicáveis à responsabilidade civil (art. 799.º, 2). Quer isto dizer que vigoram para a responsabilidade contratual, tanto os critérios de fixação da *inimputabilidade* estabelecidos no artigo 488.º, como o princípio básico de que a *culpa* do devedor se mede *em abstracto*, tendo como padrão a diligência *típica* de um bom pai de família, e não *em concreto*, de acordo com a diligência habitual do obrigado, ao contrário do que preconizava a doutrina dominante em face do Código de 1867.

Por força da mesma remissão, pode ainda dar-se como certo que a *negligência* inclui, no âmbito da responsabilidade contratual, não só a *falta de diligência*, a *deficiência* de vontade, mas também a falta das *qualidades, aptidões* ou de *discernimento* exigíveis do devedor. A responsabilidade contratual, dizem alguns autores a esse propósito(¹), deve funcionar por forma que cada contraente possa confiar em que o outro possui as *qualidades* (o discernimento, a capacidade) necessárias para a regular execução da prestação a que se obrigou. Esta espécie de *garantia* tácita constitui o principal fundamento dos *laivos de objectividade* existentes na noção de *culpa* geralmente aceite pelos autores.

No que toca, porém, à *prova da culpa* (*onus probandi*), as coisas correm de modo diferente num e noutro sector da responsabilidade civil. Na responsabilidade extracontratual é ao lesado, na falta de presunção especial de culpa, que incumbe fazer a prova da *culpa* do lesante, tal como de todos os outros pressupostos da obrigação de

---

(¹) Cfr., por todos, LARENZ, § 20, III.

Cumprimento e não-cumprimento

indemnizar (art. 487.º, 1). No caso de não cumprimento da obrigação, é ao devedor que «incumbe... provar que a falta de cumprimento ou o cumprimento defeituoso da obrigação não procede de culpa sua» (art. 799.º, 1).

Trata-se, aliás, do princípio consagrado na generalidade das legislações. O dever jurídico infringido está, neste caso, de tal modo *concretizado, individualizado* ou *personalizado*, que se justifica que seja o devedor a pessoa onerada com a alegação e a prova das razões justificativas ou explicativas do não cumprimento(1).

É, todavia, ao credor que incumbe a prova do facto *ilícito* do não cumprimento. Se, em lugar de não cumprimento da obrigação, houver *cumprimento defeituoso*, ao credor compete fazer prova do *defeito* verificado, como elemento constitutivo do seu direito à indemnização ou de qualquer dos outros meios de reacção contra a falta registada.

Nas obrigações chamadas de meios não bastará, neste aspecto, a prova da não obtenção do resultado previsto com a prestação, para se considerar provado o não cumprimento. Não basta alegar a morte do doente ou a perda da acção para se considerar em falta o médico que tratou o paciente ou o advogado que patrocinou a causa. É necessário provar que o médico ou o advogado não realizaram os actos em que normalmente se traduziria uma assistência ou um patrocínio diligente, de acordo com as normas deontológicas aplicáveis ao exercício da profissão.

---

(1) Os autores invocam, em regra, como fundamento da *presunção* de culpa lançada sobre o inadimplente, duas razões: a consideração, tirada da experiência comum, de que o inadimplemento da obrigação é, em regra, *culposo* (devido a negligência) e a ideia de que o devedor está em melhores condições para alegar e provar os factos que tornam inimputável o não cumprimento do que o credor para provar o contrário. M. BIANCA, *ob. cit.*, com. ao art. 1 218.º, n.º 56; MAJELLO, *Custodia e deposito*, pág. 203 e segs.; RAAPE, *est. cit.*, no AcP, 147, 1941, pág. 220 e segs.

Vão, porém, demasiado longe aqueles que, como ROSENBERG (*Beweislast*, § 28, pág. 360 e segs.), para justificar a solução, afirmam que toda a lesão de direito alheio provém, em regra, segundo a experiência comum, de negligência do lesante.

Das obrigações em geral

312. *Responsabilidade do devedor pelos actos dos seus representantes legais ou auxiliares.* A impossibilidade da prestação, sendo imputável a terceiro, exonera, em princípio, o devedor de responsabilidade. A solução não seria no entanto justa, quando a impossibilidade provenha, não de estranhos ao processamento da relação obrigacional, mas de pessoas que legalmente representam o devedor ou que o devedor utiliza no cumprimento, como seus auxiliares[1].

«Se, sem culpa e diligentemente, o devedor encarrega alguém de lhe ir pagar uma dívida, e o encarregado foge com o dinheiro ou negligentemente se esquece de cumprir, não se justificaria que, por não haver culpa do devedor, o credor sofresse as consequências da culpa do auxiliar»[2].

Precisamente para acudir a essas hipóteses, prescreve o artigo 800.º, 1, que «o devedor é responsável perante o credor pelos actos dos seus representantes legais ou das pessoas que utilize para o cumprimento da obrigação, *como se tais actos fossem praticados pelo próprio devedor»* [3].

Quanto aos representantes legais (pai, tutor, administrador de bens), a responsabilidade lançada sobre o devedor, neste domínio da *responsabilidade civil*, afasta-se da orientação válida em matéria de responsabilidade *penal*. Mas compreende-se que assim seja. Se a actividade do representante legal se exerce no interesse e em nome do representado (menor, interdito, etc.), justo é que sobre o património deste (e não do representante) recaiam as consequências

---

[1] De contrário, o credor ficaria injustificadamente sujeito a que terceiros, estranhos à relação, em cuja designação ele não teve nenhuma interferência, se substituíssem ao devedor originário em grande parte da responsabilidade deste: M BIANCA, *ob. cit.*, com. ao art. 1 228.º, n.º 1.

[2] PIRES DE LIMA e A. VARELA, *Cód. Civ. anotado*, anot. ao art. 800.º Cfr. VAZ SERRA, *Responsabilidade do devedor pelos factos dos auxiliares, dos representantes legais ou dos substitutos*, n.º 2.

[3] Cfr., a propósito, os artigos 264.º, 4; 1 165.º; 1 197.º e 1 198.º; 1 213.º e 2 334.º, que revelam a latitude com que o devedor se pode socorrer de auxiliares no cumprimento da obrigação.

Cumprimento e não-cumprimento

(boas ou más) do exercício daquela actividade. E a doutrina aplicável aos representantes directamente designados pela lei vale ainda, com as necessárias acomodações, para os representantes escolhidos pelo tribunal ou pelo próprio devedor (administrador da massa falida ou insolvente, testamenteiro, etc.)([1]).

A responsabilidade lançada sobre o devedor abrange ainda os actos dos seus auxiliares (mandatários, procuradores, comissários, depositários, etc.), contanto que o sejam *no cumprimento da obrigação*([2]). Trata-se de uma verdadeira responsabilidade *objectiva*, na medida em que para ela se não exige *culpa* do devedor (na escolha das pessoas, nas instruções para a sua colaboração ou na fiscalização da sua actividade).

Os termos em que a responsabilidade é definida logo mostram, no entanto, quais são os seus limites. O devedor responde, como se os actos dos representantes legais ou dos auxiliares (quer eles sejam meramente *culposos*, quer sejam mesmo *dolosos*) fossem praticados por ele próprio([3]): *the servant's act is the master's act*. Por

---

([1]) BROX, pág. 107. Sobre a responsabilidade dos representantes legais na preparação do contrato (responsabilidade pré-negocial), vide, porém, BALLERSTEDT, *Zur Haftung für culpa in contrahendo bei Geschäftsabschluss durch Stellvertreter*, no AcP, 151, pág. 525.

([2]) Na jurisprudência estrangeira, em face de disposições correspondentes, foi já sustentada a responsabilidade: do senhorio, pelos factos dos seus auxiliares, ao efectuarem reparações no prédio locado (BROX, pág. 108); do cliente que pôs à disposição do médico um táxi, para lhe fornecer transporte, pelos danos que o condutor causou ao transportado; do senhorio, pelos danos devidos ao comportamento negligente do porteiro, quando tenha assumido o encargo de fornecer aos inquilinos o serviço próprio da portaria. Cfr. M. BIANCA, *ob. cit.*, com. ao art. 1 228.º, n.º 3.

Diferente é o caso dos danos causados por terceiro, a quem o devedor facultou o uso ou gozo da coisa pertencente ao credor. Este terceiro não é um auxiliar no cumprimento da obrigação. Aos casos dessoutro tipo é, em princípio, aplicável o disposto, quanto à locação, no artigo 1044.º.

([3]) Neste caso, ao contrário do que sucede com a responsabilidade extracontrual do comitente pelos actos do comissário, não se exige nenhuma relação de dependência ou subordinação entre o devedor e o auxiliar. A empresa, contratualmente obrigada a fornecer assistência médica ao empregado, responderá pelos danos que o médico culposamente causar a este, mesmo que entre a empresa e o médico

Das obrigações em geral

consequência, se estes tiverem agido sem *culpa*, nenhuma responsabilidade lhe poderá advir da sua actuação. A menos que o próprio devedor tenha procedido culposamente na escolha do auxiliar, nas instruções que lhe deu ou na forma como vigiou a sua actividade.

Esta fonte de responsabilidade *objectiva* do devedor ([1]) não exprime, porém, nenhum princípio de ordem pública. E compreende-se mesmo que o devedor pretenda, em alguns casos, libertar-se dela, nomeadamente quando a intervenção dos auxiliares seja habitual ou seja condicionada (quanto à sua escolha) por certos requisitos de ordem legal (posse de certo título profissional, inscrição em determinados organismos, etc.).

Por isso se permite que a responsabilidade do devedor seja convencionalmente *excluída* ou *limitada* por acordo prévio dos interessados, contanto que a exclusão ou limitação não compreenda actos que representem a violação de deveres impostos por normas de ordem pública (art. 800.º) ([2]).

Advirta-se, porém, que a exclusão ou limitação de responsabilidade (que pode abranger, não só a *negligência*, como o próprio *dolo*) se refere aos actos de terceiro, e não à falta de cumprimento imputável ao devedor — esta proíbe-a, em princípio, o artigo 809.º.

Por outro lado, é líquido que a ressalva do n.º 2 do artigo 800.º visa fundamentalmente (tem como *ratio legis*) evitar que o acordo prévio dos interessados legitime a prática de actos, por

---

não exista nenhuma relação de subordinação. O mesmo se diga daquele que, para cumprir a sua obrigação de fornecer transporte a outrem, recorre a um táxi ou outra viatura de serviço público, ou da agência de viagens que recorre a uma empresa armadora para realizar o cruzeiro marítimo prometido aos seus clientes.

([1]) No sentido de que se trata de uma verdadeira responsabilidade objectiva, v. GOMES DA SILVA, *O devedor de prestar e o dever de indemnizar*, pág. 275; PESSOA JORGE, *Ensaio*, pág. 146.

([2]) A *limitação* convencional da responsabilidade pode, não só neste caso, como no domínio da responsabilidade contratual em geral (arts. 809.º e segs.), referir-se ao quantitativo exigível da indemnização; e pode ainda, tal como a *exclusão* da responsabilidade a que também se refere o n.º 2 do artigo 800.º, reportar-se às várias causas da responsabilidade. Cfr. DIEZ-PICAZO, ns. 852 e 854.

Cumprimento e não-cumprimento

parte dos representantes legais ou dos auxiliares, que sejam contrários aos deveres impostos por normas de ordem pública (como aquelas que tutelam a integridade física ou moral do credor ou as suas relações familiares). É nesse sentido que deve ser interpretada e aplicada a exigência legal de que a exclusão ou limitação convencional de responsabilidade *não compreenda* actos daquela natureza.

Seria assim nulo o acordo em que o director do colégio ou da casa de saúde para internamento de doentes mentais excluísse a sua responsabilidade pelos actos dos professores, dos médicos ou enfermeiros que não observassem os deveres fundamentais da educação dos menores ou da guarda e vigilância requeridas pelos doentes do foro psiquiátrico. Como nulo seria o acordo entre a administração dos caminhos de ferro e o empreiteiro de obras na via, pelo qual aquela se exonerasse da responsabilidade pelos actos dos seus maquinistas ou condutores que envolvessem violação das normas de segurança do tráfego ferroviário ([1]).

313.   C) *Dano. Nexo de causalidade entre o facto e o dano.* A falta de cumprimento da obrigação só dá lugar à obrigação de indemnizar se, como geralmente sucede, o credor sofrer com ela um *prejuízo*. Sem dano — patrimonial ou não patrimonial — não há *obrigação de indemnizar*, não existe *responsabilidade civil*.

No dano indemnizável cabe, não só o *dano emergente* (o prejuízo causado, a que se refere o n.º 1 do art. 564.º), como o *lucro cessante*, constituído pelos benefícios que o lesado deixou de obter em consequência da lesão. O alienante do prédio que o não entregou à agência predial, como devia, para esta o revender a um terceiro, terá que indemnizar a credora, não só do valor do prédio,

---

([1]) Sobre a nulidade do pacto destinado a excluir ou limitar a responsabilidade civil por danos resultantes de infracções penais, v. LALOU, *Traité de la responsabilité civile*, n.º 527, pág. 371.

Das obrigações em geral

mas também do *lucro* que ela teria obtido, com a revenda já negociada.

Tudo quanto se diz, no capítulo da *obrigação de indemnização*, a propósito da classificação dos danos e da limitação dos danos sobrevindos ao lesado para o efeito da fixação e do cálculo da indemnização, tem plena aplicação à responsabilidade contratual e extracontratual.

As únicas diferenças importantes a registar são as que resultam da inaplicabilidade do disposto no artigo 494.º ao domínio da responsabilidade contratual e da não ressarcibilidade dos danos morais ou não patrimoniais sofridos pelo credor ([1]).

Os dois termos desta ressalva como que se completam.

Por um lado, não se admite que a indemnização fique aquém do montante do dano sofrido pelo credor, atentas as expectativas criadas pela constituição do vínculo obrigacional. E como, por essa razão, se não concebe, mesmo no caso de mera culpa, uma indemnização de valor inferior ao montante do dano (o credor terá sempre direito a uma reparação de valor igual, em princípio, ao prejuízo que sofreu), de algum modo se compreende também que ele não possa exigir indemnização pelos danos morais que haja suportado com a falta de cumprimento.

Até porque, de outro modo, se introduziria no capítulo da responsabilidade contratual um factor de séria perturbação da *certeza e segurança* do comércio jurídico.

314.   II) *Direito de resolução do contrato* *. *Indemnização do interesse negativo ou de confiança.* Os direitos do credor por virtude do ina-

---

([1]) Em sentido diferente, admitindo a aplicação analógica da norma excepcional contida no art. 494.º, VAZ SERRA (anot. ao ac. do S.T.J. de 4-6-74, na RLJ, 108, págs. 221 e seg.).

* VAZ SERRA, *Resolução do contrato*, 1957; *Id.*, anot. ao ac. do S.T.J., de 3-V-1968 (R.L.J., 102.º, pág. 167); BAPTISTA MACHADO, *Pressupostos... cit.*, 1979; AULETTA, *La risoluzione per inadempimento*, 1942; MIRABELLI, *La rescisione del contratto*; 1962; BEL-

dimplemento da obrigação não se esgotam, porém, no direito à indemnização dos danos por ele sofridos. Tornando-se a prestação impossível por causa imputável ao devedor, ou tendo-se a obrigação por definitivamente não cumprida[1], se a obrigação se inserir num contrato bilateral, pode o credor preferir a *resolução* do contrato à indemnização correspondente à prestação em falta[2].

A comprou a *B* certa quantidade de mercadorias, pagando antecipadamente o preço. Se a mercadoria se inutilizar por culpa de *B*, pode a *A* convir mais a restituição do dinheiro que pagou do que a indemnização correspondente à falta de entrega oportuna da coisa comprada.

A empresa *C* comprometeu-se a realizar dois ou mais estudos para a sociedade *D*, mas não os efectuou dentro do prazo suplementar previsto no artigo 808.º, 1. Em lugar de insistir judicialmente pela efectivação, embora tardia, dos estudos encomendados, pode a esta sociedade convir mais libertar-se do contrato, promovendo a sua *resolução*, e contratar a prestação do mesmo serviço por uma outra firma da especialidade[3].

E tem, realmente, a faculdade de optar, nesses casos, pela resolução do contrato[4]. «Tendo a obrigação por fonte um con-

---

FIORE, *Risoluzione per inadempimento*, na *Enc. del dir.*; DEL'AQUILA, *La ratio della risoluzione del contratto per inadempimento*, na *Riv. dir. civ.*, 1983, II, pág. 836.

[1] A obrigação pode considerar-se definitivamente não cumprida, como vimos, até para o efeito da realização coactiva da prestação, em casos em que não haja verdadeira impossibilidade de cumprir. É o que sucede quando o devedor declara abertamente *não querer* cumprir, embora podendo fazê-lo; quando o devedor não cumpre, dentro do prazo suplementar fixado, ao abrigo do disposto no n.º 1 do artigo 808.º, apesar de ainda ser possível realizar a prestação; etc. (BAPTISTA MACHADO, *est. cit.*, pág. 4).

[2] Em certos casos, pode a *resolução* depender da *gravidade qualificada* da falta de cumprimento, como sucede na venda a prestações (art. 934.º).

[3] No mesmo sentido, embora com as adaptações adequadas aos textos do direito civil alemão, LARENZ (*ob. cit.*, I, 14.ª ed., § 22, II, pág. 338).

[4] O outro termo da opção que a lei lhe faculta é o de o credor manter a contraprestação que efectuou (ou realizá-la, se ainda a não tiver efectuado) e exigir a realização coactiva da prestação devida ou a indemnização do prejuízo que lhe

Das obrigações em geral

trato bilateral, diz o n.° 2 do artigo 801.°, o credor, *independentemente do direito à indemnização*, pode resolver o contrato e, se já tiver realizado a sua prestação, exigir a restituição dela por inteiro»([1]).

Note-se que a resolução pode fundar-se na violação, tanto de uma obrigação principal, como de uma obrigação secundária ou até de um dever acessório de conduta([2]).

A resolução opera-se por meio de declaração *unilateral, receptícia*, do credor (art. 436.°), que se torna irrevogável, logo que chega ao poder do devedor ou é dele conhecida (art. 224.°, 1; cfr. art. 230.°, 1 e 2)([3]). Goza de eficácia *retroactiva*, visto que a falta da prestação a cargo do devedor deixa a obrigação da contraparte destituída da sua razão de ser, sem embargo da ressalva dos direitos de terceiro e das restrições impostas pela vontade das partes ou pela finalidade da resolução([4])([5]).

---

causou a falta de cumprimento do devedor (interesse contratual positivo). A opção pode falhar nos casos em que o credor também não tenha já a possibilidade (física ou legal) de realizar a sua contraprestação.

([1]) Àcerca das vantagens que a resolução do contrato pode oferecer ao credor sobre o direito à indemnização, vide VAZ SERRA, *Impossibilidade superveniente...*, Lisboa, 1955, pág. 170 e segs.

([2]) Excepcionalmente, pode mesmo a resolução do contrato fundar-se numa *simples* ameaça, embora *séria*, de violação do direito (vide art. 1235.°) ou em outras circunstâncias justificativas da destruição de certos negócios (cfr. art. 1140.°).

([3]) Diferente é hoje a doutrina dominante na Alemanha, que tende a reconhecer ao credor um *jus variandi* (entre a resolução ou a manutenção coerciva do contrato), mesmo depois de declarada a *resolução*, enquanto o devedor não tiver tomado quaisquer providências de acordo com a *resolução*. Cfr. LARENZ, *ob. cit.*, I, 14.ª ed., § 22, II, pág. 337.

([4]) Quanto aos efeitos da resolução nos contratos de execução continuada ou periódica, vide o n.° 2 do artigo 434.°. Cfr. ac. do S.T.J., de 14-III-1967 (R.L.J., 100.°, pág. 358).

([5]) A questão da *ratio* da resolução por inadimplemento tem sido largamente debatida pela doutrina italiana, num tríplice aspecto:

a) primeiro, o de saber se a *resolução* do contrato pode ser catalogada na categoria dos *direitos potestativos*;

b) depois, o de apurar se a resolução pode ser incluída entre as sanções contra o não cumprimento da obrigação;

c) por fim, o de averiguar se a resolução opera sobre o próprio contrato ou actua apenas sobre a relação contratual (cfr. BELFIORE, *est. cit.*, 2, *in fine*).

Cumprimento e não-cumprimento

Mesmo para a hipótese de o credor optar pela resolução do contrato se prevê o *direito a indemnização* ([1]) Trata-se da indemnização do prejuízo que o credor teve com o facto de se celebrar o contrato — ou, por outras palavras, do prejuízo que ele não sofreria, se o contrato não tivesse sido celebrado (cfr. a fórmula do art. 908.º), que é a indemnização do chamado *interesse contratual negativo ou de confiança*. Desde que o credor opte pela resolução do contrato, não faria sentido que pudesse exigir do devedor o ressarcimento do benefício que normalmente lhe traria a execução do negócio([2]). O que ele pretende, com a opção feita, é antes a exoneração da obrigação que, por seu lado, assumiu (ou a restituição da prestação que efectuou) e a reposição do seu património no estado em que se encontraria, se o contrato não tivesse sido celebrado (*interesse contratual negativo*).

No mesmo sentido se orienta a solução proposta por LARENZ([3]) para o exemplo por ele referido.

O coleccionador de arte *A* cede o seu piano de cauda (no valor de 5000 marcos) ao pianista *B* que, em troca, lhe cede um vaso antigo, no valor de 6000 marcos. Enquanto, porém, o piano chega sem novidade ao poder de *B*, o vaso antigo parte-se, ao ser transportado para casa de *A*, por culpa de *B*.

Nesse caso, não há dúvida de que *A* pode resolver o contrato, para reaver o piano, que ele não venderia por preço nenhum e de que só abriu mão para adquirir o vaso.

([1]) Sobre os diferentes alcances que pode, em teoria, revestir este direito a indemnização, veja-se VAZ SERRA, *Impossibilidade superveniente...*, Lisboa, 1955, pág. 180 e segs.

([2]) No mesmo sentido, PEREIRA COELHO, *Obrigações*, Lições de 1966-67, n.º 243; MOTA PINTO, *Cessão da posição contratual*, n.º 56, pág. 412, nota 1 e n.º 65. Em sentido oposto, além de BAPTISTA MACHADO (*ob. cit.*), veja-se VAZ SERRA, anot. ao ac. do S.T.J., de 30-VI-1970 (R.L.J., 104, pág. 204), que forçando abertamente o texto do artigo 908.º, inclui nele a indemnização do interesse contratual positivo.

([3]) *Lehrbuch*, I, 14.ª ed., § 22, II, pág. 339. Note-se, porém, que, de *jure constituendo*, as preferências do Autor parece irem para a solução de juntar à *resolução* a compensação do interesse contratual *positivo*.

Das obrigações em geral

Mas pode também, se quiser, optar pela manutenção do contrato, exigindo a indemnização correspondente ao valor do vaso inutilizado (6000 marcos) e abrindo mão definitivamente, nesse caso, do piano entregue a *B*.

O que ele já não pode fazer, por força da lei, é exigir a restituição do piano (como se o negócio fosse resolvido) e reclamar ao mesmo tempo a diferença de 1000 marcos, existente entre os objectos permutados, como se o contrato tivesse produzido os seus efeitos. O credor (A) tem nesse caso que optar ou pela resolução do contrato (com a possível indemnização do interesse contratual *negativo*) ou pela manutenção dele (com direito, nesse caso, à indemnização do interesse contratual *positivo*).

Este interesse contratual *negativo* (tal como o interesse contratual *positivo*) pode compreender tanto o *dano emergente* como o *lucro cessante* (o proveito que o credor teria obtido, se não fora o contrato que efectuou): foi apenas, por ex., por ter empatado todo o seu capital disponível na compra das mercadorias, que *A* teve de renunciar a uma outra aquisição que lhe teria proporcionado um lucro seguro de certo montante.

E como se processa a *resolução* e o correspondente direito de indemnização?

O artigo 801.º, 2, distingue, a esse propósito, duas hipóteses.

A primeira é a de o credor já ter realizado a sua contraprestação, na altura em que a prestação a cargo do devedor se tornou impossível (ou é dada como definitivamente não cumprida), por causa imputável a este último. Nesse caso, o credor pode, *resolvendo* o contrato, exigir a restituição da sua prestação por inteiro, e não apenas na medida do enriquecimento da contraparte, como sucede quando a impossibilidade da prestação se dá por causa não imputável ao devedor (art. 795.º, 1).

À resolução acrescerá a indemnização pelos prejuízos que o credor não teria tido, se não tivesse celebrado o contrato.

A segunda hipótese é a de o credor ainda não ter efectuado a sua prestação, quando ocorre a impossibilidade da prestação (ou o não cumprimento definitivo da obrigação) a cargo do devedor.

O direito de indemnização pela inexecução, que o § 325 do Código civil alemão continua a conceder nestes casos ao credor, deu lugar, na doutrina germânica, ao aparecimento de duas soluções distintas: a *Surrogationstheorie* e a *Differenztheorie* ([1]).

De acordo com a primeira, a impossibilidade da prestação não destrói a estrutura do contrato bilateral, tendo apenas como resultado que a prestação impossível passa a ser substituída pelo seu valor expresso em dinheiro. Assim, se o contrato bilateral consistir na permuta de uma jóia de *A*, no valor de 2 000 contos, por certo número de acções de *B*, no valor actual de 1 500 contos, e a entrega da jóia se tiver tornado impossível, porque o devedor *culposamente* a inutilizou, B poderá exigir a entrega de 2 000 contos contra a entrega das acções, a que ele permanece adstrito.

De harmonia com a *teoria da diferença*, a reparação do dano causado a *B* far-se-ia de outra forma. O credor não seria obrigado a entregar as acções (que ele só quis permutar com a jóia, e não com o valor pecuniário desta), e teria o direito de exigir do devedor culpado a importância de 500 contos, correspondente à diferença de valor (a seu favor) entre as prestações sinalagmáticas.

Seja qual for o mérito relativo das duas soluções, é outro, de qualquer modo, o esquema da solução fixada no artigo 801.º, 2.

Essa solução (na hipótese de o credor não optar pela estatuída no n.º 1 do art. 801.º) ([2]) é a *resolução* do contrato; e a resolução tem, em princípio, os mesmos efeitos que a nulidade ou a anulação do negócio (art. 433.º).

Assim, se o credor ainda não tiver entregue as acções e quiser resolver o contrato, ele ficará desonerado da sua prestação; mas a

---

([1]) Larenz, § 22, II, *b*); Staffel, no AcP, 92, pág. 467.

([2]) A solução prevista no n.º 1 (indemnização pelos danos resultantes da impossibilidade) é que corresponde, no fundo, à propugnada pela *Surrogationstheorie*.

Das obrigações em geral

indemnização, a que a lei se refere, terá por medida o valor do prejuízo que o credor não teria tido, se não fosse a celebração do contrato (interesse contratual *negativo*, e não *positivo*).

315. *Impossibilidade parcial*. Tal como no caso da impossibilidade não imputável ao devedor, também a impossibilidade imputável ora atinge toda a prestação, ora parte dela apenas. O regime aplicável à impossibilidade parcial, neste caso, corresponde ao fixado para a impossibilidade parcial não imputável ao devedor — com a principal diferença de nele se *obrigar o devedor a indemnizar* o credor do prejuízo causado.

O credor pode, em certos termos, optar pela *resolução* do negócio ([1]) ou pelo *cumprimento* da parte possível da prestação (reduzindo proporcionalmente, neste caso, a sua contraprestação, se ainda a não tiver efectuado, ou exigindo a restituição de parte dela, no caso contrário) ([2]).

Mas a diferença entre as duas variantes da impossibilidade parcial não assenta apenas no direito de indemnização.

Também no que toca à opção pela resolução do contrato, há a sua diferença de regime entre um e outro caso. Se a impossibilidade (parcial) não é imputável ao devedor, o credor só pode resolver o contrato quando, *justificadamente, não tiver interesse no cumprimento parcial da obrigação;* sendo a impossibilidade (parcial) imputável ao devedor, o credor pode sempre, em princípio, resolver o contrato, e só lhe não será lícito fazê-lo se a parte da prestação abrangida pela impossibilidade tiver um relevo insignificante — *escassa importância*, diz a disposição legal — para a satisfação do seu interesse ([3]).

([1]) Cfr. CARBONNIER, pág. 232 e 271.

([2]) Vide as reservas postas por VAZ SERRA, na anot. ao ac. do S.T.J., de 18-11-75 (R.L.J.), 109, pág. 333).

([3]) Sempre que haja *resolução* do contrato, a indemnização obtida é, como vimos, a do interesse contratual *negativo* que, tal como o interesse contratual *positivo*, tanto abrange o dano *emergente*, como os *lucros cessantes*. Em sentido diferente, BAPTISTA MACHADO, *Pressupostos da resolução por incumprimento*, Coimbra, 1979, pág. 54.

316. III) *Commodum subrogationis*. Também no caso de impossibilidade da prestação, imputável ao devedor, pode suceder que este, em virtude do facto gerador da impossibilidade, adquira algum direito sobre certa coisa ou contra terceiro, em substituição do objecto da prestação. Se assim for, terá o credor o direito de (prescindindo da resolução do contrato, no caso de a obrigação provir de contrato bilateral) exigir a prestação dessa coisa ou de substituir-se ao devedor na titularidade do direito que ele adquiriu (*«commodum»* de representação).

É natural que o credor opte pelo *«commodum»* de representação, se o direito que o devedor adquire por virtude da impossibilidade (v. gr., seguro pago pela companhia seguradora) for de valor aproximadamente igual ou superior ao da prestação por ele efectuada ou prometida ([1]).

Este *«commodum»* de representação não constitui uma indemnização do credor, mas apenas um fenómeno de *sub-rogação* no objecto da prestação. Seria, em todo o caso, manifestamente injusto que, usando o credor desse direito, o valor correspondente não fosse imputado no montante da indemnização que ele venha a requerer.

É essa injustiça que o artigo 803.º, 2, visa evitar ([2]).

A inutilização do quadro vendido, devida a culpa do devedor, causa ao credor um prejuízo de 400. O devedor tem direito a receber da companhia de seguros a soma de 300. Nesse caso, o credor não poderá exigir uma coisa e outra. Ou exige apenas a indemnização de 400, ou a cessão do crédito contra a seguradora e mais 100 de indemnização ([3]).

317. *Mora do devedor. Noção Requisitos**. A *mora* do devedor (*mora solvendi*) é o atraso (demora ou dilatação) culposo no cum-

---

([1]) Brox, pág. 145.
([2]) Cfr. o preceito correspondente do § 281 do Código alemão.
([3]) Brox, pág. 141.
(*) Vaz Serra, *est. cit. (Mora do devedor)*, pág. 275 e segs.; M. Andrade, *ob. cit.*, pág. 378; Pires de Lima e Antunes Varela, *Cód. Civ. anot.*, com. aos arts. 804.º

Das obrigações em geral

primento da obrigação. O devedor incorre em *mora*, quando, por causa que lhe seja imputável, não realiza a prestação no tempo devido, *continuando a prestação a ser ainda possível*. *Mora est dilatio, culpa non carens, debiti solvendi*.

O devedor comprometera-se a entregar 20 000 contos ao credor em Maio. Não cumpriu. Há *mora*. A obrigação não foi cumprida no momento estipulado, mas é ainda possível o seu cumprimento.

Se a prestação for *negativa*, haverá *falta de cumprimento*, e não simples *mora*, sempre que a obrigação seja violada.

Há casos em que, tendo a prestação um prazo certo (obrigações de *data fixa* ou de *prazo essencial*), o facto de ela não ser realizada no tempo previsto implica desde logo o não-cumprimento *definitivo*, pela perda do seu interesse para o credor (art. 808.°, 1) (artista contratado para participar em determinado espectáculo; trabalhadores rurais assalariados para fazer uma ceifa ou para proceder à apanha de frutos prestes a cair da árvore; etc.) ([1]).

Em contrapartida, há casos em que, como sucede no comum das obrigações pecuniárias, a prestação mantém sempre o seu interesse para o credor, mesmo que não seja realizada na data estipulada.

Se, porém, uma prestação, seja qual for a duração do seu interesse para o credor, se inserir num contrato bilateral, não seria justo manter qualquer das partes indefinidamente vinculada à sua *contraprestação*, com o fundamento de que a *prestação* prometida pela outra continua a ter interesse para ela.

Essa a principal razão pela qual o artigo 808.°, 1, inclui ainda na rubrica do não-cumprimento (inadimplemento ou inadimplên-

---

e segs., e a vasta bibliografia citada pelos dois primeiros autores; BAPTISTA MACHADO, *ob. cit.*; ADDE BENATTI, *La costituzione in mora del debitore*, 1968; RAVAZZONI, *Mora del debitore*, no *Novis. Dig. Ital.*; MAGAZZÙ, *Mora del debitore*, na *Enc. del dir.*

([1]) A perda do interesse do credor na prestação é apreciada objectivamente (art. 808.°, 2).

cia) definitivo os casos em que a prestação, apesar de objectivamente continuar a ter interesse, não seja realizada dentro do prazo que, *razoavelmente*, for fixado pelo credor.

Este prazo, eventualmente sujeito a apreciação jurisdicional no caso de desacordo entre as partes, é um prazo-*limite*, que o credor terá de fixar sob a cominação de considerar a obrigação como não cumprida. É um prazo *especial*, que tanto vale para as obrigações *puras*, como para aquelas a que, *ab initio* ou *a posteriori*, foi fixado *um termo*, conquanto nada impeça que ele seja estipulado logo no momento constitutivo da obrigação (a casa editora declara-se desde logo *desinteressada* da edição da obra, se o original desta lhe não for entregue até certa data; o promitente comprador declara-se desvinculado do contrato, se o promitente vendedor não se aprontar a outorgar na escritura de venda até ao fim de certo mês).

Requisitos. Para que haja mora (*debitoris, solvendi*), além da *culpa* do devedor (e, consequentemente, da ilicitude do *retardamento* da prestação), consideram os autores necessário que a prestação seja, ou se tenha tornado, *certa, exigível* e *líquida*.

O acerto destes requisitos mede-se, no entanto, pela sua inclusão nos pressupostos essenciais da *mora*, que são a *ilicitude* e a *culpa*.

Se a prestação não é *certa*, porque, cabendo a sua determinação ao credor ou a terceiro, estes ainda não efectuaram a escolha, não haverá *mora* do devedor, porque o *retardamento* no cumprimento procede de causa que lhe não é imputável.

Mas, se a incerteza da prestação provém apenas de o devedor não ter efectuado ainda a escolha ou determinação que lhe incumbe fazer, nada obsta a que possa haver *mora debitoris*.

Se a obrigação é *ilíquida* (por não estar ainda apurado o montante da prestação)([1]), também a *mora* se não verifica, por não

---

([1]) Diz-se *ilíquida* a obrigação cuja existência é certa, mas cujo montante não está ainda fixado (juros não contados; encontro de créditos e débitos que ainda se não

Das obrigações em geral

haver *culpa* do devedor no atraso do cumprimento. Porém, se a falta de liquidez provém de causa imputável ao devedor (como sucederá, em regra, na gestão de negócios, no mandato ([1]) e em situações paralelas), cessa a regra *in illiquidis non fit mora* (art. 805.º, 3, *in fine*), por se não verificar o pressuposto em que assenta o velho brocardo romanista (*non potest improbus videri qui ignorat quantum solvere debeat:* D., 99, 50, 17).

Relativamente à *exigibilidade,* dá-se em princípio como assente que não pode, com efeito, haver *mora,* enquanto a prestação se não torna *exigível* (obrigação sujeita a prazo que ainda se não venceu ou, por maioria de razão, a condição que ainda se não verificou).

Mas também nesse aspecto há que introduzir uma *limitação,* ligada à mesma ideia da *culpa* do devedor. Se a dívida não for *exigível,* por não ter havido a necessária interpelação do obrigado, mas a falta tiver sido provocada por este, haverá *mora,* nos termos do n.º 2, alínea *c*), do artigo 805.º, desde a data em que a interpelação, *normalmente,* teria sido efectuada.

No caso de a prestação integrar um contrato bilateral, a *exceptio non adimpleti contractus* afastará a mora do devedor, por falta de *ilicitude* do não-cumprimento, enquanto o credor não tiver efectuado a contraprestação ou oferecido o seu cumprimento simultâneo ([2]).

---

no Código de Processo Civil (arts. 805.º e segs.) se preveja a *liquidação* como uma operação preliminar da chamada *execução para pagamento de quantia certa.*

([1]) Cfr., a propósito, as anotações de VAZ SERRA e PIRES DE LIMA ao *assento* do S.T.J., de 20-XII-1966, na R.L.J., ano 100.º, respectivamente a pág. 217 e a pág. 227 e a de ANTUNES VARELA ao ac. do mesmo Tribunal, de 12-III-1968, na R.L.J., ano 102.º, pág. 85, cujo pensamento comum, sobre o ponto versado no texto, se reconduz à ideia de que o brocardo *in illiquidis mora non contrahitur* necessita de ser limitado com a ressalva: *nisi culpa debitoris liquidatio differatur.*
fez, como no caso da gestão, do mandato, etc.; danos cujo valor ainda se não determinou, na obrigação de indemnização).

A *iliquidez* da obrigação não impede que se recorra à execução judicial para se obter a realização coactiva da prestação ou a indemnização correspondente. Daí que

([2]) Acerca dos casos em que ao devedor seja lícito opor alguma *excepção (Einrede)* ao direito do credor, veja-se LARENZ, § 23, I, al. *c*), que aborda a questão de

Cumprimento e não-cumprimento

De harmonia com o princípio geral fixado no n.º 1 do artigo 799.º, uma vez verificados, porém, os pressupostos objectivos da mora, é ao devedor que incumbe afastar a *presunção* de culpa que recai sobre ele. A presunção pode ser afastada pelas mais variadas circunstâncias (doença ou outro motivo de força maior; facto de terceiro; falta de necessária cooperação do credor, etc.).

318. *Momento da constituição em mora*. Antes de serem definidos os *efeitos* da mora, interessa ainda precisar o *momento* em que esta se verifica.

É ponto cuja solução depende da natureza da obrigação, quanto ao tempo do vencimento (art. 805.º).

Se a obrigação é *pura* ([1]), embora a prestação seja exigível desde o momento da sua constituição, só há mora depois de o devedor ser *interpelado* para cumprir (art. 805.º, 1). A mora (*ex persona*) está nesse caso dependente da *reclamação* do cumprimento imediato feita pelo credor, reclamação que tanto pode ser efectuada *judicialmente* (mediante *notificação* judicial *avulsa*: art. 261.º, Cód. Proc. Civ. — ou através da própria *citação* para a acção de condenação ou para a execução), como *extrajudicialmente* ([2]).

Tendo a obrigação *prazo certo,* não é necessária a interpelação para que haja mora. Vigora, por força do disposto no n.º 2, alínea *a*), do artigo 805.º, a antiga máxima romanista: *dies interpellat pro homine*([3]). A mora verifica-se, portanto, logo que, vencida a obrigação, o devedor não cumpre.

---

saber se basta a simples *existência* da excepção para afastar a mora, ou se é necessária a sua *invocação* pelo devedor, para afastar os efeitos desta; e VAZ SERRA, *ob. cit.*, pág. 305 e segs. (especialmente pág. 307).

([1]) Recorde-se a título de exemplo a dívida do Banco depositário no caso do depósito à ordem ou o caso dos fornecedores que aceitam, como meio de pagamento, a exibição do cartão de crédito.

([2]) Sobre a natureza jurídica, forma e efeitos da interpelação, veja-se VAZ SERRA, *ob. cit.*, pág. 333 e segs., com ampla bibliografia nacional e estrangeira sobre a matéria; CARBONNIER, pág. 253 e segs.

([3]) Não assim, quando o prazo seja *incerto* (*certus an, incertus quando*), hipótese em que continua a vigorar o princípio da essencialidade da interpelação.

Das obrigações em geral

Há, porém, que interpretar esta afirmação dentro do contexto em que a figura da mora se integra. Esta mora *ex re*, desencadeada pelo mero vencimento da obrigação, dá-se quando, atingido o prazo *certo*, nenhuma actividade mais do credor ou de terceiro se torna, em princípio, necessária (além da mera aceitação) para que o obrigado possa e deva efectuar a prestação.

E assim sucede nas obrigações (a que os autores franceses chamam *dettes portables*, e os alemães *Bringschulden*) em que o devedor, obrigado a realizar a prestação no domicílio do credor ou de terceiro, omite o comportamento a que se encontra adstrito.

Mas já assim não sucede nas obrigações de tipo oposto (nas *dettes quérables* ou *Holschulden*), em que a prestação deve ser exigida pelo credor no domicílio do devedor: nesse caso, mesmo depois de atingido o prazo certo que as partes estipularam, é necessário que o credor *procure* a prestação (e o devedor a não realize), para que haja *mora* (¹). Haja em vista o caso do portador do bilhete para certo espectáculo (de teatro ou de cinema), que tem naturalmente de deslocar-se à sala onde o espectáculo se realiza, ou o caso do excursionista que necessita de deslocar-se ao local de onde parte a excursão.

Ao lado das obrigações com *prazo certo*, nos termos que ficam expostos, há ainda dois outros núcleos de situações em que a *mora* prescinde da interpelação.

O primeiro, a que já se fez alusão, é o de a interpelação ter sido impedida pelo próprio devedor (que, v. gr., intencionalmente se furtou à notificação ou abandonou o domicílio para não receber a reclamação extrajudicial do credor). À semelhança do que se

---

(¹). M. ANDRADE, pág. 380, nota 2. As considerações do texto permitem compreender como, tendo partido embora de disposições formalmente opostas, a doutrina e a jurisprudência francesas tenham chegado, no dizer de GIORGIANNI (*ob. cit.*, pág. 109 e segs.), a resultados concordantes com os da doutrina e jurisprudência italianas anteriores ao Código de 1942.

E a idênticos resultados se chegará entre nós, conjugando em termos hábeis o disposto no artigo 805.º, 2, alínea *a*), com o preceituado no artigo 813.º.

prescreve em alguns lugares paralelos (cfr., por ex., art. 275.º, 2), o devedor considera-se interpelado (e, por conseguinte, constituído em mora) desde a data em que, processando-se as coisas com regularidade, o teria sido.

O segundo é o de a obrigação provir de facto ilícito extracontratual (art. 805.º, al. *b*). Mantendo a orientação que a generalidade das legislações bebe nas raízes do preceito romanista — *fur semper moram facere videtur*, a mora conta-se, nesse caso, a partir da *prática do facto ilícito* ([1]). Assim se explica, aliás, que o artigo 566.º, 2, no cálculo da indemnização a pagar em dinheiro ao lesado, mande tomar em linha de conta todos os danos por ele sofridos desde a prática do facto ilícito até à data mais recente a que o tribunal puder atender, sem exclusão dos danos futuros.

Para a correcta interpretação e aplicação da lei, há, porém, que conjugar hoje o princípio fixado na alínea *b*) do n.º 2 do artigo 805.º com a regra aplicável aos créditos ilíquidos (art. 805.º, 3) ([2]) e

---

([1]) Essa era já, com efeito, a solução que, mesmo entre nós, no domínio da legislação anterior, os autores deduziam do disposto nos artigos 496.º a 497.º do Código de 1867, quanto à posse de *má fé*.

([2]) Apesar dos textos bastante explícitos do artigo 566.º, n.º 2 e do artigo 805.º, n.ºs 1 e 3 (texto primitivo), começaram a levantar-se na jurisprudência muitas dúvidas sobre o problema de saber desde quando vence *juros moratórios* a quantia arbitrada, a título de indemnização devida ao lesado, pela prática do facto ilícito.

Foi para resolver essa dúvida que o Decreto-Lei n.º 262/83, de 16 de Junho, veio a acrescentar ao primitivo texto do n.º 3 do artigo 805.º o aditamento (final) segundo o qual, "tratando-se... da responsabilidade por facto ilícito ou pelo risco, o devedor constitui-se em mora desde a citação, a menos que já haja então mora, nos termos da primeira parte deste número».

Este aditamento foi, no entanto, tão desastrado, quer na sua substância (porque aparentemente esquecido do disposto no n.º 2 do art. 566.º), quer na sua forma, que pouco tempo após a sua publicação ninguém sabia dizer ao certo se o novo comando do Decreto-Lei n.º 262/83, de 16 de Junho, constituia uma norma *inovadora*, apenas aplicável às situações de futuro, ou era antes uma pura norma *interpretativa*, válida para as próprias situações anteriores de mora.

A dúvida foi solucionada pelo *Assento* de 15 de Junho de 1994 (pub. no *Diário da República*, de 19 de Agosto do mesmo ano), mas o texto do *assento* é de tal modo

Das obrigações em geral

ainda com a solução especial que o artigo 806.º fixa quanto aos danos moratórios das obrigações pecuniárias.

Admitamos, para exemplificar, que *A* provoca danos na viatura de *B*, cuja reparação na oficina se prolonga por alguns dias. O lesante terá, não só de custear as despesas de reparação do veículo, mas de indemnizar ainda o prejuízo resultante da privação dele (incluindo os lucros que, por via disso, o dono deixou de obter) desde o dia do acidente, independentemente de qualquer interpelação do devedor e da data dela (arts. 563.º, 566.º e 805.º, 2, alínea *b*)).

Se *C* se tiver apoderado ilicitamente de certa soma pertencente a *D*, ou se recusar a prestar contas do seu cargo de mandatário ou das suas funções de gestor, terá de pagar, como *danos moratórios*, os juros correspondentes às somas devidas, desde o dia em que ilicitamente se apropriou do dinheiro alheio ou desde a data em que devia efectuar a entrega das quantias em dívida (arts. 805.º, 2, alínea *b*), 806.º, 465.º, al. *e*) e 1 164.º).

Porém, se *E* tiver destruído ou danificado coisa alheia, terá que indemnizar o respectivo dono do prejuízo que ele sofreu, nos termos dos artigos 562.º e seguintes. Mas não lhe deve juros da soma correspondente a esses danos, a não ser que, excepcionalmente, a falta da liquidação de tais danos provenha de facto imputável ao lesante. De contrário, os juros da soma correspondente ao valor do dano serão apenas devidos desde a data da sua liquidação (art. 805.º, 3).

---

confuso, e as cinco declarações de voto, que o acompanham, agravam em termos tais essa confusão, que a interpretação e aplicação do novo texto do n.º 3 do artigo 805.º em nada melhoraram.

A origem das dificuldades está no facto de, em relação à responsabilidade por facto ilícito ou pelo risco, o aditamento da parte final do n.º 3 partir da ideia errónea de que só pode haver mora antes da citação, para o efeito do cálculo da indemnização, no caso de a falta de liquidez ser imputável ao devedor (que é a hipótese prevista na primeira parte do n.º 3). E o disposto no n.º 2 do artigo 566.º revela que esse pressuposto não é exacto.

319. *Efeitos da mora:* A) *Reparação dos danos moratórios.* A mora tem dois efeitos fundamentais: por um lado, obriga o devedor a reparar os danos que causa ao credor o atraso culposo no cumprimento (art. 804.º, 1); por outro, lança sobre o devedor o risco da impossibilidade da prestação ([1]).

O facto de a prestação ser ainda possível, por se não extinguir o interesse do credor, e de o devedor se manter, por conseguinte, adstrito ao cumprimento da obrigação, não impede que a mora possa causar a este prejuízos, mais ou menos extensos.

São todos esses prejuízos, determinados nos termos dos artigos 562.º e seguintes, que o artigo 804.º, 1, manda reparar (*nimius solvit tardius solvit:* D., 50, 16, 12). Entre os danos moratórios avultam as *despesas* que o credor seja forçado a realizar para satisfazer, entretanto, o interesse a que se achava adstrita a prestação em falta e os *benefícios* ou *lucros* que ele deixou de obter em virtude da falta do devedor.

A falta das matérias-primas na data em que o industrial contava com elas pode ter forçado a uma aquisição em condições muito mais onerosas e implicado a perda de algumas encomendas lucrativas.

Se o credor se recusar, legitimamente, a receber a prestação *parcial* que o devedor pretendia efectuar, a mora e os respectivos danos reportar-se-ão a *toda* a prestação, e não apenas à *parte* que o devedor não ofereceu ao credor ([2]).

Tratando-se de *obrigação pecuniária*, a lei presume (*iuris et de iure*) que há sempre *danos* causados pela mora e fixa, em princípio, à *forfait*, o montante desses danos ([3]).

([1]) Cfr. ac. do S.T.J., de 6-X-1970 (no *Bol. Min. Just.*, 200, pág. 233).

([2]) A resolução do contrato, quando a obrigação do faltoso se integre num contrato bilateral, não é um efeito da mora. O direito de resolução só nasce (para o credor), quando a mora se converta, por qualquer das vias já apontadas, em não cumprimento definitivo da obrigação.

([3]) O que há, realmente, de característico no regime da mora das obrigações pecuniárias é a circunstância de o credor ter direito a indemnização, independente-

Das obrigações em geral

Por um lado, garante-se uma indemnização efectiva ao credor a partir do dia da constituição em mora (art. 806.º, I).

Por outro lado, identifica-se a indemnização com os juros legais da soma devida [1], salva a hipótese de um juro convencional mais alto ou de um juro moratório diferente, estipulado pelas partes[2].

320. B) *Inversão do risco (perpetuatio obligationis)*. O segundo efeito típico da *mora solvendi* vem retratado no artigo 807.º. Pelo facto de estar em mora, o devedor torna-se responsável pelo prejuízo que o credor tiver em consequência da perda ou deterioração daquilo que deveria entregar, mesmo que estes factos lhe não sejam imputáveis.

Suponhamos, para exemplificar, que o vendedor devia ter entregue a coisa vendida no dia 1 de Maio, o dia em que o comprador infrutiferamente a quis levantar e levar consigo.

A coisa é destruída no dia 3 de Maio por um incêndio que, por não ser imputável ao vendedor, teria extinguido normalmente a obrigação que recaía sobre ele, se ele não estivesse *em mora*.

Como se encontrava, porém, em *mora*, e a *mora*, por virtude do disposto no artigo 807.º, n.º 1, *perpetuat obligationem*, o

---

mente da prova da *existência* de danos e do *nexo causal* entre os danos indemnizáveis e o facto ilícito da mora, e ainda o facto de a lei fixar *indirectamente* o montante dos danos indemnizáveis.

Não há aqui que distinguir entre *juros compensatórios* e *juros moratórios* (Cfr. a nossa anotação, na R.L.J., 102.º, pág. 89). O mais que pode dizer-se é que a lei procede, na falta de cláusula penal adequada, a uma *avaliação abstracta do dano* e não, como é de regra, a uma *avaliação concreta* (sobre o sentido da distinção, v. STEINDORFF, *Abstrakte und konkrete Schadensberechnung*, no AcP, 158, pág. 431 e segs.). Acerca das razões justificativas da fixação da indemnização à *forfait*, vide CARBONNIER, n. 77, pág. 257.

[1] Em taxação *fixa* e *invariável* do *quantum* da indemnização, ou em indemnização à *forfait*, falam os autores, expressivamente, a este respeito: M. ANDRADE, pág. 390; SÁ CARNEIRO, na *Rev. Trib.*, 82.º, pág. 360; ANTUNES VARELA, anot. cit., na R.L.J., 102.º, pág. 89.

[2] Acerca das dúvidas suscitadas neste aspecto pela interpretação do artigo 720.º do Código de 1867, cfr., por todos, M. ANDRADE, pág. 384 e segs.

vendedor não fica *exonerado* da obrigação em consequência da causa fortuita que gerou a perda da coisa.

Ressalva-se, entretanto, ao devedor em mora a possibilidade de alegar e provar que a perda ou destruição da coisa (o dano ocorrido) se teria igualmente verificado, na hipótese de a obrigação ter sido oportunamente cumprida. E nesse caso — mas só nesse caso — a *causa fortuita* que impossibilitou a realização da prestação recobrirá a sua eficácia liberatória normal [1].

A vendeu certa coisa a *B*, em 1 de Março, comprometendo-se a entregá-la no dia 5 desse mês. Não a entregou, e a coisa veio a inutilizar-se, por caso fortuito, em 10 de Março.

A perda da coisa, *por causa não imputável ao obrigado*, deveria arrastar normalmente consigo a extinção da obrigação. Esta mantém-se, no entanto, como vimos, devido ao facto (ilícito) da *mora*, a qual, neste sentido, como que perpetua a obrigação (*mora debitoris obligatio perpetua fit*).

Pelos próprios termos usados na redacção da lei (*perda ou deterioração daquilo que deveria entregar*), facilmente se conclui que a sanção se refere, de modo especial, às obrigações de prestação de coisa, e que todo o seu interesse está nos casos em que, tendo havido transferência do domínio ou de outro direito sobre a coisa, ela se traduz numa *inversão* do risco.

A doutrina dominante, na literatura jurídica alemã, sustenta com inteira razão que esta responsabilidade especial do devedor excede os limites da *causalidade adequada*, abrangendo os casos em que o perecimento da coisa não pode ser apontado como um *efeito adequado* da mora (hipótese de a mercadoria ser destruída num acidente ferroviário ocorrido com o comboio em que, tarde e a más horas, ela foi remetida ao credor)[2].

---

[1] Larenz, § 22, II, *a*); Enneccerus-Lehman, *ob.*, *vol.* e *loc. cits.*, § 53, I, 3.
[2] Enneccerus-Lehmann, § 53, I, 3.

Das obrigações em geral

A *ratio* do preceito está na presunção, posta a correr contra o devedor faltoso, de que o acidente que provocou a perda ou a deterioração da coisa, embora proveniente de causa inimputável ao obrigado, não a teria atingido, se ela tivesse sido oportunamente entregue([1]). E daí que a sanção apenas ceda quando se prove que a coisa teria sofrido o mesmo dano (pela mesma causa ou por outra de efeitos análogos), ainda que a prestação tivesse sido entregue em tempo oportuno([2]).

321.   C) *Conversão da mora em não cumprimento definitivo. Notificação ou intimação admonitória.* A mora do devedor pode eliminar todo o interesse do credor na prestação. O motorista não aparece à hora fixada, para que o cliente pudesse apanhar o avião. O artista não comparece à hora em que deveria participar no festival.

Quando assim seja, a mora equivale desde logo ao *não cumprimento definitivo* da obrigação. O prazo que não foi observado era um prazo *essencial*.

Não basta, porém, uma perda *subjectiva* de interesse na prestação. É necessário, diz o n.º 2 do artigo 808.º, que essa perda de interesse transpareça numa apreciação objectiva da situação.

A falta de entrega da fruta que a dona de casa encomendou, à hora fixada pela compradora, pode equivaler a um não cumprimento definitivo, se for notório que a fruta se destinava a um

---

([1])   LARENZ, § 22, II. *a*); ENNECCERUS-LEHMANN, *ob., vol. e loc. cits.*, § 53, I, 3.

([2])   Os efeitos da mora cessam, entretanto, segundo a lição dos autores, com a *purgação* ou *emenda* da mora (Vaz Serra, *ob. cit.*, pág. 354 e segs.).

Dá-se, todavia, muitas vezes, a esta expressão um sentido excessivamente lato, incluindo nela os casos em que o devedor ou terceiro haja satisfeito ao credor a prestação debitória acrescida dos danos de mora, e aqueles em que o credor se tenha recusado, sem causa justificativa, a aceitar essa satisfação do devedor ou de terceiro. No 1.º caso, há apenas a *cessação* da mora; no 2.º, dá-se a mora *credendi*, sem prejuízo dos efeitos, que persistem, da mora *solvendi* anterior.

Verdadeira *purgatio morae* existe quando o credor, expressa ou tacitamente, sanciona a dilação — prorrogando o prazo, estipulando novo termo, renunciando aos danos moratórios, etc.; DIEZ-PICAZO, n. 821.

Cumprimento e não-cumprimento

banquete efectuado muito antes do momento em que o vendedor se aprontava para cumprir. E pode não justificar a recusa da prestação tardia, quando a perda do interesse da credora (que pretendia provar a fruta na antevéspera do dia do banquete) for puramente *subjectiva*.

Fora dos casos de perda *objectiva* e *imediata* do *interesse* na prestação, o credor pode ainda, sobretudo nos contratos bilaterais, ter legítimo interesse em libertar-se do vínculo que recai sobre ele, na hipótese de o devedor não cumprir em tempo oportuno. É que, embora a mora lhe confira o direito a ser indemnizado dos danos sofridos, tal como o não cumprimento definitivo, só a *falta* (definitiva) *de cumprimento* legitima a resolução do contrato.

Para satisfazer este compreensível interesse do credor, o artigo 808.º, 1, atribui-lhe o poder de fixar ao devedor, que haja incorrido em mora, um prazo para além do qual declara que considera a obrigação como não cumprida ([1]).

Este prazo, destinado a conceder ao devedor uma *derradeira* possibilidade de manter o contrato (e de não ter, além do mais, que restituir a contraprestação que eventualmente tenha já recebido), tem de ser uma dilação *razoável*, em vista da sua finalidade ([2]). E terá ainda de ser fixado, pela mesma razão, em termos de claramente deixar transparecer a intenção do credor. É a esta notificação feita ao devedor para que cumpra dentro de certo prazo, depois de ter incorrido em mora, que alguns autores chamam *notificação admonitória*, enquanto outros falam em *interpelação cominatória* ([3]). Trata-se, na

---

([1]) Sobre os requisitos da *intimação admonitória*, vide BAPTISTA MACHADO, *Pressupostos...*, pág. 42.

([2]) Segundo o disposto no artigop 1454 do *Codice civile*, esse prazo não deve ser inferior a 15 dias. Não há, no direito português, disposição semelhante, mas o preceito da lei civil italiana não deixa de ser um ponto de referência.

([3]) Vide CALVÃO DA SILVA, *Cumprimento e sanção pecuniária compulsória*, Coimbra, 1987, n. 27, pág. 124 e segs.; BAPTISTA MACHADO, *Pressupostos da resolução por incumprimento*, Coimbra, 1979, n. 9, pág. 41. Para o direito italiano, com base na *diffida ad*

Das obrigações em geral

generalidade nos casos, de um *ónus* imposto ao credor que pretenda converter a *mora* em não cumprimento.

Nada impede, porém, como já foi observado, que o prazo suplementar compulsório seja estipulado anteriormente, até no próprio momento da constituição da obrigação.

SUBSECÇÃO IV

Cumprimento defeituoso.

Responsabilidade (objectiva) do produtor

322. *Noção.* A doutrina alemã tende desde há muito a reconhecer, ao lado da *falta de cumprimento* e da *mora*, uma terceira forma de violação do dever de prestar: a chamada *violação contratual positiva*. O acento tónico da nova categoria, já no começo do século cunhada e posta a circular por STAUB([1]), está no facto de o dano,

---

adempiere, consagrada no artigo 1454 do *Codice Civile*, cfr. M. BIANCA, *Dell'inadempimento*, no *Com.* de SCIALOJA e BRANCA, pág. 22 e segs.; SACCO, *Il contratto*, no Trattato de VASSALLI, Turim, 1975, n. 273, pág. 959 e segs. e PESCATORE e RUPERTO, *Codice Civile*, 7.ª ed., Milano, 1978, anot. ao art. 1454, pág. 1451 e segs. Para o direito alemão, onde o § 326 do BGB consagra a mesma solução do artigo 808.º do Código português, vide por seu turno LARENZ, *Lehrbuch*, I, 14.ª ed., München, 1987, § 23, II, pág. 355 e segs.

([1]) *Die positive Vertragsverletzung*, 1904.

Depois de STAUB, quer a designação, quer a existência, quer a extensão da nova categoria têm sido muito controvertidas: CANARIS, *Ansprüche wegen «positiver Vertragsverletzung» und «Schutzwirkung für Dritte» bei nichtigen Verträgen*, na J. Z., 1965, pág. 475; GRIMM, *Zur Abgrenzung der Schadensersatzansprüche aus § 635 BGB und aus positiver Vertragsverlezung*, na N. J. W., 1968, pág. 14; HIMMELSCHEIN, *Erfüllungszwang und Lehre von der positiven Vertragsverletzung*, no AcP, 135, pág. 255 e segs. e *Zur Frage der Haftung für fehlerhaft Leistung*, no AcP, 158, pág. 273 e segs.; LEHMANN, *Die positiven Vertragsverletzungen*, no AcP, 96, pág. 60 e segs.; RAAPE, *Die Beweislast bei positiver Vertragsverletzung*, no AcP, 147, pág. 217; STOLL, *Abschied von der Lehre der positiven Vertragsverletzung*, no AcP, 136, pág. 257; LÖWISCH, *Rechtswidrigkeitt und Rechtfertigung von Forderungsverletzungen*, no AcP, 165, pág. 421; G. KÖPKE, *Typen der positiven Vertragsver-*

nas situações por ela abrangidas, não provir da *falta* da prestação nem do seu atraso (*mora*), mas dos *vícios, defeitos* ou *irregularidades* da prestação efectuada.

O aspecto patológico de tais situações de facto não consiste numa pura *violação negativa* do dever de prestar (na sua omissão definitiva ou irremovível, ou na sua omissão temporária ou remediável). Estará antes num *defeito* da prestação realizada, algumas vezes numa violação *positiva* da *lex contractus* por que ela se regulava, e nos danos provenientes dessa irregularidade ([1]).

A nova lei civil portuguesa faz também referência explícita ao cumprimento *defeituoso* da obrigação numa disposição bastante significativa pela sua localização: o artigo 799.º, 1. Mas a maior parte da disciplina específica da *nova figura* (da modalidade de não cumprimento, destacada e autonomizada pelo moderno direito das obrigações) encontra-se fragmentariamente dispersa pelas normas reguladoras de alguns contratos em especial (arts. 905.º e segs. e 913.º e segs. — venda de bens onerados e de coisas defeituosas; arts. 957.º — doação de coisa onerada ou defeituosa; arts. 1032.º e segs. — vícios da coisa locada; arts. 1218.º e segs. — defeitos da obra realizada pelo empreiteiro; etc.).

---

letzung, 1965; Thiele, *Leistungstörung und Schutzpflichtverletzung*, na J. Z., 1967, pág. 469; Diez-Picazo, ns. 827 e segs.; Orlando Gomes, *Transformações gerais do direito das obrigações*, pág. 141. Entre nós: M. Andrade, pág. 327; Vaz Serra, *Impossibilidade superveniente e cumprimento imperfeito imputáveis ao devedor*, n.ᵒˢ 9 e 10; Antunes Varela, *Cumprimento imperfeito do contrato de compra e venda*, na Col. Jur., XII, 4, pág. 23 e segs.; Calvão da Silva, *Responsabilidade civil do produtor*, Coimbra, 1990, n. 50, especialmente pág. 242, nota 3; B. Machado, *Acordo negocial...*, Lisboa, 1972, pág. 5 e segs.; Ribeiro de Faria, *Direito das obrigações*, 2.ª ed., II, pág. 459; Carneiro da Frada, *Contrato e deveres de protecção*, Coimbra, 1994.

([1]) A expressão violação *contratual* positiva não é inteiramente feliz, porque a categoria abrange outras situações, que não as provenientes da infracção de qualquer contrato, e porque também nos casos de falta de cumprimento há muitas vezes uma violação positiva — o devedor *fez aquilo* que não devia (vendeu, por ex., a terceiro a coisa que prometera vender ao credor): Larenz, § 24, I, pág. 367.

Das obrigações em geral

A primeira questão a versar, neste ponto, consiste em saber quando se pode, realmente, falar do *cumprimento defeituoso* da obrigação como uma terceira forma de violação do dever de prestar, à semelhança do que discretamente se faz no artigo 1218 do Código italiano, no artigo 1056 do Código brasileiro e no artigo 97 do Código suíço[1].

Se há *irregularidade* da prestação, mas o credor reage fundadamente à sua recepção (*recusando* a sua aceitação ou *rejeitando-a* pura e simplesmente), o cumprimento defeituoso não se distinguirá, em regra, do não cumprimento ou da mora, consoante os casos.

O comerciante fornece ao cliente géneros alimentícios de tal modo impróprios para o consumo, que este os manda enterrar, depois de oficialmente certificar o seu estado. O cultivador fornece ao industrial matéria-prima que não pode ser materialmente utilizada na instalação fabril do credor, e que este se vê forçado, por isso, a rejeitar. O empregado contratado para efectuar o balanço ou as contas de exercício da forma cometeu tais erros que os dirigentes desta lançaram fora, pura e simplesmente, os mapas que ele elaborou e as contas que fez.

São situações em que a irregularidade ou a deficiência da prestação a afastam de tal forma do modelo da prestação exigível, que o interesse do credor fica inteiramente por preencher — e a sua equiparação à inadimplência ou à mora não suscitará dúvidas de maior[2]

Casos há em que o credor, por analogia com o disposto no artigo 808.º, n.º 1, poderá exigir do devedor que corrija ou substi-

---

[1] VAZ SERRA, *Impossibilidade superveniente e cumprimento imperfeito imputáveis ao devedor*, n.º 10, pág. 226.

[2] Veja-se, a propósito, o disposto no artigo 918.º, quanto à compra e venda, e no artigo 1032.º, quanto à locação.

A *irregularidade* ou *defeito* pode, nalguns casos, determinar o não *cumprimento* ou a *mora* apenas de *parte* da prestação (prestação de coisas genéricas, só em parte deterioradas; locação de casa de habitação com anexos, estando os anexos absolutamente inutilizáveis).

tua a prestação defeituosa dentro do prazo razoável que para o efeito lhe fixar, sob pena de considerar a obrigação como definitivamente não cumprida([1]).

No polo oposto destes casos estão aqueles em que, embora a prestação se afaste, pela sua má qualidade, do modelo de prestação exigível do devedor, *o credor a aceita* e não sofre com a recepção dela nenhuma dano especial.

A fruta fornecida pela lavrador foi de pior qualidade do que habitualmente; o rendimento do empregado foi sensivelmente inferior ao usual. Mas o dono do restaurante limitou-se a não encomendar novos fornecimentos ao lavrador, e a empresa a admoestar o empregado([2]).

Há casos, porém, em que o *defeito* ou *irregularidade* da prestação — a *má prestação* (*Schlechtleistung*, como lhe chamam alguns autores alemães) — *causa danos ao credor* ou pode *desvalorizar a prestação, impedir* ou *dificultar* o fim a que esta objectivamente se encontra afectada, estando o credor disposto a usar de outros meios de tutela do seu interesse, que não sejam o da recusa pura e simples da aceitação.

A telha colocada na cobertura do edifício era de tal qualidade que, à primeira chuvada, este meteu água e várias divisões sofreram estragos.

A forragem fornecida para a alimentação dos animais era de tal modo tóxica que matou alguns deles.

A oficina que reparou o barco ou consertou o automóvel não cuidou de afinar os travões, como lhe cumpria fazê-lo, dando assim aso a um acidente grave com o veículo.

([1]) Para o caso especial dos defeitos da obra realizada por empreitada, vide o regime singular consagrado nos artigos 1221.º e 1222.º.

([2]) O dever de diligência, implícito na boa fé com que ao credor incumbe exercer o seu *direito*, pode levar a considerar sanadas as deficiências ou irregularidades da prestação, contra as quais ele não reagiu oportunamente, podendo e devendo tê-lo feito: DIEZ-PICAZO, n. 833.

Das obrigações em geral

O cirurgião não averiguou, com o cuidado exigível pelas normas deontológicas da profissão, a natureza do tumor que localizou e, em consequência disso, fez sem necessidade a ablação do seio da doente.

Em todos estes casos se pode, fundadamente, considerar o *cumprimento defeituoso* como uma forma de violação *sui generis* da obrigação. O cumprimento defeituoso abrange, não só as deficiências da *prestação principal* ou de qualquer dever secundário de prestação, como também a violação dos *deveres* acessórios de conduta que, por força da lei (por via de regra, através das normas dispositivas), se integram na relação creditória, em geral, e na relação contratual em especial ([1]).

Foi exactamente a inclusão dos *deveres acessórios* de conduta na relação contratual, feita em grande parte por aplicação da regra da *boa fé* (art. 762.º, 2), que contribuiu em certa medida para a autonomização da figura do cumprimento defeituoso ou da prestação defeituosa ([2]).

A questão de saber se o *defeito* da prestação prejudica ou não o fim da obrigação tem que ser apreciada e resolvida *objectivamente*, por analogia com o disposto para outras situações da mesma natureza (cfr. arts. 793.º, 2; 802.º, 2; 808.º, 2), mas tendo em linha de conta os termos e as circunstâncias próprias de cada situação concreta: a qualidade inferior de certos géneros alimentícios pode caber na margem de tolerância da prestação em certos fornecimentos, mas constituir um defeito relevante da prestação efectuada a uma casa de saúde ou a um hotel de luxo.

323. *Regime*. Os efeitos específicos do *cumprimento defeituoso* não vêm definidos no título das obrigações em geral, a não ser

---

([1]) ESSER, *ob. cit.*, § 52, VII, LARENZ, § 24, I, pág. 364 e segs.
([2]) BROX, pág. 48.

Cumprimento e não-cumprimento

porventura, e só indirectamente, no que toca à escolha da prestação nos casos em que ela é indeterminada (art. 400.º, 1)([1]).

É no capítulo dos contratos em especial, a propósito da disciplina de alguns contratos *nominados* (nomeadamente da compra e venda, da locação e da empreitada), que, como vimos, a lei insere algumas disposições especificadamente referidas ao cumprimento defeituoso.

A consequência mais importante do cumprimento defeituoso é a obrigação de ressarcimento dos danos causados ao credor([2]); a seguir, o que há de mais *característico* nesse regime é o direito, em certos casos conferido ao credor, de exigir a *reparação* ou *substituição* da coisa (art. 914.º), ou a *eliminação* dos defeitos, quando esta seja material e economicamente viável (art. 1221.º)([3]), e ainda o direito de redução da contraprestação (*actio quanti minoris*: art. 911.º).

324. *Responsabilidade civil do produtor de coisas defeituosas**. O aumento constante das vendas de artigos em massa e a frequência cada vez maior com que no território de cada Estado se vendem

---

([1]) Cfr., porém, os artigos 77.º e 78.º do Anteprojecto VAZ SERRA sobre «Direito das obrigações».

([2]) O dever de indemnização dos danos causados ao credor surge, em regra, nestes casos, ao lado do direito de exigir judicialmente o cumprimento da obrigação.

([3]) Cfr., a propósito, o ac. do S.T.J., de 19-XI-1971 (na R.L.J., 105.º, pág. 279). E *vide* ainda, pelo que toca à interpretação de algumas destas disposições relativas à compra e venda, BAPTISTA MACHADO, *Acordo negocial e erro na venda de coisas defeituosas*, 1972 e *Pressupostos cit.*, pág. 46 e segs.

* K. MÜLLER, *Zur Haftung des Warenbestellers gegenüber dem Endverbraucher*, AcP, 165, pág. 285; CANARIS, *Die Produzentenhaftpflicht in dogmatischer und rechtspolitischer Sicht*, na J.Z., 68, pg. 494; LORENZ, *Beweisprobleme bei der Produzentenhaftung*, AcP, 170, pág. 367; SIMITIS, *Grundfragen der Produzentenhaftung*, 1965; DIEDERICHSEN, *Wohin treibt die Produzentenhaftung*, na N.J.W., 78, pág. 1281; LARENZ, *Lehrbuch*, II, 1.º, 13.ª ed., 1986, § 41a, pág. 81; MENEZES CORDEIRO, *Da boa fé no direito civil*, I, Lisboa, 1984, pág. 629; MOTA PINTO, *Teoria geral do direito civil*, 3.ª ed., 1985, pág. 120 e, por último, com grande desenvolvimento da matéria, CALVÃO DA SILVA, *Responsabilidade civil do produtor*, Coimbra, 1990, pág. 451 e segs. E ainda MARIA AFONSO e MANUEL VARIZ, *Da responsabilidade civil decorrente de produtos defeituosos*, Coimbra, 1991.

Das obrigações em geral

produtos fabricados em países estrangeiros têm criado na vida contemporânea um interesse muito vivo pelo regime da responsabilidade, não só criminal, mas também civil, do fabricante de produtos *defeituosos*.

Já não se trata apenas da venda de coisas que não possuem as qualidades asseguradas pelo vendedor (vinho de certa colheita; chá ou sisal de primeira qualidade) ou as qualidades necessárias ao preenchimento do seu fim (touro reprodutor impotente; relógio que não trabalha; livro com folhas em branco ou em falta), como sucede nas situações genericamente previstas e reguladas nos artigos 913.º e seguintes do Código Civil. Trata-se principalmente de coisas que, mercê do seu defeito, se tornam *perigosas* para a saúde ou até para a vida do consumidor ou podem *causar danos* sérios no património do adquirente.

Quando, como inúmeras vezes sucede, os produtos defeituosos (garrafa de refrigerante com vidros ou impurezas lá dentro; artigos de cabedal mal tingido que mancham os vestidos da adquirente; peixe em conserva com azeite ou óleo deteriorado) vêm embalados do país de origem, fácil é concluir pela manifesta insuficiência das velhas prescrições do direito civil sobre a venda de coisas defeituosas para assegurar a justa tutela dos legítimos interesses do consumidor.

O vendedor (nacional) desconhece na generalidade dos casos o defeito do produto, acondicionado pelo fabricante. E por isso falha, via de regra, a protecção que as normas clássicas do direito privado, assentes sobre o princípio geral da responsabilidade civil subjectiva na relação negocial entre os contraentes (cfr. arts. 913.º a 915.º do Cód. Civil), procuram assegurar ao comprador lesado.

Alguns casos há em que a dificuldade se resolve mediante o *certificado de garantia* emitido pelo fabricante, que acompanha o produto. O produtor obriga-se nesse título a *reparar* ou a *substituir* a coisa, sem encargos para o comprador, quando ela acuse determinados defeitos.

Cumprimento e não-cumprimento

O princípio da liberdade negocial, com a amplitude que assume no nosso direito (arts. 405.º, 1; 398.º, 1; 458.º e 459.º), faz que nenhumas dúvidas sérias se levantem à validade desse *contrato de garantia* (celebrado entre o produtor e o comprador, por intermédio do vendedor) ou dessa *promessa unilateral* de garantia.

É, porém, muito limitado o campo de acção deste instrumento negocial.

Por um lado, são muito poucos os produtos em que o fabricante emite o *certificado de garantia*.

Por outro lado, o certificado só cobre normalmente a necessidade de *aperfeiçoamento* ou *substituição* da coisa defeituosa, mas não os danos que esta tenha causado ao credor.

Assim se explicam as sucessivas, mas infrutíferas, tentativas que, especialmente na doutrina alemã, foram feitas para, dentro dos quadros clássicos da responsabilidade civil, se assegurar ao lesado (comprador) o direito de indemnização que ele merece ter contra o produtor da coisa, com quem não contratou (nem directa, nem indirectamente).

Os autores que mais se dedicaram ao estudo do tema apelaram sucessivamente para a extensão excepcional da indemnização aos danos causados a *terceiro*, para os casos em que a protecção legal dos contratos se estende a *terceiro* (como sucedia, em larga medida, no contrato de locação: arts. 1050.º, *a*) e *b*); 1108.º, 2 e 3; 1109.º, 1 e 2; 1110.º, 2, 3 e 4; 1111.º, 1113.º (¹); etc.), para a responsabilidade pré-contratual do fabricante que faz ou consente na propaganda dos seus produtos (naturalmente garantindo a inexistência do defeito mais tarde revelado), para a relação de confiança nos produtos criada pelo fabricante junto do grande público, para a

---

(¹) Os artigos 1108.º, 1109.º, 1110.º, 1111.º e 1113.º do Código Civil encontram-se hoje revogados e substituídos pelas disposições correspondentes do *Regime do arrendamente urbano* (aprovado pelo Dec.-Lei n.º 321-B/90, de 15 de Outubro).

133

Das obrigações em geral

chamada *acção directa*, com a amplitude que lhe imprime a doutrina francesa([1]) ·

Mas fácil é verificar que estes casos de venda de coisa *defeituosa (rectius; perigosa)*, quando o vendedor não seja o produtor dela, não se integram em nenhuma das normas que estendem a terceiros o direito à reparação do dano sofrido e que nem sequer há verdadeira analogia entre os dois grupos de situações.

Esta a razão pela qual a jurisprudência alemã tem procurado antes na área da responsabilidade extracontratual a cobertura legal adequada à protecção que considera justo conceder ao comprador, vítima dos defeitos da coisa.

Mas também por essa via, sob a égide da responsabilidade civil assente na culpa e no ónus da sua prova a cargo do lesado, não é possível encontrar solução inteiramente satisfatória para o problema.

Daí que numa das *Directivas* emanadas da Comunidade Europeia, especialmente consagrada à matéria, com espírito bem mais realista, se tenha decididamente chamado a situação — a produção e o lançamento no mercado de produtos defeituosos, *hoc sensu* — para a área excepcional da responsabilidade civil *objectiva* ([2]) ·

E essa foi, de facto, a solução que acabou por ser consagrada entre nós, na sequência da Directiva comunitária ([3]), pelo Decreto-Lei n.º 383/89, de 6 de Novembro.

([1]) *Vide*, sobre as razões da frustração das várias tentativas feitas na doutrina alemã para encontrar uma solução capaz do problema, à sombra do instituto da responsabilidade contratual, LARENZ, *ob.* e *vol. cits.*, pág. 83 e segs.

([2]) Tanto o *Conselho da Europa* (*Convention Européenne sur la responsabilité du fait des produits en cas de lésion*, 1977) como a C.E.E. (*Proposition d'une Directive du Conseil relative au rapprochement des dispositions législatives, réglementaires et administratives des États membres en matière de responsabilité du fait des produits défectueux*, de 1976) se inclinaram efectivamente para a extensão da área da responsabilidade objectiva ao fabrico e distribuição de produtos defeituosos. *Vide* MOTA PINTO, *ob.* e *loc. cits.*

([3]) O diploma (comunitário) que acabou por fixar doutrina sobre a matéria, consagrando efectivamente a responsabilidade civil *objectiva* do produtor das coisas defeituosas, é a Directiva n.º 85/374/CEE, do Conselho, de 25 de Julho de 1985. No

No artigo 1.º desse diploma se prescreve, com efeito, que «o produtor é responsável, *independentemente* de culpa, pelos danos causados por defeitos dos produtos que põe em circulação».

Apesar disso, concede-se ao produtor uma série de causas de exclusão de responsabilidade, entre as quais se destaca o facto de o estado dos conhecimentos científicos e técnicos, no momento em que pôs o produto em circulação, não permitir detectar a existência do defeito (art. 5.º, al. *e*) do Dec.-Lei cit.)([1]) .

Além disso, prevenindo-se a possibilidade de o produto defeituoso, fabricado em massa ou em série, conduzir a um número muito grande de acidentes (recorde-se o caso tristemente célebre da Talidomida) e a uma indemnização global de montante excessivo, fixou-se no artigo 9.º do diploma citado um limite máximo para o ressarcimento total dos danos (10.000 milhões de escudos)([2]) .

SUBSECÇÃO V

Fixação contratual dos direitos do credor

325. *Nulidade das cláusulas de exclusão da responsabilidade civil.* Toda a área das obrigações, especialmente no domínio das obrigações nascidas de contrato ou de negócio jurídico unilateral, está em princípio coberta pelo amplo princípio da *liberdade contratual.*

As partes gozam da mais ampla *liberdade*, dentro dos limites ético-jurídicos estabelecidos na lei, para celebrarem os contratos

---

próprio preâmbulo da Directiva se reconhece que «*seule la responsabilité sans faute du producteur permet de résoudre de façon adéquate le problème, propre à notre époque de technicité croissant, d'une atribution juste des risques inhérents à la production technique moderne*».

([1]) Acerca desse ponto, cfr. CALVÃO DA SILVA, *ob. cit.*, n. 135, pág. 727.

([2]) A disposição prende-se com o disposto no artigo 16.º da Directiva. Sobre as dificuldades e inconvenientes que podem advir da diferente utilização que os Estados-membros da CEE façam da faculdade concedida pela Directiva, vide MARIA AFONSO e MANUEL VARIZ, *ob. cit.*, anotação ao artigo 9.º e ainda CALVÃO DA SILVA, *ob. cit.*, n. 124, pág. 689 e segs.

Das obrigações em geral

que melhor sirvam os seus interesses e para darem às obrigações deles emergentes o conteúdo que melhor satisfaça as necessidades de cada uma delas. E podem de igual modo, a despeito da força vinculativa da *lex contractus, modificar* ou *extinguir* de mútuo acordo, quer as cláusulas inscritas no contrato, quer o conteúdo das obrigações dele decorrentes.

Mas de igual *liberdade* não gozam no capítulo nevrálgico do não-cumprimento das obrigações, quer se trate da falta definitiva do cumprimento (incluindo a impossibilitação culposa da prestação), quer esteja em causa a mora do devedor ou o cumprimento defeituoso da obrigação.

Nesse caso, enquanto as obrigações se mantiverem, a lei não permite que o credor renuncie *antecipadamente* a qualquer dos direitos de que ele dispõe contra o devedor que não cumpre.

«É nula, prescreve-se no artigo 809.º, a cláusula pela qual o credor renuncia antecipadamente a qualquer dos direitos que lhe são facultados nas divisões anteriores nos casos de não cumprimento ou mora do devedor, salvo o disposto no n.º 2 do artigo 800.º» ([1]).

Os direitos cuja renúncia *antecipada* a lei proscreve nesta disposição imperativa são o direito à indemnização dos danos sofridos (em qualquer das formas de não cumprimento culposo), o direito à realização coativa da prestação se ela for possível (ou à execução *por equivalente)*, o direito de resolução do contrato (quando a obrigação não cumprida provenha dum contrato bilateral ou sinalagmático) e o direito ao «commodum» de representação.

O credor pode não exercer nenhum desses direitos e pode inclusivamente renunciar em definitivo ao exercício de qualquer deles, depois que o não cumprimento *(lato sensu)* se verificou. O que não pode é abdicar antecipadamente de qualquer deles.

([1]) Sobre a validade ou nulidade de tais cláusulas na vigência do direito anterior ao Código de 1966, *vide* PINTO MONTEIRO, *Cláusulas limitativas e de exclusão de responsabilidade civil*, Coimbra, 1985, n.º 36, pág. 159 e segs.

Cumprimento e não-cumprimento

Esses direitos constituem a armadura irredutível do direito de crédito, neles reside a força intrínseca da juridicidade do vínculo obrigacional.

Querer seriamente constituir a obrigação e despojá-la à nascença dos meios coercitivos que dão vida à sua condição jurídica seria uma espécie de aliança do *sim* e do *não*, que o direito não pode sufragar (¹).

E por uma questão de certeza do Direito e de segurança das relações jurídicas, o artigo 809.º não abriu brecha em relação a nenhum dos direitos que integram a guarnição defensiva do interesse do credor, com a força e amplitude que a lei lhe concede.

A proibição da renúncia antecipada tanto vale assim para os casos em que a violação do direito do credor procede de *dolo* do devedor, como para as situações em que a falta de cumprimento assenta na mera *negligência* do obrigado (²).

(¹) A validade da renúncia *antecipada* equivaleria a retirar o carácter *ilícito* à conduta que a lei considera como tal. E nenhuma razão objectiva séria há para deixar enclausurar na prisão em que o credor a pretenda meter no momento da constituição da obrigação a sua vontade efectiva de reagir perante a violação do crédito cometido pelo devedor.

Que o credor *renuncie* à protecção que a lei lhe concede, depois de violada a obrigação, já nada ofende o juízo de *ilicitude* que a lei profere sobre a conduta do obrigado, porque esse juízo se substanciou no direito que o credor *teve* de usar as armas que a lei lhe faculta, qualquer que seja o uso que o titular faça delas; neste sentido, BAPTISTA MACHADO, *Resolução do contrato de arrendamento comercial*, na Col. Jur., IX, 2, pág. 20.

(²) Em sentido diferente, limitando injustificadamente a proibição das cláusulas de exclusão aos casos de dolo e de culpa grave, PINTO MONTEIRO, *ob. cit.*, especialmente n.º 49, pág. 217 e segs.

Em abono da solução sustentada, além do texto do artigo 809.º (que não suscita dúvidas quanto ao ponto focado), é *decisivo* o confronto entre os textos constantes do Anteprojecto de VAZ SERRA (PINTO MONTEIRO, *ob. cit.*, pág. 162-63) e a versão final da disposição. No sentido de que o Código Civil pretendeu afastar, em princípio, a distinção escolástica entre a culpa *grave*, a culpa *leve* e a culpa *levíssima*, cfr., por último, ANTUNES VARELA, anot. ao ac. do Sup. Trib. Just., de 7 de Novembro de 1985, na *Rev. Leg. Jurisp.*, 124, pág. 49 e segs., especialmente pág. 86 e segs.

Das obrigações em geral

O credor pode não exercer qualquer das faculdades que a lei lhe confere, depois que o não-cumprimento ocorreu. E pode ser especialmente tentado a não reagir, quando as circunstâncias concretas em que o seu direito ficou por satisfazer revelam uma culpa leve, frouxa, discreta do devedor.

O que não pode, porque a lei lhe não permite, é logo à partida esvaziar qualquer dos *pneus* com que circula a viatura coercitiva da obrigação, pelo grave risco de perder a sua efectiva direcção.

326. *Ressalva relativa aos actos dos representantes legais ou auxiliares.* A única *fresta* que o artigo 809.º rasga na proibição das cláusulas de exclusão da responsabilidade do devedor refere-se aos actos dos representantes legais ou auxiliares do devedor.

Como se sabe, o devedor responde pelos actos dos seus representantes legais ou dos seus auxiliares no cumprimento da obrigação, como se tais actos fossem praticados por ele próprio. Sendo o acto do cumprimento realizado ou determinado nesses casos em nome ou no interesse do devedor, não seria efectivamente justo que a falta ou irregularidade da prestação prejudicasse o credor e não o obrigado.

Há neste caso uma espécie de *responsabilidade objectiva* para o devedor, em quem o comportamento irregular do *solvens* (representante legal ou auxiliar) — a falta de cumprimento (não obstante a recepção dos meios necessários para o efeito) ou a mora na prestação — se reflecte, mesmo que nenhuma culpa lhe possa ser imputada e ainda que nenhuma culpa possa ser assacada ao auxiliar ou representante. É precisamente para estas situações de cumprimento através da *longa manus* do devedor, constituída pelo seu representante legal ou auxiliar, que a lei (art. 800.º, 2) excepcionalmente permite a exclusão ou limitação da responsabilidade (obviamente, quanto aos actos do representante ou auxiliar), contanto que a exclusão ou limitação não vá ao ponto de cobrir viola-

Cumprimento e não-cumprimento

ções de deveres impostos por normas de interesse e ordem pública ([1]).

327. *Cláusula penal (ou pena convencional). Reforço ou predeterminação das sanções contra o não cumprimento.* Se não se permite que o credor elimine ou enfraqueça os meios de reacção predispostos na lei contra a mora e o inadimplemento, como instrumentos que assinalam a *ilicitude* da conduta do devedor, já nada impede que as partes reforcem ou assegurem antecipadamente a reacção legal contra o não cumprimento, concretizando inclusivamente os efeitos práticos da sua aplicação.

É esse o sentido específico da disposição contida no artigo 810.º, bem marcado na adversativa *(porém)* que o legislador deliberadamente inseriu na sua redacção.

«As partes podem, porém — prescreve-se nesse artigo — fixar por acordo o montante da indemnização exigível: é o que se chamada cláusula penal».

Conjugando a noção dada no preceito legal com a real dimensão da figura e com o sentido corrente da expressão, pode dizer-se que a cláusula penal é a estipulação pela qual as partes fixam o objecto da indemnização exigível do devedor que não cumpre, como sanção contra a falta de cumprimento.

A *cláusula penal* é normalmente chamada a exercer uma dupla função, no sistema da relação obrigacional.

Por um lado, a cláusula penal visa constituir em regra um *reforço* (um *agravamento*) da indemnização devida pelo obrigado faltoso, uma sanção calculadamente superior à que resultaria da lei, para estimular de modo especial o devedor ao cumprimento. Por isso mesmo se lhe chama *penal* — cláusula *penal* — ou *pena* — *pena convencional* ([2]).

([1]) Sobre o alcance deste requisito, vide os exemplos com que a doutrina legal é anteriormente ilustrada (supra, n.º 312).

([2]) É o que visivelmente sucede quando a cláusula acresce à *indemnização* (o devedor, faltando ao cumprimento da obrigação, pagará *x*, além da reparação dos

Das obrigações em geral

A cláusula penal é, nesses casos, um *plus* em relação à indemnização normal, para que o devedor, com receio da sua aplicação, seja menos tentado a faltar ao cumprimento.

A *cláusula penal* extravasa, quando assim seja, do prosaico pensamento da *reparação* ou *retribuição* que anima o instituto da responsabilidade civil, para se aproximar da zona *cominatória, repressiva* ou *punitiva*, onde pontifica o direito criminal.

E só assim se explica, aliás, o *apelativo especial (penal)* da cláusula, bem como a outra designação sinonímica (*pena convencional*), correspondentes às expressões alemãs «*Vertragsstrafe*» ou «*Konventionalstrafe*», que os autores usam na sua denominação[1].

Por outro lado, a cláusula penal visa amiudadas vezes facilitar ao mesmo tempo o cálculo da indemnização exigível.

Assim sucede, com alguma frequência, quando os danos previsíveis a acautelar sejam muitos e de cálculo moroso, quando os prejuízos sejam, por natureza, de difícil avaliação ou quando sejam mesmo de carácter não patrimonial[2].

---

danos causados), reverte a favor do terceiro (de uma instituição de assistência), sem prejuízo da indemnização devida ao credor, ou constitui uma cláusula *independente* (porque o devedor se não obriga à realização do *acto*, mas se vincula ao pagamento da pena convencional, no caso de o não realizar).

[1] E era inclusivamente em «estabelecimento da *pena*» que falava o artigo 811.º, na sua primitiva redacção.

[2] Ao lado da cláusula penal, assim concebida (de harmonia com a sua função corrente e tradicional e até com a sua designação etimológica) como uma verdadeira *sanção* contra o devedor inadimplente, começou a surgir na prática negocial da Alemanha, a partir da década de 60, um tipo de cláusula muito semelhante, mas com uma função substancialmente distinta.

Trata-se das cláusulas chamadas de *liquidação prévia dos danos*, que visam não tanto punir a inadimplência do devedor e constituir um estímulo ao cumprimento, superior à indemnização por equivalente ou à realização coactiva da prestação, mas principalmente facilitar a vida ao credor, no caso de este se ver forçado a recorrer à acção executiva.

As cláusulas com essa finalidade ostensiva nasceram e prosperaram na Alemanha como um meio de escapar às sanções prescritas nos §§ 5 e 6 da Lei sobre as *cláusulas gerais dos contratos* (*Gesetz zur Regelung des Rechts der Allgemeinen Ge*

Cumprimento e não-cumprimento

A cláusula penal distingue-se do chamado *sinal*, embora com ele tenha algumas afinidades *funcionais*.

O sinal consiste sempre na *entrega* de *uma coisa* por uma das partes à outra, ao passo que a cláusula penal constitui uma simples *convenção* (estipulação) acessória da constituição da obrigação.

Por outro lado, o *sinal* tem uma *função* essencialmente distinta, apesar das aparências superficiais em contrário, da que toca à cláusula penal.

Se é *confirmatório*, o *sinal* visa garantir apenas a *conclusão* e a *firmeza* do contrato. E por isso deve ser restituído ao autor, quando o contrato for cumprido e o sinal não possa ou não deva ser imputado na prestação devida (art. 442.º, 1). Se é *penitencial*, o sinal deve considerar-se perdido pelo autor, sempre que ele deixe de cumprir, não porque haja um facto *ilícito* da sua parte (uma violação da relação contratual), mas como um *custo* convencional do direito que ele exerceu.

Além disso, o *sinal* tanto pode consistir numa entrega de dinheiro, como na entrega de outra coisa fungível ou não fungível. A cláusula penal tem por via de regra como objecto uma quantia em dinheiro, pois é da fixação do *montante* da indemnização que a lei fala ao caracterizá-la e a expressão *montante* refere-se geralmente, quer na linguagem corrente, quer na terminologia técnica da lei, ao objecto da prestação pecuniária.

---

schäftsbedingungen — AGB-Gesetz) contra as cláusulas indemnizatórias que excedam os danos normalmente decorrentes do não cumprimento da obrigação. Por isso GERNHUBER (*Das Schuldverhältnis*, Tübingen, 1989, § 34, I, 7, pág. 761) informa que este tipo de convenção raras vezes aparece nos contratos individuais. E também não foi, evidentemente, esse tipo de cláusula — o da *liquidação antecipada dos danos* — que o legislador português teve em vista quando, em 1966, definiu a cláusula penal e traçou o seu regime. Sobre a rigorosa caracterização da moderna *cláusula de liquidação prévia de danos* (*der pauschalierte Schadensersatz*), que é relativamente frequente, na Alemanha, no comércio de automóveis usados (em 2.ª mão), vide, além de GERNHUBER (*ob. e loc. cits.*), LARENZ (*Lehrbuch des Schuldrechts*, I, 14.ª ed., § 24, II, *c*), pág. 383 e segs.).

Das obrigações em geral

328. *Regime da cláusula penal na versão primitiva do Código.* Duas notas fundamentais caracterizavam o regime da cláusula penal instituído em 1966 pelo novo Código Civil.

Por um lado, o estabelecimento da cláusula penal impedia o credor de exigir indemnização de dano superior, salvo convenção das partes em contrário.

Não era, por conseguinte, a simples circunstância de a cláusula visar em regra a imposição de uma prestação de valor superior ao dano realmente sofrido pelo credor com o inadimplemento ou a mora do devedor que dava ao credor a possibilidade de exigir uma indemnização superior ao montante da cláusula, alegando (e provando) que, contra as expectativas das partes, a cláusula ficou aquém do montante do dano realmente causado ao credor.

Essa limitação, de carácter puramente dispositivo, representava como que o *custo* natural da vantagem conferida ao credor pela desnecessidade de alegar e provar, quer a existência do dano, quer o montante dele, para fazer jus à execução da cláusula.

Doutrina idêntica se encontra consagrada no artigo 1 382 do Código italiano, mas solução oposta foi expressamente adoptada no Código alemão (§ 340, 2), com base no fim normal da cláusula.

Por outro lado, receando que as partes possam exagerar no carácter sancionatório da cláusula e o devedor ser vítima da sua posição de relativa inferioridade dentro do quadro da relação creditória, a lei (art. 812.º, red. primitiva) permitia a redução da pena convencional quando ela, à luz das regras da equidade, se revelasse *manifestamente* excessiva ([1]), ainda que o excesso resultasse de factos supervenientes.

([1]) Doutrina paralela se consagrava, em termos específicos relativos ao contrato de mútuo, no artigo 1146.º, n.ᵒˢ 2 e 3.

E fácil é detectar o pensamento comum subjacente aos dois preceitos, que é afinal, num Código todo imbuído do princípio ético da boa fé, o combate aos negócios usurários (arts. 282.º e 283.º).

Cumprimento e não-cumprimento

E, por uma questão de coerência, igual redução era permitida quando o manifesto excesso da cláusula resultasse de uma outra circunstância, de relativa frequência: o cumprimento parcial da obrigação.

329. *Alterações introduzidas pela legislação posterior. O Decreto-Lei n.º 200-C/80, de 24-6.* O esquema extremamente simples traçado na versão primitiva dos artigos 811.º e 812.º do Código Civil veio, entretanto, a ser modificado pelas alterações introduzidas no texto desses artigos por dois diplomas do período pós-25 de Abril de 1974: primeiro, pelo Decreto-Lei n.º 200-C/80, de 24 de Junho; depois, pelo Decreto-Lei n.º 262/83, de 16 de Junho ([1]).

O teor das alterações introduzidas em disposições da maior delicadeza, como estas que regulam a *cláusula penal*, revela bem a *extrema ligeireza* com que se tem legislado em períodos de acentuada instabilidade política e social.

Importa, no entanto, conhecer as modificações sucessivamente devidas a um e outro dos diplomas, até porque as resultantes do Decreto-Lei n.º 262/83, de 16 de Junho, fazem ainda hoje parte integrante da legislação vigente sobre a matéria (cláusula penal).

A primeira alteração que o Decreto-Lei n.º 200-C/80 trouxe ao regime do Código — expressa no n.º 1 do artigo 811.º — foi a de não permitir que o credor exija cumulativamente, com base no contrato, o cumprimento coercivo da obrigação principal e o pagamento da cláusula penal, a não ser que a cláusula tivesse sido estabelecida para o não cumprimento pontual da obrigação.

E, para assegurar a observância do novo preceito, prescrevia-se mesmo a nulidade de qualquer estipulação em contrário.

([1]) *Vide*, acerca da reacção (paralela em alguns pontos à destes diplomas portugueses de 1980 e 1983) desencadeada em França, contra as cláusulas penais abusivas, a Lei de 10 de Julho de 1978: G.Viney, *Traité de droit civil*, sob a direcção de J. Ghestin, V, Paris, 1988, n. 235, pág. 328 e segs.

Das obrigações em geral

É fácil detectar, porém, a forma pouco feliz como foi decretada a impossibilidade de cumulação da cláusula penal com a realização coactiva da prestação e reconhecida a possibilidade de cumulação de uma com a outra, quando a cláusula tiver sido estabelecida para o não cumprimento pontual da obrigação, ou seja, para o caso de mora do devedor.

A primeira impressão que se colhe da leitura do novo preceito é a de que se quis contrapor o regime da cláusula penal convencionada para o caso de não cumprimento definitivo da obrigação ao regime da cláusula penal estipulada para o caso de mora.

Simplesmente, reflectindo com mais atenção sobre o texto da nova disposição, verifica-se não ser esse o verdadeiro pensamento do legislador.

Com efeito, para haver *cumprimento* coercivo da *obrigação principal*, ou seja, execução específica da prestação, é por via de regra necessário que não tenha havido ainda inadimplemento definitivo, que haja simples mora no cumprimento.

Se o devedor *inutilizou* ou *destruiu* a coisa que devia entregar ao credor, se a alienou indevidamente a terceiro, que, todavia, a adquiriu validamente, já não é possível obter e, por isso, o credor não irá requerer o cumprimento coercivo da obrigação principal. Não querendo, nesse caso, decidir-se pela resolução do contrato, no caso de a obrigação ter nascido dum contrato bilateral, aquilo que o credor pode requerer é a chamada execução por *equivalente* — não o cumprimento coercivo da obrigação.

Se o credor requer o cumprimento coercivo da obrigação principal é, por conseguinte, porque o devedor está em simples mora ou não houve ainda inadimplemento definitivo da obrigação.

E se, quer haja mora e o credor opte pela realização coactiva da prestação, quer haja inadimplemento definitivo e o credor opte, seja pela resolução do contrato, seja pela execução por equivalente, há sempre lugar a indemnização, por que *bulas* não há-de a lei permitir, com a *sanha* que resultava e ainda agora resulta do texto do n.º 1 do artigo 811.º, a fixação por acordo do montante da indemnização exigível do devedor, em qualquer desses casos?

Todas estas razões levam o intérprete a concluir que é outro o pensamento legislativo contido no novo texto. O que o n.º 1 do artigo 811.º pretendia dizer era o seguinte:

a) Se a cláusula penal tiver sido estipulada para o caso de falta definitiva de cumprimento, mas tiver havido simples mora, e o credor optar pela realização coactiva da prestação (pelo cumprimento coercivo da obrigação), ele não pode exigir cumulativamente o pagamento da cláusula penal; e igual proibição se aplica ao caso de a cláusula penal visar a cobertura dos danos causados pelo não cumprimento e o credor pretender exigir o pagamento da cláusula e a execução por equivalente da prestação não efectuada ([1]);

b) Se, porém, a cláusula tiver sido convencionada como simples *sanção* contra o *atraso* na realização da prestação (como sucede, a cada passo, nas multas estipuladas contra os atrasos do empreiteiro na realização da obra), nada obsta a que o credor exija simultaneamente, no caso de mora, a realização coactiva da prestação e o pagamento da cláusula sancionatória.

A segunda alteração proveniente do Decreto-Lei n.º 200--C/80, de 24 de Junho — expressa no novo texto do n.º 1 do artigo 812.º — é a que proíbe que a redução da cláusula penal manifestamente excessiva traga esta abaixo do valor do dano causado pela falta do cumprimento, considerando nula qualquer estipulação em contrário.

Trata-se de uma proibição em bom rigor desnecessária, porque a simples *ratio legis* (intenção de reduzir a cláusula *manifestamente*

([1]) Neste sentido se pode, em tais circunstâncias, dizer com PINTO MONTEIRO (*Cláusula penal e indemnização*, Coimbra, 1990, n. 47.1, pág. 425) que o que o credor não pode «é pretender, ao mesmo tempo, o cumprimento da obrigação e o pagamento da pena».

Das obrigações em geral

excessiva, na medida em que ela *excede* os limites do razoável) e o bom-senso do julgador conduziriam à solução expressamente consagrada no novo texto legal.

330. *Exame do Decreto-Lei n.º 262/83, de 16 de Junho.* Foram duas as alterações três anos mais tarde introduzidas pelo Decreto-Lei n.º 262/83, de 16 de Junho, no texto do artigo 811.º.

A primeira consistiu em substituir, na caracterização da tal segunda modalidade de cláusula penal apontada contra a mora, as palavras «salvo se esta (a cláusula penal) tiver sido estabelecida para o não cumprimento pontual da obrigação», do diploma de 1980, por estoutras: «salvo se esta tiver sido estabelecida para o atraso da prestação».

A nova redacção tem realmente a vantagem de tornar um pouco mais clara a parte fundamental da nova disposição, embora continue a pecar pelo facto de, sem nenhuma razão, fulminar de nulidade a cláusula pela qual as partes fixem por acordo o montante da indemnização exigível do devedor, no caso de o credor ter que recorrer à realização coactiva da prestação.

A segunda alteração — a mais importante — consistiu no aditamento de um novo n.º (o n.º 3) ao texto anterior, por força do qual «o credor não pode em caso algum exigir uma indemnização que exceda o valor do prejuízo resultante do incumprimento da obrigação principal».

O novo princípio, contrário ao sentido tradicional e à função útil da cláusula penal ou pena convencional, representa uma verdadeira *castração* da estipulação das partes ([1]).

Limitando sistematicamente o valor máximo da cláusula ao montante do prejuízo causado, o novo preceito destroi ainda uma das funções mais úteis da cláusula, que era a de pôr termo a discus-

---

([1]) Vide, no mesmo sentido, PINTO MONTEIRO, *Inflação e direito civil*, Coimbra, 1984, pág. 36 e segs.; PIRES DE LIMA e ANTUNES VARELA, *Código Civil anotado*, II, 3.ª ed., 1986, pág. 79.

sões entre as partes acerca do montante do prejuízo real sofrido pelo credor. Seja qual for o valor da cláusula penal, o devedor tem sempre o poder de impugnar a sua aplicação, com o fundamento de que ela excede o montante do dano efectivo.

Pela forma como foi redigida («o *credor* não pode *em caso algum...*»), dir-se-ia que a nova disposição lança sobre o credor que exige a aplicação da cláusula o ónus de provar, em cada caso, que ela não sobrepassa o valor do dano por ele sofrido.

Mas não parece que tenha ido tão longe a *mens legis*.

De harmonia com o sentido mais natural e mais lógico das coisas, é ao devedor que incumbe alegar e provar, sempre que o credor se limite a requerer a aplicação da cláusula estabelecida (e não venha pedir a indemnização do dano excedente: art. 811.º, n.º 2), que o valor desta excede o valor real do dano.

Além disso, a doutrina do n.º 3 do artigo 811.º parece não se aplicar, pelo seu espírito, à cláusula penal a que se refere em segundo lugar o n.º 1 do artigo 811.º, apenas destinada a *castigar* os atrasos da prestação ([1]). Essas cláusulas estão, no entanto, sujeitas ao

---

([1]) O que não parece defensável é limitar a aplicação do preceito aos casos em que as partes tenham pretendido convencionar a indemnização do dano excedente. Se assim fosse, em vez de acrescentar um novo n.º (3) ao artigo, o legislador teria apenas completado o disposto no n.º 2. Além disso, a solução conduzia a um verdadeiro *absurdo*, como facilmente se verifica por este exemplo: Imagine-se que *A* e *B* incluem no seu contrato, para garantia de uma obrigação assumida por *B*, uma cláusula penal de 1.000 e que o dano efectivamente resultante do não cumprimento é de 750.

E suponha-se que, em circunstâncias paralelas, *C* e *D* convencionaram a mesma pena negocial de 1.000 e que o dano real é também de 750, mas que as partes, prevendo *expressis verbis* a possibilidade de o dano ser superior a 1.000, estipularam para essa hipótese uma pena (cláusula penal) de 2.000.

De acordo com a solução por nós rejeitada (que parece ser a de PINTO MONTEIRO, *ob. cit.*, n.º 47.3, pág. 457 e segs.), *A* teria direito à pena convencionada de 1.000, porque a cláusula do seu contrato não seria abrangida pela nova doutrina do n.º 3 do artigo 811.º; enquanto *C*, que foi mais cauteloso e mais previdente, mas caiu

Das obrigações em geral

princípio da *redução equitativa*, quando se revelem manifestamente excessivas.

A modificação introduzida no artigo 812.º pelo Decreto-Lei n.º 262/83 consistiu na eliminação do limite estabelecido pelo diploma anterior (de 1980) ao poder judicial de redução equitativa da cláusula penal.

A redução efectivada pelo juiz, segundo a redacção dada ao n.º 1 do artigo 812.º pelo Decreto-Lei n.º 200-C/80, nunca poderia ir até ao ponto de a indemnização exigível do devedor faltoso, ao abrigo da cláusula, ficar aquém do valor do dano realmente causado pela falta de cumprimento.

O diploma de 83 aboliu esse limite, o que significa, em face da evolução do texto, que o juiz pode hoje, se a cláusula for manifestamente excessiva, reduzi-la equitativamente, sem qualquer limite rígido preestabelecido, mesmo para baixo do valor do dano causado pela falta de cumprimento.

Note-se a real incongruência da lei, a que o povo chamaria *justiça de funil*; por um lado, o credor nunca pode exigir uma indemnização de valor superior ao dano efectivamente sofrido com a falta de cumprimento, ainda que credor e devedor tenham convencionado indemnização de valor mais alto (art. 811.º, n.º 3); por outro lado, se a clásula penal for manifestamente excessiva, o devedor pode requerer e obter uma redução dela até um valor situado abaixo do dano que efectivamente causou ao credor.

É certo que na primitiva redacção do artigo 812.º nenhum limite máximo se estabelecia de modo expresso ao poder de redução da cláusula confiado ao juiz. Mas havia naturalmente o limite estabelecido pela *ratio legis* e não havia o limite categórico ao valor máximo da cláusula, trazido pelo Decreto-Lei n.º 262/83, de 16 de Junho, com o aditamento do novo n.º 3 do artigo 811.º.

---

na armadilha do novo preceito, teria apenas direito a 750, valor do prejuizo por ele realmente sofrido.

SUBSECÇÃO VI

Realização coactiva da prestação

331. *Acção de cumprimento, execução específica e execução por equivalente.* Se a obrigação, depois de vencida, não é voluntariamente cumprida, dá a lei ao credor o poder de, consoante os casos, exigir judicialmente o cumprimento ou executar o património do devedor.

Este *direito* de requerer a intervenção dos tribunais para, com o braço do Estado, se obter a realização da prestação devida é a compensação natural da proibição imposta ao credor lesado de arrancar ele, por suas próprias mãos, mediante o emprego da força, a prestação que o obrigado lhe deve.

É da proibição da *auto-defesa* (art. 1.º do Cód. Proc. Civil), proclamada em nome de séculos de civilização como um dos principais baluartes da ordem jurídica, que nasce o direito de acção — como quem diz de desencadear a actividade dos tribunais — conferido ao titular do direito (lesado ou simplesmente ameaçado) de o fazer reconhecer ou declarar oficialmente ou de obter mesmo a sua realização coactiva (art. 2.º do Cód. Proc. Civil).

Relativamente aos direitos de crédito, as formas mais importantes de que o credor, nesses momentos de crise da relação obrigacional, pode socorrer-se perante os órgãos judiciários, como instrumento do Estado, são a acção de cumprimento e a execução (cfr. a epígrafe da subsecção que encabeça o art. 817.º).

Não é, no entanto, arbitrária a escolha do credor pela acção de cumprimento, essencialmente destinada a obter a declaração da existência e da violação do direito e a intimação solene, emanada do tribunal, para que o devedor cumpra, ou pela acção executiva (normalmente chamada execução, *tout court*).

Se o credor insatisfeito dispõe já duma sentença (de condenação) ou de um outro documento que ateste com grande probabilidade, segundo os critérios da própria lei, a existência do direito alegado, ele não só pode, como deve, ingressar em juízo com a

Das obrigações em geral

acção executiva, se quiser reagir contra a falta de cumprimento do devedor (cfr. art. 449.º, n.º 2, al. *c*) do Cód. Proc. Civil).

Se, porém, o credor não possui documento (título executivo) que indicie com o grau de probabilidade exigido na lei processual (art. 45.º, 1 do Cód. Proc. Civil) a existência do direito (de crédito), ele tem que recorrer à acção de crédito (entrando assim pelo *rés-do-chão*, no *edifício* complexo da tutela judiciária) para obter a declaração oficial da existência e violação do direito e a intimação solene dirigida ao devedor para que cumpra.

A forma como a intervenção do tribunal se processa na vida da relação obrigacional não é sempre a mesma, no aspecto que interessa ao direito substantivo.

Na acção de *cumprimento*, a decisão favorável obtida pelo credor, que reconheça a possibilidade da prestação, constitui ainda uma intimação ao *cumprimento*, um apelo forte, solene, à realização (coactiva) da prestação. Se o devedor condenado acatar a decisão, poderá ainda dizer-se, com alguma propriedade, que ele *cumpre* a obrigação, na medida em que existe realização *voluntária* (conquanto *não espontânea*, mas *forçada*) da prestação devida.

E o mesmo pode dizer-se, *mutatis mutandis*, quando o devedor, condenado na acção de cumprimento, não acata a decisão do tribunal, o credor recorre à acção executiva, o tribunal cita o executado para pagar (a prestação devida: art. 811.º, n.º 1, do Cód. Proc. Civil) ou nomear bens à penhora, ou para fazer entrega da coisa (art. 928.º, 1 do Cód. cit.) e o citado, obedecendo ao derradeiro apelo da justiça, realiza voluntariamente — embora sob a cominação eminente da penhora — a prestação em falta.

Em todos estes casos se pode ainda falar em *realização* coactiva *da prestação*, em *cumprimento* (embora *tardio, forçado, compulsivo*) da obrigação.

Mas, nem sempre a intervenção do tribunal se adapta a este esquema traçado no plano do direito substantivo.

Com efeito, se a prestação devida se torna impossível por facto imputável ao devedor e o credor lesado vai a juízo requerer a

Cumprimento e não-cumprimento

indemnização a que tem direito; se o devedor, citado para pagar ou para entregar a coisa devida na execução para pagamento de quantia certa ou para entrega de coisa certa, não acata a citação e o credor prossegue com a execução para satisfação, à custa de bens do devedor relapso, da indemnização a que faz jus; se o devedor da prestação de facto se recusa a cumprir e o credor ingressa em juízo com a acção executiva destinada a obter, ou a prestação do facto (fungível) por terceiro à custa do executado ou a indemnização que lhe compete (art. 933.º, 1, do Cód. Proc. Civil), o processamento da extinção da relação de crédito opera-se de modo diferente.

Já não há *realização coactiva* da *prestação* (inicial) devida; já não há *cumprimento* (coercivo, forçado) da obrigação.

O que houve, sob o prisma do *direito substantivo*, foi a substituição, na moldura envolvente da relação creditória (do direito de obrigação, *lato sensu*), do direito (inicial) à prestação principal pelo *direito à indemnização. Direito à indemnização* a que corresponde ainda um verdadeiro *dever de prestar* (não um mero *dever acessório de conduta*), que é, porém, um dever *secundário* de prestação, inteiramente distinto do direito à prestação principal, mas que se enxerta na mesma relação de crédito, no mesmo direito (complexo) de obrigação [1].

À realização coactiva deste direito (secundário, subsidiário) à indemnização, que a lei substantiva confere ao credor sempre que a prestação principal se torna impossível, por uma ou outra razão, dão os processualistas muitas vezes o nome de *execução por equivalente* [1]. Execução por *equivalente* para significar precisamente que a acção judicial já não visa, nesses casos, a realização coactiva da prestação principal, mas antes a obtenção da vantagem ou atribui-

---

[1] Cfr. no mesmo sentido LUIGI MENGONI, *Responsabilità contrattuale (dir. vig.)*, na *Enc. del dir.*, n. 1; LARENZ, *Lehrbuch*, I, 14.ª ed., § 2, V, pág. 26 e segs.

[1] VAZ SERRA, *Realização coactiva da prestação (execução). Regime civil*, Lisboa, 1958, pág. 7.

Das obrigações em geral

ção patrimonial que, em lugar dela (como seu equivalente económico-jurídico), a lei substantiva coloca ao alcance do credor exequente.

Configuração própria, ao lado da acção de cumprimento, da realização forçada da prestação e da execução por equivalente, assume a chamada *execução específica.*

A *execução específica* tem de comum com o cumprimento coercivo (ou a realização coativa da prestação) a circunstância de proporcionar ao credor a obtenção da prestação devida (ou, pelo menos, o resultado da prestação devida). Mas distingue-se dele pelo facto de a prestação não ser realizada pelo devedor, ou por terceiro em lugar dele, mas pelo próprio tribunal (que apreende e entrega a coisa devida ao credor, que substitui o promitente faltoso na emissão da declaração de vontade prometida).

332. *A penhora e a venda judicial ao serviço da execução por equivalente.* Não *cumprindo* o devedor a determinação contida na sentença de condenação ou na citação para a acção executiva e não sendo viável a execução específica da prestação, haverá que recorrer as mais das vezes à *execução por equivalente,* se o credor persistir, como é natural, no propósito de realizar (coercivamente) o seu direito.

Funciona nesse momento a *garantia geral* da obrigação (se não houver *garantias especiais,* dadas pelo devedor ou por terceiro), segundo a qual pelo cumprimento da obrigação respondem todos os bens do devedor susceptíveis de penhora (art. 601.º). É, por conseguinte, à custa dos bens penhoráveis do devedor que o credor há-de obter, através do tribunal, a soma necessária, não propriamente ao cumprimento da obrigação, mas à indemnização dos danos que a falta de cumprimento lhe causou.

Simplesmente, porque a execução dos bens do devedor não pode atingir os bens absolutamente indispensáveis ao seu sustento e do seu agregado familiar, porque há necessidade de salvaguardar os direitos dos demais credores, visto o património do devedor ser garantia, não do exequente apenas, mas de todos os credores do

Cumprimento e não-cumprimento

mesmo obrigado, e até porque pode bem suceder que a indemnização devida ao credor insatisfeito não obrigue a sacrificar todos os bens do obrigado, o processo da venda judicial começa por uma selecção das coisas realmente necessárias à obtenção da indemnização.

A selecção, em princípio confiada ao executado [1] (art. 833.º do Cód. Proc. Civil), é feita através do acto da *penhora*, que consiste na apreensão judicial dos bens do devedor, que ficam daí em diante afectados aos fins próprios da execução.

Desde que a penhora afecta os bens aos fins da execução, no interesse do credor, considera a lei logicamente ineficazes em relação ao exequente, sem prejuízo das regras próprias do registo [2], todos os actos de disposição ou oneração dos bens penhorados [3].

A *penhora* confere ao exequente o direito de ser pago com preferência em relação a qualquer credor que não tenha garantia real anterior.

A concessão desse direito é questão desde há muito bastante controvertida na doutrina, mas nada repugna aceitar o benefício assim concedido ao exequente, tendo em linha de conta a natureza *singular* (e não *universal* ou *colectiva*) que actualmente reveste a acção executiva (cfr. art. 865.º do Cód. Proc. Civil), bem como a cessa-

---

[1] Como é natural e justo, se o executado não fizer a escolha ou se a escolha feita não obedecer às regras para o efeito traçadas na lei, esta devolve ao exequente o poder de selecção dos bens que hão-de ser sacrificados (art. 836.º do Cód. Proc. Civil).

[2] O acórdão do Sup. Trib. Just., de 11 de Fevereiro de 1969, anotado por VAZ SERRA na *Rev. Leg. e de Jurisp.* (ano 103.º, pág. 155), trata de um caso muito interessante de conflito de direitos sobre bens penhorados, baseado na diferente data do registo dos actos.

[3] A lei considera *ineficazes* em relação ao exequente — e não *nulos* ou *anuláveis* — os actos de disposição ou oneração dos bens penhorados (cfr. art. 819.º), com a intenção de não tolher a liberdade (do *executado*) para alienar ou onerar esses bens, desde que a alienação ou oneração não prejudique os direitos do exequente. Para maiores desenvolvimentos, VAZ SERRA, *Realização coactiva da prestação*, n. 23, pág. 120.

Das obrigações em geral

ção da preferência fundada na penhora, logo que seja decretada a falência ou insolvência do executado (art. 200.º, n.º 3, do *Cód. dos Proc. Esp. de Recuperação da Empresa e de Falência*)[1].

A *penhora*, colocando os bens apreendidos à ordem do tribunal, conduz normalmente à venda judicial (*ex iussu iudicis*) deles, necessária à obtenção, à custa do devedor proprietário, da quantia necessária à indemnização do prejuízo causado ao credor exequente pelo facto do não cumprimento da obrigação.

Nesta operação pungente da *venda judicial,* o juiz (representante do Estado) substitui-se ao executado titular dos bens para, não obstante o respeito constitucionalmente devido ao direito de propriedade (art. 62.º da Const. da República), ordenar a alienação desses bens a terceiro, a fim de, com o preço da venda, pagar ao exequente a indemnização que lhe é devida.

O adquirente dos bens — que será o *arrematante,* no caso mais frequente de a alienação se realizar mediante arrematação em hasta pública — fica naturalmente investido, a troco do preço que desembolsou, em todos os direitos que o executado tinha sobre a coisa vendida[2].

Quanto aos direitos reais de garantia ou de gozo que recaíam sobre os bens vendidos, a lei (art. 824.º, 2) distingue duas grandes categorias, quanto ao destino que lhes dá.

Os *direitos de garantia* que recaíam sobre os bens vendidos, como o *comprador* já realizou, em benefício dos credores, através do preço pago, o valor que estes legitimamente podiam esperar deles,

---

[1] Vide PIRES DE LIMA e ANTUNES VARELA, *Código Civil anotado,* II, 3.ª ed., anot. ao artigo 822.º.

[2] Vale assim quanto ao adquirente, como é justo, o princípio segundo o qual *nemo plus iuris transferre potest quam ipse habet.*

Por conseguinte, se o prédio judicialmente vendido estava onerado com qualquer usufruto, servidão, ou outro direito real de gozo (ressalvado nos termos do art. 824.º, n.º 2), o comprador adquirirá o direito tal como ele existia na titularidade do transmitente.

Cumprimento e não-cumprimento

deixam de onerar esses bens (que ficam livres deles) e transferem-se para o produto da sua venda.

Dos direitos reais de gozo caducam todos os que, sujeitos a registo, tiverem registo *posterior* ao de qualquer arresto, penhora ou outra garantia, ou não tiverem mesmo registo, porque os seus titulares já deviam contar com a possibilidade de os bens, na sequência do arresto, da penhora ou da garantia, lhes escaparem das mãos.

Exceptuam-se apenas os direitos de gozo que valham em relação a terceiros, independentemente de registo, e que tenham sido constituídos anteriormente à data de qualquer arresto, penhora ou outra garantia, que recaia sobre os bens vendidos [1].

SUBSECÇÃO VII

Cessão de bens aos credores

333. *Noção. A cessão de bens aos credores*, regulada nos artigos 831.º e seguintes, constitui uma outra forma, muito curiosa, de satisfação dos direitos de crédito, distinta da realização coactiva da prestação.

A *cessão de bens aos credores*, correspondente à antiga *cessio bonorum* [2], é a entrega feita pelo devedor, a todos os credores ou a alguns deles apenas, de todos os bens ou parte deles, para a liquidação e pagamento das dívidas.

O devedor, que possui como bens mais valiosos do seu património imobiliário dois andares em Cascais, confia estes imóveis à

---

[1] Vide, a propósito, LOPES CARDOSO, *Manual da acção executiva*, 1964, 3.ª ed., n.º 214; PIRES DE LIMA e ANTUNES VARELA, *ob. cit.*, II, 3.ª ed., pág. 99.

[2] As origens mais remotas da *cessio bonorum* são muito discutidas entre os autores. Mas uma ideia parece certa; a de que o instituto, inspirado em razões humanitárias adequadas à época, já existia no direito romano clássico.

Vide SALVI, *Della cessione dei beni ai creditori*, no *Commentario di SCIALOJA e BRANCA*, reimpressão da 1.ª ed., *Delle obbligazioni*, arts. 1960-1991, Bolonha e Roma, 1966, pág. 243.

Das obrigações em geral

Caixa Geral e a um banco lisboeta, que são os seus principais credores, para que eles os liquidem e se paguem dos seus créditos.

A *cessão de bens aos credores* tem sobre a *execução forçada* e o processo de falência ou *insolvência* a grande vantagem de evitar as despesas, os incómodos, o gasto de tempo que necessariamente envolve o recurso à acção judicial. Consiste numa *entrega espontânea*, e não *forçada* como no processo executivo através da penhora, e compreende um mandato conferido aos credores para, no seu próprio interesse, promoverem a venda dos bens e o pagamento dos seus créditos.

São os credores quem age para o efeito, e não o tribunal, como sucede, em princípio, no processo executivo.

Por outro lado, a cessão (dos bens aos credores) pode aproveitar apenas a *alguns* dos credores, e não necessariamente a todos, como sucede nos processos consensuais da falência e da insolvência. E também pode abranger apenas alguns dos bens escolhidos pelo devedor, ao passo que, na execução forçada, na falência ou na insolvência, a penhora, a massa falida ou a massa insolvente se estendem, em princípio, a todos os bens ou a todos aqueles cuja alienação se mostre necessária à satisfação dos créditos reconhecidos.

Note-se, por fim, que, não obstante a designação da *cessão de bens aos credores*, não há, na realidade dos factos, nenhuma *cessão dos bens* aos credores, em sentido técnico. É o devedor — e não os cessionários — quem continua titular dos bens.

334. *Regime.* Embora tenha um interesse *prático* muito reduzido, a *cessão de bens aos credores* (que no direito codificado italiano, abstraindo do seu aspecto *instrumental*, aparece regulada entre os contratos especiais; arts. 1977 e segs. do *Codice civile*) é uma figura cheia de interesse no plano teórico.

Forma. Relativamente à *forma*, a *cessão* deve constar de documento, em princípio de documento particular (deve ser feita *por escrito*). Se abranger, porém, *bens* para cuja transmissão a lei exija *forma especial* (a escritura pública para a transmissão de imóveis ou para a transferência de créditos hipotecários: art. 89.º, al. *a*) do Cód. Not. e 578.º, n.º 2, do Cód. Civil), a mesma *forma* tem de ser observada para a cessão. Não é que a cessão envolva a transmissão da titularidade destes bens [1]. É que os poderes de alienação atribuídos aos cessionários são de tal modo importantes que bem justificam a exigência da lei.

Exequibilidade dos bens cedidos — É muito interessante a situação em que os bens cedidos pelo devedor ficam perante os credores, depois de efectuada a cessão.

Como a *cessão* é um puro contrato *obrigacional* — e não um contrato constitutivo de qualquer direito *real* —, os credores que não participem da cessão não estão de modo nenhum impedidos de executarem (e, consequentemente, de penhorarem) os bens que hajam sido cedidos, enquanto eles não forem efectivamente alienados. A cessão não pode prejudicar os credores que a ela não tenham aderido.

Essa é a doutrina claramente perfilhada também no n.º 2 do artigo 1980 do Código italiano, ao prescrever que «os credores anteriores à cessão que nela não tenham participado podem instaurar execução mesmo sobre esses bens *(anche su tali beni)*». Foi essa, aliás, a disposição que serviu de fonte à norma do direito português (art. 833.º).

Quanto aos credores que participaram na cessão, é que, compreensivelmente, a lei lhes não permite que executem os bens abrangidos na cessão. Que eles possam agredir outros bens do devedor, no caso de os bens cedidos não bastarem para os seus

---

[1] Por isso mesmo a cessão não obriga os cessionários ao pagamento de sisa (CARDOSO MOTA, *O Código Civil de 1966 e o imposto*, pág. 161).

A sisa será devida, sim, por quem adquirir os imóveis das mãos dos cessionários.

créditos serem satisfeitos, compreende-se sem nenhuma dificuldade. Permitir, porém, que eles executassem os bens que o devedor lhes cedeu para, à custa do produto da sua alienação, satisfazerem os seus créditos, é que a lei não pode fazer, porque isso equivaleria à aprovação legal de um autêntico *venire contra factum proprium.*

A mesma limitação é imposta quanto aos credores posteriores, mas por uma outra razão.

É que esses credores não podem legitimamente contar, como objecto da garantia patrimonial dos seus créditos, com bens que, embora pertencendo ainda ao devedor na altura da constituição da dívida, já foram todavia entregues a credores anteriores, para satisfação dos seus direitos. É como se esses bens (cedidos) já tivessem saído do património do devedor, na altura em que os novos créditos nasceram.

Eficácia solutória da cessão. Como resulta da própria noção legal do instituto, a cessão de bens aos credores visa *satisfazer* os direitos (de crédito) dos cessionários, embora por uma via (negocial e indirecta) inteiramente distinta da realização coactiva da prestação e do próprio cumprimento.

A finalidade *solutória* da cessão espelha-se num dos traços mais característicos do seu regime, que é precisamente o fixado no artigo 835.º, segundo o qual o devedor só fica liberado em face dos credores a partir do recebimento da parte que a estes compete no produto da liquidação, e na medida do que receberam.

Relativamente à parte que compete a cada credor no produto da liquidação, será a parte proporcional ao crédito de cada um deles, desde que os interessados não convencionem outro critério de repartição. E podem realmente fazê-lo, se algum ou alguns deles, por exemplo, estiverem dispostos a receber a parte faltante da dívida na execução de outros bens do devedor. Essencial é que, de acordo com o pensamento básico definido no final da disposição, o devedor só fica liberado na exacta medida do que os credores receberem.

Cumprimento e não-cumprimento

Não é que as partes não possam convencionar solução diferente, nomeadamente a de que a dívida fica extinta com a entrega dos bens, seja qual for o produto da sua alienação.

O que acontece é que, nesse caso, não há cessão de bens aos credores, mas verdadeira *dação em cumprimento*.

Na *cessão de bens aos credores* só há extinção da obrigação a partir da *satisfação* dos créditos, à custa do produto da alienação dos bens. Na dação em cumprimento há, pelo contrário, extinção imediata da obrigação, logo que o credor acorde em receber os bens, que passam a ser seus, como forma ou modo de satisfação do seu crédito ([1]).

Desistência da cessão. A lei permite — mas só ao devedor — que se desista da cessão.

Os credores não podem desistir do acto, na medida em que a desistência deles poderia prejudicar injustamente os interesses do devedor. Mas podem, como é evidente, resolver o contrato, se o devedor deixar definitivamente de cumprir qualquer das obrigações de prestar a seu cargo.

A desistência do devedor, que pode dar-se a todo o tempo, não é livre, como bem se entende, mas condicionada. Ela só é eficaz, na medida em que, previa ou simultaneamente, o devedor oferecer o cumprimento das obrigações asseguradas pela cessão.

A desistência assim facultada ao devedor não tem, como determina o n.º 2 do artigo 836.º, efeito retroactivo.

A recusa de eficácia retroactiva ao acto significa que a desistência não prejudica as alienações dos bens cedidos já realizadas, tal como não anula os pagamentos já efectuados aos credores, à custa dos bens que lhes foram entregues. E nem sequer anula ou torna ineficazes os actos de administração praticados pelos cessionários,

---

([1]) Vide, a propósito, Vaz Serra, *Algumas questões sobre dação em cumprimento*, na *Rev. Leg. Jurisp.*, 99.º, pág. 97.

Das obrigações em geral

no regular exercício do seu mandato, sem prejuízo do disposto, v.g., na alínea *c*) do artigo 1051.º, como consequência da cessação dos poderes de administração da pessoa que realiza o acto.

SUBSECÇÃO VIII

Mora do credor*

335. *Noção. Requisitos.* O cumprimento da obrigação pode falhar também, por uma causa imputável ao credor. O credor pode, em certos casos, ser o causador da impossibilidade da prestação; e pode ser também o causador do *retardamento* do cumprimento.

A realização da prestação, embora recaia como um dever sobre o sujeito passivo da relação, necessita em regra da *cooperação do credor.* Quando mais não seja, para a receber (se ela não houver de ser efectuada a terceiro e necessitar de ser aceite), ou até para dar ao devedor a necessária quitação (art. 787.º).

Mas nem sempre a colaboração do credor se limita ao acto material de recepção da prestação. Há casos (*dettes quérables; Holschulden*) em que ao credor incumbe procurar ou mandar buscar a prestação ao domicílio do devedor; há outros (como no contrato de transporte, de empreitada, de trabalho ou de mandato) em que a prestação de uma das partes está ou pode estar dependente do

---

(*) SCUTO, *Mora del creditore*, 1905; MONTEL, *Mora, Nuovo Digesto Italiano;* FALZEA, *L'offerta reale e la liberazione coattiva del debitore*, 1947; RAVAZZONI, *Mora del creditore, Novissimo Digesto Italiano;* GHEZZI, *La mora del creditore nel rapporto di lavoro*, 1965; G. CATTANEO, *La cooperazione del creditore all'adempimento*, 1964; GIACOBBE, *Mora del creditore, Enc. del dir.*; KOHLER, *Annahme und Annahmeverzug*, no J.J., 17, 1879, pág. 261; OERTMANN, *Leistungsunmöglichkeit und Annahmeverzug*, AcP, 116, pág. 1; ROSENBERG, *Der Verzug des Gläubigers*, J.J., 43, 1901, pág. 141; SCHENKER, *Erfüllungsbereitschaft und Erfüllungsangebot*, J.J., 79, pág. 141; BAPTISTA MACHADO, *Risco contratual e mora do credor*, Coimbra, 1988, pág. 56 e segs.; LEITE DE FARIA, *ob. cit.*, II, pág. 476 e segs.

fornecimento de certos meios ou de instruções a cargo da outra parte ([1]).

Em qualquer destes tipos de situações, ou noutros diferentes, a prestação pode não se realizar por uma causa apenas imputável ao credor: seja porque ele se recusa a receber a prestação (senhorio que não quer aceitar a renda), seja porque não pratica os actos necessários, pelo seu lado, ao cumprimento da obrigação (pessoa que encomenda o retrato ao pintor e, em seguida, se recusa a *posar* para o efeito; carregador que não entrega a mercadoria que a empresa armadora devia transportar; mandante que não faculta ao mandatário os meios necessários ao exercício do mandato; cliente que devia fornecer a fazenda para a confecção do fato e não a entrega ao alfaiate; etc.).

Ora, diz-se que há *mora do credor (mora credendi)*, sempre que a obrigação não foi cumprida no momento próprio, porque o credor, *sem causa justificativa*, recusou a prestação que lhe foi regularmente oferecida ou não realizou os actos (de cooperação) de sua parte necessários ao cumprimento ([2]).

Distinguem-se da *mora* os casos em que o devedor *cumpre a obrigação*, embora o credor não chegue a tirar do cumprimento a satisfação do interesse a que a prestação se encontrava adstrita: arrendatário do prédio que não chega a utilizá-lo; dactilógrafa contratada para serviços eventuais, que comparece na empresa às horas prescritas, mas cujos serviços não chegam a ser utilizados; técnico ou consultor convocado para certo período de trabalhos, na previsão de serem necessários os seus serviços, que, todavia, também não chegam a ser requeridos.

([1]) Vide CATTANEO, *ob. cit.*, pág. 1.

([2]) Este dever de *cooperação*, que se estende à generalidade das obrigações, embora se revele com maior força nalgumas delas, pode revestir múltiplos aspectos. Assim se explica mesmo que alguns autores distingam três momentos diferentes no *dever de cooperação*: a *cooperação (concorso)* preliminar; a cooperação integrativa e a cooperação necessária ao cumprimento. Vide FALZEA, *ob. cit.*, pág. 153.

Das obrigações em geral

Não basta, para haver *mora credendi*, que o credor se recuse a receber a prestação oferecida ou omita os actos que deveria praticar. Pode a recusa ser *justificada*, como sucede quando o devedor pretende, por ex., entregar coisa diversa da devida, coisa de qualidade inferior à escolhida; pode a omissão ser devida a caso de força maior (doença grave e inesperada do credor) ou até a facto do devedor, culposo ou não culposo (o credor não foi receber a prestação, por ter sido atropelado pelo devedor).

Em compensação, não se exige *culpa do credor*. A exigência de culpa, neste caso, pressuporia que o credor *fosse obrigado* a aceitar a prestação, o que não é inteiramente exacto[1]: o hóspede que marcou lugar no hotel tem o direito, mas não o dever, de ocupar o quarto; o turista que se inscreveu no cruzeiro tem o direito, mas não a obrigação de participar nele; o próprio carregador que fretou o barco ou a camioneta tem o direito, mas não o dever jurídico de os utilizar; etc.

Daí que, como requisito da mora do credor, se tenha antes incluído *a falta de motivo justificado*.

É o caso do senhorio que se recusa a receber a renda, por querer injustificadamente uma renda de montante superior; o do credor que recusa a prestação do capital, por entender sem funda-

---

[1] Trata-se da tese desde há muito geralmente aceite na doutrina alemã. Mas que tem sido controvertida em Itália, depois sobretudo que FALZEA (*ob. cit.*, pág. 56) apareceu a sustentar a doutrina oposta. No sentido da boa doutrina, LARENZ, § 25, I e G. CATTANEO, *ob. cit.*, pág. 44 e segs.; no sentido de que há um verdadeiro *dever* do credor de receber a prestação, RAVAZZONI, *est. cit.*, n. 5 e GIACOBBE, *est. cit.*, n. 11. Ressalvam-se, evidentemente, os casos em que, pela convenção das partes, se verifica que a *prestação* foi estipulada também no interesse do devedor: artista contratado para participar num espectáculo de renome, que também interessa à sua propaganda artística. Cfr. CALVÃO DA SILVA, *ob. cit.*, n. 28, pág. 132 e segs.

Outros casos haverá em que possa, em bom rigor, falar-se de um *dever acessório de conduta*, por parte do credor, no sentido de cooperar no legítimo interesse do devedor em se liberar, rápida ou definitivamente, do dever de prestar. Cfr. GIACOBBRE, *Mora del creditore*, n.os 6 e 7, na *Enc. del dir.*; NATOLI e GERI, *Mora accipiendi e mora debendi*, 1975, pág. 13 e segs.

mento que tem direito a juros, e do industrial que não levanta os produtos na data em que se comprometera a fazê-lo.

336. *Figuras próximas da mora credendi: a perda do direito pelo não exercício dele ou por virtude do risco a cargo do credor.* Não se confundem com os casos de *mora credendi* as situações em que a falta da colaboração necessária do credor produz a desoneração definitiva do devedor, porque este se obrigou, por exemplo, a oferecer a prestação em determinado momento (*prazo absolutamente fixo*) e a ofereceu no momento oportuno, sendo o credor (por facto a ele imputável) quem a não recebeu.

É o caso do indivíduo que adquire o bilhete para assistir à competição desportiva, ao recital artístico, à representação teatral ou cinematográfica e falta ao espectáculo (porque não quis ou não pôde assistir); é a situação da pessoa que se inscreve no cruzeiro, paga a inscrição, mas falta à partida do barco (porque resolveu não ir ou porque não pôde partir, por doença ou outro motivo).

Não são casos de *impossibilidade* da prestação, porque a possibilidade da prestação, em si mesma ou objectivamente considerada, as mais das vezes se mantém.

O que há, em tais situações, é a *perda* do direito pelo seu não exercício no tempo oportuno ou por virtude de facto compreendido na zona de *risco* imputável ao credor.

Apesar disso, não pode duvidar-se da aplicabilidade, por analogia, a semelhantes casos do disposto nos artigos 795.º, n.º 2 e 815.º, 2 (suponha-se, por exemplo, que a empresa organizadora do cruzeiro, avisada à última hora da impossibilidade de participação do inscrito, ainda consegue vender o lugar dele, embora por preço inferior) e ainda no artigo 1227.º, quanto à empreitada [1].

---

[1] Para maiores desenvolvimentos, veja-se a interessantíssima exposição de BAPTISTA MACHADO, *Risco contratual e mora do credor* (publicada na *Rev. Leg. Jurisp.*, anos 116 e 117), da qual existe separata do vol. do *Boletim da Faculdade de Direito*, de homenagem a FERRER CORREIA.

A exposição principia exactamente pela apresentação sugestiva de várias situações típicas, que o autor curiosamente situa na *«terra de ninguém»* entre a *impossibilidade da prestação* e a mora do credor.

Das obrigações em geral

337. *Efeitos.* São três os efeitos fundamentais da *mora credendi:* a) atenuação da responsabilidade do devedor; b) especial oneração do credor, em matéria de risco; c) direito de indemnização do devedor pelos encargos e despesas a mais, que a mora do credor lhe acarrete ([1]).

Note-se, entretanto, a diferença fundamental entre o regime dos obstáculos levantados à realização da prestação, no caso da *mora credendi,* e o regime das circunstâncias que tornam *impossível* a prestação por causa imputável ao credor. Neste último caso, o devedor fica desonerado (arts. 790.º, 1 e 795.º, 2); no primeiro, o devedor *continua vinculado à prestação,* embora em termos diferentes dos que vigoravam anteriormente.

a) *Atenuação da responsabilidade do devedor* (art. 814.º). Desde o momento em que o credor incorre em mora, o devedor (convertido ilegitimamente, em alguns casos, numa espécie de *depositário forçado* do *objecto* da prestação devida), passa a responder apenas quanto à guarda e conservação da coisa, pelos danos provenientes do seu *dolo;* quanto aos demais, sem excluir os que procedam de *culpa* sua, cessa imediatamente a sua responsabilidade. Quanto aos frutos da coisa, o devedor terá futuramente que restituir só aqueles que, de facto, tenha percebido (os frutos *percebidos*), mas não os *percipiendos* (os que ele mesmo, ou um proprietário diligente, poderia ter obtido: art. 1271.º). As próprias somas devidas (obrigações pecuniárias) deixam de vencer juros, quer convencionados, quer legais, sem que ao credor aproveite sequer o facto de elas possivelmente os vencerem a favor do devedor. Essa solução parece coadunar-se mal com a disciplina fixada para os proventos da coisa, mas justifica-se pela dificuldade que mui-

---

([1]) Querendo livrar-se da obrigação, para se furtar a tais encargos, para prevenir futuras dificuldades de prova, ou por qualquer outra razão, o devedor *pode,* quando se trate de obrigação de prestação de coisa, recorrer à consignação em depósito (art. 841.º, 1, *b*) e 2), Cfr. infra, Cap. V, secção II.

164

tas vezes suscitará entre a soma com que o devedor pagaria o débito e as somas restantes que ele tenha ou possa colocar a render.

b) *Oneração do credor, quanto ao risco**. A mora *credendi* agrava ainda, de modo apreciável, a posição do credor em matéria de risco pela impossibilidade superveniente da prestação, quer esta provenha de causa acidental, quer de facto de terceiro.

O risco passa a correr, quando assim seja, por conta do credor, quer se trate de prestação de facto, quer se trate de prestação de coisa([1]) e, neste último caso, tanto na hipótese de a coisa pertencer ao credor, como na de ser pertença do devedor.

E o risco corre por conta do credor, não apenas no sentido de ele ter que indemnizar as despesas infrutíferas que o devedor tenha efectuado com os preparativos da prestação. Mas também no sentido de que o credor não ficará desonerado da contraprestação, mesmo que se perca, parcial ou totalmente, o seu crédito por impossibilidade superveniente da prestação ([2]).

Assim, se, após a mora do credor, o devedor de *prestação de facto não fungível* se impossibilitar de cumprir, por causa que lhe não seja imputável, não perderá o direito à respectiva contraprestação, no caso de se tratar de contrato *bilateral*.

---

* BAPTISTA MACHADO, *est. cit.*, na *Rev. Leg. Jurisp.*, 117, pág. 42 e segs.

([1]) Vide, no mesmo sentido, o disposto no artigo 1227.º, quanto ao contrato de empreitada.

([2]) Não deve confundir-se, porém, este risco de manutenção da contraprestação com a obrigação de indemnizar outros danos eventualmente sofridos pelo devedor.

Suponhamos, para aproveitar o exemplo de ESSER, § 34, III), que *A* promete emprestar certa soma a *B*, ficando este de ir procurá-la a casa de *A*, no dia 10. Na véspera, *A* levantou o dinheiro do banco. No dia aprazado, *B* não apareceu, todavia, a buscá-lo, sendo o dinheiro destruído por um incêndio que, nessa noite, devorou o escritório de *A*.

Num caso destes, *B* poderá responder pela sua contraprestação, que era o pagamento dos juros estipulados, mas não pelo valor das notas destruídas pelo fogo.

Das obrigações em geral

Com duas limitações, porém: 1.ª) Se o devedor obtiver alguma vantagem, com a extinção da obrigação, o benefício será descontado no valor da contraprestação a que o credor continua vinculado (art. 815.º, 2); 2.ª) Se a prestação impossibilitada for divisível, a contraprestação a que o credor fica adstrito terá apenas o valor correspondente à parte dessa prestação, cuja impossibilidade esteja ainda *causalmente* ligada à mora *credendi*.

Dois exemplos para ilustrar cada uma das afirmações: I) Depois da mora do credor, a empreitada que ele adjudicara na sua casa ao pedreiro *A* tornou-se impossível, porque o edifício ardeu entretanto. Na contraprestação prometida por *B* (dono da casa) haverá que deduzir, não apenas o custo dos materiais que *A* houvesse de adquirir para cumprir a empreitada (cfr. art. 1 229.º), mas também o lucro por ele obtido em outra obra cuja execução não teria sido possível sem a falta da primeira ([1]).

II) O pintor encarregado de efectuar o retrato de A incapacitou-se, depois de o credor incorrer em mora, mas numa altura em que, sem a dilacção havida, aquele teria realizado duas apenas das dez sessões previstas para a execução do trabalho. É à contraprestação correspondente a estas duas sessões, que o credor fica vinculado, não às oito restantes.

c) *Direito a indemnização.* O credor fica, por último, obrigado a indemnizar o devedor das maiores despesas que este fez com o oferecimento infrutífero da prestação e com a guarda e conservação do respectivo objecto ([2]).

([1]) Se a mercadoria, que deveria ser enviada pelo devedor e o não foi por facto imputável ao credor, vier a inutilizar-se, no montante da contraprestação a que o devedor tenha direito haverá que abater as despesas de expedição que ele porventura haja poupado (BROX, pág. 144).

([2]) A guarda e a conservação do objecto da prestação debitória pressupõem, como aliás já foi anotado, que a mora do credor não provoca a extinção do dever de prestar, a cargo do obrigado.

É um dever de indemnização, que tem perfeita justificação na ideia de que a *prestação do devedor não deve tornar-se mais gravosa por facto imputável à contraparte.*

O devedor, de Coimbra, que se comprometera a entregar a mercadoria no Porto, teve de custear a viagem de retorno dessa mercadoria, com que legitimamente não contava, perante a recusa do credor em aceitar a prestação.

Nos mesmos termos se terá visto indirectamente forçado, contra as suas legítimas expectativas, a guardar e a conservar o objecto da prestação recusada, suportando os respectivos encargos de armazenagem, conquanto o faça ainda como devedor e não como simples gestor de negócios do credor. São estas despesas a mais, causadas pela injustificada atitude do credor, que o artigo 816.º manda indemnizar.

Entre as despesas a cargo do credor podem figurar os prémios do seguro, pagos sobre a coisa durante o período da mora, o sustento dos animais, a armazenagem das mercadorias, as despesas com pessoal de carga, descarga ou vigilância e outros encargos de análoga natureza.

Muito intencionalmente, o artigo 816.º concretiza o círculo dos danos provocados pela falta de cooperação do credor, que este é obrigado a compensar, excluindo implicitamente outros danos que o devedor haja sofrido[1].

Dentro do círculo dos encargos a compensar, hão-de, porém, caber as *despesas a mais* que o devedor tenha feito, não apenas com o *oferecimento infrutífero* da prestação, mas também com o oferecimento da prestação em tempo *oportuno*, quando esta se tenha tornado mais dispendiosa para o devedor por falta de adequada cooperação do credor: este não forneceu, quando devia, a matéria-prima ou as instruções necessárias ao fabrico, o que obrigou o dono da fábrica (devedor) a gastar bastante mais do que o custo normal, em

---

[1] Vide BAPTISTA MACHADO, *est. cit.*, *Rev. Leg. Jurisp.*, 116, pág. 260 e segs.

Das obrigações em geral

horas extraordinárias ou em pessoal adventício. Apesar de não se tratar, em bom rigor, de um caso de *mora* (se a encomenda for realizada e entregue dentro do prazo previsto), o artigo 816.º autoriza a que, por analogia, se obrigue o credor a indemnizar o acréscimo de encargos que o devedor teve de suportar com a prestação.

A obrigação imposta ao credor no artigo 816.º não visa tanto a reparação dos danos que o devedor haja sofrido, mercê de qualquer conduta ilícita do credor, como evitar que a prestação debitória se torne mais gravosa para o obrigado por acto do credor. E essa finalidade, que em regra cobre apenas os casos de *mora*, também aproveita aos casos de despesas *extraordinárias*, provocadas pela falta de cooperação do credor no momento próprio, mesmo quando a prestação venha a ser efectuada dentro do prazo prescrito.

CAPÍTULO V

EXTINÇÃO DAS OBRIGAÇÕES

338. *Sequência.* Ao mesmo tempo que *meio normal* de satisfação do interesse do credor e *forma regular* de liberação do devedor, o cumprimento é uma *causa* extintiva da obrigação. Mas *uma* apenas, visto que outras formas de extinção da relação creditória existem, além do cumprimento. Figuram entre elas a *dação em cumprimento*, a *consignação em depósito*, a *compensação*, a *novação*, a *remissão* e a *confusão*, ao lado das causas que atingem a relação obrigacional globalmente considerada ([1]).

Conquanto todas se irmanem no efeito comum de porem termo à relação de crédito, a lei tratou primeiro, e em capítulo próprio, o *cumprimento* (ao lado do não-cumprimento) das obrigações, por virtude das notas *específicas* e *positivas* que o caracterizam. E regulou depois, no capítulo subsequente (arts. 837.º e segs.), as restantes causas extintivas da *relação obrigacional simples*. São estas («causas de extinção das obrigações além do cumprimento», como lhes chama a lei na epígrafe do respectivo capítulo) que importa agora examinar.

([1]) Tais são a declaração de nulidade, a anulação, a resolução, a caducidade, e ainda a denúncia nas relações obrigacionais duradouras.

A *prescrição*, além de constituir uma *excepção* e não uma verdadeira *causa extintiva*, é aplicável a outros direitos, além dos direitos de crédito (art. 298.º). E, por isso mesmo, vem regulada na Parte Geral do Código Civil (arts. 296.º e segs.).

SECÇÃO I

DAÇÃO EM CUMPRIMENTO*

339. Exemplos. Noção. A obrigação não se extingue apenas por meio do cumprimento. Também se extingue, além de outras vias, pela *dação em cumprimento*. Para se apurar o conceito da dação em cumprimento, convirá principiar por alguns exemplos extraídos da realidade prática.

A empresa X forneceu ao seu fiscal de vendas A um automóvel, para este utilizar nas viagens de inspecção. Dois anos mais tarde o empregado despede-se, e entrega à empresa, por acordo com esta, a importância de 500 contos em lugar do automóvel, que prefere conservar em seu poder.

O empregado B recebeu da entidade patronal 600 contos por antecipação das comissões que contava ganhar nos três meses seguintes. É entretanto despedido por *justa causa*, e entrega ao patrão o automóvel usado, que era sua pertença, em lugar da importância que deveria restituir (por virtude do enriquecimento sem causa).

Há nestes dois casos, e em todas as situações semelhantes, uma *dação em cumprimento*.

(*) VAZ SERRA, *Dação em função do cumprimento e dação em cumprimento*, Sep. do Bol. Min. Just., 39.°; *Id.*, *Algumas questões sobre dação em cumprimento*, na R.L.J., 99.°, pág. 81 e segs.; RIBEIRO SIMÕES, *Algumas notas sobre a dação em pagamento*, no Suppl. V do Bol. Fac. Dir. de Coimbra, pág. 302; POLACCO, *Della dazione in pagamento*, 1888, I; SCHWARZ, *Haftung fur Rechtsmangel bei Leistung an Erfüllungsstatt*, nos Festschrifte HANS LEWALD, pág. 573; AMBROSETTI, *Datio in solutum, Dig. Ital.;* ALLARA (M.), *La prestazione in luogo di adempimento*, 1927; GRASSETTI, *Datio in solutum*, Novissimo Dig. Ital.; BARBERO, *Sist. istit. del dir. priv. ital.*, 3.ª ed., II, 1951, n.° 622, pág. 31 e segs.; FERNÁNDEZ-NOVOA, *Naturaleza jurídica de la dación en pago*, no *Anuario de derecho civil*, 1957, pág. 753; HARDER, *Die Leistung an Erfüllungstt*, 1976; GERNHUBER, *Die Erfüllung und ihre Surrogate*, Tübingen, §§ 10 e 11; pág. 176 e segs.; RODOTÀ, *Dazione in pagamento*, na *Enc. del dir.*

Noção. A dação em cumprimento (*datio in solutum*), vulgarmente chamada pelos autores *dação em pagamento*([1]), consiste na realização de uma prestação *diferente* da que é devida, com o fim de, mediante acordo do credor, extinguir imediatamente a obrigação (art. 837.º).

Dos termos em que o artigo 837.º a refere — prestação de *coisa* diversa *da* que for devida — poderia depreender-se que a dação só tem cabimento em relação às obrigações de *prestação de coisa* e que, dentro destas, só poderia ter por *objecto* a prestação de *uma* (outra) *coisa.*

Todavia, logo pela simples leitura do artigo 838.º se verifica que a dação pode ter por objecto, quer a transmissão (da propriedade) duma coisa, quer a transmissão de um (outro) direito([2]), costumando os autores indicar, entre os direitos cuja transmissão é capaz de intregrar a figura da dação, tanto o usufruto, como o crédito que o devedor tenha sobre terceiro.

E desde que a lei estende abertamente a figura da dação aos casos em que o devedor transmita um usufruto ou um direito de crédito, nenhuma razão subsiste para que ela não possa ter por objecto uma prestação pecuniária (em lugar da prestação da coisa devida) ou uma prestação de *coisa* em lugar da prestação pecuniária, sendo esta, aliás, a modalidade que usualmente é referida pelos autores e dá lugar à aproximação, que muitos estabelecem, entre a *dação em cumprimento* e a *venda.*

([1]) Prefere-se a expressão *dação em cumprimento* pela mesma razão que leva a doutrina moderna a usar a designação *cumprimento* em vez do termo tradicional *pagamento.* É que a dação pode ter por objecto, não apenas dinheiro, mas também coisas de *outra natureza ou factos*, e pode referir-se não só às obrigações *pecuniárias*, mas também às obrigações de outro tipo.

([2]) Com esse preciso alcance dispõe o § 365 do Código alemão que, «sendo dada em cumprimento uma coisa, um crédito contra terceiro ou qualquer outro direito, responde o devedor por qualquer falta (defeito) no direito ou na coisa nos mesmos termos que o vendedor».

Das obrigações em geral

Já na doutrina romanista o·conhecido passo de GAIO (Inst., 3, 168)([1]), relativo à *datio in solutum*, é correntemente interpretado no sentido de que o *aliud pro alio solvere* tanto abrange a dação de uma coisa em lugar de outra, como a dação de uma coisa em lugar do dinheiro ou a dação de dinheiro em vez de uma coisa ([2]). Controvertida era apenas a questão de saber se a *datio in solutum* deveria abranger também ou não a prestação dum *facere*'em vez dum outro tipo de prestação (v. gr., prestação de certo número de dias de trabalho em substituição duma prestação pecuniária).

VAZ SERRA inclina-se para a orientação que atribui à *dação em cumprimento* o seu mais amplo sentido([3]); e nenhuma razão, seja de texto, seja tirada da *mens legis*, se pode invocar para que ela não seja aceite no plano do direito constituído([4]).

Essencial à dação é:

1.º Que haja uma prestação *diferente* da que é devida;

2.º Que essa prestação (diferente da devida) tenha por fim extinguir imediatamente a obrigação.

O primeiro requisito pode considerar-se expressamente consignado no artigo 837.º, ao definir os termos em que é admitida a dação.

O segundo resulta, não só do disposto no mesmo artigo (quando alude à *exoneração* do devedor como efeito da dação), mas

---

([1]) A dação tem lugar, dizia GAIO, «*si quis consentiente creditore aliud pro alio solverit*».

([2]) ELIO LONGO, *Datio in solutum, Dir. romano*, no *Novissimo Dig. Ital.*

([3]) No Código de 1867, a dação em cumprimento não aparecia regulada entre as causas de extinção das obrigações. Mas era expressamente referida, na regulamentação paradigmática da compra e venda, como excepção (que, aliás, se mantém no Código vigente: art. 1714.º, 3) à regra de que não são permitidas as vendas entre casados (§ ún. do art. 1564.º, Cód. de 1867; cfr. ainda os arts. 786.º, n.º 3.º, 850.º e 1678.º do mesmo diploma).

Ligada deste modo à compra e venda, a dação em pagamento abrangia apenas, mas sem nenhum intuito limitativo por parte do legislador, a entrega de coisa em lugar da prestação pecuniária devida. Cfr., a propósito, o ac. do S.T.J., de 16-XI--1965 (R.L.J., 99.º, pág. 95).

([4]) Essa era a orientação defendida por VAZ SERRA, já no domínio do Código velho (R.L.J., 99.º, pág. 97, nota 1).

Extinção das obrigações

também, conquanto indirectamente, dos termos em que no artigo 840.º se define a chamada «*dação pro solvendo*».

Uma vez verificado o duplo requisito que se desprende da lei, a *datio in solutum* terá todo o cabimento, seja qual for a *natureza* da *prestação debitória* inicial e seja qual for o *objecto* da prestação diferente levada a cabo, quer pelo devedor, quer por terceiro.

340. *Figuras próximas. Referência especial à dação «pro solvendo».* A *dação em cumprimento* distingue-se, tanto da *novação* (uma das outras causas extintivas da obrigação, além do cumprimento), como da *dação pro solvendo* (ou *dação em função do cumprimento*), que o Código Civil (art. 840.º) trata na mesma secção em que fixa o regime da *datio in solutum.*

A *novação*, como do próprio nome se depreende, consiste na extinção da obrigação mediante a *criação* duma *nova* obrigação.

Tem de comum com a *datio in solutum* o facto de extinguir imediatamente a obrigação (antiga) e de fazê-lo mediante um processo que não coincide com o comportamento exigível do obrigado através do dever de prestar.

A firma *A* devia ao cliente *B* um frigorífico. Mas, porque entretanto passou a dedicar-se a um outro ramo de negócio e o cliente aceitou a sua sugestão, trocou a obrigação de entrega de um frigorífico pela obrigação de lhe fornecer uma máquina calculadora.

A primitiva obrigação *extinguiu-se*, tendo nascido uma outra em lugar dela.

Na dação em pagamento há também a extinção da obrigação, por meio de uma prestação diferente da que era devida. Mas não há a criação de nenhuma obrigação *nova*. A modificação operada na relação obrigacional *esgota-se* no próprio acto de *extinção* do vínculo, com a entrega de coisa diversa da que é devida, com a entrega do dinheiro ou com a prestação do facto. Nesse aspecto, é flagrante a semelhança ou afinidade da dação com o *cumprimento*.

Das obrigações em geral

Diferente, quer da dação em cumprimento, quer da novação, é a chamada *dação pro solvendo* ([1]). Esta também tem por *objecto* (tal como a *datio in solutum*) a realização de uma prestação diferente da que é devida. O seu fim não é, no entanto, o de *extinguir imediatamente* a obrigação, mas o de *facilitar* apenas o seu cumprimento ([2]) ([3]).

A, pequeno retalhista, deve ao armazenista *B* cem contos, preço da mercadoria que este lhe forneceu. Como tem a vida um pouco embaraçada e o credor aperta com a liquidação da dívida, *A* cede-lhe um crédito que tem sobre *C*, não para substituir o seu débito ou criar outro ao lado dele, mas para que o credor *B* se cobre mais facilmente do seu crédito, visto *C* estar em melhor situação do que *A*.

Quando esta seja a intenção das partes, a obrigação não se extingue imediatamente. Mantém-se, e só se extinguirá *se e à medida* que o respectivo crédito for sendo satisfeito, à custa do novo meio ou instrumento jurídico para o efeito proporcionado ao credor ([4]).

([1]) Diferente também de qualquer das hipóteses versadas no texto é a do *pagamento* feito a favor da conta bancária indicada pelo credor. Trata-se de um verdadeiro *cumprimento* (cfr. JSELE, *Geldschuld und bargeldloser Zahlungsverkehr*, no AcP, 129, pág. 164 e segs.; ESSER, § 26, IV, 3; SIMITIS, *Bemerkungen zur rechtlichen Sonderstellung des Geldes*, no AcP, 159, pág. 449 e swegs.; v. CAEMMERER, *Girozahlung*, na J. Z., 1953, pág. 446 e segs.), embora a opinião dominante seja a que considera esses casos como hipóteses de *dação em cumprimento*.

([2]) Tal como os jurisconsultos romanos, através da antítese *datio in solutum* — *datio pro solvendo*, também os autores alemães distinguem expressivamente, na sua terminologia, entre a prestação *«an Erfüllungsstatt»* e a prestação apenas *«erfüllungshalber»*: LARENZ, § 18, IV, pág. 250.

([3]) Tal, porém, como a dação em pagamento, também a dação *pro solvendo* depende manifestamente do consentimento do credor. No sentido da boa doutrina, o ac. do Sup. Trib. Just., de 23 de Julho de 1980 (B.M.J., 299, p. 310), segundo o qual o portador da livrança vencida e não paga é obrigado a receber em *dação pro solvendo* acções de empresas nacionalizadas. Cfr., porém, o artigo 10.º do Dec.-Lei n.º 528/76, de 7 de Julho e o acórdão do Sup. Trib. Just. de 7-5-1981, sobre a possibilidade da compensação provisória com certos créditos.

([4]) *Vide*, a propósito, o caso apreciado e decidido no ac. do Sup. Trib. Just., de 3 de Dezembro de 1981, publicado e por nós anot. na *Rev. Leg. Jurisp.*, 118, pág. 28 e segs.

Extinção das obrigações

Esta finalidade — de facilitar a satisfação do crédito, e não de o extinguir imediatamente — é, de facto, realizada a cada passo na prática, mediante a entrega de uma coisa (para que, vendendo-a, o credor se cobre do seu crédito([1])), através da transmissão de um crédito do devedor sobre terceiro (por cessão do crédito, por endosso de letra ou por endosso de cheque([2]), para dar maior mobilidade ao crédito) e ainda por um outro expediente.

A deve 4000 contos a *B* (empreiteiro) pelas reparações que este lhe fez no prédio; e assina em certo momento, por exigência do credor, uma letra de montante correspondente, para facilitar à outra parte a negociação do crédito com um banco, ou a execução da dívida em juízo, se necessário. Quando assim suceda, ficará a existir ao lado da obrigação *primitiva (fundamental)*, proveniente do contrato de empreitada celebrado entre *A* e *B*, uma outra obrigação *(cambiária)*, resultante da subscrição do título de crédito por parte do aceitante. O credor terá então à sua disposição *dois* créditos apontados ao *mesmo fim*([3]).

A *assunção* da segunda obrigação não é feita, normalmente, com a intenção de apagar ou extinguir imediatamente a primeira([4]). Mas também se não trata, como é evidente, de *acrescentar*

([1]) *Vide* o caso apreciado no ac. da Rel. de Lisboa, de 13 de Maio de 1993 (pub. na *Col. Jurisp.*, XVIII (1993), III, pág. 102).

([2]) Se com a cessão do crédito sobre terceiro, com o endosso da letra ou do cheque, ou com a transmissão de outro direito, as partes visam a extinção imediata da dívida, já não há pura dação *pro solvendo*, mas dação em cumprimento: VAZ SERRA, *est. cit.*, na R.L.J., 99.º, pág. 98.

Porém, as mais das vezes um credor prudente não aceitará a operação com semelhante intenção.

Não quererá extinguir o seu crédito antigo pelo simples facto da dação. Só aceitará que ele se extinga, se conseguir satisfazer o seu direito *e à medida que o consiga* com a venda da coisa ou a cobrança do crédito cedido. Vide, neste preciso sentido, VAZ SERRA, na R.L.J., 101.º, pág. 349.

([3]) Nesse sentido, cfr., por todos, o ac. do S.T.J., de 21-I-1969 (R.L.J., 103.º, pág. 117).

([4]) Por essa razão se devia considerar menos feliz, já na altura em que foi proferido, o assento do S.T.J., de 8-V-1928, vivamente criticado por vários autores (J. G. PINTO COELHO, *Lições de dir. com.*, II, fasc. II, 1943, n. 28 e FERRER CORREIA,

Das obrigações em geral

um outro crédito ao crédito já existente no património do credor, por modos que ele fique com direito a obter 8000 contos, e não apenas os 4000 que anteriormente tinha o direito de exigir.

Do que se trata é apenas de *facilitar* a satisfação do crédito, dando ao credor um meio ou instrumento bastante mais expedito de o conseguir, por virtude dos caracteres específicos dos títulos de crédito (cambiários). Como a constituição do novo direito se faz aparentemente no interesse do credor, nada impedirá em princípio que este, renunciando ao benefício, opte pelo cumprimento da obrigação *fundamental* [1].

Se for possível provar ou for lícito presumir, porém, como muitas vezes acontecerá, que a assunção da dívida ou a cessão do crédito foi feita *também* no interesse do devedor, o credor só poderá recorrer à obrigação primitiva, no caso de falhar o recurso à nova via do seu crédito [2].

Diferente da dação em cumprimento, que assenta numa troca da prestação acordada pelas partes no momento da satisfação do crédito, é o caso da obrigação com *facultas alternativa.*

Lições de dir. com., III, n. 14), segundo o qual o aceite da letra importaria novação da obrigação subjacente.

Outra é a doutrina hoje proclamada no n.º 2 do artigo 840.º, relativamente à *assunção de dívida*, em termos que aproveitam, não só ao caso de o *assuntor* ser em terceiro, como (talvez por maioria da razão) ao de o *assuntos* ser o próprio devedor. Cfr., no mesmo sentido, em tese geral, as observações de VAZ SERRA, na anot. ao ac. do S.T.J., de 9-I-1968 (R.L.J., 101.º, pág. 347 e segs.), com largas citações de doutrina e de legislação em abono do mesmo ponto de vista.

[1] Quando assim suceda, o devedor que subscreveu a letra *pro solvendo* não será, em princípio, obrigado a cumprir a obrigação *fundamental* ou *originária*, senão contra a restituição do título cambiário. Se não resulta directamente do disposto no artigo 788.º, é doutrina que pode abonar-se no princípio geral da *boa fé*, com a amplitude que intencionalmente lhe dá o artigo 762.º, 2.

[2] Cfr. VAZ SERRA, *Dação...*, n. 1; BROX, § 22, pág. 173. Sobre a controvertida questão de saber se a prescrição da obrigação cambiária, assumida *pro solvendo*, arrasta consigo a prescrição da obrigação originária, veja-se, no sentido da boa doutrina, VAZ SERRA, anot. cit. ao ac. do S.T.J., de 9-I-1968 (R.L.J., 101, pág. 351).

Extinção das obrigações

Neste caso, o obrigado também realiza uma prestação diferente da devida. Fá-lo, porém, por sua iniciativa individual, no exercício de uma faculdade que lhe estava reservada.

Nas hipóteses da *dação em cumprimento*, o devedor não goza desse poder de modificação *unilateral* da prestação. Por isso mesmo, em obediência ao princípio da imodificabilidade unilateral da obrigação (cfr. art. 406.º, n.º 1), só mediante acordo das partes a dação (em cumprimento) é legalmente viável. Na prática, torna-se algumas vezes particularmente difícil saber se em determinada convenção negocial há uma novação, uma dação em cumprimento ou uma dação *pro solvendo*, visto que a cessão (ao credor) de um crédito do devedor sobre terceiro, por exemplo, tanto pode integrar uma, como qualquer outra dessas figuras jurídicas, consoante a intenção dos contraentes.

Conhecido, porém, o verdadeiro recorte jurídico de cada uma delas, abolutamente distintas entre si, as dúvidas de qualificação das diferentes situações só podem resultar das hesitações relativas à vontade real ou presumível dos contraentes ([1]). Trata-se, por conseguinte, de puros problemas de *interpretação* ou de *integração* das declarações dos outorgantes e não de questões específicas do direito das obrigações ([2]).

([1]) As dificuldades de ordem prática, na qualificação das situações descritas no texto, são bastante aplanadas pela presunção constante do n.º 2 do artigo 840.º.

Tendo a dação por objecto a cessão de um crédito ou a assunção de uma dívida, presume-se, nos termos desse preceito, que se trata de uma dação *«pro solvendo»*. É disposição paralela à do § 364 do B.G.B., mas mais explícita e mais ampla.

([2]) BROX, § 22, pág. 173. No âmbito do direito obrigacional, interessa ainda frisar, porém, que a *novação* e a *dação em cumprimento* são figuras distintas, mas não incompatíveis .entre si. Na maior parte das modalidades da *dação* (por entrega de coisa, por cedência de um outro direito real, por prestação de facto), extingue-se a obrigação e não há criação nem manutenção de nenhuma outra obrigação. Mas pode suceder que as partes queiram, de facto, extinguir *imediatamente* a antiga obrigação (com as suas garantias e acessórios) através da *assunção* de uma nova obrigação (pelo devedor ou por terceiro) ou da transmissão de um outro crédito (do devedor sobre terceiro). E, nesse caso, haverá simultaneamente *dação em cumprimento* e *novação*.

Das obrigações em geral

341. *Regime:* a) *Efeito extintivo do vínculo obrigacional, aceite pelo credor.*

O principal efeito da *dação em cumprimento* é a extinção da obrigação. E, uma vez extinta a obrigação, com ela se extinguem as garantias e acessórios do crédito.

Simplesmente, como a *dação* envolve a realização de uma prestação diferente da devida, ela só extinguirá o crédito, se o devedor lhe der o seu assentimento([1]). É o ensinamento que remonta já ao direito romano clássico (*aliud pro alio invito creditori solvi non potest:* 2, 1, D., 12, 1) ([2]) e se encontra expressamente consagrado no artigo 837.º do Código vigente.

Tratando-se, por exemplo, de *credores solidários,* e não havendo consentimento de todos, bastará o consentimento daquele que recebe a dação, para que o devedor fique exonerado em relação a todos eles (art. 532.º). Porém, nas relações internas, a dação aproveitará aos restantes, mas não pode ser imposta àqueles que não lhe tenham dado o seu assentimento ([3]).

Pela mesma razão de se tratar de uma *alteração* da prestação debitória, e não do estrito cumprimento do dever de prestar, o *solvens* terá de ser capaz, nos termos do artigo 764.º, 1.

Paralelamente ao regime da solidariedade activa, também a dação efectuada por um dos devedores solidários aproveitará aos restantes (art. 523.º), mas não pode ser imposta àqueles que não lhe tenham dado o seu assentimento.

Porque pode haver diferença de *valor* entre a prestação devida e a prestação efectuada, a dação deve ainda considerar-se exposta à impugnação pauliana, a despeito da prescrição do artigo 615.º, 1.

([1]) O consentimento do credor é dado, em regra, no momento em que a dação se realiza. Mas pode ser prestado anteriormente, embora se não deva confundir, como vimos, a dação em cumprimento com o cumprimento da obrigação com faculdade alternativa, em que o devedor use desta faculdade.

([2]) Tal como o credor não pode obrigar o devedor a efectuar uma prestação diferente da devida (*aliud pro alio invito debitore peti non potest*).

([3]) Vid. vol. I, n. 222, pág. 823, nota 1.

Para que haja, porém, uma *pura dação em cumprimento*, é essencial que, a despeito da diferença de valor objectivo eventualmente existente entre as prestações, estas tenham sido *queridas* pelas partes como *equivalente* ou *correspectivo* uma da outra.

De contrário, haverá um *negotium mixtum cum donatione* ou *doação mista*, tendo por base de apoio uma *dação em cumprimento* (¹).

Se a obrigação que as partes visavam extinguir com a dação em cumprimento *não existir*, o *solvens* terá o direito de exigir a restituição da coisa ou direito transmitido, nos termos da repetição do indevido (art. 476.º) (²).

342. b) *Vícios da coisa ou do direito transmitido.* Efectuada a dação, com o assentimento do credor, e tendo o devedor a necessária capacidade, poderiam levantar-se dúvidas sobre o seu regime, no caso de a coisa ou o direito transmitido padecer de vícios que afectem a sua substância ou o seu valor.

Por um lado, sendo a dação uma forma de extinção da obrigação, os defeitos ou os ónus essenciais da coisa ou do direito transmitido deveriam provocar, em princípio, a anulação da operação e, consequentemente, o renascimento da obrigação primitiva.

Por outro lado, é notória a analogia existente entre as modalidades mais correntes da dação (entrega de uma coisa, cedência de um direito de usufruto do devedor ou cessão de um direito do devedor sobre terceiro) e o contrato de compra e venda (principalmente com a nova fisionomia que este reveste no código vigente: art. 874.º).

Se *A* deve a *B* 1500 contos e se desonera, por acordo com o credor, mediante a entrega de um automóvel, tudo se passa, praticamente, como se *B* tivesse *comprado* o automóvel a *A* pela impor-

---

(¹) VAZ SERRA, *est. cit.*, na R.L.J., 99.º, pág. 130.
(²) SCUTO, *Istituzioni di dir. priv.*, 6.ª ed., II, parte 1.ª, 1952, n. 216, pág. 101.

Das obrigações em geral

tância correspondente ao seu crédito. E o mesmo se diga, *mutatis mutandis*, se a dação consistir na cessão de um direito de usufruto ou na cessão de um crédito do devedor sobre terceiro.

Ora, a existência, no contrato de compra e venda, quer de *ónus* ou *limitações anormais*, quer de *vícios* que afectem a *utilidade* ou o *valor* da coisa ou direito transmitido, além de poder determinar a anulabilidade do contrato, é ainda coberta pela *garantia* concedida ao comprador.

Assim se explica que o artigo 838.º conceda ao credor, no caso de dação em cumprimento, a mesma protecção que os artigos 905.º e seguintes dispensam ao comprador, quando a coisa ou o direito transmitido apresentem vícios.

Mas atribui-lhe ainda uma outra *faculdade*, em alternativa com esse regime.

Como o credor *não comprou, de facto*, a coisa ou o direito transmitido, e apenas se limitou a aceitar uma ou outro *em vez da prestação devida*, ser-lhe-á desde logo permitido, no caso de a coisa ou o direito estar sujeito a qualquer ónus ou limitação ou padecer de qualquer dos vícios previstos nos artigos 905.º e seguintes, optar pela prestação primitiva, acrescida da indemnização correspondente aos danos que haja sofrido.

Suponhamos, para exemplificar, que o automóvel entregue ao credor, em lugar dos 1500 contos a que ele tinha direito, já tivera uma grossa avaria em consequência da qual o motor fora aberto e não mais funcionava convenientemente.

Nesse caso, o credor poderá exigir a reparação ou a substituição da coisa (art. 914.º) ou reclamar a redução do valor que lhe foi atribuído (art. 911.º), mas pode optar antes pela entrega dos 1500 contos, acrescidos dos juros correspondentes, a partir do momento em que a prestação deveria ter sido efectuada, comprometendo-se a abrir mão do automóvel que recebera.

A opção do credor pela prestação primitiva terá como efeito o renascimento da obrigação, com todas as suas garantias e acessó-

Extinção das obrigações

rios, salvo se a nulidade ou a anulação da dação tiver tido origem em causa imputável ao credor (arg. *a contrario* ex. art. 839.°) ([1]).

343. c) *Efeitos da nulidade ou da anulação da dação*. Pode também suceder que seja alheia a coisa dada em cumprimento ou que pertença a terceiro o direito (de usufruto, de crédito, etc.) transmitido pelo devedor ao credor. Paralelos a estes casos são todos aqueles em que, por qualquer outra causa, seja nula ou venha a ser anulada a dação.

Que reflexos tem a *queda* da dação sobre o vínculo obrigacional que prendia o autor dela ao *accipiens?*

Desde que desaparece a causa *extintiva* da obrigação, a consequência natural do desaparecimento é o *renascimento* da obrigação — com todas as *garantias* e *acessórios* que acompanhavam o crédito.

Se, porém, a nulidade ou a anulabilidade da dação procede de um facto imputável ao credor (dolo ou coacção da sua autoria, simulação, erro culposo, etc.), pode compreender-se que, após a extinção da dação, a obrigação primitiva renasça (até para que o devedor se não locuplete injustamente à custa dele); mas já se não compreenderia que renascessem também, juntamente com o crédito, as garantias prestadas por terceiros. Se o terceiro teve conhecimento da dação, e não tinha razões para duvidar da sua validade, contou naturalmente com a caducidade da garantia por ele prestada, e não seria justo que a sua expectativa se gorasse, quando a dação venha a caducar por facto imputável ao credor.

Daí precisamente a doutrina do artigo 839.°, segundo o qual, «sendo a dação declarada nula ou anulada por causa imputável ao credor, não renascem as garantias prestadas por terceiro, excepto se este conhecia o vício na data em que teve notícia da dação.» A

([1]) Mesmo nesse caso, as garantias prestadas por terceiro renascerão, se este conhecia o vício da *dação* na data em que ela foi efectuada: o renascimento das garantias, em tais circunstâncias, não envolve nenhuma quebra de legítimas expectativas dos interessados.

Das obrigações em geral

doutrina coincide com a dos lugares paralelos, que são os artigos 766.º (cumprimento), 856.º (compensação), 860.º, 2 (novação), 866.º, 3 (remissão) e 873.º (confusão).

Em todos eles «se dá expressão às duas mesmas ideias: renascimento da obrigação, por um lado; protecção aos terceiros de boa fé, por outro.»

344. *Natureza jurídica.* A natureza jurídica da *dação em cumprimento* não é definida em termos uniformes pelos autores ([1]), poucos sendo aqueles que a retratam com inteira precisão.

Há quem considere a dação como uma modalidade do *pagamento*. É a tese de quem, como LEONHARD, BLOMEYER e ESSER ([2]), desdobra a *operação dativa* num contrato modificativo da obrigação e no acto subsequente de cumprimento da obrigação alterada ou modificada.

Outros, considerando também a *dação* como uma operação complexa, dividem-na teoricamente numa *novação*, seguida dum *pagamento*. Por acordo entre as partes, extingue-se a obrigação primitiva mediante a constituição de uma *nova* obrigação, a qual também se extingue imediatamente com o acto de cumprimento. Na dação haveria, assim, uma *novação* tácita, por alteração do objecto, seguida da execução imediata da nova obrigação.

E há, por último, quem entenda que a dação em cumprimento é equiparável a uma compra e venda ou a uma troca ([1]), consoante o devedor entregue uma coisa em substituição de dinheiro (que funciona como o preço dela) ou uma coisa em substituição de outra ([4]).

([1]) Cfr. ALLARA, *est. cit.*, págs. 39 e segs.; FERNANDEZ RODRIGUEZ, *Naturaleza jurídica de la dación en pago*, no *Anuario de derecho civil*, 1957, pág. 753 e segs.

([2]) LARENZ, § 18, IV. Cfr., além dos referidos no texto, os autores citados por FERNANDEZ RODRIGUEZ, *est. cit.*, pág. 778.

([3]) Cfr. GUILHERME MOREIRA, n. 86; ENNECCERUS-LEHMANN, 13.ª ed., § 65, 1. E ainda, mas registando as diferenças existentes entre a dação, de um lado, e a venda, do outro, POTHIER, *Traité du contrat de vente*, n. 600.

([4]) VAZ SERRA, *est. cit.*, na R.L.J., 99.º, pág. 100.

Extinção das obrigações

Nenhuma das concepções se adapta, porém, à verdadeira estrutura da figura jurídica em exame, nem à disciplina expressamente consagrada na lei para os problemas que a dação suscita.

A primeira doutrina, que equipara a dação ao cumprimento da obrigação, nem explica a possibilidade de restauração da prestação primitiva (art. 838.º, *in fine*), que teria sido definitivamente substituída pela nova prestação convencionada entre as partes, nem dá a menor cobertura lógica ao direito de garantia que a primeira parte do mesmo preceito legislativo confere ao credor ([1]).

A segunda tem o defeito grave de não retratar com fidelidade o perfil psicológico-jurídico das espécies de facto que integram a dação.

Efectivamente, não há nelas a intenção, por parte dos contraentes, de *criarem* ou *constituirem* uma *nova* obrigação, mas apenas a de *extinguirem* a obrigação com uma prestação diferente da devida ([2]). De contrário, também se não compreenderia que, tendo a coisa entregue quaisquer vícios ou limitações, o devedor não ficasse apenas obrigado a entregar uma outra coisa do mesmo género ou a reparar os vícios da coisa, quando é certo que o artigo 838.º admite que o credor opte pela prestação primitiva, com a reparação dos danos entretanto sofridos ([3]).

Crítica semelhante a esta última começa por suscitar a tese que equipara a dação em cumprimento a uma compra e venda.

([1]) Cfr., para a refutação da doutrina, FERNANDEZ RODRIGUEZ, *est. cit.*, pág. 779 e segs.

([2]) FERNANDEZ RODRIGUEZ, *est. cit.*, pág. 771 e segs.

([3]) Além disso, a tese da *novação* parece conduzir à solução de, mesmo no caso de a obrigação originária proceder de uma *doação*, o doador (ou os herdeiros do doador) responder perante o donatário segundo as regras próprias da compra e venda, se a coisa entregue tiver vícios ou for alheia.

E não é essa a boa doutrina. Apesar dos seus termos bastante latos, o artigo 838.º tem de ser interpretado *restritivamente*, de modo a só abranger os casos de dação *em cumprimento* de uma obrigação nascida de acto a título oneroso. Ou *rectius:* de modo a não abranger a dação para extinção de uma obrigação nascida de acto a título gratuito.

Das obrigações em geral

Além de manifestamente não cobrir algumas das hipóteses típicas da dação (todas aquelas em que não há *entrega de uma coisa* ou *cessão* de um direito em substituição de uma *prestação pecuniária*), essa doutrina levanta, de facto, os seguintes reparos:

1) Não explica a possibilidade de renascimento da obrigação primitiva, nos termos em que a admite o artigo 838.º, *in fine*;

2) Também não explica que, na hipótese de a dívida (primitiva) não existir, o *solvens* possa exigir, com base no enriquecimento sem causa, a restituição da coisa dada em cumprimento ([1]).

A concepção exacta e completa da dação é a que retrata, no *único* momento em que o acto se esgota, o *duplo* aspecto que ele envolve.

Trata-se de um acto *solutório* da obrigação, assente sobre uma *troca* ou *permuta* convencional de prestações ([2]). A *dação* pressupõe assim a realização de um *aliud*, por acordo entre as partes, para cumprir a obrigação ([3]).

Só assim, mediante a inclusão do *fim* e do *meio* do acto, se obtém um retrato em corpo inteiro da dação em cumprimento.

O *fim* da dação consiste na *extinção* da obrigação (da única *obrigação* que persiste nas relações entre as partes); o *meio* dessa extinção, sendo diferente da prestação debitória (*aliud pro alio*), pressupõe uma *troca* concertada entre as partes — *troca* que se efectua no próprio momento da *datio*.

Vista sob este duplo ângulo de observação, a dação já se adapta perfeitamente à disciplina condensada nos artigos 838.º e 839.º.

([1]) JOSSERAND, *Cours de droit civil positif français*, II, n. 927; no mesmo sentido do texto, considerando *superficial* a equiparação entre a *dação* e a venda, DIEZ-PICAZO, n. 788, e ainda a minuciosa crítica de FERNANDEZ-RODRIGUEZ, *est. cit.*, pág. 761 e segs. Segundo a concepção em exame, a inexistência da dívida, com a qual o preço da coisa se teria compensado, daria logicamente lugar apenas a que o devedor pudesse exigir da contraparte (comprador) a entrega do preço.

([2]) Cfr., na mesma linha de orientação, BARBERO, *ob. e loc. cits.*; FERNANDEZ-RODRIGUEZ, *est. cit.*, pág. 792 e segs.

([3]) Essa é, no essencial, a *tese do contrato de cumprimento* (*Theorie des Erfüllungsvertrages*), assim designada e sustentada por HARDER (ob. cit.).

SECÇÃO II

CONSIGNAÇÃO EM DEPÓSITO *

345. *Justificação prática da providência. Noção.* Para que a obrigação se cumpra e o devedor fique liberado do respectivo vínculo, torna-se em regra indispensável a cooperação do credor, quando mais não seja para aceitar a prestação que lhe é oferecida.

Se o credor recusar a colaboração necessária, pode o devedor ter legítimo interesse em se desonerar, vencendo a resistência levantada pela contraparte, seja para se libertar definitivamente de obrigações de que a *mora* do credor o não isenta (cfr. art. 816.º, *in fine*), seja para se acautelar contra as dificuldades de prova da sua tentativa de cumprimento, que o tempo pode acumular contra ele, seja por qualquer outro motivo igualmente justificado.

O vendedor do cavalo de corridas quis entregá-lo na data convencionada ao comprador; mas este, sob qualquer pretexto, esquivou-se a recebê-lo. O inquilino quis pagar a renda ao senhorio, que se recusou a aceitá-la com o fundamento de que era superior o montante da prestação em dívida.

No primeiro caso, o devedor pode ter interesse em se libertar o mais depressa possível da obrigação de guardar, tratar e treinar o animal; no segundo, pode ter justificado interesse em não correr o risco de se ver envolvido num processo de despejo, baseado na falta de pagamento da renda ([1]).

---

* VAZ SERRA, *Dação em cumprimento, consignação em depósito, confusão, e figuras afins*, 1954, pág. 37 e segs.; PIRES DE LIMA e A. VARELA, *Cód. Civ. anot.*, comentários aos arts. 841.º e segs.; SA CARNEIRO, *Relatório sobre a consignação em depósito*, na *Rev. Ord. Advog.*, 1947, VII, pág. 330 e segs.; JESS, *Ist der Schuldner berechtigt wegen Ungewissheit des Gläubigers zur deponieren?* no J.J., 17 (1879), pág. 158; KÜHNE, *Ungewissheit des Gläubigers als Grund zur Deposition behufs Befreiung des Schuldners*, no J.J., 17, pág. 1; MÜLLER, *Die Hinterlegung zur Schuldbefreiung nach dem BGB*, J.J., 41, pág. 411; GERNHUBER, *Die Erfüllung und ihre Surrogate*, § 15, pág. 304 e segs.; GIACOBBE, *Offerta reale (dir. priv.)*, na *Enc. del dir.*; FALZEA, *L'offerta reale...*, 1947, pág. 273 e segs.

([1]) Cfr., a propósito, o disposto no artigo 1042.º.

Das obrigações em geral

E nem só nos casos de *mora* do credor se verifica, na prática, o interesse do devedor em se liberar da obrigação, prescindindo da cooperação da contraparte.

Situação idêntica se pode registar, por exemplo, nos casos em que, sendo incapaz, ou encontrando-se ausente, o credor careça de representante legal ou de curador, e o devedor pretenda, por qualquer razão plausível, pagar a dívida que entretanto se venceu.

É precisamente para acudir a todas as situações do tipo descrito que a lei faculta ao devedor a possibilidade de se desonerar da obrigação, mesmo contra ou sem a vontade do credor, mediante o *depósito* da coisa devida ([1]).

Noção. A consignação em depósito consiste no *depósito judicial da coisa devida, feita à ordem do credor*, com o fim de liberar definitivamente o devedor do vínculo obrigacional (art. 841.º).

Trata-se de uma providência exclusivamente aplicável às obrigações de prestação *de coisa*. Só quando a prestação debitória tenha por objecto uma *coisa* é possível depositar a *coisa devida*. Não há possibilidade de recorrer, portanto, à consignação nos casos em que a obrigação tem por objecto uma *prestação de facto positiva*, e não há sequer necessidade de providência análoga nos casos de prestação de facto *negativa*, em que o cumprimento da obrigação prescinde da cooperação do credor.

Dentro da categoria das *prestações de coisa*, a consignação tanto aproveita às prestações de *dinheiro* (obrigações pecuniárias) como às prestações de coisas de outra natureza.

O depósito, feito em regra na Caixa Geral dos Depósitos (art. 1 024.º, 2, do Cód. Proc. Civil), tem geralmente por objecto as coisas (*pequenas* em volume, mas relativamente *grandes* quanto ao

---

([1]) O direito alemão (§ 383 do BGB) protege ainda o devedor nos casos em que, por virtude da natureza *deteriorável* das coisas devidas, haja o perigo de elas se inutilizarem, concedendo-lhe o direito de promover a venda judicial e de efectuar o depósito do produto da sua arrematação (*Selbsthilfeverkauf*): GERNHUBER, *ob. cit.*, § 15, III, pág. 329 e segs.

valor) que a Caixa está apta a receber e guardar (dinheiro, papéis de crédito, pedras e metais preciosos, jóias, obras de arte, etc.: cfr. art. 848.º, 3 do Cód. Proc. Civil). Mas pode incidir também, quer sobre coisas *imóveis* quer sobre *móveis* que, por qualquer razão, a Caixa não esteja em condições de receber e guardar (animais, coisas consumíveis ou deterioráveis, produtos inflamáveis ou tóxicos, etc.), quer sobre universalidades, sejam de direito, sejam de facto.

Essencial é que se trate de coisas susceptíveis de serem confiadas à guarda de terceiro e que haja, efectivamente, terceiros obrigados por lei ou voluntariamente dispostos a guardá-las, até serem exigidas pelo credor ([1]).

346. *Dupla relação jurídica criada pela consignação.* É típica e bastante *original* a estrutura da consignação em depósito, como causa extintiva da obrigação.

Além de se enxertar no processo da *relação creditória* que visa extinguir, a consignação cria uma outra relação obrigacional (*secundária, dependente* ou *acessória* ([2])) entre o devedor, como *depositante*, e o terceiro a quem a coisa devida é entregue, como *depositário* ou *consignatário* (art. 844.º) — relação *substantiva* que o Código Civil regula nos artigos 841.º e seguintes ([3]).

Mas acontece, por outro lado, que a consignação em depósito só pode efectuar-se mediante recurso aos tribunais, através dum processo especial (chamado da *consignação em depósito:* arts. 1 024.º e

---

([1]) VAZ SERRA, *ob. cit.,* n. 7.

([2]) Além de ter um papel puramente *instrumental* perante a relação creditória, pois visa alcançar a extinção desta, a consignação depende, na sua validade, da existência dessa relação. Se a obrigação não existir, for declarada nula ou anulada, a consignação perde também a sua validade.

([3]) «Parece dever conceber-se a consignação, escreve VAZ SERRA (*ob. cit.,* pág. 108), como um contrato entre o consignante e o depositário, em benefício do credor (contrato de depósito em benefício do credor) — embora o depositário seja escolhido pelo juiz ou pela lei, para maior garantia do credor...». No mesmo sentido, cfr. ainda PIRES DE LIMA e A. VARELA, *ob. cit.,* anot. ao art. 844.º.

Das obrigações em geral

segs.), que cria uma relação (processual) de direito público entre as partes e o tribunal ([1]).

E compreende-se que assim seja.

A afirmação de que o credor se encontra em mora, por exemplo, a liberação que o devedor visa obter através da consignação e as despesas com a execução do depósito podem repercutir--se de tal modo sobre a situação do titular do crédito, que não se justificaria pudessem ser aceites, sem se lhe dar a oportunidade de se opor à providência requerida. E o melhor meio que a lei lhe pode facultar para esse efeito é o da impugnação em processo contencioso (arts. 1025.º, 1 e 1027.º do Cód. Proc. Civil).

As duas relações (a *substantiva*, proveniente do depósito; e a *processual*, essencialmente destinada a averiguar da existência dos pressupostos da consignação) estão intimamente entrelaçadas uma com a outra, tendo o depositário da coisa consignada deveres para com o tribunal e deveres perante os sujeitos da relação creditória ([2]).

([1]) Outra era a orientação preconizada no anteprojecto VAZ SERRA (*est. cit.*, pág. 74, 107 e 119). Mas a ideia da consignação obrigatoriamente ligada a um processo judicial contencioso, que vingou no Código vigente, procede já do Código anterior, cujo artigo 759.º definia o instituto nestes termos:

«O devedor pode livrar-se, fazendo depositar *judicialmente*, com citação do credor, a coisa devida nos casos seguintes...».

([2]) Os poderes e os deveres dos sujeitos da consignação, a que os artigos 843.º e segs. se referem, além de estarem regulados na lei civil (e não no Código de Processo Civil), têm um regime que parece adaptar-se melhor à ideia de uma relação substantiva distinta da relação processual do que à de simples poderes das partes dentro da relação publicística da consignação judicial.

Assim é que, feita a consignação, o consignatário fica imediatamente obrigado perante o credor, e este adquire o direito de exigir a entrega da coisa, sem necessidade de qualquer intervenção judicial (art. 844.º). Prescindem também de qualquer cooperação do tribunal, embora devam ser feitas mediante declaração no processo, quer a revogação, quer a aceitação da consignação. Cfr., a propósito, o artigo 300.º do Código de Processo Civil sobre o formalismo da confissão, desistência ou transacção.

Extinção das obrigações

Além disso, ambas elas se reflectem sobre a obrigação a que a consignação visa pôr termo ([1]).

347. *Pressupostos da consignação.* O primeiro ponto que interessa conhecer a propósito da consignação é o dos *pressupostos* da providência.

Em que casos é permitido ao devedor, saltando sobre a vontade do credor, socorrer-se do depósito da coisa devida junto de terceiro, para se livrar da obrigação?

São duas as categorias de situações que legitimam a consignação: uma é a da *mora* do credor; outra, a da impossibilidade de o devedor, sem culpa sua, efectuar a prestação (ou efectuá-la com a necessária segurança) por qualquer *outro* motivo relativo à pessoa do credor.

Na primeira rubrica (cujo exacto alcance se encontra definido no art. 813.º) cabem os três primeiros casos discriminados no antigo artigo 759.º do Código de 1867, que não esgotam, aliás, o âmbito da *mora* do credor ([2]).

A segunda compreende, entre outros, os seguintes casos: credor incapaz, mas destituído de representante legal (art. 764.º, 2); credor cujo paradeiro se ignora ou credor ausente, mas sem curador nomeado; cessionário cujo direito é contestado; crédito penhorado (art. 820.º); dívida à herança, não se sabendo quais sejam os respectivos herdeiros.

Não figura entre os pressupostos da consignação a *dúvida* sobre a *existência* da obrigação ([3]). E a incerteza sobre a pessoa a

---

([1]) O Código de processo (art. 1 025.º) prevê a hipótese de o credor, ao ser citado para o processo de consignação, já ter proposto acção ou promovido execução respeitante à obrigação, mandando apensar esta àquele ou a consignação a esta acção ou execução, consoante as circunstâncias.

([2]) PIRES DE LIMA e A. VARELA, *Cód. Civil anot.*, com. ao art. 813.º.

([3]) VAZ SERRA, *ob. cit.*, pág. 63. Cfr. o disposto no artigo 1 030.º do Código de Processo Civil. O cáracter *duvidoso* do direito, a que aí se faz alusão, é o proveniente de motivos referentes à *pessoa* do credor, como expressamente se diz na alínea *a*) do n.º 1 do artigo 841.º do Código Civil, e não o ligado à *existência objectiva* do direito. As

Das obrigações em geral

quem a prestação pode ser efectuada só legitima o recurso à consignação, como resulta do texto e do espírito do artigo 841.º, 1, al. *a*), quando for *objectiva* e não depender apenas da culpa (negligência ou inépcia) do devedor.

Verificado algum dos pressupostos compreendidos nas alíneas a) e *b*) do n.º 1 do artigo 841.º, o devedor *pode* recorrer à consignação em depósito da coisa devida, para se livrar do *dever de prestar* que recai sobre ele. Mas *não é obrigado* a fazê-lo, porque o credor não deixa de estar incurso em *mora*, desde que se verifiquem os requisitos do artigo 813.º. A consignação reveste, em princípio, carácter *facultativo*, só excepcionalmente sendo imposta ao devedor como um *ónus* ([1]).

348. *Relação substantiva criada pela consignação.* A questão de saber se é ou não exacto e fundado ([2]) o motivo (arts. 1024.º, 1 e 1027.º do Cód. Proc. Civil) em que o devedor se funda para requerer o depósito será apreciada e julgada no *processo* especial da consignação. Mas, ao lado da relação processual, especialmente

---

dúvidas deste tipo, quando existam, e se queira resolvê-las contenciosamente, hão-de ser solucionadas mediante recurso às acções de simples apreciação (art. 4.º, 2, al. *a*) do Cód. Proc. Civil).

([1]) O próprio depósito das rendas ou alugueres, que obedece a certas regras privativas do contrato de locação, é, em princípio, *facultativo*, bem como a respectiva notificação (cfr. art. 1042.º do Cód. Civil e os arts. 22.º e segs. do RAU, aprovado pelo Dec.-Lei n.º 321-B/90, de 15.X).

Mas já é necessário, se o devedor não tiver conseguido efectuar o pagamento, para evitar o despejo definitivo, quando se trate de rendas vencidas na pendência da acção de despejo ou se quiser ter a seu favor a presunção de ter posto termo à *mora*, de acordo com a doutrina estabelecida no artigo 1042.º do Código Civil.

Cfr., a propósito, JOÃO DE MATOS, *A acção de despejo*, pág. 223 e segs. e 243 e segs.; A. PAIS DE SOUSA, *Extinção do arrendamento predial*, 1969, pág. 230 e segs.; DIOGO CORREIA, *Depósito de rendas*, pág. 122 e segs.

([2]) A *exactidão* e a *procedência* do motivo são aspectos diferentes da arguição do devedor. O *motivo* invocado pode ser *exacto* (ter-se o credor, por ex., recusado a receber a prestação), mas não *proceder*, se o tribunal entender que era outra a coisa devida ou superior o montante da dívida.

Extinção das obrigações

conducente a esse fim, encontra-se a relação substantiva, cuja disciplina, fixada no Código Civil (arts. 842.º e segs.), importa conhecer.

Quanto aos *sujeitos* da relação, sabe-se que o depositante é, por via de regra, o *devedor*. O Código de 1867, ao definir a figura, aludia apenas ao devedor, dando assim margem a dúvidas quanto à possibilidade de terceiro recorrer à consignação ([1]). Porém, o artigo 842.º do Código vigente afirma explicitamente que a consignação pode ser efectuada a *requerimento de terceiro*, a quem seja lícito efectuar a prestação (art. 767.º) ([2]).

O objecto *mediato* da relação será, nos termos do artigo 841.º, a *coisa devida*. Fiel à ideia de que não é possível a *dação em cumprimento* sem o assentimento do credor (art. 837.º), a lei não reconhece validade liberatória ao depósito que não tenha por objecto a *coisa* que integra a prestação debitória (arts. 1 027.º., *b*) e 1 029.º do Cód. Proc. Civ.). Se, além do capital, a dívida incluir outros encargos (juros, despesas ou outra indemnização), o depósito terá de abranger todas estas verbas: tal como se não admite o cumprimento *parcial* (art. 763.º, 1), também se não reconhece validade, em princípio, ao depósito *parcial* ([3]).

A relação contratual estabelecida entre o consignante e o consignatário ([4]) tem incontestáveis afinidades, na sua estrutura, com o

---

([1]) No sentido de que só ao devedor era lícito recorrer à consignação, o ac. do S.T.J., de 21-XII-1904 (Col. Of., V, pág. 105; em sentido oposto, G. MOREIRA, n.º 74: C. GONÇALVES, *Tratado*, IV, n.º 613.

([2]) Doutrina já anteriormente consagrada, aliás, no artigo 1 023.º, II, do Código de Processo Civil de 1939. Fala-se, no texto do artigo 842.º do Código Civil vigente, no terceiro a quem seja lícito *efectuar* a prestação — e não a quem seja lícito *cumprir* a obrigação, como se dizia no artigo correspondente da 2.ª revisão ministerial — porque o terceiro não cumpre, em bom rigor, a obrigação, que não é sua; cumpre apenas *pelo* devedor.

Sobre as condições em que ao credor é *lícito opor-se* ao depósito efectuado por terceiro, v. artigo 768.º.

([3]) Vide, porém, o disposto no artigo 1 029.º, 2, do Cód. Proc. Civil.

([4]) A designação do consignatário está minimamente ligada à regra de competência territorial fixada no n.º 1 do artigo 1 024.º do Código de Processo. Tendo a

Das obrigações em geral

contrato a favor de terceiro, como na doutrina alemã se tem repetidamente observado, sendo o credor o terceiro beneficiário do depósito.

A principal diferença existente entre as duas figuras provém do facto de a consignação não proporcionar nenhum benefício *substancialmente* novo ao credor: o devedor (que seria o promissário) pretende apenas liberar-se *da obrigação*, prescindindo da vontade do credor; este, levantando o seu depósito, mais não faz do que satisfazer o seu crédito, por meio da prestação que lhe é devida ([1]).

Tal, porém, como no contrato a favor de terceiro, também na consignação o credor adquire desde logo, independentemente de aceitação ([2]), o direito de *exigir* ([3]) a entrega da coisa devida (art. 844.º). Ao mesmo tempo, o devedor fica com o direito de *revogar* a consignação ([4]), pedindo a restituição da coisa, até que o credor

---

consignação de ser requerida no tribunal do lugar do cumprimento da obrigação, é na respectiva filial da Caixa Geral que o depósito deve ser efectuado. Não podendo a coisa ser aí depositada, será o depositário *ad hoc* escolhido de acordo com as regras aplicáveis ao depósito das coisas penhoradas, pelas quais se definem também os seus direitos e deveres: PIRES DE LIMA e A. VARELA, *Cód. Civ. Anot.*, II, anot. ao art. 841.º.

([1]) O decalque da relação contratual do depósito sobre a relação creditória que se visa extinguir transparece, com toda a nitidez, no caso de a prestação devida se integrar num contrato bilateral ou sinalagmático ou depender, por outra via, de uma outra prestação do credor. Quando assim seja, o devedor tem o direito de *exigir* (na linguagem expressiva do art. 843.º) que a coisa não seja entregue ao credor, enquanto este não efectuar a respectiva contraprestação (cfr. art. 428.º, 1) ou a entrega a que se encontre adstrito (arts. 788.º, 3 e 754.º).

([2]) E independentemente mesmo de *aviso prévio* ao credor, contra a sugestão de VAZ SERRA (*ob. cit.*, n.º 3, pág. 73).

([3]) É bastante significativa, a favor do carácter *substantivo* da relação emergente do depósito, a eliminação do n.º 2 que o artigo 844.º continha, no texto saído da 2.ª revisão ministerial. Segundo esse texto eliminado, a entrega da coisa ao credor dependia de despacho judicial. De harmonia com o disposto no n.º 2 do artigo 845.º, a entrega da coisa dependerá apenas da aceitação da consignação pelo credor, mediante declaração feita no processo.

([4]) Por um lado, atenta a situação do credor, não há razão nenhuma para conceder a este um direito firme e inatacável sobre a coisa depositada; por outro, pode o devedor mudar, entretanto, de ideias, quanto à existência da dívida ou quanto

Extinção das obrigações

declare aceitá-la ou que o tribunal a considere válida por sentença transitada. A *revogação* inutiliza os efeitos da *consignação*, que pode, todavia, ser aproveitada ainda como reconhecimento do direito do credor para o efeito da interrupção da prescrição (art. 325.º, 1 e 2).

Ao invés do que sucede na lei civil alemã, nada se diz no Código português acerca da *penhorabilidade* e da *possibilidade de cessão* deste direito do devedor à *recuperação* da coisa depositada.

Parece, no entanto, tratar-se de um daqueles direitos que, «por sua própria natureza» ([1]), só pode ser exercido pelo respectivo titular e que, como tal, se encontra subtraído ao domínio da acção sub-rogatória (art. 506.º) ([2]) e não pode ser isolada ou autonomamente transmitido.

Por outro lado, se o cumprimento da obrigação já vencida não está sujeito à impugnação pauliana, por igual razão se não deve considerar exposto à agressão dos demais credores o depósito efectuado pelo devedor à ordem de um deles ([3]). Os bens depositados poderão regressar ao património do devedor, mas por declaração de revogação deste ou por decisão judicial que reconheça a inexistência do depósito.

349. *Efeitos da consignação sobre a obrigação:* Resta saber quais são os efeitos do depósito judicial da coisa devida sobre a obrigação.

à necessidade ou simples conveniência do depósito. Cfr. ENNECCERUS-LEHMANN, § 67, 1, 2.

Pedida a restituição da coisa pelo revogante, deve o tribunal ordená-la imediatamente. Cfr. PIRES DE LIMA e A. VARELA, *ob. cit.*, anot. ao art. 845.º.

([1]) O principal fundamento da revogação assenta na mudança de convicç do depositante acerca da necessidade ou vantagem do depósito, e essa mudança constitui, manifestamente, um factor de ordem pessoal que afasta a intromissão dos credores.

([2]) Não é, de resto, contra actos do tipo da consignação em depósitos (extintivos duma obrigação precedente) que aponta a acção de subrogação.

([3]) Em sentido oposto, VAZ SERRA, *ob. cit.*, pág. 115.

Das obrigações em geral

Numa primeira fase, enquanto o credor não declara no processo aceitar a consignação ou o tribunal a não considera válida, a obrigação persiste, independentemente do *risco* que recai sobre o credor que se encontre em mora (¹). É a solução imposta pela pendência do direito de revogação e pela incerteza da decisão judicial. As despesas com o depósito correrão, durante este período, por conta do devedor, que terá, no entanto, direito a ser indemnizado, no caso de o credor vir a aceitar a consignação ou de a decisão judicial lhe ser favorável.

Logo que a consignação seja aceite pelo credor ou considerada válida pelo tribunal, a obrigação tem-se por *extinta*, valendo a extinção desde a data em que o depósito foi efectuado (art. 846.º) (²).

No caso de o depositante decair, por não ser exacto o motivo invocado para a consignação ou porque o credor tenha tido fundamento legítimo para recusar o pagamento (arts. 1027.º e 1028.º do Cód. Proc. Civil), será condenado a cumprir (tratando-se do devedor), como se o depósito não existisse, podendo, no entanto, o pagamento efectuar-se desde logo pelas forças do depósito. Se o depositante decair, por se julgar que é maior ou diversa a coisa devida, as consequências são outras: no 1.º caso, tratando-se do devedor, será condenado a completar o depósito; no 2.º, o depósito ficará sem efeito, e o devedor será condenado a cumprir a obrigação (art. 1029.º, n.º 2, do Cód. Proc. Civil).

O autor depositara, por hipótese, 5000 contos. O tribunal julgou que a dívida não era de 5000, mas de 7500. Condenará o devedor a depositar os restantes 2500.

(¹) O devedor (depositante) pode, no entanto, caso o credor ingresse em juízo, quer com a acção de condenação, quer com a execução para pagamento da dívida, na pendência do depósito, invocar este como *excepção peremptória* (*eine aufschiebende Einrede*: LARENZ, I, § 18, V, pág. 254) ou como fundamento de litispendência, consoante os casos.

(²) Outra era a doutrina consagrada, sem razão plausível, pelo artigo 761.º do Código de 1867, para a hipótese de a consignação ter sido infundadamente contestada.

Extinção das obrigações

O devedor depositara uma espingarda. O tribunal entendeu que não era essa, mas uma outra (porventura de melhor qualidade), a arma devida. O devedor será condenado a entregar a espingarda devida, de nada lhe aproveitando ter depositado aquela que não devia.

SECÇÃO III

COMPENSAÇÃO*

350. *Reciprocidade de créditos.* Sucede a cada passo, na vida corrente, uma pessoa dever a outra certa quantia, por determinado título, e ser credora dela de igual ou diversa quantia, por título diferente. *A*, médico ou advogado, deve ao merceeiro (*B*) duzentos contos, como preço de géneros que este lhe forneceu; o merceeiro deve, por seu turno, igual importância, por serviços profissionais que o cliente lhe prestou.

Processando-se as duas relações creditórias nos termos usuais, *A* deveria entregar a *B* os 200 contos correspondentes ao preço da mercearia adquirida e *B* entregar, antes ou depois, a *A* os duzentos contos relativos a serviços clínicos ou forenses que este lhe prestou.

---

* VAZ SERRA, *Compensação*, 1952; *Id., Algumas questões em matéria de compensação no processo*, na R.L.J., 104.º, pág. 276 e segs.; PIRES DE LIMA e A. VARELA, *ob. cit.*, anot. aos arts. 847.º e segs.; R. VIGARAY, *El efecto automatico de la compensacion*, nos *Estudios de der. civ. en honor de* C. TOBEÑAS, IV, 1969, pág. 37 e segs.; MENDEGRIS, *La nature juridique de la compensation*, 1969; CARAVELLI, *Teoria della compensazione*, 1930; MASSIDA (FALQUI), *Compensazione*, Riv. dir. civ., 1961, VII, II, pág. 61; SCHLESINGER, *Compensazione, Novissimo Dig. Ital.*; RAGUSA-MAGGIORE, *Compensazione*, na *Enc. del dir.*; BÖRNER, *Die Aufrechnung mit der Forderung eines Dritten*, na N.J.W., 61, pág. 1 505; DIEDRICH, *Die Aufrechnungslage*, 1970, pág. 534; KEGEL, *Probleme der Aufrechnung*, 1936; MÜLLER, *Aufrechnung gegen unpfandbare Forderungen*, na J.Z., 1963, pág. 437; NIKISCH, *Die Aufrechnung im Prozess*, nos Fests. fur H. LEHMANN, II, 1956, pág. 765; OERTMANN, *Die rechtliche Natur der Aufrechnung*, no AcP., 113, pág. 376; REINICKE, *Zur Aufrechnung mit und gegen Schadensersatzforderungen*, na N.J.W., 1959, pág. 361; STÖLTZEL, *Die reichsgerichtliche Rechtsprechung über Eventualaufrechnung*, no AcP., 95, pág. 1, e 96, pág. 234; GERNHUBER, *ob. cit.*, § 12, pág. 207 e segs.

Das obrigações em geral

A solução, porém, que imediatamente acode ao espírito do jurista, em casos de *reciprocidade de créditos* como este, é a de os considerar extintos por *encontro de contas*, ou por *compensação* como tecnicamente se diz, para evitar às partes um duplo acto de cumprimento perfeitamente dispensável.

E o raciocínio feito para as dívidas *pecuniárias* recíprocas de *igual montante* pode ajustar-se por inteiro a outras prestações de coisas fungíveis ([1]), e aplica-se ainda, *mutatis mutandis*, a dívidas que não sejam de igual montante. Se os honorários do clínico ou do advogado forem de trezentos contos, e não de duzentos apenas, a tal solução prática recomendada pelo simples bom senso consistirá em considerar anbas as dívidas extintas no montante correspondente à de menor importância (200 contos), e obrigar apenas o merceeiro (*B*) a entregar à outra parte o saldo (100 contos) correspondente à diferença entre elas.

Note-se, aliás, que, além da razão tirada da simples *lei do menor esforço* ([2]) ([3]) e assente na ideia de que ambos os devedores têm igual *possibilidade* e *vontade* de cumprir, uma outra consideração,

---

([1]) É o caso de *A* e *B* terem feito certa lavoura a meias, de *B* ainda não ter entregue a *A* a quantidade de cereais a que este tinha direito, por virtude da respectiva colheita, mas de *A* também não ter restituído a mesma quantidade de cereais que pedira a *B* para uma outra sementeira.

([2]) É BARBERO (*ob.* e *vol. cits.*, pág. 232) quem fala, a propósito da compensação (parcial) entre dívidas de desigual montante, na «lei do mínimo meio»; e também BROX (pág. 180) alude à forma como a compensação facilita a extinção das obrigações, evitando o vai-vém das prestações (*das Hin und Her der Leistungen*).

Cumpre em todo o caso ter presente que, como HECK observa (§ 60, 3), a liberação oferecida ao credor com a compensação não equivale plenamente à realização da prestação devida. Recebendo a prestação, o credor pode dar-lhe qualquer aplicação que deseje, ao passo que, com a compensação, o seu crédito é aplicado à libertação de uma dívida.

([3]) A vantagem da eliminação dos pagamentos dispensáveis será particularmente significativa no caso de pessoas singulares ou sociedades que tenham frequentes relações entre si. Os múltiplos e sucessivos actos de pagamento, feitos num e noutro sentido, podem ser então substituídos por um único pagamento periódico a favor do titular do saldo.

Extinção das obrigações

situada em plano diferente, pode abonar também a solução da *extinção simultânea dos créditos recíprocos por meio de compensação*.

Se, no exemplo figurado, *B* estiver em risco sério de insolvência, o sistema normal de cumprimento das duas obrigações poderá dar como resultado que *A* pague integralmente a sua dívida (200 contos), e nada ou pouco venha a receber da cobrança do seu crédito. Tendo *A*, porém, a faculdade de considerar a sua dívida extinta por compensação com o crédito de que dispõe sobre o seu credor, fácil lhe será evitar a consumação desse resultado *injusto* ([1]).

Por isso PLANIOL e RIPERT ([2]) consideram que o papel da *compensação* é duplo: *simplifica* e *garante* os pagamentos. Também LARENZ ([3]) põe em destacado relevo o duplo papel do instituto da compensação.

Noção e modalidades da compensação. A compensação é exactamente o meio de o devedor se *livrar da obrigação, por extinção simultânea do crédito equivalente de que disponha sobre o seu credor* ([4]) ([5]).

Logo que se verifiquem determinados requisitos, a lei prescinde do *acordo* de ambos os interessados, para admitir a extinção das dívidas compensáveis, por simples imposição de um deles ao outro. Diz-se, quando assim é, que as dívidas (ou os créditos) se extinguem por *compensação legal* (unilateral).

([1]) Tendo porventura acentuadamente em vista a segunda das notas focadas no texto, escreve DIEZ-PICAZO (n.º 775) que «a raiz última da compensação, sob o ponto de vista jurídico, não se encontra tanto na simplificação das operações, nem na eliminação dos meios de pagamento dispensáveis, como no carácter *objectivamente injusto e desleal* (sublinhados nossos) do comportamento de quem reclama um crédito, sendo ao mesmo tempo devedor do demandado, pois contrário à boa fé é pedir aquilo mesmo que acto contínuo tem de ser restituído...»

([2]) *Traité pratique...*, VII, n. 1281, pág. 685.

([3]) *Ob. cit.*, I, 14.ª ed., § 18, pág. 255.

([4]) No fundo, como DIEZ-PICAZO (n. 775) argutamente observa, trata-se de uma *mútua liberação*, total ou parcial, de duas dívidas.

([5]) BROX (pág. 179), dentro do seu estilo acentuadamente sintético, define a compensação nestes termos lapidares: é a extinção (*Tilgung*) de dois créditos contrapostos, mediante uma declaração de vontade, unilateral e receptícia.

Das obrigações em geral

Havendo acordo das partes, a extinção pode operar-se mesmo sem a verificação de alguns dos requisitos exigidos para a compensação legal. Há, nesse caso, a chamada *compensação voluntária, contratual* ou *convencional*.

Dentro do esquema da compensação *legal*, encontram-se nas legislações dos diferentes países dois sistemas distintos. Numas, a compensação *opera de pleno direito* (como sucedia no Código de 1867: art. 768.º ([1])), querendo isto significar que a extinção das dívidas pode ser reconhecida oficiosamente, logo que os requisitos da compensação estejam apurados em juízo, ou pode, pelo menos, ser requerida *directamente* por terceiros nela interessados ([2]). Noutras, a compensação é um verdadeiro *direito potestativo*, depende da *declaração de uma das partes à outra*, só assim se tornando efectiva, como acontece com o novo regime fixado pelo Código Civil vigente (art. 848.º) ([3]).

Falam ainda alguns autores da *compensação judiciária*, para abranger os casos em que a extinção dos créditos recíprocos depende de uma decisão *constitutiva* dos tribunais.

Entre nós, enquanto a compensação *legal* dependeu da *liquidez* de ambas as dívidas (art. 765.º, n.º 1.º), usou-se a expressão compen-

---

([1]) Essa a orientação que, depois de consagrada pelo Código napoleónico (art. 1 290), transitou, não só para o Código português de 1867, mas também para o Código italiano (art. 1 286 do Cód. de 1865; cfr. art. 1 242 do Cód. de 1942) e para o Código espanhol (art. 1 202).

([2]) O artigo 1 242 do Código italiano vigente afasta expressamente o conhecimento oficioso da compensação.

Na doutrina francesa, apesar dos termos categóricos do artigo 1 290 («A compensação opera-se de pleno direito, pela simples força da lei, mesmo que os devedores a ignorem...»), também não falta quem convictamente recuse o conhecimento *oficioso* da extinção: PLANIOL e RIPERT, *Traité pratique*, VII (com a colab. de RADOUANT), n.º 1 290. Cfr., a propósito, VAZ SERRA, *ob. cit.*, n.ºs 1 e 2.

Em sentido coincidente com o de PLANIOL e RIPERT, mas realtivamente ao direito espanhol, veja-se DIEZ-PICAZO, n.º 784, para quem o carácter da compensação se refere apenas à retroactividade ou não retroactividade dos seus efeitos.

([3]) Idêntica orientação se encontrava já fixada no Código alemão (§ 388) e no Código suíço (art. 124).

Extinção das obrigações

sação *judiciária* na própria lei processual (art. 279.º, n.º 2.º, do Cód. Proc. Civil de 1939 e art. 274.º, n.º 2, al. *b*), do Cód. de 1961), para designar os casos em que o réu deduzia, por meio de reconvenção, um crédito *ilíquido* contra o Autor. Dada a iliquidez do crédito, ele só poderia aproveitar ao Réu depois da liquidação levada a cabo pelo tribunal, sendo essa a origem e a explicação do termo *judiciária*, com que o Código de Processo crismava a compensação ([1]).

Não se confunde com a *compensação* (mútua extinção de créditos recíprocos) a figura da *imputação* ou *dedução*, que consiste em abater ao montante de um crédito, para o reduzir à sua justa expressão numérica, a importância de certos factores (despesas, encargos, benefícios, etc.). Não há, em semelhantes hipóteses, dois créditos recíprocos que mutuamente se extingam, mas *um só crédito* cujo montante tem que ser diminuído de determinadas verbas.

Abundam na lei as *deduções* desta natureza (a que os autores alemães chamam *Anrechnungen*, em contraste com o nome dado à *compensação: Aufrechnung*), podendo citar-se, entre outros, além da *compensatio lucri cum damno* ([2]), no domínio da responsabilidade civil, e da *teoria da diferença*, quer no sector da responsabilidade civil, quer no âmbito do enriquecimento sem causa, os seguintes exemplos: artigos 795.º, 2; 815.º, 2; 884.º, 2; 1 040.º, 1 e 2; 1 216.º, 3; 1 222.º, etc. ([3]).

([1]) M. ANDRADE, *Noções elementares de processo civil*, I, 1963, n.º 76, pág. 141; LOPES CARDOSO, *Código de Processo Civil anotado*, 4.ª ed., anot. ao art. 274.º.

([2]) Como VAZ SERRA (*ob. cit.*, pág. 154) justamente observa, não há aqui nenhuma *compensação*, visto que o autor do facto ilícito não é credor da vítima desse facto. Do que se trata é de reduzir o crédito da indemnização, em virtude do lucro conseguido pelo credor com o facto ilícito, para se determinar o montante exacto do prejuízo por ele sofrido.

([3]) Cfr. LARENZ, I, 14.ª ed., § 18, VI, pág. 256 e GERNHUBER, *ob. cit.*, § 12, 2, pág. 208.

Das obrigações em geral

351. *Pressupostos:* A) *Reciprocidade dos créditos.* A compensação (legal) depende, por força do preceituado no artigo 848.º, da declaração de um dos devedores à contraparte. Mas, para que a extinção da dívida por compensação possa ser oposta ao notificado, torna-se necessária a verificação de uma série de requisitos, uns *positivos*, outros *negativos*.

À cabeça dos primeiros figura a *reciprocidade* dos créditos, logo destacada no começo do artigo 847.º («quando duas pessoas sejam *reciprocamente* credor e devedor...»).

Para que possa livrar-se da sua dívida por compensação, é essencial que o devedor seja, por outro lado, credor do seu credor ([1]).

O crédito com o qual o declarante extingue a sua dívida é o chamado *crédito activo.* É com ele que o devedor opera a extinção da sua dívida.

Chama-se *crédito passivo* àquele contra o qual a compensação opera.

O artigo 851.º trata desenvolvidamente deste requisito nos dois sentidos em que a *reciprocidade* interessa à compénsação.

Por um lado, afirma-se que a *compensação* apenas pode abranger a *dívida do declarante*, e não a de terceiro, afastando-se assim do âmbito da compensação *as dívidas de terceiro ao declaratário.*

Se *A* dever a *B* 1500 contos pela compra de um automóvel e for credor de *B*, em igual quantia, por tornas de uma partilha em que ambos foram partes, pode declarar compensada a sua dívida proveniente da aquisição do veículo com o crédito das tornas. Mas, se for *C* quem tiver comprado o automóvel, *A* não pode invocar o seu crédito às tornas para extinguir a dívida de *C* por compensa-

---

([1]) Para facilitar a distinção entre os dois créditos, pode chamar-se *crédito principal* (*Hauptforderung*, na terminologia germânica) àquele que o compensante visa extinguir, por ter nele a posição de devedor, e *contra crédito* (*Gegenforderung*) ao que ele invoca contra a outra parte, como instrumento jurídico-económico da compensação. Nesse sentido: BROX, pág. 180.

Extinção das obrigações

ção, apesar de, como é sabido, se não recusar a terceiros a faculdade de cumprirem no lugar do devedor (art. 767.º).

De contrário, facultar-se-ia aos credores uma injustificada e abusiva possibilidade de intromissão na gestão do património do devedor, com grave prejuízo da livre iniciativa deste.

Admitamos, porém, que a dívida de *C*, resultante da compra do automóvel, se encontra garantida por um penhor ou por uma hipoteca que *A* constituiu sobre bens seus, e que está já instaurada ou eminente a execução para pagamento do crédito de *B*.

Nesse caso, sabendo-se para mais que a penhora começará, em princípio, pelos bens constitutivos da garantia (art. 835.º do Cód. Proc. Civil), já se compreende que o dono dos bens ameaçados pela execução possa invocar o seu crédito contra o notificado para extinguir a dívida dum terceiro (devedor do preço do veículo), por compensação.

Nesses precisos termos se há-de interpretar a excepção aberta na parte final do n.º 1 do artigo 851.º ([1]).

Por outro lado, no intuito de afastar do âmbito da compensação os créditos de terceiro sobre o notificado, diz-se no n.º 2 do artigo 851.º que o devedor só pode livrar-se da obrigação *utilizando créditos seus, e não de terceiro.*

([1]) No artigo 2.º do articulado com que rematava o seu estudo sobre a *compensação*, VAZ SERRA (*ob. cit.*, pág. 185) referia-se, em termos ainda vincadamente casuísticos, ao dono da coisa hipotecada ou dada em penhor como garantia de dívida alheia, para abrir uma excepção ao princípio de que o declarante só pode extinguir por compensação a dívida própria, e não as dívidas de terceiro.

O artigo 851.º alargou, por um lado, a previsão do preceito correspondente do anteprojecto VAZ SERRA, libertando-se dos termos um pouco casuísticos em que este fora redigido. Em contrapartida, restringiu-se intencionalmente o âmbito da actuação do dono da coisa: já não se diz (como, de algum modo, sucedia ainda com os textos saídos da 1.ª revisão ministerial: arts. 828.º, 1 e 763.º, al. a)) que o dono da coisa pode libertá-la, mediante compensação, passando a dizer-se que o declarante pode, por compensação, extinguir a dívida de terceiro, apenas quando *estiver em risco de perder o que é seu* em virtude de execução por dívida de terceiro. Cfr. PIRES DE LIMA e A. VARELA, *ob. cit.*, anot. ao art. 851.º. No mesmo sentido do texto português, cfr. o § 268., II, do BGB.

Das obrigações em geral

Assim se tem entendido que o fiador não pode livrar-se da obrigação que sobre ele impende, por meio de crédito que o devedor principal 'tenha contra o credor (¹) (²). Tal como ao devedor solidário não é lícito livrar-se, invocando o crédito de qualquer dos seus condevedores contra o credor (³) (⁴), nem ao sócio invocando um crédito da sociedade, nem ao co-herdeiro fundando-se num crédito da herança (⁵).

A principal razão da orientação da lei provém logo do facto de não ser justificada a intromissão de quem quer que seja na disponibilidade do crédito alheio. O devedor afiançado, bem como o condevedor solidário, que sejam credores do seu credor, podem preferir, por qualquer razão, cumprir a obrigação, a que se encontram adstritos, e exigir separadamente o cumprimento do seu crédito. Mas, ainda que assim não seja, por estarem dispostos a *consentir* na utilização do seu crédito para efeito de compensação com a dívida do declarante (crédito principal), não parece razoável que ao notificado possa ser imposta a extinção do seu crédito em semelhantes condições (⁶).

(¹) Em sentido diferente, PLANIOL e RADOUANT, *ob. cit.*, n.º 1 284 e o artigo 1 247 do Cód. civil italiano.

(²) O fiador pode, no entanto, recusar sempre o cumprimento, enquanto o direito do credor puder ser satisfeito por compensação com 'um crédito do devedor, ou enquanto este tiver a possibilidade de se valer da compensação com uma dívida do credor: art. 642.º.

(³) No mesmo sentido o § 422 do BGB e o artigo 1294 do Código Civil francês. Uma vez invocada, porém, pelo condevedor que tenha legitimidade para o fazer, a compensação (apesar de constituir um meio pessoal de defesa) passa a aproveitar a todos os outros: art. 523.º

(⁴) Em sentido diferente, o artigo 1 302, I, Cód. Civil italiano.

(⁵) No mesmo sentido, quanto ao usufrutuário de um crédito, que também o não poderá invocar para se livrar da obrigação correspondente ao crédito principal, cfr. VAZ SERRA, *ob. cit.*, pág. 38.

Mais discutível parece ser o caso do devedor, que seja ao mesmo tempo *credor pignoratício* do seu credor: em sentido negativo, OERTMANN, *loc. cit.*, e LARENZ, § 18, VI, pág. 256, nota 48; em sentido afirmativo, ENNECCERUS-LEHMANN, § 70, 1, 2 e com dúvidas, VAZ SERRA, *loc. cit.*

(⁶) O credor (declaratário) ficaria prejudicado, escreve VAZ SERRA (*ob. cit.*, pág. 29), pois ao passo que o devedor poderia compensar contra ele, utilizando o

Extinção das obrigações

Diz-se, por fim, no n.º 2 do artigo 851.º, completando a delimitação dos contracréditos utilizáveis na extinção do crédito principal, que só procedem para o efeito da compensação créditos do declarante *contra o seu credor*.

Pretende-se deste modo afastar concretamente a possibilidade de o devedor se livrar da obrigação, mediante a *invocação de um crédito seu, não contra o credor* dessa obrigação, mas contra uma pessoa ligada por certa relação jurídica a este credor.

Assim é que, para exemplificar, o devedor do tutor não pode invocar, para compensar a dívida, o crédito que tenha contra a pessoa do tutelado; o devedor da sociedade não pode compensar o seu débito com o crédito que tenha contra um sócio da mesma sociedade; o devedor da herança não pode compensar a sua dívida perante a massa hereditária com o crédito que tenha sobre um dos co-herdeiros; o promitente, no contrato a favor de terceiro, não pode livrar-se da obrigação assumida para com o terceiro beneficiário por compensação com o crédito que tenha sobre o estipulante ou promissário ([1]).

Porém, no que toca aos credores solidários, entende-se que o devedor demandado pode livrar-se da sua obrigação por compensação, invocando não apenas o crédito que tenha sobre o credor demandante, como também o que tenha sobre algum dos outros credores, mas, neste último caso, tão somente até ao limite do valor da parte que esse credor tenha no crédito solidário. Assim, se A, B e C forem credores solidários de D por 9000 contos e D por, sua vez, credor de A por 4000 contos, na hipótese de B de-

---

crédito de outrem, o credor não o poderia fazer contra o devedor. Cfr., no mesmo sentido, ENNECCERUS-LEHMANN, § 70, nota 5 e VON TUHR, n.º 77, II, 1.

([1]) Como excepção a este último corolário da *reciprocidade* — segundo o qual o devedor só pode compensar a sua obrigação com um crédito sobre o seu credor — apontam os autores o caso da compensação oponível ao *cessionário* pelo devedor *(cedido)* com base num crédito sobre o *cedente* — compensação que o artigo 585.º permite, sempre que o contra crédito provenha de facto anterior ao conhecimento da cessão. Vide LARENZ, *loc. cit.*

Das obrigações em geral

mandar *D* pelo cumprimento da totalidade da dívida, o demandado poderá opor-lhe, por via de *compensação*, o seu crédito contra *A*, mas apenas até ao limite de 3000 contos.

352. *B*) *Validade, exigibilidade e exequibilidade do contracrédito (do compensante), do crédito activo.* Para que o devedor se possa livrar da obrigação por compensação, é preciso que ele possa impor *nesse momento* ao notificado *a realização coactiva* do crédito (contra crédito) que se arroga contra este. A alínea *a*) do n.º 1 do artigo 847.º concretiza esta ideia, explicitando os corolários que dela decorrem: o crédito do compensante tem de ser *exigível* judicialmente e não estar sujeito a nenhuma *excepção*, peremptória ou dilatória, de direito material ([1]).

Diz-se *judicialmente exigível* a obrigação que, não sendo voluntariamente cumprida, dá direito à acção de cumprimento e à execução do património do devedor (art. 817.º) ([2]) — requisito que não se verifica nas obrigações naturais (art. 402.º), por uma razão, nem nas obrigações sob condição ou a termo, quando a condição ainda não se tenha verificado ou o prazo ainda se não tenha vencido, por outra.

Esta a razão legal por que o declarante não pode livrar-se duma obrigação civil, invocando como compensação um crédito *natural* sobre o credor ou um crédito (civil) ainda não vencido ([3]) ([4]). Tão pouco procederá para o efeito um crédito contra o qual o notificado possa e queira fundadamente invocar qualquer facto que, com base no direito substantivo, conduza à improcedên-

---

([1]) Na mesma ordem de ideias escreve VON TUHR (n.º 77, v) que «este requisito da compensação deduz-se da ideia de que a compensação é um acto por meio do qual se pode impor um crédito contra a vontade da parte contrária.»

([2]) No mesmo sentido se afirmava, no § 2.º do artigo 765.º do Código de 1867, que a dívida exigível é aquela «cujo pagamento pode ser exigido em juízo».

([3]) Para maiores desenvolvimentos, veja-se VAZ SERRA, *ob. cit.*, n.º 8.

([4]) Mesmo que o prazo tenha sido concedido gratuitamente pelo interessado na declaração de compensação: artigo 849.º. Cfr. PIRES DE LIMA e A. VARELA, *Cod. civ. anot.*, comentário ao art. 849.º.

Extinção das obrigações

cia definitiva da pretensão do compensante (prescrição, nulidade (¹) ou anulabilidade, por ex.) ou impeça o tribunal de julgar desde logo a pretensão como procedente (v. gr., excepção de não cumprimento do contrato; benefício da excussão, se o notificado for um simples fiador; etc. (²).

353. *C) Fungibilidade do objecto das obrigações.* Exige-se, em terceiro lugar, na alínea *b*) do n.º 1 do artigo 847.º, para que haja compensação, que as duas obrigações tenham por objecto *coisas fungíveis* da mesma espécie e qualidade.

A compensação pode assim operar, não só entre obrigações pecuniárias (designadamente entre obrigações de quantidade ou entre obrigações pagáveis na mesma moeda corrente estrangeira), mas também entre obrigações genéricas da mesma espécie e qualidade e até entre prestações de coisas determinadas, desde que fungíveis. Mesmo que o crédito invocado pelo compensante (contra crédito) corresponda a uma *obrigação alternativa*, ou a uma *obrigação genérica*, em que lhe caiba a escolha da prestação, nada obstará à compensação, desde que o declarante escolha, de facto, coisa do mesmo género e qualidade das que ele próprio deve à contraparte.

Este requisito da *homogeneidade* das prestações compensáveis é um puro corolário da ideia de que o credor não pode ser forçado (contra sua vontade) a receber coisa diferente da que lhe seja devida, ainda que de valor equivalente ou até superior.

(¹) No fundo, foi um vício desta natureza que levou o S.T.J. a recusar justificadamente a *compensação* no caso julgado pelo ac. de 11-VI-1969 (anot. na R.L.J., 103.º, pág. 435 e segs.). A devedora (Fábrica de Produtos Estrela, Ld.ª) pretendia compensar a sua dívida (proveniente de suprimentos feitos à sociedade) para com um sócio, invocando um crédito contra este (participação do sócio nos prejuízos sociais dos exercícios de 1956, 1957 e 1958), que foi fundadamente impugnado por carência de base legal.

(²) Sobre a classificação das excepções, em geral, e a noção de excepções peremptórias ou dilatórias, dentro do direito material, vide, por todos, M. ANDRADE, *Noções elementares de processo civil*, 1963, pág. 124 e segs. *Vide*, a propósito, o ac. da Rel. de Lisboa, de 5-XII-1978, na *Col. Jur.*, III, 5, p. 1571.

Das obrigações em geral

Se *A*, devendo a *B* cem garrafas de vinho de uma colheita especial, pudesse extinguir por compensação a dívida com o crédito que tem sobre *B*, relativamente a cem garrafas de vinho comum da mesma marca, ficaria o credor *B* lesado. Só quando as prestações debitórias sejam *homogéneas, hoc sensu*, a *mútua extinção* dos débitos deixará as partes, em princípio, na mesma situação em que se encontrariam, se ambas as obrigações (compensáveis) fossem curialmente cumpridas ([1]).

A *homogeneidade* das obrigações não pressupõe que as prestações em dívida tenham de ser de *igual montante*, nem sequer que devam ser efectuadas *no mesmo lugar*.

«Se as duas dívidas não forem de igual montante, diz o n.º 2 do artigo 847.º, pode dar-se a compensação na parte correspondente» ([2]).

E é principalmente para a hipótese da desigualdade do montante das dívidas oponíveis, e de ser maior a do crédito invocado pelo réu (compensante), que ainda hoje aponta a alínea *b*) do n.º 2 do artigo 274.º do Código de Processo Civil, ao declarar admissível a reconvenção, quando o réu se propõe obter a compensação.

Quanto à diversidade de lugares do cumprimento, o artigo 852.º, depois de afirmar que o facto não constitui, por si, nenhum obstáculo à compensação, obriga o declarante a indemnizar o prejuízo que ela eventualmente cause à contraparte ([3]).

([1]) Sobre os termos em que pode aceitar-se a *homogeneidade* de prestações entre uma obrigação de *quantidade* (pecuniária) e uma dívida de *valor*, vide REINICKE, *est. cit.*, na N.J.W., 59, pág. 361.

([2]) Trata-se, como é sabido, de uma das excepções ao princípio da *realização integral da prestação*, prevista no n.º 1 do artigo 763.º

([3]) Era essa a linha da orientação já traçada no artigo 776.º do Código de 1867. Enquanto este, porém, aludia apenas ao pagamento das «despesas de mais» provocadas pela compensação, o Código vigente (art. 852.º, 2), usando uma fórmula semelhante à do Código alemão (§ 391, I) e do Código grego (art. 446.º), refere-se analiticamente aos danos que o notificado possa sofrer por «não receber o seu crédito ou não cumprir a sua obrigação no lugar determinado.»

A firma *A* deve, por hipótese, à congénere *B* 2 000 toneladas de gasóleo, a

Extinção das obrigações

354. *D)* *Existência e validade do crédito principal.* Para que proceda a *compensação* (como mútua extinção de obrigações recíprocas), torna-se finalmente necessário que exista e seja válido o débito do compensante, ou seja, o *crédito passivo.*

Se esse débito (o chamado *crédito principal*) não existe, for nulo ou vier a ser anulado, a compensação não se verificará; e se, porventura, a compensação tiver surtido *praticamente* os seus efeitos, o crédito do compensante renascerá com todas as suas garantias, logo que se apure a inexistência, a nulidade ou a anulação do débito em que ele se julgava constituído ([1]) ([2]).

Ao invés, porém, do crédito do compensante, não se torna necessário que a sua dívida seja uma obrigação *civil,* nem sequer

---

entregar no Porto, e a firma *B* (com escritórios de venda em Lisboa e no Porto) deve à primeira igual quantidade desse produto, a entregar em Lisboa.

Se a firma *A* invocar a compensação para se desonerar, pode bem suceder que a firma *B,* contando com o produto para distribuir no Porto, tenha de suportar despesas de transporte com que não contava para satisfazer os seus clientes. No caso de ser a firma *B* a declarar a compensação, pode a firma *A* ser lesada por não beneficiar do regime mais favorável que, por hipótese, lhe proporcionaria o cumprimento na cidade do Porto.

([1]) O artigo 856.º refere-se à hipótese da nulidade ou da anulação da compensação, por vício inerente ao negócio compensatório e não a qualquer das obrigações nela envolvidas. Só assim se compreende a estatuição do artigo, prescrevendo a *subsistência* das obrigações, depois de declarada a nulidade ou a anulação da compensação.

A doutrina estabelecida neste caso quanto à manutenção das garantias prestadas por terceiro é análoga à fixada nos lugares paralelos do artigo 856.º (arts. 766.º, 839.º, 860.º, 2; 866.º, 3; e 873.º, 2). A única diferença existente entre eles provém do facto de, na compensação, haver dois credores, e não ser justo que um deles fosse prejudicado com a eliminação das garantias prestadas por terceiro, quando a causa da nulidade ou da anulação seja imputável à outra parte. Vide Pires de Lima e A. Varela, *ob. cit.,* anot. ao art. 856.º.

([2]) Por isso se não concebe que alguém invoque a compensação para se liberar dum crédito cuja existência impugna, a não ser que o faça *subsidiariamente,* para a hipótese de a dívida vir a ser reconhecida como existente. *Vide,* a propósito, o ac. do Sup. Trib. Just., de 10-2-1983 (B.M.J., 324, pág. 513).

A propósito da compensação eventual (que não se confunde com a compensação sob condição que o n.º 2 do artigo 848.º condena), cfr. Vaz Serra, *Algumas questões... cit., Revista,* 104.º, pág. 373.

Das obrigações em geral

uma obrigação *exigível*. Por um lado, nada impede que se trate de uma pura *obrigação natural*. Sendo o *debitor naturalis* quem espontaneamente quer cumprir, aceitando em troca a extinção do seu *crédito civil* (por compensação), nenhum obstáculo se levanta contra a sua intenção. Da mesma forma, se a sua dívida ainda não estiver vencida, mas, renunciando ao benefício do prazo, o compensante quiser extingui-la por compensação com o seu crédito já exigível, nenhuma razão impedirá que o faça. E outro tanto se diga, *mutatis mutandis*, para a hipótese de a sua dívida (o *crédito principal*) já se encontrar em condições de ser declarada extinta por prescrição, mas ele não estar disposto a socorrer-se desse meio ([1])

355. *Causas de exclusão da compensação: A) Proveniência (do crédito principal) de facto ilícito doloso.* Mesmo que os créditos oponíveis reunam todos os requisitos *positivos* analisados nos números precedentes, há circunstâncias que obstam à compensação.

Trata-se de factos (*excepções*) que não permitem que o devedor considere *extinta* a sua *dívida*, por compensação com o crédito de que dispõe sobre o seu credor.

A primeira das *causas de exclusão* mencionadas no artigo 853.º (1, al. *a*)) é a de o crédito (principal) provir de um *facto ilícito doloso* ([2]). Quando assim seja, o devedor da respectiva indemnização não pode impor ao lesado a extinção da dívida com qualquer crédito de que o lesante disponha contra o seu credor.

A razão justificativa da medida está em que, podendo a compensação traduzir-se num *benefício* para o compensante (que tem, através dela, plenamente assegurada a realização indirecta do seu contra crédito), não se considera *justo* que o autor do facto ilícito doloso aproveite de semelhante regime. O devedor tem, nesses

---

([1]) Quanto à hipótese de o contra crédito estar em condições de prescrever, vide *infra*, n.º 349.

([2]) Doutrina idêntica consagram o § 393 do Código alemão e o artigo 450 do Código grego.

208

Extinção das obrigações

casos, de cumprir a obrigação de indemnização e de correr, quanto à cobrança do seu crédito, os riscos que suportam todos os demais credores.

Sendo esta a verdadeira *ratio legis*, nenhum fundamento existe para se permitir a compensação, na hipótese de o crédito do compensante provir também de um facto ilícito doloso ([1]). Com efeito, o conflito de interesses que está na base da primeira excepção aberta pelo artigo 853.º não é tanto o que respeita às partes *directamente* envolvidas no fenómeno da compensação, como o que opõe o devedor da indemnização proveniente do facto ilícito, na sua outra veste de credor da contraparte, aos restantes credores do lesado.

Assim, se *A* dever 1000 contos a *B* por causa dos estragos dolosamente causados nas culturas do prédio vizinho, e *B* dever 2000 contos a *A*, por dolosamente ter faltado ao cumprimento do contrato que ambos celebraram entre si, nenhum dos interessados pode desonerar-se perante o outro por compensação. Qualquer deles tem de cumprir integralmente e correr o risco da insolvência do devedor, quanto à cobrança do seu crédito.

O que a *ratio legis* permite acrescentar às considerações expostas é que a compensação pode operar os seus efeitos, se o compensante for o credor (e não o devedor) da indemnização pelos danos provenientes do facto ilícito doloso ([2]).

Se *A* tiver o direito de exigir 150 contos de *B*, que voluntariamente o agrediu, nada impedirá que o agredido se considere desonerado, por compensação, da dívida de igual montante por géneros que *B* lhe forneceu.

A compensação não ofende nesse caso o interesse fundamental que a alínea *a*) do n.º 1 do artigo 853.º visa salvaguardar.

([1]) Vide LARENZ, § 18, VI, pág. 259. Em sentido contrário ao sustentado no texto, C. GONÇALVES, *ob. cit.*, n.º 620; em termos diferentes de um e outro, VAZ SERRA, *ob. cit.*, pág. 79, nota 209.

([2]) No mesmo sentido, LARENZ, *loc. cit.*

Das obrigações em geral

356. *B) Impenhorabilidade do crédito principal.* O devedor também não pode livrar-se por meio da compensação, se o direito do seu credor for impenhorável (art. 853.º, 1, alínea *b*)).

Os créditos impenhoráveis visam, por via de regra, garantir a subsistência do credor ou da respectiva família ([1]), assim se explicando que a lei não permita a sua extinção por encontro com outros créditos não revestidos de igual força ([2]), porque não afectados a idêntica ou análoga finalidade.

É impenhorável, por exemplo, o direito a alimentos, acrescentando o artigo 2008.º (n.º 2) que «o obrigado não pode livrar-se por meio de compensação, ainda que se trate de prestações já vencidas ([3])». E são igualmente impenhoráveis, conquanto só em parte, os créditos referidos nas alíneas *a*) e *b*) do n.º 1 do artigo 824.º do Código de Processo Civil, ligados à remuneração do trabalho ou a fins de previdência.

Na hipótese, pouquíssimo frequente na prática por certo, de ambos os créditos (recíprocos) serem impenhoráveis, já a compensação se torna legalmente viável ([4]).

357. *C) Pertença do crédito principal ao Estado ou a outras pessoas colectivas públicas.* A alínea *c*) do n.º 1 do artigo 853.º exclui do âmbito da compensação os créditos do Estado ou de outras pessoas

---

([1]) BROX, § 4, V, pág. 185.

([2]) Assim se compreende que o Código suíço (art. 125.º, n.º 2.º) aluda directamente aos créditos cuja natureza especial exige o pagamento efectivo ao credor, tais como os alimentos e o salário absolutamente necessário à mantença do devedor e da sua família.

([3]) Idêntica doutrina se encontrava já concretamente consagrada no n.º 3.º do artigo 767.º do Código de 1867, quanto ao direito a alimentos e, de um modo geral, quanto ao direito a outras coisas que não pudessem ser penhoradas.

([4]) Questionável é o caso de o devedor do crédito impenhorável (patrão devedor do salário) ser, por seu turno, credor de indemnização por danos provenientes de facto ilícito doloso. Os tribunais alemães tendem, nesse caso, a admitir a compensação, desde que o facto ilícito doloso tenha sido cometido no âmbito da relação jurídica da qual deriva o crédito impenhorável. Vide LARENZ, I, 14.ª ed., § 18, VI, pág. 260.

210

Extinção das obrigações

colectivas públicas, salvo quando a lei excepcionalmente o autorize.

Já o n.º 5.º do artigo 767.º do Código anterior estabelecia, em princípio, a mesma doutrina para as dívidas do Estado ou municipais.

A lei vigente, ao mesmo tempo que ampliou a solução, estendendo-a a todos os créditos das pessoas colectivas públicas ([1]), tornou mais explícita no seu texto a ideia de que são *esses créditos* que não podem ser declarados extintos pelos respectivos devedores por meio de compensação com outros créditos. A razão da excepção assenta, quer no carácter das necessidades a que esses créditos visam acudir, quer na perturbação e no embaraço que a compensação poderia causar às normas de contabilidade e às regras orçamentais por que se rege, em princípio, a administração do Estado e das demais pessoas colectivas públicas ([2]).

Com efeito, a doutrina do artigo 853.º começa por valer para todos os créditos de *direito público*, e não apenas para os créditos de *impostos*, como resulta do confronto entre o texto desse preceito e a redacção das disposições sugeridas no estudo preliminar de VAZ SERRA ([3]). E é aplicável, tanto aos créditos de direito público, como aos créditos de direito privado, visto a lei não ter distinguido, quando manifestamente o deveria ter feito, em face dos trabalhos preparatórios, se fosse outra a sua intenção.

358. *D) Lesão de direitos de terceiro*. Verificados os requisitos discriminados no n.º 1 do artigo 847.º, e não se dando nenhum dos

---

([1]) Vide ac. do Sup. Trib. Just., de 5-12-1985 (*Bol. Min. Just.*, 352, pág. 306) e a anotação crítica de FILINTO ELÍSIO, *Da compensabilidade dos créditos da banca nacionalizada*, na R.O.A., 46, III, pág. 771.

([2]) PIRES DE LIMA e A. VARELA, *ob. cit.*, anot. ao art. 853.º. Note-se, porém, que a excepção só aproveita, pelo seu espírito, às verdadeiras pessoas colectivas públicas (ou pessoas colectivas de direito público), e já não as chamadas *empresas públicas*, a que, a cada passo, se dá *impropriamente* a designação de pessoas colectivas públicas.

([3]) *Ob. cit.*, pág. 101.

Das obrigações em geral

casos especialmente contemplados no n.º 1 do artigo 853.º, os créditos tendem a extinguir-se por compensação, logo que qualquer dos interessados o declare ao outro.

Mas pode bem suceder que a compensação, a operar-se, prejudicasse injustamente os direitos de terceiro.

A deve a *B* 3000 contos, por mercadorias que este lhe vendeu. Antes de *B* se ter tornado, por sua vez, devedor de *A* pela importância de 4000 contos, aconteceu que o crédito de *B* foi dado em penhor a *C*, ou foi por este arrestado ou penhorado em execução movida contra *B*.

Se *A* pudesse considerar-se desobrigado em tais circunstâncias, por compensação com o crédito que posteriormente obteve sobre *B*, a solução envolveria um injustificado sacrifício dos direitos que *C*, antes disso, adquiriria sobre o crédito de *B*.

Já o artigo 775.º do Código de 1867 procurava afastar semelhante atropelo, afirmando um pouco vagamente que «a compensação não pode admitir-se com prejuízo do direito de terceiro» (¹). O Código vigente repete, no n.º 2 do artigo 853.º, a mesma ideia básica, mas com mais precisão, dizendo que «também não é admitida a compensação, se houver prejuízo de direitos de terceiro, constituídos antes de os créditos se tornarem compensáveis...»

Se os direitos de terceiro sobre um dos créditos (seja esse direito um penhor, um usufruto, uma penhora, um arresto, etc.) (²) tiverem sido constituídos depois de os créditos se haverem tornado compensáveis, ou seja, depois de se terem reunido no caso concreto os requisitos de que faz menção o artigo 847.º, a sua existência já não constituirá obstáculo à compensação (³).

(¹) Sobre a interpretação deste preceito, vide G. MOREIRA, n.º 82 e C. GONÇALVES, *ob. e vol. cits.*, n.º 617.

(²) O artigo 1 250 do Código italiano refere-se apenas ao direito de penhor ou de usufruto adquirido sobre um dos créditos.

(³) Também não constitui obstáculo à compensação o facto de o credor do compensante cair em falência ou insolvência, desde que os créditos se tenham tornado compensáveis antes da declaração de falência ou de insolvência.

Extinção das obrigações

O artigo 853.º atribui deste modo, na selecção dos direitos de terceiro que não podem ser postergados pelo fenómeno compensatório, uma importância decisiva, não à *declaração* de compensação, mas *ao momento* em que os créditos se tornam *objectivamente compensáveis*, à situação de *compensabilidade* das dívidas — à *Aufrechnungslage*, como lhe chamam os autores alemães, por contraposição à *Aufrechnungserklärung*.

Note-se que o n.º 2 do artigo 853.º se não limita a proclamar a *ineficácia* da compensação em relação a terceiros, solução que daria lugar a incertezas e a sérios embaraços na definição da situação do compensante perante o seu credor e o terceiro. Seguindo na peugada do Código anterior, a lei vigente declara pura e simplesmente *inadmissível* a compensação, quando a extinção de qualquer dos créditos acarretasse para os terceiros o prejuízo que se considera injusto.

359.   *E) Renúncia do devedor.* A última das causas de exclusão da compensação é a *renúncia* do devedor ([1]).

Já no artigo 771.º do Código de 1867 se afirmava que «o direito de compensação pode ser renunciado, não só expressamente, mas também por factos de que se deduza necessariamente a renúncia». Solução que facilmente se aceita, sabendo que a compensação é instituída no interesse das partes, e não em nome de quaisquer princípios de interesse e ordem pública.

A renúncia é um acto *unilateral*, na medida em que a abdicação do direito vale, independentemente do acordo do beneficiário. Mas nada impede que a declaração de renúncia seja incluída num acordo contratual.

Embora o n.º 2 do artigo 853.º o não diga directamente, como fazia o artigo 771.º do Código de 1867, a declaração de renúncia tanto pode ser *expressa* como *tácita*. Nenhuma razão existe, na verdade, para que não seja considerada aplicável à renúncia da com-

---

([1]) DRAKIDIS, *Des effets à l'égard des tiers de la renonciation à la compensation adquise.* na *Rev. trim. droit civil*, 1955, pág. 238.

Das obrigações em geral

pensação a doutrina geral sobre as modalidades da declaração fixada nos artigos 217.º e 218.º. E não estão prescritas fórmulas *sacramentais*, nem na lei nem nos usos, para a declaração *expressa* da renúncia. Qualquer declaração que deixe, portanto, transparecer a ideia da *abdicação* do direito de compensar — como a promessa de cumprimento *efectivo;* a promessa de entrega em determinado momento e em certo lugar, não obstante o disposto no artigo 852.º ([1]) — pode servir para o efeito, contanto se mostre ser essa a real intenção do declarante.

360. *Declaração de compensação. Alusão à declaração de compensação em juízo.* Conhecidos os requisitos da compensação e examinadas as causas que a excluem, falta agora saber como se opera a compensação e que efeitos produz.

«A compensação torna-se efectiva, diz a esse propósito o n.º 1 do artigo 848.º, mediante declaração de uma das partes à outra». E o artigo 854.º, completando. o pensamento da lei, acrescenta o seguinte: «Feita a declaração de compensação, os créditos consideram-se extintos desde o momento em que se tornaram compensáveis».

É sobre o *binário* constituído por estas duas disposições--chave — *direito potestativo*, de um lado; *retroactividade* da declaração do compensante, do outro — que assenta o esquema do regime fixado pela nova lei civil.

Enquanto o Código de 1867, na cola da legislação napoleónica, ensinava que «a compensação opera *de direito* os seus efeitos» (art. 768.º) ([2]), o novo Código afirma, pelo contrário, que a compensação só se dá mediante declaração de uma das partes à outra ([3]).

([1]) Haja em vista a presunção legal de renúncia estabelecida no § 391, II, do Código alemão.

([2]) É, como vimos, o sistema dos códigos francês (art. 1 290), italiano (art. 1 242) e espanhol (art. 1 202).

([3]) Regime idêntico, por seu turno, ao dos Códigos alemão (§ 388), suíço (art. 124) e grego (art. 441).

Extinção das obrigações

A compensação reveste, assim, a configuração de um direito *potestativo*, que se exercita por meio de um negócio jurídico *unilateral*. A respectiva declaração é, pelo próprio teor (e espírito) do n.º 1 do artigo 848.º, uma declaração *receptícia* (art. 224.º), que tanto pode ser feita por via *judicial*, como *extrajudicialmente* [1] [2]. No primeiro caso, pode ser efectuada por meio de *notificação judicial avulsa* (art. 261.º do Cód. Proc. Civil), exclusivamente destinada a levar ao conhecimento da outra parte a intenção do compensante, ou por via de *acção judicial*, seja através da *petição inicial*, seja através da *contestação*.

Quando a compensação é invocada na acção judicial pelo réu, como as mais das vezes acontece, levantam-se entre os autores as maiores dúvidas e algumas divergências fundamentais de pontos de vista quanto ao enquadramento dogmático da declaração do demandado entre as várias categorias dos *meios processuais de defesa*.

Há quem considere que a compensação (mesmo com dívida líquida) só pode ser oposta como *reconvenção* [3]; outros, com VAZ SERRA à cabeça, entendem que, pelo contrário, a compensação

---

[1] O que ela não pode, sob pena de ineficácia, é ser feita sob condição ou a prazo (art. 848.º, 2), por fundadamente se entender que a situação da contraparte (e, por via reflexa, a dos terceiros interessados) deve ficar definida com precisão desde logo, e não sujeita a uma incerteza, cujos efeitos se agravariam com o princípio da retroactividade fixado no artigo 854.º.

Isso não obsta, porém, a que a compensação possa ser invocada apenas *subsidiária* ou *eventualmente* no processo (VAZ SERRA, *ob. cit.*, págs 169 e segs. e ainda *est. cit.*, na R.L.J., 104.º, pág. 372). *A* intenta contra *B* uma acção de condenação para obter a entrega do preço da coisa que lhe vendeu. *B* impugna a existência da venda ou afirma que o crédito do preço prescreveu; mas, *subsidiariamente*, invoca a compensação com um crédito que se arroga sobre o autor (art. 469.º do Cód. Proc. Civ.). Cfr. BROX, pág. 183; LARENZ, § 18, VI, pág. 262. HECK, § 61, *a*).

[2] Como envolve a disposição de um direito, a compensação só pode ser realizada por quem, sendo capaz, tenha o poder de disposição sobre o crédito compensante. Vide HECK, § 61, 5.

[3] É a doutrina categoricamente sustentada no ac. do S.T.J., de 16-IV-1971 (*Rev. Trib.*, 89.º, pág. 364); cfr. ainda LOPES CARDOSO, *Código de Processo Civil anotado*, 4.ª ed., nota ao art. 274.º.

Das obrigações em geral

funciona sempre, bem escalpelizadas as coisas, como uma *excepção peremptória* ([1]); outros, finalmente, admitem que a compensação constitui umas vezes uma excepção peremptória, outras uma autêntica pretensão reconvencional ([2]).

As divergências assinaladas provêm de duas circunstâncias: em primeiro lugar, da noção *defeituosa* (porque *unilateral* ou *incompleta*) que alguns autores revelam do fenómeno *global e complexo* da compensação; em segundo lugar, da relativa desarmonia existente entre o *meio substantivo* invocado pelo réu (compensante) e o *fim processual* por ele visado.

Imagine-se, para melhor compreensão da observação exposta, que *A* demandou *B* para obter o pagamento do preço (2500 contos) de mercadorias que lhe forneceu e que *B* contesta, invocando a indemnização que *A* lhe deve por virtude de danos, gravíssimos (avaliados, *grosso modo*, em cerca de 3000 contos) causados por um acidente de viação.

Quando, em situações como esta, se alude à compensação invocada pelo réu na contestação tem-se, por via de regra, apenas em vista a *extinção* da *obrigação* em que *B* (o réu) se encontra constituído perante *A* (o autor). Esquece-se ou subestima-se o facto de,

---

([1]) VAZ SERRA, *Algumas questões em matéria de compensação no processo*, na R.L.J., 104.º, especialmente pág. 292, e 105.º, pág. 68.

([2]) Cfr., na jurisprudência, o ac. do Sup. Trib. Just. de 14-1-1982 (no *Bol. Min. Just.*, 313, pág. 288) e, na doutrina: M. ANDRADE, *Noções elem. proc. civ.*, n.º 76; PIRES DE LIMA e A. VARELA, *Cód. Civ. anot.*, com. ao art. 848.º; *Rev. Trib.*, 89.º, pág. 367, anot. ao ac. do S.T.J. de 16-IV-1971; ANSELMO DE CASTRO, *A acção executiva singular, comum e especial*, 1970, pág. 280, nota 2; in Rel. de Lisboa, de 15 de Julho de 1980 (*Col. Jur.*, V, 4, pág. 85).

Nem todos estes autores estão, porém, de acordo na delimitação dos casos em que a compensação reveste uma outra fisionomia: para uns (A. CASTRO e M. ANDRADE), a compensação só dá lugar à reconvenção quando, sendo o crédito invocado pelo réu de montante superior ao reclamado pelo autor, aquele pede a condenação deste no cumprimento do crédito residual; para outros (PIRES DE LIMA e A. VARELA e *Rev. Trib.*), haverá ainda reconvenção nos casos em que o réu invoque, como meio de compensação, um crédito ilíquido, sem embargo de a liquidez já hoje não constituir um requisito da *compensabilidade* dos créditos.

Extinção das obrigações

para obter tal efeito, o réu invocar a existência de uma outra relação creditória e *cobrar por suas próprias mãos* o crédito que da nova relação trazida a juízo emerge a seu favor, abatendo o seu montante sobre o que deve à contraparte ([1]).

Doravante, ou seja, a partir da contestação, a verdade é que o tribunal, em lugar de apreciar apenas a relação emergente da compra e venda, terá de examinar e julgar também uma outra relação inteiramente distinta da causa de pedir invocada pelo autor — a questão de *responsabilidade civil* suscitada pelo contestante. Quanto ao acidente de viação em que a responsabilidade se funda, a contestação assume no processo a função de uma verdadeira *petição inicial*, e a réplica o papel da *contestação*, tal como sucede na generalidade dos casos de reconvenção.

Analisadas as coisas sob este prisma *global* da compensação ([2]),

---

([1]) A doutrina germânica, com o espírito analítico próprio dos autores alemães, é que não descura em regra este lado fundamental do fenómeno *compensatório*. Cfr., v. gr., BROX (pág. 180), que, entre os fins da compensação, inclui, ao lado da *facilitação da extinção* da dívida, a execução pelas próprias mãos (*Privatvoltstreckung*); no mesmo sentido, LARENZ, § 18, VI, pág. 212.

Tão pouco ladeia esse aspecto VAZ SERRA (*est. cit.*, na R.L.J., 105.º, pág. 68), ao apreciar a questão de saber se a decisão proferida sobre a acção em que o réu invocou a compensação constitui ou não caso julgado em relação ao *contra crédito*. O que pode discutir-se é se VAZ SERRA lhe dá o devido valor, quando em princípio a equipara (*Rev. cit.*, pág. 66) a qualquer outro facto extintivo da obrigação, sendo certo que a compensação envolve, por via de regra, a necessidade de apreciação em juízo, não apenas de mais um *direito* ou de um facto *extintivo* da relação litigada, mas de uma *nova relação material*.

([2]) A crítica feita por A. DE CASTRO (*ob. e loc. cits.*) à tese de LOPES CARDOSO, CASTRO MENDES e do acórdão do S.T.J., de 16-IV-1971, considerando *aberrantes* e *inadmissíveis* as consequências de índole processual a que ela conduz, parece descurar por completo ou não sopesar devidamente o *lado* do fenómeno compensatório (relativo, já não ao *débito principal*, mas ao *contra crédito* do compensante), que é destacado no texto:

A natureza *sui generis* da declaração de compensação tem como efeito que as soluções impugnadas por A. DE CASTRO, e outras situadas na mesma linha de pensamento, não podem ser *rejeitadas*, nem *aceites em bloco*. Têm de ser apreciadas uma por uma, por confronto entre a *ratio legis* de cada uma das normas que está na sua base (relativamente ao valor da causa, à forma do processo, à admissibilidade da reconvenção, à competência do tribunal, etc.) e a índole específica da compensação.

Das obrigações em geral

nada custa compreender, até certo ponto, a tese do acórdão do Supremo, de 16 de Abril de 1971 (segundo a qual a compensação envolve sistematicamente a dedução de um pedido reconvencional), sobretudo quando, como geralmente acontece, o crédito invocado pelo compensante não procede da mesma relação jurídica que serve de fundamento à pretensão do autor.

Invocando a compensação, o réu não pretende apenas extinguir a obrigação de que é devedor, mas executar também, por suas próprias mãos (embora por via indirecta), uma outra relação de crédito sobre o património do autor.

Este é, porém, apenas um lado das coisas.

Outro aspecto importante a considerar é que o compensante não invoca o contra crédito que se arroga sobre o autor, para dele extrair todas as consequências que o seu direito eventualmente comporta. Invoca esse *meio* apenas com um *fim*, que é o de extinguir (no todo ou em parte) a obrigação cujo cumprimento é pedido na acção. E esse fim é o que corresponde ao traçado típico das *excepções peremptórias*.

Quer dizer: o compensante invoca um *meio* (a existência de um contra crédito exigível sobre o devedor), cuja *estrutura* equipara a *compensação* à *reconvenção*, mas com a intenção *(função)* de obter um *fim*, que é próprio das *excepções peremptórias*.

Quando o contra crédito do réu seja de montante superior ao do autor, e o compensante pretenda obter na acção, não só a absolvição total do pedido contra ele formulado, mas também a condenação do autor na parte residual desse crédito, já deixa de haver, mesmo quanto ao *fim*, perfeita equiparação entre o meio de defesa invocado pelo réu e a excepção peremptória. Na medida em que além de afastar o pedido do autor, o réu passa deliberadamente ao contra-ataque, deduzindo um outro pedido contra este, a sua arguição equipara-se, também nesse aspecto, ao pedido *reconvencional*.

Extinção das obrigações

Em resumo, dir-se-á que a compensação é, sob o ponto de vista processual, um instituto *sui generis*, equiparável à *reconvenção* em certo aspecto e identificável com a *excepção* num outro.

A sua equiparação à reconvenção obrigará desde logo o réu a deduzir o seu contra crédito nos termos do artigo 501.º do Código de Processo Civil, com as necessárias acomodações, ao mesmo tempo que levará o tribunal a considerar a contestação, na parte relativa à invocação do *contra crédito*, como uma petição inicial, para efeitos do disposto no artigo 504.º do mesmo diploma. A identificação da compensação com a excepção peremptória (ressalvada a hipótese do contra crédito de montante superior ao pedido formulado pelo autor) condirá, por seu turno, com o facto de o réu não concluir solicitando a condenação do autor num pedido autónomo, mas requerendo apenas a declaração judicial de improcedência, total ou parcial, do pedido formulado pelo autor.

Outra questão que tem dado lugar também a divergências entre os autores, na literatura jurídica estrangeira, ainda a propósito do tratamento da compensação em juízo, é a da admissibilidade da *replica compensationis*.

As dúvidas têm-se levantado geralmente a propósito dos casos em que o autor reclama apenas, na petição inicial, uma parte do seu crédito.

A, credor de 2500 contos, intenta acção contra o devedor *(B)* pela quantia de 500 contos, seja porque uma parte do crédito é contestada, seja para evitar o risco de custas pesadas, seja por qualquer outra razão. *B* contesta, invocando a compensação com um crédito dele sobre *A* no valor de 2000 contos.

Pergunta-se: poderá o Autor, na réplica, invocar a parte restante do seu crédito, a fim de se defender contra a improcedência da acção e contra a sua condenação na *parte residual*, para que aponta a reconvenção do Réu?

Das obrigações em geral

A resposta a dar ao problema terá de partir sempre de uma das ideias básicas do sistema da compensação assente na declaração do interessado.

A compensação pode, em princípio (embora nem sempre, como se sabe), ser efectivada por qualquer das partes. Mas prevalecerá para o efeito a declaração daquela que primeiro a notificar à outra parte.

Por conseguinte, se o facto de o autor, sendo titular de um crédito de 2500 contos, ter intentado a acção contra o devedor apenas por 500, resultar de ele ter querido *compensar* o seu débito de 2000 contos, é a sua declaração de compensação que prevalece. E a invocação do contra-crédito do réu não impedirá a condenação deste no pedido formulado pelo autor.

Se, pelo contrário, o pedido parcial do autor não exprime nenhuma *compensação* que ele tenha querido notificar à contraparte, mas provém de outras razões, sendo o réu quem levanta a questão da *compensação* dos dois créditos, ao contestar a acção, a apreciação do tribunal far-se-á em termos absolutamente diferentes.

A compensação terá por base a declaração do réu. E como o credor tem sempre a faculdade de exigir uma parte apenas da prestação (art. 763.º, 2) e o tribunal tem de cingir-se ao pedido formulado pelo autor (art. 661.º, I, do Cód. Proc. Civil), a compensação há-de ser apreciada tendo em linha de conta, como grandezas a conferir, a *parte* do crédito invocada pelo autor, de um lado, e o montante total do crédito reclamado pelo réu, do outro. Se o resultado do julgamento efectuado em tais termos vier a ser injusto para o autor, *sibi imputet* ([1]).

([1]) Sobre a questão veja-se VAZ SERRA, *ob. cit.*, n.º 22 e ainda o *est. cit.*, na R.L.J., 104.º, a pág. 308 e segs. e LARENZ, 14.ª ed., § 18, VI, pág. 622.

Extinção das obrigações

361. *Natureza jurídica da compensação invocada em juízo pelo réu: refutação de objecções à doutrina exposta* ([1]). A questão da natureza jurídica da compensação, como meio processual de defesa invocado pelo devedor em acção de cobrança de dívida ou em execução instaurada pelo credor, tem servido de objecto a algumas críticas à doutrina exposta no número anterior.

Tem-se especialmente em vista as objecções levantadas por ANSELMO DE CASTRO([2]) e por A. VAZ SERRA([3]).

O primeiro destes autores peca inadvertidamente por desvirtuar a doutrina por nós sustentada, incluindo-nos entre os sequazes da tese da compensação-reconvenção.

A solução por nós esboçada, no intuito de estimular o exame mais aprofundado do tema no domínio da literatura jurídica processual, considera a compensação invocada pelo réu, quer se trate da compensação total, quer da compensação parcial (fundada em contra-crédito de montante inferior ao pedido do autor), como uma figura processual *híbrida*, como uma espécie de *tertium genus*, ao lado das excepções peremptórias e da reconvenção.

No que toca à sua *estrutura*, arrogando-se o réu um novo direito contra o autor, que pretende seja não só judicialmente reconhecido mas realizado *ope judicis*, a compensação equipara-se à reconvenção ([4]).

No que respeita à sua *função* dentro da acção, não sendo o contra-crédito deduzido pelo réu de montante superior ao do autor

---

([1]) Vide sobre o tema, TEIXEIRA DE SOUSA, *Observações críticas sobre algumas alterações ao Código de Processo Civil*, B.M.J., 328, especialmente pág. 84 e segs.

([2]) *A acção executiva singular, comum e especial*, 3.ª ed., 1977, pág. 283 e segs.

([3]) *Rev. Leg. Jurisp.*, 109, pág. 147 e segs. (em anot. ao ac. do S.T.J., de 7-III-75) e anot. ao ac. do S.T.J., de 20-7-76 (na mesma *Revista*, 110, pág. 254).

([4]) Um pouco no mesmo sentido, TEIXEIRA DE SOUSA (*est. cit., Bol. cit.*, pág. 90), quando afirma que «a alegação da compensação implica a dedução de um facto extintivo de natureza potestativa, o direito a exercer a compensação, pelo que a invocação do exercício da compensação é equivalente a uma acção constitutiva do direito à compensação».

Das obrigações em geral

ou não pedindo ele a condenação do autor no pagamento do seu crédito residual, a compensação assemelha-se à *excepção peremptória*. O réu limita-se a invocar um facto que, embora autónomo, tende apenas à improcedência total ou parcial da acção, por ser total ou parcialmente extintivo do direito que o autor se arroga.

Por não ter apreendido o sentido exacto desta posição é que ANSELMO DE CASTRO infundadamente nos atribui a intenção de aplicar à compensação *só* o regime da reconvenção e não o regime geral das excepções. O verdadeiro fim da tese por nós sustentada é o de afastar todos os prejuízos de raiz lógico-formal no exame da matéria, não aceitando nem repudiando, *em bloco*, os corolários que decorreriam duma aceitação apriorística da tese da reconvenção ou da doutrina da compensação — excepção peremptória.

Antes de se reconduzir conceitualmente a compensação a uma ou a outra das figuras processuais (reconvenção; excepção peremptória), importa estudar e traçar o seu regime processual, nos vários aspectos em que este se desdobra ([1]), tendo apenas em linha de conta os interesses das partes e de terceiros que se debatem no instituto, a forma como tais interesses se harmonizam ou contrapõem entre si e os critérios de composição desses conflitos directamente explicitados na lei ou latentes no sistema jurídico ([2]).

VAZ SERRA reproduz com inteira fidelidade o nosso pensamento, mas discorda da ideia de que a compensação constitua um

---

([1]) Alguns desses aspectos (como o caso julgado, a litispendência, a prescrição, o valor da causa para o efeito de custas e de recursos, a competência, a capacidade, a legitimidade, etc.) são já sumária, mas incisivamente, aflorados por HERCULANO ESTEVES nas *Noções elementares de processo civil*, de MANUEL ANDRADE, nova ed., 1976, pág. 146 e segs. Também TEIXEIRA DE SOUSA (*est. cit.*, pág. 84 e segs.) analisa a questão com grande desenvolvimento, focando alguns aspectos de carácter marcadamente processual. Para o direito alemão, veja-se a síntese traçada por ROSENBERG-SCHWAB, *Zivilprozessrecht*, 13.ª ed., § 106, pág. 605 e segs. que aborda de modo especial a questão da compensação *eventual*.

([2]) Vide, numa primeira e incompleta aproximação, ANTUNES VARELA, MIGUEL BEZERRA e SAMPAIO E NORA, *Manual de processo civil*, 2.ª ed., n. 106, pág. 330 e segs.

Extinção das obrigações

meio de defesa estruturalmente distinto das outras excepções peremptórias.

Também a novação, tal como a compensação, se baseia num facto não só distinto, mas autónomo do que serve de fundamento à acção, e nem por isso, adverte V. SERRA , deixa de ser considerada uma excepção peremptória.

É, porém, manifesto que não tem razão nessa discordância.

Quem recorre à novação, para se eximir à condenação requerida pelo credor, invoca apenas, na verdade, um facto extintivo do direito do autor. Facto que consiste essencialmente na vontade que as partes tiveram de eliminar a dívida antiga, ao constituirem a nova obrigação. Esse facto, distinto sem dúvida do facto que serviu de fonte à obrigação, faz ainda parte, no entanto, do ciclo vital da obrigação antiga. Integra ainda a relação obrigacional, no sentido amplo que a moderna doutrina germânica atribui a esta expressão.

Tal como nela se inserem, por maioria de razão, o pagamento, a remissão ou a prescrição, embora constituam todos eles factos distintos do acto que serviu de fonte à obrigação.

No caso, porém, da compensação, o réu não se limita a trazer a juízo um facto que atinge directamente o direito do autor (como na novação, no perdão ou no pagamento) ou que directamente lhe respeita (como no caso da prescrição). O compensante invoca uma relação jurídica inteiramente distinta e autónoma da que o autor trouxe ao conhecimento do tribunal. É uma relação que, não visando directamente a extinção do crédito do autor, nem a ele se referindo directamente, não pode ser incluída, com propriedade jurídica, na relação obrigacional objecto do litígio.

Precisamente porque a compensação envolve a apreciação de uma relação jurídica inteiramente distinta e autónoma da relação creditória na qual se apoia o pedido formulado pelo autor, se afiguram inaceitáveis algumas das soluções tidas como indiscutíveis por ANSELMO DE CASTRO, na veemente defesa da sua tese.

Podem destacar-se, a mero título de exemplo, as relativas à competência e às custas do processo.

Das obrigações em geral

Se o contra-crédito invocado pelo réu se basear numa relação jurídica cujo conhecimento seja reservado a tribunal estrangeiro, não se justifica, de facto, que os tribunais portugueses possam conhecer da relação, quando o crédito nela fundado seja de montante igual ou inferior ao pedido formulado pelo autor, e já não possam conhecer dela, quando o montante do contra-crédito seja superior e o réu peça a condenação da contraparte no direito residual.

De igual modo, não parece razoável determinar o valor da acção para efeito de custas apenas em função do pedido do autor, sendo certo que a actividade jurisdicional do Estado se estendeu, de facto, às duas relações jurídicas distintas, autónomas e contrapostas que o tribunal teve de apreciar e julgar.

De qualquer modo, aliás, seja qual for a solução aplicável a estes ou a outros problemas suscitados pela compensação, nunca será caso de dizer que a sujeição do exercício da compensação a determinados pressupostos processuais dará como resultado que o respectivo direito ou é invocado na própria acção ou se perderá definitivamente.

A circunstância de o contra crédito não poder ser invocado pelo réu, na acção contra ele instaurada, através do mecanismo especial da compensação, não impede, em princípio, que ele sirva de fundamento a uma outra acção instaurada pelo seu titular, com observância dos pressupostos processuais aplicáveis.

362. *Efeitos da compensação.* O segundo termo do *binário* em torno do qual gira o novo regime da compensação é o princípio da *retroactividade* (art. 854.º).

Embora a compensação dependa da declaração de vontade de um dos interessados, os seus efeitos, uma vez emitida a declaração, retroagem *ao momento em que os créditos se tornaram compensáveis*. Os créditos consideram-se extintos, com as respectivas garantias e acessórios, desde que se tornaram compensáveis, e não apenas

Extinção das obrigações

desde o momento em que o compensante manifesta a intenção de os extinguir.

A solução adoptada (què muito se aproxima, nos seus efeitos, do sistema anterior da compensação *ipso jure:* art. 768.º do Cód. de 1867) confere uma importância primordial à *situação de compensabilidade concreta* dos créditos, visto ser a partir do momento em que ela se verifica que os créditos mutuamente se extinguem ([1]).

Se um deles ou ambos eles vencerem juros, deixam de contar--se esses juros a partir do referido momento, e não a partir somente da declaração do compensante. Se nenhum dos créditos estava nesse momento em condições de prescrever, por se não ter esgotado ainda o respectivo prazo prescricional, a sua mútua extinção não deixará de verificar-se, mesmo que à data da declaração do compensante já tivesse corrido o prazo de prescrição do contra-crédito por ele invocado: «o crédito prescrito, diz nesse sentido o artigo 850.º, não impede a compensação, se a prescrição não podia ser invocada na data em que os dois créditos se tornaram compensáveis».

Ainda que um dos créditos seja cedido a terceiro, depois de a *situação de compensabilidade* se ter verificado, o respectivo devedor

---

([1]) Alude-se no texto à importância *primordial* — mas não à importância *decisiva* ou *única* — da situação de compensação. É que, como já se observou, a extinção recíproca dos créditos depende da *declaração* de compensação, embora esta possa ser emitida, na generalidade dos casos, por um ou outro dos interessados. Isto significa, além do mais, que, enquanto não houver a declaração compensatória, cada um dos créditos continua a poder ser validamente *satisfeito* ou *extinto* por qualquer dos outros modos de extinção das obrigações (cumprimento, dação em cumprimento, consignação em depósito, execução forçada, etc.).

E nenhum destes meios será afectado na sua *validade* pelo simples facto de o *solvens*, o depositante ou o executado ignorarem, ao recorrer a eles, a existência do direito de compensação ou de qualquer dos seus pressupostos. Cfr. LARENZ, § 18, VI, pág. 263 e nota 75; VAZ SERRA, *ob. cit.*, n.º 21, pág. 136, com citação dos autores alemães contrários e favoráveis à concessão da *condictio indebiti* nesses casos.

Das obrigações em geral

continuará a gozar do direito de compensação contra o cessionário, sem que este possa opor-lhe a *falta de reciprocidade* dos créditos (¹).

E idêntica doutrina (de salvaguarda do benefício da compensação) se observará na hipótese de algum dos créditos ser penhorado, arrestado ou dado em penhor, ou de o credor cair em falência, depois de verificada a *Aufrechnungslage* (²).

Outro corolário do mesmo princípio da *retroactividade* será o de nenhum dos devedores poder ser constituído em mora, depois de os créditos se tornarem compensáveis, pelo que a nenhum deles poderá ser exigida a cláusula penal eventualmente estabelecida para o efeito.

A determinação exacta dos efeitos da compensação pode encontrar uma dificuldade especial, no caso de um dos interessados ou ambos eles serem titulares de *vários créditos compensáveis*.

Quando assim suceda (*A* deve a *B* 500 contos, mas é credor dele por uma dívida de 600 e uma outra de 700), o § 396 do Código alemão, reconhecendo ao compensante o direito de escolher a dívida ou dívidas que hão-de ser declaradas extintas, atribui à contraparte a faculdade de se opor à escolha, desde que o faça imediatamente (³) (⁴).

(¹) FERRER CORREIA e ALMENO DE SÁ, *Emissão de cheque, cessão de créditos e compensação*, sep. da *Rev. Dir. Econ.*, 15, 1989, pág. 303 e segs. Também não obsta à compensação o facto de o contra-crédito (ou crédito activo) ter prescrito, se as condições de prescrição só se verificaram depois da situação de compensabilidade.

Considera-se que o credor pode não ter exigido o seu crédito só porque contava com a possibilidade de o realizar por compensação, mediante a extinção do seu débito. E não seria justo coarctar-lhe essa expectativa, mediante a invocação da prescrição pela contraparte. Disposição paralela consagra o Código alemão no § 390, II, e existe entre nós quanto às obrigações *sinalagmáticas* no artigo 430.º.

(²) É exactamente para abranger todos estes casos de ressalva dos efeitos da situação de *compensabilidade* que GERNHUBER (*ob. cit.*, § 12, VII, pág. 259 e segs.) fala da *protecção das expectativas (Schutz von Erwartungen)* de compensação.

(³) O direito de oposição é concedido à contraparte, segundo o sentido aparente da disposição legal, quer o compensante escolha entre os seus créditos, quer opte entre os vários que pertencem ao notificado. Daí que LARENZ, § 18, VI, pág. 262 e OERTMAN (*ibid. cit.*), limitando moderadamente a solução, restrinjam o alcance do

Extinção das obrigações

O artigo 855.º do Código português também reconhece o direito de escolha ao compensante, por analogia com o regime aceite no artigo 783.º para o lugar paralelo do cumprimento. Mas já não atribui o direito de oposição à contraparte, por não haver razões suficientemente fortes para tolher a liberdade de iniciativa do compensante(¹).

Na falta de escolha por quem tem legitimidade para a efectuar, valem para a compensação, com as necessárias acomodações, as regras supletivas aplicáveis à imputação do cumprimento em análogas circunstâncias (art. 855.º, 2, que remete para o disposto nos arts. 784.º e 785.º (²)).

363. *Compensação contratual.* Trata-se nos números precedentes da compensação que pode *ser imposta* por uma das partes à outra, logo que se verifiquem determinados pressupostos.

Alguns desses pressupostos são indispensáveis num dos créditos apenas, ou aplicáveis só a uma das partes. É o caso da *exigibilidade* e da *coercibilidade*, que só abrange o *contra crédito* do compensante; é o caso da proveniência ilícita (e dolosa) do débito, que apenas impede o respectivo devedor de impor a compensação à contraparte; e é ainda o caso da renúncia à faculdade de compensar, que somente inibe o renunciante.

Mas, ao lado da compensação baseada na declaração *unilateral* de uma das partes, aludem os autores à compensação *contratual* ou *voluntária*, assente no acordo dos interessados (³). Hipótese que não

preceito apenas à primeira hipótese; em sentido diferente, porém, ENNECCERUS-LEHMANN, § 72, nota 3. Cfr. ainda VAZ SERRA, *ob. cit.*, n.º 23.

(⁴) Doutrina semelhante à do § 396 do B.G.B. consagra o artigo 452 do Código grego, ao tornar a escolha feita pelo devedor de várias dívidas dependente do acordo do credor.

(¹) É a doutrina que VON TUHR (*ob. cit.*, n.º 78, 1) afirma estar consagrada no direito suíço, mas não é a que merecia a preferência de VAZ SERRA nos trabalhos preparatórios do novo Código português (*ob. cit.*, pág. 144).

(²) Vide *supra*, n.º 290.

(³) BROX, § 24, pág. 180; LARENZ, 14.ª ed., § 18, VI, pág. 265; GERNHUBER, *ob. cit.*, § 14, pág. 296 e segs.; VAZ SERRA, *ob. cit.*, n.º 28.

Das obrigações em geral

pode validamente ser contestada, em face do princípio básico da *liberdade contratual* e da não existência de quaisquer razões de interesse e ordem pública que sejam forçosamente violadas por semelhante convenção ([1]).

Nessa convenção, válida em princípio desde que corresponda a uma vontade séria de extinguir créditos oponíveis, podem as partes prescindir de alguns dos requisitos da compensação unilateral, designadamente da fungibilidade do objecto das obrigações e até da própria *reciprocidade* dos créditos.

Nada impedirá, nestes termos, que duas pessoas ou duas sociedades, fornecendo-se reciprocamente artigos e serviços de diversa natureza, estabeleçam entre si um sistema de conta-corrente, por força do qual só se torne exigível o *saldo* que no final de cada período uma delas tenha a seu favor, depois de reduzidos todos os artigos e serviços prestados ao seu denominador comum, que é a moeda corrente ([2]).

Como nada obsta a que se convencione entre as partes um regime de compensação, pelo qual as dívidas de uma delas à outra se possam extinguir por encontro com os créditos que o devedor adquira contra terceiro ([3]).

Não se deve confundir, porém, a *compensação contratual*, que tende a extinguir *imediatamente* os créditos, logo que eles se tornam *compensáveis* (podendo abranger e abrangendo as mais das vezes

---

([1]) Há, todavia, limites à *liberdade negocial*, neste como nos outros domínios. Um deles é o que procede da inadmissibilidade da compensação com créditos impenhoráveis. Embora ditada para a compensação *unilateral* (art. 853.º, 1, al. *b*)), a proibição não deixa de estender-se, pela sua *ratio legis*, à própria compensação *voluntária*.

A Cour de Cassation tem feito aplicação correcta desta ideia, na apreciação da validade dos contratos de compensação efectuados, em França, entre operários e entidades patronais: PLANIOL e RIPERT, *ob. e vol. cits.*, n.º 1 294.

([2]) Sobre a natureza jurídica do contrato de compensação, veja-se, por todos, ENNECERUS-LEHMANN, § 69, I, 1 e GERNHUBER, *ob. cit.*, pág. 296.

([3]) Cfr. ENNECCERUS-LEHMANN, § 69, I.

Extinção das obrigações

créditos *futuros*), com a simples *promessa* de compensação, nem sequer com o contrato em que as partes reservam para uma delas ou para ambas o *direito potestativo* de compensarem determinados créditos[1].

SECÇÃO IV

NOVAÇÃO*

364. *Noção. Modalidades.* A *novação* é uma outra das causas extintivas da obrigação, diferentes do *cumprimento*, mas muito próxima da *dação em cumprimento.*

São fáceis de extrair da prática negocial alguns exemplos que ajudam a fixar o recorte conceitual dessa figura.

O empregado *A*, a quem a entidade patronal fornecera automóvel para as frequentes deslocações a que obrigava o exercício da sua função, é prematuramente despedido. Querendo, porém, conservar em seu poder o veículo que à empresa não interessa recuperar, obriga-se a entregar 500 contos em vez de restituir o veículo.

B, interessado em aplicar algumas economias numa sociedade de investimentos turísticos, adquire alguns títulos de *ocupação temporária*, com direito a certo rendimento sobre a soma aplicada. Pouco

---

[1] Para maiores desenvolvimentos, LARENZ, § 18, VI, pág. 265 e segs. e GERNHUBER, *ob. e loc. cits.*

* VAZ SERRA, *Novação, expromissão, promessa de liberação e contrato a favor do credor, delegação, assunção de dívida,* 1958; PIRES DE LIMA e A. VARELA, *ob. cit.,* anot. aos arts. 857.º e segs.; S. REBULLIDA, *La novacion de las obligaciones,* 1964; HERNANDEZ-GIL, *El ambito de la novacion objectiva modificativa,* na Rev. Der. Priv., 1961, pág. 797 e segs.; BIGIAVI, *Novazione e successione particolare nel debito,* in *Dir. e pratica comm.,* 1942, pág. 71 e segs.: BONIFACIO, *La novazione nel diritto romano,* 1950; PELLEGRINI, *Della novazione,* com. de D'AAMELIO e FINZI, 1948, I, pág. 117 e segs.; M. ANDREOLI, *La novazione tacita obiettiva,* 1929; SCHLESINGER, *Mancanza dell'effetto estintivo nella novazione tacita oggetiva,* na Riv. Dir. civ., 1958, I, pág. 353; A. ELEFANTE, *Novazione* (Dir. rom.), e RESCIGNO, *Novazione* (Dir. civ.), no *Novissimo Dig. Ital.;* MAGAZZÙ, *Novazione (dir. civ.),* na *Enc. del dir.;* GERNHUBER, *ob. cit.,* § 18 (*die Novation*); BROX, § 25.

Das obrigações em geral

mais tarde, a sociedade propõe e o interessado aceita, em troca da cedência do mesmo capital, uma outra *modalidade* de aplicação, por força da qual a sociedade assume outras obrigações perante o accionista.

Os empregados da empresa *C*, em lugar de receberem os ordenados directamente da entidade patronal, têm as suas contas de depósito no banco *D* creditadas, no primeiro dia de cada mês, pela importância correspondente à remuneração do mês anterior.

Em todos estes casos há uma obrigação que se extingue, ao mesmo tempo que se cria uma outra obrigação no lugar dela.

No primeiro caso, extingue-se a obrigação de restituir o automóvel, fundada na relação de trabalho, e nasce em lugar dela, por força da convenção posterior celebrada entre a empresa e o antigo empregado, a obrigação de pagar os 500 contos.

No segundo, extinguem-se o direito de ocupação temporária e o direito ao rendimento estipulado, e constitui-se, em vez deles, uma outra obrigação.

No terceiro, extingue-se no fim de cada mês a obrigação de pagamento dos salários a cargo da empresa, ao mesmo tempo que nasce, em substituição dela, a obrigação de restituição das quantias depositadas, com os juros a que houver lugar, a cargo do Banco, que passa pela obrigação de depósito assumida pela empresa.

Noção. A novação consiste na *convenção* pela qual as partes *extinguem* uma obrigação, mediante a *criação* de uma nova obrigação *em lugar dela* ([1]).

A substituição da obrigação primitiva pelo novo vínculo obrigacional pode dar-se entre os mesmos sujeitos, como sucede nos

---

([1]) «*Novatio*, diz-se na conhecida definição de ULPIANO (D. 46, 2, 1, pr.), «*est prioris debiti in aliam obligationem, vel civilem vel naturalem, transfusio atque translatio, hoc est cum ex praccedenti causa ita nova constituatur, ut prior perimatur. Novatio enim a novo nomen accepit et a nova obligatione.*»

A questão de saber se a novação pertence à categoria dos modos *satisfatórios* ou à dos modos (de extinção da obrigação) *não satisfatórios* (do interesse do credor), dependente do sentido que se dê à satisfação do direito do credor, pouco interesse real assume: RESCIGNO, *est. cit.*, n.º 1.

Extinção das obrigações

dois primeiros exemplos, ou envolver também uma alteração nos sujeitos da relação creditória, como acontece no último dos exemplos referidos.

Na 1.ª variante (*novação objectiva*: art. 857.º), tanto pode haver uma substituição do *objecto* da obrigação (500 contos em vez do automóvel), como uma simples mudança de *causa* da mesma prestação (Banco que deve 500 contos a título de entidade patronal e passa, seguidamente, a dever a mesma importância, a título de depositário; comprador que, na altura em que devia entregar o preço, pede a respectiva soma emprestada e passa a devê-la a título de mutuário).

A 2.ª variante (*novação subjectiva*: art. 858.º) tanto pode envolver, por seu turno, a vinculação do devedor perante um novo credor, como traduzir-se na substituição do obrigado, exonerado pelo credor, por um novo devedor.

Essencial em qualquer dos casos, para haver novação, é que os interessados queiram realmente *extinguir* a obrigação primitiva por meio da contracção de uma nova obrigação([1]). Se a ideia das partes é a de manter a obrigação, alterando apenas um ou alguns dos seus elementos, não há *novação (Schuldersetzung* ou *Schuldumwandlung*, como mais explicitamente dizem os autores alemães)([2]), mas simples *modificação* ou *alteração da obrigação (Abanderungsvertrag* ou *Inhaltsänderung)*([3]).

([1]) A novação, diz BARBERO (*ob.* e *vol. cits.*, pág. 241), reunindo num só conceito as duas modalidades distinguidas no texto, é um modo de extinguir as obrigações, que consiste em substituir à obrigação primitiva uma nova obrigação com objecto ou título diferente (novação *objectiva*) ou entre diferentes pessoas (novação *subjectiva*).

Em termos mais incisivos, escreve VAZ SERRA (*ob. cit.*, n.º 1) que a novação «pode ser *objectiva* (quando se substitui a obrigação, mantendo-se os seus sujeitos) ou *subjectiva* (quando, substituindo-se o credor ou o devedor, a obrigação passa a ser outra)». Cfr. ainda S. REBULLIDA, *ob. cit.*, n.º 98 e MAGAZZÙ, *est. cit.*, n. 1.

([2]) LARENZ, § 7, II, pág. 88 e segs.

([3]) Não falta, entretanto, na literatura jurídica alemã quem reserve o nome de *novação* para os casos em que a primitiva obrigação é substituída, segundo a intenção

Das obrigações em geral

365. *Figuras próximas*. A *novação* não se confunde com a *dação em cumprimento* (prestação de coisa diferente da devida), embora haja entre elas notório *parentesco* e até uma estreita zona de *sobreposição*.

Na generalidade dos casos de *dação em cumprimento*, a obrigação extingue-se por virtude da prestação diferente da devida, sem que haja contracção de qualquer nova obrigação. Assim sucede, quando o devedor ou terceiro entrega ao credor, com o assentimento deste, coisa determinada em lugar da prestação pecuniária devida, ou vice-versa, ou quando qualquer deles presta um serviço em lugar da coisa específica ou da prestação a que o devedor se encontrava adstrito.

Quando a prestação diferente da devida, que o obrigado efectuou com assentimento do credor, consista na contracção de uma nova obrigação, não há, por via de regra, uma *datio in solutum*, mas uma *dação pro solvendo*. E a *dação pro solvendo* não se confunde com a novação, porque não envolve a *extinção* da obrigação, mas apenas a criação de um novo título, ao lado dela, destinado a facilitar a satisfação do crédito ([1]).

Quando, porém, a tal prestação diferente realizada pelo devedor consista na atribuição de um novo crédito ao credor e essa atribuição vise *extinguir* a primitiva obrigação (e não facilitar apenas a sua realização) haverá simultaneamente um caso de *novação* e de *datio in solutum*.

---

dos contraentes, por uma (nova) obrigação *abstracta*. No caso de haver substituição de uma por outra obrigação, mas tendo o novo vínculo carácter *causal*, haveria apenas *transformação* da dívida ou da relação obrigacional: ENNECCERUS-LEHMANN, trad. esp. § 75, III.

([1]) Cfr., a propósito, o ac. do S.T.J., de 28-VII-1972 (anot. na R.T., 91.º, pág. 61 e segs.).

A função puramente *instrumental* da dação *pro solvendo*, em face da relação fundamental subjacente, não deixa de abonar a tese de VAZ SERRA e da *Rev. Trib.*, segundo a qual a emissão de uma letra pela importância cedida ao aceitante através de um mútuo carecido da forma legal não pode sanar, no domínio das relações imediatas, a nulidade do negócio fundamental. Nesse ponto colhe indubitavelmente a crítica da *Revista* à doutrina do acórdão.

Extinção das obrigações

Mais difíceis de precisar, na prática, são os termos rigorosos da distinção entre a *novação* e a simples *modificação da obrigação*, a que faz expressa alusão o artigo 1 231 do Código italiano.

A fixação da vontade das partes a esse respeito é evidente que reveste o maior interesse, pois a *substituição* da obrigação pressupõe, em regra, a eliminação das garantias e dos acessórios da dívida extinta, ao passo que na simples *modificação* da obrigação se mantêm todos os elementos que não foram alterados.

Mas nem sempre é fácil de levar a bom termo. Se a alteração resultante da convenção das partes se reflecte apenas em elementos *acessórios* da relação creditória (*prorrogação, encurtamento, aditamento* ou *supressão dum prazo*; mudança do lugar de cumprimento; estipulação, modificação ou supressão de juros; agravamento ou atenuação da cláusula penal ([1]), etc.), nenhumas dúvidas se levantarão, em regra, acerca da *persistência* da obrigação e da manutenção dos seus elementos não alterados.

Quando, pelo contrário, a alteração convencionada atinja os elementos essenciais da relação obrigacional (o *objecto, a causa, os sujeitos*), o seu sentido pode já ser radicalmente distinto.

Pode ser, mas não quer dizer que *necessária* ou *sistematicamente* o seja ([2]).

Pode, na verdade, suceder que a *alteração* do próprio objecto da obrigação não traduza a intenção de a *extinguir*, substituindo-a por um novo vínculo obrigacional. Se a sociedade de investimentos turísticos, que prometeu vender dois apartamentos do 3.º andar, direito, ao cliente, acordar com este na substituição desses apartamentos por outros dois precisamente iguais, no 2.º andar ou no 3.º

([1]) RESCIGNO, *est. cit.*, n.º 9.

([2]) Cfr., a propósito da interpretação dos artigos 1 203 e 1 204 do Código Civil espanhol, o extenso e minucioso exame das decisões jurisprudenciais do Tribunal Supremo, tratando especialmente da novação modificativa, feito por S. REBULLIDA, *ob. cit.*, n.º 95.

Extinção das obrigações

andar esquerdo, não haverá provavelmente, por detrás da alteração convencionada, nenhuma *intenção de novar* [1].

Do mesmo modo, se o cliente deve ao dono do estabelecimento 500 contos de mercearia, e, a pedido deste, subscreve a seu favor uma letra de igual montante, não haverá, no geral, por detrás da emissão do título cambiário, nenhum propósito de extinguir a obrigação fundamental, mas apenas a intenção de facilitar a satisfação do direito do credor [2].

Mas, se o objecto da alteração introduzida pelas partes não constitui um índice seguro da intenção de novar [3], como distinguir na prática entre os casos de *novação* e os de simples *modificação* ou *alteração* da obrigação?

No entender de LARENZ, parece serem as concepções do comércio jurídico que ajudam, em último termo, a distinguir entre uns e outros [4]. Segundo VAZ SERRA, será lícito *presumir que houve intenção de novar, quando a relação obrigacional se apresente «economicamente como uma relação por completo diferente da que existia».*

Trata-se, porém, de critérios extremamente vagos e imprecisos.

Mais firme e certeiro é o critério que procura directamente o *aliquid novi* da vontade dos contraentes, como elemento decisivo da qualificação [5]. O que importa saber é se as partes *quiseram* ou *não*, com a modificação operada, extinguir a obrigação, designada-

---

[1] Por maioria de razão faltará a intenção de *novar* nas modificações que não envolvem uma *substituição* do objecto da obrigação, embora se traduzam numa *alteração* de deveres principais de prestação (cfr. vol. I, n.º 27): elevação da renda do prédio; redução do preço de compra. Cfr. BROX, § 25, pág. 187.

[2] A própria modificação do tipo *contratual* (coisa comodada por cuja utilização se passa a pagar um aluguer; prestação convencionada a título de mandato e que, depois, se converte em prestação remunerada de serviço) não envolve necessariamente uma substituição da obrigação: LARENZ, § 7, II.

[3] Nesse sentido, ENNECCERUS-LEHMANN, § 74, nota 4.

[4] LARENZ, § 7, II, pág. 90.

[5] DIEZ-PICAZO, n.º 954, pág. 783; RUGGIERO, :stit. dir. civ., 6.ª ed., III, págs. 210 e segs.; ENNECCERUS-LEHMANN, trad. esp., § 75, I.

Extinção das obrigações

mente as suas garantias ou acessórios. É para esse alvo prático (*animus novandi*) que o julgador deve apontar directamente, com os instrumentos facultados pela interpretação e integração da declaração negocial. E é nesse sentido que os artigos 859.º e 840.º encaminham a resolução das dúvidas que as várias espécies concretas possam suscitar ao intérprete.

366. *Interesse legislativo do instituto*. A *novação* tinha no direito romano um vastíssimo campo de aplicação, dado o carácter formal e solene da *stipulatio e atenta a natureza* acentuadamente pessoal da *obligatio* ([1]).

Como não se concebia a possibilidade de a obrigação mudar de sujeitos ou de objecto, sem perda da sua identidade, só através da *novatio* se poderia criar entre sujeitos diferentes uma obrigação com o mesmo conteúdo da anterior ou modificar entre os mesmos sujeitos o *objecto* ou a *causa* da obrigação anterior.

Hoje, porém, que os sistemas legislativos reconhecem abertamente, graças à crescente despersonalização do vínculo, a possibilidade de as obrigações mudarem de *sujeito*, sem perda da sua identidade (quer através da cessão de créditos, quer da assunção de dívida), e mudarem igualmente de *objecto* (art. 406.º, 1) ([2]), a novação tem um interesse prático bastante mais reduzido.

A tal ponto, que o Código alemão não trata da *novação*, deixando a sua disciplina inteiramente entregue ao jogo da liberdade contratual ([3]) e às regras da interpretação e integração das declarações negociais. Menos drástica é a atitude do Código italiano, que não deixa, em todo o caso, de remeter para o capítulo que trata da *assunção de dívida* a disciplina dos casos de novação subjectiva, por substituição do devedor (arts. 1235.º e 1268.º e segs.),

---

([1]) Masi, *Novazione (dir. rom.)*, na *Enc. del dir.*, n. 4.

([2]) A possibilidade de se modificar, por meio de contrato, o conteúdo da obrigação resulta inequivocamente do princípio da liberdade contratual (art. 405.º, 1) e da modificabilidade do contrato, por meio de acordo das partes (art. 406.º, 1).

([3]) Enneccerus-Lehmann, § 75, III.

Das obrigações em geral

como que aceitando a velha máxima «*in delegatione semper inest novatio*» ([1]).

Simplesmente, além de não devermos confundir a *novação* subjectiva com qualquer forma de *transmissão* das obrigações ([2]), há aspectos do regime geral da novação, que convém definir na lei, por não encontrarem resposta no campo restrito da interpretação ou da integração das declarações negociais. Trata-se, designadamente, das questões de saber: em que termos pode ser feita a prova da intenção da *substituir* a obrigação; se a novação funciona como um negócio *causal* ou *abstracto;* que efeitos tem sobre a antiga obrigação, suas garantias e acessórios, a invalidade da nova obrigação; se podem ser mantidas, no caso de *novação*, as garantias do antigo crédito; em que termos são oponíveis à nova obrigação os meios de defesa que procediam contra a antiga, cuja extinção é causa determinante da constituição daquela.

São precisamente estas as dúvidas a que procuram dar resposta os artigos 859.º e seguintes.

367. *Regime: a) Existência e prova do animus novandi.* A primeira questão a examinar, na fixação do regime da novação, respeita naturalmente à existência e prova do seu elemento fundamental, que é a vontade de *extinguir* a obrigação e de constituir, *em lugar dela,* uma outra.

([1]) Além da dificuldade, de distinguir, na prática, as espécies que integram a *novação subjectiva* das que visam uma simples *assunção de dívida,* tem-se invocado em abono da orientação adoptada pelo Código italiano o facto de a distinção não ter grande *valor prático,* visto as garantias da obrigação tenderem a extinguir-se, quer num caso, quer no outro. Cfr. VAZ SERRA, *ob. cit.,* pág. 20 e segs. e ainda o disposto no artigo 599.º, 2 (quanto à transmissão das garantias no caso de assunção de dívida) e no artigo 861.º (quanto à extinção das garantias no caso de novação).

([2]) A eliminação da *novação* como causa *típica* da extinção das obrigações poderia levar a supor que se tinha pretendido assimilar a novação subjectiva *por substituição do devedor à assunção de dívida,* à qual a generalidade das legislações modernas dedica um lugar próprio no capítulo da transmissão das obrigações. Cfr., a propósito, o Relatório (n.ᵒˢ 6 e 13) do Anteprojecto do Código brasileiro das obrigações (parte geral), de 1941 e VAZ SERRA, *ob. cit.,* n.º 2, pág. 38.

Extinção das obrigações

Diz a esse propósito o artigo 859.º, numa fórmula modelar pela sua concisão, que «a vontade de contrair a nova obrigação em substituição da antiga deve ser expressamente manifestada».

Cotejando a fórmula legal com os trabalhos preparatórios, onde principalmente se tratou, neste aspecto introdutório, da distinção entre a *substituição* da dívida, própria da novação, e a simples *modificação* da relação obrigacional, fácil será concluir que a exigência do artigo 859.º se reporta menos à *vontade* de *contrair a obrigação* do que à ideia de que esta contracção da dívida se faz em *substituição* da antiga.

É sobretudo a vontade de *substituir* a antiga obrigação, mediante a contracção de novo vínculo, que há-de resultar de declaração *expressa* ([1]).

A lei não se contentou com a exigência de uma declaração *clara* do *animus novandi*, sugerida no Anteprojecto VAZ SERRA, nem aceitou a presunção (formulada no mesmo texto) que aponta para a fisionomia *económica* da relação obrigacional, antes e depois da alteração convencionada entre as partes.

A opção deliberada pela fórmula constante do artigo 859.º (declaração *expressamente* manifestada), reforçada pela delimitação da presunção sugerida por VAZ SERRA e pela aceitação da presunção exarada no n.º 2 do artigo 840.º, revela que só haverá novação, no entender da lei, quando as partes tenham *directamente* manifestado a vontade de *substituir* a antiga obrigação pela criação de uma outra em seu lugar (art. 217.º, 1) ([2]). Não bastam os simples *facta*

([1]) Sobre a essencialidade da vontade de *substituir* uma das obrigações (a *antiga*) por uma outra (a *nova* obrigação), vide as desenvolvidas considerações de MAGAZZÙ (*est. cit.*, n. 10).

([2]) Segundo o artigo 1 204 do Código espanhol (cuja 1.ª parte se aproxima do texto do Código português), «para que uma obrigação seja extinta por outra que a substitua, é preciso que assim se declare *terminantemente* ou que a antiga e a nova (obrigações) sejam de todo o ponto incompatíveis». Esta declaração *terminante*, que afasta o simples recurso a *presunções*, equivale à declaração *expressa* exigida pelo Código português vigente. Cfr. HERNANDEZ-GIL, *est. cit.*, pág. 798 e segs.

Das obrigações em geral

concludentia, em que as declarações tácitas se apoiam ([1]), assim se explicando ainda que a lei tenha prescindido de afastar a presunção da novação, como fazia o Anteprojecto VAZ SERRA, nos casos de simples alteração de elementos acessórios da obrigação e de inclusão do crédito numa conta corrente ([2]) ou de reconhecimento do saldo num negócio de liquidação de contas.

368. *b) Existência e validade da obrigação primitiva.* Depois do *animus novandi*, os requisitos essenciais da novação, por interessarem ao cerne da figura, são a existência e a validade da obrigação primitiva e a validade do vínculo contraído em lugar dela.

Destinando-se a novação a substituir uma obrigação pela criação de uma outra em lugar dela, a falta de uma ou outra há-de naturalmente repercutir-se na validade ou eficácia da operação celebrada entre as partes.

Se é a obrigação antiga que falta (por já não existir à data da novação, ou por vir entretanto a ser declarada nula ou anulada) ([3]), diz o artigo 860.º, 1, que «fica a novação sem efeito» ([4]).

([1]) E compreende-se a orientação da lei.

Em princípio, não parece razoável presumir, nem que o devedor queira renunciar, sem fundamento plausível, aos meios de defesa de que dispõe contra a pretensão do credor, nem que o credor se disponha, sem mais, a abdicar das garantias que asseguram o cumprimento da obrigação. Cfr. BROX, § 25, pág. 188. Outra era, porém, a orientação fixada no artigo 803.º do Código velho, cuja parte final admitia francamente as declarações *tácitas*. Cfr., a propósito, os ac. do S.T.J., de 22-V-1956 (R.L.J., 89, pág. 286) e de 18-VI-1957 (B.M.J., 68.º, pág. 598).

([2]) Cfr. artigo 345.º, n.º 2.º, e § único do Código Comercial.

([3]) Se a obrigação primitiva é *anulável* e o devedor contraiu novo vínculo com conhecimento do *vício* de que aquela padecia, a novação constituirá, em regra, uma *confirmação* tácita da relação viciada: VAZ SERRA, *ob. cit.*, n.º 6, pág. 57.

([4]) E, se a obrigação primitiva for uma obrigação natural, poderá ser validamente substituída por uma obrigação civil?

Não pode. Tratando-se de obrigação natural, à lei repugna aceitar qualquer forma de coerção jurídica sobre o devedor, apenas reconhecendo eficácia ao *cumprimento espontâneo* ou a actos satisfatórios análogos. Em sentido diferente, VAZ SERRA, *ob. cit.*, pág. 58. Cfr. ainda S. REBULLIDA, *ob. cit.*, n.º 104 e G. OPPO, *Adempimento e liberalità*, 1947, n. [os] 85 e 86.

Extinção das obrigações

A sanção legal procede, mesmo que a novação se tenha dado por substituição do credor, sinal de que a novação não constitui, por si própria, nenhum negócio abstracto.

Na *concretização* do regime fixado pelo n.º 1 do artigo 860.º, importa distinguir duas hipóteses: a de a nova obrigação ainda não estar cumprida e a de já o ter sido.

No primeiro caso, ficar a novação sem efeito significa ser lícito ao devedor recusar o cumprimento da nova obrigação como se ela não existisse, sem necessidade, portanto, de vir a juízo arguir previamente a nulidade ou a anulabilidade do negócio ([1]).

No caso de a nova obrigação já ter sido cumprida, quando se apura a inexistência da obrigação primitiva ou quando esta é declarada nula ou anulada, as consequências variam consoante a natureza de falta.

Se a obrigação primitiva não existir, cabe ao *solvens* o direito de exigir a repetição do indevido (arts. 476.º e segs.); se for nula ou anulada, a restituição da prestação operada em obediência ao novo vínculo far-se-á nos termos dos artigos 289.º e seguintes ([2]).

369. c) *Validade da nova obrigação.* Se é a nova obrigação que *falha* (por ser declarada nula ou por ser anulada), renasce naturalmente a obrigação primitiva (art. 860.º, 2), visto caducar a *causa* da sua extinção, que foi a constituição da nova obrigação ([3]). O renascimento da obrigação pode afectar os interesses de terceiros, que,

---

([1]) Em sentido diferente, considerando a expressão «ficar sem efeito» equivalente a «ser nula», RESCIGNO, *est. cit.*, n.º 11.

([2]) O Código vigente não prevê directamente a hipótese de a obrigação primitiva ser *condicional* e de o não ser a nova obrigação, hipótese prevista no artigo 811.º do Código de 1867.

O caso terá hoje que ser regulado por interpretação das declarações de vontade, que integram o contrato de novação.

([3]) No mesmo sentido dispunha já o artigo 813.º do Código de 1867: «Se a novação for nula, subsistirá a antiga obrigação».

Das obrigações em geral

tendo garantido o cumprimento dela com o seu património ou com alguns dos seus bens, houvessem compreensivelmente contado com a extinção dessas garantias.

Daí que, sendo a causa da nulidade ou da anulação imputável ao credor (por hipótese, autor da coacção ou do dolo que serviu de fundamento à anulação do novo vínculo), não renasçam com a antiga obrigação as garantias prestadas por terceiro, a não ser que este conhecesse o vício da nova relação, na altura em que se operou a novação ([3]).

370. *d) Efeitos da extinção da antiga obrigação.* ·Tendo a constituição do novo vínculo por fim, dentro do instituto da novação, a extinção da primitiva obrigação, com esta caducarão logicamente as garantias (*pessoais* ou *reais*) que asseguravam o seu cumprimento, quer se trate de garantias prestadas por terceiro, quer de garantias dadas pelo devedor ([1]) ou resultantes da própria lei (art. 861.º).

Quanto a terceiros, não poderia de modo nenhum aceitar-se que a garantia prestada para assegurar o cumprimento de certa dívida passasse a cobrir uma dívida diferente, sem o consentimento de quem prestou a garantia.

Relativamente às garantias prestadas pelo devedor, também não é de presumir a sua manutenção, desde que possa dar-se como assente a intenção de *novar* (*substituir* a antiga por uma nova obrigação). As garantias resultantes da lei estão ligadas, na sua origem, à natureza da primitiva obrigação; por isso mesmo, extinta tal obrigação, também elas devem caducar, visto não· ter justificação a sua manutenção, do ponto de vista da lei, ao serviço da nova obrigação.

([1]) É doutrina análoga à consignada nos artigos 766.º (cumprimento), 839.º (dação em cumprimento), 856.º, n.º 3 (remissão) e 873.º, 2 (confusão).

([2]) Se a dívida primitiva, proveniente da compra de certa coisa, estiver garantida por um penhor (quer este recaia sobre coisa do comprador, quer incida sobre móvel pertencente a terceiro), este não aproveitará, em princípio, à obrigação de restituir nascida do mútuo que, por hipótese, substituiu a compra.

Extinção das obrigações

Pode excepcionalmente suceder, porém, que, apesar de quererem constituir uma nova obrigação e não modificar apenas a obrigação pendente, as partes pretendam manter a favor do novo crédito as garantias que asseguravam o cumprimento do anterior.

O artigo 807.º do Código velho admitia já essa possibilidade, que, todavia, subordinava à observância de dois requisitos: *a*) a de ser *expressa* a reserva das garantias ou acessórios a manter; *b*) a de haver consentimento do terceiro, sempre que a reserva lhe dissesse respeito.

O artigo 861.º do Código vigente manteve a mesma doutrina[1], não obstante o sentido preciso que passou a ter a exigência de *declaração expressa*, por se não considerar razoável a solução de forçar os interessados à constituição de novas garantias correspondentes às anteriores, quando a sua intenção é apenas a de manter as já existentes, embora ao serviço duma nova obrigação [2].

Ficou entretanto bem explícito na lei que a necessidade de *reserva expressa*, para manutenção das garantias que asseguravam o cumprimento da obrigação anterior, se aplica tanto às garantias prestadas pelo antigo ou novo devedor, como às constituídas por outra pessoa, não bastando para o efeito o simples consentimento desta pessoa, como poderia depreender-se, no domínio da legislação anterior, do texto do § único do artigo 807.º do Código de 1867.

---

[1] Essa doutrina aproxima-se bastante da consagrada no artigo 599.º, 2, para a transmissão das garantias no caso de assunção da dívida, pois também nesta hipótese, a despeito da *transmissão* da obrigação, caducam as garantias prestadas por terceiro ou pelo antigo devedor, que não haja consentido na transmissão da dívida.

Mas há, apesar da semelhança de regime, algumas diferenças importantes.

No caso de assunção de dívida, não caducam as garantias prestadas pelo novo devedor ou pelo antigo que haja consentido na obrigação. Não se exige nenhuma reserva *expressa*, quanto ao terceiro disposto a manter a garantia. E não se prescreve a caducidade das garantias resultantes da lei. Cfr. VAZ SERRA, *ob. cit.*, pág. 25 e segs.

[2] Exactamente por se tratar da *manutenção* da garantia, e não da *constituição* de uma nova segurança, é que, tratando-se de hipoteca, a manutenção deve constituir objecto de simples *averbamento* à inscrição anterior, e não de uma nova inscrição. VAZ SERRA, *ob. cit.*, nota 43.

Das obrigações em geral

Nada impede que a *reserva* (do devedor quanto às garantias dadas por ele, ou do terceiro, no tocante às prestadas por este) seja feita logo no documento constitutivo da primitiva obrigação ou da própria garantia. Essencial, como resulta da nova lei (art. 861.º, n.ᵒˢ 1 e 2), é que, em qualquer caso, haja reserva *expressa* (cfr. art. 217.º).

Sendo a novação uma forma de extinção da obrigação, ter-se-á de concluir que a novação convencionada com um dos devedores solidários libera todos os outros devedores (art. 523.º), tal como o acordo *novativo* celebrado com um dos credores solidários libera o devedor em face de todos os restantes credores (art. 532.º).

Outro corolário da extinção da obrigação primitiva, que envolve a novação, é a formulada no artigo 862.º: «o novo crédito não está sujeito aos meios de defesa oponíveis à obrigação antiga, salvo estipulação em contrário».

Por consequência, a *exceptio non adimpleti contractus* ou a compensação, que o devedor pudesse invocar, relativamente à primitiva obrigação, não aproveitarão, salvo estipulação em contrário [1], ao devedor que, por hipótese, contraiu a nova obrigação em lugar daquela.

Apesar de a nova obrigação *substituir* a antiga, não se encontra sujeita aos meios de defesa que procediam contra esta.

SECÇÃO V

REMISSÃO *

371. *Noção.* As causas extintivas da obrigação, estudadas nas secções anteriores, embora se distingam do cumprimento na sua *estrutura*, aproximam-se bastante dele no seu aspecto *funcional.* Satisfa-

---

[1] Para que exista estipulação em contrário, nos termos da parte final do artigo 862.º, não basta a simples referência à antiga obrigação. É necessário que as partes tenham convencionado a oponibilidade à nova obrigação dos meios de defesa (ou de algum deles) invocáveis contra a antiga: VAZ SERRA, *ob. cit.*, pág. 36 e segs.

* VAZ SERRA, *Remissão, reconhecimento negativo de dívida e contrato extintivo da relação obrigacional bilateral*, no *Bol. Min. Just.*, 43, pág. 5; PIRES DE LIMA e A. VARELA, *ob.*

Extinção das obrigações

zem ainda, de algum modo, o interesse do credor, não através da *realização da prestação devida*, mas por um *meio diferente*: a realização de uma outra prestação (*dação em cumprimento*); o depósito da coisa devida, à ordem do credor (*consignação*); a liberação de um débito do credor (*compensação*); a constituição de uma nova obrigação -em lugar da primitiva (*novação*).

Muito diferente desse é o recorte *funcional*, quer da *remissão* (art. 863.º), quer da *confusão* (art. 868.º), quer da *prescrição* (regulada na Parte Geral do Código, por aproveitar, não apenas aos direitos de crédito, mas também a outros direitos). Nestas, o direito de crédito não chega a funcionar; o interesse do credor a que a obrigação se encontra adstrita não chega a ser satisfeito, nem sequer indirecta ou potencialmente.

A obrigação extingue-se sem chegar a haver prestação [1].

Na *remissão* é o próprio credor que, com a aquiescência embora do devedor, *renuncia* ao poder de exigir a prestação devida, afastando definitivamente da sua esfera jurídica os instrumentos de tutela do seu interesse, que a lei lhe conferia.

A, credor de *B* por 1.000 contos, impressionado pela série de fatalidades que recaíram sobre o devedor, perdoa-lhe a dívida, para aliviar a sua difícil situação económica.

---

cit., anot. aos arts. 863.º e segs.; S. REBULLIDA, *Notas sobre la naturaleza jurídica de la condonación de las obligaciones*, na *Rev. der. priv.*, 1955, pág. 130; RAJNAUD, *La renonciation à un droit*, na *Rev. trimestrielle*, 1936, pág. 776; SEILLAN, *L'acte abdicatif*, *Rev. cit.*, 1966, pág. 693; ATZERI-VACCA, *Delle rinunzie*, 1910: ROZZI, *Rinunzia*, no *Nuovo Dig. Ital.*; CERCIELLO, *La remissione del debito nel dir. civ. positivo*, 1923; PELLEGRINI, *Dei modi di estinzione delle obbligazioni diverse dall'adempimento*, Com. de D.'AMÉLIO, I, pág. 131 e segs.; TILOCCA, *Remissione del debito*, no *Nov. Dig. Ital.*; GIACOBBE e GUIDA, *Remissione del debito (dir. vig.)*, na *Enc. del dir.*; HARTMANN, *Die liberatorischen Verträge und ihr Rechtsgrund insbesondere*, no AcP, 85, pág. 1; REICHEL, *Der Einforderungsverzicht (pactum de non petendo)*, J.J., 85, pág. 1; WALSMANN, *Der Verzicht*, 1912; LARENZ, I, 14.ª ed., § 19, I; GERNHUBER, *ob. cit.*, § 16, pág. 337 e segs.; PEREIRA COELHO J.ᴼᴿ, *A renúncia abdicativa no direito civil*, Coimbra, 1995.

[1] Por isso mesmo GERNHUBER (*ob. cit.*, § 16) integra a remissão (*der Erlass*), no núcleo dos casos de extinção da obrigação sem prestação (*Erlöschen der Schuld ohne Leistung*).

Das obrigações em geral

C deve 2 000 contos de juros a *D*, mas contesta publicamente a existência da dívida. *D*, ciente do seu direito, mas prezando mais a amizade de *C* e dos seus familiares do que a cobrança do crédito, resolve *renunciar* a dívida.

Noção. A *remissão* da dívida é, por conseguinte, a renúncia do credor ao direito de exigir a prestação, feita com a aquiescência da contraparte.

372. *Novo sentido jurídico e ético-jurídico do instituto.* A possibilidade de o credor rejeitar definitivamente o direito de crédito, por um acto da sua vontade, era já prevista e regulada no artigo 815.º do Código de 1867.

«É lícito a qualquer, dizia esse artigo, *renunciar* o seu direito ou *remitir* e *perdoar* as prestações que lhe são devidas, excepto nos casos em que a lei o proibir».

A disposição foi, no entanto, muito criticada por alguns autores mais qualificados ([1]), não tanto pela disciplina nela consagrada, como pela confusão que uma vez mais o velho Código estabelecia entre obrigações e direitos reais, ao misturar a *remissão* e o *perdão*, figuras privativas das relações creditórias, com a *renúncia*, instituto próprio dos direitos reais e de outras categorias de direitos.

Na altura dos trabalhos preparatórios do novo Código, a principal questão que houve necessidade de examinar a propósito da remissão foi exactamente a de saber se ela devia ser tratada como um *contrato*, à semelhança do que fazem os Códigos alemão (§ 397), suíço (art. 115) e grego (art. 454) ([2]), ou devia antes ser moldada como um negócio *unilateral*, à imagem do que faz o Código italiano (art. 1236).

VAZ SERRA, numa interessante monografia sobre a matéria, analisou exaustivamente a questão, ponderando com muito critério as

---

([1]) G. MOREIRA, n. 97; C. GONÇALVES, *Tratado*, IV, n. 645.

([2]) Pela tese da contratualidade se decide também o artigo 318.º do Anteprojecto *brasileiro* do Código das obrigações (parte geral), de 1941.

Extinção das obrigações

vantagens e os inconvenientes de cada uma das soluções em opção. Como remate desse exame, propôs o Autor uma solução híbrida, segundo a qual a remissão poderia ser feita por *contrato*, e também (quando fosse *gratuita*, como sucede aliás na generalidade dos casos) mediante declaração *unilateral* do credor, embora o efeito extintivo da renúncia pudesse ser destruído nesse caso pela declaração de recusa do devedor ([1]).

Essa orientação foi ainda integralmente aceite na 1.ª revisão ministerial (art. 838.º), que reproduziu, no essencial, a doutrina proposta no artigo 486.º do Anteprojecto VAZ SERRA ([2]).

A partir, porém, da 2.ª revisão ministerial, outra foi a tese que prevaleceu e veio a ser consagrada na redacção definitiva do artigo 863.º.

Aceitou-se a ideia básica (também perfilhada no art. 447.º, 1, em relação ao contrato a favor de terceiro) de que, constituindo a renúncia do credor uma forma de enriquecimento patrimonial do devedor, que se liberta da obrigação que onerava o seu património, ela não pode ser imposta ao titular passivo da relação creditória (*invito non datur beneficium*).

Em lugar, no entanto, de se dar expressão a essa ideia através da possibilidade de *recusa* do benefício, considerando a remissão como um acto unilateral recipiendo do credor, julgou-se mais con-

---

([1]) A tese da remissão como declaração unilateral, embora sujeita a recusa do devedor emitida dentro dum prazo razoável (*in un congruo termine*), é a perfilhada para todos os casos pelo artigo 1236 do Código italiano.

([2]) A doutrina proposta por VAZ SERRA estava, de facto, condensada nos três números do artigo 486.º do seu Anteprojecto. O n.º 1 afirmava a possibilidade de o credor remitir a dívida, por meio de contrato com o devedor, ou por simples declaração de renúncia comunicada ao devedor, se a remissão fosse gratuita.

O n.º 2 concedia, neste último caso, ao devedor a faculdade de recusar, dentro dum prazo razoável, o benefício da remissão.

E o n.º 3 rematava com a irrevogabilidade da renúncia do credor, uma vez comunicada ao devedor.

Das obrigações em geral

veniente e mais lógico construir com ela o princípio da *contratuali-dade*, perfilhando o modelo da legislação alemã ([1]), suíça e grega ([2]).

Ficou, de facto, bem assente no texto definitivo do artigo 863.º, que a remissão necessita de revestir a forma de *contrato* (embora a aceitação da proposta contratual do *remitente* se possa considerar especialmente facilitada pelo disposto no art. 234.º) ([3]), quer se trate de remissão *donativa*, quer de remissão puramente *abdicativa*.

«O credor, diz o n.º 1 desse artigo, pode remitir a dívida por contrato com o devedor».

E o n.º 2 completa o pensamento da lei, acrescentando:

«Quando tiver o carácter de liberalidade, a remissão por negócio entre vivos é havida como doação, na conformidade dos artigos 940.º e seguintes».

Não basta, por conseguinte, a declaração *abdicativa* ou *renuncia-tiva* do credor para extinguir a obrigação. Esse efeito só resulta do *acordo* entre os dois titulares da relação creditória, ainda que a lei seja especialmente aberta à prova da aceitação do devedor (art. 234.º).

A tal ideia capital de que o obrigado não deve ser benefi-ciado, se o não quiser ser à custa da contraparte, não se limita a servir de fundamento à *recusa*, com efeito retroactivo, da *extinção*

([1]) É curioso assinalar, porém, o facto de não deixar de haver, na doutrina alemã, quem ponha as suas reservas, no plano de direito constituendo, à tese da contratualidade da remissão: LARENZ, I, 14.ª ed., § 19, pág. 267 e GERNHUBER, *ob. cit.*, 316, pág. 341.

([2]) Tese que era também já aceite por G. MOREIRA (n.º 97), quanto à remissão feita *cum animo donandi*, por entender que o credor não pode dissolver o vínculo obrigatório sem a vontade do devedor.

([3]) A aplicação da doutrina do artigo 234.º ao caso especial da remissão, visto que o devedor quererá em regra a remissão, bem como do artigo 218.º, relativa-mente ao valor do silêncio como possível manifestação de consentimento, não signi-fica que haja afinal coincidência entre a solução do Código italiano (art. 1236) e a do novo Código português. No direito italiano, o efeito extintivo da renúncia opera no momento da declaração do credor (BARBERO, *Sistema*, II, n.º 723 e TILLOCA, *est. cit.*, n.º 8); no direito português vigente, a obrigação só se extinguirá quando a conduta do devedor revelar a intenção de aceitar a proposta.

Extinção das obrigações

operada por vontade do credor. Nela se funda antes a solução da essencialidade do consentimento do devedor para o enriquecimento imediatamente criado no seu património com a liberação do débito ([1]).

Não se pode, aliás, omitir nem subestimar a possibilidade de o real ou aparente devedor, colocado perante a intenção de o real ou aparente credor remitir a dívida, pretender afirmar a *inexistência* da dívida e obter a declaração judicial do facto ([2]).

A posição doutrinal definida no artigo 863.º terá uma explicação de ordem prática.

Afirmando a formação consensual *sistemática* da remissão, a lei portuguesa quis, por um lado, afastar as dúvidas que forçosamente levantaria a determinação do prazo *razoável* dentro do qual a recusa do devedor poderia neutralizar a renúncia (extintiva) do credor e pretendeu, por outro lado, evitar a *incerteza* que durante esse período poderia recair sobre a eficácia definitiva da abdicação do direito ([3]).

([1]) Eliminou-se, em contrapartida, no novo Código a exigência de documento escrito para *prova* da remissão, feita no § único que a Reforma de 1930 aditara à primitiva redacção do artigo 815.º do Código de 1867.

Esta disposição deu lugar a muitas dificuldades de interpretação. Cfr., a propósito, R.L.J., ano 76, pág. 396 e 78, pág. 389; C. GONÇALVES, *ob. e vol. cits.*, n.º 647; VAZ SERRA, *ob. cit.*, pág. 46 e segs.

([2]) Vide, a propósito, GIACOBBE e GUIDA, *est. cit.*, n.º 2, na *Enc. del Dir.*

([3]) Mesmo VAZ SERRA (*ob. cit.*, pág. 27) não deixa de apontar os inconvenientes da solução oposta: «Esta alusão a «prazo razoável» presta-se a dúvidas, pois pode ser duvidoso se já decorreu o prazo *razoável*, dentro do qual o devedor devia declarar que não queria aproveitar-se da remissão. O credor pode não saber, portanto, se ainda é credor ou já o não é; e o devedor também pode não saber se ainda é devedor ou já deixou de o ser. Tratando-se de interesses tão importantes, pareceria deve estabelecer-se um prazo: poderia ser, por exemplo, de oito dias, além do necessário para o correio público...».

Cfr., porém, os reparos logo a seguir feitos pelo mesmo autor quanto à possível fixação do prazo.

Assim se explica, aliás, a observação feita ainda mais adiante (pág. 31): «Apesar de tudo isto, vê-se que é a solução do carácter contratual a que tem encontrado maior favor nas legislações e é adoptada no Projecto franco-italiano e no Anteprojecto brasileiro. Ela tem porventura a vantagem de, exigindo-se contrato de remissão, levar o credor a procurar o acordo do devedor, esclarecendo-se, deste modo, a situação».

Das obrigações em geral

Mas, ao lado da explicação fundada em razões de conveniência, o preceito excepcional ([1]) da contratualidade da remissão assenta sobre um postulado ético-jurídico em tudo semelhante ao que enforma o disposto no n.º 2 do artigo 762.º, quando aplica a norma da *boa fé*, não apenas ao cumprimento da obrigação, mas também ao *exercício do direito* correspondente.

Como titular dum direito *subjectivo*, o credor pode exigir ou não a realização da prestação debitória, pode reclamá-la na totalidade ou apenas em parte (art. 763.º, 2), pode conceder um prazo para o cumprimento ou prorrogar o prazo estabelecido, pode deixar prescrever o crédito, etc.

Porém, a obrigação é mais alguma coisa do que o direito de crédito, que não passa de uma das faces da relação creditória. A obrigação é uma relação complexa, em cujo processamento participam, por igual modo, credor e devedor. A extinção do vínculo obrigacional por meio da remissão não envolve apenas uma perda definitiva do *poder de exigir* conferido ao credor; implica do mesmo passo um enriquecimento do devedor, traduzido na supressão dum elemento negativo, que onerava o seu património.

E não deve colocar-se a produção desse efeito necessário da remissão, pelas circunstâncias especiais em que se processa, na exclusiva dependência, ainda que só provisoriamente, da vontade soberana do credor ([2]).

([1]) A regra, com efeito, é que o titular do direito (quer se trate de direito real, de direito potestativo ou de outra natureza) pode renunciar a ele, mediante simples declaração *unilateral*.

Essa é a orientação expressamente consagrada em matéria de *garantias reais*, que o credor pode extinguir mediante simples *acto de renúncia* (cfr. arts. 664.º, 667.º, 730.º, al. *d*); 752.º e 761.º).

([2]) Contra o princípio da contratu !idade da remissão, *de lege ferenda*, além de HECK e VON TUHR, vide ENNECCERUS-LEHMANN, *trad. esp.*, § 74, nota 1; cfr. ainda as observações de VON BÜREN (*Schweizerisches Obligationenrecht, Allg. Teil.*, 1964, pág. 357 e s.).

Extinção das obrigações

Não se coadunaria, portanto, com a moderna concepção da relação obrigacional (toda virada sobre os deveres de cooperação entre credor e devedor) a tese da unilateralidade da remissão ([1]).

Há, no entanto, um outro aspecto da realidade que não pode ser ignorado nem subestimado.

O facto de, no tocante à sua estrutura jurídica, a *remissão* ter de ser considerada como um negócio *bilateral*, não impede que, do ponto de vista económico, se reconheça o papel preponderante do credor, no caso da *remissão a título gratuito*.

Nesse aspecto, pode bem dizer-se que a remissão é, no seu cerne, uma *renúncia* ao direito de crédito.

Renúncia (aceite pelo devedor) a que é conveniente dar um nome especial (*remissão*) no caso dos direitos de crédito, para a distinguir dos casos de perda voluntária de um direito, em que a declaração do renunciante não tem como destinatário pessoa determinada.

373. *Figuras próximas*. Diz-se no artigo 863.º, 2, que «quando tiver o carácter de liberalidade, a remissão por negócio entre vivos é havida como doação». Pela forma como está redigido, o preceito deixa, portanto, concluir que a remissão pode ter ou *não ter* o carácter de liberalidade.

([1]) Será mesmo lícito afirmar—indo, neste ponto, mais longe do que Vaz Serra, Larenz e du Chesne—que não há perfeita analogia entre o *direito à prestação* oferecido ao destinatário do contrato a favor de terceiro (adquirido pelo beneficiário, independentemente de aceitação) e a exoneração do obrigado, proveniente da remissão.

No 1.º caso, há em regra uma vantagem criada de *novo* pelo contrato, que o beneficiário pode rejeitar (art. 447.º, 1).

No 2.º caso, se a *obrigação* tiver resultado dum contrato bilateral, por exemplo, a remissão envolverá, para além da extinção do débito, uma modificação da relação contratual existente e da situação de equilíbrio por ela criada, que, de acordo com a regra do n.º 1 do artigo 406.º, só por mútuo consentimento dos contraentes deve ser permitida.

Das obrigações em geral

Quando for feita com *animus donandi* (ou *por espírito de liberalidade,* como diz o art. 940.º), a remissão é equiparada à doação (¹), e, como tal, sujeita às regras de forma, de capacidade, de revogação e de disponibilidade próprias das doações.

Se não for efectuada *cum animo donandi,* mas no simples intuito de *rejeitar* ou *demitir* (não necessariamente a título definitivo) o crédito da esfera jurídica do credor, como sucede na concordata de credores (²), a *remissão* tanto pode constituir um acto a título *oneroso* como um acto a título gratuito, consoante haja ou não, em troca dela, um *correspectivo* (³). O *correspectivo* dificilmente revestirá, porém, a natureza duma *contraprestação* da remissão.

Com efeito, se o credor abdica do seu direito por troca com uma prestação diferente, que recebe no acto da abdicação, não há entre as partes uma *remissão,* mas uma *dação em cumprimento.* Se a renúncia se dá em troca de uma nova obrigação a que o devedor

---

(¹) Mais do que uma *equiparação,* há uma rigorosa *integração* da remissão feita por espírito de liberalidade no conceito genérico de *doação* dado no artigo 940.º, 1.

A noção perfilhada neste preceito é muito mais ampla do que a noção acanhada que figurava no artigo 1452.º do Código de 1867, visto caberem nela, não só os actos de *transferência* gratuita de bens do património do doador para o do donatário, mas também os actos de disposição gratuita de coisas ou de direitos ou de assunção de obrigações, à custa do património da parte liberal. E a remissão é, precisamente, um acto de disposição gratuita de um direito de crédito, à custa do património do disponente.

Sobre os conceitos possiveis de doação, vide ANTUNES VARELA, *Ensaio sobre o conceito do modo, passim,* especialmente n.ᵒˢ 26 e segs.

Cfr. artigos 66 e segs., do *Cód. Proc. Esp. de Recuperação da Emp. e de Falência,* aprovado pelo Dec.-Lei n.º 132/93, de 23/4.

(³) É muito importante a diferença de regime entre a remissão *donativa* e a remissão puramente abdicativa.

«Assim, escrevem PIRES DE LIMA e A. VARELA (*Cód. Civ. anot.,* II, com. ao art. 863.º), a remissão-doação carece de ser aceite em vida do remitente (art. 945.º), ao passo que a morte deste, sendo a remissão meramente abdicatória, não obsta, em princípio, à conclusão do contrato (art. 231.º). A remissão-doação está, por exemplo, sujeita à colação, se o devedor for descendente do credor (art. 2104.º); é atendida para o cálculo da legítima (art. 2162.º); está sujeita à revogação unilateral, nos termos dos artigos 969.º e seguintes, e ao regime dos artigos 1761.º e seguintes, se se tratar de dívida entre cônjuges—o que não acontece com a remissão abdicatória.»

Extinção das obrigações

(ou terceiro) fica adstrito, haverá *novação* e não remissão. E haverá compensação (legal ou voluntária), se a contraprestação do devedor consistir na liberação do credor por um débito recíproco ([1]).

Estas considerações não autorizam, porém, a concluir, na esteira de TILOCCA e de outros autores, que nenhum espaço resta para a *remissão* dentro do vasto sector da *onerosidade*.

A *onerosidade* não tem o seu campo de acção circunscrito às prestações ligadas entre si por um nexo *sinalagmático*, como o que caracteriza os contratos *bilaterais*.

Suponhamos que o credor (*A*) remite o crédito de 1 000 que tem sobre *B*, apenas para preencher a condição a que foi subordinado o legado, no valor de 5 000, que lhe fez *C*. Ou que *D* se declara disposto a remitir o crédito que tem sobre *E*, sob condição de este lhe vender (pelo justo preço ou pelo preço que entre si acordarem) certa coisa que *D* gostaria de adquirir.

Em nenhum dos casos a abdicação do credor está ligada ao seu correspectivo económico por meio de uma obrigação recíproca sinalagmática. E, todavia, em nenhum deles pode contestar-se seriamente a existência da onerosidade.

A remissão *cum animo donandi*, equiparada à doação pelo n.º 2 do artigo 863.º, é a efectuada por negócio entre vivos. É que a remissão também pode ser feita por testamento.

Nesse caso, ser-lhe-ão aplicáveis, não as regras da doação, mas as disposições reguladoras da sucessão testamentária. A extinção da obrigação, quando assim for, resultará da junção de dois actos unilaterais sucessivos: a disposição testamentária do credor, de um lado; e a declaração de aceitação do devedor, do outro.

Diferente da remissão é o *reconhecimento negativo de dívida* (*reconhecimento da inexistência da dívida*), bem como o *contrato extintivo da relação contratual*.

([1]) Cfr. TILLOCA, *est. cit.*, n.º 5.

Das obrigações em geral

O primeiro é o negócio declarativo (*di accertamento*, como lhe chamam os autores italianos) ([1]) pelo qual o possível credor declara vinculativamente, perante a contraparte, que a obrigação não existe ([2]).

Levantam-se dúvidas, por ex., sobre se o devedor chegou ou não a entregar a quantia devida ao *de cuius*. O herdeiro único, aceitando a versão do devedor, declara a inexistência do débito, por ter sido pago.

O reconhecimento negativo de dívida, assente sobre a convicção (declarada) da inexistência da obrigação, não se confunde com a remissão, que é a perda voluntária dum crédito existente. Aquele *reconhecimento* pode, no entanto, dissimular uma verdadeira remissão, como sucederá no caso de o declarante estar convencido da existência do crédito ([3]). E pode servir de invólucro a uma simples *quitação antecipada*, na hipótese de a declaração ter sido emitida sob a pressuposição do futuro cumprimento ([4]).

374. *Efeitos da remissão.* A remissão tem como efeito imediato a perda definitiva do crédito, de um lado, e a liberação do débito, pelo outro.

E, uma vez extinta a *obrigação*, com ela se extinguem reflexamente os acessórios e as *garantias*, pessoais ou reais, que asseguravam o seu cumprimento, sem necessidade da intervenção de terceiros que as tenham prestado.

([1]) «*Feststellungsgeschäfte*» (negócios de fixação ou determinação) lhe chamam, por seu turno, os autores alemães: LARENZ, § 19, 1, pág. 268.

([2]) É pura questão de interpretação da declaração o saber se a afirmação de alguém de que uma outra pessoa ou entidade *nada* lhe *deve*—reveste ou não carácter vinculativo.

([3]) ENNECCERUS-LEHMANN, § 74, II, 1 e 2. Simulação (embora inocente) poderá haver também no acto de entrega do *recibo* de um pagamento que, realmente, se não efectuou, quando essa entrega é feita *animo donandi* (como prenda de anos, como recompensa dum serviço, etc.).

([4]) Sobre os termos em que pode ser anulado o contrato de reconhecimento, veja-se VAZ SERRA, *ob. cit.*, pág. 83 e segs.

Extinção das obrigações

É nesse sentido que cumpre interpretar o texto do n.º 1 do artigo 866.º, segundo o qual «a remissão concedida ao devedor *aproveita a terceiros*».

A remissão da dívida principal arrasta, portanto, a remissão da dívida acessória e das restantes garantias.

A remissão do débito extinguirá, assim, as fianças, a hipoteca, o penhor, ou quaisquer outras garantias que acompanhavam o crédito [1].

A dívida extinguir-se-á também por completo, com todos os seus acessórios, quando, sendo a obrigação solidária ou indivisível, e sendo vários os credores ou devedores, houver remissão de todos os credores, com participação de todos os devedores.

A questão já se não põe com a mesma simplicidade no caso das obrigações *plurais* não conjuntas ou parciárias, quando a remissão tenha sido pactuada apenas com um ou alguns dos devedores ou dos credores, e na hipótese de a remissão se referir directamente apenas à obrigação *acessória* de um ou alguns dos fiadores.

Quando sejam vários os obrigados principais, numa obrigação solidária (art. 864.º, 1 e 2) ou numa obrigação indivisível (art. 865.º, 1), e a remissão se não refira a toda a dívida (*remissão in rem*), mas apenas a um dos devedores (*remissão in personam*), os seus efeitos só aproveitarão ao beneficiário, embora não possam prejudicar os outros.

Concretizando este pensamento, dir-se-á que a remissão concedida ao devedor solidário faz que ele fique liberado perante o credor.

---

[1] No mesmo sentido, embora em termos mais acanhados, dispunha já o artigo 816.º do Código de 1867 que «o perdão concedido ao devedor principal aproveita ao fiador».

No Código vigente, a regra de que todas as garantias, quer do devedor, quer de terceiro, se extinguem com a extinção da obrigação principal encontra-se consagrada em vários preceitos, tais como os artigos 651.º; 664.º; 667.º; 730.º, al. *a*); 752.º e 761.º. Cfr. PIRES DE LIMA e A. VARELA, *ob. cit.*, anot. ao art. 866.º.

Das obrigações em geral

Os outros condevedores ficarão desonerados apenas na parte relativa ao devedor exonerado. Se, porém, o credor se reservar o direito de os demandar por toda a prestação, também eles, nessa altura, conservarão o seu direito de regresso, por inteiro, contra o devedor desonerado.

Suponhamos, para exemplificar, que *A*, *B* e *C* devem, em regime de solidariedade, 9 000 contos a *D*, e que este remite apenas o débito de *A*. Partindo da ideia de que os devedores respondem por igual, nas suas relações internas, e que *D* e *A* nada acrescentaram à declaração de remissão, ter-se-á como resultado que *A* foi exonerado da dívida e que, doravante, *D* apenas poderá exigir 6 000 contos, em regime de solidariedade, de *B* e *C*.

Se *D*, ao mesmo tempo que remite a dívida de *A*, acrescentar que, todavia, se reserva o direito de exigir os 9 000 contos em dívida, quer de *B*, quer de *C*, então *A* não responderá perante *D*, que remitiu a obrigação, mas poderá ser demandado em via de regresso, quer por *B*, quer por *C*, como se à remissão não existisse.

No caso de solidariedade activa, diz-se no n.º 3 do artigo 864.º que «a remissão concedida por um dos credores solidários exonera o devedor para com os restantes credores, mas somente na parte que respeita ao credor remitente».

Assim, se a dívida for de 9 000 e três os credores solidários (*A*, *B* e *C*), na hipótese de um deles remitir o seu crédito, os outros dois ficarão ainda com o direito de exigir, isolada ou conjuntamente, a quantia de 6 000.

Outra era a solução consagrada no artigo 751.º do Código de 1867, que reconhecia ao credor solidário a faculdade de remitir a dívida por inteiro, sem prejuízo da sua responsabilidade para com os outros credores.

O novo Código, afastando-se embora da lógica formal da solidariedade, aceitou a solução ([1]) que, sem lesar o direito funda-

---

([1]) Trata-se da solução proposta por VAZ SERRA (*est. cit.*, n.º 6) e consagrada no Código francês (art. 1198) e italiano (art. 1301). Solução que não assenta numa

Extinção das obrigações

mental de cada um dos credores à sua quota parte no crédito, melhor acautela o direito dos restantes ([1]).

No caso da fiança, dívida acessória da obrigação principal, os reflexos da remissão assumem um aspecto diferente. Da remissão da dívida acessória ou de qualquer outra garantia não pode concluir--se, de harmonia com as simples presunções da experiência, a intenção de remitir a dívida principal.

Sendo um só o fiador, a remissão que lhe for concedida pelo credor não aproveita, em princípio, ao devedor.

«O perdão concedido ao devedor principal, dizia o artigo 816.º do Código de 1867, aproveita ao fiador; *mas o concedido a este não aproveita àquele*» ([2]).

O novo Código amplia a doutrina desse preceito, bem como do artigo 872.º, generalizando-a a todas as garantias: «A renúncia às garantias da obrigação não faz presumir a remissão da dívida» (art. 867.º) ([3]).

---

simples presunção de vontade do credor solidário remitente, mas na ideia de que não é lícito a nenhum credor solidário dispor em tais termos da parte dos outros no crédito comum, a menos que tal faculdade lhe tenha sido expressamente concedida.

«... Cada credor, escreve VAZ SERRA (*ob. e loc. cit.*), não pode praticar actos de que resulte prejuízo para os outros.»

([1]) Quanto à remissão concedida nas obrigações indivisíveis, com pluralidade de sujeitos, vide I vol., n.º 230, pág. 845.

([2]) Em sentido paralelo dispunha o artigo 873.º que «da remissão do penhor não resulta a presunção da remissão da dívida».

([3]) A doutrina deste artigo (correspondente ao art. 1238 do Cód. italiano) explica-se por duas razões: primeiro, porque a intenção de renunciar a uma garantia não envolve, de facto, segundo as regras da experiência comum, a intenção de renunciar à obrigação; depois, porque a remissão da obrigação só deve ser feita, como contrato que é, com a participação do devedor.

No caso de a remissão ter sido feita a título oneroso, não se aceitou a doutrina dos artigos 1288 do Código francês e 1240 do Código italiano, sugerida por VAZ SERRA — doutrina que manda imputar à dívida principal, em benefício do devedor e de outros garantes, a importância paga pelo terceiro.

Presumiu-se que não tenha havido por parte do autor da garantia um começo de cumprimento, mas apenas a vontade de se libertar do risco da sua garantia.

No caso de haver um verdadeiro começo de cumprimento, ter-se-á de aplicar ao caso o regime do cumprimento por terceiro.

Das obrigações em geral

E no caso de haver mais que um fiador?

Sendo vários os fiadores e tendo a remissão sido concedida a um deles apenas, este ficará completamente desonerado, enquanto aos outros a remissão aproveita apenas na parte correspondente ao fiador exonerado ([1]). Na hipótese, porém, de a remissão ser feita a um só, *mas com o assentimento de todos os restantes*, estes responderão, em princípio, pela totalidade da dívida ([2]).

Relativamente às outras garantias, valem em cheio os dois princípios acima enunciados: por um lado, a remissão da dívida arrasta a caducidade das garantias do crédito (art. 866.º, 1); por outro, da remissão da garantia não pode inferir-se a remissão da obrigação principal (art. 867.º).

375. *Nulidade ou anulação da remissão.* Tal como as outras causas extintivas da obrigação, também a *remissão* pode sofrer de vícios que importem a sua nulidade ou anulabilidade.

Quando assim seja, e a nulidade ou a anulação venha a ser efectivamente decretada, a consequência normal de uma ou outra será o renascimento do crédito, com todos os acessórios e garantias que asseguravam o seu cumprimento.

([1]) O artigo 867.º do Código velho previa apenas, quanto à pluralidade de fiadores, o caso da fiança solidária.

O n.º 2 do artigo 866.º do Código vigente regulou a hipótese da pluralidade de fiadores em termos genéricos, paralelos aos da solução adoptada para a solidariedade passiva, no n.º 1 do artigo 864.º. Mas é evidente que a solução fixada nem sempre reveste o mesmo alcance prático, perante as diferentes situações discriminadas no artigo 649.º.

Se a fiança foi constituída em termos de os fiadores poderem invocar o benefício da divisão, não lhes interessará recorrer à primeira das regras consignadas no n.º 2 do artigo 866.º, salvo se algum deles se encontrar em estado de insolvência.

([2]) E compreende-se que assim seja. Os confiadores não têm, em princípio, que intervir na remissão concedida a qualquer dos outros. Se o fazem, para declararem que consentem na remissão, é porque querem assumir as obrigações do remitido.

É essa, aliás, a solução também perfilhada no artigo 1239, II, do Código italiano e a sugerida no artigo 212.º do Projecto *franco-italiano* do Código das obrigações e dos contratos.

Extinção das obrigações

Só assim não sucederá, à semelhança do prescrito nos casos paralelos (¹), quando a nulidade ou a anulação proceda de facto imputável ao próprio credor. Nesse caso, operar-se-á do mesmo modo o renascimento do débito. O que já não renasce (salvo se o terceiro conhecia o vício do contrato de remissão na data em que teve conhecimento dela) são as garantias prestadas por terceiro.

Não faria, realmente, grande sentido que, sendo o credor o culpado da invalidade da remissão, a dívida renascesse em seu proveito, com sacrifício das legítimas expectativas dos terceiros que contavam com a caducidade das garantias por eles prestadas.

O regime da nulidade e da anulação implicitamente consagrado no n.º 3 do artigo 866.º, conjugado com o disposto no n.º 2 do artigo 863.º, mostra que a remissão é tratada entre nós como um negócio *causal*, e não como um negócio *abstracto*, ao contrário do que sucede no direito alemão.

Na verdade, integrando a remissão feita *animo donandi* na figura da doação, e sujeitando-a, por conseguinte, ao regime desta, a lei considera a *validade* dela dependente dos vícios que afectem a sua causa. A falta ou os vícios do *animus donandi* não deixam a remissão de pé, provocando, pelo contrário, a sua *nulidade* ou *anulabilidade*.

Assim, se a remissão for feita, por espírito de liberalidade, a uma pessoa inábil para receber por doação, nos termos do artigo 953.º, a obrigação renascerá por inteiro (depois de reconhecida a nulidade da remissão) e não apenas nos limites mitigados do enriquecimento sem causa.

(¹) Os casos paralelos são os regulados nos artigos 766.º (cumprimento); 839.º (dação 'em cumprimento); 856.º (compensação); 860.º, 2 (novação) e 873.º, 2 (confusão).

Das obrigações em geral

SECÇÃO VI

CONFUSÃO*

376. *Noção.* A última das causas extintivas das obrigações, diferentes do cumprimento, tratada na lei civil é a *confusão* (arts. 868.º e segs.).

A constituição do vínculo obrigacional, como relação inter-subjectiva, pressupõe a existência, pelo menos, de duas pessoas distintas: uma, no lado activo da obrigação, com o direito de *exigir* a prestação debitória; outra, no lado passivo, *adstrita* ao correlativo *dever de prestar*.

Porém, entre as vicissitudes a que a vida sujeita a relação creditória figura a de poderem vir a reunir-se na mesma pessoa, por diversas causas, as qualidades de *credor* e *devedor* da mesma obrigação.

A deve 1 000 contos ao tio *B*. Morre o credor e o seu único herdeiro (legítimo ou testamentário) é o sobrinho.

A sociedade *C* funde-se com a sociedade *D*, à qual devia 1 500 contos por mercadorias que esta lhe fornecera.

O comerciante *E*, para pagamento de certo fornecimento efectuado por *F.*, subscreve um título de crédito que, após sucessivos endossos, acaba por ser transmitido por essa via a ele próprio.

G devia 5 000 contos a *H*. Morrem ambos no mesmo acidente, deixando como único sucessor o sobrinho comum *I*.

O depositário, que devia restituir a coisa ao dono, compra a coisa depositada.

---

* VAZ SERRA, *Dação em cumprimento, consignação em depósito, confusão e figuras afins*, 1954; TOESCA DI CASTELLAZZO, *Confusione*, no *Nuovo Digesto Ital.*; AMORE, *Confusione*, no *Novissimo Dig. Ital.*; FAVERO, *Confusione (dir. vig.)*, na *Enic. del diritto*; Id., *Estinzione della obbligazione per confusione*, Milano, 1964; PERLINGIERI, *Il fenomeno dell'estinzione nelle obbligazione*, 1971, especialmente pág. 53 e segs.; KRETSCHAMAR, *Die Theorie der Confusion*, 1899; GERNHUBER, *ob. cit.*, § 19.

Extinção das obrigações

Em todos os casos referidos a título de exemplo, e em muitos outros que facilmente podem ser figurados, se congregam na mesma pessoa, singular ou colectiva, por virtude do fenómeno de transmissão operado num dos lados da relação creditória ou em ambos eles, a *titularidade activa* e *passiva* de uma obrigação. Umas vezes é o credor que sucede ao devedor no débito; outras, o devedor que sucede ao credor no crédito; outras, finalmente, um terceiro que sucede ao mesmo tempo no crédito e no débito.

Noção. A *confusão* dá-se quando, pelo facto de se reunirem na mesma pessoa as qualidades de credor e devedor da mesma relação creditória (*cum in eandem personam ius stipulantis promittentisque devenit*: D. 46, 3, 107 — fragmento de Pompónio), a obrigação se extingue ([1]).

Quando na mesma pessoa, diz o artigo 868.º, se reúnam as qualidades de credor e devedor da mesma obrigação, *extinguem-se o crédito e a dívida* ([2]) ([3]).

Numa fórmula menos apurada, mas exprimindo inequivocamente a mesma ideia, dizia já o artigo 796.º do Código de 1867, à semelhança de outros diplomas estrangeiros da época, que «confun-

---

([1]) Note-se, porém, o que o mesmo fenómeno pode ocorrer, não apenas na *obrigação simples*, mas também na relação obrigacional *complexa* (inquilino que sucede como herdeiro único ao senhorio). E fenómeno paralelo pode ocorrer outrossim nos direitos reais com a *consolidação* da propriedade, por exemplo, que se verifica com a sucessão do usufrutuário ao nú-proprietário. Vide acerca da real extensão na confusão, Gernhuber, *ob. cit.*, § 19, I, pág. 385 e Favero, *est. cit.*, n. 2.

([2]) É o seguinte o texto da disposição paralela (art. 1253) do Código civil italiano de 1942: «Quando as qualidades de credor e de devedor se reunem na mesma pessoa, a obrigação extingue-se, e os terceiros que tiverem prestado garantias a favor do devedor ficam liberados».

([3]) Entre as causas possíveis da *confusão* referem alguns autores a cessão ou a doação do crédito ao próprio devedor. Na prática, torna-se, porém, extremamente difícil distinguir entre a doação do crédito ao devedor e a remissão do débito, não faltando mesmo quem considere absurda a ideia da distinção entre uma e outra. Cfr. Biondi, *Le donazioni*, 1961, pág. 406; Andrea Torrente, *La donazione*, 1956, n.º 97-bis; em sentido oposto, Barbero, *Sistema*, II, n.ºs 723 e 726; Perlingieri, *ob. cit.*, pág. 64 e segs.

Das obrigações em geral

dindo-se na mesma pessoa a qualidade de credor e a de devedor, pela mesma causa, extingue-se o crédito e a dívida».

A *confusão*, a que estes preceitos se referem, é inteiramente distinta do fenómeno (que na antiga doutrina e legislação dava pelo mesmo nome) da reunião, na mesma pessoa, do direito de propriedade com algum outro direito real limitado sobre a mesma coisa (cfr. arts. 1476.º, 1, *b*); 1 513.º, *a*) ([1]) e 1569.º, 1 *a*)). A primeira é um modo de *extinção* da *obrigação*; o segundo conduz à restauração da *plena potestas* sobre a coisa ([2]).

377. *Eficácia extintiva da confusão*. Ninguém contesta, em princípio, a *eficácia própria* dos fenómenos que conduzem à *confusão*. Mas são várias as explicações teóricas arquitectadas pelos autores para justificarem a eficácia extintiva da *confusão*.

Há quem considere a extinção da obrigação por *confusão* como uma necessidade absoluta, derivada das próprias circunstâncias de facto, pela incompatibilidade existente entre as qualidades de credor e devedor. Seria logicamente inconcebível, diz-se, que alguém (como credor) pudesse *exigir* de si próprio (como devedor) a realização de certa prestação ([3]).

Esta concepção levar-nos-ia, no entanto, por uma razão de coerência, a considerar impossível (logicamente) a sucessão do devedor na posição do credor e a sucessão do credor na posição do obrigado, ou seja, a tal reunião na mesma pessoa das qualidades (antagónicas) de credor e devedor, que serve de pressuposto legal à figura da *confusão* ([4]).

([1]) Revogado pelos Dec.-Leis n.ᵒˢ 195-A/76, de 16/3 e 233/76, de 2-4, que aboliram a enfiteuse, respectivamente sobre prédios rústicos e sobre prédios urbanos.

([2]) Pires de Lima e Antunes Varela, *Código Civil anot.*, III, pág. 461.

([3]) *«Es conceptualmente impossible*, escreve por ex. Diego Espin (3.ª ed., III, pág. 167), *que una persona sea acreedora o deudora de si misma (nemo potest a semetipso exigere).»*

([4]) Essa é, aliás, a posição abertamente sustentada, entre outros, por Allara (*Le fattispecie estintive del rapporto obbligatorio*, 1949-1952, pág. 60): Se é impossível que uma pessoa seja ao mesmo tempo credora e devedora, será do mesmo modo impossí-

Extinção das obrigações

E a condenação prática da doutrina provém logo do facto de a *obrigação* poder manter-se, em todos os seus efeitos ou em alguns deles pelo menos, não obstante se reunirem na mesma pessoa as qualidades de credor e devedor. É o que nomeadamente acontece no caso de o devedor suceder, como único herdeiro, ao credor e receber a herança a benefício de inventário ([1]).

Outros autores, colocando-se no pólo oposto, entendem que a reunião do crédito e do débito na mesma pessoa *não extingue* a relação creditória, apenas *paralisa* a acção que serve de tutela ao direito do credor ([2]), assim se explicando o renascimento da obrigação, logo que os seus dois braços voltam a separar-se ([3]).

A verdade, porém, é que a confusão opera, por força da lei (art. 868.º), como causa de extinção da obrigação principal, bem

---

vel que o devedor suceda ao credor no crédito e que o credor suceda ao devedor no débito.

Assim, no caso de o credor (ou o devedor) morrer e lhe suceder como herdeiro o devedor (ou o credor, na 2.ª hipótese), a dívida extinguir-se-ia, não por *confusão*, como geral e tradicionalmente se tem entendido, mas por uma espécie de *inanição* da relação creditória, que ficaria apenas reduzida a um *lado* ou *titular*, visto não se poder operar a sucessão no outro lado. A obrigação extinguir-se-ia mais por uma razão *endógena* — carência insuprível dum elemento — do que por uma causa *exógena*.

([1]) Cfr. PERLINGIERI, *ob. cit.*, pág. 55 e segs. A forma, aliás, como o artigo 868.º retrata a *hipótese ou situação de facto*, a que corresponde a *estatuição* fixada na parte final desse preceito legal, revela desde logo que a *reunião* na mesma pessoa das qualidades de credor e devedor da mesma obrigação constitui um *prius*, ligado aos fenómenos da sucessão ou transmissão de direitos, relativamente ao efeito que ela desencadeia sobre a relação obrigacional. Por outras palavras: a investidura do credor no lado passivo da relação creditória, bem como a investidura do devedor no lado activo do crédito, aparecem no contexto do artigo 868.º como um *dado* inquestionável facultado pelo direito sucessório ou pela eficácia normal dos negócios de transmissão.

([2]) *Confusio eximit personam ab obligatione, perimit actionem, non extinguit obligationem.* Essa parece ser a tese, entre outros, de BARASSI (III, pág. 174, nota 1), para quem a *confusão* é o «fruto de uma *paralisi* que impede a relação de atingir o seu fim.»

([3]) Assim se explicaria ainda que, não obstante a confusão, o crédito do *de cuius* sobre o herdeiro seja tomado em conta para o efeito do cálculo da quota disponível e da liquidação do imposto sucessório. Cfr. CUNHA GONÇALVES, *Tratado*, V, n.º 637.

Das obrigações em geral

como dos seus acessórios e garantias. E o renascimento da obrigação só é previsto para o caso de destruição dos pressupostos da *confusão*, quando o facto gerador da destruição seja *anterior à confusão* (art. 873.°).

A obrigação do devedor perante o *de cuius* renascerá, nos termos deste artigo 873.°, a favor da herança, se a disposição testamentária que o instituía como único herdeiro for anulada por qualquer vício da vontade do testador ou for declarada nula por defeito de forma do testamento; mas já assim não sucederá, se o devedor, validamente instituído como herdeiro único do credor vender a herança a terceiro ([1]).

Diferente de qualquer das duas, que acabam de ser expostas e comentadas, é a versão aceite por FAVERO, segundo o qual a *confusão* constitui uma causa *necessária* (ou *peremptória*) de *extinção* do crédito ([2]), e consequentemente extintiva da dívida, por ser, no fundo, *uma forma de realização do crédito* ([3]).

Quer a pessoa na qual a confusão se verifica ([4]) seja o credor (que sucede ao devedor), quer seja o devedor (que sucede ao credor), a *confusão* envolve sempre a realização do crédito, mediante a sucessão na coisa que era objecto deste ou mediante a sua satisfação por equivalente ([5]).

([1]) A questão de saber se o antigo crédito do *de cuius* é ou não abrangido na venda da herança dependerá *apenas* da interpretação das cláusulas deste negócio.

Mas, ainda que no caso concreto a resposta seja afirmativa, uma solução pode dar-se como certa: é que não renascem a favor do adquirente as garantias prestadas por terceiro (arg. *ex* art. 873.°, 2). E mais do que isso: se houver razões para concluir que no valor da herança vendida foi incluído o crédito do *de cuius* sobre o herdeiro (alienante), haverá a constituição de um novo débito com o mesmo conteúdo do primitivo, mas não a continuação deste. Nesse sentido, quanto à hipótese inversa de o herdeiro (alienante) ser credor do autor da herança, VAZ SERRA, *ob. cit.*, pág. 254.

([2]) A eficácia extintiva da confusão, afirma FAVERO (*Estinzione della obbligazione per confusione*, pág. 60), não provém da disposição normativa, «mas da intrínseca força causal da situação.»

([3]) *Ob. cit.*, *passim*, especialmente pág. 51 e segs.

([4]) *Confondente* lhe chama FAVERO (pág. 52), mas o termo não tem correspondente na nossa terminologia jurídica.

([5]) Para maiores desenvolvimentos, FAVERO, *ob. cit.*, pág. 52 e segs.

Mas também esta versão de FAVERO depara com vários obstáculos, dificilmente transponíveis.

Se a reunião na mesma pessoa das qualidades de credor e devedor, pela mesma obrigação, fosse causa *necessária* da extinção desta, por virtude da *imediata realização* do crédito que tal circunstância forçosamente arrasta consigo, não se compreenderia o disposto no artigo 872.º, segundo o qual a obrigação não se extingue, ainda que na mesma pessoa se reunam as qualidades de credor e devedor, quando o crédito e a dívida pertençam a patrimónios separados.

Assim, se o devedor, que sucedeu como único herdeiro ao credor, tiver aceitado a herança a benefício de inventário, a sua dívida para com a herança (da qual ele é titular) manter-se-á, no interesse dos credores desta (¹).

Por outro lado, além de dificilmente se conceber uma *realização* (necessária) do crédito nos casos em que, por exemplo, o credor suceda a um devedor *insolvente* (²), nem sequer no caso de obri-

---

(¹) FAVERO (pág. 66 e segs.) procura afastar a objecção, distinguindo entre o verdadeiro *conteúdo preceptivo* e o puro *revestimento doutrinário* (não vinculativo para o intérprete) de disposições como o artigo 490 do Código civil italiano (e o art. 872.º do Cód. civ. port.), para concluir que nesse preceito do Código de 1942 está apenas consagrado um tratamento especializado ou individualizado dos débitos e dos créditos do *de cuius* em face do herdeiro (e não uma separação entre patrimónios pertencentes à mesma pessoa) — tratamento que não colide com a eficácia *necessariamente* extintiva da *confusão*.

Abstraindo da questão dos *patrimónios separados* (que não tem aqui o seu lugar próprio), dir-se-á apenas que o tal tratamento especial dos débitos do herdeiro ao *de cuius* (a que F. se refere) facultará aos credores da herança o poder de exigirem desse herdeiro a *realização* da prestação devida — tal como se a obrigação se mantivesse. E mantendo-a com todos os *acessórios* e com todas as *garantias* que asseguravam o seu cumprimento.

Como conciliar semelhante situação com a ideia da *extinção* necessária do débito?

(²) Se o devedor, a quem o credor sucede, nada tem de seu, não há dúvida de que, em princípio, o crédito *se extingue* por *confusão* (art. 868.º). Daí, porém, até à conclusão de que o crédito se *realizou* vai uma distância que nem a lei, nem a lógica, autorizam o intérprete a percorrer.

Das obrigações em geral

gação de prestação de coisa determinada, em que o credor suceda ao devedor, se poderá, em bom rigor, falar de uma realização do crédito.

É certo que, em tais hipóteses, se integra no património do credor a coisa cujo domínio ou cuja posse o direito de crédito visava transmitir-lhe. Mas não é menos certo que esse resultado se obteve, não por *funcionamento* efectivo do mecanismo técnico-
-jurídico próprio da relação creditória, mas por virtude da *sucessão* no domínio (ou na posse) da coisa que era objecto da prestação debitória ([1]).

([1]) Também não é isenta de reparo a forma como FAVERO (*ob. cit.*, pág. 90 e segs.) afasta a dificuldade que constitui para a sua tese o disposto no artigo 1254 do Código italiano (correspondente ao n.º 2 do art. 871.º do Cód. português), segundo o qual «a confusão não opera em prejuízo dos terceiros que tenham adquirido direitos de usufruto ou de penhor sobre o crédito.»

No entender de F., o usufruto e o penhor não recaem, nestes casos, sobre o próprio *direito de crédito*, como pretende a teoria dos *direitos sobre os direitos*, mas apenas sobre o *objecto* desse direito de crédito.

De modo que o artigo 1254 do Código italiano limitar-se-ia, no fundo, a dizer (superfluamente: cfr. pág. 91) que a *confusão*, no caso de o crédito estar sujeito a usufruto ou penhor, *extingue o crédito*, mas não extingue os direitos que recaiem sobre a coisa que constituía objecto deste.

Duas observações apenas.

A primeira é que são coisas inteiramente distintas o usufruto de *capitais postos a juro* ou a qualquer outro interesse (art. 1464.º), em que o direito do usufrutuário passa por uma relação de crédito, e o usufruto de *certa quantia* ou de *capitais levantados* (art. 1465.º), em que o direito do usufrutuário não passa forçosamente por essa relação.

A segunda observação compreende-se melhor com um exemplo que a esclareça.

Se *A*, credor de *B*, com direito a juros, ceder o seu crédito em usufruto a *C* por cinco anos, e morrer ao cabo de dois anos, sucedendo-lhe *B* como único herdeiro, poderia duvidar-se da continuação do direito de *C* aos juros, visto os juros representarem o *preço* da utilização de uma soma ou capital não pertencente ao devedor e este ter adquirido a titularidade da dita soma ou capital a partir do decesso de *A*.

E o interesse específico do disposto no n.º 2 do artigo 871.º (tal como no art. 1254 do Cód. italiano) está precisamente na afirmação da continuidade do direito do usufrutuário.

E o mesmo se diga, *mutatis mutandis*, para a hipótese de *A*, credor de *B*, ter dado o seu crédito em penhor a *C* (para garantia de dívida própria ou de terceiro) e vir mais tarde, antes de *C* ter executado a garantia, a suceder a *B* como seu único herdeiro.

Extinção das obrigações

Que concluir então da apreciação crítica das várias concepções expostas acerca da *confusão*?

A explicação singela, mas verdadeira, da eficácia *extintiva* da confusão assenta no facto de a reunião na mesma pessoa das qualidades de credor e devedor pela mesma obrigação tornar o vínculo obrigacional *descabido* ([1]). A obrigação, como súmula dum poder de exigir certa prestação e do correlativo dever de prestar, só tem realmente *cabimento*, em princípio, quando há *necessidade* de *sacrificar* os interesses de uma pessoa (devedor) aos interesses contrapostos de uma outra (credor). Se esses interesses se confundem, por qualquer fenómeno sucessório, numa única pessoa, a função *instrumental* típica do *direito de crédito deixou*, em princípio, *de ter cabimento* ([2]).

Mas apenas *em princípio*. Porque, atenta a *complexidade* de muitas relações creditórias e a possível confluência de interesses de terceiros na vida da obrigação, pode a manutenção desta continuar a ter cabimento, mesmo depois da reunião das qualidades de credor e devedor numa só pessoa.

É, por conseguinte, à lei, atenta a todos os interesses em jogo na relação creditória, que incumbe dizer se e em que medida a obrigação se extingue pelo facto de se terem congregado na mesma pessoa os títulos de credor e devedor, quando haja direitos de terceiro sobre o crédito ([3]), quando a confusão se dê na pessoa

---

([1]) Com a agudeza habitual do seu estilo, comenta GERNHUBER no mesmo sentido (*ob. cit.*, § 19, 3, pág. 388): «*Forderungen und Schuldverhältnisse erlöschen vielmehr, weil sie ihren Sinn verloren haben*» (créditos e relações de crédito extinguem-se, pelo contrário, porque perderam o seu sentido).

([2]) «A extinção por confusão, escreve PERLINGIERI (*ob. cit.*, pág. 56) na mesma linha de pensamento, corresponde assim, não a razões exclusivamente *mecanistiche* ou estruturais, mas a uma valoração teleológica, funcional, da relação jurídica.»

No mesmo sentido, as considerações de HECK (§ 64, 1) e a afirmação feita por LARENZ (§ 19, I, pág. 270) de que a extinção do crédito por confusão não constitui nenhuma *necessidade lógica*, mas a simples consequência de, na generalidade dos casos, não haver nenhuma *necessidade jurídica* da manutenção dele.

([3]) A razão de ser da extinção da obrigação por confusão não legitima a afirmação de que o efeito extintivo desta se limita à relação entre credor e devedor (VAZ SERRA, *est. cit.*, pág. 237). Basta pensar nas garantias prestadas por terceiro, que caducam com a extinção da dívida.

Das obrigações em geral

de um *co-herdeiro* do credor ou do devedor, ou na pessoa de um dos co-obrigados ou de um dos concredores na obrigação solidária ou na obrigação indivisível, etc.

378. *Regime da confusão.* O principal efeito da reunião, na mesma pessoa, das qualidades de credor e devedor da mesma obrigação consiste, como se diz no artigo 868.º e logo se depreenderia da inserção sistemática da *confusão* dentro do livro das obrigações, na extinção do crédito e da dívida.

Extinta a obrigação principal, com ela caducam todos os *acessórios* (cláusula penal, sinal, direito de retenção, etc.) e todas as *garantias* que asseguravam o seu cumprimento, quer tenham sido prestadas pelo devedor, quer por terceiro (¹). É o princípio geral expressamente consagrado nos artigos 651.º, quanto à fiança, e 730.º, quanto à hipoteca, extensivo afinal a todas as garantias.

Neste sentido, pode dizer-se que a *confusão*, tal como as outras causas de *extinção* da obrigação, aproveita a *terceiros*. Mas a recíproca, compreensivelmente, não é exacta. «A confusão, diz o n.º 1 do artigo 871.º, *não prejudica* os direitos de terceiro».

Assim, se *A*, filho único de *B*, dever 500 ao pai, que morre deixando bens no valor de 100, tendo doado 300 em vida a um estranho *(C)*, e houver necessidade de calcular a quota *disponível*, para apurar a eficácia da liberalidade entre vivos perante o direito de *A* à legítima (art. 2 159.º, n.º 2), a *confusão* operada no débito deste não obsta a que o respectivo crédito deva ser tomado em conta nesse cálculo. De contrário, seria injustificadamente prejudicado o direito do donatário *(C)* (²).

(¹) O artigo 1 253 do Código italiano alude apenas à extinção das garantias prestadas por terceiro, mas sem nenhuma intenção limitativa.

(²) No mesmo sentido, já no domínio do Código de 1867, GUILHERME MOREIRA, II, n.º 94.

O que, de resto, se diz para o cálculo disponível, dir-se-á por análogas razões para certos efeitos fiscais, nomeadamente para determinação do imposto sucessório.

Extinção das obrigações

Como corolário do pensamento fundamental enunciado no n.º 1, acrescenta o n.º 2 do artigo 871.º que, na hipótese de haver, a favor de terceiro, direitos de usufruto ou de penhor sobre o crédito, este subsistirá, «não obstante a confusão, na medida em que o exija o interesse do usufrutuário ou do credor pignoratício.»

Suponhamos, para ilustrar a doutrina do preceito, que *A*, credor de *B* por 500, constituiu um penhor sobre o seu crédito a favor de *C* (credor pignoratício), para garantia de uma dívida de *D*, no montante de 300. Entretanto, *A* morre e sucede-lhe como único herdeiro o devedor *B*.

O crédito de *A* sobre *B* extinguir-se-ia, em princípio, por confusão. Atento, porém, o disposto no n.º 2 do artigo 871.º, para salvaguarda dos direitos de terceiro, *C* continuará a dispor do crédito empenhado (como se *B* fosse obrigado a entregar a soma devida a *A*), mas apenas na medida do estritamente necessário para o credor pignoratício que o n.º 2 do artigo 871.º (*in fine*) aponta como *limite* da subsistência do crédito ([1]).

Nem sempre as coisas revestem, na prática, a simplicidade com que são figuradas nos exemplos precedentes.

Em vez de se verificar na pessoa do *único* herdeiro do *de cuius*, a confusão pode operar-se na pessoa de *um dos co-herdeiros*, tanto podendo suceder, nessa hipótese *genérica*, que o co-herdeiro fosse *credor*, como fosse *devedor* do defunto ([2]).

No primeiro caso, a confusão dar-se-á apenas na medida da sua responsabilidade, como co-herdeiro, pelo pagamento do seu crédito.

Assim, se os bens deixados pelo *de cuius* valerem 400, e um dos dois herdeiros (*A* e *B*), em partes iguais, for credor do defunto por uma dívida de 200, haverá *confusão*, em princípio, no que toca a

---

([1]) Limite paralelo se há-de extrair da *duração* do usufruto, no caso de sobre o crédito, que é objecto da *confusão*, recair um direito de usufruto a favor de terceiro.

([2]) Sobre o tratamento jurídico das duas hipóteses em face do direito civil italiano, vide FAVERO, *ob. cit.*, pág. 105 e segs.

Das obrigações em geral

metade da dívida. A outra metade, na falta de convenção em contrário (art. 2 098.º), constituirá encargo do segundo herdeiro (*B*).

No segundo caso, admitindo que um dos herdeiros (*A*) devia ao defunto 100 e que os bens por este deixados valiam 200, a dívida extinguir-se-á, em princípio, na sua totalidade, por *confusão*. O outro herdeiro deverá, logo à partida, receber valor equivalente (100), repartindo-se os restantes 100 do *derelictum* em partes iguais.

379. *A confusão nas obrigações solidárias.* Mais delicada é a fixação dos efeitos da *confusão* no domínio das obrigações *solidárias* e das obrigações *indivisíveis*. Em qualquer dos casos, porém, *legem habemus!*

No campo das obrigações solidárias, a *confusão* pode verificar-se em dois sentidos distintos: por um lado, através da reunião na mesma pessoa das qualidades de *devedor solidário* e de *credor*; por outro, através da congregação das qualidades de *credor solidário* e de *devedor*.

Para examinarmos a primeira hipótese, suponhamos que *A*, *B* e *C* devem, em regime de solidariedade, 600 contos a *D* e que *A* falece, deixando como herdeiro *D*.

Como qualquer dos devedores responde, neste caso, pelo cumprimento integral da obrigação, poderia admitir-se que a *confusão* operada na pessoa de *D* extinguiria toda a dívida e que os restantes devedores (*B* e *C*) responderiam apenas em *via de regresso* perante o credor (*D*).

Não é essa, no entanto, a solução perfilhada na lei. De acordo com a doutrina estabelecida no n.º 1 do artigo 869.º, a confusão não exonera os demais obrigados na *totalidade* da dívida, mas apenas na *parte*, relativa ao devedor directamente atingido por ela.

Assim, no exemplo figurado, se não houver razão para afastar a igual repartição da dívida entre os co-obrigados ([1]), *B* e *C* passarão a responder *solidariamente* perante *D* por 400 contos.

([1]) Se a confusão se der, por exemplo, numa obrigação de indemnização nascida de acidente de viação, sucedendo a vítima (credora) ao *comitente* do condutor e

Extinção das obrigações

Orientação substancialmente paralela exprime o n.º 2 do artigo 869.º para a segunda das hipóteses acima discriminadas, neste caso porventura mais ao arrepio ainda da solução *logicamente* imposta pelo recorte *formal* da solidariedade activa.

Admitamos que *A* deve 900 contos a *B*, *C* e *D* em regime de solidariedade e que *A* sucede entretanto a *B* como seu único herdeiro.

Como *B* tinha direito a exigir o cumprimento integral da prestação, poder-se-ia supor que a *confusão* extinguia, neste caso, a dívida por inteiro ([1]) e que *A* teria apenas de pagar, em via de regresso, 300 contos a *C* e outros 300 contos a *D*.

Não é essa, porém, a solução fixada na lei. Considerando o devedor exonerado apenas na parte relativa ao credor directamente atingido pela confusão, o n.º 2 do artigo 869.º conduzirá antes ao resultado de que *A* continua a responder *solidariamente*, perante *C* e *D*, por dois terços da dívida total (600 contos).

À semelhança do que sucede com a remissão feita por um dos credores solidários (art. 864.º, 3), também no caso paralelo da *confusão* a lei se desprende da pura *lógica formal*, por entender que a garantia oferecida aos restantes credores, quanto ao direito de regresso, por aquele em cuja pessoa se reúnem as qualidades de devedor e concredor solidário não é, em princípio, equivalente à dada por aquele que beneficia do cumprimento, dação em cumprimento, consignação ou mesmo da compensação (art. 523.º).

380. *A confusão nas obrigações indivisíveis*. As soluções aplicáveis à *confusão* verificável nas obrigações (plurais) *indivisíveis* são bastante decalcadas, no seu aspecto intrínseco, sobre as adoptadas no domínio das obrigações *solidárias*.

---

tendo este último sido o único culpado da ocorrência, o lesado continuará a poder exigir do responsável a *totalidade* da indemnização.

([2]) Nesse preciso sentido o § 429, II, do Código alemão e o artigo 1143 do Código espanhol. Cfr. VAZ SERRA, *ob. cit.*, pág. 249.

Das obrigações em geral

Também no sector da *indivisibilidade* há que distinguir duas hipóteses.

A, B e *C* devem uma baixela de prata a *D*, que morre, entretanto, deixando *C* como herdeiro universal.

Nesse caso, apesar da *confusão* registada na pessoa de *C*, este ficará com direito a exigir de *A* e *B* a entrega de todas as peças da baixela, desde que entregue aos interpelados o valor da parte que lhe cabia (a ele, *C*) na dívida.

Na hipótese inversa, quando a confusão se verifique entre um dos credores e o devedor da obrigação indivisível, remete a lei para o dispost no artigo 865.º, 2.

Sendo *A, B* e *C* que têm direito a exigir a baixela completa de *D* e tendo sido *D* quem sucedeu a *C*, a solução consagrada na lei é a de manter o direito de *A* e de *B* à entrega da baixela, mas com a obrigação de entregarem a *D* o valor da parte que na baixela competiria a *C*.

381. *Confusão imprópria.* Diferentes da *confusão* são certos casos de reunião na mesma pessoa, por facto superveniente, das qualidades de *garante* e de *sujeito* (activo ou passivo) da obrigação, casos a que alguns autores dão a designação, pouco menos que anodina, de *confusão imprópria* ([1]).

Duas dessas situações típicas são expressamente previstas e reguladas nos n.ᵒˢ 3 e 4 do artigo 871.º. A primeira é a de na mesma pessoa se reunirem as qualidades de *devedor* e *fiador* ([2]): a

---

([1]) A expressão é usada para abranger ainda casos de outro tipo: a sucessão dum devedor solidário na posição dum outro condevedor, a sucessão dum credor solidário na posição de um outro dos concredores, etc. Cfr. VAZ SERRA, *ob. cit.*, pág. 244.

([2]) Distintas da referida no texto são a hipótese de, na dívida afiançada, se dar a confusão nas qualidades de credor e devedor principal e a de a confusão se verificar nos títulos de credor e de fiador (AMORE, *Confusione nelle obbligazioni, Nov. Dig. Ital.*, n.º 15).

Na primeira, a extinção da dívida principal arrasta, como é sabido, a extinção da fiança, que é pura dívida acessória (art. 651.º). Na segunda, é pacífico que se extingue a relação de fiança.

Extinção das obrigações

segunda, a de a reunião compreender os títulos de credor e de dono da coisa hipotecada ou dada em penhor ([1]).

No primeiro caso, como fica a faltar *uma pessoa* que possa assegurar o cumprimento da prestação devida *por outra*, e não se concebe, em princípio, o desaparecimento da obrigação principal, mantendo-se a dívida acessória, a consequência normal da *confusão* será a extinção da *fiança* (art. 871.º, 3). Há, porém, casos em que, sendo embora anulada a obrigação principal, a fiança mantém a sua validade (art. 632.º, 2).

Quando assim seja, por se verificar alguma das hipóteses previstas neste n.º 2 do artigo 632.º, o credor poderá ter justificado interesse na subsistência da fiança, se o fiador suceder na posição do principal obrigado (art. 871.º, 3, *in fine*) ([2]).

No segundo caso, a junção das qualidades de credor e de dono da coisa hipotecada ou empenhada terá como efeito normal a extinção da garantia real.

O dono da coisa dera-a, por hipótese, como garantia ao crédito de terceiro. Se este crédito mais tarde lhe vier a ser cedido, a garantia deixa de ter qualquer interesse para ele e, por isso, extinguir-se-á.

Pode, no entanto, suceder que sobre o prédio, objecto da garantia, recaia mais de uma hipoteca, que o crédito cedido ao dono do prédio esteja graduado à frente de outros créditos e que ele tenha, por conseguinte, justificado interesse na manutenção da garantia para poder negociar o crédito, se o quiser fazer, em melhores condições do que o faria sem poder oferecer à contraparte uma hipoteca de igual grau.

Como a manutenção da garantia não prejudica, em tais circunstâncias, nenhuma expectativa *legítima* dos outros credores, o n.º 4 do artigo 871.º não se opõe à pretensão do dono do prédio.

([1]) Sobre a hipótese de o devedor adquirir apenas o *usufruto* ou um direito de penhor sobre o crédito, vide VAZ SERRA, *ob. cit.*, pág. 245.

([2]) Quanto a outras hipóteses de *possível* subsistência da fiança no legítimo interesse do credor, cfr. VAZ SERRA, *ob. cit.*, pág. 238.

Das obrigações em geral

382. *Cessação da confusão.* A reunião na mesma pessoa das qualidades de devedor e credor da mesma obrigação pode desfazer-se, seja por uma causa anterior à *confusão*, seja por uma causa posterior.

O testamento em que o devedor era chamado à herança do credor veio a ser anulado por erro, dolo ou coacção. Ou, inversamente, a partilha em que ele participou como herdeiro legítimo veio a ser anulada por virtude do aparecimento do testamento, que durante algum tempo foi ignorado ou ilicitamente ocultado.

Sempre que, como nestes casos sucede, a *confusão* se desfaz, por uma causa anterior ao momento em que ela se verificou, e não haja culpa do credor, a cessação da causa extintiva opera retroactivamente e a obrigação renasce com todos os seus acessórios e garantias.

Se, porém, a cessação da *confusão* for imputável ao credor (foi ele, por hipótese, quem extorquiu o testamento por dolo ou coacção), a dívida renascerá ainda, mas já não ressurgirão com ela as garantias que terceiros hajam prestado, salvo se estes, conhecendo o vício na data em que tiveram notícia da confusão, não podiam legitimamente contar com a extinção da obrigação.

Se a causa da cessação da confusão é posterior ao momento em que esta se verificou (v. gr., por venda da herança ([1])), a obrigação extinta não renasce, em princípio. E não renascem sobretudo as garantias prestadas por terceiro.

([1]) Cfr. GUILHERME MOREIRA, n.º 96; C. GONÇALVES, *ob., vol. e loc. cits.*

Extinção das obrigações

SECÇÃO VII

EXTINÇÃO DAS RELAÇÕES OBRIGACIONAIS COMPLEXAS

383. *Destruição do contrato (fonte da relação contratual) e extinção da relação contratual*. Os factos examinados nas secções anteriores do presente capítulo são causas extintivas das obrigações *unas* ou *simples*.

Ao lado destas há, porém, as relações obrigacionais *complexas* ou *múltiplas* (¹), compostas de dois ou mais *deveres principais de prestação* e dos correlativos *direitos de crédito* e toda a corte de *deveres secundários de prestação* e de *deveres acessórios de conduta*, que amiudadas vezes seguem aqueles. É, nomeadamente, o caso das relações jurídicas nascidas dos contratos *bilaterais*, em que à obrigação *simples* a cargo de um dos contraentes (v. gr., a obrigação de pagamento do preço que recai sobre o comprador) se contrapõe, pelo menos, a obrigação *sinalagmática* que onera o outro (obrigação de entrega da coisa). Quer uma, quer outra, das obrigações *simples* nascidas do contrato bilateral pode ser *isoladamente extinta*, seja pelo *cumprimento*, seja por qualquer outra das causas analisadas nas secções precedentes (²) (arts. 837.º e segs.). Mas há factos *extintivos* que atingem a relação obrigacional complexa no seu *todo*, em toda a sua *espessura*, ou pelo menos, em grande parte desta.

Uns atingem *directamente* a *fonte* da relação obrigacional complexa, que é na generalidade dos casos o *contrato*, e só reflexamente, nos seus efeitos, se projectam sobre a relação dele nascida. É o caso das *invalidades*, resultantes dos vícios de *formação* do acto, que umas

---

(¹) Cfr. vol. I, n.º 13, pág. 65 e segs.

(²) E nada impede, aliás, que *toda* a relação obrigacional complexa se venha a extinguir por actos, *simultâneos* ou *sucessivos*, de cumprimento (dação, consignação, compensação, etc.) das várias obrigações simples em que ela se decompõe. Pode mesmo asseverar-se, relativamente ao cumprimento, que esse é o caminho normal e usual da *realização*, e da consequente extinção, da obrigação complexa.

273

Das obrigações em geral

vezes *(nulidades)* facultam a destruição do negócio a qualquer interessado e a impõem ao próprio tribunal (art. 286.º), enquanto outras vezes *(anulabilidades)* deixam essa destruição dependente dum juízo de *opção* das pessoas cujos interesses a lei, no caso, visa especialmente tutelar ([1]).

Outros factos, deixando incólume a *validade* do contrato como acordo de vontades, apontam *directamente* para a relação contratual. O seu alvo imediato não está no *acto* negocial, mas nos efeitos que dele decorrem.

É o caso da *resolução,* da *revogação* e da *denúncia.* A *nulidade,* a *anulação* e a *ineficácia,* consideradas pela lei e pela generalidade dos autores como consequência dos *defeitos* ou *vícios* do negócio jurídico, têm a sua sede própria na *Parte Geral* do Código Civil; a *resolução,* a *revogação* e a *denúncia,* como formas de reacção contra certas vicissitudes da *relação contratual,* têm o seu principal domínio de aplicação no sector das *obrigações* e, por essa razão, vêm especialmente tratadas no livro II do Código.

384. *Resolução*, revogação e denúncia** do contrato.* Na literatura jurídica é corrente imputar os conceitos de *resolução, revogação* e

---

([1]) Para maiores desenvolvimentos acerca da teoria das nulidades, veja-se ENNECCERUS-NIPPERDEY, *Lehrbuch,* 15.ª ed., §§ 202 e 203; FLUME, *Das Rechtsgeschäft,* 1965 e, entre nós, RUI ALARCÃO, *A confirmação dos negócios anuláveis,* 1971, *passim.*

* VAZ SERRA, *Resolução do contrato,* 1957; PIRES DE LIMA e A. VARELA, *ob. cit.,* I, anot. aos arts. 432.º e segs.; BRANDÃO PROENÇA, *A resolução do contrato no direito civil. Do enquadramento e do regime,* Coimbra, 1982; B. MACHADO, *Pressupostos da resolução por incumprimento,* Coimbra, 1979; PICARD e PROUDHOMME, *La résolution judiciaire pour inexécution des obligations,* na *Rev. trim. droit civil,* 1912, pág. 61; CASSIN, *Réflexions sur la résolution judiciaire pour inexécution, Rev. cit.,* 1945, pág. 159; GILSON, *Inéxecution et résolution en droit anglais,* 1969; AULETTA, *La risoluzione per inadempimento,* 1942; MOSCO, *La risoluzione del contratto per inadempimento,* 1950; MIRABELI, *La rescisione del contratto,* 1962; E. WOLLF, *Rücktritt, Vertretenmüssen und Verschulden,* no AcP, 153, pág. 97; LARENZ, *Lehrbuch,* I, 14.ª ed., § 26, pág. 403.

** SALVATORE ROMANO, *Revoca degli atti giuridici privati,* 1935; Id., *Revoca* (diritto privato), no *Novissimo Dig. Ital.;* GSCHNITZER, *Die Kündigung nach deutschen und österreichischem Recht,* no J. J., 76, pág. 317 e segs.; SANGIORGIO, *Rapporti di durata e recesso ad nutum,* 1965.

denúncia à figura do *contrato*. Não porque essas causas atinjam a *formação* do acordo negocial ou ponham em crise a *validade* das declarações de vontade. Mas porque, atacando os *efeitos* do contrato, destruindo em maior ou menor extensão a *relação contratual*, elas afectam a *lex contractus* ([1]).

Variam muito, no entanto, de autor para autor, e até de legislação para legislação, os termos precisos da distinção entre as várias causas extintivas da relação contratual. Haverá porventura uma ideia *básica*, comummente aceite, por detrás de cada uma delas; mas essa ideia, de contornos mal definidos, é depois diferentemente executada em algumas das suas aplicações concretas ([2]).

Se nos cingirmos, porém, aos textos legais vigentes, não será difícil traçar as linhas fundamentais de cada uma dessas figuras.

a) *Resolução; cláusula resolutiva e condição resolutiva.* A *resolução* é a destruição da relação contratual ([3]), operada por um dos contraentes, com base num facto posterior à celebração do contrato ([4]).

O direito de resolução tanto pode resultar da *lei*, como da *convenção* das partes (art. 432.º, 1), à semelhança do que expressamente se admite também no Código Civil alemão (§ 346). As mais

---

([1]) Os dois momentos sucessivos, com sinal psicológico oposto, que é possível distinguir no contrato — expressão da autonomia da vontade, de um lado; instrumento vinculativo das partes *(lex contractus)*, do outro — são destacados no vol. I, n.º 53.

([2]) Sobre as imprecisões da legislação anterior, no que se refere aos conceitos da *revogação* e da *rescisão*, vide GALVÃO TELLES, *Manual dos contratos em geral*, 3.ª ed., 1965, n.ºs 172 e 173.

([3]) Relação contratual validamente constituída.

([4]) «A resolução, escreve VAZ SERRA (*ob. cit.*, pág. 47) ao relatar a doutrina de ENNECCERUS-LEHMANN, é uma declaração dirigida à parte contrária no sentido de que o contrato se considera como não celebrado. A parte, que resolve o contrato, declara que tudo se passa como se ele não tivesse sido realizado.»

E é no intuito de acentuar este regresso das partes à situação anterior à celebração do contrato que o artigo 434.º prescreve a eficácia retroactiva da resolução, depois de o preceito anterior ter começado por equiparar a resolução, quanto aos seus efeitos, à nulidade ou anulabilidade do negócio jurídico. Cfr. BRANDÃO PROENÇA, *ob. cit.*, pág. 15 e segs.

Das obrigações em geral

das vezes a resolução assenta num poder *vinculado*, obrigando-se o autor a alegar e provar o fundamento, previsto na convenção das partes ou na lei (arts. 801.º, 2 e 802.º, 1), que justifica a destruição unilateral do contrato. Mas nada impede que a resolução seja confiada ao poder *discricionário* do contraente, como sucede, por exemplo, no caso da *venda a retro* (arts. 927.º e segs.) ([1]). E nenhuma razão existe para que o fundamento invocável pelo autor da resolução haja necessariamente de ser um facto *danoso* para os seus interesses, embora assim suceda, em regra, nos casos em que a resolução tem por fonte a lei (cfr., a título de exemplo, além dos arts. 801.º e 802.º, o disposto nos arts. 1 050.º, 1 075.º e 1 093.º). Se as partes têm a faculdade de atribuir a qualquer delas um poder *discricionário* de resolução, como dentro de certo prazo pode suceder na venda a retro, nada obsta a que elas façam depender o exercício da resolução de um *facto* que não seja, em bom rigor, causador de um dano para o titular do direito. A *justa causa*, por exemplo, de que depende a *resolução* do comodato, por força da lei (art. 1 140.º), pode perfeitamente consistir numa razão de *conveniência* justificada do comodante, que não seja o intuito de evitar ou reparar um dano ([2]).

A resolução pode ainda ser *judicial* ou *extrajudicial*, conforme necessite ou não do concurso do tribunal para operar os seus efeitos (cfr., respectivamente, os arts. 1 047.º e 1 094.º, dum lado, e 436.º, do outro) ([3]).

([1]) No mesmo sentido alguns dos exemplos, dados por HECK (§ 52, 1)), de situações justificativas da resolução do contrato, que um dos contraentes pode querer chamar a si. Em sentido diferente, no domínio da legislação portuguesa anterior, por entender que a *rescisão* exprimia sempre um poder *vinculado*, ao contrário da revogação, v. GALVÃO TELLES, *ob. cit.*, n.º 173.

([2]) Mesmo no caso de a resolução se basear na impossibilidade da prestação devida ao autor da resolução, também não é essencial que haja *culpa* do devedor, embora a existência da *culpa* possa influir seriamente no regime da resolução: B. MACHADO, *op. cit.*, pág. 7 e segs.

([3]) Embora possa fazer-se mediante declaração à outra parte, na generalidade dos casos (ao invés do que sucede, v. gr., na resolução da locação: art. 1 047.º), terá

Extinção das obrigações

A resolução goza, em princípio, de eficácia *retroactiva* (art. 434.º, 1; cfr., porém, quanto aos contratos de execução continuada ou periódica, o disposto no n.º 2 ([1])). Não podendo, porém, prejudicar os direitos adquiridos entretanto por terceiro (salvo nos casos e nas condições previstas no n.º 2 do art. 435.º), a resolução tem apenas, em princípio, eficácia *obrigacional* entre as partes. Isto quer dizer que a resolução *cria*, em regra, *obrigações* para as partes — as obrigações necessárias ao regresso dos contraentes ao *status quo ante*. Resolvido o comodato, por ex., nos termos do artigo 1 140.º, o comodatário é *obrigado* a restituir *imediatamente* a coisa, antes do vencimento do prazo estipulado. Se o vendedor a *retro* resolver a venda, o comprador ficará obrigado a restituir a coisa e o vendedor a reembolsá-lo do preço e demais despesas com o contrato. Mas a destruição da relação contratual, nos termos próprios da *resolução* do negócio, envolve também a *extinção* das obrigações que o contrato haja criado e ainda não tenham sido cumpridas.

Resolvido, por exemplo, o contrato de locação, seja a requerimento do locador, seja por iniciativa do locatário (art. 1 050.º), extingue-se a relação obrigacional de locação, cessando assim, quer as obrigações do locador (cfr. art. 1 031.º, *b*)), quer as do locatário (cfr. art. 1 038.º, *a*)). Se o dono da obra *resolver* o contrato de

---

naturalmente de recorrer-se às vias judiciais, se a contraparte não aceitar a resolução ou contestar os seus efeitos: VAZ SERRA, anot. ao ac. do Sup. Trib. Just. de 3-5-1968, na *Revista*. 102, pág. 167 e segs.

([1]) O facto de, na resolução da locação, a extinção da relação contratual não abranger as rendas correspondentes ao período de tempo em que o locatário ocupou o imóvel ou se serviu do móvel, não obsta a que a eficácia extintiva da resolução retroaja até ao momento em que se verificou a causa resolutiva.

Claro que como contrato de *execução continuada* ou *periódica* não pode ser considerado o contrato de venda a prestações: cfr. ac. do Sup. Trib. Just. de 24-1-1985 (*Bol. Min. Just.,* 343, pág. 309 e segs.) e a anotação de ANTUNES VARELA, na *Rev. Leg. Jurisp.*, 122, especialmente pág. 318 e segs.

Das obrigações em geral

empreitada (art. 1 222.º, 1), extinguir-se-á a obrigação de pagar o preço desta (¹).

A resolução pode obter-se, por via de regra, mediante simples declaração à outra parte, tendo esta declaração verdadeira *eficácia constitutiva.*

À estipulação pela qual as partes conferem a uma delas o *poder* de extinguir a relação contratual, no caso de se verificar certo facto futuro e incerto, dão os autores a designação de *cláusula resolutiva.*

A cláusula *resolutiva* é, assim, fonte de um direito potestativo de extinção retroactiva da relação contratual. Ex.º *A* aluga um barco de recreio a *B* pelo prazo de dois anos, mas aditando ao contrato uma cláusula por força da qual o locador se reserva o direito de resolver o contrato, se o filho regressar do Brasil e quiser utilizar o barco.

A cláusula *resolutiva* distingue-se da condição resolutiva, porque esta arrasta consigo a imediata destruição da relação contratual, logo que o facto futuro e incerto se verifica. Ao passo que a *cláusula resolutiva,* uma vez verificado o facto, apenas concede ao beneficiário o *poder* de resolver o contrato (²).

Exemplo particularmente interessante de cláusula resolutiva é o do chamado *pactum displicentiae,* na modalidade prevista e regulada no artigo 924.º (³).

(¹) Há, no entanto, como é sabido, obrigações ou deveres (especialmente *deveres acessórios de conduta*) que não findam com a *extinção* da relação obrigacional complexa: uns, porque nascem exactamente depois da cessação desta (dever de manter afixada no local habitado pelo inquilino a indicação da sua nova residência); outros, porque são mesmo uma *consequência* da extinção da relação principal (obrigação de restituir as coisas obtidas com o contrato).

(²) Vide BAPTISTA MACHADO, *Pressupostos da resolução por incumprimento,* Coimbra, 1979, n. 11, pág. 62 e segs.

(³) Vide BAPTISTA MACHADO, *est. cit.,* pág. 64 e GRECO-COTTINO, *Della vendita,* anotação aos arts. 1500-1503, pág. 281 (no *Com.* de SCIALOJA e BRANCA).

Extinção das obrigações

b) Revogação. A *revogação* do contrato consiste também numa destruição voluntária da relação contratual pelos próprios autores do contrato ([1]).

Mas assenta no *acordo* dos contraentes posterior à celebração do contrato, com sinal *oposto* ao primitivo (no *contrarius consensus*) ([2]): quando procede da vontade de um só dos contraentes (revogação *unilateral*), distingue-se da resolução por se projectar *apenas para o futuro* ([3]). Esta exclusiva projecção para o futuro traduz-se, praticamente, no facto de a revogação apenas se referir a declarações de vontade integradoras de negócios ainda não consumados (caso do testamento, que, antes da morte do autor, é um negócio *em gérmen*; caso da doação ainda não aceita — art. 969.º, 1 —, que é um negócio *em formação*) ou de ela ressalvar, nos outros casos, os *efeitos* negociais (do pretérito) já consumados (caso da revogação unilateral da doação, que só produz efeitos, independentemente da boa ou má fé do donatário, a partir da data da proposição da respectiva acção: art. 978.º).

A *revogação* exprime, em regra, um poder *discricionário*, não necessitando as partes (art. 406.º, 1) ou o revogante (art. 448.º, 1; 969.º, 1; 2 311.º e segs.) de alegar qualquer fundamento para a destruição da relação negocial já constituída, em gérmen, ou apenas em preparação. Mas há casos em que ela resulta de um poder legal

---

([1]) Exactamente por não proceder dos autores do negócio é que não deve chamar-se acção revogatória à *impugnação* pauliana: cfr. SALVATORE ROMANO, *est. cit.* (Nov. Dig. Ital.), n.º 1.

([2]) «A revogação do negócio, escreve BETTI (*Teoria geral do negócio jurídico*, II, pág. 80), é uma manifestação em sentido inverso daquela mesma autonomia privada que deu vida ao negócio.» No mesmo sentido, ESSER, § 32, pág. 199. Ora, a forma que melhor exprime esta *inversão de sentido do distrate* em relação ao contrato inicial é, sem dúvida, o acordo revogatório, o *mútuo consenso* na dissolução.

([3]) São assim duas as coordenadas típicas da *revogação*: a *bilateralidade*, o acordo *posterior* dos contraentes no sentido de se desfazerem do contrato; a *carência* de eficácia retroactiva, por desnecessidade, por vontade do autor ou por determinação da lei, nos casos de revogação unilateral. Cfr. VAZ SERRA, *est. cit.*, pág. 47; ENNECCERUS-LEHMANN, § 262.

Das obrigações em geral

vinculado (arts. 970.º e segs.), a par de outros em que, a despeito do poder *discricionário* em princípio ([1]) conferido ao revogante (art. 170.º, 1), não é indiferente a existência ou a falta de um *fundamento* objectivo para a revogação (art. 1 170.º, 2, *in fine*; e ainda, quanto ao mandato comercial, o art. 245.º do Cód. Com.) ([2]).

Tal como a *resolução*, também a revogação pode *criar obrigações* (em regra, de *restituição* das coisas recebidas por um dos contraentes ou por ambos eles), *impedir* o nascimento de outras ou *extinguir* obrigações já constituídas.

Se o mandante revoga o mandato, cessa naturalmente a *obrigação* imposta ao mandatário de agir (praticando um ou mais actos jurídicos) por conta dele. Fenómeno análogo ocorrerá, se o *principal* ou *preponente* revogar o contrato de agência, ou se, inversamente, for o agente quem renunciar ao contrato, extinguindo a obrigação correlativa do principal.

c) Denúncia. A denúncia, também virada apenas para o futuro, é uma figura privativa dos contratos de prestações duradouras (como o arrendamento, o contrato de fornecimento, de sociedade, de mandato, etc.), que se *renovam* por vontade (real ou presuntiva) das partes ou por determinação da lei ou que foram celebrados por tempo indefinido ([3]).

([1]) Apesar dos termos categóricos do n.º 1 do artigo 1 170.º, o mandato nem sempre é, de facto, livremente revogável (art. 1 170.º, 2).

([2]) O artigo 245.º do Código Comercial (válido não só para o contrato de mandato, mas também para o contrato de agência e outros casos de intermediários comerciais), tal como o artigo 1 172.º do Código Civil, mostra que, apesar da livre *revogabilidade* ou renunciabilidade do mandato, a revogação pode dar lugar à obrigação de indemnizar. No mesmo sentido o ac. do S.T.J., de 7-3-1969 (*R.L.J.*, 103.º, pág. 222 e segs.), que só peca por não definir, no caso particular de que trata (contrato de agência por tempo indefinido), os critérios aplicáveis à determinação da indemnização a cargo do revogante.

([3]) Vide ENNECCERUS-LEHMANN, 13.ª ed., § 24, II, pág. 101 e LARENZ, *Lehrbuch*, I, 14.ª ed., § 26, *d*), pág. 415 e segs. GSCHNITZER (*est. cit.*, pág. 331) define precisamente a denúncia como a declaração de vontade unilateral, receptícia, desti-

Extinção das obrigações

A denúncia é precisamente a *declaração* feita por um dos contraentes, em regra com certa antecedência sobre o termo do período negocial em curso (cfr. art. 1 055.º [1] |, de que não quer a *renovação* ou a *continuação* do contrato renovável ou fixado por tempo indeterminado.

Umas vezes a *denúncia* traduz o exercício dum poder *discricionário* do autor (cfr. art. 1 054.º, e, quanto ao arrendatário, o art. 1 095.º); outras vezes, dum poder *estritamente vinculado* (arts. 69.º e segs. do *Regime do Arrendamento Urbano*).

Tal como a resolução e a revogação, também a *denúncia* extingue a relação obrigacional complexa derivada do contrato cuja renovação ou continuação ela impede. Denunciado o arrendamento, cessam, a partir do momento em que a declaração opera os seus efeitos, as *obrigações*, tanto do locador como do locatário [2]: denunciando o contrato de trabalho, consideram-se extintos nos mesmos termos os direitos e obrigações da entidade patronal e do trabalhador.

385. *Resolução do contrato por alteração das circunstâncias**. A *resolução* do contrato por alteração das circunstâncias, prevista e regulada nos artigos 437.º e seguintes, merece uma referência especial.

A possibilidade de *resolução* ou *modificação* do contrato, independentemente de qualquer cláusula negocial (*condição* ou *cláusula resolutiva* ou *modificativa*) nesse sentido constitui uma *libertação* inova-

---

nada a pôr termo a uma relação jurídica duradoura ao cabo de certo prazo. Cfr., porém, quanto ao contrato de trabalho, o disposto no artigo 108.º da Lei do Contrato de Trabalho, que integra no conceito da *denúncia* casos de verdadeira revogação.

[1] Relativamente ao contrato de trabalho, vide o artigo 107.º do respectivo diploma legislativo: BERNARDO XAVIER, *Regime jurídico do contrato de trabalho anotado*, 2.ª ed., 1972, pág. 202.

[2] No mesmo sentido, quanto à destrinça entre a *resolução* e a *denúncia* do arrendamento, *vide*, a título de exemplo, o ac. do S.T.J., de 11-4-91 (*Bol. Min. Just.*, 406, pág. 601).

* VAZ SERRA, *Resolução ou modificação dos contratos por alteração das circunstâncias*, Lisboa, 1957.

Das obrigações em geral

dora, de forte cunho revolucionário, do clássico princípio dos *pacta sunt servanda*, ou seja, da *intangibilidade* dos *contratos*.

É uma solução que, em todo o caso, se inscreve com carácter de permanência na linha cíclica da teoria da cláusula *rebus sic stantibus*, da teoria administrativa da *imprevisão*, da doutrina windscheidiana da *pressuposição* e da moderna teoria oertmaniana da *base negocial* [1].

A disposição do artigo 437.º tem profundas afinidades com o preceito do n.º 2 do artigo 252.º, porque ambos gravitam em torno da *base do negócio:* o n.º 2 do artigo 252.º, tratando da *base negocial* essencialmente *subjectiva;* o artigo 437.º, curando por seu turno da *base negocial* essencialmente *objectiva.* [2].

O elo de ligação do artigo 437.º à figura da base negocial revela-se em dois aspectos fundamentais. Por um lado, não é a alteração das circunstâncias vigentes à data do contrato que serve de fundamento à resolução do contrato, mas apenas a das circunstâncias em que *as partes fundaram a decisão de contratar* [3]. Por outro lado, a parte lesada pela evolução das circunstâncias pode, conforme mais convenha aos seus interesses, requerer a resolução do contrato ou a modificação dele, segundo critérios de equidade.

A principal nota que caracteriza este caso singular de *resolução* é o facto de ela não assentar em qualquer violação dos deveres contratuais da contraparte ou em qualquer deficiência objectiva superveniente da prestação.

A sua *raiz* mergulha na motivação psicológica do contrato, na deficiente previsão das partes à data da celebração do contrato. E por isso mesmo a *resolução* baseada na alteração das circunstâncias,

---

[1] Vide, sobre todas estas teorias, ANTUNES VARELA, *Ineficácia do testamento e vontade conjectural do testador,* Coimbra, 1950, pág. 263 e segs.

[2] Acerca do *erro bilateral* sobre a base negocial *subjectiva,* vide LARENZ, *Allg. Teil,* 5.ª cfr., § 20, III, pág. 356 e segs.; e acerca da *falta* da base negocial *objectiva,* LARENZ, *Lehrbuch des Schuldrechts,* I, 14.ª ed., § 21, II, pág. 320 e segs.

[3] Faz exacta aplicação desta distinção (entre umas e outras circunstâncias) o ac. do Sup. Trib. Just., de 10-5-1979 (no *Bol. Min. Just.,* 287, pág. 262).

Extinção das obrigações

sendo um caso típico de *resolução* quanto aos seus efeitos (embora temperada pela solução alternativa da modificação *equitativa* do contrato), não deixa de ser quanto à sua *origem* uma figura afim da *anulação* do contrato. E assim se explica, aliás, a flagrante semelhança dos meios por que a contraparte pode afastar a *resolução* do contrato, nos termos do n.º 2 do artigo 437.º, ou opor-se à *anulação* baseada em *erro na declaração*, aceitando o negócio tal como o enganado o pretendia realizar (art. 248.º).

A especialidade da *resolução* fundada na alteração das circunstâncias revela-se ainda em outros dois aspectos essenciais.

Em primeiro lugar, exactamente porque a reacção facultada ao lesado não assenta na vontade real das partes (na *lex contractus*), mas numa concessão da lei (contra a regra clássica segundo a qual *pacta sunt servanda*), a *resolução* é subordinada ao princípio da *boa fé*. Só quando a exigência das obrigações contraídas, *qua tale*, em face do novo condicionalismo factual que passou a envolver a relação contratual, atentar gravemente contra os princípios da *boa fé*, a *resolução* é concedida.

Em segundo lugar, a *resolução* é afastada sempre que a manutenção do contrato (tal como foi concebido e firmado pelas partes), em face do novo circunstancialismo de facto, for coberta pelos riscos (álea) próprios (específicos) do contrato ([1]).

([1]) Vide ANTUNES VARELA e MANUEL H. MESQUITA, *Resolução ou modificação do contrato por alteração das circunstâncias*, na Col. Jur., VII, 2, pág. 7. e segs.; LOBO XAVIER, *Alteração das circunstâncias e risco, Col. Jur.*, VIII, pág. 17 e segs. e acórdão da Relação de Évora, de 28.V.1986, na *Col. Jur.*, XI, 3, pág. 253 e segs.

CAPÍTULO VI

TRANSMISSÃO DAS OBRIGAÇÕES

SECÇÃO I

NOÇÕES INTRODUTÓRIAS

386. *A transmissão de créditos e a sua importância prática.* São conhecidas as várias fases do ciclo vital da relação creditória, desde os factos que servem de fonte à *obrigação* até aos actos que *põem termo* à existência do vínculo (cumprimento e outras causas extintivas). Mas importa estudar ainda um fenómeno que, apesar de *acidental* no processamento da relação, não deixa de ser muitíssimo frequente na prática e de contribuir, em larga medida, para o papel de grande relevo que os direitos de crédito desempenham na vida económica dos novos tempos.

Trata-se da transmissão dos créditos, das dívidas e da posição jurídica de qualquer dos contraentes, fenómenos que revestem, de facto, principalmente o primeiro dentre eles, uma importância prática assinalável no domínio das transacções comerciais. É hoje relativamente elevada a percentagem dos casos em que, nos sectores vitais da actividade económica, a satisfação das obrigações pecuniárias (a modalidade de obrigações mais frequente na vida corrente) se não efectua em espécie, com as notas bancárias ou com as

Das obrigações em geral

moedas em circulação no País. São as letras (ordens de pagamento dadas pelo sacador a favor do tomador ou à sua ordem), as livranças (*billets à ordre*: promessas de pagamento a alguém ou à sua ordem) e, de modo especial, os cheques (ordens de pagamento dadas ao banco no qual o subscritor tem a necessária provisão) ([1]) que, substituindo-se ao dinheiro e circulando de credor para credor por simples actos de *endosso*, operam as transmissões de crédito necessárias à cobertura jurídica das transacções de bens, de dinheiro ou de serviços.

Ao lado destes títulos *cambiários* (*les effects de commerce*, como lhes chamam alguns autores franceses), que actuam intensamente como *meios de pagamento*, há no direito comercial outros *títulos de crédito* (entre os quais se destacam as acções das sociedades anónimas ([2]) e demais títulos ao portador ([3])), que representam, no seu conjunto, uma parcela importantíssima da riqueza nacional e que procuram corresponder no mais alto grau, através do regime especial da sua transmissão ([4]), às necessidades específicas de *rapidez* e de *segurança* do giro mercantil.

([1]) Sobre a natureza jurídica e a função específica de cada uma destas espécies de títulos (normalmente, títulos *à ordem*), veja-se FERRER CORREIA, *Lições de direito comercial*, III, *Letra de câmbio*, 1966, pág. 19 e segs.; PEREIRA DELGADO, *Lei uniforme sobre letras e livranças anotada*, 1965, pág. 12 e segs.; GONÇALVES DIAS, *Da letra e da livrança*, I, pág. 253 e segs.

([2]) Contesta-se que as *acções* das sociedades sejam verdadeiros títulos de crédito: cfr., porém, VAZ SERRA, *Títulos de crédito*, 1956, pág. 40 e segs.

([3]) Trata-se de títulos que, como o próprio nome indica, se transmitem por mera *tradição manual*. Para retratar esse e outros aspectos singulares do regime de semelhante categoria de títulos, diz-se que estes não só *documentam*, como principalmente *encorporam* o crédito.

([4]) O regime singular aplicável aos *títulos ao portador* traduz-se, fundamentalmente, em dois aspectos: na extrema *simplificação* das formalidades da sua transmissão (por contraste, não só com o regime da *transmissão* no direito civil, mas também com as formalidades a que está sujeita a circulação dos chamados títulos *nominativos*), por um lado; e na *inoponibilidade* ao adquirente das excepções invocáveis contra o transmitente. Cfr. VAZ SERRA, *ob. cit.*, especialmente n.º 1 e 2; CARBONNIER, n.º 125, pág. 521.

Transmissão das obrigações

À medida que as *prestações de serviços* se vão multiplicando nas economias de mercado e, ao mesmo tempo, se vai acentuando a tendência das pessoas para colocarem as suas disponibilidades em numerário nas instituições de crédito, maior importância prática adquire o fenómeno jurídico da transmissão de créditos, cuja disciplina por isso interessa conhecer.

387. *A transmissão das obrigações no direito civil e a sua importância teórica. O crédito como elemento do património do credor.* Fora do giro comercial, é incomparavelmente menor, por óbvias razões, a importância prática do fenómeno jurídico da *transmissão* das obrigações.

As transmissões são muito menos frequentes, e o seu regime não se afasta, em princípio, das regras *normais* de tutela dos interesses dos três intervenientes na operação.

Apesar disso, mesmo nos países com uma codificação autónoma do direito comercial, as leis civis continuam a tratar a matéria com grande desenvolvimento, sinal da manutenção do seu incontestável interesse prático. É, aliás, sabido que as formas clássicas da transmissão das obrigações, reguladas na lei civil, são também usadas pelos comerciantes, tal como, em contrapartida, é cada vez mais frequente o recurso, na contratação civil, as formas de *transmissão* ou de *constituição* de créditos tipicamente comerciais, como o *endosso* ou a *emissão* de cheques ou de letras.

Mas a importância teórica e prática das normas civis reguladoras da transmissão de créditos não reside apenas no seu campo directo de aplicação. Provém ainda da *função subsidiária* que o artigo 3.º do Código Comercial atribui ao direito civil, na resolução das questões sobre direitos e obrigações comerciais.

Por força deste *dreno* que liga os dois campos fundamentais do direito privado, a disciplina legal da cessão de créditos, da subrogação, da transmissão singular de dívidas e da cessão da posição contratual acaba por ter um campo de aplicação que transcende, em

Das obrigações em geral

larga medida, o domínio restrito das relações inteiramente subordinadas ao direito civil.

A *transmissão* tem ainda, para o jurista, o interesse teórico de constituir uma das formas, porventura a mais expressiva do poder de *disposição* inerente à titularidade dos próprios direitos de crédito ([1]). O poder de disposição do credor mostra bem como, além de relação pessoal entre dois sujeitos, adstrita à satisfação de certa necessidade do titular activo, o crédito é um *valor patrimonial* realizável pelo interessado, antes mesmo de atingir o seu vencimento ([2]). Em função apenas da simples *expectativa*, mais ou menos segura, da futura realização *da prestação debitória*.

Esse mesmo *lado* ou *aspecto* das obrigações, que as irmana com os *direitos reais* na categoria genérica dos *direitos patrimoniais*, é notoriamente posto em relevo pela forma como, ao lado das coisas que integram o seu património, podem ser *penhorados* os *créditos* de que seja titular o devedor executado. Eles são, por conseguinte, elemento constitutivo do património, que funciona como garantia geral das obrigações assumidas pelo seu titular activo. Daí que, uma vez *penhorados*, os créditos do executado possam ser judicialmente transmitidos ao terceiro que os arremate, em termos paralelos àqueles por que são transmitidas as coisas abrangidas pela *venda judicial* na acção executiva.

388. *A transmissão, a novação e a sucessão na relação obrigacional.* O termo *transmissão* encontra-se de tal modo enraizado na terminologia usual das leis e na linguagem corrente da doutrina moderna, que muitas vezes se não nota a *ideia essencial* que o vocábulo sugere, nem se recorda a significativa revolução histórica de conceitos que pressupõe a aceitação dessa ideia.

([1]) As formas restantes por que pode exprimir-se o poder de disposição do credor vêm referidas no vol. I, n.º 40, pág. 166.

([2]) Tema minuciosamente analisado por LARENZ, § 33.

Transmissão das obrigações

O vocábulo *transmissão* (de *trans* + *mittere*), aplicado aos *direitos de crédito*, como aparece na epígrafe do capítulo que principia no artigo 577.º, emoldura uma imagem: a de que os *direitos de crédito*, não obstante se tratar de puras criações do espírito, se deslocam (*trans* + *mittuntur*), como coisas materiais que fossem, de uma pessoa (*transmitente*) para outra (*adquirente*). E essa imagem, longe de constituir um mero recurso anódino da linguagem jurídica, reveste um sentido bem definido: o de que o direito de crédito, nascido na titularidade do adquirente, *é o mesmo direito* que pertencia ao transmitente, e não *um outro*, moldado apenas à semelhança do primeiro. Se *A*, credor de *B*, ceder o crédito a um terceiro (*C*), o facto de se considerar a operação como um fenómeno de *transmissão* significa que o direito adquirido por *C* é *exactamente o mesmo* que existia na primitiva titularidade de *A*. E outro tanto se diga, no caso de um terceiro cumprir em lugar do devedor e a lei o considerar sub--rogado na posição do credor.

Não se trata, por conseguinte, ensinam os autores, da constituição de uma *nova* obrigação, a favor do cessionário ou do sub--rogado, com um *objecto igual* ao do crédito originário. Se assim fosse, haveria um fenómeno de *novação* (art. 858.º), e não um caso de *transmissão* de obrigações (arts. 577.º e segs.) ([1]).

A ideia de que a *cessão*, a *sub-rogação* e fenómenos afins mantêm a *individualidade* do crédito (e não se limitam a criar um *novo* crédito, em substituição do primitivo) quer praticamente significar que, além da pura *coincidência* de *objectos*, outros traços de *identidade* substancial se encontram entre a situação do cedente ou do credor pago, de um lado, e a do cessionário ou do *solvens* sub-rogado, do outro.

([1]) Para HECK (§ 69, n.º 4 e § 72, n.ºs 2 e 4) tratar-se-ia duma simples questão de terminologia. Tanto se poderá dizer, no caso da cessão de créditos, que há um direito *novo* (na titularidade do cessionário) com o mesmo conteúdo do anterior, como será lícito afirmar que o cessionário é o novo credor do antigo direito. Em sentido oposto, veja-se, porém, VAZ SERRA, *ob. cit.*, pág. 5, nota 1 e MOTA PINTO, *Cessão da posição contratual*, pág. 130.

Das obrigações em geral

Havendo *transmissão*, com o crédito transitarão, em princípio, para o cessionário ou o sub-rogado, os *acessórios* e as *garantias* que asseguravam o seu cumprimento (arts. 582.º e 594.º) e reconhecer-se-á ao obrigado o direito de lhes opor os mesmos meios de defesa que poderia invocar contra o primitivo credor (art. 585.º). Havendo, pelo contrário, intenção de *novar*, a extinção da obrigação envolverá, em princípio, a eliminação das suas garantias (art. 861.º), bem como da oponibilidade dos meios de defesa contra ela invocáveis (art. 862.º).

A nota da *permanência* da obrigação, a despeito da *alteração* registada nos seus sujeitos, que o vocábulo *transmissão* acentua por contraste com a chamada *novação*, é percutida ainda em termos mais impressivos pela palavra *(sucessão)* tradicionalmente usada para designar a transmissão *mortis causa* dos direitos e obrigações.

Dir-se-á, com efeito, na sequência lógica das imagens mobilizadas pelos autores, que no *trajecto* próprio da *transmissão*, ao transitar do antigo para o novo titular, a obrigação ainda pode modificar a sua fisionomia, embora em traços não essenciais (cfr., a propósito, a parte final do n.º 1 do art. 582.º). Em contrapartida, na *sucessão mortis causa*, sendo o novo titular do crédito ou da dívida quem vai ocupar o posto do antigo, numa relação que nem sequer *muda de lugar*, não há qualquer oportunidade de alteração da *essência* ou dos *atributos* da obrigação.

E a verdade é que esta pura sugestão, extraída das palavras numa dedução substantiva de notório sabor *conceitualista*, não deixa de encontrar certo apoio no terreno das soluções práticas, pelo que toca especialmente à transmissão singular da dívida (arts. 595.º e segs.).

A *acção creditória* (e, reflexamente, a responsabilidade do património do devedor) constitui, como vimos [1], um elemento

---

[1] Vol. I, n.º 38, pág. 158.

Transmissão das obrigações

essencial da obrigação — aquele que melhor exprime, em certo sentido, a juridicidade do vínculo que prende o devedor ao credor. Se o cumprimento do dever de prestar depende sempre, em certa medida, das qualidades pessoais do devedor, nomeadamente da sua *vontade* de cumprir, a acção creditória está, por seu turno, estreitamente associada, no seu resultado prático, às condições de liquidez do património do responsável.

Não é indiferente para o credor que a dívida de 1000 contos (com certos juros, cláusula penal, etc.) possa ser exigida de *A* (primitivo devedor) ou de *B* (assuntor da dívida).

No direito sucessório, porém, graças à separação estabelecida entre os bens hereditários e o património próprio do herdeiro e ao sistema de preferências fixado no artigo 2 070.º a favor dos credores da herança, entre os quais pode figurar, aliás, o herdeiro, esses credores continuam a ter como garantia do seu direito, durante o período a que se refere o n.º 3 daquele artigo, precisamente a mesma universalidade de bens que assegurava o cumprimento do primitivo devedor.

Neste sentido se pode afirmar que a *identidade* da obrigação é mais rigorosa no domínio da sucessão *mortis causa* do que no capítulo da transmissão singular de dívidas entre vivos.

389. *A transmissão das obrigações, o carácter estritamente pessoal da obligatio e a evolução histórica do conceito da relação obrigacional.* A tese de que a obrigação é susceptível de *transmissão*, por não poder considerar-se inseparável das pessoas dos seus originários titulares, é hoje correntemente aceite pelos autores e pelas leis em geral ([1]).

([1]) A *transmissão*, traduzida na simples substituição de um dos sujeitos da relação creditória, não esgota o quadro das modificações *subjectivas* que podem operar-se no seio da obrigação, sem destruir a sua individualidade.

Ao lado da transmissão haverá que acrescentar os casos de ao antigo devedor se juntar outro ou outros devedores, de ao primitivo credor acrescer um outro ou mais, bem como as situações inversas (de redução do número de credores ou devedores). Cfr. BARBERO, II, pág. 193.

Das obrigações em geral

Mas nem sempre assim sucedeu. Outra era, pelo contrário, a concepção dos jurisconsultos romanos clássicos.

A *obligatio* nascia de um acto solene *(stipulatio)* celebrado entre duas pessoas determinadas; e como, além disso, criava um vínculo de subordinação ou dependência acentuadamente pessoal, sobretudo no período anterior à publicação da célebre *Lex Poetelia Papiria de nexis* (¹), os autores não concebiam a possibilidade de mudança de qualquer dos sujeitos da relação, sem que a obrigação se *extinguisse*, e, em lugar dela, se criasse um *novo* vínculo (²). O recurso obrigatório à *novação*, como meio de operar a transição do crédito de uma pessoa para outra, não criava grande embaraço às necessidades práticas da época, embora se saiba que os interessados, num período já mais adiantado, não deixaram de recorrer a certos expedientes (como a *procuratio in rem suam* (³), a cessão da *actio utilis* e outras providências afins) para iludirem de algum modo a rigidez da concepção *pessoal* do vínculo (⁴).

Só muitos séculos depois, com o florescimento do comércio marítimo na zona do Mar do Norte e a partir das cidades do Mediterrâneo, se criou pouco a pouco a necessidade de facilitar a circulação dos meios de pagamento, para satisfazer as exigências de uma economia de troca como a que o despontar da Idade Moderna fez surgir nos Estados europeus.

O Código francês de 1804 e as demais codificações europeias nascidas sob a influência do diploma napoleónico consagram já abertamente as duas principais modalidades de transmissão do *lado*

(¹) SEBASTIÃO CRUZ, *Da solutio*, I, 1962, pág. 36, nota 58. É no carácter *formalista* do direito romano e no princípio da responsabilidade *pessoal* dos obrigados que MOTA PINTO (*ob. cit.*, pág. 27) filia a rejeição pelos jurisconsultos romanos da ideia da transmissão das obrigações.

(²) DIEZ-PICAZO, n.º 371, pág. 325; MOTA PINTO, *ob. cit.*, n.º 18.

(³) A *procuratio in rem suam* conferia a terceiro a faculdade de agir em juízo, no próprio interesse, embora em nome do credor para cobrar o crédito: cfr. BETTI, *Teoria Gen.*, III, 2, pág. 18; ARANGIO RUIZ, *Istit. di dir. rom.*, 1934, pág. 387 e segs.; BIONDI, *Cessione di crediti e di altri diritti (dir. rom.)*, *Nuovo Dig. Ital.*

(⁴) HECK, § 69, 1.

activo da relação de crédito (a cessão e a sub-rogação). Mais tarde, ao lado dos *títulos de crédito* no domínio das transacções comerciais, a doutrina facilmente abriu caminho, no sector do direito civil, para a franca admissão da *transmissão singular de dívidas*, e, por último, da *cessão da posição global* de cada um dos outorgantes nos contratos bilaterais.

Qualquer das variantes que acabam de ser referidas encontra regulamentação expressa no Código civil vigente.

390. *Variantes da transmissão das obrigações. Sequência.* A transmissão, como modificação subjectiva da relação creditória, nem sempre atinge o mesmo elemento da obrigação. Umas vezes, a transmissão refere-se às obrigações *simples;* outras, à relação obrigacional *complexa.*

No primeiro caso, a *transmissão* tanto pode ter por objecto a titularidade activa da obrigação, o crédito *hoc sensu*, como o lado passivo, a *dívida;* no segundo caso, a transmissão pode abranger a posição (global) de qualquer dos contraentes.

Dentro da transmissão de *créditos*, distinguem as leis e os autores duas variantes pelo menos: a *cessão de créditos* e a *sub-rogação.*

No domínio da transmissão singular de dívidas, também os autores e as leis separam diferentes casos de *assunção de dívidas*, umas vezes atendendo à *causa* da assunção, outras reportando-se à *latitude* desta.

A exposição subsequente principia pelas duas formas da *transmissão de créditos*, segundo a ordem por que são tratadas no Código Civil; incidirá a seguir sobre a transmissão singular de dívidas (assunção de dívida); e concluirá com a chamada *cessão da posição contratual*, que é a mais complexa das formas ou variantes da transmissão das obrigações.

Das obrigações em geral

SECÇÃO II

CESSÃO DE CRÉDITOS*

SUBSECÇÃO I

Princípios gerais

391. *Cessão de créditos: exemplos; noção.* São relativamente frequentes na prática as espécies concretas que os autores apontam como exemplos típicos da cessão de créditos.

A emprestou 5000 contos a *B*, pelo prazo de três anos, tendo a dívida sido afiançada por *C*. Passado um ano, o mutuante tem inesperadamente necessidade de dinheiro. Como não pode ainda exigir a *restituição* da quantia mutuada, *vende* o crédito por 4200 contos a *D*, que não hesita em o adquirir pela confiança que deposita na solvabilidade do fiador.

E vendeu uma quinta a *F*, por 30 000 contos. Como vendeu em muito boas condições, graças ao intermediário, *G*, resolveu *doar* a este uma parte (5000 contos) do seu crédito sobre o comprador.

---

* VAZ SERRA, *Cessão de créditos ou de outros direitos...*, 1955; PIRES DE LIMA e ANTUNES VARELA, *ob. cit.*, anot. aos arts. 577.º e segs.; DIEGO ESPIN, III, pág. 225 e segs.; PLANIOL e RIPERT (colab. de RADOUANT), VII, n.ᵒˢ 1107 e segs.; AUBRY e RAU (colab. de ESMEIN), V, § 359; CARBONNIER, n.ᵒˢ 123 e segs.; GRAZIANI, *La cessione dei crediti*, 1930; SOTGIA, *Cessione dei crediti, Nuovo Dig. Ital.*, Id., *Cessione di crediti e di altri diritti* (dir. civ.), *Nov. Dig. Ital.*; BARBERO, II, n.ᵒˢ 713 e segs.; PANUCCIO, *La cessione volontaria dei crediti nella teoria del trasferimento*, 1955; *Id., Cessione dei crediti*, na *Enc. del dir.*; BIANCA, *Il debitore e i mutuamenti del destinatario del pagamento*, 1963; MANCINI, *La cessione dei crediti futuri a scopo di garanzia*, 1968; O. BÄHR, *Zur Cessionslehre*, J. J., 1, pág. 251; BAUGMARTEL, *Die Unzumutbarkeit der Forderungsabtretung*, AcP, 156, pág. 265; LÖBL, *Die Geltendmachung fremder Forderungsrechte im eigener Namen*, AcP, 129, pág. 257; BROX, § 28; ESSER, § 55; LARENZ, § 34.

Transmissão das obrigações

H deve 2000 contos a *I* e decide, com o assentimento do credor, transmitir-lhe o crédito de igual montante que tem sobre *J*, para que *I* se considere imediatamente pago (*cessio in solutum*) ou para que ele se possa pagar à medida que *J* for cumprindo (*cessio pro solvendo*) ([1]).

L, produtor cinematográfico, carecido de meios para a realização do *filme*, transfere para a entidade que o financia, como *garantia* da dívida que contraiu, todas as receitas que a exibição do *filme* venha a proporcionar, até ao montante global do empréstimo e dos respectivos juros ([2]).

Em todos os casos descritos, na base de finalidades muito distintas, há um fenómeno comum. É a transmissão do direito de crédito, no todo ou em parte, feita pelo credor a um terceiro.

Noção. A *cessão de créditos* pode assim ser definida como o *contrato pelo qual o credor transmite a terceiro, independentemente do consentimento do devedor, a totalidade ou uma parte do seu crédito* (art. 577.º).

Ao credor, que transmite o crédito a outrem, chama-se *cedente;* ao adquirente do crédito, sucessor do credor na titularidade do direito, dá-se o nome de *cessionário* E ao devedor do crédito transmitido é usual chamar o *devedor cedido* (*debitor cessus*).

([1]) As duas variantes distinguidas no texto correspondem às duas modalidades que a *dação em cumprimento* pode revestir: a *datio in solutum* (art. 837.º) e a dação *pro solvendo* (art. 840.º, 1). Quando a dação tenha por objecto a cessão de um crédito, presume-se, nos termos do n.º 2 do artigo 840.º, que ela é feita *pro solvendo* — por forma que a exoneração do cedente só se verifica à medida que o cessionário obtenha a cobrança do crédito cedido. Vide VAZ SERRA, *ob. cit.*, pág. 9, nota 8; MANCINI, *ob. cit.*, pág. 6, nota 14.

([2]) Segundo a informação de MANCINI (que reduz a quatro as *funções* mais importantes que a cessão preenche na actual realidade económico-social: venda, doação, pagamento e garantia), é o tipo de contrato descrito no texto (crédito a produtores cinematográficos) o exemplo mais frequente em Itália de cessão de créditos futuros com um fim de garantia (de outro crédito, actual): *ob. cit.*, pág. 17 e segs.

Das obrigações em geral

O termo *cessão* tanto designa o *acto* (contrato) realizado entre cedente e cessionário, como o *efeito* fundamental da operação (*a transmissão* da titularidade do crédito) ([1]).

Como contrato entre o cedente e o cessionário ([2]), a cessão distingue-se do contrato a favor de terceiro, em que o promissário tenha atribuído a terceiro (beneficiário) o direito de crédito de que dispunha sobre o promitente (art. 443.º, 2), embora o resultado prático a que este tende seja equiparável ao da cessão.

A nota mais destacada na noção legal da cessão de créditos (art. 577.º) é a de a mudança de credor por ela operada prescindir do consentimento do devedor.

As mais das vezes, a alteração na pessoa do credor não prejudicará o devedor, que em quaisquer circunstâncias continuará adstrito à necessidade de efectuar a mesma prestação. Mas nem sempre assim sucede. No caso da cessão *parcial* a um ou mais cessionários, pode não ser de todo em todo indiferente para o devedor ter que efectuar apenas um acto de cumprimento, como antes da cessão, ou ter que desdobrar o cumprimento em vários actos, eventualmente realizáveis em locais diferentes.

Se, não obstante tal possibilidade, a lei prescinde do consentimento do devedor, é porque, deliberadamente, se quis sacrificar este eventual incómodo ou prejuízo do obrigado às vantagens que a livre *disposição* do crédito proporciona, de um modo geral, ao credor ([3]).

([1]) Os alemães é que têm duas palavras diferentes (*Abtretung* e *Übertragung*) para designar a cessão como *facto gerador* da transferência do crédito e a cessão como fenómeno *translativo*, ou seja, como *efeito* do negócio de cessão. Veja-se LARENZ, 14.ª ed., § 34, 1, pág. 575: «*Die rechtsgeschäftliche Übertragung einer Forderung geschieht in der Regel durch einfachen Abtretungsvertrag*»; PANUCCIO, *Cessione dei crediti*, *Enc. del dir.*, n.º 1, nota 1.

([2]) A transmissão do crédito pode ser operada, não só por via *convencional* (contrato de cessão), mas também por disposição da lei ou por decisão do tribunal (art. 588.º). Não se confunda, porém, como frequentes vezes sucedia na antiga doutrina, entre a cessão *ope legis* e a *sub-rogação* legal, cujo espírito difere do da cessão.

([3]) Durante algum tempo, como medida de protecção do devedor, ter-se-á proibido a cessão do crédito a pessoas mais poderosas (*cessio in potentiorem*), capazes de

Transmissão das obrigações

392. *Inserção sistemática do instituto*. Confrontando as noções de *cessão de créditos* dadas no Código vigente e no Código de 1867, e comparando, sobretudo, a inserção sistemática do instituto da *cessão*, numa e noutra das codificações, encontram-se diferenças salientes, que importa realçar.

O artigo 785.º do Código de 1867 parecia incluir na figura da cessão, não só a transmissão dos direitos de crédito, mas também a dos direitos reais, com exclusão porventura da propriedade: é a ideia que, em certa medida, se extrai do *texto* do artigo e ainda do disposto no seu § único e no n.º 1.º do artigo 786.º ([1]).

O artigo 577.º do Código de 1966 restringe intencionalmente o objecto da cessão aos *créditos*, ao mesmo tempo que inclui noutras figuras a transmissão, tanto gratuita, como onerosa, dos direitos reais limitados ([2]).

---

tornarem mais difícil a posição do obrigado. A proibição desaparece nos tempos modernos, por não ser de recear a desigualdade de poder das pessoas junto dos tribunais. A maior dificuldade a que se refere o artigo 271.º do Código de Processo Civil, como causa possível de recusa da substituição processual, não cobre semelhante situação. Cfr., no entanto, *infra*, n.º 383, sobre a cessão de *créditos litigiosos*.

([1]) O artigo 785.º tem um único período, cujo sujeito (*o credor*) daria a impressão de a disposição se querer referir apenas aos *direitos de crédito*. Porém, a disjuntiva, em que se desdobra o *complemento directo* da proposição («o seu direito ou crédito»), bem como a disjuntiva que constitui o sujeito da 1.ª oração do § único, sugerem a ideia de que a lei pretende abranger no conceito de cessão a transmissão de outros direitos, além dos créditos. Conjugando essa indicação, quer com o disposto no artigo 786.º, quer com a noção de compra e venda dada no artigo 1 544.º e a de doação formulada no artigo 1 452.º, mais se radicará no espírito do intérprete a convicção de que na *cessão* quis o legislador de 1867 incluir, além da transmissão dos direitos de crédito, a dos direitos reais diferentes da propriedade.

([2]) Tanto a noção de compra e venda (art. 874.º), como a de doação (art. 940.º, 1), aparecem formuladas no novo diploma em termos de abrangerem, além da transmissão da propriedade de certa coisa, a de outros direitos, entre os quais se contam, logo à cabeça, os direitos reais limitados. Cfr. PIRES DE LIMA e ANTUNES VARELA, *Cód. Civ. anot.*, anot. aos arts. 874.º e 940.º. Vide ainda PANUCCIO, *Cedibilità e cessione di diritti e di situazioni giuridiche*, na *Enc. del dir.*, sobre a real extensão do fenómeno da *cessão de direitos*.

Das obrigações em geral

Por outro lado, o Código de 1867 regulava a cessão e a sub-rogação em duas secções especiais, mas localizadas no meio das secções que tratavam das várias causas de *extinção* das obrigações, estando todas elas integradas, juntamente com outras mais, num capítulo comum (o cap. IX), que tinha a seguinte epígrafe: «*Dos efeitos e cumprimento dos contratos*». O Código vigente consagra, pelo contrário, um capítulo especial (o cap. IV do Título I do Livro das obrigações) à transmissão de créditos e de dívidas, no qual são exclusivamente reguladas a cessão de créditos, a sub-rogação e a transmissão singular de dívidas.

Note-se, no entanto, que, apesar dos seus defeitos, a implantação sistemática da *cessão* no Código de 1867 representa um progresso assinalável em face do Código francês de 1804 e das outras codificações da época, que sofreram a influência do diploma napoleónico. O Código francês regula, de facto, a cessão de créditos no título da *venda* (arts. 1 689 e segs.), considerando o crédito como uma coisa e tratando a sua transmissão (*transport* lhe chama sintomaticamente a lei!) como uma *compra e venda* ([1]). No mesmo vício grave de sistematização incorreram o Código civil espanhol (arts. 1 526 e segs.) e o Código italiano de 1865 (arts. 1 538 e segs.), ao incluírem de igual modo a cessão de créditos no título da compra e venda, sob a rubrica (no caso do diploma espanhol) da transmissão de créditos e outros direitos incorpóreos ([2]).

O Código português de 1867 libertou o instituto do domínio restrito da compra e venda, transportando o seu regime para o

---

([1]) CARBONNIER, n.º 123, pág. 514.

([2]) DIEGO ESPIN (*ob. e vol. cits.*, pág. 225) resume certeiramente as críticas a que se prestam a noção e a sistematização perfilhadas pela lei espanhola, nos seguintes termos: «*a*) a incorrecção da frase direitos incorpóreos, visto todos os direitos serem incorpóreos; *b*) a excessiva amplitude com que se regula a cessão de créditos, englobando-a com a transmissão de qualquer direito ou acção; *c*) a identificação da cessão com a venda do crédito, tratando daquela no título da venda e empregando como sinónimas as palavras venda e cessão.»

título que se ocupa dos contratos e das obrigações em geral; e, nesse aspecto, revelou uma aguda percepção da real dimensão do fenómeno da cessão de créditos, digna de ser realçada.

393. *A cessão e a sua causa. O contrato de cessão como contrato policausal ou polivalente*. Reduzindo a *cessão* à transmissão do crédito feita pelo credor a um terceiro, independentemente do consentimento do devedor, o jurista contempla apenas um lado das espécies que, na prática, dão lugar a esse tipo de modificação *subjectiva* da relação obrigacional.

Através dos exemplos com que num dos números anteriores se ilustra o conceito de cessão, verifica-se que a transmissão do crédito se integra na venda, na doação, na dação em cumprimento, na dação *pro solvendo* ou na constituição da garantia em benefício doutro crédito, que o credor pretenda efectuar. A *cessão* tem, por conseguinte, a sua *causa*, variável de caso para caso, que o artigo 577.º intencionalmente omite ao definir a figura, por querer introduzir na noção legal apenas as notas *comuns* a todas as espécies geradoras do fenómeno da transmissão do *direito de crédito*.

Será a *omissão* do artigo 577.º um prenúncio de que a *causa* da transferência do crédito não exerce nenhuma influência no regime jurídico das situações integradoras da cessão? Será a cessão, por outras palavras, um negócio abstracto? ([1]).

Diz-se *abstracto* o negócio cuja *validade* não é prejudicada pelas faltas ou defeitos inerentes à relação jurídica fundamental que lhe serve de base. Na fixação do seu regime jurídico abstrai-se da *causa negotii*.

A emissão e o endosso da letra de câmbio (ou dos *títulos à ordem*, no geral) constituem *negócios abstractos*, no domínio das chamadas relações mediatas, porque nem o aceitante, nem o endossado, podem opor ao portador (mediato) do título os *vícios* ineren-

---

([1]) O tema é largamente tratado por MANCINI, (*ob. cit.*, pág. 124 e segs.) e por PANUCCIO, *ob. ult. cit.*, n. 4.

Das obrigações em geral

tes ao contrato (relação substancial) que serviu de base ao aceite ou ao endosso. Certos negócios de transmissão de direitos reais são considerados no direito germânico como negócios abstractos, porque os vícios ligados à relação fundamental (compra, doação, troca, constituição de sociedade, etc.) podem obrigar o adquirente a restituir, nas relações entre as partes, mas não dão lugar ao *efeito real* próprio da nulidade ou da anulação.

Ora, sendo este o perfil actual do fenómeno da *abstracção* no domínio dos negócios jurídicos, fácil é verificar que nenhuma razão existe, em face do sistema jurídico português, para se considerar a cessão de créditos como um *negócio abstracto* ([1]).

Por um lado, diz-se no artigo 578.º que os *efeitos* (tal como os requisitos) da cessão entre as partes se definem em função do tipo de negócio que lhe serve de base. Consequentemente, se a transmissão do crédito operada pelo credor tiver por base uma *venda* do crédito (cfr. art. 874.º) e a venda for nula ou vier a ser anulada por qualquer vício inerente à formação do negócio (por ser de outrem o crédito cedido; porque o crédito não existe, contra a convicção das partes; por causa do erro, dolo ou coacção de que foi vítima o comprador; etc.), a transmissão é directamente atingida pela nulidade ou anulação, e os *efeitos* da invalidade repercutem-se na esfera jurídica de terceiros (como o segundo cessionário a quem o primeiro tenha cedido o crédito; o arrematante do crédito em execução movida contra o cessionário; o credor do cessionário a quem este tenha dado em penhor o crédito cedido; etc.), de harmonia com as regras fixadas nos artigos 289.º a 291.º.

Por outro lado, sabe-se que «o devedor pode opor ao cessionário, ainda que este os ignorasse, todos os meios de defesa que lhe seria lícito invocar contra o cedente» (art. 585.º). Assim, se o negó-

---

([1]) No mesmo sentido, quanto ao direito espanhol, DIEZ-PICAZO, n.º 961 e, quanto ao direito italiano, MANCINI, *ob. cit.*, pág. 128 e segs. e a generalidade da doutrina. Não assim no que respeita ao direito alemão, onde a cessão de créditos tal como outros negócios de disposição, funciona como negócio abstracto: LARENZ, § 34, 1, pág. 452 e BROX, § 28, pág. 209.

cio *constitutivo* do crédito sofrer de qualquer vício que determine a sua nulidade ou anulação, o devedor poderá invocar os meios de defesa correspondentes contra o cessionário e seus subadquirentes, nos precisos termos em que lhe era lícito usar deles contra o primitivo credor.

Tem-se dito, no entanto, que são irrelevantes para o devedor (*debitor cessus*) os vícios do contrato de cessão: se for notificado da cessão, ou dela tiver conhecimento por outra via, e pagar a dívida ao cessionário, o pagamento efectuado pelo *debitor cessus* conservará a sua validade e eficácia, ainda que a cessão venha posteriormente a ser declarada nula ou anulada.

Duas observações cumpre, no entanto, registar a propósito do tratamento concedido nesse aspecto à situação do devedor.

Em primeiro lugar, não é o simples facto de o crédito ter sido *cedido* a terceiro que isenta o *debitor cessus* do dever (de agir de *boa fé*) que o n.º 2 do artigo 762.º impõe a ambos os sujeitos da obrigação. E no recto cumprimento desse dever incumbe-lhe averiguar da *existência* e da *validade* da cessão, não aceitando como boa qualquer informação irresponsável que acidentalmente chegue ao seu conhecimento ou a afirmação de qualquer pretenso cessionário (do crédito) [1]. De contrário, arriscar-se-á a ter mesmo que cumprir segunda vez.

Se, depois de se ter devidamente esclarecido, sobretudo junto do cedente, acerca da existência e da validade da cessão, o devedor cumprir junto do cessionário, o pagamento não perderá, na verdade, a sua validade e eficácia, pelo facto de o contrato de cessão vir mais tarde a ser declarado nulo ou anulado.

---

[1] Neste preciso sentido, PLANIOL e RIPERT, VII, pág. 497, nota 2; MANCINI, *ob. cit.*, pág. 131 e segs. Em sentido oposto, DE RUGGIERO e MAROI, *Instit. dir. priv.*, 8.ª ed., II, pág. 114 e 119. Quanto ao direito alemão, veja-se a medida cautelar praticamente concedida ao devedor pelo § 410 do BGB. Para que haja conhecimento relevante da cessão por parte do devedor, escrevem ENNECCERUS-LEHMANN, § 304, I, 1 «é necessário um conhecimento suficientemente seguro e digno de crédito, não bastando o mero dever saber ou ter ouvido dizer».

Das obrigações em geral

Porém, conjugando esta solução com as soluções aplicáveis aos dois aspectos da cessão primeiramente analisados, a conclusão lógica a extrair dessa apreciação global, quanto ao regime do pagamento feito ao cedente antes da notificação ou aceitação da cessão, é que se trata apenas de proteger o *pagamento* (do devedor de boa fé) ao credor *aparente* e não de considerar a *cessão* como um *negócio* abstracto ([1]).

Sendo a cessão um negócio *causal*, visto o seu regime estar ortodoxamente ligado (quanto aos *requisitos* e quanto aos *efeitos* do contrato) à *causa* que domina a transmissão do crédito, pode provocar alguma estranheza o facto de ela não vir incluída no título II do *Livro das obrigações*, ao lado dos contratos em especial, e de aparecer, pelo contrário, regulada no título que trata das obrigações em geral. A explicação do facto assenta na circunstância de, tendo a cessão de créditos, não uma causa *fixa*, mas uma causa *variável* ([2]), a lei ter preferido restringir a disciplina legal (típica) da cessão aos aspectos comuns às diversas espécies que a integram e remeter, através da regra estabelecida no n.º 1 do artigo 578.º, para os lugares correspondentes à *causa* de cada uma dessas espécies a determinação da parte restante do seu regime.

Todavia, desde que a norma *remissiva* do n.º 1 do artigo 578.º incorpora justificadamente na disciplina da cessão os aspectos do seu regime ligados à *causa* (variável) da transmissão do crédito, parece mais conforme, não só com a complexidade *vital* das espécies reguladas, mas também com a *realidade sistemática legislativa*, con-

---

([1]) Aparentemente no mesmo sentido: VAZ SERRA, *ob. cit.*, pág. 13.

([2]) Outros casos, além da cessão de crédito, têm sido apontados na doutrina italiana como exemplos típicos de negócios (causais) *sem causa fixa*. Vide a bib. indicada por MANCINI, *ob. cit.*, pág. 146, nota 68. A terminologia dos autores, ao retratarem este fenómeno, é ainda muito flutuante: há quem fale em causa *variável*, enquanto outros lhe chamam *causa fungível* e outros ainda *causa genérica*: PANUCCIO, *est, ult. cit.*, nota 23.

Transmissão das obrigações

siderar a cessão como um contrato *policausal* ([1]) ou *polivalente* do que, à semelhança de MANCINI ([2]) e outros autores, chamar-lhe um contrato de *causa genérica*.

A autonomia da cessão, que MANCINI diz ser posta em crise, quando se introduz no esquema dela a *causa concreta* a que a transmissão do crédito se encontra adstrita, procede exactamente da *variabilidade* da causa e do carácter específico do fenómeno da transmissão do crédito.

SUBSECÇÃO II

Regime

394. A) *Requisitos de validade atinentes à causa da cessão.* A validade da cessão depende da verificação de certos *requisitos*. Uns, de acordo com a prescrição do n.º 1 do artigo 578.º, variam consoante o tipo de negócio que lhe serve de base; outros são comuns a todos os contratos de cessão, seja qual for a sua causa, por respeitarem à transmissão do direito de crédito, que é a base constante de todos aqueles contratos.

Em relação ao primeiro núcleo, sabe-se que há requisitos *comuns* aos vários contratos (os que são regulados na Parte Geral do Código e não sejam privativos dos negócios unilaterais), ao lado de outros *especial* ou *restritamente* aplicáveis a cada um dos contratos em particular regulados nos artigos 874.º e seguintes. Tanto uns como outros, consoante as circunstâncias de cada caso, devem considerar-se aplicáveis à cessão de créditos ([3]).

Assim, se a cessão se realizar por meio de doação, terá de subordinar-se às regras de capacidade, de disponibilidade absoluta e

---

([1]) Prefere-se o termo *policausal* (ou *polivalente*) à expressão *pluricausal*, porque o primeiro dá com maior rigor a ideia da *variabilidade* da causa de caso para caso, e não a ideia de uma *pluralidade de causas* na mesma espécie concreta.

([2]) *Ob. cit.*, pág. 144 e segs.

([3]) PANUCCIO, *est. cit.*, n.º 2.

Das obrigações em geral

relativa, de forma e de perfeição do negócio (cfr., entre outros, os arts. 940.º e segs.), próprias do contrato de doação, e ainda às normas válidas para o comum dos negócios jurídicos (arts. 217.º e segs.). Se o invólucro *causal* da transmissão do crédito for uma compra e venda, às regras válidas para o comum dos negócios haverá então que aditar as regras específicas da compra e venda, relativamente à capacidade, poder de disposição, disponibilidade relativa dos contraentes ou forma do contrato.

395. B) *Requisitos específicos da transmissão do crédito:* I) *Cedibilidade do direito.* O primeiro requisito específico da transmissão do crédito é a *cedibilidade* do direito.

Em princípio, todos os créditos são transmissíveis, visto o *poder de disposição* ser um atributo incrente à generalidade dos direitos de carácter patrimonial. Nem sequer a recusa do devedor constitui, como é sabido (art. 577.º; cfr., quanto à cessão da posição contratual, o princípio oposto do art. 424.º, 1), obstáculo à transmissão do crédito.

Há, porém, no que respeita aos direitos de crédito, duas ordens de excepções à regra da *livre cedibilidade*, ambas elas inspiradas no mesmo pensamento básico.

Por um lado, exceptuam-se da faculdade conferida ao credor pelo artigo 577.º os direitos cuja cessão seja interdita por lei ou por convenção das partes. A possibilidade de o credor ceder o seu direito a terceiro não corresponde a nenhum princípio de interesse e ordem pública, a que haja de subordinar-se o princípio da liberdade contratual (art. 405.º, 1). E por isso se admite, com a limitação proveniente do disposto no n.º 2 do artigo 577.º, que visa acautelar os interesses de terceiros desprevenidos, a cláusula de *exclusão* ou de simples *restrição* da transmissibilidade do crédito ([1]) (*pactum de non cedendo*).

([1]) A cláusula *proibitiva* ou *restritiva* da cessão só é oponível ao cessionário se ele a conhecesse no momento do contrato. Quando assim suceda (cabendo o ónus da

Transmissão das obrigações

Também a lei proíbe a cessão daqueles direitos de crédito cuja constituição se encontra de tal modo ligada à ideia da satisfação *directa* das necessidades *pessoais* do credor, que seria ilógica, não só a sua transmissão para terceiro, como a própria *negociabilidade* da sua cedência. Assim sucede com o *direito a alimentos*, que, segundo o preceituado no artigo 2 008.º, «não pode ser renunciado ou *cedido*» [1].

Por outro lado, há bastantes casos, designadamente nos contratos de prestação de serviços, no contrato de mandato e no contrato de trabalho, em que a prestação debitória, por sua natureza, se encontra de tal modo ligada à pessoa *concreta* do credor, que seria manifestamente desrazoável *impor* ao devedor, nos termos admitidos pelo artigo 577.º, a sua vinculação perante uma outra pessoa [2].

É a esses casos que pretende referir-se a parte final do n.º 1 do artigo 577.º.

Não faria, realmente, grande sentido que a dona de casa pudesse ceder à filha ou a uma amiga o direito à prestação de serviços a que a empregada doméstica se obrigou, nem que a empresa pudesse ceder a uma afiliada o direito à prestação de tarefa especializada a que um perito se vinculou para com ela.

O Código alemão (§ 399), para no fundo consagrar o mesmo resultado, adoptou uma fórmula diferente: o crédito não pode ser cedido, quando a prestação devida não possa ser efectuada a pessoa

---

prova ao interessado na impugnação do negócio), a cessão deve considerar-se *ineficaz*, podendo a ineficácia ser arguida pelos próprios credores do cedente. A cláusula coloca o crédito fora do comércio jurídico (LARENZ, § 34, II, pág. 581).

A doutrina dominante na Alemanha entende, porém, que o devedor pode sanar a ineficácia da cessão, desde que a cláusula é, em princípio, estabelecida no seu interesse, dando o assentimento à transmissão efectuada: BROX, § 28, pág. 211.

[1] Cfr., a propósito, o disposto no artigo 1 488.º, quanto ao direito (real) de uso e habitação, e no artigo 2 018.º, quanto ao apanágio do cônjuge sobrevivo.

[2] Um desses casos, coberto por uma presunção legal de intrasmissibilidade, é o do direito resultante do pacto de preferência (art. 420.º). Cfr. ainda o disposto no artigo 995.º.

Das obrigações em geral

diferente do credor primitivo, *sem alteração do seu conteúdo.*
Compreende-se o sentido e alcance da lei ([1]). Mas a fórmula adoptada não é inteiramente feliz, por haver muitos casos (promessa de
concessão de garantia até certo montante; arrendamento ou aluguer de certa coisa ([2]); etc.) em que, a despeito de o conteúdo da
prestação não sofrer forçosamente alteração, repugna admitir a
mudança de credor contra a vontade do devedor ou sem prévia
aquiescência dele ([3]).

O Código alemão (§ 400) exclui ainda do poder de disposição
do titular os créditos que sejam *impenhoráveis,* no intuito de acautelar a satisfação das necessidades pessoais estritas que eles visam
garantir, contra as pretensões dos credores ([4]). Todavia, o facto de
um crédito não ser penhorável não significa forçosamente que ele
não possa ser cedido, visto a penhora ser um acto que se sobrepõe
à vontade do credor, enquanto a cessão depende desta ([5]). A regra
simetricamente inversa — de que não são penhoráveis os créditos
que não podem ser cedidos — só é exacta em relação aos créditos
que sejam, por lei ou por natureza, *inalienáveis* (art. 822.º do Cód.
Proc. Civ.).

Os créditos que não sejam transmissíveis apenas por força da
convenção entre as partes não podem considerar-se isentos de
penhora; mal iria à segurança do comércio jurídico, se a mera

---

([1]) Cfr., por todos, ENNECCERUS-LEHMANN, § 302, III, 1.

([2]) Exactamente por não ser indiferente para o locador (devedor das obrigações descritas no art. 1 031.º) a pessoa do locatário (credor dessas obrigações) é que
no artigo 1 038.º se proíbe, em princípio, a cessão da posição jurídica do locatário e a
sublocação da coisa.

([3]) A fórmula do Código português adapta-se também melhor do que a da lei
alemã à ideia de excluir do princípio da livre cedibilidade aquelas *pretensões reais*
(direito convencionado à constituição de uma servidão, por ex.), que não podem ser
transmitidas em separado de certos direitos reais.

([4]) Entendem os autores que a proibição finda, logo que a cessão seja feita
precisamente para cobrir as despesas com o sustento do interessado (cedente): cfr. §
34, II, 2 e , § 28, pág. 211.

([5]) VAZ SERRA, *ob. cit.,* pág. 104 e segs.

Transmissão das obrigações

convenção dos interessados pudesse afastar o direito de penhora do credor exequente ([1]).

396. II) *Carácter não litigioso do direito, quanto a determinadas pessoas.* A regra da livre cedibilidade dos créditos (não inseparáveis da pessoa do credor) sofre uma séria limitação no tocante aos direitos que tenham sido contestados em juízo contencioso (*créditos litigiosos*).

A reacção da lei contra a aquisição destes créditos, pelas graves especulações a que o negócio se presta e pelas suspeições que pode criar, vem já da legislação anterior (cfr. art. 786.º e 1 563.º do Cód. de 1867) e reflectia-se em dois desvios importantes ao regime normal da cessão. Por uma lado, não se permitia a cessão de créditos nessas condições a juízes ou a outras autoridades que exercessem as suas atribuições dentro dos limites (territoriais) em que os direitos eram disputados. Por outro, reconhecia-se ao devedor de qualquer crédito litigioso, que tivesse sido cedido a título oneroso ([2]), o direito de resgatar a aquisição, pagando apenas o preço despendido pelo cessionário, acrescido dos juros respectivos e de outras despesas tidas com a operação, mas sem necessidade de pagar a dívida (pelo seu valor nominal). Era uma forma indirecta, mas bastante

---

([1]) Quanto à *forma* da cessão, importa ter presente o disposto no n.º 2 do artigo 578.º, relativamente à cessão de créditos hipotecários. Sendo a hipoteca um *acessório*, e não exigindo a lei nenhum formalismo especial para a transmissão do *crédito*, que é o elemento *principal*, dir-se-ia não ser necessária a observância de forma *especial* para a cessão de qualquer crédito garantido com hipoteca.

Atendendo, porém, à importância excepcional do direito de hipoteca e às cautelas com que a lei rodeia a sua constituição, o artigo 578.º, 2, exige que a cessão de créditos hipotecários conste de escritura pública, salvo se a cessão constar de testamento ou se a hipoteca recair, excepcionalmente, sobre coisas móveis. Em sentido diferente, *de jure condendo*, cfr. VAZ SERRA, *ob. cit.*, pág. 22 e segs.

([2]) Foi discutida no domínio da legislação anterior a questão de saber se o resgate litigioso era apenas aplicável ao caso da cedência convencional do crédito ou valia também para a hipótese de *venda judicial*. O acórdão do S.T.J., de 22-VII-1966, aceitou, com fundadas razões, a segunda orientação (cfr. R.L.J., 100.º, pág. 40 e segs.).

Das obrigações em geral

eficaz por certo, de combater a especulação a que a compra dos créditos litigiosos se prestava.

O novo Código pôs entretanto termo a este último desvio. Desde que a compra e venda do crédito litigioso pode corresponder a interesses legítimos dos contraentes, não se justifica o benefício que a *providência anastasiana* (assim chamada por as suas origens remontarem a uma determinação do imperador ANASTÁSIO) gratuitamente concedida ao devedor.

Manteve-se, porém, a proibição da cessão de créditos ou outros direitos litigiosos a determinadas pessoas, tendo-se mesmo alargado o círculo das entidades atingidas pela interdição, de modo a abranger os magistrados do Ministério Público, os funcionários de justiça e mandatários judiciais, que exerçam habitualmente a sua actividade na área em que a acção decorre, e ainda os peritos e outros auxiliares de justiça que tenham intervenção no processo ([1]).

O alargamento do círculo das pessoas abrangidas pela interdição teve por fim eliminar todas as cessões que possam tornar suspeita, por falta aparente de imparcialidade, a decisão judicial sobre o crédito contestado, em obediência ao velho brocardo de que «não basta que a mulher de César seja séria».

A sanção cominada na lei para a violação da proibição estabelecida (paralela à que o art. 876.º fixa para a compra de direitos litigiosos) continua a ser a *nulidade* da operação (cfr. § único do art. 785.º do Cód. de 1867).

Trata-se, no entanto, duma *nulidade mista*, que se desvia do modelo clássico da nulidade nos dois pontos focados pelo artigo 580.º: a nulidade não é invocável pelo cessionário ([2]) e não dispensa este da obrigação de reparar os danos que tenha causado.

([1]) Em contrapartida, excluíram-se do âmbito da proibição as *autoridades não judiciais*, por não haver, quanto a elas, o mesmo perigo de suspeição relativamente à decisão judicial. Cfr. VAZ SERRA, *ob. cit.*, pág. 49.

([2]) Considerou-se que não seria justo conceder ao adquirente do crédito, depois de ter violado a proibição estabelecida contra ele, a faculdade de destruir o

As excepções abertas (no art. 581.º) à proibição correspondem, na sua traça geral, às que o artigo 786.º do Código de 1867 admitia contra a regra da providência anastasiana ([1]).

Duas delas (as constantes dos n.ᵒˢ 1.º e 2.º desse artigo) foram entretanto ampliadas, de harmonia, aliás, com a sua *ratio legis*.

Em vez de ressalvar apenas a cessão onerosa do direito litigioso, feita a favor do herdeiro ou do comproprietário do direito cedido, o novo Código exceptuou todos os casos em que a cessão seja feita (quer onerosa, quer gratuitamente) ao titular de um direito de preferência, visto ser a existência deste direito a verdadeira causa justificativa da excepção; e alargou, compreensivelmente, a área da excepção, de modo a incluir ainda o caso paralelo do direito de remição relativo ao direito cedido ([2]).

Em segundo lugar, reconheceu-se a validade de toda a cessão feita, quer a título oneroso, quer a título gratuito, para defesa de bens (móveis ou imóveis) possuídos pelo cessionário, não limitando a excepção aos casos de protecção dos imóveis, como fazia o Código anterior ([3]).

---

negócio, quando verificasse que a operação, contra a sua expectativa, não tinha resultado tanto como pretendia. Vide VAZ SERRA, *ob. cit.*, pág. 50.

[1] Trata-se de casos em que o adquirente do crédito ou outro direito litigioso tem manifestamente em vista um fim *legítimo*, não uma tentativa de pura especulação com a negociação do direito, não havendo assim as razões de suspeição que justificam a regra da proibição. Vide VAZ SERRA, *ob. cit.*, pág. 52 e segs.

[2] «Se as pessoas a quem a proibição se refere, escreve VAZ SERRA, (*ob. cit.*, pág. 54), têm direito de preferência ou de remição, devem ser autorizadas a adquirir os bens em relação aos quais existe tal direito, pois é de presumir que, adquirindo-os, não querem especular, mas satisfazer o interesse tutelado pelo direito de preferência ou de remição. A razão é análoga à do caso da cessão de acções relativas a direitos hereditários entre co-herdeiros.»

[3] Tão justo é, na verdade, reconhecer excepcionalmente a validade da cessão do crédito litigioso a uma das pessoas abrangidas pelo círculo *abstracto* da proibição (art. 579.º), quando no caso *concreto* ela é possuidora do *prédio hipotecado* que serve de garantia ao crédito, como quando o adquirente é dono da *coisa empenhada*.

Das obrigações em geral

397. III) *Notificação ou aceitação da cessão, ou conhecimento dela por parte do debitor cessus. O problema do momento da perfeição do contrato.* É ponto assente que vale para a cessão de créditos (ressalvada a hipótese excepcional prevista no n.º 2 do art. 578.º) o princípio geral da *liberdade de forma* (art. 219.º). Mas tem sido bastante controvertida entre os autores a questão de saber se a *notificação* da cessão ao devedor constitui ou não *requisito* de perfeição do contrato. A orientação das legislações sobre esse ponto não é uniforme.

A doutrina clássica nos países latinos, apoiando-se em certos dados facultados pela lei, estabelecia a propósito da *eficácia* da cessão uma distinção fundamental. Nas relações entre as partes, a cessão de créditos produz os seus efeitos imediatamente, ou seja, desde a conclusão do contrato. Em relação ao devedor, torna-se indispensável que a cessão lhe seja notificada, e só a partir da notificação (*denuntiatio*) o devedor fica obrigado perante o cessionário.

Nesta corrente se encorporava o nosso Código de 1867 ([1]), cujo artigo 789.º (correspondente ao art. 1 690 do Cód. francês ([2])) dizia textualmente o seguinte: «Pelo que respeita ao cedente, o direito cedido passa ao cessionário pelo facto do contrato; mas em relação ao devedor ou a terceiro, a cessão só pode produzir o seu efeito, desde que foi notificada ao devedor, ou por outro modo levada ao seu conhecimento, contanto que o fosse por forma autêntica» ([3]) ([4]).

([1]) Cfr. GUILHERME MOREIRA, n.º 55; CUNHA GONÇALVES, V, n.º 631. No mesmo sentido, quanto ao direito espanhol, DIEZ-PICAZO, n.º 969 e DIEGO ESPIN, II, pág. 226; e, quanto ao direito francês, CARBONNIER, n.º 123, pág. 453.

([2]) «*Le cessionaire*, diz esse artigo, *n'est saisi à l'égard des tiers que par la signification du transport faite au débiteur*».

([3]) Considerava-se a citação (para a' acção ou execução) e o arresto como actos *autênticos*, capazes de levarem a cessão ao conhecimento do devedor.

([4]) Os artigos 791.º e 792.º apareciam no Código de 1867 como corolários da segunda proposição enunciada no artigo 789.º.

A cisão assim estabelecida entre os efeitos do negócio, consoante o posto de observação de onde a operação era examinada, suscitou dúvidas e levantou controvérsia, principalmente na doutrina italiana. Por isso a questão foi de novo levantada no decurso dos trabalhos preparatórios do Código português de 1966 ([1]), cujos textos acabaram por diferir, em pontos não despiciendos, da redacção do artigo 789.º do Código de 1867.

Por um lado, nada se diz na lei quanto ao momento da perfeição do contrato entre as partes, tendo-se eliminado assim o contraste temporal estabelecido na legislação anterior quando à eficácia da cessão.

Por outro lado, em relação ao devedor, notam-se duas inovações. Equipara-se a *aceitação* da cessão por parte do devedor à *notificação* dela ([2]), além de se permitir que esta seja feita judicial ou extrajudicialmente (art. 583.º, 1). E dá-se ao cessionário a possibilidade de impugnar o pagamento feito pelo devedor ao cedente (ou qualquer outro acto relativo ao crédito: transacções, compensações, remissões, etc.), antes da notificação ou aceitação, desde que prove que o devedor tinha, ao tempo, conhecimento da cessão (art. 583.º, 2).

Transfere-se deste modo para o cessionário o ónus da prova do conhecimento da cessão por parte do *debitor cessus*, sempre que ele tenha interesse em se opor ao pagamento feito ao cedente ou a qualquer negócio relativo ao crédito celebrado com o mesmo cedente.

Por último, prevendo especialmente a hipótese de o credor transmitir o mesmo crédito, sucessivamente, a duas ou mais pessoas, o artigo 584.º (correspondente ao art. 1 265 do Cód. italiano) concede prevalência sobre as demais à cessão que primeiro for

---

([1]) VAZ SERRA, *ob. cit.*, pág. 206 e segs.

([2]) Notificação que, como os autores ensinam (GUILHERME MOREIRA, *ob., vol. e loc. cits.*; C. GONÇALVES, *ob., vol e loc. cits.*), pode ser efectuada pelo ceedente ou pelo cessionário, porque ambos têm interesse nela.

Das obrigações em geral

notificada ao devedor ou que este primeiro tiver aceitado, sem equiparar já, para este efeito, o simples conhecimento da cessão à notificação ou aceitação dela ([1]).

Perante textos do novo Código italiano, cuja doutrina coincide substancialmente com a do Código português, sustentam MANCINI ([2]) e outros autores que a eficácia translativa da cessão só se verifica, quer em relação ao devedor e a terceiros, quer em relação às próprias partes (cedente e cessionário), a partir do momento em que a cessão é notificada ao devedor ou por ele aceite, ou em que este tem conhecimento dela.

Desde que a cessão não produz efeitos em relação ao devedor antes da verificação de qualquer dos eventos apontados, seria um manifesto contra-senso, atenta a posição-chave que o devedor ocupa na estratégia da relação obrigacional, admitir a eficácia translativa *imediata* da cessão nas relações entre cedente e cessionário. A prova de que, mesmo após a celebração do contrato, quem continua a ser titular do crédito é o *cedente e não o cessionário* procede, não só da *validade* do pagamento que lhe faça o devedor, mas ainda da plena disponibilidade que o cedente conserva do seu direito (que ele pode remitir, compensar com outro crédito do seu devedor, ceder a terceiro, etc.).

A argumentação de MANCINI não deixa de impressionar, mas não é concludente ([3]) .

([1]) É manifesto, no contraste entre o artigo 584.º e o n.º 2 do artigo 583.º, o intuito de acautelar os interesses de terceiros, a quem o credor haja sucessivamente transmitido o crédito, contra a contingência da prova relativa ao simples *conhecimento* da cessão por parte do devedor.

([2]) A tese da eficácia translativa diferida para o momento da notificação, ou factos equiparados, é desenvolvida com grande brilho por MANCINI, *ob. cit.*, pág. 36, 52 e 55 e segs. Tese radicalmente oposta (eficácia translativa *imediata* da cessão, *erga omnes*) é a consagrada no direito alemão, segundo a opinião corrente entre os autores (VON TUHR, *Tratado*, trad. W. ROCES, 95, pr.; LARENZ, § 34, IV).

([3]) Diferente é a tese de PANUCCIO (*est. ult. cit.*, n. 5), para quem a *cessão* tem efeito translativo imediato, quer entre as partes, quer em relação a qualquer terceiro, incluindo o devedor.

Transmissão das obrigações

Em primeiro lugar, nenhuma razão existe, nem sequer de texto, nas relações entre as partes (cedente e cessionário), para que na cessão não vigore o princípio da eficácia imediata das convenções negociais (cfr., especialmente, o disposto no art. 408.º, 1). Não há nenhum motivo pelo qual o cedente não deva considerar-se desde logo obrigado, por exemplo, a cumprir o dever a que se refere o artigo 586.º: entrega ao cessionário dos documentos e outros meios probatórios do crédito.

Em segundo lugar, ao examinar os efeitos *globais* da cessão, o observador não pode cingir-se à parte do contrato ligada à transmissão do crédito: tem de considerar também os aspectos da cessão provenientes da sua *causa* concreta, que são indirectamente abrangidos pela norma remissiva contida no artigo 578.º.

Ora, no que toca a esses aspectos (no que nomeadamente se refere à perfeição da liberalidade feita ao cessionário a título gratuito ou ao nascimento da obrigação a cargo do adquirente do crédito a título oneroso), nenhum fundamento válido existe para que o contrato de cessão não produza os seus efeitos no momento em que se completa o acordo dos contraentes. E, se o cessionário comprador do crédito fica desde logo obrigado à respectiva contraprestação (podendo a contraprestação do adquirente ter até eficácia real, em certos casos de *troca:* arts. 408.º, 1), seria sumamente injusta para ele (e para os seus credores [1]) a não aquisição, a partir da mesma data, do direito de crédito que é o correspectivo dessa obrigação.

---

[1] As considerações desenvolvidas no texto significam que, no caso de conflito entre os credores do cedente (que pretendam penhorar o crédito cedido, antes de a cessão ter sido notificada) e os credores do cessionário, são os interesses destes que justificadamente prevaleçam. «Embora nem cedente, nem cessionário (escreve Vaz Serra, *ob. cit.,* pág. 283, ao fazer o confronto dos dois sistemas em causa, para manifestar a sua preferência pela solução do direito alemão e suíço), tenham dado conhecimento da cessão ao devedor, o cedente ou o devedor não devem poder prevalecer-se dessa circunstância para frustrar o direito do cessionário; *como também*

Das obrigações em geral

O facto de se considerar *oponível* ao cessionário o pagamento feito ao cedente pelo devedor, que não foi notificado da cessão, nem teve conhecimento dela por outra via, não significa forçosamente que seja o cedente quem continua na titularidade do crédito e na plena disponibilidade dele ([1]).

A eficácia exoneratória do cumprimento, nos termos em que é realmente sancionada na lei (corrigindo a situação através da obrigação de restituir imposta ao cedente a favor do cessionário, nos termos do enriquecimento sem causa), explica-se pela tutela, mais ou menos apertada, que os diferentes sistemas legislativos concedem ao pagamento feito ao *credor aparente* ([2]) ([3]).

---

os credores do cedente não devem poder apoiar-se nela para fazerem valer sobre um crédito, que já não é do seu devedor (cedente), os seus direitos».

Na verdade, ao contrário do que sucedia no artigo 789.º do Código de 1867, onde se estendia a eficácia *diferida* da cessão tanto ao devedor como a *terceiro*, o artigo 583.º, 1 e 2, do novo Código refere-se somente ao *devedor*. Quanto a terceiros, a solução especial do artigo 584.º aplica-se apenas, intencionalmente, aos sucessivos *adquirentes* do crédito.

[1] Outra foi, de facto, a orientação preconizada por VAZ SERRA (*ob.* e *loc. cits.*), quando incisivamente escreveu o seguinte: «O cedente, desde que cedeu o crédito, deixou de ser titular dele e não é razoável que se lhe reconheça o direito de o fazer valer contra o devedor. Embora nem cedente, nem cessionário, tenham dado conhecimento da cessão ao devedor, o cedente ou o devedor não devem poder prevalecer-se dessa circunstância para frustrar o direito do cessionário.» E nada permite supor que essa sugestão não foi aceite na concepção final dos textos do Código.

[2] Sobre o tema geral do pagamento ao *credor aparente* e seus efeitos, vide GIORGIANNI, *Creditore apparente*, no *Novissimo Dig. Ital.*

[3] Idêntica ou análoga explicação comporta a possibilidade *factual* (resultante do disposto no art. 584.º) de o cedente transmitir validamente o crédito a terceiro, depois de o ter transferido para o primeiro cessionário.

A notificação ou aceitação do devedor assumem aqui uma função paralela à do registo predial nos direitos reais sujeitos a registo.

Note-se, aliás, que dificuldade teórica idêntica à lançada contra a tese tradicional defronta no caso versado pelo artigo 584.º a própria tese de MANCINI.

Se a cessão primeiro efectuada não tiver sido notificada nem aceite, mas for do conhecimento do devedor, haverá eficácia translativa do negócio, na medida em que o titular do crédito (para o devedor) passa a ser o primeiro cessionário. Apesar disso, não obstante ter perdido assim a titularidade do crédito, o cedente mantém a

Transmissão das obrigações

A ideia de que o cedente continua a ser o titular do crédito é que não se coaduna com os termos da responsabilidade em que ele incorre, quer quando indevidamente recebe a prestação debitória, quer quando dispõe do crédito (anteriormente cedido), seja a favor do devedor (remitindo a dívida, concedendo uma moratória, reduzindo o montante da prestação, etc.), seja a favor de terceiro ([1]). Essa responsabilidade deve ser a de quem dispõe de *direito alheio* ([2]), e não a de quem falta apenas a um *dever de conduta* imposto pelos preliminares de um contrato em formação.

Parece assim bastante mais fácil de conciliar com a disciplina *global* do contrato de cessão a tese tradicional, que sustenta a eficácia *translativa* imediata do negócio (independentemente da sua notificação ao devedor), nas relações entre as partes, do que a concepção de MANCINI, que aceita a eficácia translativa *diferida*, quer em relação ao devedor e a terceiros, quer em relação às próprias partes.

---

legitimidade necessária para poder transmitir o direito a um terceiro. Sinal evidente de que se trata apenas de uma medida excepcional de tutela concedida ao adquirente *a non domino*.

([1]) Não deixaria também de impressionar a extrema *contingência e precariedade do direito* mantido na titularidade do cedente, entre a conclusão da cessão e o momento posterior, capaz de desencadear a eficácia translativa do contrato: a *existência* e a *duração* desse direito estariam na contínua dependência duma circunstância em grande parte estranha à vontade dos interessados, como é o conhecimento da cessão por parte do devedor. Cfr., a propósito, o próprio MANCINI, *ob. cit.*, pág. 57.

([2]) Assim, se o cedente, depois de ter recebido indevidamente a prestação do *debitor cessus*, tiver caído em falência ou insolvência, deve o cessionário (bem como os respectivos credores, se for caso disso), gozar do direito de *separação* da prestação em relação à massa falida, se for possível individualizá-la.

Se o cedente alienar segunda vez o crédito, e a segunda cessão prevalecer sobre a primeira, será obrigado a indemnizar o interesse contratual *positivo* do primeiro cessionário e não apenas o interesse contratual *negativo*.

A obrigação de *convalidação*, aplicável à venda de coisa alheia (art. 897.º), é que não se adapta ao esquema da hipótese prevista no artigo 584.º. O segundo cessionário, a quem o cedente haja transmitido o crédito que já lhe não pertencia, não merece mais do que o primeiro que o seu direito seja convalidado, na hipótese de ser a cessão primeiro efectuada que vem a prevalecer sobre a segunda.

Das obrigações em geral

398. IV) *A efectiva constituição ou aquisição do crédito na cessão de créditos futuros*. A cessão pode ter por objecto, não só os créditos já existentes e de que o cedente seja titular à data do contrato, mas também os créditos *ainda não existentes* (rendas dum contrato de arrendamento ainda não celebrado, ou relativas a meses futuros, num contrato já realizado; juros referentes a anos próximos; pensões ainda não vencidas, etc.); ou créditos já existentes, mas a que o cedente ainda não tem direito, embora espere vir a adquiri-los ([1]).

Numa palavra: a cessão pode ter por objecto créditos *presentes* (já vencidos; a prazo, ainda por vencer; condicionais ([2]), etc.); e também créditos *futuros* (art. 211.º). Desde que, em princípio, se admite a prestação de coisa futura (art. 399.º), nenhuma razão subsiste para que não se permita, com a mesma limitação ([3]), a cessão de *créditos futuros*, contanto lhes não falte o necessário requisito da *determinabilidade* ([4]).

Tem-se levantado algumas vezes entre os autores, a propósito da cessão de *créditos futuros*, a questão de saber se o crédito cedido nasce *directamente* na titularidade do cessionário (*Unmittelbarkeitstheorie*) ou passa

---

([1]) Nenhuma destas categorias é abrangida, como tal, pela interdição constante da parte final do n.º 1 do artigo 577.º.

([2]) Se o crédito cedido for condicionado, não haverá, durante a pendência da condição (sendo esta suspensiva), senão uma *pura expectativa*. Assim, se o devedor cumprir por erro, antes de a condição se verificar, gozará contra o cessionário (como gozaria contra o cedente) do direito de repetição do indevido. Nesse sentido, por todos, MOTA PINTO, *Notas sobre alguns temas de doutrina geral do negócio jurídico*, pág. 206.

([3]) O artigo 399.º alude, de facto, aos casos em que, excepcionalmente, a lei proíbe a prestação de coisa futura. Como o contrato de doação (art. 942.º, 1) é um desses casos, deve ter-se por igualmente interdita a *doação de créditos futuros* (cfr., porém, o disposto no art. 943.º para a doação de prestações periódicas).

([4]) Cfr. ENNECCERUS-LEHMANN, *Recht der Schuldv.*, 15.ª ed., pág. 299. Não seria válida, por falta da necessária determinação (cfr. art. 280.º, 1), diz LARENZ (§ 34, III, pág. 584), a cessão de créditos até ao montante de 50 000 marcos, que o cedente espera obter da venda de prédios que vai efectuar, se não souber quais são *concretamente* os créditos cedidos.

Transmissão das obrigações

obrigatoriamente pela esfera jurídica do cedente, antes de ser transferido para a titularidade do cessionário (*Durchgangstheorie*) ([1]).

Trata-se fundamentalmente de uma questão de interpretação da vontade dos contraentes. Para fixarem, no entanto, uma simples directriz de ordem geral, os autores costumam distinguir dois grandes núcleos de casos: o primeiro, abrangendo os créditos traduzidos em *obrigações simples*, a constituir *só no futuro*, mas tendo como base relações contratuais duradouras, já *constituídas à data do contrato de cessão;* o segundo, compreendendo os créditos que hão-de provir de relações contratuais ainda não constituídas no momento em que a cessão é efectuada ([2]).

Pertencem ao primeiro grupo, por exemplo, a cessão dos dividendos (de acções já pertencentes ao cedente), correspondentes aos próximos cinco anos; a cessão das rendas (do imóvel já arrendado pelo cedente) dos três anos subsequentes, etc.

Pertencem ao segundo grupo a cessão (muito vulgarizada em Itália) das receitas de exibição ou de adaptação (à rádio, à televisão) dum filme, que o produtor cinematográfico espera vir a obter; a cessão do produto do aluguer de um barco que o cedente conta adquirir dentro de certo prazo, etc.

No primeiro caso, o crédito nasce *directamente*, em princípio, na titularidade do cessionário ([3]), visto este ter adquirido desde

---

([1]) Cfr., por todos, MOTA PINTO, *ob. cit.*, pág. 227 e segs.

([2]) MOTA PINTO (*ob. cit.*, pág. 227, nota 1) dá uma notícia bastante minuciosa e completa dos tipos mais frequentes de cessão de créditos futuros, tratados na jurisprudência e na doutrina alemãs. Por essa notícia e pela informação colhida em MANCINI (*ob. cit.*, pág. 19 e segs.), conclui-se que a cessão de créditos futuros é frequentemente usada com o fim de garantir o cumprimento de outro crédito.

Sobre as diferenças fundamentais entre essa *cessão de crédito como garantia* e o *penhor do direito de crédito*, vide a larga exposição de MANCINI, *ob. cit.*, pág. 157 e segs.

([3]) Não obsta ao nascimento *imediato* do crédito na titularidade do *cessionário* o facto de um ou mais dos pressupostos de aquisição do crédito se deverem verificar na pessoa do cedente (caso da cessão de rendas futuras, em que constitui, em princípio — art. 1058.º —, pressuposto da aquisição do respectivo crédito, por parte do cessionário, a continuação no cedente da qualidade de senhorio). Essencial é que o crédito não chegue, de facto, a constituir parte integrante do património do cedente e a ser susceptível de agressão por parte dos seus credores.

Das obrigações em geral

logo, a partir da celebração da cessão, a *expectativa jurídica* que é o gérmen do futuro crédito (¹).

No segundo, como há ainda necessidade de celebrar os contratos que hão-de dar lugar ao nascimento dos créditos (futuros) cedidos, e esses contratos terão o cedente como um dos seus sujeitos, os créditos em expectativa nascerão na titularidade do cedente e só depois serão transferidos para o cessionário.

Como simples critério *geral* de orientação, a doutrina assente na distinção exposta tem o seu real cabimento.

Do disposto no artigo 1 058.º, que considera inoponível ao sucessor entre vivos do locador a liberação ou cessão de rendas ou alugueres relativos a períodos de tempo não decorridos à data da sucessão, nenhum argumento decisivo se extrai contra o ensinamento do comum dos autores.

Por um lado, a disposição reveste carácter puramente supletivo, visto nada impedir o sucessor entre vivos do locador de se comprometer, na altura em que adquire a coisa, a respeitar a liberação ou cessão.

Por outro, a solução consagrada no artigo 1 058.º, relativamente a um caso em que o crédito (futuro) cedido vai para um lado e a relação locativa, que lhe serve de base, segue um outro rumo, resulta de não ser justo privar da renda ou aluguer futuro a pessoa que vai suportar a obrigação de assegurar ao locatário o uso e fruição da coisa durante o período a que se reportam as rendas ou alugueres cedidos.

Mas essa razão já não colhe na hipótese de o senhorio ter cedido as rendas futuras a terceiro (cessionário) e nenhuma sucessão ter havido na propriedade do prédio até ao momento em que a rendas se vencem (²).

(¹) Cfr., por todos, nesse sentido, LARENZ (§ 34, III), que se louva nas conclusões da monografia de KLAUS HAHNZOG, (*Die Rechtsstelung des Zessionars künftiger Forderungen*, 1962) e ainda MANCINI, *ob. cit.*, pág. 77.

(²) Observação correspondente comporta o disposto no artigo 821.º, relativo aos efeitos da penhora.

A circunstância de se considerar inoponível ao exequente a cessão de rendas

Transmissão das obrigações

Essencial em todos os casos de cessão de créditos *futuros*, para que o contrato se não torne *ineficaz*, é que a expectativa de *constituição* ou de *aquisição* do crédito se confirme.

399. C) *Efeitos:* I) *Transmissão do direito à prestação. Cessão total ou parcial.* O principal efeito do contrato de cessão é a *transferência* (do cedente para o cessionário) do direito à prestação debitória ([1]). É por *mero* efeito do contrato que o cessionário adquire o poder de exigir a prestação, em seu nome e no seu próprio interesse ([2]), ao mesmo tempo que o cedente o perde. O contrato não

---

futuras, quando estas respeitem a períodos de tempo não decorridos à data da penhora (com os inevitáveis reflexos sobre a contraprestação efectuada pelo cessionário a título oneroso dessas rendas), de modo nenhum obsta a que a cessão das rendas *futuras*, respeitantes a períodos de tempo anteriores à constituição do direito *real* de penhora, tenha como efeito o nascimento *imediato* do respectivo crédito no património do cessionário.

([1]) Não têm hoje o menor cabimento (em face do texto do art. 477.º, 1 e da evolução histórica do instituto) as dúvidas que chegaram a ser levantadas na doutrina acerca da possibilidade de se ceder o *crédito* nascido dum contrato bilateral, continuando o transmitente a ser o devedor da *obrigação* para ele proveniente do mesmo contrato.

Duvidou-se, numa palavra, que o vendedor de certa coisa pudesse transmitir a outrem o crédito ao *preço* e continuar ele a ser o devedor da coisa (ou de entrega dela). E não há, de facto, grande margem para dúvida, mesmo no plano do direito a constituir, desde que o comprador (*debitor cessus* em relação ao crédito do preço) continue a gozar da excepção de não cumprimento do contrato, e do direito de resolução deste e dos outros meios de defesa assentes na relação contratual de compra e venda. Cfr., por todos, MOTA PINTO, *ob. cit.*, pág. 225, nota 1.

([2]) O cessionário não se limita a adquirir o *poder (formal) de exigir a prestação*, nisso se distinguindo do mero *procurador* que o credor incumbisse da cobrança do crédito. O cessionário, além do poder de exigir a prestação, tem o de reter o objecto da prestação como coisa *(lato sensu)* sua, para satisfação de um interesse próprio (e não do cedente).

A afirmação feita não deixa de ser exacta mesmo para a chamada *cessão fiduciária*, por exemplo, com mero *fim de garantia*, como sucede frequentes vezes na cessão de créditos futuros, para garantia de um fornecimento imediato de crédito. Não obstante a convenção subjacente à transmissão do crédito, o cessionário *tem direito*, mesmo nesse caso, *à prestação devida* (sem necessidade de recorrer à venda judicial do penhor ou à execução hipotecária, como sucederia no caso de penhor do crédito),

Das obrigações em geral

necessita de obedecer a nenhuma forma especial, salvo quando se trate da cessão de créditos hipotecários e a hipoteca recaia sobre bens imóveis (art. 579.º, 2).

Para sua maior segurança, o cessionário deve notificar, no entanto, o devedor, podendo a *notificação* (que é o acto de *levar* a cessão *ao conhecimento* do obrigado) ser efectuada também pelo cedente — em qualquer dos casos, sem subordinação a nenhuma *forma especial*, visto a lei a não exigir (art. 219.º). Equivalente à *notificação* é a *aceitação* (art. 583.º, 1) da cessão pelo devedor (que dela tenha tido conhecimento por qualquer via) — podendo essa aceitação ser *expressa* ou *tácita* (pagamento parcial; oferecimento de nova garantia para a mesma dívida; pedido de moratória; etc.). Se, não tendo havido *notificação* nem *aceitação*, o devedor tiver conhecimento da cessão por qualquer via idónea, esse conhecimento tem efeitos muito próximos dos da notificação.

Com efeito, embora a transmissão do crédito se opere entre as partes (cedente e cessionário) por mero efeito da cessão, se o devedor, *ignorando a cessão*, pagar ao cedente, o pagamento não deixará de ser válido, apesar de ter sido efectuado a quem já não é credor ([1]). Apenas sucede que o cedente será obrigado a restituir ao cessionário aquilo que indevidamente recebeu, nos termos e com as limitações próprias do enriquecimento sem causa (arts. 476.º e segs). Paralelamente, se, em idênticas circunstâncias, o cedente efectuar qualquer negócio de disposição do crédito (con-

---

podendo reter o objecto dela a título definitivo, desde que não sejam defraudadas as normas que proíbem o *pacto comissório* (arts. 675.º e 694.º).

A finalidade da cessão fiduciária *obrigará*, no entanto, o cessionário (tomador da garantia: *Sicherungsnehmer*) *a restituir o crédito cedido*, logo que o crédito principal, garantido através da cessão, se extinga, por pagamento ou por qualquer outra causa diferente do cumprimento. Cfr., a propósito, MANCINI, *ob. cit.*, pág. 159 e segs. e a minuciosa descrição do regime da cessão fiduciária e da cessão para cobrança feita por LARENZ, § 34, V.

([1]) A ignorância da cessão *presume-se*, desde que não tenha havido notificação ou aceitação, como inequivocamente se depreende do disposto no n.º 2 do artigo 583.º, *in fine*.

Transmissão das obrigações

cedendo uma moratória, aceitando a compensação com um débito seu posterior à cessão, remitindo o crédito, etc.), esse negócio será válido, apesar de realizado por quem já não é credor, em homenagem à boa fé do devedor (art. 583.º, 2); mas o cedente responderá pelos danos que tiver causado ao cessionário, dispondo ilicitamente do *direito dele* (art. 483.º, 1).

Se o primitivo credor ceder sucessivamente o mesmo direito a duas ou mais pessoas, a cessão que prevalece, nos termos do artigo 584.º, não é a que primeiro tiver sido efectuada, nem a que primeiro tiver sido conhecida do devedor, mas a que primeiro tiver sido notificada ou aceite. Perante os outros cessionários, o cedente responderá ou por ter ilicitamente disposto do direito deles ou por ter cedido direito alheio. O devedor, se tiver pago a credor diferente do que prefere, segundo o critério do artigo 584.º, pode ser coagido a efectuar novo pagamento, embora tenha direito de repetir o primeiro ([1]).

Se, porém, o devedor pagar ao cedente, depois de a cessão ter sido notificada ou aceite, ou depois de ter tido conhecimento dela (por qualquer via segura e digna de confiança), o pagamento já não extinguirá a obrigação (art. 770.º), tendo o *solvens* de efectuar novo pagamento ao verdadeiro credor (cessionário) ([2]).

Diz-se, porém, no artigo 577.º, I, que o credor pode ceder a terceiro, tanto a *totalidade* do crédito, como uma *parte* dele apenas: em qualquer dos casos, sem necessidade de consentimento do devedor ([3]).

([1]) Na linha geral das soluções expostas no texto, cfr., por todos, LARENZ, § 34, IV.

([2]) Sem prejuízo, é evidente, do direito de repetição do indevido junto do cedente.

([3]) Não basta, para justificar à luz da razão a legalidade da *cessão parcial*, independentemente do consentimento do devedor, a faculdade de o credor, renunciando ao direito de prestação integral, exigir apenas uma parte da prestação (art. 763.º, 2). É que esta faculdade do credor não priva o devedor da possibilidade de oferecer a prestação por inteiro, colocando o credor em *mora*, se a não aceitar, ao passo que

Das obrigações em geral

O credor de 5000 pode, assim, ceder 2000 e ficar ainda com um crédito de 3000, tal como pode ceder 2000 a *A*, 1500 a *B* e 1500 a *C*.

Dentro das amplas possibilidades nesse aspecto abertas pelo texto legal, várias hipóteses ou tipos de cessão parcial se podem verificar: cessão de uma parte alíquota do crédito (um quinto da indemnização que couber ao cedente); cessão de uma parte fixa, num crédito de montante superior, mas incerto (cessão de 100 contos num crédito de quantia superior, mas ainda sujeito a prestação de contas); cessão de uma parte incerta, para além duma parte fixa (cessão da quantia que, no exemplo anterior, exceda 1000 contos); etc.

O facto de a lei não estabelecer nenhum critério de *preferência*, no caso da cessão parcial, seja a favor do primitivo credor (cfr., por contraste, o disposto no n.º 2 do art. 593.º para a hipótese da *sub-rogação* em parte do crédito), seja a favor dos primeiros cessionários em data (cfr. o art. 790.º do Código de 1867), mostra que o novo Código quis consagrar a doutrina geralmente aceite de que os vários créditos, na falta de convenção em contrário, gozam de igual grau de preferência ou serão todos igualmente comuns, consoante a natureza do crédito que lhes deu origem ([1]).

---

a cessão *parcial* tolhe ao devedor essa possibilidade. A lei quis manifestamente facilitar o poder de *disposição* do credor, atendendo ao seu eventual interesse na transmissão de uma parte apenas do crédito e sacrificando, nessa medida, o interesse do devedor. Cfr. Vaz Serra, *ob. cit.*, pág. 107, nota 221.

([1]) Tem-se perguntado se será legalmente reconhecida a convenção entre cedente e cessionário, que altere a igualdade de grau entre os créditos resultantees da cessão parcial.

Em princípio, nada impedirá o reconhecimento dessa convenção, desde que ela não ofenda os direitos de terceiro, como expressamente se prescreve, para a transmissão da hipoteca, nos artigos 728.º e 729.º. Dentro destes limites, a desigualdade de grau poderá ser admitida; mas não é um efeito *típico* da cessão, é um efeito da *cláusula anexa* à cessão.

Transmissão das obrigações

400. II) *Transmissão das garantias e outros acessórios do crédito. Ressalvas.* Como a cessão visa, segundo a intenção das partes, trans-*ferir* para o cessionário o (mesmo) direito de que era titular o cedente (e não constituir apenas, *ex novo*, um crédito de conteúdo igual ao anterior), juntamente com o direito à prestação debitória, transmitem-se para o adquirente, salvo convenção em contrário, as *garantias* e os outros *acessórios* do crédito (art. 582.º).

Os acessórios seguem, em princípio, o destino da coisa principal (*accessorium sequitur principale*), imprimem-lhe carácter, robustecem muitas vezes a sua consistência prática. Sem eles, o crédito não seria, em regra, o mesmo, perderia a sua identidade ([1]).

Entre as *garantias* que acompanham o crédito destacam-se a hipoteca, o penhor e a fiança. A cessão do crédito hipotecário está sujeita à forma prescrita no n.º 2 do artigo 578.º.

Como a constituição do penhor envolve, em regra, a entrega da coisa empenhada (art. 669.º) e obriga o credor pignoratício a guardá-la e administrá-la como um proprietário diligente (art. 671.º), poderiam levantar-se dúvidas sobre a manutenção da garantia e a entrega da coisa a pessoa diferente daquela a quem o dono a confiou. O n.º 2 do artigo 582.º resolve expressamente a dúvida, estendendo ao cessionário a detenção da coisa empenhada que, nos termos usuais, foi entregue ao primitivo credor ([2]), e mandando

---

([1]) Admite-se, porém, no artigo 582.º, I, a possibilidade de, por convenção, se excluir da transmissão qualquer das garantias ou acessórios do direito cedido. Pode realmente suceder que, por qualquer razão, o cedente não queira transmitir ao cessionário o penhor ou a hipoteca, por ex., que assegurava o cumprimento do crédito, ou que cedente e cessionário acordem em aceitar a exoneração do fiador.

Quanto ao penhor e à hipoteca, a exclusão pode mesmo ser determinada pela intenção que o credor pignoratício ou hipotecário tenha de transmitir a terceiro a garantia, independentemente da transmissão do crédito.

([2]) A ideia de que se partiu, ao mandar entregar ao cessionário a coisa empenhada que esteja na posse do cedente, é a de que o devedor (sendo geralmente conhecido o princípio da livre *cedibilidade* dos créditos) podia e devia contar comn a eventualidade da transmissão do crédito pignoratício e, consequentemente, da coisa empenhada. Solução diferente consagra o artigo 1263 do Código italiano, que mantém a coisa empenhada na posse do cedente, enquanto não houver consentimento do autor do penhor para a transferência dela.

Das obrigações em geral

continuar na posse de terceiro aquela que, excepcionalmente, não tenha sido confiada ao credor pignoratício.

Desde que o devedor continua a ser a mesma pessoa, adstrita à mesma prestação, nenhuma excepção se abriu quanto à persistência da fiança a favor do cessionário.

Nenhumas dúvidas levantará também a transmissão dos privilégios creditórios, desde que a sua instituição se baseie na *causa* ou *origem* do crédito (art. 733.º) e não na simples qualidade da *pessoa* do credor ([1]).

O direito de garantia que pode, fundamentalmente, levantar algumas hesitações acerca da sua transmissibilidade com o crédito é o direito de retenção (arts. 754.º e segs.), manifestamente ligado (se não em todos, pelo menos em alguns casos) à qualidade da pessoa do cedente.

O artigo 760.º mostra, porém, que não se impede, apesar disso, a transmissão do direito de retenção, desde que simultaneamente as partes transmitam o crédito que ele garante. Se, porém, o credor se limitar a ceder o seu crédito, sem nada dizer acerca do direito de retenção, este não deve, em princípio, considerar-se transmitido, por virtude da sua íntima ligação com a pessoa do credor primitivo.

O regime estabelecido para as *garantias* que acompanham a obrigação principal, na transmissão do crédito, vale também para a *assunção de dívida.*

Se alguém, antes da cessão do crédito, tiver assumido a dívida, sem exclusão do primitivo devedor (art. 595.º, 2), o cessionário adquirirá o direito de exigir a prestação, tanto do primitivo devedor como do assuntor, nos termos próprios da assunção cumulativa da dívida ([2]).

([1]) Pode haver, no entanto, créditos cujo privilégio se funde decisivamente na *qualidade pessoal* do credor. Na generalidade desses casos, não será o *privilégio* que não acompanha a transmissão do crédito; será o próprio crédito que não é *cedível.*

([2]) Vide *infra*, secção IV.

Entre os *acessórios* que, além das garantias, acompanham o direito transmitido, contam-se a estipulação de juros, a cláusula penal, o compromisso arbitral (estabelecido para a hipótese de o crédito ser contestado) e outras convenções que porventura integrem o regime da obrigação.

Sabe-se, aliás, que não só as relações obrigacionais *complexas*, mas também as *obrigações simples* aglutinam por vezes, no desenrolar da sua existrência, ao lado do poder de exigir a prestação e do correlativo dever de prestar, outros deveres jurídicos (de natureza variável), direitos potestativos e correspondentes estados de sujeição, ónus, expectativas, etc.

Todos estes poderes e deveres, que integrem a situação *concreta* do credor, acompanham, em princípio, a transmissão do crédito por ele realizada com o cessionário.

Há, no entanto, uma reserva muito importante, que os autores costumam formular a propósito dos *direitos potestativos*, com perfeito cabimento ([1]).

O direito de crédito transmitido pelo cedente tem a sua fonte, que será as mais das vezes um contrato. Mas, ao efectuar a cessão, o cedente não transmite toda a posição jurídica que adquiriu no contrato; da situação jurídica para ele proveniente do contrato destaca o crédito, e é esse *direito, isolado*, que por via da cessão transmite ao cessionário.

Ora, há direitos potestativos que estão ligados ao crédito cedido, porque gravitam em torno dele como um satélite gira em volta do astro principal; e há outros que, transcendendo a órbita restrita do crédito cedido, estão ligados à *relação contratual* donde o crédito emerge.

Os primeiros transmitem-se ao cessionário; os outros não se desprendem da titularidade do cedente, porque este se não desfez de toda a posição que adquiriu através do contrato ([2]).

([1]) Cfr. VON TUHR, *ob. e trad. cits.*, n.ᵒˢ 93. 1 e 94, II, 1, c.; PANUCCIO, *ob. cit.*, pág. 49 e segs.; MOTA PINTO, *Cessão da posição contratual*, pág. 243 e segs.

([2]) Doutrina paralela à estabelecida para os direitos potestativos, com base no

Das obrigações em geral

Transmitem-se, assim, para o cessionário do crédito o direito (potestativo) de interpelar o devedor (art. 805.º, 1) (^{1}), de o demandar se ele não cumprir, de executar o seu património se ele não acatar a sentença de condenação (art. 817.º), de escolher a prestação, se esta for alternativa ou genérica e a escolha pertencer ao credor (arts. 542.º e 549.º), de fixar o prazo razoável a que se refere o artigo 868.º, etc. Mas já se não transmite para o cessionário o direito de resolver o contrato donde nasceu o crédito cedido, por falta de cumprimento do devedor ou por alteração anormal das circunstâncias que integram a base negocial (art. 437.º), tal como se não transfere o direito de anulação do mesmo contrato, nem o direito de confirmação dele, nem o direito de requerer o aumento do preço, nos termos dos artigos 887.º e seguintes, nem o direito de *denúncia*, nos contratos de prestação duradoura (^{2}) (^{3}), etc.

---

ensinamento de VON TUHR, entendem os autores que vigora relativamente aos deveres acessórios de conduta: MOTA PINTO, *ob. cit.*, pág. 264 e segs.

(^{1}) A interpelação só pode, em bom rigor, considerar-se um direito *potestativo*, distinto do direito de crédito (poder de exigir a prestação debitória), na medida em que, acessoriamente embora, se trata do poder de constituir em *mora* o devedor que não cumpra.

(^{2}) Para maiores desenvolvimentos, principalmente sobre o direito de resolução do contrato bilateral por inadimplemento da outra parte, MOTA PINTO, *ob. cit.*, pág. 245 e segs., especialmente nota 1 da pág. 249, onde se refuta, com razão, a posição divergente de GALVÃO TELLES.

(^{3}) Problema diferente, embora complementar do da *transmissibilidade*, é o de saber se, continuando embora na titularidade do cedente os direitos referidos no texto (anulação, confirmação, revogação, rescisão, denúncia, modificação ou alteração do contrato, etc.), ele os pode exercer livremente, sem necessidade do consentimento do cessionário.

Tratando-se de direitos cuja fundamentação transcende o âmbito restrito do crédito transmitido, o cedente poderá exercê-los sem necessidade de consentimento do cessionário, a menos que o acto de cessão exclua já essa possibilidade (a cessão efectuada depois de conhecido o vício gerador da anulabilidade pode envolver uma confirmação tácita do contrato, que exclua o direito de anulação; a cessão de créditos futuros pode significar uma renúncia ao poder de denunciar o contrato pelo período de tempo correspondente). Não bastará, no entanto, para excluir a existência desses direitos a obrigação imposta ao cedente de garantir a existência e a legiti-

Transmissão das obrigações

Da regra que considera abrangidos pela *cessão* todos os *acessórios* do direito transmitido exceptua a parte final do n.º 1 do artigo 582.º aqueles que sejam *inseparáveis* da pessoa do cedente.

A inseparabilidade mede-se pelo *fundamento* ou *razão de ser* do acessório. São inseparáveis do cedente os atributos do crédito que, pela sua natureza ou por convenção dos interessados, não podem transferir-se ou não devem considerar-se transferidos para o adquirente.

Assim, se o cedente tiver garantido a solvência do devedor ao cessionário e este tiver transmitido o crédito a um segundo cessionário, não se transmitirá a este a garantia dada pelo primitivo credor. Tal como se não transfere o benefício da suspensão da prescrição, se o cedente estiver em condições de gozar dele (arts. 318.º e segs.) e o não estiver o cessionário.

401. III) *Meios de defesa oponíveis pelo devedor.* O crédito em que o cessionário fica investido é o mesmo que pertencia ao cedente. Por isso se não transmitem para aquele apenas os *acessórios* e as *garantias* que robustecem a consistência prática do direito, mas também as *vicissitudes* da relação creditória, que podem enfraquecer ou destruir o crédito (as excepções oponíveis ao cedente).

Porque nem sequer é requerido o seu consentimento para a operação, o devedor não pode, em princípio, ser colocado perante o cessionário numa situação inferior àquela em que se encontrava diante do cedente.

Nessa ordem de ideias diz o artigo 585.º que «o devedor pode opor ao cessionário, ainda que este os ignorasse, todos os meios de defesa que lhe seria lícito invocar contra o cedente, com ressalva

---

midade do crédito ao tempo da cessão (a qual visa principalmente defender o cessionário contra os vícios alegados pelo devedor e não pelo cedente). O que essa obrigação (bem como o dever geral de boa fé, consagrado ao art. 762.º, 2) pode impor ao cedente é o dever de indemnizar o cessionário pelos danos que a este advenham da perda do crédito.

Na mesma linha geral de orientação, MOTA PINTO, *ob. cit.*, pág. 252 e segs.

Das obrigações em geral

dos que provenham de facto posterior ao conhecimento da cessão» ([1]).

O devedor pode impugnar a existência do crédito ou invocar contra a pretensão do cessionário as mesmas *excepções* (dilatórias ou peremptórias) a que lhe era lícito recorrer contra o cedente.

Poderá, assim, alegar contra o cessionário o pagamento ou qualquer outra causa extintiva do crédito, tal como pode invocar o erro, o dolo, a coacção, a simulação, etc. que afectem a validade do contrato que serviu de fonte ao crédito cedido ([2]).

Têm-se levantado algumas dúvidas entre os autores a propósito da possibilidade de se opor ao crédito cedido a *compensação* com o crédito de que o devedor seja titular contra o cedente ([3]).

([1]) No mesmo sentido o § 404 do Código alemão, relativamente ao qual LARENZ (§ 34, IV, pág. 587) dá conta da latitude com que a jurisprudência o tem interpretado e aplicado. Assim, para exemplificar, se a prescrição do crédito já tiver *começado a correr* antes da data da cessão e só vier a concluir-se depois da realização desta, o devedor pode opô-la ao cessionário.

([2]) A oponibilidade ao cessionário de todos os meios de defesa invocáveis contra o cedente, desde que fundados em facto anterior ao conhecimento da cessão, não significa que se tenham transmitido, pura e simplesmente, para o cessionário os *estados de sujeição* correspondentes aos meios de defesa invocados pelo devedor.

Se for este quem toma a iniciativa de anular, revogar, resolver ou denunciar o contrato donde o crédito emerge, em acção adequada, esta deve ser dirigida, em princípio, contra o cedente, e só *reflexamente* atingirá o cessionário (cfr. KÖHLER, na J.Z., 86, pág. 516). Se o devedor se defender por *excepção* em acção que o cessionário contra ele tenha interposto, para obter o cumprimento do débito, não pode duvidar-se da legitimidade do cedente para intervir na acção, através da via processual apropriada. Cfr., a propósito, MOTA PINTO, pág. 257 e segs.

([3]) O artigo 1 295 do Código francês prescreve mesmo que «o devedor que aceitou pura e simplesmente a cessão que um credor fez dos seus direitos a um terceiro, não pode mais opor ao cessionário a compensação que, antes da aceitação, teria podido opor ao cedente. A cessão que não foi aceite, mas foi notificada, não impede senão a compensação dos créditos posteriores à notificação.»

No mesmo sentido, o artigo 1 248 do Código italiano. O artigo 585.º do Código português não consagrou tal doutrina, por se ter entendido que a aceitação da cessão não pressupõe forçosamente a ideia da renúncia à compensação (com outro crédito contra o cedente), e que também não é razoável impor ao *debitor cessus*, neste

Transmissão das obrigações

O artigo 585.º está, porém, redigido de modo a não deixar dúvidas sérias acerca da solução adoptada. Desde que o crédito invocado pelo devedor seja anterior ao conhecimento da cessão, ainda que se tenha vencido posteriormente, a compensação procede contra o cessionário.

Se for posterior àquele facto (venda feita pelo devedor ao cedente, após a cessão; renda devida pelo cedente, mas correspondente a um período posterior ao conhecimento da cessão), o crédito contra o cedente já não pode servir de base à compensação.

Dúvidas pode suscitá-las o caso da cessão parcial.

A, credor de *B* por 5000 contos, cede uma parte (2000) do crédito a *C*. Poderá *B* opor a *C*, por compensação, o crédito de 2500 que tem sobre *A* e é anterior à cessão? Ou não lhe será lícito fazê-lo, na medida em que pode compensar contra o cedente?

Representando a compensação uma *faculdade* posta à livre discrição do compensante, não se lhe deve tolher essa liberdade de decisão com a cessão do crédito. Se o credor primitivo, usando do poder que lhe confere o n.º 2 do artigo 763.º, exigisse do devedor apenas a prestação de 2000, e só mais tarde a de 3000, nada obstaria a que o devedor invocasse a compensação contra uma ou outra das pretensões, à sua escolha. E nada justifica que semelhante faculdade lhe não seja reconhecida, na hipótese paralela da cessão *parcial* ([1]).

---

caso, o ónus de declarar ao cessionário a existência de um crédito compensável contra o dito cedente. Vide VAZ SERRA, *ob. cit.*, pág. 128 e segs.

A justificação da oponibilidade da compensação reside, acima de tudo, na ideia de que a cessão não deve prejudicar a posição que o devedor tinha em face do cedente. Precisamente para não prejudicar as suas legítimas expectativas, se deve admitir, de acordo com o espírito da lei, a possibilidade de o devedor opor ao cessionário a compensação com um crédito dele contra o cedente, ainda que o vencimento seja posterior à cessão, desde que a sua constituição seja anterior ao conhecimento desta ou contemporânea dele. No mesmo sentido, VAZ SERRA, *ob. cit.*, pág. 130.

([1]) No mesmo sentido, VAZ SERRA, *ob. cit.*, pág. 135.

Das obrigações em geral

402. D) *Garantia da existência e exigibilidade do crédito*. O artigo 794.º do Código de 1867 prescrevia que «o cedente é obrigado a assegurar a 'existência e a legitimidade do crédito ao tempo da cessão, mas não a solvência do devedor, salvo se assim for estipulado.»

O sentido geral da disposição não levantava dúvidas. Sabia-se que o artigo pretendia consagrar, no fundo, a ideia profundamente enraizada no instituto de que o cedente garante ao cessionário o *nomen verum* (a sua qualidade de credor cível), mas não o *nomen bonum* (o pagamento efectivo, a solvência do devedor).

Mas a redacção do preceito é que levantava reparos, como suscitava crítica a solução adoptada.

Sendo a *existência* e a *legitimidade* do crédito puros factos *objectivos*, independentes da vontade das partes, começa por não ser muito própria a afirmação de que o cedente *é obrigado* a assegurar uma e outra, como se qualquer dos requisitos dependesse da prestação a que ele se encontra adstrito.

Pior, no entanto, do que esse efeito, mais formal do que substancial, era o facto de o artigo 794.º (cativo da velha concepção napoleónica, que identificava a *cessão* com a *venda* do crédito) não distinguir, na responsabilidade que lançava sobre o cedente, entre as várias causas (possíveis) da transmissão do crédito.

O artigo 587.º do novo Código procurou atalhar a um e outro dos defeitos apontados.

Por um lado, dizendo que o cedente *garante* ([1]) (e não que ele é obrigado a assegurar) a existência e a exigibilidade do crédito;

([1]) Embora se preste ainda a reparo, a expressão *garante* (o cedente *garante...*), usada no artigo 587.º, 1, parece mais correcta do que a fórmula «é obrigado a assegurar», empregue no Código de 1867. *Garante* equivale aqui a *responsabiliza-se*.

A *exigibilidade* do crédito, abrangida nessa garantia, não envolve a ideia da exigibilidade *imediata* do crédito já vencido, visto ser ponto assente a cedibilidade de créditos futuros, convencionais e a prazo. A *exigibilidade* é a *qualidade* do crédito que pode (logo após a cessão, ou vencido certo termo ou verificado determinado evento) ser exigido judicialmente — ficando assim excluídos do conceito os créditos corres-

Transmissão das obrigações

por outro, acentuando que a garantia varia, consoante a natureza gratuita ou onerosa do negócio em que a cessão se integra.

Assim, se a transmissão se tiver operado por *compra* do crédito, o cedente responderá pela existência e exigibilidade do direito nos termos dos artigos 892.º e seguintes ([1]). Se o crédito tiver sido *doado*, a sua responsabilidade definir-se-á nos termos menos severos dos artigos 956.º e 957.º ([2]).

403. *Garantia da solvência do devedor.* Respondendo pela existência e exigibilidade do crédito, o cedente não responde depois pela realização efectiva da prestação. Não garante o cumprimento da obrigação. Salvo se, por declaração expressa (art. 217.º, 1), tiver garantido a solvência do devedor. Não há fórmulas sacramentais para esse efeito, bastando, por conseguinte, qualquer expressão que traduza a ideia de o cedente se obrigar a reparar o prejuízo resultante para o cessionário da insolvência do devedor, nos termos próprios das declarações expressas (art. 217.º).

Nada há neste preceito da lei portuguesa que limite a responsabilidade do cedente (como em certa medida faz o art. 1 267 do

---

pondentes a obrigações naturais, os créditos que o devedor declare extintos por compensação, os créditos fundadamente impugnados por ele, os créditos (embora existentes) de que o cedente não podia dispor, etc. Cfr. GUILHERME MOREIRA, *ob.* e *vol. cits.*, n.º 56.

Também no mesmo sentido escreve VAZ SERRA (*ob. cit.*, pág. 290): «O cedente garante, pois, que o crédito, não só existe, mas não está prejudicado por excepção nem sujeito a impugnação ou compensação — factos que comprometeriam a sua existência ou valor jurídico.»

([1]) Assim, se o crédito cedido não pertencer ao cedente, é este obrigado a restituir o preço que haja recebido e a indemnizar as despesas que o cessionário tenha feito, bem como os danos que ele haja sofrido. Estes danos, se o cedente tiver agido com dolo e o cessionário de boa fé, compreendem todos os prejuízos que o último não teria sofrido, se não fosse a celebração do contrato (art. 898.º); se o cedente tiver agido sem culpa, a indemnização cobre apenas os danos emergentes (não abrangendo sequer a diferença entre o preço e o valor nominal do crédito).

([2]) Sobre o alcance preciso da garantia da *existência* e da *exigibilidade* do crédito, *vide* PANUCCIO, *ob. cit.*, n. 22.

Das obrigações em geral

Código italiano ([1])) ao valor do que ele recebeu do cessionário. A função da garantia é, assim, mais *satisfatória* (do crédito do cessionário) do que restitutória ([2]).

Nenhuma analogia existe também entre a situação do cedente que garante a solvência do devedor (só chamado a responder depois de comprovada a insolvência do devedor e na medida do necessário para cobrir o prejuízo dela resultante para o credor) e a do devedor solidário, ou a do assuntor da dívida de outrem, de quem o credor pode exigir, em primeira mão, o cumprimento integral da obrigação.

SUBSECÇÃO III

Aplicação das regras da cessão de créditos a outras figuras

404. *Cessão de outros direitos. Transmissão legal ou judicial de créditos.* O artigo 588.º alarga o campo de aplicação normal das regras da cessão de créditos numa dupla direcção. Por um lado, diz-se que essas regras são extensivas (na parte aplicável) à cessão de *outros direitos* (outros, que não os direitos de crédito) não exceptuados por lei. Em segundo lugar, as normas reguladoras da transmissão *convencional* são consideradas aplicáveis aos casos de transferência *legal (ope legis)* ou *judicial (ope iudicis)* de créditos.

([1]) Já o Código francês (art. 1 694) limitava o conteúdo da garantia de *solvência* do devedor ainda em termos mais apertados do que o actual Código italiano, dizendo que o vendedor do crédito «não responde pela solvabilidade do devedor, senão quando a tal se tiver obrigado, e apenas até ao montante do preço que recebeu.» O Código suíço (art. 173, 1) já alargou um pouco mais a responsabilidade do garante, incluindo nela os juros do preço, as despesas da cessão e das diligências inúteis contra o devedor.

([2]) Acerca da diferença entre a cláusula ou o contrato de garantia, previsto no n.º 2 do artigo 587.º (destinado a cobrir o *dano* causado ao cessionário pela insolvência do devedor) e o contrato de fiança (que cobre, como obrigação subsidiária, *toda* a dívida alheia), vide VAZ SERRA, *ob. cit.*, pág. 282 e segs.

Transmissão das obrigações

O primeiro alargamento não visa manifestamente abranger, nem os direitos *reais*, cujas formas de transmissão vêm directamente reguladas noutro lugar da lei (arts. 1 316.º e segs., no *Livro das Coisas*), nem os direitos familiares, cuja ligação com o *status familiae* os torna, em regra, estritamente *pessoais* e, nessa qualidade, *intransmissíveis* a terceiro. Os direitos especialmente visados com a remissão do artigo 588.º são os direitos de autor e os direitos de domínio sobre bens imateriais (art. 1 303.º) e ainda os direitos potestativos ([1]). Embora tenham vários aspectos que os aproximam dos direitos reais ([2]), os dois primeiros núcleos de relações suscitam, na sua transmissão, problemas muito semelhantes aos que levanta a transmissão de créditos. A posição jurídica do editor da obra literária, do reprodutor da obra artística, da firma que utiliza as patentes de invenção de outrem, é em muitos aspectos análoga à do devedor na relação de crédito, e a transmissão dos direitos de autor ou de propriedade industrial corresponde bastante, nesses aspectos, à cessão de créditos.

Quanto aos direitos *potestativos*, sabe-se que se trata, na grande generalidade dos casos, de direitos *dependentes*, cuja transmissão se opera com a do *direito principal*, em torno do qual eles gravitam ([3]).

Mas existem direitos potestativos *autónomos*, susceptíveis de transmissão isolada, como o direito de preferência (cfr. art. 420.º), resultante do pacto de prelação, e o direito de resolução da compra, no caso da venda a *retro* (art. 927.º). E são precisamente esses que também cabem na primeira parte da ampliação prescrita no artigo 588.º.

Na segunda parte da remissão cabem, em primeiro lugar, as transferências *legais* de créditos, como sejam as resultantes do disposto nos artigos 119.º, 1; 120.º, 2 076.º, 2; 2 077.º; 794.º, 803.º, 1, ou

---

([1]) LARENZ, § 34, VI.

([2]) PIRES DE LIMA e A. VARELA, *Cód. Civ. anot.*, III, anot. ao art. 1 304.º

([3]) MOTA PINTO, *ob. cit.*, pág. 234 e segs.

Das obrigações em geral

as facultadas ao mandante, quanto aos créditos adquiridos pelo mandatário, no mandato sem representação (art. 1 181.º, 2); ao adquirente da coisa locada, quanto aos créditos próprios do locador (art. 1 057); ao beneficiário do trespasse de estabelecimento instalado em prédio alheio, quanto aos direitos do locatário contra o locador (art. 118.º do R.A.U.); etc.

As transferências *judiciais* de créditos são muito frequentes. Prevê-se, por exemplo, no artigo 84.º do R.A.U., a transferência do direito ao arrendamento para o cônjuge do arrendatário, por efeito de decisão judicial; é vulgar incluirem-se no mapa da partilha, destinado a pôr termo ao processo de inventário, créditos do *de cuius* que a sentença homologatória da partilha transfere para os interessados nesta indicados; quando os créditos do executado são penhorados é frequente eles serem adjudicados ao arrematante, se não se tiverem vencido durante a pendência da execução (art. 860.º do Cód. Proc. Civil).

A todas estas transferências de créditos decretadas pelo tribunal são, em princípio, aplicáveis as regras da cessão de créditos, nomeadamente o disposto nos artigos 578.º, 579.º, 580.º, 581.º e 582.º.

SECÇÃO III

SUB-ROGAÇÃO *

405. *Exemplos. Noção.* Paredes meias com a cessão de créditos, que assenta no negócio de disposição celebrado entre o credor (cedente) e o terceiro adquirente do crédito (cessionário), há uma outra modalidade importante da transmissão do crédito, baseada no

---

* VAZ SERRA, *Sub-rogação nos direitos do credor*, 1953; PIRES DE LIMA e ANTUNES VARELA, *Cód. civ. anot.*, com. aos arts. 599.º e segs.; JACINTO BASTOS, *Das Obrigações em geral*, III, 1972, pág. 160 e segs.; ESPIN, *Sobre el pago con subrogación*, Rev. Der. Priv., 1942, pág. 300; DIEZ-PICAZO, n.ᵒˢ 981 e segs.; GAUTHIER, *Traité de la subrogation de personnes ou du paiement avec subrogation*, 1853; THEZARD, *De la nature et des effets de la subrogation*, na *Rev. crit. de lég. et jurisp.*, 1879, pág. 97; J. MESTRE, *La subrogation person-*

cumprimento da obrigação (ou em acto equivalente), a que a lei e os autores dão o nome de *sub-rogação* (arts. 589.º e segs.) ou a designação menos abreviada de *sub-rogação por pagamento* ([1]).

Alguns exemplos concretos podem ajudar a traçar o perfil da nova figura.

A pediu 5000 contos emprestados a *B*, tendo um terceiro afiançado o cumprimento da dívida. Como o devedor, na altura própria, se recusou a pagar ou não pôde fazê-lo, pagou o garante da obrigação.

Agindo assim, o fiador ficou, no dizer do artigo 644.º, «sub--rogado nos direitos do credor».

C comprou um prédio a *D* por 25 000 contos, ficando o prédio desde logo hipotecado ao credor, para garantia do pagamento do preço. Na data em que esta obrigação se venceu, encontrava-se o comprador em sérias dificuldades económicas, tendo recorrido por isso a um amigo *(E)*, que anuíu a pagar em seu lugar ou a facultar a *C* o dinheiro necessário ao pagamento, desde que o seu crédito ficasse com a mesma garantia hipotecária. Para tal, o devedor *sub-rogou-o* nos direitos do credor, ao abrigo da faculdade que lhe conferem os artigos 590.º e 591.º. O primeiro destes artigos (art. 590.º, 1) é do seguinte teor: «O terceiro que cumpre a obrigação *pode ser* igualmente *sub-rogado* pelo devedor até ao momento do cumprimento, sem necessidade do consentimento do credor». E o segundo diz, por seu turno, o seguinte: «O devedor que cumpre a obrigação com dinheiro ou outra coisa fungível emprestada por terceiro pode *sub-rogar* este nos direitos do credor».

Noção. A sub-rogação pode assim definir-se, segundo um critério puramente descritivo, como a *substituição do credor, na titulari-*

---

nelle, Paris, 1979; BUTERA, *Surrogazione per pagamento e (Pagamento con), Dig. Ital.*; MAGINI, *La surrogazione per pagamento nel dir. priv. ital.*, 1924; MERLO, *La surrogazione per pagamento*, 1933; GIORGIANNI, *Surrogazione (Pagamento con), Nuovo Dig. ital.*; BUCCISANO, *La surrogazione per pagamento*, 1958;

([1]) É a designação corrente da figura na doutrina espanhola: ESPIN, III, pág. 233.

Das obrigações em geral

dade do direito a uma prestação fungível, pelo terceiro que cumpre em lugar do devedor ou que faculta a este os meios necessários ao cumprimento ([1]).

Trata-se de um fenómeno de *transferência* de créditos, que a lei regula no capítulo da «transmissão de créditos e de dívidas» ([2]), mas cujo fulcro reside no *cumprimento*, ao passo que a *cessão* tem a sua base jurídica no contrato celebrado entre o transmitente e o adquirente do crédito.

Assim, enquanto os direitos do sub-rogado se medem sempre *em função do cumprimento* (art. 593.º, 1) ([3]), o direito do cessionário define-se nos termos da convenção negocial. O terceiro sub-rogado, que tiver pago 500, será credor de 500. O cessionário pode ser credor de 500, sem nada ter pago em troca, se a cessão tiver sido *gratuita*, ou tendo pago *menos* do que essa soma, como sucede na maior parte das cessões a título oneroso, em que o crédito é adquirido por uma soma *inferior* ao seu valor *nominal*.

A cessão serve o interesse da *circulação* do crédito, enquanto a sub-rogação visa apenas *compensar* o sacrifício que o terceiro chamou a si com o cumprimento da obrigação alheia ([4]).

([1]) A lei (cfr. art. 593.º) dá o nome de *sub-rogado* ao terceiro a favor de quem a substituição no crédito se opera. A ideia de chamar a esse sujeito o *sub-rogante*, reservando o nome de *sub-rogado* para o credor que ele substitui (PUGLIATTI-FALZEA, *I fatti giuridici*, 1945, pág. 27), seja qual for o seu mérito etimológico, não vingou na doutrina.

([2]) Diferente é o critério sistemático adoptado pelo Código civil italiano, que inclui a matéria no capítulo do cumprimento das obrigações (arts. 1 176 e segs.), sob a rubrica do «pagamento com sub-rogação» (arts. 1 201 e segs.).

Curiosa, neste aspecto sistemático, é a localização do instituto no Código espanhol, que se lhe refere, em termos gerais, a propósito da *novação* (art. 1 203).

([3]) Sobre a essencialidade do *pagamento* (cumprimento) como pressuposto da sub-revogação, vide RUI ALARCÃO e HENRIQUE MESQUITA, *Sub-rogação nos direitos do credor*, Rio de Janeiro, 1979.

([4]) O diferente papel que desempenham na vida económica a *cessão* e a *sub-rogação*, como modalidades essencialmente distintas do fenómeno da *transmissão* de créditos, é realçado pela generalidade dos tratadistas: cfr. DIEZ-PICAZO, pág. 801; MERLO, *ob. cit.*, n.º 28, especialmente pág. 42 e BUCCISANO, *ob. cit.*, pág. 32.

Transmissão das obrigações

Assim, como na cessão é o credor quem deliberadamente *dispõe* do crédito, a lei (art. 587.º) considera-o responsável perante o adquirente pela existência e exigibilidade do direito ao tempo da cessão. Igual responsabilidade não lança sobre o credor no caso da sub-rogação, por ser ao terceiro (ou ao devedor) que incumbe, antes do acto do cumprimento, averiguar da existência e exigibilidade do crédito.

Adquirindo todos os direitos que competiam ao credor, como tal, o sub-rogado fica numa posição muito diferente, quer do terceiro que cumpre no intuito de fazer uma liberalidade indirecta ao devedor, quer daquele que actua por erro acerca da titularidade da dívida, ou com ânimo de gerir negócio alheio ou por mandato do devedor.

São as circunstâncias especiais em que o cumprimento é efectuado, arvoradas por lei em pressupostos da sub-rogação, que justificam o *subingresso* ou *subentrada* ([1]) do *solvens* na posição do primitivo credor.

A doutrina proclamada para o *cumprimento* efectuado pelo terceiro, ou com a colaboração dele (art. 591.º), procede de igual modo para outras formas de satisfação do crédito à prestação fungível, como sejam a dação em cumprimento, a dação *pro solvendo*, a consignação em depósito, a compensação ou a remissão onerosa ([2]) (art. 592.º, 2).

A sub-rogação tem a sua utilidade prática, que lhe garante um *lugar ao sol* entre as modificações subjectivas da relação obrigacional. O terceiro que paga é de algum modo favorecido, na medida em que adquire com o cumprimento da obrigação os direitos do credor, e realizando as mais das vezes um interesse

---

([1]) São estes (*subingresso; subentrada*) os termos com que DIEZ-PICAZO (n.º 981) define a substituição do antigo pelo novo credor, no fenómeno da sub-rogação.

([2]) VAZ SERRA, *ob. cit.*, pág. 56. No caso da dação em cumprimento, é ponto assente que o *solvens* apenas poderá exigir do devedor o valor da prestação que efectuou, desde que esse valor não exceda o montante da dívida.

Das obrigações em geral

próprio; o credor também é beneficiado, mediante a satisfação do crédito por terceiro, quando o devedor possivelmente não estaria em condições de o fazer; e beneficiado pode ser ainda o devedor, por se libertar da obrigação de cumprir (e de recair em mora, no caso de o não fazer) num momento que pode não ser oportuno para ele.

A sub-rogação do credor, que é uma sub-rogação *pessoal*, baseada no *cumprimento* ou em acto equivalente, não se confunde com a sub-rogação *real*, que é a substituição de uma coisa por outra dentro de certa relação jurídica ou de certa massa patrimonial ([1]). E também se não identifica com a *sub-rogação* do credor ao devedor (tratada nos arts. 606.º e segs.), que é a faculdade concedida ao credor de se substituir *ao seu devedor* no exercício de determinados direitos de conteúdo patrimonial contra terceiro ([2]).

406. *Variantes da sub-rogação, consoante a sua proveniência:* a) *Sub--rogação voluntária (por vontade do credor ou do devedor);* b) *Sub-rogação legal.* Já no domínio da legislação anterior os autores distinguiam, apoiados nos textos do Código de 1867 ([3]), duas variantes da subrogação, consoante os *termos* do cumprimento que lhe servia de base.

Havia, por um lado, a *sub-rogação* chamada *voluntária*, que podia basear-se no consentimento do *devedor* (como sucedia nas hipóteses contempladas pelos arts. 778.º e 780.º) ou no consentimento do credor (art. 779.º, n.º 2.º, *in fine*). E havia, por outro lado, a sub--rogação *legal*, em que a investidura do *solvens* na posição até então

---

([1]) Cfr., a título de exemplo, o disposto no artigo 1 462.º e no artigo 1 273.º

([2]) Sobre as diferenças e afinidades existentes entre as três figuras, vide BUC-CISANO, *ob. cit.*, pág. 106 e segs.

([3]) As origens históricas da sub-rogação remontam, no direito romano, ao *beneficium cedendarum actionum* (cfr., a propósito, o disposto no art. 653.º), que funcionava praticamente como uma espécie de sub-rogação *ope iudicis*, e vêm minuciosamente descritas por MERLO, *ob. cit.*, pág. 1 e segs.

Transmissão das obrigações

ocupada pelo credor se dava *ope legis*, independentemente de qualquer declaração de vontade do credor ou do devedor nesse sentido ([1]) (art. 779.º, n.º 1.º).

A primeira dúvida, que houve oportunidade de ponderar no âmbito dos trabalhos preparatórios do novo Código Civil, foi a de saber se devia ou não manter-se a sub-rogação *por vontade do credor*, que o Código suíço eliminou, por não ser fácil distingui-la, na prática, dos casos de cessão de créditos e pelo risco de ela servir para iludir as disposições por que a cessão se rege ([2]).

Reconheceu-se entretanto, no seguimento da orientação preconizada por VAZ SERRA, que não havia razões decisivas para abolir essa variante, quer porque a sub-rogação por vontade real do credor corresponde, na vida prática, a interesses legítimos das partes ([3]), quer por não serem convincentes os argumentos invocados para justificar a orientação do Código suíço ([4]).

O artigo 589.º, que a manteve, procurou apenas acautelar em termos convenientes (à semelhança do que já fazia, de resto, o Código de 1867), através dos requisitos de *forma* e do *limite de tempo*

([1]) Note-se, porém, que, atingindo a sub-rogação direitos e interesses de pessoas *estranhas* ao acordo previsto nas hipóteses de sub-rogação voluntária, esta só é possível por beneplácito da lei, e não como pura expressão da autonomia da vontade. Neste sentido se pode afirmar que a sub-rogação opera sempre *ministerio legis*.

([2]) VAZ SERRA, *ob. cit.*, pág. 13.

([3]) A sub-rogação por vontade do credor, escrevem PLANIOL, RIPERT e RADOUANT (*Traité pratique*, VII, n.º 1 221), «permite, não só ao devedor, privado de fundos, evitar a execução no vencimento, mas também ao próprio credor, desejoso de obter imediatamente dinheiro líquido, não esperar o vencimento do seu crédito e obter desde já o montante, dirigindo-se a um terceiro, que lhe pagará, mediante sub-rogação em seu proveito». Neste mesmo sentido, VAZ SERRA, *ob. cit.*, pág. 13 e segs.

([4]) O facto de, nalguns casos, ser *difícil* saber qual foi a real intenção das partes não impede que, em muitos outros, seja relativamente fácil a sua determinação, nem que sejam elementos essencialmente distintos a vontade de ceder o crédito, por um lado, e a vontade de sub-rogar o *solvens*, por outro.

Além disso, as diferenças existentes entre o regime da cessão e a disciplina da sub-rogação não são de molde a criar nenhum perigo sério de as partes, através de uma das figuras, quererem defraudar o espírito da outra.

Das obrigações em geral

estabelecidos para a declaração do sub-rogante, os interesses dos restantes credores do devedor, bem como dos garantes do direito transmitido.

O novo Código inclui também, nos artigos 590.º e 591.º, a segunda variante da sub-rogação voluntária — a fundada na vontade do devedor. Saltou-se deliberadamente sobre o obstáculo de ordem teórica, que constitui a faculdade de o devedor *dispor* dum direito de que não é titular, a favor do terceiro que realiza a prestação devida, para se atender a uma justa composição de interesses, baseada em considerações de ordem prática ([1]).

O devedor pode ter legítimo interesse em conseguir o cumprimento de terceiro, embora continuando adstrito ao mesmo dever de prestar, pelos graves transtornos que lhe cause, na altura, o pagamento ou a execução da dívida. E o *preço* da intervenção do terceiro (que é a sua colocação no lugar do primitivo credor) não acarreta nenhum prejuízo injusto, nem para o devedor, nem para os restantes credores ou para as pessoas responsáveis pelo cumprimento da obrigação, visto o *solvens* adquirir um direito que já existia e a aquisição se efectuar no preciso momento em que o primitivo credor perde a sua titularidade.

Ao lado das duas variantes da chamada sub-rogação *voluntária* (que tem como *pressuposto* a declaração de vontade de um dos sujeitos da obrigação), o novo Código manteve, no artigo 592.º, a *sub-rogação legal.* Generalizou-se mesmo a sua aplicação a todos os casos em que o terceiro, que cumpre em lugar do devedor, tenha *garantido* o cumprimento, ampliando-se fundadamente a doutrina que o n.º 1.º do artigo 797.º do Código de 1867 formulava, em termos directos, apenas para o *fiador.*

([1]) Sobre as origens históricas desta variante da sub-rogação, que remontam em França aos começos do séc. XVIII, vide SAVATIER, *Cours*, 2.ª ed., II, n.º 506; ESPIN, III, pág. 248 e DIEZ-PICAZO, pág. 804.

Em compensação, restringiu-se o campo de aplicação do instituto, com o tratamento favorável que ele envolve, relativamente aos casos em que o *solvens* não tenha garantido o cumprimento, circunscrevendo-o de caso pensado às situações em que o terceiro interveniente esteja *directamente* interessado na satisfação do crédito.

407. *Requisitos de que depende a sub-rogação:* A) *Quando proveniente da vontade do credor.* Eram dois os requisitos a que o n.º 2.º do artigo 779.º do Código de 1867 subordinava a sub-rogação efectuada pelo credor. A sub-rogação tinha que ser feita *expressamente* e *no acto do pagamento.*

O artigo 589.º do Código vigente mantém a exigência relativa à *forma* da declaração de vontade do credor. Porém, no que toca à *data* dela, em lugar de exigir, como na lei antiga, que seja emitida *no acto* do pagamento, fixa apenas uma data-limite: a sub-rogação tem de ser feita «*até ao momento do cumprimento da obrigação*».

O requisito da declaração *expressa* (art. 217.º, 1) justifica-se, quer pela conveniência de facilitar a resolução das questões de prova sobre um ponto que pode revestir a maior importância prática para muitos interessados (devedor, *solvens*, credores do mesmo devedor, garantes da obrigação, etc.), quer pelo compreensível interesse de forçar o credor a ser preciso na atribuição do tratamento *excepcional* que envolve a sub-rogação ([1]).

A fixação do momento do cumprimento da obrigação como data-limite da sub-rogação também não carece de grande justificação: por um lado, não se compreenderia que o credor, depois de extinto o seu direito, pudesse *ressuscitar* o crédito, com todas as suas garantias ([2]), antepondo o novo credor a credores mais antigos e

---

([1]) A exigência de que seja *expressa* não significa que a declaração deva ser *sacramental* (tenha qualquer forma *solene* ou textual precisa) ou que deva ser necessariamente reduzida a *escrito.* Pode ser uma pura declaração *verbal:* PIRES DE LIMA e A. VARELA, *ob. cit.,* I, pág. 422.

([2]) Vide PLANIOL, RIPERT e RADOUANT, *ob. e vol. cits.,* n.º 1 222; C. GONÇALVES, *Tratado,* V, n.º 626.

Das obrigações em geral

fazendo renascer responsabilidades que já se haviam extinguido; por outro lado, os legítimos interesses que neste ponto se pretende acautelar nenhum dano sofrem se, em vez de ser feita no acto do pagamento, a subrogação for acertada entre o credor e o terceiro antes desse acto[1].

408.   B) *Quando assente na vontade do devedor*. Conservando embora, nos artigos 590.º e 591.º, as duas variantes que já no Código de 1867 (arts. 778.º e 780.º) podia revestir a sub-rogação fundada na vontade do devedor, o novo Código Civil foi mais preciso no grau de exigência relativa aos respectivos requisitos. Relativamente ao cumprimento efectuado pelo terceiro, o artigo 590.º não se satisfaz com o consentimento, expresso ou tácito, dado pelo devedor à actuação do *solvens*. Exige a declaração *expressa* (cfr. art. 217.º, 1) da intenção de sub-rogar, que olha aos *efeitos* da actuação do terceiro e não à simples realização do interesse do credor[2]. Para a emissão dessa declaração fixa-se o momento do cumprimento da obrigação como data limite, pelas mesmas razões que determinaram a disposição paralela do artigo 589.º.

Quanto ao caso especial de o cumprimento ser efectuado pelo devedor, com meios facultados por terceiro («com dinheiro ou outra coisa fungível emprestada por terceiro»), o artigo 591.º não exige documento *autêntico* para a prova do empréstimo da coisa,

---

[1] Em sentido diferente, interpretando à letra o disposto na parte final do n.º 1.º do artigo 1250 do Código francês, vide, entre outros, SAVATIER, *ob. e vol. cits.*, n.º 505; CARBONNIER, n.º 130, pág. 545.

[2] Sobre a diferença existente entre o requisito da antiga legislação e a exigência da nova é elucidativo este trecho de VAZ SERRA (*ob. cit.*, pág. 32): «Por outro lado, o mero consentimento do devedor no *facto do pagamento* por terceiro não é bastante para daí se concluir a sua vontade de sub-rogar o terceiro nos direitos do credor; muito menos, se esse consentimento puder deduzir-se dos factos, como o permite o art. 778.º. O devedor pode consentir em que terceiro pague a sua dívida, sem que isso implique a vontade de que ele fique sub-rogado nos direitos do credor.»

Transmissão das obrigações

embora não prescinda de documento ([1]). Mas não se satisfaz, em contrapartida, com a declaração de que a coisa emprestada ao devedor se destina ao cumprimento da obrigação. Interessada em deixar bem esclarecida nas relações entre as partes a questão de saber se o devedor quis apenas reconhecer ao mutuante o direito à restituição de que fala o artigo 1 142.º ou pretendeu atribuir-lhe, realmente, os *beneficios* característicos da sub-rogação, a nova lei (art. 591.º, 2, *in fine*) exige, para o efeito, a declaração expressa «de que o mutuante fica subrogado nos direitos do credor» ([2]).

409. C) *Quando exclusivamente fundada na lei.* São dois os núcleos de situações em que, independentemente da vontade dos sujeitos da obrigação, a lei sub-roga nos direitos do credor o terceiro que haja cumprido em lugar do devedor (art. 592.º).

O primeiro grupo é constituído pelos casos em que o *solvens* tenha garantido antes o cumprimento, *v. gr.*, porque hipotecou, empenhou ou deu como caução coisa de sua pertença.

Trata-se de um *benefício* tradicional e geralmente concedido ao fiador que paga em vez do obrigado (cfr. art. 779.º, n.º 1.º, do

---

([1]) «Se não fosse exigido documento autêntico, escreve GUILHERME MOREIRA (n.º 58), que tem por fim não só provar que o empréstimo foi destinado ao pagamento da dívida, mas certificar a data em que esse empréstimo se fez, poderia estipular-se, embora a dívida já estivesse extinta, que o empréstimo que se contraíu em data anterior era destinado ao pagamento da dívida, quando o não havia sido, ou antedatar um empréstimo posterior à extinção da dívida, e fazer reviver em qualquer dos casos cauções ou garantias que já estivessem extintas, como a fiança e a hipoteca, prejudicando-se assim terceiros possuidores, outros credores ou os fiadores.»

Reconheceu-se a necessidade de acautelar os riscos a que GUILHERME MOREIRA faz alusão, mas entendeu-se não ser necessário, para o efeito, exigir as formalidades próprias do documento *autêntico* (que dificultariam demasiado a realização da operação), pois a redução a documento (escrito) basta para garantir a finalidade da lei. Cfr. VAZ SERRA, *ob. cit.*, pág. 26.

([2]) A data que verdadeiramente interessa neste caso a terceiros, para os acautelar contra possíveis fraudes do devedor e do mutuante, não é a do empréstimo, mas a do cumprimento, que marca o momento exacto da sub-rogação: PIRES DE LIMA e A. VARELA, *ob. cit.*, p. 424.

Das obrigações em geral

Código de 1867) e que o artigo 592.º, 1, do Código de 1966 intencionalmente estendeu aos outros casos de garantia do cumprimento.

O *favor subrogationis* compreende-se nestes casos, não só por se tratar de um *terceiro* («o *terceiro* que cumpre a obrigação...», na expressão literal do art. 592.º), mas também pelo *fim* especial do cumprimento, que é o de evitar a execução da garantia, no interesse do *solvens*.

O segundo núcleo de situações abrangidas no texto do artigo 592.º, 1, é formado pelos casos em que o *solvens* tem *interesse directo* na satisfação do crédito ([1]).

Confrontando a redacção definitiva do artigo 592.º, 1, com o texto correspondente da 1.ª revisão ministerial do Anteprojecto (onde se aludia ao terceiro que tiver interesse *jurídico* ou *moral* na realização do pagamento) e com o articulado ainda muito casuístico da disposição paralela (art. 142.º) do Anteprojecto VAZ SERRA, facilmente se chega à conclusão de que a lei quis restringir o benefício da sub-rogação ao pagamento efectuado por quem tenha um interesse *próprio* na satisfação do crédito, excluindo os casos em que o cumprimento se realize no exclusivo interesse do devedor ([2]) ou por mero interesse *moral* ou *afectivo* do *solvens* ([3]).

Dentro da rubrica geral do cumprimento efectuado no interesse próprio do terceiro cabem, não só os casos em que este visa

---

([1]) O facto de os dois grupos de situações abrangidas no n.º 1 do artigo 592.º constituírem dois núcleos *distintos* de casos torna bastante duvidosa, mesmo em face do nosso direito, a resolução do problema posto por MERLO (*ob. cit.*, n.º 143) acerca dos efeitos do pagamento de toda a dívida, efectuado pelo fiador que apenas afiançou um dos vários devedores solidários.

Não há dúvida de que ele poderá exigir a prestação integral do devedor afiançado. Mas poderá exigi-la também, ou só uma parte dela, dos devedores que a fiança não abrange?

([2]) É o caso do cumprimento efectuado pelo gestor de negócios, pelo curador da herança jacente ou pelo cabeça-de-casal com meios próprios, etc.

([3]) Será esse, as mais das vezes, o caso do pagamento da dívida de um comproprietário efectuado por outro comproprietário, para evitar a execução da quota do devedor na coisa comum, e de situações análogas.

Transmissão das obrigações

evitar a *perda* ou *limitação* dum direito que lhe pertence, mas também aqueles em que o *solvens* apenas pretende acautelar a consistência económica do seu direito.

Cabem na primeira alínea, entre outros, os seguintes casos: sublocatário que paga a renda devida pelo locatário, no intuito de evitar a caducidade da sublocação (art. 45.º do R.A.U.); credor pignoratício que paga a prestação em dívida do preço da coisa empenhada, para impedir a resolução da venda; adquirente da coisa empenhada ou hipotecada, que cumpre pelo devedor, na mera intenção de prevenir a venda e adjudicação do penhor ou a execução do crédito hipotecário.

Dentro da segunda alínea cabem, por seu turno, o pagamento feito por um credor preferente a um outro graduado antes dele ou o pagamento feito por um credor comum a um credor preferente, para evitar uma execução ruinosa ou inoportuna para os demais credores.

410. *A sub-rogação e o direito de regresso.* Nalgumas legislações estrangeiras a *sub-rogação* e o *direito de regresso* são tratados, não como realidades jurídicas *distintas* ou *opostas*, mas como figuras *compatíveis* entre si, em vários casos *sobrepostas* uma à outra.

Diz-se, com efeito, no artigo 1 251 do Código civil francês, que a sub-rogação opera, de pleno direito, a favor... daquele que, sendo obrigado *com outros* ou no lugar de outros ao pagamento da dívida, tinha interesse em cumprir (n.º 3.º). Doutrina paralela se encontra consagrada no n.º 3 do artigo 1 203 do Código civil italiano de 1942, que, aliás, a importou da legislação anterior.

Um dos casos que a doutrina e a jurisprudência, de modo geral, consideram abrangidos por essas disposições (com as acomodações correspondentes à qualidade de *devedor*, que tem o próprio *solvens*) é o do pagamento efectuado pelo condevedor solidário,

Das obrigações em geral

para além da quota que lhe compete ([1]). E esse é também, precisamente, um dos casos típicos do *direito de regresso*.

Ora, solução idêntica à do direito francês e italiano pretendia VAZ SERRA ([2]) consagrar na nova legislação civil portuguesa. Mas orientação diferente veio a ser aceite no texto definitivo do artigo 592.º, 1, limitando-se a sub-rogação aos casos de cumprimento efectuado por *terceiro* e restringindo-a, dentro desse círculo de situações, aos terceiros que tenham garantido o cumprimento ou tenham interesse próprio na satisfação do crédito.

É que, embora haja certa afinidade substancial nas suas raízes, a *sub-rogação* e o *direito de regresso* constituem, no sistema legal português, realidades jurídicas *distintas* e, em determinado aspecto, mesmo *opostas* ([3]).

A *sub-rogação*, sendo uma forma de *transmissão* das obrigações, coloca o sub-rogado na titularidade do mesmo *direito de crédito* (conquanto *limitado* pelos termos do cumprimento) que pertencia ào credor primitivo. O *direito de regresso* é um direito nascido *ex novo* na titularidade daquele que extinguiu (no todo ou em parte) a relação creditória anterior ou daquele à custa de quem a relação foi considerada extinta ([4]).

A *sub-rogação* envolve um *benefício* concedido (umas vezes, por uma ou outra das partes; outras, pela lei) a quem, sendo *terceiro*,

---

([1]) Cfr., por todos, MERLO, *ob. cit.*, n.ºs 138 e segs.; BUCCISANO, *ob. cit.*, pág. 46, nota 78.

([2]) *Ob. cit.*, pág. 64. Dizia-se, com efeito, no articulado com que VAZ SERRA rematava o seu estudo o seguinte:

«Art. 4.º — *Sub-rogação legal*

1. A sub-rogação verifica-se, de direito, nos casos seguintes:

a) ....

b) A favor daquele que, sendo obrigado com os outros ou por outros ao pagamento da dívida, tinha interesse em pagá-la;

c) ....

([3]) Cfr. PIRES DE LIMA e A. VARELA, *ob. cit.*, I, anot. ao art. 592.º.

([4]) Tem-se em vista no texto, tanto o *direito de regresso* do condevedor solidário que cumpre além da sua quota (art. 524.º), como o do credor solidário contra o concredor que recebeu além da sua quota no crédito comum (art. 533.º).

Transmissão das obrigações

cumpre, por ter interesse na satisfação do direito do credor. O *direito de regresso*, no caso da solidariedade passiva, é uma espécie de direito de *reintegração* (ou de direito *à restituição*) concedido por lei a quem, sendo *devedor* perante o *accipiens* da prestação, cumpre, todavia, para além do que lhe competia no plano das relações internas ([1]).

A natureza das situações donde emerge o direito de regresso parece explicar assim o facto de ao respectivo titular se não transmitirem, na falta de estipulação em contrário, nem as *garantias*, nem os *acessórios* da dívida extinta.

Se *A*, B e *C* deverem a *D* 9000 contos, em regime de solidariedade, e *E* tiver afiançado a dívida de *A*, o pagamento que *B* faça da prestação por inteiro nem lhe confere a qualidade de credor solidário perante os outros condevedores([2]), nem lhe dará o direito de exigir qualquer responsabilidade do fiador de *A*, salvo se, pelos termos em que foi constituída, se mostrar que a fiança visava também cobrir a obrigação em que o afiançado viesse eventualmente a constituir-se perante os seus condevedores ([3]).

([1]) No caso da solidariedade activa, o direito de regresso tem igualmente o sentido de uma obrigação de *restituir* imposta a quem, sendo embora *credor* da prestação por inteiro perante o *solvens*, recebeu para além do que lhe compete no plano das relações internas.

([2]) Cfr., porém, o disposto no artigo 526.º, que, em todo o caso não confere ao direito de regresso a natureza de uma obrigação solidária.

([3]) Cfr., a propósito, o disposto no n.º 3 do artigo 639.º O argumento, muitas vezes invocado na doutrina italiana e francesa (Buccisano, *ob. cit.*, pág. 49, nota 86), de que o fiador se obriga, não em consideração da pessoa do credor, mas do devedor, só provará enquanto se tratar da *mesma dívida*. Já não procede, quando se trate de *nova* dívida, embora *dependente* da primeira ou relacionada com ela. E o direito de regresso do condevedor solidário, embora faça parte integrante do processo da relação obrigacional solidária, é diferente do direito do credor primitivo, quer quanto aos sujeitos, quer quanto ao objecto.

Além disso, não parece justo, pelo menos na falta de inequívoca estipulação em contrário, que o vínculo típico da mútua ou recíproca responsabilidade criado pela *solidariedade* seja devolvido pelos próprios condevedores sobre os garantes da responsabilidade de cada um dos outros na obrigação principal.

Das obrigações em geral

411. *Efeitos da sub-rogação:* A) *Transmissão do crédito. Sub-rogação total e parcial. A regra* **nemo contra se subrogasse censetur.** O principal efeito da sub-rogação é a transmissão do crédito, que pertencia ao credor satisfeito, para o terceiro (sub-rogado) que cumpriu em lugar do devedor ou à custa de quem a obrigação foi cumprida. Como a aquisição do sub-rogado se funda substancial- mente no acto do cumprimento, só lhe será lícito, porém, exigir do devedor uma prestação igual ou equivalente àquela com que tiver sido satisfeito o interesse do credor ([1]).

Aquisição *derivada* ou *translativa*, mas aquisição *limitada (hoc sensu).*

Assim, se a dívida for de 10 000, e o terceiro em condições de ser sub-rogado tiver pago efectivamente 10 000, será essa a presta- ção que lhe é lícito exigir do devedor. Porém, se tiver pago ape- nas 8 000, não será superior a prestação a que o *solvens* fica tendo direito ([2]).

Há, efectivamente, ao lado da sub-rogação *total*, a chamada sub-rogação *parcial* (cfr. art. 593.º, 2), que tanto pode resultar de o direito do credor não ter sido integralmente satisfeito, como de serem duas ou mais as pessoas que lhe deram (inteira ou parcial) satisfação.

No primeiro caso, levanta-se a questão de saber se o credor não integralmente pago goza de alguma preferência em relação ao sub-rogado, ou se ambos são pagos em plena igualdade de condi- ções; no segundo, a dúvida referir-se-á aos terceiros que hajam sido sub-rogados em momentos sucessivos.

([1]) Da ideia básica hoje fixada no n.º 1 do artigo 593.º extraiu o acórdão do S.T.J., de 25-V-1966 (*R.L.J.*, 99.º, pág. 356) a conclusão de que a entidade patronal só fica legalmente sub-rogada contra os terceiros responsáveis pelo acidente de viação em relação às quantias que tenha pago, não lhe sendo lícito exercer a sub-rogação quanto a quantias que apenas virão a vencer-se no futuro.

([2]) Se a prestação tiver sido feita a *incapaz*, poderá ser mesmo inferior a pres- tação a que o sub-rogado fica tendo direito, na sequência da solução fixada pelo n.º 2 do artigo 764.º.

Transmissão das obrigações

Qualquer das dificuldades encontrava resolução expressa no Código de 1867 (arts. 782.º e 784.º). O artigo 782.º atribuía preferência ao credor, que só foi pago em parte, quanto ao pagamento do resto da dívida. O artigo 784.º mandava, por seu turno, que os sub-rogados em diversas fracções do mesmo crédito, não podendo ser pagos todos ao mesmo tempo, fossem pagos pela ordem sucessiva das várias subrogações.

O Código vigente também contemplou expressamente as duas situações nos n.ᵒˢ 2 e 3 do artigo 593.º. Quanto à primeira, diz-se (n.º 2 do artigo 593.º). que a sub-rogação, no caso de satisfação parcial, não prejudica os direitos do credor ou do seu cessionário, quando outra coisa não for estipulada.

Apesar da sua diferença de formulação, o novo Código mantém, praticamente, a preferência que a anterior legislação atribuía ao credor primitivo (ou ao seu cessionário), quanto ao pagamento do resto da dívida ([2]). Mas já o mesmo não sucedeu na hipótese de haver vários sub-rogados, para a qual o n.º 3 do artigo 593.º pôs termo à preferência baseada na prioridade da data da sub-rogação.

A preferência estabelecida a favor do credor, que não foi integralmente pago, também aceite no artigo 1 252 do Código civil francês, corresponde ao ensinamento da velha máxima *nemo contra se subrogasse censetur*, aliás pouco convincente quanto à sub-rogação legal e quanto à sub-rogação fundada na vontade do devedor.

412. B) *Transmissão das garantias e outros acessórios do crédito.* Juntamente com o direito à prestação, transmitem-se para o sub--rogado, quer as garantias (pessoais ou reais), quer os acessórios do crédito, que não sejam inseparáveis da pessoa do primitivo credor.

([1]) A propósito do sentido da nova fórmula, veja-se VAZ SERRA, *Cessão de créditos ou de outros direitos...*, 1955, pág. 324 e segs. O artigo 1 205 do Código italiano adopta o critério da igualdade de condição na concorrência entre o credor (não inteiramente pago) e o sub-rogado parcial: MERLO, *ob. cit.*, n.º 97.

Das obrigações em geral

É a doutrina válida para a cessão de créditos (art. 582.º, 1) e que o artigo 594.º torna extensiva à sub-rogação.

Por consequência, também na sub-rogação vale o conhecido aforismo *acessorium sequitur principale* ([1]). Assim, se o crédito, que o terceiro satisfez, estiver garantido por algum penhor, hipoteca, consignação de rendimentos, privilégio (não inseparável da pessoa do credor), fiança ou outra providência análoga, quer a garantia tenha sido constituída pelo devedor, quer por terceiro, o respectivo direito aproveita ao sub-rogado ([2]). Se a coisa empenhada estiver na posse do credor, deve este entregá-la ao sub-rogado, tal como na cessão (arts. 582.º, 2 e 594.º).

No que respeita aos *acessórios* do crédito (taxas de juro, cláusula penal, cláusulas limitativas de responsabilidade, etc.), valem de igual modo para a sub-rogação, por força da remissão do artigo 594.º, quer a regra da sua transmissão, quer a ressalva fundada no carácter pessoal do direito acessório.

413. C) *Eficácia da sub-rogação em relação ao devedor e a terceiros.* Tanto no caso da sub-rogação levada a cabo pelo credor, como no da sub-rogação legal, é possível que o terceiro cumpra a obrigação e seja sub-rogado nos direitos do credor, sem que o devedor tenha conhecimento do facto.

Tanto o sub-rogado, como o primitivo credor, podem e devem, no entanto, *notificar* o devedor, para que a transmissão seja plenamente eficaz, produzindo todos os seus efeitos em relação a todos os interessados (art. 594.º). Mais concretamente, a *notifi-*

([1]) Vide MERLO, *ob. cit.*, n.os 83 e segs.

([2]) No caso da sub-rogação parcial, a indivisibilidade das garantias dá como resultado que cada sub-rogado exerce o seu direito real de garantia por inteiro: BUCCISANO, *ob. cit.*, nota 86. A contitularidade do direito real de garantia terá, porém, neste caso, expressões diferentes, consoante a hipótese (n.º 2 ou n.º 3 do art. 593.º) que se verifique.

Transmissão das obrigações

cação servirá para evitar que o devedor, ignorando de *boa fé* a existência da sub-rogação, pague ao antigo credor ([1]).

Com efeito, se a notificação se não fizer e, na ignorância da sub-rogação ([2]), o devedor pagar ao antigo credor ou efectuar com ele qualquer negócio relativo ao crédito (remissão, compensação, concessão de moratória, etc.), quer o pagamento, quer estoutro negócio, são oponíveis ao sub-rogado.

De igual modo, se o credor sub-rogar duas ou mais pessoas, sucessivamente, no mesmo crédito, a sub-rogação que prevalece não será a primeira efectuada ou a primeira a ser reconhecida do devedor, mas a que primeiro lhe for notificada ou por ele for aceite. É a lição que se colhe do preceituado no artigo 594.º, cuja remissão abrange também o disposto no artigo 584.º.

414. *Meios de defesa oponíveis ao sub-rogado.* Os termos em que o artigo 594.º estabelece o paralelo entre o regime da *cessão* e o da *sub-rogação*, concretizando as disposições do primeiro que são extensivas ao segundo, valem principalmente pelo seu lado *positivo*. São a afirmação do princípio da *equiparação* entre as duas formas de transmissão dos direitos de crédito. Mas não deixam de interessar também pelo seu lado *negativo*, traduzido na sugestão da não aplicabilidade das disposições legais omitidas na remissão. Compreende-se, na verdade, que não seja aplicável à sub-rogação, presa ao antigo crédito pelo cordão umbilical do *cumprimento*, o princípio estabelecido no artigo 578.º que, definindo o regime da cessão em função do *tipo* de negócio que lhe serve de base, começa logo por admitir a transmissão a *título gratuito*.

Também não encontra cabimento nos domínios da sub-rogação a proibição da *cessão* de direitos litigiosos a determinadas

---

([1]) Vide BUCCISANO, *ob. cit.*, pág. 76.

([2]) Não tendo havido *notificação* nem *aceitação* da sub-rogação, é ao sub-rogado que incumbe alegar e provar que o devedor tinha conhecimento da sub-rogação, se quiser afastar a oponibilidade dos actos por este praticados junto do primitivo credor.

Das obrigações em geral

pessoas, porque o cumprimento, na sua função de *condição* e *medida* dos direitos do subrogado, afasta desde logo toda a ideia de *especulação* na aquisição do crédito.

Tão pouco se manda aplicar à sub-rogação o preceito (art. 585.º) que, na cessão de créditos, define os meios de defesa oponíveis pelo devedor ao cessionário. A cessão nasce dum contrato em que o devedor não é parte, assim se explicando que ele possa opor ao cessionário todos os meios de defesa que lhe seria lícito invocar contra o cedente, ao passo que, podendo a sub-rogação ser efectuada pelo devedor, mal se compreenderia que, pelo menos nesse caso, lhe fosse concedida igual liberdade de ataque contra a posição do credor ([1]).

O princípio da *boa fé* (arts. 227.º e 762.º, 2), aplicável ao acordo firmado entre o devedor e o *solvens* ou o mutuante nos termos dos artigos 590.º e 591.º, actua neste caso como um filtro no qual ficarão retidos alguns dos meios de defesa abrangidos pelo artigo 585.º, como sejam a compensação com créditos do devedor, a excepção de não cumprimento do contrato, o direito de resolução do contrato donde emerge a obrigação, os vícios de vontade que já pudessem, de facto, ser arguidos à data do acordo, etc.

Relativamente ao instituto da prescrição, esta continuará em regra a correr contra o credor, somando-se ao tempo decorrido antes da sub-rogação o lapso de tempo posterior, a não ser que a intervenção do devedor envolva um verdadeiro reconhecimento do crédito, que interrompa a prescrição.

A exclusão do artigo 586.º justifica-se pela *desnecessidade* do preceito, em face das disposições legais que regulam a prova do cumprimento (arts. 786.º e 787.º) e a restituição do título da dívida após o cumprimento (arts. 788.º e 789.º).

([1]) No caso de sub-rogação legal ou de sub-rogação efectuada pelo credor, já o regime dos meios de defesa invocáveis contra o sub-rogado se aproxima bastante mais da disciplina da cessão. O crédito transmitir-se-á, nesses casos, não apenas com as garantias e acessórios que o fortaleçem, mas também com os vícios ou defeitos que o enfraquecem. Cfr. MERLO, *ob. cit.*, n.º 89.

A omissão intencional do artigo 587.º também tem a sua justificação: não tendo o credor, no caso da sub-rogação, o papel de negociador do crédito que tem o cedente, nomeadamente na cessão a título oneroso, não é justo impor-lhe a responsabilidade consignada naquela disposição. Se vier, no entanto, a averiguar-se a inexistência da dívida ou se vier a ser declarado nulo ou anulado o negócio donde nascia a obrigação, o *solvens* tem direito a repetir a prestação efectuada. Mas a repetição far-se-á, nessa altura, segundo as regras favorecidas do enriquecimento sem causa, e não nos termos da garantia devida pelo *cedente* do crédito.

415. *Natureza jurídica da sub-rogação.* Tem sido muito controvertida entre os autores a questão da natureza jurídica do fenómeno da sub-rogação, designadamente da sub-rogação *ope legis* [1].

A doutrina tradicional considera a sub-rogação como uma modalidade da *transmissão* do direito de crédito. Embora a sub-rogação assente no facto do cumprimento e este constitua a causa *extintiva* da obrigação por excelência, a circunstância de a satisfação do interesse do credor ser operada, não pelo devedor, mas por terceiro, ou com meios por este facultados, tem como efeito que o crédito, em lugar de se extinguir, transita de armas e bagagens para esse terceiro.

São muitos, porém, e bastante qualificados os autores que, desde há longos anos, entendem que o cumprimento, embora efectuado ou *subsidiado* por terceiro, não pode deixar de *extinguir* o direito de crédito, desde que dá plena satisfação ao interesse a que tal direito se encontra adstrito [2]. Partindo dessa premissa comum,

---

[1] VAZ SERRA, *Sub-rogação nos direitos do credor*, pág. 5, nota 1; *Id.*, anotação ao ac. do S.T.J., de 18-VI-1965, na *Rev. Leg. Jurisp.*, 99.º, pág. 15; ESPIN, *est. cit.; Id., Manual*, III, pág. 235 e segs.; MERLO, *ob. cit.*, pág. 31 e segs. (com uma referência muito completa e uma crítica minuciosa às várias concepções doutrinais da sub-rogação); BUCCISANO, *ob. cit.*, págs. 30 e segs.

[2] É sintomático, nesse aspecto, o facto de, tanto o Código civil francês (arts. 1 249 e segs.), como o Código italiano (quer o antigo, de 1865, quer o actual, de 1942: cfr. arts. 1 201 e segs.), tratarem a sub-rogação sob a rubrica geral do pagamento.

Das obrigações em geral

afirmam uns que a sub-rogação constitui uma *«opération à double face»*[1]; outros, que a sub-rogação teria apenas de específico a transmissão legal das garantias do antigo crédito[2]; outros, como VAZ SERRA[3], consideram o direito do sub-rogado como um simples direito de indemnização, enquanto BUCCISANO[4] e outros também sustentam que há, na base da sub-rogação, uma autêntica *novação* objectiva do crédito, mas não chegam a qualificar o direito de terceiro, quanto à sua origem.

Uma teoria intermédia que encontrou bastante audiência entre os autores foi a da *extinção relativa*, formulada por HARTMANN[5], segundo a qual o cumprimento efectuado por terceiro extinguiria a obrigação, não em termos *absolutos* como sucede com o cumprimento do devedor, mas *apenas* em relação ao credor, deixando-a persistir relativamente ao devedor (que não cumpriu) e ao terceiro, interveniente na relação (que cumpriu, em lugar do obrigado).

---

[1] É a tese de DEMOLOMBE (*Cours*, XIII, n.º 320), numa fase pouco posterior à teoria da *cessão fictícia* encabeçada por POTHIER. A sub-rogação constituiria um pagamento nas relações do credor sub-rogante com o terceiro sub-rogado que lhe satisfaz o crédito. E seria uma *cessão* nas relações do sub-rogado com o devedor cuja dívida ele saldou.

A cessão, porém, seria *fictícia*, uma vez que a obrigação, que dela deveria constituir objecto, já se encontrava extinta.

É flagrante a afinidade desta concepção com a de POTHIER e os autores precedentes. Numa altura em que a sub-rogação ainda se encontrava mal definida, e em que a cessão se identificava com a compra do crédito, era natural a tendência dos escritores para aproximarem o *pagamento* da dívida, efectuado por terceiro, do *preço* do crédito pago pelo cessionário. A sub-rogação aparecia assim como uma cessão *fictícia* efectuada pelo primitivo credor. A cessão é, dizia por exemplo MOURLON (referido por MERLO, *ob. cit.*, pág. 37), *«une fiction de droit, en vertu de laquelle le tiers qui paie est censé avoir acheté la créance plutôt que l'avoir acquittée.»*

[2] É a posição de MERLIN (*Répertoire universel et saisonné de jurisprudence*, 1807-1809, XII, pág. 348), quando insiste na diferença entre a situação do terceiro sub--rogado e a do cessionário ou sucessor do credor.

[3] *Lugs. cits.*

[4] Vide *ob. cit.*, especialmente pág. 77 e segs.

[5] *Die Obbligation. Untersuchungen über ihren Zweck und Bau*, 1875, pág. 46 e segs.

Transmissão das obrigações

Para avaliar o mérito das teorias expostas, importa ter bem presente a função *específica* da doutrina jurídica, que não é a de *procurar soluções* para os problemas levantados no foro do direito, mediante a interpretação das leis e a integração das suas lacunas, mas a de ordenar e articular cientificamente, fundindo-os em conceitos adequados, segundo os melhores critérios da lógica formal, os *dados* obtidos através da actividade fundamental do jurisconsulto.

Examinada a matéria sob este prisma rigoroso, há doutrinas sobre a natureza jurídica da sub-rogação, que têm de ser imediatamente postas de lado.

É o que sucede, desde logo, com a teoria da *cessão fictícia* e da operação com uma *face dupla*. A presunção da vontade de ceder o crédito, por parte do credor a quem o terceiro paga a prestação devida, não corresponde à realidade (principalmente nos casos de sub-rogação legal ou de sub-rogação fundada na vontade do devedor), tal como não é exacta a equiparação que a teoria pressupõe entre o regime da cessão e o da sub-rogação [1].

Aceitar, por outro lado, que a obrigação se extingue em consequência do pagamento de terceiro, e que só por mera *ficção* da lei o crédito se considera renascido para o efeito de ser transmitido ao *solvens*, equivale a renunciar à definição dogmática do nosso instituto.

O tratamento especial concedido ao pagamento da dívida, efectuado por terceiro, em determinadas circunstâncias, não é uma *ficção*, mas uma realidade. E é precisamente o conjunto de soluções aplicáveis a essa situação que nos cumpre definir dogmaticamente, para se fixar a *natureza jurídica* da sub-rogação.

Está longe também de ser defensável a teoria que concebe a sub-rogação como um direito de indemnização concedido ao terceiro, para reparação do dano que lhe causou o cumprimento.

Por um lado, há aspectos essenciais da sub-rogação, como sejam a transmissão das garantias e dos acessórios do crédito, que

---

[1] Vide *supra*, n.º 356. Cfr. ENNECCERUS-LEHMANN, § 306, nota 1.

não encontram a menor ressonância no regime dum direito nascido *ex novo* na titularidade do lesado, como é o direito à indemnização.

Por outro lado, a ideia da *reparação* do *dano* aparece ligada, nos diferentes sistemas jurídicos, ao sofrimento dum prejuízo por facto *ilícito* de outrem, por causa do *risco* criado por coisas ou actividades perigosas ou pela *sobreposição* de um interesse *alheio* de plano superior (danos causados por factos lícitos). E não se coaduna, ou mal se concilia, com a prática espontânea de um acto que o próprio *lesado* leva a cabo para acautelar os seus interesses, como sucede com o pagamento da dívida de outrem, efectuado pelo dono da coisa empenhada ou hipotecada ou pelo subarrendatário que procura evitar a caducidade do subarrendamento.

Considerar a sub-rogação um fenómeno de novação objectiva, como faz Buccisano[1], equivale a negar, contra a letra expressa da lei, os traços característicos da posição do *solvens*, após o cumprimento. Acrescentar que o *novo* direito do sub-rogado é decalcado sobre a *posição* ou o *posto* do *antigo* credor equivale, por seu turno, a querer *conciliar* duas ideias *logicamente irreconciliáveis*.

Supomos não haver necessidade de repudiar a concepção tradicional para retratarmos com fidelidade o fenómeno da sub-rogação pessoal, desde que devidamente se atenda, como faz Hartmann, à real *complexidade* da relação obrigacional.

A *obrigação* não se reduz ao direito de crédito, que é apenas uma das suas faces. Do ponto de vista económico-social, a relação creditória também não é apenas o instrumento coercivo da satisfação do interesse de determinada pessoa.

A obrigação é uma relação jurídica e, como toda a relação, tem dois pólos. Se, de um dos lados, no anverso da medalha, a obrigação constitui um instrumento de satisfação de certa necessidade, do outro lado, no reverso da medalha, ela traduz-se na impo-

---

[1] É exactamente no capítulo da novação (art. 1 203) que o Código espanhol se refere, em termos gerais, à figura da novação: Diez-Picazo, n.º 981.

sição coerciva do *sacrifício* correspondente ao sujeito passivo da relação (devedor ou obrigado).

Embora qualquer outra pessoa possa realizar a prestação devida, sempre que esta tenha carácter *fungível, só do devedor* a prestação *pode ser exigida*. Só contra o obrigado dispara a arma que o poder de exigir coloca nas mãos do credor.

Para assegurar a regular composição dos dois interesses fundamentais em conflito dentro da relação, podem existir (e existem frequentemente), ao lado do poder de exigir, atribuído ao credor, e do dever de prestar, que recai sobre o devedor, muitos outros poderes e deveres *secundários* ou *acessórios*.

Ora, perante a complexidade da relação creditória assim sumariamente descrita, nada repugna aceitar, no plano da lógica conceitual, as três conclusões seguintes:

a) O cumprimento por terceiro, desde que não põe a funcionar o lado passivo da relação obrigacional, não envolve forçosamente a *extinção* do dever de prestar a cargo do devedor;

b) O cumprimento por terceiro, dando plena satisfação ao interesse do credor a que se encontra adstrito o *poder de exigir*, provoca necessariamente a *perda* do crédito para o antigo titular, mas pode não provocar a sua *extinção* se, atendendo à natureza fungível da prestação e à actuação do terceiro, houver razões para o manter, mas na titularidade do *solvens*;

c) Quando haja razões para *manter* o *dever de prestar* a cargo do devedor (porque ainda o não cumpriu) e para *conservar* o *crédito* na titularidade do *solvens* (porque realizou a prestação fungível em lugar do devedor), e não na do primitivo credor (que o perdeu, por ver realizado o seu interesse), o conceito que melhor exprime esta dupla realidade é o da *transmissão* do crédito.

E foi esta distinção entre a *perda* e a *extinção* do crédito, no plano dos efeitos do cumprimento efectuado por terceiro, que levou o novo Código Civil a rejeitar a inserção sistemática do instituto da sub-rogação, aceite por outras legislações (que o colocavam no capítulo do *cumprimento* ou *pagamento*, como uma *excepção* ao efeito

Das obrigações em geral

extintivo do pagamento), colocando-o deliberadamente no capítulo especial da «transmissão de créditos e de dívidas» (arts. 577.º e segs.).

É esta também a linha de orientação que J. MESTRE encontra para, não só identificar os traços típicos da figura (logo no direito romano), como explicar também o surto recente de desenvolvimento do instituto, a favor dos organismos de segurança social e do *factor* no âmbito do *factoring*.

SECÇÃO IV

ASSUNÇÃO DE DÍVIDA*

(Transmissão singular de dívidas)

416. *A transmissão singular das dívidas e o proceso de despersonalização da relação obrigacional. Noção e variantes da assunção da dívida.* Tal como a cessão de créditos e a sub-rogação por efeito do paga-

---

(1) J. MESTRE, *ob. cit.*, 1979, ns. 635 e segs., pág. 695 e segs.

* CARNEIRO PACHECO, *Da sucessão singular nas dívidas*, 1912; VAZ SERRA, *Novação, expromissão, promessa de liberação e contrato a favor do credor, delegação, assunção de dívida*, 1958; PIRES DE LIMA e A. VARELA, *Código Civil anot.*, anotações aos arts. 595.º e segs.; MOTA PINTO, *ob. cit.*, n.º 23, págs. 166 e segs.; JACINTO BASTOS, *Das Obrigações em Geral*, III, 1972, pág. 175 e segs.; NEY FERREIRA, *Da assunção de dívidas*, 1973; DIEZ--PICAZO, n.ᵒˢ 988 e segs.; JORDANO, *Assunción de deuda*, no *Annuario de der. civ.*, 1950, pág. 1372; DE DIEGO, *Transmissión de las obligaciones, según la doctrina y la legislación española y estrangera*, 1912; GAUDEMET, *Étude sur le transport de dettes à titre particulier*, 1898; PLANIOL, RADOUANT, VII, n.ᵒˢ 1141 e segs.; CARBONNIER, n.º 127; BARBERO, II, n.º 706; BIGIAVI, *La delegazione*, 1940; CORRADO, *Il trasferimento del debito*, na *Riv. dir. priv.*, 1943, I, pág. 155; COVIELLO (N.), *La sucessione nei debiti a titolo particolare*, no *Arch. giur.*, 1896, pág. 287; NICOLÒ, *L'adempimento dell'obbligo altrui*, 1936; PACCHIONI, *La successione singolare nei debiti*, na *Riv. dir. com.*, 1911, I, pág. 1045 e 1913, pág. 81 e segs.; RUSSO, *Debito (Cessione del)*, no *Nuovo Dig. Ital.*; RESCIGNO, *Delegazione (Dir. civ.)*, *Enc. del dir.*; DELBRÜCK, *Die Übernahme fremder Schulden nach gem. und preus. Recht*, 1853; DEMELIUS, *Vertragsübernahme*, no J.J., pág. 241; FABRICIUS, *Vertragsübernahme und Vertragsbeitritt*, na J.Z., 1967, pág. 144; KNOKE, *Die Sondernachfolge in die Schuld bei befreiender Schuldübernahme*, J.J., 60, pág. 407; LARENZ, § 35; PIEPER, *Vertragsübernahme und Vertragsbeitritt*, 1963; DEMUTH, *Garantievertrag und privative Schuldübernahme in der neueren deutschen Privatrechtsgeschichte*, 1966; HECKELMANN, *Die Anfechtbarkeit von Schuldübernahme*, 1966.

Transmissão das obrigações

mento de terceiro, também a *transmissão singular das dívidas* corresponde à satisfação jurídica de necessidades práticas, embora menos frequentes do que as determinantes da transmissão do lado activo da relação creditória ([1]).

Contraem-se a cada passo dívidas para promover a conservação ou valorização de determinadas *coisas*, móveis ou imóveis, ou para assegurar a exploração económica de certas *universalidades*, quer de facto, quer de direito. Se o titular da coisa ou da universalidade pretender aliená-las logo em seguida, pode convir ao alienante, e não desagradar ao adquirente, transmitir aquelas dívidas ao mesmo tempo que as coisas a que elas respeitam. O vendedor do prédio pode estar interessado em transferir para o comprador o encargo das despesas com as benfeitorias que nele introduziu. O comprador do bar-restaurante pode querer chamar a si a promessa feita pelo vendedor de celebrar certo contrato de fornecimento com uma fábrica de refrigerantes ([2]).

Outras vezes o interesse do terceiro em tomar sobre si a obrigação de efectuar a prestação devida por outrem assentará na intenção de, por esse modo, evitar um acto do credor que indirectamente o lesaria. A mulher do arrendatário, por exemplo, pode prontificar-se a pagar as rendas devidas pelo marido, com o intuito de prevenir a acção de despejo que o senhorio estava disposto a requerer, atingindo-a a ela e aos filhos. O credor hipotecário pode comprometer-se a pagar ao empreiteiro o preço das obras previstas para o prédio hipotecado, a fim de melhor se precaver contra a

---

([1]) É bastante elucidativo, quanto ao interesse prático da assunção de dívida, o exemplo com que CARNEIRO PACHECO (*ob. cit.*, pág. 1) inicia o seu estudo: *A* emprestou 500$ a *B*. Este vendeu por 500$ um prédio a *C*. Quando assim fosse, *A* teria dois meios de proporcionar a *B* a possibilidade de se desonerar, sem deslocação de numerário e sem constituição de nova obrigação: um era aceitar a transmissão do crédito de *B* sobre *C* (*cessão de crédito);* outro era consentir na transmissão de dívida feita por *B* a *C* (*assunção de dívida).*

([2]) Cfr., a propósito, a hipótese apreciada pela decisão do B.G.H., de 11 de Fevereiro de 1963, na N.J.W., 63, pág. 900.

Das obrigações em geral

desvalorização da garantia do seu crédito, resultante da falta das obras.

Ora, durante muitos séculos, por força da concepção estritamente personalista da *obligatio*, avessa a toda a modificação *subjectiva* da relação creditória, e por virtude da importância capital que a pessoa do devedor (tanto pelas suas qualidades como pela sua capacidade patrimonial) assume na economia da relação obrigacional, as legislações, a jurisprudência dos vários países e a própria doutrina manifestaram a maior relutância em admitir, fora da sucessão hereditária e dos fenómenos análogos de sucessão a título universal, uma transmissão *singular* das dívidas. A ideia geralmente aceite era que a substituição do *devedor* envolvia forçosamente uma *novação subjectiva*, com a extinção da obrigação que recaía sobre o primitivo devedor e a constituição de um outro vínculo (onerando o novo devedor) em lugar do anterior ([1]).

Cabe à doutrina pandectista alemã, nomeadamente a DELBRUCK e a WINDSCHEID, o mérito de ter iniciado a reacção contra o dogma da intransmissibilidade singular das dívidas, a ponto de o Código alemão ter já consagrado abertamente, nos §§ 414 e seguintes, a possibilidade de um terceiro tomar para si a posição jurídica do devedor dentro da relação obrigacional (*Übernahme*) ([2]).

E foi na esteira deste diploma e do Código italiano de 1942 — mais inspirado no primeiro do que no segundo — que o novo

---

([1]) Vide CARNEIRO PACHECO, *ob. cit.*, pág. 10 e segs.; DIEZ-PICAZO, n.ºs 988 e segs.; DIEGO ESPIN, III, pág. 253 e segs. «A mudança do devedor ou do credor, escreve C. PACHECO (*ob. cit.*, pág. 11) ao retratar a concepção romanista da *obligatio*, exigia a prática de novas solenidades e, num direito formalista, solenidades novas criam uma nova obrigação. As obrigações podem, portanto, extinguir-se e renascer, mas, por sua natureza, não podem circular.» À face do Código civil de 1867, ainda G. MOREIRA (II, págs. 191 e segs.) sustentava que «a substituição dum devedor por outro só pode realizar-se pela novação, pela qual se extinguem a eficácia jurídica do título constitutivo da primeira obrigação.» Em sentido oposto, a despeito do n.º 2 do artigo 802.º, C. PACHECO, *ob. cit.*, pág. 85.

([2]) NEY FERREIRA (*est. cit.*, pág. 35 e segs.) narra também a evolução que o conceito de obrigação e o fenómeno sucessório (no domínio das relações de crédito) tiveram no direito francês.

Transmissão das obrigações

Código civil português abriu, no capítulo que trata da transmissão das obrigações, uma secção subordinada à epígrafe «*Transmissão singular de dívidas*», em cujos preceitos se prevê e regula, com bastante desenvolvimento, a figura da *assunção de dívida.*

Como o próprio nome indica, a assunção de dívida é a *operação pela qual um terceiro (assuntor) se obriga perante o credor a efectuar a prestação devida por outrem.*

A assunção opera uma *mudança* na *pessoa* do devedor, mas sem que haja *alteração* do *conteúdo*, nem da *identidade* da obrigação. Só assim tem algum sentido falar da *transmissão* (singular) da dívida, por contraste com a orientação do antigo direito, que envolvia sistematicamente a *substituição* do devedor no figurino conceitual da *novação* (cfr. art. 802.º, n.º 2.º, do Cód. de 1867). A substituição do devedor pode alcançar-se por uma das duas vias descritas no artigo 595.º, 1: ou por contrato entre o antigo e o novo devedor, ratificado pelo credor; ou por contratação directa entre o novo devedor (*assuntor*) e o credor, independentemente de consentimento do primitivo obrigado.

O termo *transmissão* (transmissão da dívida), que figura na epígrafe da secção em que o novo Código regula a matéria, inculca desde logo a ideia de que a obrigação se *transfere*, sem perda da sua identidade, do primitivo devedor para o assuntor, ficando aquele *exonerado* a partir do momento em que este se vincula perante o credor.

E assim sucede, com efeito, num largo sector dos casos de assunção da dívida, nos quais a intervenção do terceiro tem precisamente por fim exonerar o primitivo devedor.

Mas há situações com uma fisionomia diferente, como expressamente se afirma no artigo 595.º, n.º 2: são aquelas em que a assunção da dívida coloca o assuntor *ao lado* do primitivo devedor, mas *sem exonerar* este, dando assim ao credor, não o direito a uma dupla prestação, mas o direito de obter a prestação devida através

Das obrigações em geral

de *dois vínculos*, à semelhança das obrigações com os devedores solidários ([1]).

Na verdade, quando o credor hipotecário promete ao empreiteiro das obras a realizar no prédio hipotecado o pagamento do preço da empreitada, ou quando a mulher do arrendatário promete ao senhorio pagar as rendas que o marido tem em dívida, a intenção dos contraentes tanto pode ser a de colocarem o novo devedor (que ofereça naturalmente maiores garantias de solvabilidade ao credor) em lugar do primeiro, que seria exonerado, como a de chamarem a dívida ao património do novo obrigado, mas sem se exonerar o antigo devedor, para darem ao credor um reforço do direito à prestação devida.

A doutrina, quer nacional, quer estrangeira, procura realçar a profunda diferença existente entre as duas variantes da transmissão, crismando-as com designações diferentes.

Aos casos em que o compromisso assumido pelo novo devedor envolve a exoneração do primitivo obrigado dá-se o nome de *assunção liberatória, exclusiva* ou *privativa de dívida* ([2]) (*acollo privativo* ([3]); *befreiende Schuldübernahme*) ([4]). Àqueles em que o terceiro faz sua a obrigação do primitivo devedor, mas este continua vinculado ao lado dele, dão os autores a designação de *assunção cumulativa de dívida, co-assunção de dívida, acessão* ou *adjunção à dívida, assunção multiplicadora* ou *reforçativa da dívida* ([5]) (*accollo cumulativo; Schuldbeitritt*).

([1]) O artigo 595.º, 2, considera mesmo o assuntor e o primitivo obrigado, nos casos do tipo visado, como devedores solidários. «Em qualquer dos casos, diz esse preceito, a transmissão só exonera o antigo devedor havendo declaração expressa do credor; de contrário, *o antigo devedor responde solidariamente com o novo obrigado.*» Sobre o alcance preciso da parte final da disposição, vide *infra*, n.º 374.

([2]) Vide V AZ SERRA, *ob. cit.*, pág. 189, nota 1.

([3]) BARBERO, II, n.º 707.

([4]) ESSER, § 56, I, pág. 415; BROX, § 29, pág. 219.

([5]) As designações referidas no estudo de V AZ SERRA (*loc. cit.*) são a versão, para língua portuguesa, das expressões correntemente usadas na literatura jurídica alemã (*Schuldbeitritt; Kumulative, vervielfaltigende oder bestärkende Schuldübernahme*: LARENZ, § 35, II), onde o tema da transmissão singular das dívidas tem sido largamente versado desde meados do século findo, a partir do estudo clássico de DELBRUCK.

Transmissão das obrigações

417. *Confronto da assunção de dívida com as figuras próximas: promessa de liberação; fiança; contrato a favor de terceiro; novação; expromissão e delegação.* A assunção de dívida é uma figura negocial que, pela sua *estrutura* e pela sua *função*, tem *fronteiras* com múltiplos tipos de convenções situados no sector das obrigações, havendo mesmo largas zonas comuns ou de sobreposição com alguns deles.

O confronto destas figuras e a delimitação das respectivas zonas fronteiriças só ajudarão a definir, com maior precisão, o recorte típico da *assunção de dívida*.

Promessa de liberação ou assunção de cumprimento. A figura mais próxima da assunção de dívida, tanto na *estrutura* da relação, como na *função* do negócio, é a *promessa de liberação*, a que também se dá o nome de *assunção de cumprimento (Erfüllungsübernahme)* [1].

Há *promessa de liberação*, sempre que uma pessoa (promitente) se obriga perante o devedor a desonerá-lo da obrigação, cumprindo em lugar dele, ou seja, efectuando em vez dele a prestação devida ao credor (cfr. art. 444.°, 3) [2]. É, por exemplo, uma sociedade portuguesa (A) que compra certa mercadoria a uma firma estrangeira (B) e lhe promete, por conta do preço, pagar o frete que esta última deve à sociedade transportadora da mercadoria.

O parentesco existente entre os dois negócios provém do facto de, em ambos eles, haver uma pessoa que se compromete a efectuar a prestação devida por outrem. A diferença está em que, na promessa de liberação, o terceiro se obriga apenas perante o devedor, só este tendo o direito de exigir dele a exoneração prometida, enquanto na assunção de dívida a obrigação é contraída (imediata ou posteriormente) em face do credor, que adquire assim o direito de exigir do assuntor a realização da prestação devida.

---

[1] CARNEIRO PACHECO, *ob. cit.*, págs. 3 e 4; BROX, § 29, pág. 220.
[2] Cfr. a disposição paralela (§ 329) do B.G.B.

Das obrigações em geral

Para acentuar este *fosso* que separa as duas figuras, poder-se-ia chamar a *promessa de liberação*, parafraseando a designação de CARBONNIER, assunção *interna* de dívida ([1]).

A afinidade entre elas terá como resultado prático, além de outros, que a assunção de dívida concertada entre antigo e novo devedor, se não for ratificada pelo credor (cfr. art. 595.º, 1, al. *a*)), se converterá muitas vezes, por obediência à vontade presumível ou conjectural das partes (arts. 239.º e 293.º), em mera *assunção de cumprimento* ([2]).

Fiança. Tem também bastantes afinidades com a assunção de dívida, no aspecto *funcional*, a relação de fiança. São de tal modo próximas nesse aspecto, que na prática se torna por vezes extremamente difícil saber se o terceiro quis, na verdade, chamar a si a obrigação que recai sobre o devedor ou pretendeu apenas afiançar o devedor, responsabilizando-se acessória e subsidiariamente pelo cumprimento ([3]).

Quando, por exemplo, a mulher do arrendatário, no intuito de evitar a acção de despejo, promete pagar as rendas em dívida, nem sempre será fácil precisar, em face dos termos das declarações trocadas entre os interessados, se ela quis somente afiançar a dívida do inquilino ou pretendeu mesmo constituir-se, perante o senhorio, na posição de devedora das rendas em atraso. E dúvidas análogas

---

([1]) CARBONNIER (n.º 127, pág. 527) inclui a *promessa de liberação* entre os três *graus* teoricamente possíveis da cessão de dívida: *a cessão interna, a cessão cumulativa e a cessão perfeita.*

O termo *interna* (cessão), aplicado à promessa de liberação, parece bastante sugestivo, abstraindo das reservas que possa suscitar, no plano da dogmática jurídica, a mistura da promessa de liberação com a assunção (liberatória e cumulativa) num mesmo conceito genérico. Francamente impróprio é, porém, o termo *cessão* aplicado à transmissão de dívidas, por dar a falsa aparência de ser ao devedor que compete o *poder de disposição* sobre o débito.

([2]) No mesmo sentido, ESSER, § 56, II, pág. 419.

([3]) «As partes, escreve a esse propósito VON TUHR (n.º 89, II, 1), não costumam penetrar no sentido desta distinção jurídica.»

Transmissão das obrigações

de interpretação poderá suscitar a declaração do credor hipotecário que se responsabiliza pelo pagamento do preço da empreitada das obras no prédio hipotecado.

Teoricamente, as duas situações são bastante diferentes, e essa diferença não deixa de repercutir-se em diversos aspectos do seu regime.

Além de a fiança ser, em princípio, uma obrigação *subsidiária* (art. 638.º, 1), o fiador responde sempre por uma *dívida alheia*. O assuntor, pelo contrário, ou é o único obrigado (caso da assunção liberatória) ou é devedor *principal*, juntamente com o primitivo devedor. Além disso, tomando sobre si a posição jurídica do antigo devedor, o assuntor faz *sua* a obrigação que recaía sobre este *no momento da assunção*, respondendo assim por dívida própria.

Deste modo, enquanto a fiança acompanha o *conteúdo variável* da obrigação do devedor ([1]), o assuntor responde pela obrigação, com o conteúdo que esta possuía no momento da assunção (ressalvada a hipótese, no caso de assunção cumulativa, de qualquer forma de extinção total ou parcial da dívida levada a cabo pelo primitivo devedor). O assuntor não responde, portanto, pelos danos moratórios imputáveis ao primitivo devedor, sendo a mora posterior à assunção, ao passo que o fiador responde pelas consequências (legais e contratuais) da mora, posterior à prestação de fiança.

Por outro lado, o fiador que cumpre em lugar do devedor fica *sub-rogado* nos direitos do credor, visto ser terceiro, embora interessado no cumprimento, enquanto o assuntor, cumprindo uma obrigação própria, não goza do benefício da sub-rogação ([2]).

Na prática, a qualificação das espécies que suscitem dúvidas dependerá dos resultados a que conduzirem a interpretação e a

---

([1]) «A fiança, diz textualmente o artigo 634.º, tem o conteúdo da obrigação principal e cobre as consequências legais e contratuais da mora ou culpa do devedor».

([2]) Outra das várias diferenças que poderiam ser acrescentadas às referidas no texto é a que resulta da inaplicabilidade à assunção de dívida do disposto no n.º 2 do artigo 632.º

Das obrigações em geral

integração das declarações sobre que assenta o contrato. A jurisprudência e a doutrina dominantes na Alemanha entendem que, na dúvida, só deve aceitar-se a existência duma assunção de dívida quando o terceiro *tiver um interesse real* (objectivo) *próprio na relação obrigacional* (como sucede no caso da mulher do arrendatário, interessada em impedir o despejo, ou no caso do credor hipotecário empenhado em evitar a desistência do empreiteiro), e não apenas um *interesse pessoal em ajudar o devedor* ([1]).

As regras da interpretação negocial mandam, neste como nos demais casos, atender não só aos termos das declarações dos contraentes, mas a todas as circunstâncias que precederam ou rodearam a celebração do contrato e ainda aos fins visados pelas partes, sendo certo que, entre as circunstâncias concomitantes do contrato, não deixa de interessar sobremaneira, como puro critério heurístico embora, o aspecto substancial destacado pelos autores germânicos.

Contrato a favor de terceiro. As relações entre a assunção de dívida e o contrato a favor de terceiro, talvez por se tratar de figuras com uma elaboração dogmática relativamente curta no tempo, são muito imprecisamente definidas pela generalidade dos autores. Há uma vaga tendência para se considerar a assunção de dívida como uma das múltiplas formas que, devido à sua notória flexibilidade, pode revestir o contrato a favor de terceiro ([2]).

O terceiro beneficiário seria o credor, na assunção *cumulativa* de dívida, e seria o devedor, na hipótese da assunção *privativa* ou *liberatória* de dívida ([3]).

([1]) Cfr. LARENZ, § 35, II, pág. 611-612; ESSER, § 56, II, 3, pág. 420.

([2]) Vide, por ex., VAZ SERRA, *est. cit.*, pág. 191, em nota, e ainda a redacção do primeiro período do artigo 1273 do Código civil italiano.

([3]) No sentido de que a assunção nascida do contrato entre o antigo e o novo devedor *(accollo)* é um contrato a favor de terceiro (credor), quer se trate de assunção *cumulativa*, quer de assunção *liberatória*, vide CICALA, *Il negozio di cessione del contratto*, 1962, pág. 170 e segs. e os autores italianos por ele citados.

366

Transmissão das obrigações

Note-se, porém, que nem num caso, nem no outro, o terceiro beneficiado adquire direito a qualquer *nova* prestação, como nas hipóteses directamente contempladas nos artigos 443.º, 1 e 444.º, 1, ou a qualquer *nova* atribuição patrimonial, do tipo das mencionadas no n.º 2 do artigo 443.º.

No caso da assunção cumulativa, o credor conserva o direito à mesma prestação; simplesmente, em lugar de poder exigi-la apenas do primitivo devedor, passa a ter o direito de requerê-la, como melhor lhe aprouver, daquele ou do assuntor. Sendo a assunção liberatória, a obrigação em que o novo devedor fica constituído, para exonerar o antigo, é a mesma que recaía sobre este.

Ora, a estrutura do *contrato* (típico) *a favor de terceiro*, previsto e regulado nos artigos 433.º e seguintes, é diferente. A nova prestação (ou a nova atribuição patrimonial) a que o terceiro adquire direito nasce da obrigação contraída pelo *promitente*, mas *à ordem* ou *por conta do promissário*.

Deste enquadramento genético da obrigação do promitente resultam dois corolários importantes: por um lado, o promissário pode revogar unilateralmente a promessa, enquanto não houver adesão do beneficiário (art. 448.º, 1); por outro, o promitente pode opor ao terceiro todos os meios de defesa provenientes do contrato celebrado entre ele e o promissário (art. 449.º), visto ser deste contrato que nasce o benefício atribuído ao terceiro.

Na assunção de dívida, começa por não haver verdadeiro *promissário*, e, por isso, nem o primitivo devedor (na assunção cumulativa), nem o credor (na assunção privativa ou liberatória) gozam do direito de revogação (unilateral) da promessa do assuntor ([1]). Depois, como a prestação prometida pelo assuntor é a prestação devida pelo primitivo obrigado, os meios de defesa oponíveis pelo novo devedor ao credor não são os provenientes da relação entre

---

([1]) A possibilidade de *distrate*, a que se refere o n.º 1 do artigo 596.º, é diferente da revogação (unilateral) facultada ao promissário.

Das obrigações em geral

ele e o antigo devedor ou entre ele e o credor, mas os derivados das relaçõẹs entre o antigo devedor e o credor ([1]) (art. 598.º).

Pode, todavia, suceder que, excepcionalmente, a intervenção do assuntor seja provocada por um outro estranho à relação obrigacional, interessado em promover a liberação do devedor ou em reforçar o direito do credor à prestação debitória. .

Quando assim seja, pode haver simultaneamente, na convenção celebrada entre os interessados, uma assunção de dívida e um contrato (típico) a favor de terceiro, no qual: o assuntor desempenha a *função* de *promitente*; a pessoa, à ordem de quem a promessa (assunção) é efectuada, o papel de *promissário*; e o primitivo devedor ou o credor, consoante os casos, representam os terceiros beneficiários.

Dir-se-á, em resumo, que tanto a assunção cumulativa, como a assunção liberatória de dívida, têm *um efeito* semelhante ao do contrato a favor de terceiro, na medida em que criem uma *vantagem* ou *benefício* para uma pessoa (respectivamente, o credor e o primitivo devedor) que não seja parte no contrato. Todavia, na grande massa dos casos, a estrutura da assunção de dívida (em que o assuntor chama a si a obrigação do primitivo devedor para com o credor) é diferente do esquema próprio do contrato a favor de terceiro, regulado nos artigos 443.º e seguintes.

Novação. As semelhanças e as diferenças existentes entre a assunção (liberatória) de dívida e a *novação subjectiva, por substituição do devedor* (art. 858.º, *in fine*), são relativamente fáceis de precisar, sem embargo das dificuldades que, na ordem prática, possa suscitar a qualificação de uma ou outra situação, por não ser líquida a vontade dos contraentes.

([1]) «No contrato a favor de terceiro, escreve, LARENZ (§ 35, I, pág. 606) no mesmo sentido, a obrigação do promitente determina-se apenas segundo o conteúdo do contrato celebrado entre ele e o promissário. Por isso pode o promitente opor ao terceiro as excepções *(Einwendungen)* baseadas nesse contrato, enquanto lhe não é lícito invocar as fundadas nas relações entre o promissário e o terceiro (credor).» Cfr., ainda C. PACHECO, *ob. cit.*, pág. 55.

Transmissão das obrigações

Em ambos os casos se opera uma *substituição* na pessoa do devedor. Há, porém, *novação*, sempre que a alteração provocada no sujeito passivo da relação creditória envolve a constituição de uma *nova* obrigação em lugar da antiga, que fica extinta. Se a *mudança* de devedor, não envolvendo a extinção da dívida antiga, opera um simples fenómeno de *sucessão* na relação obrigatória, há assunção de dívida.

A permanência da dívida, no caso da assunção ([1]), reflecte-se, entre outros aspectos, na determinação dos meios de defesa oponíveis pelo assuntor ao credor (art. 598.º), na forma como aproveita ao novo devedor a prescrição que tivesse começado a correr a favor do anterior obrigado (art. 308.º) e nos termos em que se transferem para o assuntor as obrigações acessórias do antigo vinculado (art. 599.º).

Maior afinidade com a transmissão singular de dívida, no que respeita à *manutenção* do vínculo obrigacional, tem a chamada dação *pro solvendo*, que pode inclusivamente ser realizada mediante a *assunção de uma dívida* (art. 840.º, 2). O que há, no entanto, de característico na dação *pro solvendo*, tal como na *dação em cumprimento*, no geral, é a realização de uma prestação *diferente* da que era devida. Na dação *pro solvendo*, acrescem a essa nota comum a relação de finalidade estabelecida entre as duas prestações e a dependência a que esta relação dá lugar (art. 840.º, 1, *in fine*).

Expromissão; delegação. O fenómeno da transmissão singular de dívidas vem tratado no Código civil italiano, tal como no anteprojecto do Livro das Obrigações, da autoria de VAZ SERRA, sob uma perspectiva diferente da que adoptou o texto definitivo do Código português.

O diploma transalpino distingue, nesse capítulo, três figuras negociais diferentes, que são a *delegação*, a *expromissão* e o contrato

---

([1]) A demonstração de que a assunção (liberatória) de dívida, tal como a cessão de créditos, envolve um fenómeno de sucessão na obrigação é feita, com bastante desenvolvimento, por MOTA PINTO (*ob. cit.*, pág. 168 e segs.).

Das obrigações em geral

entre o antigo e o novo devedor, a que a lei e os autores italianos dão o nome técnico de *accollo* (a *accollatio* de uma dívida alheia)([1]).

A delegação (cfr. art. 1 268 do Cód. ital.) consiste na convenção pela qual uma pessoa (*delegante*) incumbe uma outra (*delegado*) de realizar certa prestação a terceiro (*delegatário*), que é autorizada a recebê-la em nome próprio ([2]).

É o caso do depositante que manda o Banco entregar determinada quantia da sua conta a um terceiro, a quem o depositante pretende fazer um empréstimo ou uma doação, ou pagar uma dívida ([3]).

Quando, como no último caso, o *delegante* é devedor do *delegatário* e a operação visa substituir o primitivo obrigado ou colocar ao lado dele um outro devedor da mesma prestação, a delegação diz-se *passiva* e pode dar lugar a uma verdadeira *sucessão na dívida*.

A *expromissão* (*ex se promissio*: cfr. art. 1 272 do Cód. ital.) é a convenção pela qual um terceiro (*expromitente*), sem delegação do devedor, assume perante o credor a obrigação de efectuar a prestação devida por outrem ([4]).

A, sabendo que o vizinho (doente ou ausente) tem uma dívida por pagar e que o credor se propunha executá-lo, obriga-se a solver o débito.

Não menos vulgar do que qualquer das duas precedentes, como forma de transmissão singular da dívida, é a convenção celebrada directamente entre o antigo devedor e um terceiro, que se obriga a efectuar a prestação debitória e quer assumir o compromisso perante o credor.

([1]) Vide, por todos, RESCIGNO, *est. cit.*, n.º 8.

([2]) VAZ SERRA, *ob. cit.*, pág. 97 e segs.; BARBERO, *ob. cit.*, II, n.º 708 e segs. e autores cits. na nota 1 da pág. 201; DIEZ-PICAZZO, n.ºˢ 989 e segs.

([3]) Os dois primeiros exemplos referidos no texto integram a figura da chamada *delegação activa*, visto ser o *credor* quem indica ao devedor um outro *credor*, de quem aquele não é, por hipótese, devedor. Cfr. VAZ SERRA, *ob. cit.*, pág. 106; DIEZ-PICAZO, n.º 1 005.

([4]) Cfr. BARBERO, *ob. e vol. cits.*, n.º 712; VAZ SERRA, *ob. cit.*, pág. 77 e segs.

Transmissão das obrigações

O Código civil português reduziu, porém, a uma só categoria (a *assunção de dívida*) o fenómeno da transmissão singular das obrigações. Abstraíu para isso da diversidade de *estrutura* das várias operações negociais através das quais a sucessão se processa, para atender ao resultado *comum* a que elas conduzem.

Mas o facto de ter cunhado para todas essas espécies o mesmo conceito legal não significa que o Código tenha ignorado a diversidade do seu recorte estrutural.

Com efeito, logo na disposição introdutória da matéria (art. 595.º, 1) se faz menção expressa das *diversas vias* por que os interessados podem levar a cabo a sucessão na dívida. A alínea *a)* refere-se ao contrato entre o antigo e o novo devedor, correspondente à figura a que na Itália se dá o nome de *accollo*; e a alínea *b)* aponta, por sua vez, para o contrato entre o novo devedor e o credor, com ou sem consentimento do antigo devedor, convenção que corresponde, sobretudo quando não haja consentimento do devedor, à figura da *expromissão*. A admissibilidade da *delegação* como instrumento de transmissão da dívida também não pode ser seriamente contestada, seja por aplicação directa do artigo 595.º (se vale, como meio de transmissão da dívida, o contrato entre o antigo e o novo devedor, simplesmente *ratificado* pelo credor, por maioria de razão valerá como tal a convenção trilateral em que, com o mesmo fim, participe o credor na qualidade de contraente), seja por força do princípio basilar da liberdade contratual (art. 405.º).

As afinidades e as diferenças existentes entre a assunção de dívida, directamente regulada no Código português (que nesse aspecto se inspirou mais no modelo da lei alemã do que na lei italiana) e as três figuras analiticamente discriminadas nos trabalhos preparatórios de VAZ SERRA, são fáceis de detectar, nas suas linhas gerais.

A assunção de dívida, olhando ao efeito fundamental da *transmissão* do dever de prestar, pode cobrir qualquer daqueles três tipos de convenção versados na doutrina italiana.

Das obrigações em geral

Em contrapartida, tanto da delegação e da expromissão, como do contrato efectuado entre o antigo e o novo devedor, para exoneração deste, pode resultar, não só a assunção de dívida, como outros efeitos distintos. A delegação, por exemplo, não produzirá uma assunção de dívida, se o delegante não for devedor do delegatário. Da *expromissão* tanto pode resultar, por seu turno, uma *sucessão na dívida*, como uma *novação*. «A expromissão, escreve VAZ SERRA [1], é uma das maneiras por que pode fazer-se a substituição do devedor, mas pode também operar-se, por meio dela, uma assunção de dívida ou uma simples adjunção do novo devedor ao antigo.»

E do contrato entre o antigo e o novo devedor, sujeito à ratificação do credor, tanto pode igualmente advir a novação ou a assunção exclusiva, como a assunção cumultativa da obrigação, consoante a vontade manifestada pelos contraentes.

418. *Requisitos específicos de validade da assunção:* A) *Consentimento do credor.* Entre os requisitos específicos de validade da assunção, o primeiro que interessa realçar é o do *consentimento do credor.* Para que haja sucessão na dívida, mudança no sujeito passivo da relação obrigacional, é imprescindível o *consentimento do credor.*

Em qualquer das três *formas* ou *processos* negociais previstos no artigo 595.º, 1, há, de facto, um factor *comum*, que corresponde ao elemento *irredutível* do fenómeno da transmissão singular da dívida: é o consentimento do titular activo da obrigação, dado sob a forma de *ratificação*, como sucede no tipo de contrato a que se refere a alínea *a*), ou manifestado pela participação directa no contrato, como outorgante, nos termos das duas hipóteses compreendidas na alínea *b*) [2].

---

[1] *Ob. cit.*, pág. 77.

[2] O consentimento do devedor não é essencial à operação (art. 595.º, 1, *b*)), pela mesma razão por que não é indispensável ao cumprimento efectuado por terceiro.

Transmissão das obrigações

Não há, neste ponto capital do fenómeno da transmissão, *simetria substancial* entre a *cessão de créditos* e a *assunção de dívida*.

Enquanto o credor, no exercício do seu direito de disposição, pode livremente transmitir a terceiro, com ou sem consentimento do devedor, uma parte ou a totalidade do crédito (art. 577.º), o devedor não pode transmitir a sua posição de sujeito passivo da relação creditória a quem quer que seja, sem a anuência do credor.

A razão justificativa desta diferença substancial de regime entre a cessão de créditos e a assunção de dívida nada custa a descortinar pelo que toca à assunção *liberatória* [1]. As qualidades pessoais (o sentido do dever e a diligência, entre outras) e a capacidade patrimonial do devedor têm uma tal importância na economia da obrigação, que, como diz CARBONNIER [2], «*nul ne peut être contraint à changer de débiteur*». Quanto à assunção *cumulativa*, como constitui sempre um benefício para o credor, que *não perde* o primitivo devedor e ganha um outro ao lado dele, já não repugnaria tanto aceitar uma solução que prescindisse do consentimento daquele.

O novo Código português adoptou, no entanto, um sistema *especial* de defesa dos interesses do credor perante o fenómeno da transmissão da dívida.

A assunção cumulativa constitui, em princípio, sem nenhuma espécie de dúvida, um benefício para o titular do crédito. Como, porém, a ninguém pode, em princípio, ser imposto um benefício (contra sua vontade), e em coerência com o chamado *princípio do contrato* [3], a própria assunção cumulativa não será eficaz enquanto

---

[1] MOTA PINTO, *ob. cit.*, pág. 168, nota 1; DIEZ-PICAZO, n.º 995; JORDANO, *est. cit.*, pág. 1377; BARBERO, II, n.º 706, pág. 195; LARENZ, § 35, I, pág. 602-603.

[2] *Ob. cit.*, n.º 127, pág. 527.

[3] Há, de facto certo *paralelismo substancial* entre o disposto no artigo 457.º e o preceituado no n.º 1 do artigo 596.º. No primeiro caso, dir-se-á que não há nenhum interesse decisivo em *vincular* uma pessoa à promessa de efectuar uma prestação a outrem, contra qualquer mudança de vontade do promitente, se e enquanto não houver uma aceitação contratual da promessa, por parte do destinatário dela. No segundo, também se pode dizer que, enquanto não houver *aceitação* ou *ratificação* da

Das obrigações em geral

o credor não lhe der a sua anuência (art. 595.º, 1, alínea *a*)).(¹). Quanto à assunção liberatória, a lei não se contenta mesmo com o consentimento do credor; no próprio interesse dele e da segurança das relações jurídicas, exige o consentimento *expresso* (art. 595.º, 2) (²) (³). Não havendo declaração *expressa* do credor no sentido da liberação do devedor, haverá uma assunção cumulativa; quanto a esta, bastará a simples ratificação *tácita* do credor, no caso a que se refere a alínea *a*) do n.º 1 do artigo 595.º (⁴).

Quando a *assunção* se realiza por contrato entre o novo devedor e o credor (art. 595.º, 1, al. *b*)), a necessidade do consentimento deste é preenchida através das exigências da *perfeição* do contrato. No caso de ela proceder de contrato entre o antigo e o novo devedor (art. 595.º, 1, al. *a*)), é necessária a *ratificação* do credor (⁵). Não seria, no entanto, razoável obrigar as partes, em tal caso, a

parte do credor, nenhum obstáculo decisivo se levanta, no plano da pura *razoabilidade* na composição dos interesses em jogo, contra a possibilidade de o antigo e o novo devedor revogarem o contrato de assunção que tiverem feito entre si.

(¹) No mesmo sentido, NEY FERREIRA, *ob. cit.*, pág. 74; em sentido diferente, MOTA PINTO, *ob. cit.*, pág. 149, nota 2.

(²) Na mesma linha de orientação, a doutrina do artigo 1 273, II, do Código civil italiano.

(³) Para acautelar capazmente os legítimos interesses do credor, não é necessário, mesmo *de jure condendo*, ir mais longe, exigindo a participação do credor como outorgante, no contrato a efectuar com o novo devedor, à semelhança do que sucede nos Códigos suíço e grego.

(⁴) Haverá ratificação *tácita*, quando o credor, por exemplo, aceite o pagamento de juros efectuado pelo novo devedor, o interpele para o cumprimento, lhe prorrogue prazo ou lhe conceda um prazo para cumprir: PIRES DE LIMA e ANTUNES VARELA, *ob. cit.*, anot. ao art. 595.º.

(⁵) É muito controvertida entre os autores a natureza jurídica da *assunção liberatória*. Cfr. NEY FERREIRA, *ob. cit.*, pág. 83 e segs.

A doutrina mais defensável parece ser aquela que considera a assunção, quando nascida de contrato entre o novo devedor e o credor, como um negócio de *obrigação* em relação ao primeiro contraente, e como um negócio de *disposição* (atenta a libertação do devedor e a consequente *alteração* subjectiva da relação obrigacional), quanto ao segundo.

Procedendo a assunção de um contrato entre o antigo e o novo devedor, ela continuará a ser um negócio de *obrigação* no tocante a este último. E será um negócio

Transmissão das obrigações

aguardarem indefinidamente a manifestação de vontade do credor. Por isso, o artigo 596.º, 2, dá a qualquer delas o direito de fixar ao interessado um prazo para definir a sua posição, sob pena de o consentimento se ter por recusado ([1]).

Ratificado o contrato, cessa o poder de o distratar conferido pelo n.º 1 do artigo 596.º aos contraentes (antigo e novo vendedor). Recusada a ratificação, o contrato torna-se ineficaz, sem prejuízo da possibilidade da sua conversão, nos termos gerais, em *promessa de liberação*.

419. B) *Validade da dívida transmitida e do contrato de transmissão.* Tendo por objecto a obrigação de efectuar a prestação devida por outrem ao seu credor, a assunção depende da existência e da validade da dívida que o assuntor chamou a si.

Se essa dívida não existe, for declarada nula, ou anulada a requerimento de quem tiver legitimidade para a impugnar, a assunção caduca por si. Ou, mais precisamente: é nula por impossibilidade (legal ou jurídica) do seu objecto.

Mas não bastam a *existência* e a *validade* da dívida para garantir a eficácia do compromisso tomado pelo assuntor, com o fim de liberar o primitivo obrigado. É necessária ainda a *validade* do próprio contrato de transmissão de dívida; de contrário, se este for declarado nulo ou anulado, a obrigação do primitivo devedor *renascerá*, embora as garantias prestadas por terceiro não renasçam senão

---

de *disposição* (mas disposição de *direito alheio*), relativamente ao antigo devedor, que se dá como *liberado* da dívida no contrato efectuado com o novo devedor, contando antecipadamente com o *consentimento (ratificação)* do credor. Esta concepção, aceite pela maioria da doutrina alemã (cfr., por todos, ENNECCERUS-LEHMANN, § 84, 5; LARENZ, § 35, I; BROX, § 29, pág. 222), joga com a tese da *bilateralidade* do negócio da assunção de dívida, mesmo quando esta nasce do contrato entre o antigo e o novo devedor; em sentido diferente, tendendo a considerar a assunção de dívida, nesse caso, como negócio *trilateral*, vide MOTA PINTO, *ob. cit.*, pág. 512 e segs.

([1]) O prazo é fixado pelo *interpelante* e não pelo tribunal, nenhuma necessidade havendo, por conseguinte, de recorrer ao processo especial de fixação *judicial* de prazo, regulado nos artigos 1 456.º e 1 457.º do Código de Proc. Civil.

Das obrigações em geral

no caso de este conhecer o vício existente, na altura em que teve conhecimento da assunção (art. 597.º) [1]. Tratando-se de assunção *cumulativa*, a nulidade ou a anulação do contrato tem como resultado a eliminação da obrigação do novo devedor, persistindo apenas o dever de prestar a cargo do primitivo obrigado.

Há, todavia, que conjugar o disposto no artigo 597.º (considerando a nulidade ou a anulação do contrato de transmissão como causa eliminatória da obrigação do assuntor) com a doutrina geral proclamada no artigo 598.º, segundo a qual o novo devedor não tem o direito de opor ao credor os meios de defesa baseados nas relações entre ele e o antigo devedor.

A combinação dos dois preceitos conduz às duas seguintes conclusões: por um lado, o novo devedor pode opor ao credor a nulidade do contrato de assunção, v. gr. por impossibilidade física ou legal, por ilicitude ou imoralidade da prestação prometida (cfr. art. 280.º), e, bem assim, requerer a anulação desse contrato, por erro, dolo ou coacção relativos à vontade de assumir a obrigação de terceiro, desde que se verifiquem os pressupostos de relevância destes vícios em relação ao devedor originário [2]; por outro lado,

---

[1] A solução (válida tanto para o caso de o contrato de transmissão ter revestido a forma prevista na alínea *a*), como para o de ter obedecido ao esquema da alínea *b*)) é análoga à estabelecida noutras disposições para casos paralelos: arts. 766.º; 839.º; 856.º; 860.º, 2; 866.º, 3; 873.º, 2.

O intuito transparente da lei, ao considerar em regra definitivamente extintas as garantias prestadas por terceiro, não obstante a *ressurreição* da obrigação primitiva, é o de proteger as expectativas dos autores da garantia, perante a liberação aparente do devedor. A ressalva estabelecida à regra adapta-se perfeitamente ao pensamento que enforma a *ratio legis*.

[2] MOTA PINTO (*ob. cit.*, pág. 512 e segs., especialmente nota 1 da pág. 513) segue um caminho diferente para acautelar as legítimas expectativas do credor, fundadas na aparente validade do contrato. Em lugar de aceitar a distinção imposta pelo confronto entre os artigos 597.º e 598.º (o primeiro, admitindo a oponibilidade ao credor da anulação do contrato de transmissão; o segundo, afastando a oponibilidade ao credor dos meios de defesa baseados nas relações entre o antigo e o novo devedor), MOTA PINTO considera o credor como *outorgante* no contrato de assunção, tornando assim a relevância dos vícios de vontade alegados pelo novo devedor depen-

Transmissão das obrigações

não lhe é lícito invocar contra o credor a nulidade ou a anulação do contrato que serviu de *fundamento* à assunção ([1]).

O novo devedor pode, por ex., alegar que o credor o induziu dolosamente a crer que o montante da dívida era essencialmente menor do que a realidade veio a mostrar. Mas já lhe não é lícito invocar o facto de a obrigação por ele assumida ser a contraprestação de um fornecimento que o primitivo devedor haveria de ter feito e não fez, ou de uma prestação legalmente impossível ([2]).

Nas relações entre o antigo e o novo devedor, quando o contrato tenha sido celebrado entre eles, o *regime da assunção* é definido, tal como sucede na cessão de créditos, em função do tipo de negócio que lhe serve de base.

Se o assuntor quis fazer uma liberalidade ao devedor, liberando-o da dívida, é aplicável, em princípio, às relações entre

---

dentes da verificação na própria pessoa do credor dos pressupostos relativos ao declaratário.

Essa concepção colide, porém, desde logo com a forma como a alínea *a*) do n.º 1 do artigo 595.º define a posição do credor no contrato entre o antigo e o novo devedor; e parece falhar também no caso da simulação, em que o credor ratificante não pode deixar de ser considerado como terceiro para o efeito do disposto no artigo 243.º, 1, a menos que se converta o acordo simulado entre antigo e novo devedor numa *só declaração* feita sob reserva mental, como propõe o mesmo autor (*ob. cit.*, pág. 518).

([1]) Vide, por todos, Larenz, § 35, I, pág. 607-608, perante textos da lei alemã, que não diferem, nos pontos essenciais, das disposições da lei portuguesa. Cfr., a propósito, a crítica pertinente de Mota Pinto (*ob. cit.*, pág. 513, nota 1) à decisão do B.G.H., de 8-XII-1959 (pub. no N.J.W., 1960, pág. 621 e segs.).

([2]) Suponhamos, para ilustrar a doutrina do texto com um outro exemplo, que *A* compra um prédio a *B*, ficando incluído na composição do preço a assunção (por *A*) de uma obrigação de *B* perante *C*, que ratifica a assunção liberatória assim concertada entre as partes.

Quando assim suceda, mesmo que *A* venha a ter direito à redução do preço e a obtenha (arts. 913.º e 911.º), por causa dos defeitos do prédio, não lhe é lícito invocar esse facto para eximir ao cumprimento da obrigação em face de *C* ou para obter uma redução da dívida.

Das obrigações em geral

eles o regime das doações. Se houve apenas o intuito de lhe adiantar os meios necessários à satisfação do direito do·credor, o regime aplicável será, em princípio, o do mútuo (arts. 1 142.º e segs.).

420. *Regime da assunção:* I) *Natureza do vínculo entre os dois devedores (primitivo e novo devedor), no caso da assunção cumulativa.* Em qualquer das formas de transmissão da dívida previstas na lei, a assunção só libera o primitivo obrigado quando haja declaração expressa do credor. De contrário, diz o n.º 2 do artigo 595.º, *in fine,* «o antigo devedor responde solidariamente com o novo obrigado.»

Ao afirmar que os dois devedores respondem solidariamente, a principal intenção da lei é a de conceder ao credor o poder de exigir indistintamente de qualquer deles o cumprimento integral da obrigação. Mas nada permite supor que tenha havido o propósito de enquadrar semelhante hipótese no módulo legal da *solidariedade perfeita,* correspondente ao tipo de solidariedade passiva previsto e regulado nos artigos 512.º e seguintes.

Efectivamente, a circunstância de a obrigação que o assuntor chama a si ser, na sua origem, uma obrigação *alheia* imprime à assunção um carácter que, em alguns aspectos, notoriamente a distingue da obrigação solidária.

Na obrigação solidária, se algum dos devedores tiver qualquer meio de defesa *pessoal* contra o credor, não fica este inibido de reclamar dos outros a prestação integral (art. 519.º, 2). Pelo contrário, na assunção cumulativa de dívida, se o primitivo devedor impugnar, com êxito, a obrigação com base em qualquer meio *pessoal* de defesa (¹), a obrigação do assuntor caducará, por falta do elemento que lhe serve de suporte.

(¹) O artigo 598.º não permite que o novo devedor invoque contra o credor os meios de defesa *pessoais* do primitivo obrigado; porém, uma vez invocados por este, que tem legitimidade para o fazer, esses meios de defesa aproveitam ao assuntor, ao contrário do que sucede na solidariedade passiva.

Se, para exemplificar, sendo *A* e *B* devedores solidários de *C,* por 600 contos, *A* invocar a sua incapacidade ou o erro de que foi vítima e obtiver ganho de causa,

Transmissão das obrigações

No caso de o novo devedor ser chamado a cumprir, não obstante ter prescrito a obrigação do primitivo devedor, não há razão para que o primeiro goze contra o segundo do direito de regresso a que se se refere o artigo 521.º, 1.

O caso julgado obtido pelo credor contra o primitivo devedor, sendo a obrigação originária deste que está fundamentalmente em causa, deve considerar-se oponível ao novo obrigado (ao invés do que prescreve, para a solidariedade passiva, o art. 522.º), sem prejuízo de o assuntor invocar contra o credor os meios de defesa (v. gr., compensação com créditos seus) de que *pessoalmente* disponha.

Tão pouco se nos afigura que haja lugar, dentro da assunção cumulativa, ao direito de regresso do assuntor, que haja efectuado a prestação, contra o primitivo devedor, ou deste contra aquele, quando o cumprimento tenha sido levado a cabo pelo anterior obrigado. As relações internas entre um e outro são definidas pelo contrato que serve de base à assunção, e não por qualquer presunção de co-responsabilidade que os ligue a ambos.

421. II) *Meios de defesa oponíveis pelo assuntor.* E quais são as *excepções* que o novo devedor pode invocar contra a pretensão do credor?

Suponhamos que *A* comprou a *B* certo imóvel e, por força da respectiva convenção, se obrigou, além do mais, a efectuar a prestação devida por *B* a *C*, como restituição da quantia por este mutuada.

Que meios de defesa pode *A* opor à interpelação que *C* venha a fazer?

Dois princípios fundamentais estabelece a lei a esse respeito, quando não haja convenção especial das partes sobre a matéria.

C não deixará de poder exigir de *B* os 600 contos em dívida. Tratando-se, porém, de assunção cumulativa, se o primitivo devedor invocar qualquer daqueles fundamentos e a excepção proceder, a obrigação do assuntor caducará por falta de objecto.

Das obrigações em geral

O primeiro é que, comprometendo-se a efectuar a prestação devida ao credor, o novo devedor lhe não pode opor os meios de defesa baseados nas relações entre ele e o antigo devedor. No caso concreto do exemplo, o assuntor (*A*) não pode escusar-se ao cumprimento da obrigação assumida perante o credor (*C*), alegando qualquer vício da relação de compra que estabeleceu com *B* (v. gr., a falta de entrega do imóvel, os defeitos deste, os ónus que inesperadamente recaiam sobre ele, etc.).

O segundo princípio é que ao novo devedor aproveitam os meios de defesa fundados nas relações entre o primitivo devedor e o credor, contanto que o seu fundamento seja anterior à assunção da dívida e não se trate de meios de defesa *pessoais*. No mesmo caso concreto, *A* poderá, por exemplo, invocar a nulidade do contrato de mútuo efectuado entre *B* e *C*; por falta de forma, por usura, por simulação; pode igualmente socorrer-se da não verificação da condição, da inexigibilidade do crédito, da falta de legitimidade do interpelante, da prescrição da dívida (aproveitando o prazo prescricional que haja corrido a favor do primitivo obrigado, nos termos do art. 308.°, 2), etc. Mas já lhe não será lícito invocar o erro, o dolo ou a coacção que *B* tenha sofrido, porque a opção entre a validade ou a anulação do contrato de mútuo é facultada ao mutuário e não a terceiro: a anulação fundada em tais vícios é, *hoc sensu*, um meio *pessoal* de defesa do antigo devedor (¹). E pode bem suceder até que o contrato de assunção efectuado entre o antigo devedor e o assuntor tenha de ser considerado como uma *confirmação* expressa, ou

---

(¹) A solução é incontroversa, no caso da assunção *cumulativa*: entre as vontades opostas do primitivo e do novo devedor quanto à opção pela validade ou pela anulação do contrato, haveria sempre de prevalecer a escolha feita por aquele em nome de cujos interesses a anulação é decretada.

Mas outra solução não pode ser adoptada em relação à assunção *liberatória*: desde que a anulação respeite, não ao negócio de assunção da dívida (cfr. art. 597.°), mas ao contrato donde nasceu a obrigação, o direito de anulação fundado nos vícios da vontade de um dos contraentes só a esse contraente pode competir.

tácita (consoante os termos das declarações permutadas entre os contraentes), do negócio anulável[1].

Na mesma linha de orientação aplicável à destrinça entre os meios de defesa *pessoais* e *não pessoais* se insere a distinção que alguns autores fundadamente estabelecem a propósito dos *direitos potestativos* invocáveis pelo assuntor. Os direitos desse tipo transmitem-se ao novo devedor, se emergem da relação simples de crédito em que houve alteração de sujeito; não se transmitem, se nascerem apenas da relação *complexa* donde procede a obrigação [2].

O assuntor pode, por exemplo, escolher a prestação devida, no caso de a obrigação por ele assumida ser *genérica* ou *alternativa* e a escolha competir ao devedor, tal como pode exigir a modificação ou a redução do preço, nos termos previstos pelos artigos 887.º e 911.º, se a obrigação transmitida for a de pagamento do preço da coisa. Mas já lhe não será lícito denunciar, resolver ou modificar o contrato donde procede a obrigação assumida, por se tratar de direitos potestativos que não se referem à simples obrigação transmitida, mas à relação contratual, globalmente considerada, donde a obrigação emerge. São direitos potestativos inerentes, não ao *dever de prestar* que foi transmitido ao assuntor, mas à *posição contratual* do antigo devedor, de que este não abdicou.

Resta acrescentar, para concluir o exame deste ponto, que os meios de defesa pessoais do antigo devedor (como a compensação, a anulação, etc.), uma vez invocados por ele, já podem aproveitar ao novo devedor.

Se o primitivo devedor opuser ao credor, por exemplo, a compensação com um crédito seu contra este, a extinção da obrigação não pode deixar de aproveitar ao assuntor.

---

[1] Rui de Alarcão, *A confirmação dos negócios anuláveis*, I, 1971, pág. 189 e segs.
[2] Mota Pinto, *ob. cit.*, n.º 35; Larenz, § 35, I.

Das obrigações em geral

422. III) *Transmissão dos acessórios do crédito e manutenção das respectivas garantias.* A assunção de dívida constitui, nominal e substancialmente, um fenómeno de *transmissão* negocial do lado passivo da obrigação.

Para o assuntor se transferem, por conseguinte, não só o dever principal de prestar a cargo do primitivo obrigado, mas também os *deveres secundários de prestação* (v. gr., a obrigação de indemnizar, no caso de mora ou não cumprimento), os deveres acessórios de conduta (avisar o credor da verificação de certos factos, tomar determinadas precauções quanto ao objecto da prestação), os direitos potestativos inerentes ao dever de prestar (como o poder de escolha nas obrigações genéricas ou alternativas, o direito de exigir a modificação ou a redução do preço no caso da obrigação de pagamento do preço), os estados de sujeição correspondentes ao direito do credor, as prescrições acessórias da dívida (a fixação da data e do local do cumprimento, a cláusula penal, etc.).

Quanto à questão de saber em que termos se mantêm as *garantias* do débito, a lei atende fundadamente a dois aspectos de sinal contrário, que se observam no fenómenos da assunção de dívida: por um lado, a dívida mantém-se, continua a ser a mesma que era antes da transmissão; por outro, a assunção liberatória envolve uma mudança de devedor, e tanto a assunção liberatória como a assunção cumulativa se podem operar sem consentimento do devedor nem do terceiro, autor da garantia.

Daí a distinção de regime estabelecida no n.º 2 do artigo 599.º: as garantias constituídas por terceiro (fiador, dono da coisa empenhada ou hipotecada, etc.) ou pelo antigo devedor, quando um ou outro não tenha dado o seu consentimento para a transmissão, extinguem-se com a mudança do obrigado ([1]); todas as outras

---

([1]) No caso da fiança, por exemplo, não faria sentido que, tendo o fiador garantido o cumprimento por parte de certo devedor, fosse obrigado a manter a garantia em relação a uma pessoa diferente. E o mesmo se pode dizer, *mutatis mutan-*

Transmissão das obrigações

(as nascidas directamente da lei, as constituídas pelo terceiro assuntor, ou por terceiro ou pelo antigo devedor, que tenham consentido na transmissão) se mantêm, a despeito da alteração registada na relação obrigacional.

O artigo 600.º resolve directamente uma questão que é levantada pela generalidade dos tratadistas do instituto: a de saber qual a responsabilidade do primitivo devedor, no caso de o novo obrigado se mostrar insolvente, quando seja liberatória a assunção da dívida. A solução prescrita é a de que o antigo devedor não responde, excepto se o credor, apesar de o considerar exonerado, tiver ressalvado, por declaração expressa, a responsabilidade dele.

A lei não distingue, para o efeito, entre a insolvência contemporânea da transmissão da dívida e a posterior à assunção ([1]).

Cabe ao credor, antes de exonerar o devedor, averiguar com cuidado da possibilidade económica de cumprimento por parte do assuntor. Se ele libera o obrigado, sem ressalvar expressamente a sua responsabilidade, é porque presuntivamente quis correr o risco de insolvência do assuntor.

SECÇÃO V

CESSÃO DA POSIÇÃO CONTRATÙAL*

423.- *Exemplos. Noção.* O fenómeno da *transmissão* dos direitos de crédito e das obrigações, por meio de negócios entre vivos, pode ainda revestir uma outra forma, de sentido mais amplo do que qualquer das analisadas nas secções precedentes.

---

dis, quanto ao dono da coisa, que a deu como penhor ou a hipotecou para garantir a dívida de outrem.

([1]) Em sentido um pouco diferente, o artigo 1 206 do Código Civil espanhol, que ressalva do regime geral de isenção da responsabilidade a hipótese da insolvência do assuntor, anterior à assunção, desde que seja pública ou conhecida do devedor, ao delegar a dívida.

* Galvão Teles, *Cessão do contrato,* 1950; Vaz Serra, *Lugar da prestação. Tempo da prestação — Denúncia. Cessão da posição contratual,* 1955, pág. 212 e segs.; Pires de Lima

Das obrigações em geral

Pela *cessão de créditos* (definitivamente consagrada, no plano legislativo, como forma de sucessão no crédito, pelo Código Civil francês), o credor *transfere* para terceiro *(o cessionário)*, independentemente do consentimento do devedor, a titularidade dum direito de crédito, correspondente a uma relação obrigacional *simples*. Pela *assunção de dívida* (que só adquire foros de cidade depois da sua consagração legislativa no Código civil alemão), transfere-se do devedor para terceiro *(assuntor)*, com o imprescindível consentimento do credor, a obrigação (simples) de efectuar a prestação a que este tem direito.

Mas na vida prática, designadamente no domínio das relações mercantis, sente-se desde há muito a necessidade de facultar aos contraentes a possibilidade de transmitirem a terceiro, não apenas o encargo duma dívida ou a titularidade dum direito de crédito isoladamente considerados, mas o complexo de direitos e obrigações que para um ou outro deles tenha advindo da celebração de certos contratos.

O arrendatário do prédio onde está instalado o estabelecimento comercial que lhe pertence, e que ele pretende vender a outrem, terá, naturalmente, justificado interesse em *transmitir* ao adquirente do estabelecimento a posição de locatário do imóvel, abrangendo não só o direito de o fruir, como a correlativa obriga-

---

e A. VARELA, *Cód. civil anot.*, I, pág. 280 e segs.; ANTUNES VARELA, *Cessão da posição contratual*, Bol. Fac. Dir., 46, pág. 195; MOTA PINTO, *Cessão da posição contratual*, 1970; ORLANDO GOMES, *Contratos*, 7.ª ed., 1979, n.ºˢ 108 e segs.; DIEZ-PICAZO, n.ºˢ 1009 e segs.; DIEGO ESPIN, III, pág. 261 e segs.; GARCIA AMIGO, *La cession de contrato en el derecho español*, 1963; CRISTOBAL MONTES, *La cessión de contrato*, no *Anuario de der. civ.*, 1968, pág. 851; LAPP, *Essai sur la cession de contrat synallagmatique à titre particulier*, 1951; BECQUÉ, *La cession de contrats*, 1959; FONTANA, *Cessione di contratto*, na *Riv. dir. com.*, 1934, I, pág. 173; PULEO, *La cessione del contratto*, 1939; CLARIZIA, *La cessione del contratto*, 1946; CARRESI, *La cessione del contratto*, 1950; BARBERO, II, n.ºˢ 716 e segs.; CICALA, *Il negozio di cessione del contratto*, 1962; *Id.*, *Cessione del contratto*, na *Enc. del dir.*; ANDREOLI, *La cessione del contrato*; DEMELIUS, *Vertragsübernahme*, nos J.J., 72, pág. 241; PIEPER, *Vertragsübernahem und Vertragsbeitritt*, 1963; FABRICIUS, *Vertragsübernahme und Vertragsbeitritt*, no J.Z., 67, pág. 144; LARENZ, § 35, III; ESSER, § 56, IV.

ção de pagar periodicamente a renda. Se o dono duma fábrica de têxteis tiver realizado com uma empresa produtora de algodão um contrato de fornecimento de matéria-prima, para satisfazer uma vultosa carteira de encomendas de tecidos, que, entretanto, vem a falhar por qualquer motivo, poderá ter justificado e legítimo interesse em negociar a sua posição contratual com a gerência da fábrica vizinha, a quem, por hipótese, falta o algodão necessário para cumprir a tempo as suas encomendas.

O subscritor de acções de uma sociedade anónima, ainda não completamente liberadas, pode ter igualmente compreensível interesse em ceder a terceiro a sua posição, compreendendo esta, além do mais, o direito à subscrição e a obrigação de pagar as prestações em dívida ([1]).

Noção. A cessão da posição contratual (arts. 424.º e segs.) consiste no negócio pelo qual um dos outorgantes em qualquer contrato bilateral ou sinalagmático ([2]) transmite a terceiro, com o consentimento do outro contraente, o complexo dos direitos e obrigações que lhe advieram desse contrato ([3]).

([1]) PIEPER (*ob. cit.*, pág. 16 e segs.) põe bastante em relevo a projecção que a cessão da posição contratual tem na vida económica dos nossos dias.

([2]) O artigo 424.º refere-se aos contratos com *prestações recíprocas*. Mas os contratos donde nascem *deveres de prestação* ligados por um vínculo de *reciprocidade* são, em princípio, os contratos bilaterais a que se reportam, logo adiante, os artigos 426.º e segs., ao tratarem da excepção de não cumprimento do contrato: cfr., a propósito da terminologia idêntica do artigo 1 406 do Código italiano, CICALA, *ob. cit.*, pág. 4, nota 3.

MOTA PINTO (*ob. cit.*, n.ºs 61 e 62) entende, no entanto, que a cessão da posição contratual tem interesse e real cabimento para além dos termos em que a limita a definição do artigo 424.º.

([3]) Na *cessão da posição contratual* há sempre que ter bem presente a distinção entre dois contratos: o contrato-*base*, que é, num dos exemplos do texto, o contrato de fornecimento de algodão celebrado entre a empresa produtora e a fábrica de fiação e tecidos; e o contrato-*instrumento* da cessão, o contrato de cessão, que é o realizado posteriormente (entre as gerências das duas fábricas de fiação, no mesmo caso concreto), para transmissão de uma das posições derivadas do contrato-base.

Das obrigações em geral

São três os protagonistas da operação: o contraente que transmite a sua posição *(cedente)*; o terceiro que adquire a posição transmitida *(cessionário)*; e a contraparte do cedente, no contrato originário, que passa a ser contraparte do cessionário *(contraente cedido;* ou o *cedido, tout court)*.

O elemento que imprime carácter ao negócio é o objecto da transmissão efectuada por um dos contraentes. Trata-se da posição contratual de que é titular um dos outorgantes, nessa posição cabendo, pelo menos, o direito a uma prestação e a obrigação de efectuar, no todo ou em parte, a respectiva contraprestação. Se do contrato-base tiverem resultado, para o interessado em transmitir, apenas direitos ou somente obrigações, a cessão que ele efectuar para terceiro reduzir-se-á naturalmente a uma cessão de créditos ou a uma assunção de dívida ([1]).

Crismando a operação com o nome de *cessão* da posição contratual ([2]), a doutrina e a legislação (art. 424.º) querem expressivamente significar que a modificação subjectiva operada num dos pólos da relação contratual básica não prejudica a identidade desta relação ([3]). A relação contratual que tinha como um dos titulares o cedente é a mesma de que passa a ser sujeito, após o novo negócio, o cessionário: *successio non producit novum ius sed vetus transfert.*

([1]) DIEZ-PICAZO, n.º 1013, pág. 832. Cfr., porém, MOTA PINTO, *ob. cit.*, n.ºs 61 e 62.

([2]) O termo *cessão* (da p.c.) tanto pode abranger a espécie contratual, a factualidade negocial no seu conjunto, como o *efeito parcelar, típico*, que por sinédoque empresta o nome à operação global dos contraentes. Rigorosamente, a espécie negocial consiste na venda, na doação, na dação em pagamento, etc. da posição de um dos contraentes, não passando a cedência desta posição de um dos dois efeitos fundamentais do negócio. Cfr., por todos, CICALA, *ob. cit.*, págs. 3 e 5.

([3]) A designação geralmente usada pelos autores alemães, para mencionar a nossa figura negocial, é a de *Vertragsübernahme* (assunção do contrato): cfr., por todos, LARENZ, § 35, III e ESSER, § 56, IV. Outros, como LEHMANN (*Die Abtretung von Verträgen*, 1950), preferem o termo *cessão (Abtretung)*, enquanto FRÜH (*Die Vertragsübertragung im schw. Recht*, 1944) opta pelo vocábulo *transmissão (Übertragung)*. Há um defeito comum a todas as fórmulas: é a de não acentuarem que a transmissão abrange apenas *um lado* da relação contratual.

Transmissão das obrigações

Pela mesma razão, porém, por que não é possível a assunção de dívida sem o assentimento do credor, também a substituição do cedente, na transmissão da posição contratual, se não pode consumar sem o consentimento do contraente cedido.

424. *Consagração legislativa. Evolução histórica do fenómeno da transmissão no campo das obrigações.* Inteiramente desconhecida no Código de 1867 como figura de carácter geral([1]), a cessão da posição contratual só adquiriu foros de cidadania legal, apadrinhada pelos trabalhos precursores de GALVÃO TELLES([2]) e de VAZ SERRA([3]), com a publicação do novo Código Civil (arts. 424.º e segs.).

Há assim uma linha de evolução bastante curiosa e instrutiva, com marcos miliários bem definidos, quer no conceito da *obrigação*, quer no fenómeno da transmissão dos vínculos por ela criados([4]).

Durante séculos, enquanto dominou a concepção estritamente pessoal da *obligatio* e se mantiveram os vestígios acentuadamente formalistas do primitivo direito, não se admitiu a possibilidade de uma transmissão na relação creditória, a não ser por morte de qualquer dos titulares, relativamente a quem ocupava *locum defuncti*. A obrigação permanecia indissoluvelmente ligada, enquanto se não extinguia, à pessoa dos seus titulares no momento da constituição do vínculo.

([1]) Já no Código de 1867 se encontra, porém, na disciplina do contrato de mandato (arts. 1342.º e 1343.º), um afloramento singular da cessão da posição contratual, na medida em que aí se reconhece a possibilidade de substituição do mandatário. Cfr., ainda, o disposto no § 2.º do artigo 369.º, no artigo 374.º e no artigo 431.º do Código Comercial. Quanto à interpretação desses preceitos e outros da legislação anterior ao Código de 1966, capazes de interessarem à história do instituto, veja-se MOTA PINTO, *ob. cit.*, n.º 10.

([2]) *Dos contratos em geral*, 1.ª ed., 1947, pág. 317; *Cessão do contrato*, na *Rev. Fac. Dir. Lisboa;* VI, pág. 148.

([3]) *Ob. cit.*

([4]) *Vide*, entre muitos outros, CARNEIRO PACHECO, *ob. cit.*, pág. 9 e segs.; MOTA PINTO, *ob. cit.*, n.ºs 18 e segs.; DIEZ-PICAZO, n.º 1009.

Das obrigações em geral

A *cessão de créditos*, fortemente estimulada pelas novas necessidades da economia de troca que se criou e floresceu nas cidades costeiras do Mediterrâneo e da Flandres ainda no período medieval[1], foi a primeira brecha aberta no dogma da intransmissibilidade das obrigações. O Código civil francês, que abertamente a consagrara (arts. 1689.º e segs.), era ainda completamente omisso em relação à transmissão das dívidas.

A *assunção de dívidas* só aparece legislativamente reconhecida no Código alemão (§§ 414 e segs.), graças à revolução conceitual operada, nesse como noutros sectores do direito, pela ciência pandectística germânica[2].

A transmissão da posição contratual, que representa o último passo da escalada, tem o seu assento legal de baptismo no Código italiano de 1942 (arts. 1406 e segs.).

A permissão da transferência de todos os direitos e obrigações nascidas do contrato bilateral, nos termos *gerais* em que aquele diploma legislativo a sancionou, corresponde a necessidades próprias de economias bastante evoluídas, e só foi verdadeiramente compreendida, em todo o seu alcance, a partir da época em que a moderna doutrina das obrigações pôs a descoberto a complexidade da teia de vínculos compreendidos no seio da relação creditória.

Numa primeira fase, em que as necessidades práticas imperavam ainda mais do que a precisão científica da linguagem, os autores falavam a cada passo na *venda do contrato*, por a transmissão ser geralmente feita mediante o correspectivo do *preço*. E usou-se depois disso, ainda durante bastante tempo, a expressão *cessão do contrato*[3], aliás adoptada no Código italiano: expressão imprópria, pois o que o *cedente* transmite não é o acordo negocial, mas uma parte da relação contratual dele derivada[4].

---

[1] FERRER CORREIA, *Lições de direito comercial*, I, pág. 8 e segs.

[2] Para maiores desenvolvimentos, cfr., entre nós, MOTA PINTO, *ob. cit.*, págs. 138 e segs.

[3] Veja-se, especialmente, CICALA, *ob. cit.*, pág. 34 (nota 2) e segs.

[4] VAZ SERRA, *ob. cit.*, pág. 213; NICOLÒ, *L'adempimento dell'obbligo altrui*, pág. 291.

Transmissão das obrigações

Além de a ter consagrado com a amplitude adequada (como figura de carácter geral) e de lhe ter dado a designação mais correcta *(cessão da posição contratual)*, o Código português de 1966 situou a transmissão da posição contratual no lugar sistemático que parece mais lhe convir: na secção (arts. 405.º e segs.) que trata dos *contratos em geral* ([1]), e não no capítulo do *negócio jurídico* (arts. 217.º e segs.), nem no título que regula os *contratos em especial* (arts. 874.º e segs.).

425. *Confronto com as figuras próximas: a) Sub-contrato; b) Sub--rogação ex lege na posição contratual; c) A desão ao contrato* (**Vertragsbeitritt**). A cessão da posição contratual tem notórias semelhanças com outras figuras afins. O confronto entre uma e outras tem interesse para a caracterização da *cessão* do contrato, na medida em que realça os seus traços mais típicos.

Sub-contrato. Uma das figuras que interessa distinguir da cessão da posição contratual é a do *sub-contrato.* Diz-se *sub-contrato* o contrato que alguém celebra, aproveitando a posição que lhe advém de um contrato anterior da mesma natureza ([2]). É uma concretização deste conceito genérico a definição que o artigo 1060.º, por exemplo, nos dá da sublocação.

«A locação diz-se sublocação, afirma o preceito, quando o locador a celebra com base no direito de locatário que lhe advém de um precedente contrato locativo.»

A diferença fundamental existente entre a cessão da posição contratual e o subcontrato ou contrato derivado está em que, na primeira, o cedente se *demite* da sua posição de contraente, entrando o cessionário para o lugar dele ([3]), ao passo que o consti-

---

([1]) Por consequência, no *Livro das Obrigações*, visto tratar-se de um fenómeno de transmissão da relação obrigacional: VAZ SERRA, *ob. cit.*, pág. 214.

([2]) ORLANDO GOMES, *ob. cit.*, n.ºˢ 101 e segs.; RUGGIERO-MAROI, pág. 205; R. MARTINEZ, *O subcontrato*, Coimbra, 1989.

([3]) A *cessão* envolve, por conseguinte, um fenómeno de *transmissão* ou de *sucessão (lato sensu)* na relação obrigacional (complexa). Há nela uma simples *substituição* de sujeitos, geradora duma *modificação subjectiva* da (mesma) relação contratual.

Das obrigações em geral

tuinte do sub-contrato mantém a sua posição contratual anterior e limita-se a constituir *uma outra* relação contratual, à custa daquela posição ([1]).

A cessão da posição contratual opera uma simples *modificação subjectiva* na relação contratual básica, a qual persiste, embora com um novo titular. O sub-contrato envolve a criação de uma *segunda* relação contratual, cujo processamento (ou fase funcional) se desenrola em paralelo com a primeira, tendo a sua coexistência de característico o facto de uma depender da outra e de haver, além disso, um contraente comum a ambas elas ([2]).

Se *A* ceder a *B* a sua posição de arrendatário do prédio pertencente a *C*, o resultado da operação é que *A* deixa de ser arrendatário, e quem passa a ser contraparte de *C*, na relação locativa, é *B*, em lugar dele.

Se, porém, em vez de ceder a sua posição, *A* sublocar o prédio a *B*, ele não deixa de ser o arrendatário do imóvel, nem *C* deixa de ser o seu senhorio. Passa simplesmente a haver, ao lado da primitiva relação de inquilinato entre *A* e *B*, uma outra relação de locação entre *B* e *C*, estando esta última estreitamente dependente, na sua eficácia, da sorte da primeira (cfr. art. 1 102.º) ([3]).

Sub-rogação ex lege na posição contratual. A figura mais próxima da cessão da posição contratual, no concernente aos seus efeitos, é

([1]) A existir neste caso qualquer fenómeno sucessório, dir-se-ia, por *simile* com os direitos reais constituídos à custa da propriedade, que há no subcontrato uma *sucessão constitutiva* com base no direito do contraente comum a ambos os contratos.

([2]) «A cessão, escreve ORLANDO GOMES (*ob. cit.*, n.º 102), não implica formação de novo contrato, mas substituição de um contratante por outro, enquanto o *subcontrato* é outro contrato que uma das partes do contrato principal estipula com terceiro».

([3]) Os artigos 1059.º, 2; 1093.º, 1, *f*), além de outros, distinguem entre a sublocação e a cessão da posição jurídica do locatário.

Tudo quanto no texto se afirma, aliás, em relação ao confronto entre estas duas figuras, pode, em princípio, considerar-se aplicável à distinção entre a subempreitada, o subcomodato, etc. e a cessão da posição contratual do empreiteiro, do comodatário, etc.

Transmissão das obrigações

a *sub-rogação legal no contrato*, a que também se poderá chamar *cessão forçada* ou *legal* da posição contratual ([1]).

O exemplo mais conhecido de sub-rogação *ex lege* no contrato é o da transmissão legal da posição do locador para quem adquire a propriedade da coisa locada.

Diz-se, com efeito, no artigo 1057.º, que «o adquirente do direito com base no qual foi celebrado o contrato sucede nos direitos e obrigações do locador, sem prejuízo das regras do registo.»

Assim, se *A*, dono de certo prédio, o arrendar a *B* e o vender mais tarde a *C*, este sucederá ao transmitente, por força da lei, na posição de senhorio em face de *B*. É a manutenção da regra *emptio non tollit locatum*, que, a partir de certa época, se substituiu na generalidade das legislações ao preceito romanista de sinal oposto. Por força dessa regra, também se opera, de facto, a favor do terceiro adquirente da coisa, uma transmissão do conjunto de direitos e obrigações que o contrato de locação produziu em relação a uma das partes.

Simplesmente, a transmissão não procede neste caso (nem nos restantes casos do mesmo tipo ([2])) da vontade dos contraentes, como sucede na cessão da posição contratual ([3]), mas da determinação da lei ([4]), que a impõe a uma das partes, em nome dos superiores interesses do sub-rogado.

([1]) MOTA PINTO, *ob. cit.*, n.º 11.

([2]) Trata-se, de um modo geral, de casos em que a sucessão na titularidade de certa relação contratual está ligada *ope legis* à titularidade de certo direito: MOTA PINTO, *ob. cit.*, n.º 12.

Aliás, desde que a cessão da posição contratual exige, justificadamente, o consentimento do contraente cedido, não podem deixar de considerar-se integradas no núcleo das hipóteses de cessão *forçada* ou legal (*hoc sensu*: independentemente da vontade do contraente cedido) os casos de cessão da posição do arrendatário previstos nos artigos 1118.º (cfr., a propósito, ORLANDO DE CARVALHO, *Critério e estrutura do estabelecimento comercial*, I, pág. 613 e ANTUNES VARELA, anot. ao ac. do S.T.J., de 1-III--1968, na *Rev. Leg. Jurisp.*, 102, pág. 77) e 1120.º, 1, do Código Civil.

([3]) Designadamente na cessão da posição de locatário, prevista no artigo 1 059.º, 2.

([4]) A transmissão da posição contratual pode ainda ser efectuada *ope iudicis*, como sucede na transferência da posição de arrendatário, regulada no artigo 1 110.º, 2 e 3.

Das obrigações em geral

A desão ao contrato. Diferente da cessão da posição contratual, mas tendo grandes afinidades com ela, é a *adesão ao contrato*, largamente versada na literatura jurídica alemã (com a designação de *Vertragsbeitritt* ([1])).

A adesão ao contrato é o negócio pelo qual um terceiro assume a mesma posição de um dos outorgantes em outro contrato, não em substituição dele, mas ao lado dele, como contitular dos seus direitos e obrigações derivados de tal contrato.

A empresa algodoeira comprometera-se, por exemplo, a fazer certo fornecimento à firma *A*. E obriga-se depois, por virtude do acordo efectuado entre as firmas *A* e *B* (igualmente carecidas de matéria-prima) e por ela sancionado, a realizar o fornecimento, com as obrigações e direitos correspondentes, a ambas as empresas.

A *adesão ao contrato* está, assim, de algum modo, para a cessão da posição contratual tal como a *assunção cumulativa* de dívida está para a *assunção liberatória*. Trata-se de um tipo de convenção negocial não directamente previsto na lei, mas cuja admissibilidade não pode ser posta em dúvida, em face do princípio da liberdade contratual.

426. *O contrato (instrumento) da cessão da posição contratual e o contrato que é objecto da cessão. Requisitos do primeiro.* Para que possam ser definidos com precisão os direitos e deveres de cada um dos três protagonistas da cessão da posição contratual e compreendida a função específica deste tipo negocial, importa ter presente no espírito a distinção entre os dois contratos que se cruzam na operação.

Há, por um lado, o contrato de cessão da posição jurídica de certo contraente, o contrato que opera a transmissão dessa posição,

---

([1]) Cfr., por todos, PIEPER, *ob. cit.*, pág. 217 e segs.; ESSER, § 56, IV, 3 e MOTA PINTO, *ob. cit.*, pág. 453.

que é o *instrumento* dela; e há, por outro, o contrato *(básico)* ([1]) donde nasceu a posição (complexo de direitos e deveres) que um dos contraentes (cedente) transmite a terceiro.

Uma coisa é, na verdade, o contrato de fornecimento realizado entre a companhia algodoeira angolana e a fábrica portuguesa de fiação e tecidos; e outra, o contrato (em regra posterior) pelo qual esta fábrica transmite a outra, carecida da matéria-prima que ela está disposta a ceder, os direitos e obrigações que lhe advieram do contrato de fornecimento.

A conexão existente entre os dois contratos provém do facto de o contrato de cessão ter por efeito *típico* a transmissão da posição de um dos contraentes na relação nascida do contrato básico.

O cedente do contrato de fornecimento não cede, como a princípio se dizia, o próprio *contrato* que celebrou, o acordo negocial na sua *fase genética*. Mas cede, *em determinado momento*, a posição jurídica que lhe cabe na relação nascida do contrato básico; transmite uma parte dessa relação, em determinado momento da sua *fase* funcional.

Requisitos do contrato de cessão. Ora, cada um dos contratos envolvidos na operação — o contrato-*instrumento* da cessão e o contrato-*objecto* da transmissão — tem os seus *requisitos* específicos e o seu *regime* próprio.

Os requisitos do contrato de cessão estão sintética e indirectamente definidos pela *norma em branco* exarada no artigo 425.º.

«A forma da transmissão, a capacidade de dispor e de receber, a falta e vícios da vontade e as relações entre as partes, diz este

---

([1]) Não confundir o contrato *básico*, de que se fala no texto, e que é o contrato donde nasce a posição transmitida pelo cedente a terceiro, com o «negócio que serve de base à cessão», referido na parte final do artigo 425.º, e que é o negócio *causal* (venda, dação em cumprimento, doação, sociedade, etc.) em que a cessão se integra.

Este último é o contrato de *cessão* — visto em toda a sua *plenitude*, e não apenas *amputadamente*, como fonte da transmissão da posição do cedente.

Das obrigações em geral

preceito, definem-se em função do tipo de negócio que serve de base à cessão.»

O negócio que serve de invólucro à transmissão da posição contratual nem sempre reveste, de facto, o mesmo *tipo*.

As mais das vezes a aquisição da posição contratual tem como correspectivo o *preço* (o valor que as partes lhe atribuem, expresso em dinheiro) e a cessão reveste, consequentemente, a fisionomia jurídica duma *compra e venda* [1]. Mas pode bem suceder que o subscritor das acções ainda não inteiramente liberadas, num dos exemplos anteriormente referidos, tenha cedido o seu direito de subscrição sem nenhum correspectivo, no intuito de fazer uma *liberalidade* ao cessionário [2]. Pode ter feito uma *dação em cumprimento*, se a cessão da posição contratual tiver sido efectuada e aceite como forma de cumprimento duma prestação diferente, ou pode ter realizado um contrato oneroso inominado, se o cedente tiver recebido, em troca da posição que transmitiu, uma *vantagem* não integradora de qualquer dos tipos contratuais especialmente previstos e regulados na lei [3].

Além da variedade de tipos que pode revestir o negócio da cessão, cabe ainda acrescentar que não há sequer uma coincidência necessária entre a natureza (gratuita ou onerosa) desse contrato e a natureza (geralmente onerosa) do contrato básico.

Nada impede, com efeito, a cessão a título gratuito da posição do cedente num contrato a título oneroso.

A cessão da posição contratual, tal como a cessão de créditos (é flagrante o paralelismo das fórmulas consagradas nos arts. 425.º

---

[1] Os termos amplos em que o artigo 874.º delimita o âmbito da compra e venda, por contraste com a definição restrita do direito anterior (art. 1 444.º do Cód. de 1867), abarcam no seu *espírito* (mais do que na *letra*) a cessão da posição contratual em troca dum preço (Pires de Lima e A. Varela, *Cód. civil anot.*, II, pág. 118 e 119).

[2] A obrigação de pagar as prestações em falta não terá, em regra, na economia da cessão do direito de subscrição, a função dum *correspectivo*, mas sim a dum *ónus* ou *encargo* da doação.

[3] Vaz Serra, *ob. cit.*, pág. 227.

Transmissão das obrigações

e 578.°), é um negócio *policausal*, um contrato de *causa variável* ([1]). Mas não é um negócio *abstracto*.

A forma como o artigo 425.° define o regime da falta e dos vícios da vontade, no contrato de cessão, remetendo para a disciplina do tipo negocial que serve de base à cessão (a venda, a doação, a dação em cumprimento, a sociedade, etc.), mostra que a nulidade e a anulação, fundadas na falta ou nos vícios da vontade dos outorgantes, obedecem aí à disciplina própria dos negócios causais ([2]).

Assim, se a posição do contrato de fornecimento de matérias-primas tiver sido *comprada* pelo adquirente (cessionário), mas o consentimento deste tiver sido extorquido por coacção ou determinado por dolo ou erro relevantes (cfr. arts. 247.° e segs.), o contrato de cessão será *anulável*, como qualquer outro contrato de compra e venda. Como anulável será a cessão a título oneroso feita pelo pai a um dos filhos, sem o consentimento dos demais, nos termos do artigo 877.°.

De igual modo se aplicam à cessão as prescrições da forma ([3]), as regras de capacidade, as indisponibilidades, etc. próprias da doação, quando tenha sido por meio de uma liberalidade entre vivos que as partes operaram a transmissão da posição contratual.

([1]) Em sentido substancialmente conforme com a afirmação do texto, escreve DIEZ-PICAZO (n.° 1 014, pág. 833): «Há um esquema parcial dum negócio causal, que assume vida e fisionomia típica apenas quando fica integrado em concreto com uma causa determinada».

([2]) «A posição contratual, afirma VAZ SERRA (*ob. e loc. cits.*), pode ser cedida a título de venda, de doação, etc., donde resulta que a forma do contrato, a capacidade de dispor e de receber, os vícios do consentimento, as relações entre as partes, etc. têm de ser apreciadas tendo em conta a causa do contrato, isto é, a relação fundamental».

([3]) Assim, se a cessão da posição contratual abranger bens imóveis, terá de constar de escritura pública (art. 947.°, 1); compreendendo coisas móveis, haverá que observar o disposto no artigo 947.°, 2.

Das obrigações em geral

427. *Efeitos do contrato de cessão:* A) *Nas relações entre o cedente e o cessionário.* O contrato de cessão da posição contratual descreve, na sua configuração gráfica, um circuito de natureza *triangular*, visto a sua perfeição exigir o consentimento dos três sujeitos colocados em posições diferentes. Além da vontade dos intervenientes directos na transmissão (o *cedente*, dum lado; o *cessionário*, do outro), o artigo 424.º, 1, alude directamente à necessidade do consentimento do contraente-cedido[1], para quem não é indiferente a pessoa do devedor nas obrigações de que ele seja credor.

Da *trilateralidade* do contrato nasce uma complexidade correspondente nos seus *efeitos*, que respeitam aos três autores da operação. Um balanço completo desses efeitos obriga a um exame sucessivo dos três grupos de relações, que a cessão desencadeia: entre o cedente e o cessionário; entre o cedente e o contraente cedido; e, por último, entre o cessionário e o contraente cedido.

O efeito típico da cessão, nas relações entre os dois primeiros contraentes, é a transmissão da posição do cedente, no contrato básico, para o cessionário. Transmissão que, analiticamente, se decompõe nos seguintes factos: *a*) perda, para o transmitente, dos *créditos*, dos *direitos potestativos* e das *expectativas* correspondentes à posição contratual cedida; *b*) *liberação* (para o mesmo contraente) das *obrigações*, dos *deveres* e dos *estados de sujeição* referentes à mesma posição; *c*) aquisição derivada translativa, para o cessionário, dos créditos, direitos e expectativas perdidas pelo cedente e subingresso daquele nos vínculos de que este fica exonerado[2]. E transmissão que atinge, em princípio, a relação contratual básica com a confi-

---

[1] Diz-se na parte final do n.º 1 desse artigo: «*desde que o outro contraente* (refere-se ao *cedido*), *antes ou depois da celebração do contrato, consinta na transmissão*».

[2] A síntese das três ordens de fenómenos descritas no texto é a *modificação* subjectiva operada na relação contratual básica, cuja identidade subsiste, não obstante a alteração verificada nos seus sujeitos: MOTA PINTO, *ob. cit.*, n.º 63.

Transmissão das obrigações

guração que ela reveste no momento da *cessão*, e não no momento imediatamente posterior à celebração do contrato (básico)([1]).

Se, como as mais das vezes sucede, a cessão for efectuada a título oneroso, à transmissão *devida* pelo cedente, nos termos analíticos que acabam de ser descritos, corresponde a contraprestação prometida pelo cessionário. O modo de cumprimento das duas prestações, o lugar e o momento da sua realização, os efeitos do vínculo *(sinalagma)* que as une, desde a excepção de não cumprimento do contrato até à sua resolução por falta de cumprimento de qualquer das partes, serão regulados em função do tipo de negócio que serve de base à cessão e que, nesse caso, será por via de regra a compra e venda. Se a cessão for efectuada a título gratuito, será o regime da doação a que, no geral, conduz a remissão do artigo 425.

Relativamente aos direitos potestativos e correspondentes estados de sujeição abrangidos pela transmissão, há um ponto importante a assinalar.

Tal como na cessão de créditos (art. 582.º, 1), há na cessão da posição contratual direitos potestativos e estados de sujeição que, por serem *pessoais* (ligados ao contrato básico, e não à relação contratual dele nascida), não se transmitem, em princípio, ao cessionário.

Em contrapartida, para o cessionário transmitem-se os direitos potestativos (e os correlativos estados de sujeição) inerentes à relação contratual (na sua fase funcional), como a excepção de não cumprimento e o próprio direito de resolução do contrato (básico), ao invés do que sucede na cessão de créditos, que apenas abrange

---

([1]) Se, no contrato de fornecimento de 200 t. de algodão, a empresa produtora já tiver fornecido 50 t. na altura em que a firma compradora cede a terceiro a sua posição, é o direito à prestação remanescente e a correlativa obrigação de pagar o preço correspondente que transitam para a firma cessionária da posição contratual.

Trata-se, aliás, duma simples questão de interpretação da vontade dos contraentes.

Das obrigações em geral

os acessórios ligados ao *crédito*, e não à relação contratual em que ele porventura se integra.

E em que termos garante o cedente a *existência e a validade* da posição transmitida, bem como o cumprimento das obrigações a que continua adstrito o contraente cedido?

A lei responde directamente à dúvida muitas vezes posta pelos autores e fá-lo em termos paralelos aos da resposta dada à questão análoga no capítulo da cessão de créditos. Tal como o artigo 587.º, também o artigo 426.º distingue, na esteira da melhor doutrina, entre a *veritas nominis* e a *bonitas nominis*.

O cedente garante ao cessionário, no momento da cessão, a *existência* da posição transmitida ([1]), mas não lhe garante o cumprimento das obrigações de que este fica sendo credor.

E, tal como na cessão de créditos, também o conteúdo da garantia da existência da posição contratual transmitida varia consoante a natureza onerosa ou gratuita do contrato de cessão ([2]).

No primeiro caso, o paradigma para que remete o artigo 426.º, 1, é o regime da compra e venda de coisa inexistente ou de coisa alheia.

Se a posição contratual tiver sido vendida (art. 874.º) e mais tarde se apurar, por exemplo, que ela não pertencia ao vendedor, mas a uma outra pessoa, o regime directamente aplicável ao caso será o consignado nos artigos 892.º e seguintes, cujos traços mais salientes são a nulidade do contrato (art. 892.º), a obrigação de convalidá-la, no caso de boa fé do comprador (art. 897.º), e a

---

([1]) «Ao cessionário, escreve VAZ SERRA (*ob. cit.*, pág. 228) para justificar a solução, não deve impor-se o encargo de investigar se o contrato existe e é válido, o que seria contrário às necessidades do comércio jurídico; cedendo-lhe a sua posição contratual, o cedente garante-lhe implicitamente que o contrato é válido».

([2]) Não se trata, por conseguinte, de uma garantia imposta ao cedente em termos uniformes, como uma espécie de cobertura do resultado almejado pelo cessionário, fosse qual fosse o seu título de aquisição.

Como também se não trata de aplicar ao caso os simples efeitos *normais* da invalidade do negócio jurídico.

Transmissão das obrigações

obrigação de indemnizar, estando o comprador de boa fé, mesmo que o vendedor tenha agido sem dolo nem culpa (art. 899.º) ([1]).

No segundo caso, o modelo aplicável é o regime da doação que, incluindo embora a nulidade do contrato (no caso de cessão da posição contratual alheia, de posição inexistente, declarada nula ou anulada), só prevê a obrigação de indemnizar, a cargo do cedente, no caso de ele ter agido com dolo (art. 956.º, 2, al. *b*)).

Desde que a posição contratual tenha sido validamente transmitida (porque ela existia, pertencia ao cedente e este podia dispor validamente dela), cessa, em princípio, a responsabilidade do transmitente. Mesmo que o contraente cedido não cumpra as obrigações a seu cargo, porque não possa ou não queira fazê-lo, ao cessionário não será lícito recusar com esse fundamento a contraprestação eventualmente devida ao cedente, nem resolver o contrato de cessão.

Há, desta forma, uma diferença prática muito importante entre a situação do comprador que cede a terceiro a sua posição contratual e a do comprador que *revende*, por exemplo, a mercadoria por ele adquirida ([2]).

O primeiro, uma vez efectuada a cessão, não responde nem pela falta de cumprimento, nem sequer pela insolvência do vendedor; o segundo, se o vendedor não quiser ou não puder cumprir, não ficará em condições de cumprir a principal obrigação por ele assumida no contrato de revenda e terá de sofrer, salvo convenção em contrário, as respectivas consequências.

O cedente da posição contratual pode, no entanto, como se diz no n.º 2 do artigo 426.º, responder pelo cumprimento das obrigações do contraente cedido, se tiver prestado essa garantia.

([1]) Sobre a questão de saber se, no caso da nulidade da cessão por inexistência ou invalidade da posição transmitida, o cedente obrigado a indemnizar tem de reparar o interesse contratual *positivo* (interesse no cumprimento) ou o i. c. *negativo* (dano de confiança), veja-se MOTA PINTO, *ob. cit.*, n.º 65 e ANTUNES VARELA, *art. cit.*, no Bol. Fac. Dir., XLVI, pág. 211.

([2]) MOTA PINTO, *ob. cit.*, pág. 468, nota 1.

Das obrigações em geral

Em que termos responderá o cedente perante o cessionário, quando tiver prestado semelhante garantia? Como fiador? Como devedor solidário? Como assuntor de dívida alheia? Como garante do resultado visado pelo cessionário[1]?

A resposta a esta pergunta tem manifesto interesse prático, mas só pode ser obtida, em cada caso concreto, através da interpretação e, eventualmente, da integração da cláusula negocial em que a prestação da garantia tiver sido convencionada.

428. *Recusa do consentimento do cedido: sua repercussão nas relações entre cedente e cessionário.* O consentimento do contraente cedido, necessário à plena eficácia do negócio, tanto pode ser prestado antes, como depois da celebração do contrato de cessão (art. 424.° 1). Se for prestado antes, para que a cessão produza efeitos, torna-se necessário que seja levada ao conhecimento do cedido (por meio de *notificação*, que é uma simples declaração *unilateral*, embora *receptícia*) ou que ele a reconheça (expressa ou tacitamente) [2] (art. 424.°, n.° 2).

Se, porém, não tiver havido consentimento prévio e o contraente cedido recusar o consentimento requerido, depois de efectuado o contrato de cessão, que consequências advirão da recusa?

Uma primeira consequência é certa: a de que a cessão da posição contratual se não tem por consumada, independentemente da resposta a dar à questão (muito debatida entre os autores) de saber se o consentimento do cedido é elemento *integrante* do contrato de cessão ou é apenas um elemento *exterior*[3], em certo sen-

---

[1] MOTA PINTO, *ob. cit.*, pág. 469. Cfr., sobre a questão paralela suscitada pelos casos em que o contraente cedido não consente na *liberação* do cedente, *infra*, n.° 385.

[2] É a disposição do direito português paralela ao artigo 1 407, 1, do Código civil italiano; cfr. as considerações feitas por PIEPER (*ob. cit.*, pág. 207), à míngua de texto explícito no direito alemão.

[3] Referindo-se à prestação do consentimento do cedido, *antes* ou *depois* da celebração do contrato de cessão, o texto do n.° 1 do artigo 424.° parece apostado em vincar que se trata de elemento *exterior* à realidade factual do contrato. Mas não pode levar-se demasiado longe a simples *aparência* ou *impressão* criada pela *letra* da lei.

Transmissão das obrigações

tido semelhante à *ratificação* do negócio, *posterior* por conseguinte à plena *formação* do contrato.

Desde que a transferência da posição contratual se não pode operar, por falta de um requisito insuprível como é a vontade do contraente cedido, e foi essa transmissão *global* que o cedente e o cessionário quiseram *(unitariamente)* levar a cabo, há muito quem sustente que o acordo celebrado entre estes dois contraentes é nulo e não produz nenhum efeito ([1]).

Outros, porém (mais atreitos à concepção doutrinal que decompõe a cessão da posição contratual em duas operações *distintas*, embora complementares), distinguem, na transmissão global que os interessados pretendiam efectuar, entre as obrigações e os direitos de crédito do cedente: as primeiras não podem ser transmitidas sem o acordo do credor, que é o contraente cedido; os segundos podem ser transmitidos a terceiro, sem o consentimento do devedor. Na sequência desta cisão, a cessão da posição contratual não aprovada pelo contraente cedido seria nula, mas converter-se-ia, em regra, num contrato misto de cessão de crédito, por um lado, e de assunção cumulativa de dívida, por outro ([2]), ou numa adesão ao contrato ou numa cessão de contrato sem liberação do cedente.

Como regra, não pode aceitar-se tal regime de conversão. A própria assunção cumulativa de dívida necessita do consentimento do credor, e a hipótese formulada é a de o contraente cedido (credor das obrigações nascidas do contrato básico para o cedente) ter recusado o seu consentimento ao contrato de cessão. Além disso, nada autoriza o intérprete a concluir que o cedente, não sendo exonerado das obrigações a seu cargo, esteja disposto a abrir mão definitiva ou incondicionalmente dos direitos de crédito que tenha sobre o contraente cedido.

([1]) MOTA PINTO, *ob. cit.*, n.º 67.

([2]) PIEPER, *ob. cit.*, pág. 208; H. LEHMANN, *Recht der Schuldverhältnisse*, II, pág. 337 e VAZ SERRA, *ob. cit.*, pág. 223, nota 19.

Das obrigações em geral

Ressalva-se, como é óbvio, o caso de as partes terem querido *realmente*, em alternativa, o negócio misto ou híbrido a que se faz alusão ou de as suas declarações deixarem transparecer a ideia de que os contraentes teriam preferido esse rèsultado à solução da nulidade (pura e simples) do contrato (cfr. art. 293.º).

429. B) *Nas relações entre o cedente e o contraente cedido.* Ao mesmo tempo que perde os direitos de crédito (e os respectivos acessórios e garantias) de que dispunha, o cedente obtém, através da cessão da posição contratual, a liberação das obrigações a que estava adstrito perante o *cedido*, por força do contrato básico.

Ao invés do que sucede com a simples assunção de dívida, em que a *liberação* do devedor necessita de declaração *expressa* nesse sentido, a liberação do cedente, no caso da cessão da posição contratual, não precisa de ser *expressamente* declarada: trata-se do efeito *normal* da cessão, o único focado no retrato normativo que da figura nos faculta o artigo 424.º, 1.

Tanto a perda dos direitos, como a liberação das obrigações, operam em princípio *ex nunc*, e não com efeito retroactivo, pois a cessão abrange a relação nascida do contrato básico ccm a sua configuração *actual* e não com a sua *primitiva* estrutura.

O Código italiano (art. 1408, 2) prevê, entretanto, a propósito da situação do cedente após a cessão, a possibilidade de a cessão do contrato se efectuar, por convenção das partes, sem *liberação* do cedente.

Igual previsão se não encontra na lei civil portuguesa. Mas o princípio da liberdade contratual basta para permitir que a mesma cláusula, ou outra de sentido análogo, possa ser incluída no texto do contrato, por livre iniciativa das partes ([1]).

Quando assim suceda, a definição precisa do vínculo estabelecido entre cedente e cedido, por virtude da convenção, depende

---

([1]) Na prática, a cláusula de não liberação do cedente pode bem ser a contrapartida do consentimento *prévio* da *cessão* requerido à contraparte.

Transmissão das obrigações

obviamente da interpretação da cláusula especial introduzida no convénio pelas partes. Com a declaração de não liberação do cedente, podem os interessados ter querido significar que este garante, como fiador (com ou sem benefício de excussão, consoante os casos) o cumprimento das obrigações devolvidas para o cessionário ou que ele responde solidariamente por essas dívidas, ou que apenas garante subsidiariamente o seu cumprimento ([1]), etc.

Trata-se, em todo o caso, de fixar o conteúdo dum *novo* vínculo (entre o *cedente* e o *cedido*), diferente do que entre eles existia antes da cessão. Com efeito, desde que as partes declaram *transmitir* a *posição* de um dos contraentes a terceiro e apenas pretendem, no interesse de uma delas, responsabilizar o transmitente por uma parte das relações compreendidas na cessão global, deve a cessão da posição contratual sem liberação do cedente ser, em princípio, considerada como uma *transmissão* da posição (de toda a posição) desse outorgante, completada com a instituição dum *novo* vínculo de garantia para o cedido.

A perda efectiva da qualidade de contraparte (do cedido) sofrida pelo cedente, em virtude da transmissão, tem, evidentemente, a sua importância prática, na medida em que assim deixam de competir a esse sujeito (e passam a caber exclusivamente ao cessionário) os direitos potestativos, as expectativas e os estados da sujeição que lhe advinham da relação contratual transmitida ([2]).

Quanto à caracterização do novo vínculo, a doutrina tende mais, na dúvida, atentas as circunstâncias em que normalmente se processa na prática a cessão da posição contratual sem liberação do

---

([1]) MOTA PINTO (*ob. cit.*, pág. 481 e segs.) aponta o sentido e alcance de cada uma destas possíveis variantes da obrigação assumida pelo cedente.

([2]) É notória, nesse aspecto, a diferença entre a cessão sem liberação do cedente e a simples adesão ao contrato, na qual o primitivo contraente não perde os direitos que lhe advêm da relação contratual básica, apenas condividindo com o aderente a sua titularidade.

cedente, a considerar este como um responsável a título *subsidiário* do que como um devedor *solidário* ([1]).

Esta responsabilidade *subsidiária* constitui, por assim dizer, uma situação a meio termo entre a *fiança* e a *solidariedade passiva*. Distingue-se da fiança, na medida em que o cedente responde pelo cumprimento, logo que o cessionário se recuse a cumprir; não se confunde com a solidariedade, porquanto o cedente não responde por uma dívida própria, assegura apenas a satisfação de uma dívida alheia.

430. C) *Nas relações entre o cessionário e o cedido.* O contrato de cessão da posição contratual tem como principal efeito a substituição do cedente pelo cessionário, como contraparte do cedido, na relação contratual básica, tal como esta existe à data da cessão.

Assim, se a fábrica de fiação *A* tiver comprado à empresa (*B*) produtora de algodão duzentas toneladas desta mercadoria e ceder a sua posição, com o consentimento de *B*, a uma outra fábrica de tecidos (*C*), depois de já ter recebido uma partida de cinquenta toneladas, quem passa doravante a ser contraparte de *B*, na relação contratual de fornecimento, quanto às prestações por efectuar, é *C* e não *A*. Se *B* entregar qualquer nova partida de algodão ao primitivo comprador, não se desonera da sua obrigação em face do cessionário, porque a prestação foi efectuada, não ao credor, mas a terceiro.

Ao lado dos direitos e obrigações fundamentais, o cessionário assume perante o cedido os deveres laterais ou secundários, as expectativas, os ónus e os deveres acessórios de conduta que adviriam da relação contratual básica para o cedente.

As garantias de cumprimento das obrigações que estavam anteriormente a cargo do cedente manter-se-ão relativamente ao

---

([1]) VAZ SERRA, *ob. cit.*, pág. 225; PIRES DE LIMA e ANTUNES VARELA, *Cód. civ. anot.*, I, pág. 281; MOTA PINTO, *ob. cit.*, pág. 483; DIEZ-PICAZO, n.º 1 017, pág. 835; BARBERO, II, n.º 719, pág. 229.

Transmissão das obrigações

cessionário, como devedor perante o cedido, se tiverem sido prestadas pelo cedente ou pelo mesmo cessionário, não havendo sequer que ressalvar, quanto ao primeiro (à semelhança do que faz o art. 599.º, 2, no caso de assunção de dívida, quanto ao primitivo devedor), a possibilidade de ele não ter consentido na transmissão, visto a cessão não ser possível sem a sua vontade. As garantias prestadas por terceiro (como a fiança, ou o penhor ou a hipoteca sobre bens de pessoa estranha ao contrato básico) é que não se mantêm, a não ser que o autor as queira renovar.

Ao lado das garantias, o artigo 582.º, 1, consagra o princípio de que também se transmitem para o cessionário, no caso da cessão de créditos, os acessórios do direito transmitido, que não sejam inseparáveis da pessoa do cedente. Na hipótese da cessão da posição contratual, a transmissão abrange igualmente os *acessórios* (entre os quais se destacam os direitos potestativos e os estados de sujeição), não apenas do direito de crédito, mas de toda a relação contratual cedida ([1]). Assim, se a empresa algodoeira (no exemplo anteriormente citado) faltar a alguma das prestações devidas, terá o cessionário, não só a faculdade de recusar a contraprestação correspondente (excepção de não cumprimento do contrato), mas também a faculdade, se for caso disso, de resolver o contrato.

É a solução que decorre, tanto da ideia geral da transmissão global referida no artigo 424.º, como da disposição explícita do artigo 427.º, segundo a qual «a outra parte do contrato tem o direito de opor ao cessionário os meios de defesa provenientes desse contrato, mas não os que provenham de outras relações com o cedente, a não ser que os tenha reservado ao consentir na cessão».

([1]) Em compensação, haverá que ressalvar também, na cessão da posição contratual, tal como na cessão de créditos, os direitos inseparáveis da pessoa do cedente — entre os quais cumpre destacar os ligados, não à relação contratual, mas ao próprio contrato básico, ao acordo negocial; cfr. *infra*, n.º 431.

Das obrigações em geral

Embora a doutrina esteja, por uma razão de carácter acidental ([1]), formulada apenas em relação ao *cedido*, outra não pode ser a orientação aplicável à definição da posição do *cessionário* em face do cedido ([2]).

Há, todavia, entre a solução fixada para a cessão da posição contratual e a doutrina estatuída no artigo 585.º para a questão paralela suscitada na cessão de créditos, uma diferença notória.

No primeiro caso, o contraente cedido só pode opor ao cessionário (e vice-versa) os meios de defesa provenientes do contrato básico, ao passo que, na cessão de créditos, o devedor pode invocar contra o cessionário todos os meios de defesa que lhe era lícito opor ao cedente, desde que não se fundem em facto posterior ao conhecimento da cessão — incluindo a compensação alicerçada em créditos do devedor, que nenhuma conexão tenham com a relação donde brotou o crédito transmitido ao cessionário.

A razão essencial da diferença assenta em que a cessão de créditos se pode efectuar sem o consentimento do devedor, não se considerando, por isso, nem justa nem razoável a solução de tolher ao obrigado a faculdade de recorrer a qualquer dos meios de defesa, de que lhe seria lícito lançar mão contra o cedente. Em contrapartida, a cessão da posição contratual não pode efectuar-se sem o consentimento do cedente nem do contraente cedido, ficando assim um e outro com a possibilidade de reservarem os meios de defesa que pretendam salvaguardar, ao manifestarem a sua vontade negocial.

Ainda em relação aos direitos potestativos abrangidos pela transmissão, tem dado margem a dúvidas entre os autores a questão de saber se transitam ou não para a titularidade do cessionário aqueles cuja origem procede de facto anterior à cessão.

([1]) A razão da referência *unilateral* ao cedido está em a lei ter pretendido introduzir a ressalva contida na 2.ª parte do artigo 427.º, sendo certo que esse esclarecimento se não torna necessário em relação a quem era um estranho ao contrato básico, antes de efectuada a cessão.

([2]) No mesmo sentido, Mota Pinto, *ob. cit.*, n.º 70, pág. 491.

Transmissão das obrigações

Admitamos que a empresa obrigada a efectuar certo forneci-mento de matéria-prima, em prestações escalonadas no tempo, já se encontrava em falta relativamente a uma delas, quando a con-traparte cedeu a terceiro a sua posição contratual. Pode o cessio-nário, alegando a falta de cumprimento do cedido anterior ao con-trato de cessão, resolver o contrato de fornecimento?

A resposta à questão, posta em tese geral, depende sempre da razão de ser do direito potestativo cuja transmissão está em causa. No caso particular do direito de resolução fundado na falta de cumprimento de um dos contraentes, quer a ameaça de resolu-ção constitua um meio de coacção sobre o devedor em mora, quer a resolução seja tida como a saída natural de quem fundadamente perdeu a confiança na outra parte, a transmissão dela para o ces-sionário da posição contratual, não se justifica: quer porque o ces-sionário não tenha, como normalmente sucederá, direito à presta-ção vencida antes da cessão; quer porque o cedido não cometeu, *para com o cessionário*, nenhuma falta que justifique a perda da con-fiança naquele depositada.

Outra será, evidentemente, a solução aplicável ao caso, se o fundamento da resolução (ou de qualquer outro direito potestativo) consistir num facto duradouro, que persista para além do contrato de cessão ([1]), ou em facto posterior à celebração deste contrato.

Assim, se a coisa locada padecer de algum dos vícios previstos no artigo 1032.º e esse vício persistir para além do momento em que o locatário cedeu a sua posição a terceiro, pode este resolver o contrato, nos termos da mesma disposição, apesar de o funda-mento da resolução remontar, por hipótese, a uma data anterior à cessão ([2]).

([1]) Foi uma hipótese deste estilo que os tribunais deram como verificada no caso (não de cessão da posição contratual, mas de sub-rogação legal no contrato) decidido pelo ac. do S.T.J., de 23-VII-1972 (B.M.J., 218, pág. 189).

([2]) PIEPER, *ob. cit.*, pág. 210. Paralelamente se passam as coisas no caso, por exemplo, de a obra dada de empreitada acusar defeitos e de estes serem imputáveis

Das obrigações em geral

431. *A questão da legitimidade para a impugnação do contrato básico, após a cessão da posição contratual.* Tem suscitado divergências entre os autores o problema de saber quem tem legitimidade para arguir a anulabilidade do contrato básico, quando a anulação se funde na incapacidade ou em qualquer vício de vontade de que tenha sido vítima o cedente[1].

O arrendatário foi coagido ou dolosamente induzido pelo senhorio a efectuar o arrendamento. Cede, entretanto, a sua posição de locatário a terceiro. Pode ainda arguir a anulabilidade do contrato? Poderá fazê-lo, em algum caso, o cessionário da posição contratual?

A resolução do problema não levanta embaraços, no caso de a cessão da posição contratual ter sido efectuada em circunstâncias que denunciem, por parte do cedente, titular do direito de anulação, uma vontade (expressa ou tácita) de confirmação do negócio viciado.

E nos outros casos?

Note-se que o direito potestativo de anulação não tem a sua raiz, dentro das situações em causa, na *relação contratual* em que houve uma modificação subjectiva, mas no *contrato*, no *acordo negocial* efectuado entre os primitivos contraentes, que não foi, nem podia logicamente ser, objecto da cessão. O titular do interesse legalmente protegido com a anulabilidade do contrato é o cedente, quer antes, quer depois da cessão, visto ter sido a sua vontade que se formou viciadamente. Por conseguinte, só ele pode ser chamado a optar, uma vez finda a coacção ou descoberto o erro de que foi

---

ao empreiteiro, mas só terem sido descobertos e denunciados depois de este ter cedido a sua posição a terceiro. Também aqui os estados de sujeição correspondentes aos direitos mencionados no artigo 1222.º atingem o cessionário, apesar de a sua origem remontar a um facto anterior à cessão, que todavia, persiste para além desta.

[1] SIBER, *est. cit.*, pág. 297; FICKER, *Vertragsübernahme und droits relatifs au bien*, no AcP, 165, págs. 37-38; ENNECCERUS-LEHMANN, § 87, I, 2, II; FRÜH, *ob. cit.*, pág. 67, nota 41; ROQUETTE, *Grundstückserwerb und Mietverhältnisse*, no N.J.W., 62, pág. 1553; MOTA PINTO, *ob. cit.*, pág. 495 e segs.

Transmissão das obrigações

vítima, entre a anulação ou a manutenção do contrato básico. Pelo seu fundamento, o direito de anulação tem de ser catalogado entre os tais direitos inseparáveis do cedente, a que não pode deixar de aplicar-se, por analogia, o disposto na parte final do n.º 1 do artigo 582.º.

Se optar pela anulação do contrato básico, o cedente torna reflexamente nula, por impossibilidade do objecto, a transmissão da posição contratual que efectuou a terceiro.

Não há sequer nenhuma razão convincente para tornar a procedência da anulação requerida pelo cedente dependente da aprovação do cessionário ([1]). A solução privaria o cedente, sem fundamento bastante, da tutela que a lei concede ao declarante cuja vontade é viciadamente formada, e não encontra, além disso, nenhum apoio de texto no sistema jurídico português, onde se não conhecem outras medidas de tutela dos terceiros adquirentes de boa fé, que não sejam as constantes dos artigos 243.º e 291.º, inaplicáveis ao cessionário da posição contratual, como tal ([2]).

432. *Condições de relevância dos vícios da vontade sofridos pelo cedente ou pelo cessionário, no contrato de cessão.* Resta por último saber em que termos procedem, perante o contraente cedido, os vícios da vontade do cedente, não na realização do contrato básico, mas na do contrato de cessão, quando a procedência da acção anulatória dependa da existência de certo estado psicológico da contraparte.

O cedente queixa-se de que foi dolosamente induzido em erro pelo cessionário, para lhe transmitir a sua posição contratual.

([1]) PIEPER, *ob. cit.*, pág. 212: contra, com boas razões, MOTA PINTO, *ob. cit.*, n.º 73.

([2]) Em sentido diferente do sustentado no texto, precisamente por considerar a anulação (tal como a resolução) inoponível aos adquirentes de boa fé em termos diferentes dos que vigoram no direito português, CICALA, *ob. cit.*, n.º 19, págs. 113 e segs.

Das obrigações em geral

Bastará essa conduta dolosa do cessionário, para que a anulação possa ser arguida também perante o cedido?

Para precisar os termos exactos da questão, importa insistir de novo na observação de que não estão em causa, nestas hipóteses, vicissitudes da *relação contratual* nascida da cessão, mas *vícios* na preparação ou realização do contrato de cessão.

Seja qual for a natureza (bilateral ou trilateral) que teoricamente se queira atribuir ao contrato de cessão, certo é que o cessionário não pode recusar-se a cumprir as obrigações assumidas perante o cedido, nem muito menos resolver o contrato básico, alegando que o cedente não cumpriu até então as obrigações que assumiu no contrato de cessão ou faltou definitivamente ao seu cumprimento, a menos que, ao consentir na cessão, o cedido tenha anuído à possibilidade de invocação desses meios de defesa.

É a solução mais razoável (na medida em que há uma parte do contrato de cessão a que o cedido é, em princípio, estranho) e a que, naturalmente, parece avalizada pelo disposto no artigo 427.º. Se o cedido, em princípio, só pode opor ao cessionário os meios de defesa provenientes da relação contratual básica, também é justo e equitativo que o cessionário só possa invocar contra ele os meios de defesa fundados nessa relação, e não também os derivados da relação contratual de cessão.

Quer isto dizer, por conseguinte, que o cessionário do contrato de fornecimento não pode recusar-se a pagar os fornecimentos efectuados pelo cedido, nem a receber a mercadoria a que tem direito sem incorrer em mora *(credendi)*, com o fundamento de que a firma cedente ainda não cumpriu certa obrigação a que ficou adstrita nos termos do contrato de cessão ou faltou definitivamente ao seu cumprimento, a menos que o cedido, ao consentir na transmissão, tenha admitido a oponibilidade de tais meios de defesa.

O problema que importa examinar, pelas dúvidas especiais que levanta no espírito do intérprete da lei, é o de saber em que termos procedem, contra o cedido, as causas de *invalidade* do pró-

Transmissão das obrigações

prio contrato de cessão, radicadas na pessoa do cedente. A questão não suscita dificuldades, quer quanto às causas de *nulidade*, quer quanto aos casos de *anulabilidade*, em que a lei apenas atenda à situação psicológica do *declarante*, à sua personalidade ou a pressupostos de carácter puramente objectivo.

Pertencem a esse grupo de casos a hipótese da incapacidade (não acidental), da coacção ou da falta de consciência da declaração (art. 246.º): aí, verificado no declarante o condicionalismo de que depende a relevância do caso, a anulação procede, quer em face do cessionário, quer perante o cedido.

Onde surgem dificuldades sérias é na disciplina dos casos em que a relevância da causa de invalidade (como sucede no erro, no dolo, na reserva mental ou na incapacidade acidental) está subordinada à verificação de certos estados subjectivos na pessoa do *declaratário*.

As divergências entre os autores quanto a esse ponto nascem logo do facto de ser muito controvertida na doutrina a definição, como *bilateral* ou *trilateral*, do contrato de cessão ([1]).

Todavia, só por manifesto conceitualismo lógico-formal se poderá partir duma concepção *apriorística* sobre a natureza ou a estrutura do contrato de cessão (ainda que apoiada em elementos directamente colhidos nos textos legais) para solucionar questões de fundo não contempladas especificadamente na lei, como esta da oponibilidade dos vícios da vontade do cedente, no contrato de cessão, ao contraente cedido. E tão conceitualista é, nesse aspecto, a tese dos que consideram a anulação do contrato de cessão, requerida pelo cedente, como oponível ao cedido, logo que o seja ao

---

([1]) CICALA (*ob. cit.*, pág. 17 e 18, notas 53 e 54) dá uma ampla notícia da questão e refere alguma literatura jurídica sobre a matéria. Na doutrina alemã, tanto ESSER (§ 56, IV, 2, pág. 424) como PIEPER (*ob. cit.*, pág. 194 e segs.: cfr., porém, pág. 201, quanto ao caso de haver consentimento prévio do cedido) entendem que o contrato de cessão da posição contratual é, em princípio, um contrato *trilateral*. LARENZ (§ 35, III, é, por seu turno, de parecer que a cessão tanto pode ser um contrato *trilateral*, como um contrato bilateral dependente do assentimento do contraente cedido.

Das obrigações em geral

cessionário, com o simples argumento de que a cessão é um negócio *bilateral*, como a doutrina dos que pretendem estender à pessoa do *cedido* a exigência dos pressupostos subjectivos de relevância fixados na lei para o declaratário, com a consideração de que, sendo a cessão um negócio *trilateral*, o cedido não pode deixar de beneficiar da mesma tutela que a lei concede ao declaratário nos negócios bilaterais ou unilaterais receptícios.

Afastado à partida qualquer desses critérios, eivados de pura lógica conceitual, o problema só pode ser convenientemente esclarecido e solucionado à luz de duas *coordenadas substanciais*.

Há que atender, por um lado, à posição peculiar do contraente cedido na economia do contrato de cessão. Ele será, sem dúvida, um dos participantes no contrato, visto este só poder considerar-se consumado com a prestação do seu consentimento ([1]). Mas não deve ignorar-se, nem pode subestimar-se, a diferente colaboração que ele, dum lado, o cedente e o cessionário do outro, prestam à formação do contrato.

O cedente e o cessionário é que discutem e acertam entre si o processo de composição de interesses próprio da cessão, traduzido na permuta da posição contratual com a respectiva contraprestação, nos casos, de longe mais frequentes, em que a transmissão se faz a título oneroso. O cedido, mesmo que tenha conhecimento (acidental ou não) dessa composição, é apenas chamado a *autorizar* ou *ratificar* uma parte dela (se previamente não tiver dado o seu consentimento em branco) — a parte da transacção que consiste na transferência para o terceiro da posição jurídica assumida pelo cedente na relação contratual básica.

O cedido *não dialoga*, ou não tem normalmente que *dialogar*, com o cedente e o cessionário acerca do arranjo de interesses envolvente da transmissão que ele se limita a autorizar([2]).

([1]) DIEZ-PICAZO, n.ᵒˢ 1011 e 1012, págs. 830 e segs.

([2]) BARBERO (II, n.º 717, pág. 226) parece ter já uma certeira intuição do papel específico da intervenção do cedido na montagem da cessão, ao considerar essa

Transmissão das obrigações

Por outro lado, há que ter em linha de conta a razão de ser de cada um dos pressupostos subjectivos exigidos por lei, relativamente ao declaratário, para a procedência de certos vícios da vontade do declarante. Importa averiguar, a propósito de cada um desses requisitos, se a exigência da lei tem real cabimento quanto ao contraente cedido, atenta a intervenção *especial* que ele tem na formação do contrato de cessão.

É fácil e conveniente exemplificar, para melhor compreensão da doutrina exposta.

A reserva mental, por exemplo, prevista e regulada no artigo 244.º, só procede, como causa de invalidade da declaração, *se for conhecida do declaratário*. O pressuposto subjectivo de que depende a procedência da reserva destina-se a tutelar as expectativas da contraparte, que não chegou a aperceber-se (com ou sem culpa) da contradição existente entre a declaração e a vontade real do declarante. Tanto pela sua finalidade, como pelo seu processamento, este requisito tem perfeito cabimento quanto ao contraente cedido, no caso da cessão da ‘posição contratual, quer a reserva mental exista apenas no ânimo do cedente ou do cessionário, quer exista simultaneamente em ambos eles, quer se traduza mesmo num acordo simulatório em que o cedido não participou.

Quanto ao erro na declaração ou na transmissão da declaração e quanto ao erro-motivo sobre a pessoa ou o objecto do negócio, a sua força anulatória depende, além do mais, do facto de o declaratário conhecer ou não dever ignorar a *essencialidade*, para a vontade do declarante, *do elemento sobre o qual o erro incidiu*.

Trata-se agora de um requisito que já não visa, como no caso precedente da reserva mental, garantir a validade do negócio a quem, compreensivelmente, nela fundou as suas expectativas, mas

---

intervenção como requisito de eficácia *(condicio iuris)* do contrato entre o cedente e o cessionário. No mesmo sentido, aliás, LEHMANN (ENNECCERUS-LEHMANN, § 87, II, 2)) e todos os autores alemães que tendem a considerar a manifestação do consentimento do cedido como uma espécie de *ratificação* (a *Zustimmung* de que falam os §§ 182 e segs. do Cód. alemão), embora esta não seja porventura a melhor doutrina.

Das obrigações em geral

limitar apenas os casos de anulação baseada no erro, circunscrevendo-a às situações em que, mercê do condicionalismo de facto descrito na lei, a protecção da vontade do declarante, isenta de erro, se afigura mais justificável do ponto de vista da própria contraparte. É, no entanto, um requisito que, logo pela sua natureza (percepção da influência que certo elemento da declaração exerceu no ânimo do declarante), só tem verdadeiro cabimento relativamente a quem participou na composição de interesses subjacente ao negócio, dialogando sobre esse ponto com o declarante, e não em relação a quem, como o contraente-cedido, apenas é chamado a autorizar a transmissão da posição contratual.

Raciocínio análogo comporta o caso do dolo.

Do preceituado no artigo 254.º depreende-se que o dolo só determina a anulabilidade do negócio quando provier da actuação de declaratário, ou quando este tiver ou dever ter conhecimento dele, sendo o erro do declarante provocado ou dissimulado por terceiro.

Em princípio, o conhecimento do dolo sofrido pelo cedente, ou o dever de o conhecer, usando da diligência requerida, também só tem cabimento em relação ao cessionário, pela franca participação que ele tem — ao contrário do contraente cedido — na preparação do contrato de cessão.

Se, porém, tiver sido o contraente cedido quem induziu o cedente em erro, já na celebração do contrato básico, e esse erro se tiver comunicado, sem culpa dele, ao cessionário, já não repugna, aceitar a possibilidade de o cessionário invocar o dolo do cedido, apesar de a actuação dolosa não ter sido exercida sobre o declarante pelo seu verdadeiro declaratário nesse ponto ([1]).

Se estiverem certas, as soluções expostas corroboram decisivamente a tese de que o problema das condições de procedência, perante o contraente cedido, das várias causas de invalidade do

---

([1]) Antunes Varela, *art. cit.*, Bol., XLVI, pág. 212.

Transmissão das obrigações

contrato de cessão tem sempre de ser apreciado, não à luz de puras considerações de carácter conceitual, mas em função do condicionalismo substancial próprio de cada uma delas.

433. *Natureza jurídica da cessão: teoria atomista* (**Zerlegungstheorie**) *e teoria unitária* (**Einheitstheorie.**) Na prática não há, em direitas contas, contratos de cessão duma posição contratual, tendo por exclusivo objecto a transmissão de todos os direitos e deveres compreendidos nessa posição. O que há, na realidade, são compras e vendas, doações, dações em cumprimento, etc. da posição jurídica adquirida por certa pessoa, mediante a celebração de determinado contrato.

Regulando directamente, como figura típica ou nominada, a cessão da posição contratual, dentro da secção que trata dos contratos em geral, a lei efectuou, de caso pensado, um corte longitudinal nessas espécies *reais* para, de acordo com os seus critérios sistemáticos, regular os aspectos específicos de semelhantes operações, não abrangidos no figurino geral dos negócios causais em que elas se integram.

A parte das espécies *reais* ou *concretas*, que transcende o esquema descarnado da transmissão da posição contratual, está de algum modo concentrada na norma *remissiva* do artigo 425.º, cujo conteúdo é formulado em branco.

Tomando, porém, o negócio da cessão isoladamente considerado, os autores discutiram durante muito tempo a natureza jurídica do objecto mediato da transmissão ([1]).

([1]) Sobre as várias doutrinas relativas à natureza jurídica da chamada cessão do contrato (novação; renovação do contrato; misto de cessão de créditos e assunção de dívida: cessão unitária), veja-se GALVÃO TELLES, *est. cit.*, n.ᵒˢ 2 e segs. A ideia de que a cessão se traduziria na *renovação, entre o cessionário* e o *cedido*, do contrato que este anteriormente efectuara com o cedente (sustentada, na Itália, por NICOLÒ e CARRESI) afasta-se manifestamente do fenómeno sucessório retratado na disciplina do instituto (cf., além do mais, o disposto no art. 426.º, 1); PIRES DE LIMA e A. VARELA, *ob. cit.*, anot. ao art. 424.º; DIEZ-PICAZO, n.º 1011, pág. 830. Por isso mesmo, e não obstante

Das obrigações em geral

Enquanto as diferentes legislações apenas conheceram, no capítulo das modificações subjectivas da relação obrigacional operadas por negócio entre vivos, as figuras da cessão de créditos, da sub-rogação e da assunção de dívida, a doutrina tendia no geral a decompor a cessão da posição contratual numa cessão de créditos e numa assunção liberatória de dívidas ([1]).

À medida, porém, que o exame analítico das relações de crédito (tanto das relações simples, como principalmente das relações complexas) se encarregou de revelar a multiplicidade dos fenómenos de transmissão que envolve o contrato de *cessão*, mais se radicou no comum dos autores a tendência para sobreporem à *decomposição analítica* do objecto do negócio a visão *global e unitária* do conteúdo da transmissão ([2]).

Os Códigos civis italiano (arts. 1046 e segs.) e português (arts. 424.º e segs.) ([3]), aditando à cessão e sub-rogação de créditos e à assunção de dívida, no elenco das modificações subjectivas da relação obrigacional, a figura típica da cessão da posição contratual, ajudaram decisivamente a consolidar na respectiva literatura jurídica a concepção *unitária*, que já vinha fazendo carreira entre os autores.

E essa é, de facto, a concepção retratada na expressão legal (*posição contratual*), a que melhor reflecte a disciplina do instituto (na medida em que para o cessionário se transmite uma série de pode-

---

o prestígio científico de NICOLÒ, a teoria da *renovatio contractus* não teve o menor sucesso na doutrina italiana: CICALA, *ob. cit.*, pág. 13 e segs. Veja-se ainda, acerca das diferenças entre a *assunção do contrato* e a celebração do novo contrato, PIEPER, *ob. cit.*, pág. 120 e segs.

([1]) DIEGO ESPIN, III, pág. 267; PIEPER, *ob. cit.*, pág. 31 e segs.

([2]) A concepção *monista* ou *unitária* do objecto da transmissão, sustentada primeiramente por SIBER (*Die schuldrechtliche Vertragsfreiheit*, no J.J., 70 (1920), pág. 294 e segs.), tem hoje a maior aceitação na literatura jurídica nacional e estrangeira sobre a matéria. *Vide* BARBERO, II, n.º 717; GARCIA AMIGO, *ob. cit.*, pág. 294; MOTA PINTO, *ob. cit.*, pág. 191 e segs.; PIEPER, *ob. cit.*, pág. 52 e segs.

([3]) DIEGO ESPIN (III, pág. 263) faz já referência à posição inovadora assumida pelo Código português, aliás na esteira do precedente aberto pelo Código italiano.

Transmissão das obrigações

res, deveres, ónus e estados de sujeição, que transcendem a pura soma aritmética dos efeitos da cessão de créditos e da assunção de dívida) [1] e ainda a que melhor se ajusta ao próprio intento das partes. A intenção normal destas é, realmente, a de efectuarem uma transmissão global de direitos e obrigações e não a de cindirem a operação em parcelas, consoante o seu sinal positivo ou negativo no património do cedente [2].

---

[1] No sentido de que a cessão de créditos (presentes e futuros) e a assunção de dívidas não bastariam, mesmo em conjunto ou ligadas sinalagmaticamente, para darem uma imagem completa da cessão da posição contratual, por não abrangerem os direitos potestativos, as expectativas, os ónus, os estados de sujeição inerentes à qualidade de *contraente* e transcendendo a esfera do direito de crédito ou da obrigação isoladamente considerada (caso típico do direito de denúncia numa relação duradoura), vide LARENZ, § 35, III; SIBER, *est. cit.*, pág. 227 e segs.; PIEPER, *ob. cit.*, pág. 168 e segs.; MOTA PINTO, *ob. cit.*, pág. 387 e segs.

[2] «A decomposição do fenómeno numa série de negócios, escreve DIEZ-PICAZO (n.º 1011, pág. 830), não se harmoniza com a vontade empírica das partes, com o carácter unitário das suas declarações e com a finalidade unitária que tratam de obter com toda a operação».

Em sentido diferente, CICALA, *ob. cit.*, pág. 26 e segs., 128 e 234 e segs.

CAPÍTULO VII

GARANTIA GERAL DAS OBRIGAÇÕES

SECÇÃO I

NOÇÕES GERAIS

434. *Sistematização das matérias.* O cumprimento da obrigação é assegurado pelos bens que integram o património do devedor ([1]). O património do devedor constitui assim a *garantia* geral das obrigações ([2]). Garantia *geral* porque a cobertura tutelar dos bens

---

([1]) Na sua extrema concisão e simplicidade, a fórmula do artigo 601.º é preferível à do artigo 2740 do Código Civil italiano, segundo o qual «o devedor responde pelo cumprimento das obrigações com todos os seus bens presentes e futuros».

Típico da garantia patrimonial não é tanto que ela abranja os bens *presentes* e os bens *futuros* do devedor, como que ela compreende todos os bens (penhoráveis) *que no momento da execução* integram o património do devedor.

Além disso, antes de responder (pelo cumprimento das obrigações) com todos os seus bens, o devedor responde com a sua capacidade e vontade (determinação) de realizar a prestação devida.

([2]) Sobre o amplo sentido que o termo *garantia* (da obrigação) reveste na literatura jurídica (desde a garantia geral às garantias especiais, à cessão fiduciária de créditos em garantia, à responsabilidade solidária ou subsidiária, à venda com reserva de propriedade, etc.), vide FRAGALI, *Garanzia (dir. priv.)*, na *Enc. del dir.*, n.º 1. O autor adverte, porém, com inteira razão, que muitas das situações comumente envolvidas na área genérica da *garantia* fogem ao conteúdo preciso desta figura.

A *garantia* propriamente dita é sempre um *reforço* da expectativa do credor criada pelo dever de prestar a cargo do devedor. Mas o autor leva longe de mais o seu rigor selectivo, reservando o termo *garantia* somente para aqueles casos (tradicionalmente chamados *garantias especiais*) em que há um reforço *singular*, para determinado credor, da probabilidade de satisfação do seu direito (*est. cit.*, n.º 4) — em que se *rompe (si spezza)* a *par condicio creditorum* (vide *infra*, n.º 425).

Das obrigações em geral

penhoráveis do devedor abrange a generalidade das obrigações do respectivo titular.

Ao lado da garantia *geral* pode haver *garantias especiais* do crédito, quer sobre bens de terceiro, quer sobre bens do próprio devedor (hipotecados ou dados em penhor, por exemplo, ao credor), que assegurem de modo particular a satisfação do crédito do titular da garantia.

Embora a garantia *geral*, bem como as garantias *especiais*, só se destinem a ser executadas no caso de não cumprimento da obrigação, verdade é que a *garantia geral* acompanha a obrigação desde o nascimento desta, tal como as *garantias especiais* reforçam, desde a sua constituição, a consistência económico-jurídica do vínculo obrigacional.

Assim se explica a implantação *sistemática* das matérias — quer da garantia *geral* das obrigações (cap. V — arts. 601.º a 622.º), quer das garantias *especiais* das obrigações (cap. VI — arts. 623.º a 761.º) — dentro do novo Código Civil, imediatamente *antes* do capítulo (VII) que trata do cumprimento e não cumprimento das obrigações.

Esta nova sistematização legislativa, destinada a realçar o valor que a *garantia* reveste para a consistência prática da obrigação desde o momento do *nascimento* do dever de prestar ou desde a *constituição* da relação de *garantia*, é inteiramente distinta, sob múltiplos aspectos, da adoptada no Código anterior e também não coincide com a perfilhada noutras legislações estrangeiras.

O Código de 1867 tratava da (caução ou) garantia (dos contratos) num capítulo (X), posterior àquele (cap. IX) em que, sob a rubrica genérica "dos *efeitos* e *cumprimento* dos contratos, regulava promiscuamente os modos de transmissão e os modos de extinção das obrigações. Além disso, no capítulo consagrado à *garantia* ou *caução* dos contratos, o Código de 1867 ocupava-se apenas, em quatro secções sucessivas, das garantias especiais das obrigações (fiança, penhor, consignação de rendimentos, privilégios creditórios e hipotecas), sem a menor referência à responsabilidade patri-

420

monial do devedor (garantia geral das obrigações). Nenhuma alusão se fazia também à realização coactiva da prestação, como se todo o fenómeno da execução forçada da obrigação interessasse apenas ao direito processual civil, sem nenhum reflexo de carácter substantivo.

Por fim, sucedia ainda que os meios de conservação da garantia *geral* das obrigações eram anodinamente regulados num capítulo que tratava «dos actos e contratos celebrados em prejuízo de terceiro» ([1]).

O Código de 1966, muito pelo contrário, trata, em dois capítulos distintos, primeiro a garantia *geral* das obrigações (cap. V), depois (cap. VI) as garantias *especiais* das obrigações.

Relativamente à garantia *geral*, a lei começa por definir os princípios básicos que regem a matéria e regula, em seguida, os *meios* de *conservação* da *garantia patrimonial*, que são a declaração de nulidade dos actos praticados pelo devedor (posta ao alcance dos credores), a sub-rogação do credor ao devedor (no exercício de certos direitos), a chamada impugnação pauliana (contra os actos do devedor que provoquem ou agravem a impossibilidade de satisfação do crédito) e o arresto.

435. *Objecto da garantia geral*. Relativamente ao objecto da garantia geral, prescreve o artigo 601.º que «pelo cumprimento da obrigação, respondem ([2]) todos os bens do devedor susceptíveis de

---

([1]) Sobre todos estes defeitos de sistematização, naturais na legislação anterior, vide Vaz Serra, *Responsabilidade patrimonial*, Lisboa, 1958 (sep. do *Bol. Min. Just.*, 75), pág. 6.

([2]) A própria expressão da lei — «Pelo cumprimento da obrigação *respondem* todos os *bens* do devedor» — explica que a este vínculo criado entre a *obrigação* e os *bens* (do devedor) se chame usualmente *responsabilidade patrimonial*.

Responsabilidade patrimonial que, entalada dogmaticamente entre a *obrigação*, de um lado, e a *execução forçada*, do outro, se encontra quase comprimida, observam Lasserra (*La responsabilità patrimoniale*, Nápoles, 1966, pág. 3 e segs.) e Enzo Roppo (*Responsabilità patrimoniale*, na *Enc. del dir.*, n.º 1, pág. 1042), numa «*contestada posição de terceiro incómodo*».

Das obrigações em geral

penhora (^{1}), sem prejuízo dos regimes especialmente estabelecidos em consequência da separação de patrimónios».

Quer isto dizer, em primeiro lugar, que nem todos os bens do devedor integram a garantia da obrigação. Só garantem o cumprimento da obrigação os *bens* (do devedor) *que possam ser penhorados*. Esta primeira parte do preceito é, por um lado, confirmada e, por outro, completada pelo disposto no artigo 821.º do Código de Processo Civil, por força do qual «estão sujeitos à execução todos os bens do devedor susceptíveis de penhora que, nos termos da lei substantiva, respondem pela dívida exequenda».

Devolve assim a lei processual à lei substantiva a definição do círculo de bens sobre que pode recair a execução, não sem acrescentar, no n.º 2 do mesmo artigo, que também podem ser penhorados nas aras da execução bens pertencentes a terceiro.

E é a lei substantiva (art. 601.º) que vai compreensivelmente buscar o elemento processual da *penhorabilidade* para delimitar o círculo da garantia patrimonial (^{2}).

Há, com efeito, *bens* que a lei processual, pelas mais variadas razões (^{3}), considera *impenhoráveis*, sacrificando o interesse do credor

---

(^{1}) Localizando nos *bens* (*todos* os bens penhoráveis) o objecto da responsabilidade do devedor pelo cumprimento da obrigação, o artigo 601.º consagra abertamente a natureza exclusivamente patrimonial da responsabilidade do devedor, há muitos séculos progressivamente radicada no direito dos povos civilizados. Vide, por todos, BETTI, *Teoria generale delle obbligazioni*, II, Milano, 1953, pág. 135 e segs.

(^{2}) Note-se, porém, que também o conceito processual da *impenhorabilidade* tem um braço substantivo, que nasce da *intransmissibilidade* ou *inalienabilidade* dos bens. A primeira categoria de bens impenhoráveis de que o artigo 822.º faz menção é, realmente, a das coisas inalienáveis (direito de uso e habitação — art. 1488.º do Cód. Civil; o direito à herança da pessoa viva: art. 2028.º, 2). Sobre esta impenhorabilidade substancial, designadamente no que respeita à propriedade literária, artística, científica e industrial, vide ALBERTO DOS REIS, *Processo de execução*, I, Coimbra, 1943, n.º 86, pág. 313 e segs.

(^{3}) Uma leitura atenta das várias alíneas do n.º 1 do artigo 822.º do Código de Processo Civil revela, efectivamente, a existência de motivos de ordem *moral, religiosa, social, económica*, e até de *humanidade* (cfr. ALBERTO DOS REIS, *ob. e vol. cits.*, n.ºs 87 e segs., pág. 349 e segs.; LOPES CARDOSO, *Manual da acção executiva*, 3.ª ed., 1987, pág. 326 e segs., na base da *impenhorabilidade* dos bens discriminados.

em obter a satisfação do crédito ou a reparação do direito violado ao interesse do devedor em manter a coisa na sua posse ou o direito na sua titularidade. A *impenhorabilidade* pode revestir uma dupla modalidade: os bens discriminados nas diversas alíneas do artigo 822.º do Código de Processo (v.gr., os bens do domínio público do Estado; os objectos afectos ao culto público; os túmulos, os instrumentos indispensáveis aos deficientes) são bens absoluta ou totalmente impenhoráveis; os bens mencionados nos artigos 823.º e 824.º (os livros, utensílios ou outros objectos indispensáveis ao exercício da profissão; dois terços dos proventos dos funcionários, etc.) são, por sua vez, bens relativa ou parcialmente impenhoráveis. Os primeiros são os bens que, nem sequer em parte, e em circunstância nenhuma podem ser penhorados. Os segundos são os que apenas em parte ou em determinadas circunstâncias podem ser apreendidos para os fins específicos da execução judicial ([1]).

A segunda nota focada no artigo 601.º, que interessa à definição do objecto da garantia patrimonial, é a da ressalva dos «regimes especialmente estabelecidos em consequência da separação de patrimónios».

Há, na verdade, vários casos em que a lei, dentro da massa geral de bens pertencentes a determinada pessoa, singular ou colectiva, segrega uma parte deles para os submeter a uma afectação especial. Dá-se a este conjunto de bens unitariamente desintegrado do património geral do seu titular o nome de *património separado* ou *património autónomo* ([2]) e a sua *afectação especial* a determinado fim

---

([1]) Sobre a forma de reacção do executado contra a penhora de bens absolutamente impenhoráveis, ou de bens relativamente impenhoráveis fora dos limites ou das circunstâncias em que podem ser apreendido na execução, vide, por todos, LOPES CARDOSO, *Manual da acção executiva*, 3.ª ed., Lisboa, 1987, n. 106, pág. 338 e segs. .

([2]) Acerca da *noção* e *regime* da figura, para maiores desenvolvimentos, vide LINA GERI, *Patrimonio autonomo e separato*, na *Enc. del dir.*

Das obrigações em geral

consiste em esse conjunto global de bens responder *apenas* pelas *dívidas* relacionadas com tal finalidade ([1]).

Os exemplos típicos mais conhecidos desta figura são à *herança*, por um lado, e os *bens comuns* do casal, quando seja de comunhão o regime matrimonial de bens vigente entre os cônjuges.

Quando a herança se devolve aos herdeiros, os bens que até então pertenciam ao falecido passam a integrar o património dos seus sucessores. Mas como se não considera justo esquecer as expectativas dos antigos credores do falecido sobre os bens que anteriormente compunham o património deste, a lei não só transmite para os herdeiros as dívidas do *de cuius*, como não permite que os bens da herança, apesar de incorporados doravante no património dos sucessores, respondam em pé de igualdade perante os credores do *de cuius* e os credores do herdeiro. Concede justificada preferência, no pagamento efectuado à custa dos bens hereditários, aos credores do falecido.

Em contrapartida, também não seria justo nem razoável que os credores da herança, apesar de convertidos em credores dos herdeiros pelo fenómeno da sucessão *mortis causa*, se pudessem pagar de seus créditos à custa dos bens próprios do herdeiro (anteriores à herança), contra a vontade deste.

Por isso, ao regular os encargos da herança, a lei (art. 2 070.º) prescreve, em primeiro lugar, que os credores da herança e os legatários gozam de preferência sobre os credores pessoais do herdeiro e os primeiros sobre os segundos — preferência que se mantém ao longo dos cinco anos subsequentes à data da abertura da sucessão, ou da constituição da dívida, se esta for posterior (art. 2070.º, n.º 3).

([1]) A própria designação do instituto — *património* (separado) — revela que se trata de uma situação inteiramente distinta dos *direitos reais de garantia*. Enquanto o direito real de garantia confere a certo credor o direito de se pagar, com preferência sobre os outros, à custa de coisas determinadas, o *património autónomo* compreende uma *massa de bens* sujeita a um regime especial de responsabilidade, em benefício de múltiplos credores.

Garantia geral das obrigações

E, em seguida, determina a lei (art. 2 071.º) que pelos encargos da herança (incluindo, como é evidente, os débitos do *de cuius*) apenas respondem os bens que a integram (e não os restantes bens dos herdeiros), variando somente o ónus da prova da insuficiência dos bens hereditários, consoante a herança tenha sido aceite pura e simplesmente ou a benefício de inventário.

Outro exemplo, bastante significativo, de património autónomo é, como já foi dito, o dos bens comuns nos regimes matrimoniais de bens em que haja comunhão.

Também o património comum dos cônjuges — de que são contitulares marido e mulher — afectado às necessidades específicas do casal e dos filhos, tem um regime próprio de dívidas.

Os bens comuns do casal, como verdadeira massa patrimonial unitária, só respondem pelas dívidas comunicáveis, contraídas por ambos os cônjuges ou por um deles apenas (art. 1 695.º).

Na falta ou insuficiência dos bens comuns, é que respondem subsidiariamente os bens próprios de qualquer dos cônjuges.

Mas os bens comuns é que, por fidelidade à sua vocação legal, só respondem pelo pagamento das dívidas comunicáveis. Pelas dívidas da exclusiva responsabilidade de um dos cônjuges respondem, prioritariamente, os bens próprios do cônjuge devedor. E só na falta ou insuficiência dos bens próprios, responde a meação do cônjuge devedor nos bens comuns.

Esta responsabilidade da meação do cônjuge devedor obedecia mesmo à *moratória* estabelecida na 2.ª parte, do n.º 1 do artigo 1696.º (na sua primitiva redacção). A partir, porém, da última reforma (de 95/96) do processo civil, a *moratória* estabelecida na 2.ª parte do n.º 1 do artigo 1696.º do Código Civil desapareceu, e, em consequência da sua eliminação, manteve-se a responsabilidade prioritária dos bens próprios do cônjuge devedor pelas dívidas próprias dele, mas a sujeição da meação à execução por estas dívidas passou a ser *imediata*, logo que se alegue e prove a falta ou insuficiência dos bens próprios do devedor.

Das obrigações em geral

São todos estes regimes especiais, subsequentes à *separação de patrimónios*, que o artigo 601.º manda respeitar, ao fixar o princípio básico da garantia geral das obrigações.

436. *Limitação da garantia (patrimonial).* O princípio de que todos os bens penhoráveis do devedor respondem pelo cumprimento da obrigação é uma solução que, superada a antiga fase da responsabilidade pessoal da vida ou da liberdade do devedor, corresponde aos legítimos interesses do credor.

Mas não chega ao ponto de constituir, na plenitude da sua formulação, uma exigência de *interesse e ordem pública*. O princípio da universalidade patrimonial é susceptível de limitações ([1]).

Nada repugna, com efeito, ao sentimento comum da ordenação jurídica da vida social admitir que, ao constituirem voluntariamente qualquer obrigação, as partes — independentemente da limitação proveniente da *separação de patrimónios* — limitem a responsabilidade do devedor inadimplente apenas a alguns bens do seu património.

Como nada custa também reconhecer, em princípio, a quem doar ou legar determinados bens a outrem a faculdade de excluir as coisas transmitidas gratuitamente do círculo da garantia oferecida pelo património do destinatário a favor dos credores anteriores.

Se o autor da liberalidade era plenamente livre de fazê-la ou não fazê-la, se os credores do beneficiário nenhuma expectativa fundada podiam consequentemente invocar quanto ao ingresso dos bens doados ou legados no património do seu devedor, nenhuma razão se pode legitimamente erguer contra a possibilidade de o doador ou testador excluir a responsabilidade dos bens transmitidos, ao menos, pelas dívidas anteriores à doação ou legado.

Assim se compreende o disposto, em primeiro lugar, no artigo 602.º (a propósito da limitação convencional da responsabili-

---

([1]) ENZO ROPPO, *est. cit.*, n.º 9.

dade patrimonial) — segundo o qual é possível (legalmente), por convenção entre as partes, limitar a responsabilidade do devedor a alguns dos seus bens, no caso de a obrigação não ser voluntariamente cumprida, salvo quando se trate de matéria subtraída à disponibilidade das partes.

A lei (art. 602.º) ressalva, compreensivelmente, desta limitação convencional do objecto da garantia patrimonial as obrigações cujo regime não caiba na disponibilidade das partes, como sucede com a generalidade das obrigações nascidas *ex lege* (v. gr. com a obrigação alimentícia e com a obrigação de indemnizar, em geral) ([1]).

Dentro do campo das relações obrigacionais disponíveis (nomeadamente das obrigações *ex contractu*), a limitação da responsabilidade a uma parte do património do devedor há-de naturalmente, para ser válida, corresponder a um interesse sério e justificado das partes. Deve, por um lado, especificar os bens sobre que recai a garantia, de acordo com o próprio texto da lei. E deve a limitação corresponder, por outro lado, a uma real necessidade ou conveniência do devedor, compatível com a coercibilidade do vínculo obrigacional, visto às partes não ser lícito criar obrigações naturais (deveres de prestar destituídos de real coercibilidade) fora dos termos em que a lei prevê a sua existência e implantação ([2]).

437. *Cláusulas de irresponsabilização de determinados bens.* Mais longe, sob certo aspecto, do que o artigo 602.º (relativo à limitação

---

([1]) «Estão subtraídas à disponibilidade das partes, escrevem PIRES DE LIMA e ANTUNES VARELA (*Código Civil anotado*, I, 4.ª ed., Coimbra, 1987, anot. ao art. 602.º, pág. 619) todas as obrigações impostas por normas de interesse e ordem pública. Assim se devem considerar todos os créditos irrenunciáveis, como o crédito a alimentos (art. 2008.º)».

([2]) É bastante elucidativo e concludente nesse aspecto o facto de a versão final do artigo 602.º do Código haver excluído a faculdade que no artigo 163.º, n.º 1, do *Anteprojecto do Direito das obrigações* de VAZ SERRA (*Bol. Min. Just.*, 99, pág. 28) se reconhecia expressamente ao credor e devedor de excluírem, por convenção, o «recurso do credor às vias judiciárias».

Das obrigações em geral

da responsabilidade do devedor a determinados bens do devedor), vai o disposto no artigo 603.º, que permite ao autor da liberalidade (deixa ou doação) excluir a responsabilidade dos bens deixados ou doados por algumas das dívidas do beneficiário.

A lei procurou, no entanto, ser criteriosa na concessão dessa faculdade, conciliando a liberdade negocial que deve reconhecer-se ao autor da liberalidade com a legítima expectativa dos credores sobre a exequibilidade dos bens que integram o património do devedor.

Por um lado, reconheceu-se a validade e oponibilidade da cláusula (de exclusão da responsabilidade dos bens doados ou deixados) aos titulares de créditos anteriores à liberalidade. Esses credores não podiam fundamentadamente contar com os bens doados ou deixados como garantia do seu crédito, uma vez que a deixa ou doação só foi realizada depois de constituída a obrigação. E por isso não repugna aceitar a oponibilidade da cláusula a tais credores ([1]).

Mas já não deve admitir-se que o autor da liberalidade goze do poder de fixar o estatuto da responsabilidade dos bens do devedor em face dos futuros credores ([2]). Se os bens doados ou deixados já tinham ingressado no património do devedor à data em que a obrigação foi constituída, não parece justo que o credor não possa contar com a execução dos bens que nessa data integram o património do devedor.

Recaindo a doação ou a deixa sobre bens imóveis ou móveis sujeitos a registo, a lei (art. 603.º, 1) não permite a oponibilidade

---

([1]) Assim se facilita e estimula, evidentemente, a realização de liberalidades mesmo a favor de quem esteja insolvente ou perto da insolvência. Se a cláusula da exclusão não fosse válida, é evidente que o terceiro, por mais que prezasse o devedor, não se disporia a fazer-lhe uma liberalidade que, no fundo, acabava praticamente por beneficiar apenas os seus credores.

([2]) «Não fazia, efectivamente, sentido, escrevem Pires Lima e Antunes Varela (*Código Civil anot.*, 1, 4.ª ed., pág.619), que pudesse ser criado, por terceiro, em relação a certos bens, o privilégio permanente da irresponsabilidade».

Garantia geral das obrigações

da cláusula aos próprios credores anteriores, se estes tiverem registado a penhora antes de efectuado o registo da cláusula (de exclusão da responsabilidade).

Diferente do traçado nos n.ºs 1 e 2 do artigo 603.º é o regime de irresponsabilidade que caracteriza os bens fideicomitidos.

A irresponsabilidade destes bens, que hão-de transitar, por força da cláusula fideicomissária, do fiduciário para o fideicomissário, tanto vale para os credores (do fiduciário) anteriores à abertura da sucessão, como para os credores posteriores.

"Os credores pessoais do fiduciário, prescreve o artigo 2 292.º, não têm o direito de se pagar pelos bens sujeitos ao fideicomisso, mas tão-somente pelos seus frutos".

Como o fiduciário, por força da instituição, tem que conservar a herança ou o legado, para que, por sua morte, o benefício reverta para o fideicomissário, os bens fideicomitidos não podem ser executados pelos credores do fiduciário, quer se trate de credores anteriores, quer de credores posteriores à abertura da instituição.

Por outro lado, também é líquido que os bens fideicomitidos não podem ser executados pelas dívidas do fideicomissário em vida do fiduciário, visto que o fideicomissário só adquire direito à herança por morte do seu antecessor na substituição (arts. 2 293.º, 1 e 2 294.º).

438. *O património do devedor como garantia comum dos credores.* Diz-se, com base no preceito do artigo 601.º, que o património do devedor (o conjunto dos bens do devedor susceptíveis de penhora) é a garantia *geral* das obrigações [1], para significar que é o património (e não a pessoa ou a liberdade) do devedor que assegura a realização coactiva da prestação ou da indemnização, no caso de a obrigação não ser voluntariamente cumprida.

---

[1] Garantia *genérica* lhe chama, com o mesmo sentido, FRAGALI (*est. cit.*, na *Enc. del dir.*, n.º 3), para acentuar, aliás, que se trata, não de um verdadeiro *direito de garantia*, mas do meio normal de realização do direito do credor.

Das obrigações em geral

Mas pode agora acrescentar-se que, nos termos do disposto no artigo 604.º, n.º 1, o *património* é também a garantia *comum* das obrigações.

Quer isto dizer que os credores, que não gozem de qualquer direito de preferência sobre os demais, são pagos em pé de *plena igualdade* (ou da *plena proporcionalidade*) *uns com os outros.*

Esta é a famosa regra da *par condicio creditorum*, que cava um abismo entre os direitos reais e os direitos de crédito.

Os direitos reais, mercê da sua eficácia absoluta *(erga omnes)*, estão sujeitos à regra da prevalência temporal *(prior tempore potior jure)*, princípio que tanto aproveita aos *direitos reais de garantia*, como aos *direitos reais de gozo* ([1]).

Se sobre o mesmo imóvel forem constituídas duas ou mais hipotecas, a registada em primeiro lugar prevalece inteiramente sobre a registada em segundo lugar, e assim sucessivamente (art. 713.º), de modo que, concorrendo todos os credores hipotecários à mesma execução, só depois de inteiramente pago o credor hipotecário graduado em 1.º lugar é que o 2.º credor hipotecário pode começar a ser pago pelo valor da coisa hipotecada. E assim sucessivamente.

De igual modo, se o proprietário do imóvel constituir sobre ele, sucessivamente, dois direitos de usufruto, abrangendo cada um deles a totalidade do prédio, o direiro de usufruto primeiramente levado ao registo afasta por completo o segundo.

Já o mesmo não ocorre, conforme se verifica pela simples leitura do artigo 604.º, com os direitos de crédito.

O artigo 604.º distingue, com efeito, quanto à garantia do cumprimento, duas grandes categorias de créditos: os dotados de qualquer *direito de preferência* e os créditos *comuns* (os créditos sem qualquer causa legítima de preferência).

([1]) Já quanto aos *direitos reais de aquisição* a lei adopta, por vezes, critérios de *prevalência*, entre os que incidem sobre a mesma coisa e não podem ser simultaneamente satisfeitos, diferentes da prioridade temporal da sua constituição: vide, por exemplo, relativamente ao direito de preferência dos arrendatários comerciais instalados no mesmo imóvel, o disposto no artigo 1117.º, n.º 1.

Garantia geral das obrigações

de rendimentos (antigamente chamada *anticrese*), o penhor, a hipoteca, o privilégio e o direito de retenção ([1]).

As causas de preferência expressamente referidas nesta disposição serão definidas e examinadas no capítulo consagrado às *garantias especiais* das obrigações.

Quanto a estes, a lei não atende nem à sua proveniência, nem à data da sua constituição (à sua prioridade temporal), para estabelecer qualquer ordem de pagamento.

Deste modo, se o devedor não cumprir voluntariamente no momento próprio, e dois ou mais credores recorrerem ao direito de agressão do património do obrigado, de duas uma:

a) ou os bens do devedor chegam para integral satisfação dos seus débitos e nenhum problema de prioridades se levanta entre os credores;

b) ou os bens do obrigado não bastam para pagar a todos e, nesse caso, o artigo 604.º, n.º 1, manda dividir o preço dos bens do devedor por todos, proporcionalmente ao valor dos créditos, sem nenhuma distinção baseada, seja na proveniência ou natureza dos créditos, seja na data da sua constituição.

Todos os credores (comuns), sem distinção entre mais antigos e mais modernos, são assim tratados em pé de plena igualdade.

Esta é a *par condicio creditorum* de que falam os autores e que a nossa lei expressamente consagra.

O artigo 604.º ressalva, porém, como vimos, os créditos que gozem de causa legítima de *preferência*.

A preferência consiste, neste caso, na faculdade de o credor ser pago antes dos demais credores do mesmo devedor, sobre o valor de algum ou de todos os bens deste.

([1]) Vide sobre todas essas causas de preferência, a propósito da obrigação de juros, o breve apontamento de CORREIA DAS NEVES (*Manual dos juros*, 3.ª ed., 1989, pág. 349 e segs.).

Das obrigações em geral

A disposição legal aponta como causas legítimas de preferência, ou seja, como fundamento legal do pagamento prioritário do credor, além de outras admitidas na lei, as seguintes: a consignação

Entre as tais outras causas (de preferência) admitidas na lei, cabe destacar a *separação de património* (cujos traços fundamentais foram já indicados) e a *penhora*, que é a apreensão judicial de bens levada a cabo no processo de execução (arts. 821.º e segs. do Cód. Proc. Civil).

Diz-se, com efeito, no artigo 822.º do próprio Código Civil que, «salvo nos casos especialmente previstos na lei, o exequente adquire pela penhora o direito de ser pago com preferência a qualquer outro credor que não tenha garantia real anterior».

A fim de impedir que o exequente possa, realmente, ser pago com preferência sobre credores que tenham garantia real anterior sobre os bens penhorados, é que no processo de execução se convocam, em certa fase da acção, todos os credores com garantia real, relativamente aos bens penhorados ([1]) (art. 864.º, 1, *b*) do Cód. Proc. Civil), para que não sejam injustamente prejudicados com a preferência adquirida pelo exequente através do acto processual da penhora.

Alude-se na própria disposição da lei civil (art. 822.º) aos casos especialmente previstos na lei, em que a penhora não confere ao exequente seu autor nenhuma preferência em relação aos demais credores.

Assim sucede, com efeito, logo que seja decretada a *falência* do devedor (art. 200.º, n.º 3, do *Cód. dos Proc. Esp. de Recuperação da Empresa e de Falência*).

([1]) A convocação dos credores destina-se, no fundo, a permitir o reconhecimento e a graduação dos créditos que recaiam sobre os bens do executado. RODRIGUES BASTOS (*Notas ao Código de Processo Civil*, IV, Lisboa, 1984, pág. 104) fornece uma indicação muito útil sobre a graduação desses créditos.

Garantia geral das obrigações

SECÇÃO II

MEIOS DE CONSERVAÇÃO DA GARANTIA PATRIMONIAL

SUBSECÇÃO I

Declaração de nulidade

439. *Meios de conservação da garantia concedidos por lei.* A lei não se limita a conceder ao credor o direito de promover a *execução forçada* da prestação, no caso de o devedor não cumprir voluntariamente, e de se ressarcir à custa do património do obrigado, se a realização coactiva da prestação não for possível.

Concede-lhe ainda os meios necessários para o credor defender a sua posição contra os actos praticados pelo devedor, capazes de prejudicarem a garantia patrimonial da obrigação, diminuindo a consistência prática do seu direito de agressão sobre os bens do obrigado.

É precisamente dos *meios de conservação* da *garantia patrimonial* do credor ([1]) que tratam os artigos 605.º e seguintes.

Os instrumentos de tutela predispostos na lei para a preservação da consistência prática do direito de crédito são a declaração de invalidade dos actos nulos praticados pelo devedor, a acção sub-rogatória, a impugnação pauliana e o arresto.

Através da declaração de invalidade([2]), a lei reconhece aos credores a legitimidade para impugnarem os actos nulos praticados pelo devedor, que possam causar-lhes prejuízo.

([1]) É da conservação da *garantia* patrimonial — e não propriamente da conservação do *património* — que se trata, uma vez que o interesse a acautelar é o direito de crédito do credor e não o direito de propriedade do devedor sobre os bens que lhe pertencem.

([2]) Correspondente à antiga *acção de simulação*, mas de raio evidentemente mais largo no seu traçado, visto abranger, além da simulação, todas as restantes causas de *nulidade*. Vide VAZ SERRA, *Responsabilidade patrimonial*, n.º 34, pág. 148 e BELEZA DOS SANTOS, *A simulação*, I, n.ºˢ 60 e 61.

433

Das obrigações em geral

A acção sub-rogatória permite ao credor substituir-se ao devedor no exercício de certos direitos de conteúdo patrimonial contra terceiro, desde que a substituição se mostre necessária à satisfação ou garantia do seu direito de crédito.

A impugnação pauliana confere, por seu turno, ao credor o poder de reagir contra os actos praticados pelo devedor (ainda que válidos) que envolvam diminuição da garantia patrimonial.

O arresto permite ao credor requerer a apreensão dos bens do devedor, sempre que ele tenha justo receio de perda da garantia patrimonial do seu crédito.

São estes quatro distintos instrumentos de tutela do direito de crédito, que interessa conhecer nos traços fundamentais do seu regime, para se ter uma noção exacta dos poderes conferidos ao credor, com vista à preservação da garantia patrimonial.

440. *Interesse da acção de nulidade.* A possibilidade facultada aos credores pelo artigo 605.º de impugnarem os actos nulos praticados pelo devedor, não obstante a sua qualidade de terceiros em relação a esses actos, reveste um interesse prático assinalável, visto lhes reconhecer sobretudo *legitimidade* para atacarem os actos *simulados* realizados em seu prejuízo.

Dir-se-ia, no entanto, que a disposição do artigo 605.º não era necessária para o efeito, uma vez que, na *Parte Geral* do Código, a propósito do negócio jurídico em geral, já o artigo 286.º prescreve que a nulidade do negócio, ao invés do que sucede com a anulabilidade dele, pode ser invocada a todo o tempo *por qualquer interessado.*

Apesar disso, o disposto no artigo 605.º reveste algum interesse para os credores em três aspectos não despiciendos.

Por um lado, declara-se expressamente não ser necessário, para assegurar a legitimidade do credor impugnante, que o acto (impugnado) tenha produzido ou agravado a insolvência do devedor (^{1}). Basta que o credor tenha *real interesse* na declaração de nulidade, que não passa necessariamente pela imediata insolvência do devedor, pois bastará para o efeito o agravamento sério do perigo dessa insolvência.

Neste preciso sentido escreveu VAZ SERRA (^{2}) que «convém não cercear os meios de atacar os actos absolutamente nulos do devedor, em especial os simulados, e, desde que do acto nulo resulta uma diminuição patrimonial, parece dever facultar-se aos credores o meio de fazer declarar logo a nulidade, para que se não exponham a ver, de um momento para o outro, insolvente o seu devedor».

Claro que neste pender da balança para a impugnabilidade do acto nulo pelo credor, independentemente de o acto produzir ou agravar por si só o estado de insolvência do devedor, pesa bastante a gravidade que de um modo geral revestem as causas determinantes da nulidade (^{3}).

Por outro lado, ficou também decididamente afastada a dúvida sobre se a anterioridade do crédito é, como sucede na impugnação pauliana, um requisito da legitimidade (do credor) para a instauração da acção de nulidade.

(^{1}) Outra era a tese de GUILHERME MOREIRA (*Obrigações*, 2.ª ed., n. 44), em face da legislação anterior, por arrastamento do regime fixado para a acção pauliana (art. 1033.º do Código de 1867). Noutro sentido, PAULO CUNHA, *Da garantia das obrigações*, lições coligidas por EUDORO CÔRTE-REAL, I, n. 173, por entender que bastava a qualidade de *credor* para haver interesse na não diminuição do património do devedor. O argumento não seria inteiramente procedente, mas bastava para mostrar que o interesse do credor na declaração de nulidade não começava apenas no ponto de ruptura da solvência do obrigado. Cfr. ainda BELEZA DOS SANTOS, *A simulação*, I, n. 77.

(^{2}) *Responsabilidade patrimonial*, Lisboa, 1958, n. 34, pág. 150.

(^{3}) Vide sobre o tema da *gravidade* das causas determinantes da *nulidade*, em confronto com os factos geradores da *anulabilidade* do negócio, TOMMASINI, *Nullità (dir. priv.)*, na *Enc. del dir.*, ns. 5 e segs.; entre nós, quanto à anterior distinção entre causas de *nulidade absoluta* e causas de *nulidade relativa*, embora em termos muito abreviados, MANUEL ANDRADE, *Teoria geral da relação jurídica*, II, 4.ª reimpressão, Coimbra, 1974, n. 197, pág. 416.

Das obrigações em geral

Os termos em que a lei consagra a legitimidade dos credores, desprendendo-a abertamente de qualquer relação de causalidade entre o acto nulo e a insolvência ou agravamento de insolvência do devedor, revelam que nenhum cabimento tem no caso o requisito da anterioridade do crédito ([1]).

O terceiro ponto refere-se aos efeitos da *declaração* de nulidade ([2]) requerida por um dos credores.

Mantendo, aliás, a orientação proveniente do Código de 1867 quanto aos actos nulos em geral (arts. 1032.º e 697.º), o artigo 605.º, n.º 2, do Código vigente prescreve expressamente que a nulidade do acto, uma vez declarada a requerimento de um dos credores, aproveita não só ao credor, que a tenha invocado, como a todos os demais.

SUBSECÇÃO II

Sub-rogação do credor ao devedor *

441. *O antecedente da acção sub-rogatória.* O segundo meio de conservação da garantia patrimonial, muito diferente da declaração de nulidade, é, como vimos, a *sub-rogação do credor ao devedor.* Como

---

([1]) No mesmo sentido, já em face da legislação anterior ao Código vigente, escrevia VAZ SERRA (*ob. cit.*, pág. 151) que «nenhuma dúvida pode haver de que a acção de simulação não está sujeita ao requisito da anterioridade do crédito, próprio da acção pauliana (art. 1033.º), visto se dirigir contra um acto nulo, cuja declaração de nulidade pode ser pedida por qualquer interessado».

([2]) Nenhuma dúvida séria se tem levantado, quer entre nós, quer na doutrina estrangeira, acerca da natureza meramente *declarativa* — e *não constitutiva* — da sentença que, a requerimento do credor interessado, reconheça a nulidade do acto praticado pelo devedor. *Vide*, por todos, RUI ALARCÃO, *A confirmação dos negócios anuláveis*, Coimbra, 1971, pág. 58; TOMMASINI, *est. cit.*, n. 16; FEDELE, *La invalidità del negozio giuridico di diritto privato*, Torino, 1943, pág. 68 e segs.

* VAZ SERRA, *Responsabilidade patrimonial*, Lisboa, 1958, ns. 35 e segs.; NICOLÒ, *Azione surrogatoria*, no *Com.* de SCIALOJA e BRANCA, art. 2900; DEL GIUDICE, *Azione surrogatoria...*, *Rev. trim. dir. proc. civ.*, 1957, pág. 824 e segs.; GIAMPICCOLO, *Azione surrogatoria*, *Enc. del dir.*

Garantia geral das obrigações

o próprio nome do instituto sugere, a sub-rogação do credor ao devedor consiste na faculdade concedida ao credor de se substituir ao devedor no exercício de certos direitos capazes de aumentarem o activo, diminuirem o passivo ou impedirem uma perda do activo do património do obrigado.

Já no Código de 1867 se concedia aos credores uma providência deste tipo, com o nome de *acção sub-rogatória*. Mas a acção sub--rogatória era tida então como providência de carácter *excepcional*, que só existia nos casos expressamente previstos e regulados na lei ([1]).

Esses casos eram os do artigo 509.º (invocação pelos credores da prescrição a que o devedor houvesse renunciado ([2])), do artigo 694.º (faculdade de os fiadores, como credores eventuais do devedor, requererem a anulação do acto relativamente nulo por este praticado), do artigo 1405.º (direito de os trabalhadores e fornecedores do empreiteiro demandarem o dono da obra até à quantia de que ele fosse devedor ao empreiteiro ([3])) e do artigo 2040.º (direito

---

([1]) Vide, por todos, PIRES DE LIMA e ANTUNES VARELA, *Noções fundamentais de direito civil*, I, 4.ª ed., n. 50, pág. 335 e segs.; CUNHA GONÇALVES, *Tratado*, X, pág. 540 e segs.

([2]) Neste caso, tal como no caso da aceitação da herança, antes de invocarem a prescrição da dívida ou de aceitarem a herança, os credores tinham naturalmente de impugnar a renúncia do devedor ou o repúdio do herdeiro ou legatário — impugnação que rigorosamente cabia no âmbito da acção pauliana e não da acção sub-rogatória.

O que havia, porém, de *característico* nestas soluções não era o lado *negativo* da destruição dos actos praticados pelo devedor, mas o lado *positivo* da substituição do devedor pelo credor no exercício de direitos pertencentes a este devedor.

No fundo, tudo se processava como se a lei, considerando *ineficaz* em relação ao credor a declaração de renúncia ou de não aceitação por parte do devedor, concedesse pura e simplesmente àquele o poder de se substituir a este no exercício do direito.

([3]) O caso regulado no artigo 1405.º do Código de 1867 reveste, como VAZ SERRA justamente observa (*ob. cit.*, n. 45, pág. 189), um aspecto muito especial.

Por um lado, a acção dos credores (trabalhadores e fornecedores do empreiteiro) não se dirige contra quaisquer *terceiros*, mas sim contra um devedor (dono da obra) do devedor (empreiteiro).

Por outro lado, os credores não se substituem nesse caso ao devedor no exercício dum direito deste, porque exercem pelo contrário o seu próprio direito de

Das obrigações em geral

de os credores aceitarem a herança que o devedor tivesse repudiado).

Dado o carácter reconhecidamente excepcional destas disposições, por todos era aceite, tanto na doutrina como na jurisprudência, a impossibilidade da sua aplicação analógica a outras situações.

A consideração que decisivamente pesava no espírito dos autores para aceitarem o carácter *singular* da sub-rogatória provinha da restrição que ela implicava para a liberdade de agir do devedor no exercício dos seus direitos.

A regra é a de que o titular do direito (salvo nos casos vulgarmente chamados de *direito-dever* ou de *direitos funcionais*) deve ter plena liberdade de exercer ou não exercer o poder que a lei lhe confere. Coarctando frontalmente essa liberdade (uma vez que, na acção sub-rogatória, o credor agia no exercício do *direito* do devedor e não no exercício de *direito próprio*), a providência não podia, com efeito, deixar de ser considerada como contrária aos *princípios gerais*.

442. *Carácter geral da nova sub-rogação.* Outra é, porém, a fisionomia que declaradamente reveste no Código vigente (arts. 606.º e segs.) a *sub-rogação* do credor ao devedor.

A sub-rogação do credor, em vez de ser limitada a determinados direitos, como sucedia na legislação anterior, passou a ser admitida com carácter *geral*, embora sujeita a determinados *requisitos*.

«Sempre que o devedor o não faça, prescreve o n.º 1 do artigo 606.º, tem o credor a faculdade de exercer, contra terceiro, os direitos de conteúdo patrimonial que competem àquele...».

---

crédito. Em vez de exercerem contra o seu devedor, o artigo 1405.º do Código de 1867 permitia-lhes exercer directamente o seu crédito contra o devedor do seu devedor.

É ao caso deste tipo que VAZ SERRA e outros autores dão a designação de acção sub-rogatória *directa*, por contraposição à sub-rogatória propriamente dita, em que a acção é *indirecta* ou *oblíqua*.

Garantia geral das obrigações

A lei quer, portanto, defender seriamente a garantia patrimonial, reconhecendo ao credor a faculdade de se substituir ao devedor no exercício de direitos que possam aumentar ou impedir a diminuição do património deste (que é o suporte real ou a base económica dos seus débitos), sempre que o obrigado o não faça.

Não quer isto significar que, obcecado pela ideia de tutelar o interesse do credor, o legislador tenha descurado o aspecto negativo da providência, que é o da *limitação* criada pela sub-rogação à *liberdade de agir* do devedor no exercício dos direitos de que é titular.

A lei procurou, efectivamente, respeitar a liberdade de acção do devedor na gestão dos seus interesses patrimoniais dentro dos *limites* considerados *razoáveis*, procurando conciliá-la com as exigências do vínculo creditício que recai directamente sobre a sua pessoa e indirectamente sobre os seus bens.

Apesar da consagração da sub-rogação do credor ao devedor como instituto de carácter geral, a lei (art. 2067.º) previu e regulou expressamente um caso *especial* de sub-rogação: o da sub-rogação do credor ao devedor que, em prejuízo dele, repudia a herança a que foi chamado.

Várias razões explicam e justificam o chamamento especial deste caso no artigo 2067.º do Código Civil.

Por um lado, a sub-rogação do credor não assenta apenas, neste caso, sobre a inacção do devedor.

Trata-se, antes de mais, de eliminar um acto *positivo* — o *repúdio* da herança — do devedor. E só depois, logicamente, a lei civil reconhece ao credor a faculdade de, substituindo-se ao chamado, repudiante, aceitar a herança.

Por outro lado, a sub-rogação do credor ao devedor opera, na generalidade dos casos, em relação aos direitos que este poderia exercer *contra terceiro*. E no caso especial contemplado no artigo 2067.º não é do exercício de um direito contra terceiro que se trata. A aceitação da herança traduz um acto unilateral de adesão

Das obrigações em geral

ao chamamento que a lei ou uma disposição unilateral de vontade faz ao devedor.

Por último, há um traço especial da sub-rogação, neste caso, que não poderia ser omitido na lei: é a disposição (art. 2067.º, n.º 3) que, depois de pagos os credores do repudiante, manda reverter o remanescente da herança, não para o repudiante, mas para os herdeiros subsequentes a ele.

443. *Requisitos da sub-rogação atinentes às omissões do devedor.* Mas a limitação objectiva do campo de acção da sub-rogação do credor ao devedor, como instrumento de defesa da garantia patrimonial, não está apenas em ela se circunscrever aos *direitos contra terceiros*. A primeira restrição provém logo do facto de ela se cingir aos *direitos* (de conteúdo patrimonial) que *competem* ao credor. Isto significa que a substituição do devedor pelo credor só pode dar-se em relação a *direitos* subjectivos *já existentes* ou *constituídos* ([1]) e *não* em relação a *meras expectativas* de aquisição dum direito (como a aceitação duma oferta de contrato — doação, venda, locação, sociedade —; a publicação duma obra ou o lançamento de nova edição duma obra já publicada; etc.).

Além disso, o artigo 606.º, n.º 1, ressalva ainda da sub-rogação os direitos de carácter *pessoal (hoc sensu)* — ou sejam, os direitos que, por sua *natureza* ou por *disposição da lei*, só possam ser exercidos pelo respectivo titular ([2]).

«Tais são, diz-se no *Código Civil anotado* ([2]), as acções relativas ao estado das pessoas (como as acções de impugnação e as de investigação da paternidade ou da maternidade, de divórcio, separação de pessoas e bens, etc.) ou à revogação duma dação por ingratidão

---

([1]) Vide VAZ SERRA, *ob. cit.*, n. 39.

([2]) No mesmo sentido dispõem os artigos 1166 do *Code* francês e 2900 do Código italiano.

([3]) PIRES DE LIMA e ANTUNES VARELA, *Código Civil anotado*, I, 4.ª ed., com a colab. de HENRIQUE MESQUITA, pág. 623.

do donatário, mesmo que elas possam ter uma importante repercussão no património do devedor».

Por último exige-se ainda, para que a sub-rogação proceda, que a operação seja «essencial à satisfação ou garantia do direito do credor» (art. 606.º, n.º 2).

«A sub-rogação, porém, diz o n.º 2 do artigo 606.º, *só* é permitida quando seja essencial à satisfação ou garantia do direito do credor».

Confrontando esta disposição apertada do artigo 606.º com o traçado amplo do n.º 1 do artigo 605.º, relativo à acção de nulidade, nota-se logo que a lei foi compreensivelmente mais *severa*, mais *restritiva*, na concessão da sub-rogação do que na abertura da acção de nulidade.

Enquanto na declaração de nulidade se reconhece a legitimidade dos credores para a requererem, logo que tenham interesse na declaração, «não sendo necessário que o acto produza ou agrave a insolvência do devedor», na sub-rogação, para que o credor possa recorrer à operação, é indispensável que a realização do acto seja essencial à satisfação ou à garantia do direito do credor ([1]).

O contraste nítido entre as duas disposições vizinhas só pode significar que, para o exercício da sub-rogação, necessita o credor de alegar e provar uma de duas coisas:

a) que do acto omitido pelo devedor resultou a insolvência ou o agravamento da insolvência dele, sendo o exercício do direito indispensável para eliminar tal resultado ([2]);

([1]) O diverso grau de exigências posto num caso e noutro espelha naturalmente a diferente *estrutura* dos dois meios de conservação da garantia patrimonial.

Na acção de *nulidade*, há a reacção (dos credores) contra um acto que enferma, *em si mesmo*, de um *vício grave*, condenado por lei.

Na acção sub-rogatória, há a reacção dos credores contra uma *omissão* que, em si mesma, é perfeitamente legítima, porque cabe na liberdade de exercício dos direitos (patrimoniais) de que cada um seja titular, e que só se torna censurável pelos reflexos que ela tem no património de terceiros (os credores do omitente).

([2]) Neste preciso sentido escreveu VAZ SERRA (*ob. cit.*, n.º 42, pág. 173) o seguinte: «Mas, em matéria de acção sub-rogatória, deverá ser-se mais exigente do

Das obrigações em geral

b) ou que da omissão resultou a impossibilidade de satisfação (cumprimento) do direito do credor, como sucede quando a inacção do devedor provoque a privação, para o seu património, da coisa *não fungível* essencial à realização da prestação devida.

Em contrapartida, nada impede na lei o recurso à chamada acção sub-rogatória de *segundo grau.*

Pode, efectivamente, suceder que a insolvência de *B,* devedor de *A,* resulte apenas de ele (*B*) não se substituir a *C,* seu devedor, na aceitação da herança a que este foi chamado e repudiou.

Quando assim suceda, pode *A* substituir-se a *C* na aceitação da herança, contanto que alegue e prove naturalmente que o acto é essencial para evitar a insolvência ou agravamento da insolvência do chamado (*C*), tal como o exercício da sub-rogação é necessário para impedir a insolvência ou agravamento da insolvência do seu devedor *B.*

«Nada obsta à chamada acção sub-rogatória de segundo grau, ou seja, a que os credores do credor exerçam por este os direitos do devedor dele», escreve-se no *Código Civil anotado* [1], referindo em apoio da solução a doutrina expressa por VAZ SERRA [2] nos trabalhos preparatórios do instituto.

---

que a propósito da acção de simulação. Defendeu-se, quanto a esta, a solução de considerar bastante o interesse do credor a não ver diminuída a garantia geral do seu crédito. Como, porém, a acção sub-rogatória se não dirige contra actos de diminuição patrimonial, mas apenas a assegurar a não diminuição do património ou o seu acrescentamento, devido à inacção do devedor, só deverá considerar-se legítimo o exercício pelo credor dos direitos do devedor, quando, com ele, o credor não puder ver satisfeito o seu crédito ou houver fortes e sérias probabilidades de o não ver.

Por isso, se o devedor está manifestamente solvente, a acção sub-rogatória deve ser rejeitada».

[1] PIRES DE LIMA e ANTUNES VARELA, *ob. cit.,* I, 4.ª ed., pág. 623.

[2] VAZ SERRA, *Responsabilidade patrimonial,* Lisboa, 1958, n. 40, pág. 171. «Outro exemplo, escreve o autor depois de se referir à hipótese das sublocações sucessivas, seria o de *A,* credor de *B,* que, por seu lado, é credor de *C,* exercer por *B* um direito de crédito que *C* tem contra *D*».

Garantia geral das obrigações

444. *Credores a prazo e credores condicionais.* A exigência imposta no n.º 2 do artigo 606.º quanto ao interesse *qualificado* do credor no exercício da sub-rogação reflecte-se, como é natural, na questão muito debatida na doutrina estrangeira sobre a legitimidade dos credores condicionais ou a prazo para exercerem a sub-rogação.

Em bom rigor, se na lei tivesse ficado apenas consignado o princípio do n.º 2 do artigo 606.º, nem o credor condicional, nem sequer o credor a prazo, poderiam exercer a sub-rogação. Desde que nem o crédito de um, nem o crédito do outro, existem na data em que eles se propõem exercer a sub-rogação, nenhum deles poderia invocar um prejuízo *actual* capaz de justificar o sacrifício da liberdade do devedor.

Simplesmente, há disposição expressa a solucionar o problema, ampliando ou flexibilizando de certo modo o critério apertado do n.º 2 do artigo 606.º.

Diz-se, com efeito, no artigo 607.º, que «o credor sob condição suspensiva e o credor a prazo apenas são admitidos a exercer a sub-rogação quando mostrem ter interesse em não aguardar a verificação da condição ou o vencimento do crédito».

Pode, na verdade, suceder, como VAZ SERRA[1] justificadamente observa, que, impedindo o credor a prazo de exercer a sub-rogação antes do vencimento do crédito (cuja existência é certa), se criasse para ele um prejuízo *irreparável*, por lhe não ser possível obter mais tarde os resultados que o exercício anterior da sub-rogação facilmente lhe teria proporcionado.

A mesma consideração, *mutatis mutandis*, póde aplicar-se ao credor condicional, sabendo-se, aliás, que a lei (art. 273.º) faculta aos titulares de direitos sob condição a realização dos actos (*conservatórios*) necessários à salvaguarda dos seus interesses.

---

[1] VAZ SERRA, *Responsabilidade patrimonial* (sep. do *Bol. Min. Just.*, 75), n.º 42, pág. 174 e segs. .

Das obrigações em geral

Essencial é que o credor alegue e prove, em face das circunstâncias *concretas* do caso, a existência de um interesse sério, especial, em exercer a sub-rogação antes de verificada a condição.

De igual protecção não gozam já os *credores eventuais* (o mandante em relação ao mandatário, quanto aos valores que este possivelmente tenha de entregar-lhe; a entidade patronal perante os seus empregados de tesouraria ou contabilidade, quanto às responsabilidades em que estes possam ser alcançados; etc.).

O que não se exige do credor, para que possa exercer a sub--rogação, é que disponha de *título executivo*.

Não se confunde o problema *processual* da *exequibilidade* do título, profundamente ligado aos riscos específicos do processo de execução, com a questão essencialmente substantiva da sub-rogação.

445. *Exercício e efeitos da sub-rogação.* A designação que anteriormente se dava à substituição *excepcional* do devedor pelo credor no exercício de determinados direitos de conteúdo patrimonial, que era a de *acção sub-rogatória* — podia criar a ideia de que só com decisão judicial era possível a sub-rogação.

O artigo 608.º, nesse ponto, mata com uma *cajadada dois coelhos*.

Por um lado, afirma implicitamente que não é essencial ao exercício da sub-rogação o recurso à acção judicial. Se o credor quiser substituir-se ao seu devedor na cobrança de um crédito deste contra terceiro, prestes a prescrever, não será necessário recorrer à *acção de condenação*, podendo perfeitamente utilizar para o efeito a simples *interpelação extrajudicial*.

Por outro lado, impõe a *citação* do devedor, ao lado da pessoa contra quem o direito é exercido pelo credor, na *acção judicial* a que este recorra para exercer a sub-rogação.

Trata-se, por conseguinte, de um verdadeiro *litisconsórcio necessário* (art. 28.º do Cód. Proc. Civil), cuja violação determina a ilegitimidade das partes.

Garantia geral das obrigações

Relativamente aos *efeitos* da sub-rogação, a nota mais importante a destacar é a de que os bens por ela atingidos regressam ao património do devedor ou ingressam nele, em proveito de todos os credores e do próprio devedor. Quer isto dizer que os efeitos da sub-rogação exercida por um dos credores não aproveitam apenas a este, como em princípio seria lógico e natural que sucedesse.

Embora a questão seja controvertida entre os autores, entendeu-se, de acordo com a tese de VAZ SERRA ([1]), não ser justo nem razoável que o autor da sub-rogação, «só pelo facto de o ser, se utilize do benefício da acção, com exclusão dos outros credores, quando ele se limitou a usar um meio que o devedor também poderia ter utilizado, cujos benefícios, nesse caso, reverteriam sem dúvida para todos os credores.

Diferente desta é, como se sabe, a solução adoptada para a impugnação pauliana.

Outra consequência importante a salientar, tirada da circunstância de o credor, através da sub-rogação, exercer um direito que não é propriamente seu, mas do devedor é a de que o terceiro (contra quem o direito é exercido) só pode opor ao credor os meios de defesa que poderia deduzir contra o devedor, e não os que pessoalmente lhe competissem contra o credor.

SUBSECÇÃO III

Impugnação pauliana*

446. *Noção. Origens.* Diferente da *acção sub-rogatória* ou, mais rigorosamente, da *sub-rogação* do credor ao devedor, dentro do que poderá chamar-se figuradamente a *panóplia* dos meios de conserva-

---

([1]) VAZ SERRA, *ob. cit.*, n. 44, pág. 186 e segs.

* VAZ SERRA, Responsabilidade patrimonial, Lisboa, 1958, ns. 47 e segs. e bib. aí cit., ANTUNES VARELA, *Fundamento da acção pauliana*, na *Rev. Leg. Jurisp.*, 91, pág. 349 e segs.; IMPALLOMENI, *Azione revocatoria* (*dir. rom.*), *Novissimo Dig. Ital.*; TALAMANCA, *Azione revocatoria* (*dir. rom.*); DE MARTINI, *Azione revocatoria* (*dir. priv.*), *Novissimo Dig. Ital.*; NATOLI, *Azione revocatoria*, na *Enc. del dir.* .

Das obrigações em geral

ção da garantia patrimonial, é a velha *acção pauliana*, a que o Código Civil (na epígrafe que encabeça o art. 610.º) dá antes o nome de *impugnação pauliana*.

Enquanto a sub-rogação do credor ao devedor permite ao credor reagir contra a *inacção* do obrigado, exercendo direitos que este negligencia, a impugnação pauliana dá-lhe a possibilidade de reagir contra *actos* praticados pelo devedor, que inconvenientemente *diminuam* o activo ou *aumentem* o passivo do património deste ([1]).

A possibilidade de reacção do credor contra actos de semelhante natureza, através da *acção pauliana*, tem raízes muito profundas no direito, sabendo-se que remonta, pelo menos, ao antigo direito romano clássico. A designação — pauliana — que a celebrizou ao longo de séculos provém mesmo do nome *(Paulus)* do pretor romano que pela primeira vez instituiu no seu édito a concessão da providência.

Sabe-se também que no direito romano clássico, com o espírito liberal e de certo modo aristocrático que o caracterizava, havia, não apenas um, mas três meios distintos de reacção do credor contra os actos do devedor que o prejudicavam: a *actio pauliana poenalis* (D. 22, 1,38, 4); o *interdictum fraudatorium* (D. 42, 8, 10, *pr.*) e a in *integrum restitutio ob fraudem* ([2]).

A compilação justinianeia fundiu num só (a *actio pauliana*) os três instrumentos de tutela da garantia patrimonial nesse ponto concedidos ao credor([3]).

E foi, realmente, apenas o instrumento jurídico facultado aos credores *(acção pauliana* ou *impugnação pauliana)* para tutela da garantia patrimonial contra *actos* patrimoniais do devedor lesivos dos credores que se manteve nos sistemas jurídicos contemporâneos.

([1]) «A acção pauliana, segundo o ensinamento tradicional, escreve VAZ SERRA (*ob. cit.*, n. 52, pág. 223), aplica-se aos actos com os quais o devedor empobrece o seu património, e não àqueles com que apenas se abstém de o enriquecer».

([2]) IMPALLOMENI, *Azione revocatoria*, no *Nov. Dig. Ital.*

([3]) Vide, por todos, TALAMANCA, *est. cit.*, n. 1.

Garantia geral das obrigações

447. *Requisitos da pauliana:* A) *Acto lesivo da garantia patrimonial, (eventus damni).* Traduzindo-se a impugnação pauliana na intromissão de terceiros (o credor) num acto realizado pelo devedor, compreende-se que a lei subordine a sua concessão à verificação de *requisitos* apertados.

São *dois* os requisitos gerais exigidos para a instauração da pauliana, que a lei descreve nas duas alíneas do artigo 610.º.

O primeiro deles, pela sua importância relativa, é o do *prejuízo* causado pelo acto (impugnado) à garantia patrimonial.

O acto, começa o artigo 610.º por dizer, há-de envolver diminuição da garantia patrimonial do crédito. Diminuição de garantia que pode traduzir-se tanto numa perda ou decréscimo do activo (v.gr., a doação dum imóvel), como num aumento do passivo (por ex., assunção da dívida de outrem, afiançamento de débito alheio), visto por qualquer dessas vias se poder diminuir o conjunto de valores penhoráveis que, nos termos do artigo 601.º, respondem pelo cumprimento da obrigação.

O requisito da *nocividade concreta* do acto (impugnado) vem explicitado, com maior precisão, no texto da alínea *c*) do artigo 610.º, segundo a qual é necessário que do acto resulte a *impossibilidade*, para o credor, de obter a satisfação integral do seu crédito, ou o agravamento dessa impossibilidade ([1]).

Numa formulação ainda um pouco grosseira do requisito, dir-se-ia que para o acto (do devedor) poder ser impugnado é necessário que dele resulte a *insolvência* ou o *agravamento da insolvência* do devedor, por só nesses casos haver aparentemente impossibilidade para o credor de satisfação integral do crédito.

Confrontando, porém, a redacção da alínea *c*) do artigo 610.º com o texto do artigo 1033.º do Código Civil de 1867 («O acto ou

---

([1]) Já na vigência do direito anterior, apesar da remissão do artigo 1033.º do Código de 1867, a doutrina entendia que o *agravamento* da situação de insolvência não podia, para o efeito da pauliana, deixar de ser equiparado à própria *insolvência* ou *determinação* da insolvência. Vide, por todos, GUILHERME MOREIRA, *ob. cit.*, n.º 46; J. G. PINTO COELHO, no *Bol. Fac. Dir.*, 2, pág. 471.

Das obrigações em geral

contrato verdadeiro, mas celebrado pelo devedor em prejuízo do seu credor, pode ser rescindido a requerimento do mesmo credor, se o crédito for anterior ao dito acto ou contrato, e *deste resultar insolvência do devedor* [1]), à luz dos trabalhos preparatórios do Código vigente [2], fácil se torna verificar que, com a sua nova formulação, quis a lei abranger os casos em que, não determinando embora o acto a insolvência do devedor, dele resulte, no entanto, a impossibilidade prática, *de facto*, de pagamento forçado do crédito.

É o caso típico do devedor que vende o único imóvel capaz de garantir com segurança, através da sua penhora, a satisfação integral dos seus débitos, pensando na fácil subtracção do preço à acção da justiça.

O Código de 1966, através da nova formulação do requisito, pretendeu deliberadamente colocar ao alcance da pauliana os actos deste tipo, que, não provocando embora, em bom rigor, a insolvência do devedor, *podem criar* para o credor a impossibilidade *de facto* (real, efectiva) de satisfazer integralmente o seu crédito, através da execução forçada [3].

---

[1] Apesar do seu texto acanhado, a boa jurisprudência não deixava de o aplicar ao caso típico da compra e venda feita pelo preço correcto, mas em que o devedor (alienante) agia com o propósito (conhecido do adquirente) de mais facilmente ocultar o *preço* à acção dos credores. Vide o ac. do Sup. Trib. Just., de 30 de Janeiro de 1968, anot. por VAZ SERRA, na *Rev. Leg. Jurisp.* 102, pág. 4 e segs.

[2] VAZ SERRA, *Responsabilidade patrimonial*, n. 48, pág. 199 — onde, a propósito do antigo requisito da insolvência formulado no artigo 1033.º do Código de 1867, escreve o seguinte: «Normalmente, o prejuízo do credor traduz-se em do acto resultar a insolvência ou o agravamento dela; mas pode acontecer que, não tendo resultado do acto a insolvência ou o agravamento da insolvência, haja, todavia, prejuízo para o credor, quando os outros bens são de impossível, difícil ou dispendiosa execução, ao contrário dos alienados, de modo a tornar-se praticamente impossível a sua execução».

[3] É na mesma linha prática de orientação que no artigo 1200.º, 1, *c*) do Código de Processo Civil se consideram resolúveis em benefício da massa falida as partilhas amigáveis em que o falido tenha recebido apenas valores de fácil sonegação, celebradas no ano anterior à declaração da falência.

Garantia geral das obrigações

É ao credor impugnante que cabe, em tais hipóteses, o ónus de alegar e provar que do acto realizado pelo devedor, apesar do seu carácter oneroso, resultou efectivamente a impossibilidade de satisfação integral do seu crédito (ou, como é evidente, o agravamento dessa impossibilidade)[1].

A data a que deve atender-se, para saber se do acto resultou ou não a impossibilidade, de facto, de satisfação integral do crédito do impugnante, é a do *acto impugnado*[2].

O julgador necessita, porém, de ser muito realista e de atender francamente, não tanto ao texto, como ao espírito da lei[3].

Se do acto realizado pelo devedor, em si mesmo considerado, sem atender às suas sequelas, não resultar imediata ou necessariamente a insolvência dele, mas houver sinais sérios de que ele se prepara para ocultar aos credores e ao tribunal o dinheiro ou outros valores mobiliários recebidos, o juiz deve conceder a pauliana.

448. *Cont.* B) *Anterioridade do crédito. A fraude preordenada.* Em segundo lugar, exige a lei (art. 610.º, al. *a*), do Cód. Civil) como

---

[1] Na generalidade dos casos, a lei (art. 611.º do Cód. Civil) reparte criteriosamente o *onus probandi* relativo ao prejuízo da garantia patrimonial dos credores nos seguintes termos: ao credor (impugnante) cabe a prova do montante do passivo do devedor; e a este (ou ao terceiro, eventualmente interessado na manutenção do acto) compete, por seu turno, a prova de que possui bens penhoráveis, de valor igual ou superior. Cfr., já na mesma linha salomónica de orientação, o artigo 1043.º do Código Civil de 1867. A diferença (entre o antigo e o novo regime) está em que o Código vigente estende justificadamente ao terceiro interessado na conservação do acto a possibilidade de provar a suficiência do activo do devedor.

[2] Nesse sentido, entre outros, o acórdão do Sup. Trib. Just., de 19 de Dezembro de 1972 (*Bol. Min. Just.*, 222, pág. 386 e segs.).

[3] Para que a pauliana proceda, bastará nessa ordem de ideias ao impugnante alegar e provar que os bens *remanescentes* do devedor, necessários à cobertura do seu passivo, são de difícil, dispendiosa ou precária apreensão no processo executivo: VAZ SERRA, *ob. cit.*, n. 48, pág. 199.

Das obrigações em geral

requisito da pauliana a anterioridade do crédito em relação ao acto impugnado.

Só os titulares de créditos anteriores a esse acto se podem considerar lesados com a sua prática, porque só eles podiam legitimamente contar com os bens saídos do património do devedor como valores integrantes da garantia patrimonial do seu crédito (¹).

Os credores cujos créditos nasceram só depois do acto de disposição ou oneração de bens realizado pelo devedor já não podiam obviamente contar com esses bens como garantia (patrimonial) do seu direito (²).

O novo Código Civil incluiu, porém, neste ponto uma significativa inovação. Admitiu a pauliana, embora a título excepcional, quando o acto, embora anterior à constituição do crédito, tenha sido realizado com *dolo*, para prejudicar a satisfação do direito do futuro credor (³).

Os casos que a lei compreensivelmente pretendeu abranger (com a parte final da al. *a*) do art. 640.º) são aqueles a que os autores dão a designação expressiva da *fraude preordenada*.

Trata-se dos casos em que o devedor, para obter o crédito, faz dolosamente crer ao credor que certos bens por ele alienados

---

(¹) Não é necessário, porém, que o crédito já se encontre vencido, para que o credor possa reagir contra os actos (de diminuição da garantia patrimonial) anteriores ao vencimento, contanto que a constituição do crédito seja anterior ao acto.

Diferente é a solução adoptada (no n.º 2 do art. 614.º) para o caso do crédito condicional, enquanto a condição (suspensiva) se não verifica. O que o credor pode, neste caso, legitimamente exigir, é a prestação da caução. Vide PIRES DE LIMA e ANTUNES VARELA, *Código Civil anotado*, I, anotação ao art. 614.º.

(²) Examinando a situação sob um outro ângulo, escreve VAZ SERRA (*ob. cit.*, pág. 204) no mesmo sentido que «os credores só podem contar com os bens existentes no património do devedor à data da constituição do crédito e com os posteriormente nele entrados». Sobre os termos em que o acto anterior à falência pode ser impugnado pelos credores do falido, cfr. ainda VAZ SERRA, *ob. cit.*, pág. 204, nota 282.

(³) Em sentido contrário, na vigência do Código de 1867, se pronunciou a *Rev. Leg. Jurisp.*, 66, pág. 344 e segs.

Garantia geral das obrigações

ou onerados ainda pertencem ao seu património, como bens livres de quaisquer encargos.

Como, tratando-se de actos a título oneroso, a impugnação pauliana só os abrange, tendo ambas as partes agido de *má fé* (vide *infra*, n.º 436), a inovação da lei não representa nenhuma injustiça para o terceiro adquirente.

449. *O requisito da má fé nos actos a título oneroso.* Ao lado dos dois requisitos de ordem geral que acabam de ser descritos, um outro *elemento* exige a lei relativamente aos actos a título oneroso[1].

«O acto oneroso, prescreve efectivamente o artigo 612.º, só está sujeito à impugnação pauliana se o devedor e o terceiro tiverem agido de má fé; se o acto for gratuito, a impugnação procede, ainda que um e outro agissem de boa fé.»

E sobre o sentido e real alcance do controvertido conceito de *má fé*, prescreve o n.º 2 da mesma disposição que se entende «por má fé a consciência do prejuízo que o acto causa ao credor.»[2].

Confrontando esta elaborada fórmula da *má fé*, constante do n.º 2 do artigo 612.º do novo Código, com a definição do mesmo

---

[1] Sobre o conceito de acto a título *oneroso* e a distinção, em geral, entre a *onerosidade* e a *gratuitidade*, vide ANTUNES VARELA, *Ensaio sobre o conceito do modo*, Coimbra, 1955, pág. 53 e segs.; *Id., Das obrigações em geral*, I, 6.ª ed., 1989, n.º 96, pág. 368 e segs.

E em torno duma área, em que a distinção reveste especiais dificuldades (a da constituição de direitos de garantia a favor de dívidas de terceiro), cfr. MOTA PINTO, *Onerosidade e gratuitidade das garantias de dívidas de terceiro na doutrina da falência e da impugnação pauliana*, in «*Estudos em homenagem a T. Ribeiro*», III, 1983, pág. 93 e segs. e CAROPO, *Gratuità ed onerosità dei negozi di garanzia*, na *Riv. trim. dir. proc. civ.*, 1961, pág. 444 e segs. E ainda, abrangendo a constituição de garantia pelo próprio devedor, VAZ SERRA, *anot. ao ac. do Sup. Trib. Just.*, de 7 de Março de 1972, na *Rev. Leg. Jurisp.*, 106, pág. 59 e segs.

[2] Acerca da evolução do conceito (*má fé*), vide CARRARO, na *Riv. trim. dir. proc. civile*, 1949, pág. 788.

Das obrigações em geral

requisito consagrada no 2.º período do artigo 1036.º do Código de 1867 («A má fé, em tal caso, consiste no conhecimento desse estado», referindo-se ao estado de insolvência definido no 1.º período da mesma disposição), nota-se que elas diferem num duplo aspecto.

Por um lado, a lei vigente afasta-se de caso pensado, como vimos, da ideia de que a pauliana se encontra ligada forçosamente à insolvência do devedor, apelando antes para a impossibilidade *de facto* da satisfação integral do crédito como consequência do acto.

Por outro lado, não basta que o devedor e o terceiro, partes no acto realizado, tenham conhecimento da situação precária do devedor, porque podem eles ter até fundadas razões para crer que o acto virá a provocar uma melhoria dessa situação. Essencial é que o devedor e terceiro tenham consciência do *prejuízo* que a operação causa aos credores [1].

A formulação da lei também se demarca nitidamente da posição dos autores que identificam a *má fé* com a intenção de prejudicar os credores.

O devedor e o terceiro podem agir com outra intenção, em busca dum outro objectivo, mas com perfeita consciência do prejuízo que vão causar. E tanto basta, no pensamento da lei, para que a pauliana proceda [2].

Quando o devedor comerciante seja declarado em situação de falência, a lei (art. 158.º do *Cód. dos Proc. Esp. de Recup. da Empresa e de Falência*) presume celebrados de má fé, não só os actos

---

[1] Quando, no acto *oneroso* impugnado, a prestação e a contraprestação forem de igual valor (igualdade que, como se sabe, não é essencial à onerosidade do acto) a *consciência do prejuízo* significará normalmente o conhecimento de que o devedor pretende subtrair a contraprestação recebida à acção dos credores. *Vide* VAZ SERRA, *ob. cit.*, pág. 214, nota 301-a.

[2] Sobre a relação existente entre esta *consciência do prejuízo* exigida do devedor (alienante) e o terceiro (adquirente) nas alienações a título oneroso e as figuras do *dolo* (nas suas diversas variantes) e da *negligência consciente*, veja-se o ac. do S.T.J. de 23-1-1992, na *Rev. Leg. Jurisp.*, 127, pág. 270 e segs. (com anot. de ALMEIDA COSTA).

Garantia geral das obrigações

a título oneroso realizados nos dois anos anteriores com as pessoas a que se refere a alínea *a)* dessa disposição, mas também todos os demais actos suspeitos, que as restantes alíneas do mesmo artigo 158.º destacam *«para os efeitos da impugnação pauliana»*.

450. *Actos abrangidos pela pauliana.* A impugnação pauliana abrange, como resultado da definição dada no artigo 610.º, todos os *actos* do devedor (não as *omissões*, compreendidas no âmbito da sub--rogação — art. 606.º) que envolvam diminuição da garantia patrimonial do crédito, entre os quais se destacam, é evidente, os actos de alienação de bens ou de transmissão de direitos, bem como a renúncia a direitos existentes no seu património ([1]).

Há, no entanto, alguns actos que, pela sua especial natureza, poderiam suscitar compreensíveis dúvidas acerca da sua sujeição à pauliana. As dúvidas referem-se especialmente aos actos *nulos* (v. gr., aos actos praticados com simulação), ao *pagamento de dívidas* (em benefício do credor pago em prejuízo dos restantes credores), à *constituição de garantias* (em benefício também de uns credores e em detrimento de outros) e às *doações onerosas (com encargos* ou *modais).*

Em relação aos actos *nulos* — tendo inquestionavelmente também em vista os actos simulados ([2]) — determina o artigo 615.º que «não obsta à impugnação a nulidade do acto realizado pelo devedor.

Verifica-se, assim, que a lei não quis sujeitar o credor, que pretende reagir contra o acto prejudicial à garantia patrimonial, ao ónus de recorrer antes à declaração de nulidade do acto, sempre que este seja realmente nulo (v. gr., por simulação dos contraentes).

([1]) Entre os actos de *remissão* ou de *renúncia* contra os quais a pauliana pode investir, conta-se naturalmente a *renúncia* a quaisquer direitos reais da garantia (onde, aliás, a *má fé* do devedor pode transparecer com facilidade).

([2]) Vaz Serra, *ob. cit.*, n. 53, pág. 229.

Das obrigações em geral

Terá pesado ainda na solução a circunstância de a pauliana envolver para o terceiro participante no acto um tratamento mais severo do que o resultante da nulidade (bem como da anulação) do acto. ·

Por força do disposto no artigo 290.º, as obrigações recíprocas de restituição subsequentes à nulidade devem ser cumpridas *simultaneamente*, de tal modo que a parte contra a qual a nulidade é requerida não é obrigada a restituir enquanto a outra não esteja em condições de devolver ao mesmo tempo o que recebeu — ou seu equivalente. Na pauliana, pelo contrário, o terceiro tem de abrir imediatamente mão do que recebeu do devedor, para só em seguida, e em condições muito precárias, tentar reaver o que cedeu ou entregou ao devedor [1].

Relativamente ao pagamento de dívidas, a lei distingue com acerto entre a dívida já vencida ou, de qualquer modo, já exigível e a dívida não exigível. Quanto às dívidas exigíveis, o seu pagamento, ainda que efectuado com a consciência, por parte do devedor, de que beneficia o *accipiens* em relação aos demais credores, não está sujeito à impugnação pauliana. O credor recebe aquilo (a prestação) a que tinha direito, nenhuma conduta reprovável lhe podendo ser assacada por esse simples facto (*nullam videtur fraudem facere qui suum recipit*) [2] [3].

Já o mesmo se não pode razoavelmente afirmar, quer em relação ao pagamento das dívidas ainda não exigíveis, quer para o

---

[1] PIRES DE LIMA e ANTUNES VARELA, *Código Civil anotado*, I, 4.ª ed., pág. 632 (anot. ao art. 615.º) e ANTUNES VARELA, *Fundamento da noção pauliana*, na *Rev. Leg. Jurisp.*, 91.º, pág. 379 e segs.

[2] VAZ SERRA, *ob. cit.*, pág. 241.

[3] Já assim não sucederá se o pagamento for efectuado, não pelo devedor, mas por terceiro, lesando a garantia patrimonial dos credores do *solvens*. Estes credores já podem, obviamente, reagir contra o acto de cumprimento, sem que o credor pago se possa opor, alegando que apenas recebeu o que lhe era devido. Vide PIRES DE LIMA e ANTUNES VARELA, *Código Civil anotado*, I, 4.ª ed., nota n.º 4 ao art. 615.º.

cumprimento das obrigações naturais, quer para a dação em cumprimento.

No caso da dívida não exigível, o pagamento feito ao credor nessas condições pelo devedor impossibilitado de satisfazer integralmente os créditos já vencidos envolveria a realização de um benefício feito praticamente à custa dos demais credores. E idêntico comentário, até por maioria de razão, se poderá aplicar ao caso do cumprimento das obrigações naturais. Satisfazer estes vínculos, de carácter reconhecidamente mais frouxo, havendo credores civis cujo crédito não pode ser integralmente satisfeito, não seria justo nem razoável.

Tal como não deve, nesse caso, fazer liberalidades praticamente à custa dos seus credores (*nemo liberalis nisi liberatus*), também o devedor em tal situação não deve dar-se ao luxo de satisfazer créditos não coercivos, enquanto não tiver liquidado previamente todas as obrigações coercivamente exigíveis ([1]).

De igual modo se entende, *mutatis mutandis*, que também a dação em cumprimento, a dação *pro solvendo* e a própria *novação*, como formas *especiais* de satisfação ou de pré-satisfação do crédito, ferem *para além do razoável* — como quem diz dos *limites* fixados no n.º 2 do artigo 615.º — o princípio da *par conditio creditorum*. E por isso todos esses actos, à semelhança do que ocorre com o cumprimento da *obrigação natural*, ficam expostos à reacção da pauliana ([2]).

A mesma doutrina vale, como é justo e lógico, para a constituição de qualquer garantia por parte do devedor, em benefício de algum dos credores.

Embora a constituição da garantia, a favor do crédito existente, não aumente o passivo do devedor garante, certo é que o

---

([1]) Vide Antunes Varela, *Natureza jurídica das obrigações naturais*, na *Rev. Leg. Jurisp.*, 90.º, pág. 3 e segs. e Vaz Serra, *ob. cit.*, n. 54, pág. 231, nota 330.

([2]) Assim se explica, aliás, que o artigo 158.º, al. *b*), do *Cód Proc. Esp. de Recuperação da Emp. e de Falência*), repetindo aliás a solução da legislação anterior, tenha metido na rede dos actos presuntivamente celebrados de *má fé* pelo falido os pagamentos das próprias dívidas vencidas feitos «em valores que usualmente a isso não sejam destinados».

Das obrigações em geral

acto diminui a garantia patrimonial dos outros credores. E é a diminuição da garantia patrimonial, nos termos hábeis em que a expressão deve ser tomada, que conta como critério decisivo para a concessão da pauliana.

A reacção do credor lesado contra o acto de constituição da garantia depende, quanto aos seus requisitos, do carácter gratuito ou oneroso da operação.

Se o credor garantido houver custeado a garantia conquistada, o acto é oneroso e, por isso, a pauliana só procede contra ele, se tiver havido *má fé*, simultaneamente por parte do devedor e do credor garantido. Se, pelo contrário, o credor tiver recebido a *vantagem* patrimonial proporcionada pela garantia, sem qualquer contraprestação, o acto foi *gratuito*, e consequentemente, a pauliana procede contra a operação, independentemente da *boa* ou *má fé* dos operadores.

Contra as *doações onerosas* (com encargos ou *modais*), definitivamente superada a obsoleta ideia de que constituem *actos mistos* (ainda espelhada no texto do art. 1455.º do Código de 1867) e assente que constituem verdadeiras *liberalidades* em toda a sua extensão [1] (embora desfalcadas do contrapeso do encargo, quando economicamente avaliável), é líquido de igual modo que a pauliana procede, independentemente da *má fé* das partes.

451. *Efeitos da pauliana: A) Em relação ao credor.* Relativamente aos efeitos da impugnação pauliana, quanto ao credor que a instaura, vários aspectos cumpre destacar, de harmonia com o preceituado no artigo 616.º.

A pauliana é uma acção vincadamente *pessoal* e, por isso, os seus efeitos se medem pelo interesse do credor que a promove. Não se trata, como durante muito tempo se entendeu, de uma

---

[1] ANTUNES VARELA, *Ensaio sobre o conceito do modo*, n. 6, pág. 82 e segs.; VAZ SERRA, *ob. cit.*, pág. 268 e segs.

Garantia geral das obrigações

acção de *nulidade* que, uma vez procedente, destrua totalmente o acto impugnado.

Por outro lado, permitindo a restituição dos bens ao património do devedor, embora na limitada medida do interesse do credor impugnante, a lei revela claramente que, nos actos de alienação, a pauliana não envolve, como consequência, a simples *ineficácia* do acto impugnado, abrindo apenas ao credor impugnante a possibilidade de agredir os bens alienados, mas obrigando-o a suportar a concorrência dos credores do adquirente. A restituição — como quem diz o retorno — dos bens alienados ao património do devedor, para colmatar a brecha aberta na garantia patrimonial do credor impugnante, significa naturalmente duas coisas:

1.ª que o impugnante pode executar os bens alienados como se eles não tivessem saído do património do devedor, mas sem a concorrência dos demais credores ([1]) deste, uma vez que a procedência da pauliana só ao impugnante aproveita;

2.ª que, executando os bens alienados, como se eles tivessem retornado ao património do devedor e não se mantivessem na titularidade do adquirente, o impugnante pode executá-los, na medida do necessário para satisfação do seu crédito, sem sofrer a competição dos credores do adquirente ([2]).

([1]) Se o adquirente de má fé houver alienado os bens, ou estes houverem perecido ou sofrido deterioração, seja por sua culpa, seja por caso fortuito, ele responde pelo valor desses bens, salvo se, no caso de perda ou deterioração por caso fortuito, alegar e provar que os factos se teriam igualmente verificado, na hipótese de os bens continuarem no poder do devedor.

O adquirente de boa fé só responde, logicamente, na medida do enriquecimento que a alienação, a perda ou a deterioração (v. gr., através de contratos de seguro do valor da coisa) lhe tenham proporcionado (art. 616.º, 2 e 3): *quatenus locupletior factus est.*

([2]) Cfr. VAZ SERRA, *Responsabilidade patrimonial*, n. 66, pág. 305 e segs..

Das obrigações em geral

Em terceiro lugar, desde que mantém a garantia patrimonial do crédito do impugnante, como se os bens alienados não tivessem saído da titularidade do devedor, a lei permite logicamente ao credor a prática de todos os actos em princípio autorizados para conservação dessa garantia.

Por último, desde que a procedência da pauliana não envolve a destruição do acto impugnado, porque visa apenas eliminar o prejuízo causado à garantia patrimonial do credor impugnante, isso significa que, uma vez reparado esse prejuízo, nenhuma razão subsiste para não manter a *validade* da parte restante do acto, não atingida pela impugnação pauliana.

A devia 1.000 a *B* e tinha no seu património bens no valor de 1.600, dos quais doou a *C* uma parte no valor de 1.200.

Nesse caso, se *B* (credor) impugnar a doação, porque ela prejudica a garantia patrimonial do seu crédito, deixando o devedor insolvente, a pauliana atinge apenas a doação no montante de 600, por ser esse, em princípio, o valor necessário para, com os bens penhoráveis que remanesceram no património de A (no valor de 400), se satisfazer o crédito do impugnante.

Quanto à parte restante da doação (no valor de 600), nenhuma razão há para não respeitar a sua validade e plena eficácia.

Se o acto impugnado, ao contrário do que geralmente sucede, não tiver por objecto a alienação de bens, mas um outro *efeito* (a constituição duma garantia a favor dum credor comum, a assunção duma dívida de terceiro, etc.), bastará, por via de regra, a *negação* da *eficácia* do acto em face do impugnante (sem cabimento para qualquer restituição de bens ao património do devedor) para assegurar o *fim* da impugnação.

Nesse mesmo sentido escreve VAZ SERRA ([1]): «Por outro lado, pode a *restituição* manifestar-se somente como se se negasse eficácia

---

([1]) *Ob. cit.*, n. 65, pág. 296.

Garantia geral das obrigações

ao acto. É o que se dá quando este se traduzir simplesmente em relações obrigacionais entre o devedor e o terceiro: constituição de uma obrigação, fiança, remissão de dívida em favor do terceiro, etc. O mesmo acontece em outras hipóteses, nas quais a negação de eficácia é bastante para eliminar o prejuízo dos credores, como no exemplo da constituição de uma hipoteca.»[1].

Essencial, nestes casos como no caso mais frequente dos actos de alienação de bens, é ter sempre bem presente no espírito o carácter *pessoal, relativo,* dos efeitos da pauliana, categoricamente fixado no n.º 4 do artigo 646.º, quando prescreve, em termos genéricos, que «*os efeitos da impugnação aproveitam apenas ao credor que a tenha requerido*».

452. *Confronto com o regime do direito anterior.* Há assim, como facilmente se verifica, uma diferença radical entre o regime da pauliana adoptado no Código de 1966 e a disciplina estabelecida no Código anterior.

Segundo o artigo 1044.º do Código de 1867, «rescindido o acto ou contrato, revertem os valores alienados ao cúmulo dos bens do devedor, em benefício dos seus credores.»

Esta restituição sistemática dos bens alienados ao património do devedor e o proveito colectivo do retorno deles — discutindo os autores apenas sobre se os credores beneficiários eram só os titulares de créditos anteriores ao acto [2] ou também os posteriores — denuncia claramente a ligação histórica da rescisão pauliana, tal

---

[1] Era a solução já consagrada, relativamente aos actos de constituição de qualquer garantia a favor de terceiro realizada pelo devedor, no artigo 1042.º do Código de 1867.

Sobre as diversas formas, que pode revestir o efeito da pauliana, consoante a natureza do acto impugnado, *vide* ainda VAZ SERRA, anot. ao ac. do *Sup. Trib. Just.*, de 13 de Outubro de 1977, na *Rev. Leg. Jurisp.*, 111, pág. 153 e segs.

[2] Era esta a doutrina sustentada por C. GONÇALVES (*ob. e vol. cits.*, n. 776), harmonizando assim o artigo 1044.º com o disposto no artigo 1043.º (do Código de 1867).

Das obrigações em geral

como o Código de Seabra a concebia, e o figurino da *acção de nulidade* com que a doutrina da época vestia o corpo do seu regime.

Uma vez atingido o acto da alienação do devedor — contaminado pelo pecado da má fé das partes ou pelo injusto locupletamento do terceiro adquirente — todos os bens alienados regressavam ao ponto de partida, como se o acto fosse anulado e o impugnante um simples agente do interesse colectivo dos credores.

A viragem de orientação no seio da figura começou a operar-se logo no *Anteprojecto* de VAZ SERRA (arts. 174.º e 175.º), na sequência do profundo estudo doutrinário do autor sobre o tema da responsabilidade patrimonial.

E foi a nova linha da pauliana que o legislador manteve, quer nos textos da 1.ª revisão ministerial (arts. 606.º e 607.º), quer nas disposições da 2.ª revisão ministerial e da versão final do Código (art. 616.º) ([1]).

453. *Cont.* B) *Em relação ao devedor.* Assente que, procedendo a pauliana, o credor pode exigir a restituição dos bens *alienados* ao património do devedor, ou executá-los no património do adquirente sem a concorrência dos credores deste, ou considerar como *ineficazes* em relação à sua garantia patrimonial os restantes actos de disposição praticados em seu prejuízo pelo devedor, resta saber quais os efeitos da impugnação nas relações entre o devedor e o terceiro adquirente.

Desde que a pauliana não é considerada por lei como acção anulatória, o acto impugnado, uma vez afastado o prejuízo dele

---

([1]) A solução de que a pauliana aproveita apenas ao credor que a tenha instaurado — considerando-a como uma *acção pessoal, hoc sensu,* e não como uma *acção anulatória,* de proveito generalizado a todos os credores — é a consagrada também no Código italiano (art. 2902), no Código grego e na Lei alemã sobre a pauliana fora da falência, de 21.7.1879 e a propugnada pela doutrina dominante na França.

É CARBONNIER (*ob. e vol. cits.,* n.º 142, pág. 594) quem define o chamado *efeito relativo* da pauliana, relativamente ao impugnante, nestes termos: «*En faveur du créancier demandeur lui même, qu'il sera seul, à l'exclusion de tous autres créanciers, à pouvoir saisir de bien rentré dans le patrimoine du débiteur...*»

Garantia geral das obrigações

resultante para a garantia patrimonial do crédito do impugnante, tende a manter todos os seus efeitos entre as partes (entre o devedor e o terceiro adquirente) (¹).

Sempre, porém, que a pauliana envolva o sacrifício total ou parcial da prestação recebida pelo terceiro adquirente, que direito tem este relativamente à contraprestação por ele efectuada (nas alienações a título oneroso)? A pauliana foi instaurada, por exemplo, contra o comprador da jóia valiosíssima, que sabia da intenção de o vendedor subtrair o preço recebido ao direito de execução dos seus credores.

Mercê do exercício da pauliana, a jóia foi sacrificada para pagamento do crédito do impugnante. E que direito tem o comprador a reaver nesse caso o preço que deu pela jóia?

Relativamente aos actos a título oneroso, a solução fixada no artigo 617.º, n.º 2, inspirou-se na doutrina aceite pelo Código italiano (art. 2902, II).

Os direitos que o terceiro adquira sobre o devedor, por virtude do exercício da pauliana, só podem ser exercidos depois de satisfeito o crédito do impugnante.

«Os direitos que terceiro adquira contra o devedor, diz efectivamente o n.º 2 do artigo 617.º do nosso Código, não prejudicam a satisfação dos direitos do credor sobre os bens que são objecto da restituição».

Quer isto significar, no exemplo referido, que só depois de pago o crédito do impugnante à custa do valor da jóia restituída ao património do devedor, é que o direito do comprador à restituição do preço poderá ser satisfeito, à custa dos restantes bens do devedor (se ele os tiver) ou à custa do excesso do preço de venda da

---

(¹) Isto significa que, não abrangendo a impugnação toda a prestação realizada pelo devedor a favor de terceiro (nomeadamente nas alienações a título gratuito), a parte restante da prestação tende a manter-se.

Das obrigações em geral

jóia (na execução instaurada pelo impugnante) sobre o montante do crédito deste ([1]).

E a que direitos do terceiro adquiridos contra o devedor quer referir-se este n.º 2 do artigo 617.º?

Manifestamente aos direitos do terceiro adquirente, resultantes do disposto no n.º 1 da mesma disposição legal.

A lei distingue, nesse aspecto, entre as aquisições a título gratuito e as aquisições a título oneroso.

No primeiro caso, o terceiro adquirente só tem direitos contra o devedor (doador), no caso de este ter procedido com dolo ou se haver responsabilizado expressamente pela manutenção dos seus direitos (art. 957.º) ([2]).

No segundo caso, em que o terceiro agiu de má fé (de contrário, a pauliana não procederia), o terceiro tem o direito de exigir tudo aquilo com que o devedor se enriqueceu — normalmente aquilo que o impugnante recebeu, para satisfação do seu crédito, à custa do exercício da pauliana.

454. *Caducidade da pauliana.* Atentos os prejuízos que a pauliana causa aos credores do adquirente e considerada mesmo a relativa severidade do seu regime em face dos próprios adquirentes, a impugnabilidade do acto caduca ao fim de cinco anos.

A relativa largueza do prazo (comparada com o prazo de um ano aplicável à anulação do acto com base no erro, no dolo ou na coacção) é de certo modo compensada com a circunstância de a

---

([1]) Em justificação da solução adoptada, escreve Vaz Serra o seguinte: «O terceiro deve ceder ante o credor. É certo que esse terceiro também fica sendo credor, mas não foi prejudicado pelo acto impugnado, só o sendo pela acção pauliana. Ora, se procedeu de má fé, não se compreenderia que o seu crédito pudesse prejudicar o do autor, que precisamente se queixa da sua cumplicidade no acto impugnado».

([2]) No caso de a doação ter sido remuneratória ou modal, também o donatário terá direito a ser pago ou do valor dos encargos que cumpriu ou do serviço que o doador pretendera remunerar (art. 956.º, 2, als. *c*) e *d*)).

Garantia geral das obrigações

sua contagem se fazer a partir da data do acto impugnável (art. 618.º) ([1]).

Outra era, como se sabe, a solução fixada no artigo 1045.º do Código de 1867.

O prazo aí estabelecido era de um ano e contava-se a partir, não da data do acto, mas do momento da verificação judicial da insolvência do devedor — circunstância que poderia tornar muito prolongada a situação de incerteza em torno do acto impugnável.

O Código vigente não repete a doutrina do artigo 1040.º do Código anterior, segundo a qual a impugnação cessava, logo que o devedor satisfizesse a dívida.

Não houve, é evidente, a intenção de afastar a solução. Mas considerou-se que, em face dos princípios, a disposição era manifestamente supérflua ([2]).

SUBSECÇÃO IV

Arresto

455. *Noção e requisitos.* O *arresto*, que constitui o último dos meios de conservação da garantia patrimonial previstos e regulados na lei civil (arts. 619.º e segs.), consiste na apreensão judicial de bens do devedor, quando haja justo receio de que este os inutilize ou os venha a ocultar ([3]).

([1]) Mesmo que o acto impugnado esteja sujeito a registo, o prazo de cinco anos (de caducidade da pauliana) conta-se a partir da celebração do acto e não da sua inscrição no registo: ac. da Rel. do Porto, de 29.4.1986, na *Col. Jur.* XI, 2, pág. 205.

([2]) PIRES DE LIMA e ANTUNES VARELA, *Código Civil anotado*, I, 4.ª ed., 1987, pág. 635-36.

([3]) Antes da reforma processual de 1995-96, o arresto não era, em princípio, admitido contra o devedor que, matriculado como comerciante, estivesse exercendo regularmente o comércio, como claramente resultava do anterior texto do n.º 3 do artigo 403.º do Código de Processo Civil.

A Reforma pôs termo a esse privilégio dos comerciantes, por considerá-lo injustificado (cfr. ABÍLIO NETO, *Código do Processo Civil anotado*, 14.ª ed., 1997, nota 1 do art. 406.º, pág. 770).

Das obrigações em geral

Trata-se de uma *providência* que, durante muito tempo, se considerou do exclusivo foro do processo civil, pelo estreito vínculo funcional que a prende à penhora, com a qual mantém outrossim visíveis traços de semelhança estrutural. E por isso ([1]) apenas vinha regulada nas leis processuais.

Entendeu-se, porém, numa análise mais rigorosa da matéria, que ao direito processual incumbe sem dúvida regular os *termos* em que se *requer* e o *modo* como se realiza (processa) o *arresto*. Mas que à lei substantiva compete, por seu turno, definir os *termos* em que a providência (de traços tão revolucionários) é admitida e regular os *efeitos* que ela produz, seja no que concerne ao devedor (dono dos bens arrestados), seja no que respeita aos *poderes* do credor (arrestante).

Os bens arrestados, tal como os bens penhorados já no decurso da acção executiva, ficam a garantir o cumprimento da obrigação, ainda que sejam transmitidos a terceiro, desde que o registo da transmissão (tratando-se do arresto de bens imóveis ou de móveis sujeitos a registo: art. 2.º, n.º 1, als. *n*) e *o*) e art. 101.º, n.º 2, al. *a*) do Cód. Reg. Predial) seja posterior ao registo do arresto.

O requerimento do arresto tem como principal fundamento o *justo receio de o credor perder a garantia patrimonial.*

Esta fórmula muito *ampla* e *genérica* procura deliberadamente sintetizar os traços comuns das diversas situações em que se com-

---

([1]) E sobretudo porque o *arresto*, além de ser um meio de conservação da garantia patrimonial, constitui uma espécie típica de *procedimento cautelar*.

O *arresto* surge, realmente, no Código de Processo Civil (arts. 406.º e segs.), como um dos *procedimentos cautelares especificados*, preenchendo assim as duas finalidades características desta figura: a prevenção do chamado *periculum in mora* e a *apreciação provisória* da pretensão formulada pelo requerente. Vide Vaz Serra, *Realização coactiva da prestação (execução). Regime civil*, Lisboa, 1958, n. 2, pág. 19 e segs.

Simplesmente, como o eminente civilista observa, a integração do arresto na figura genérica do *procedimento cautelar* não impede que, na lei substantiva, se considere a sua função de meio de conservação da garantia patrimonial dos credores.

Garantia geral das obrigações

preende e justifica o interesse do credor na apreensão judicial dos bens do devedor.

Em lugar de aludir às suspeitas de fuga do devedor, ao receio de subtracção de bens ou ao risco de perda das garantias do crédito, como fazia em termos demasiados casuistas o artigo 924 do anterior Código de processo civil italiano, o legislador português encontrou uma fórmula com a dimensão bastante para abranger esses três tipos de situações e outras análogas (*justo* receio ([1]) de perder a garantia patrimonial).

Em segundo lugar, embora a lei substantiva o não diga de modo explícito, torna-se naturalmente necessário alegar e provar que a apreensão judicial dos bens é a providência capaz de prevenir o receio invocado para a sua concessão.

Trata-se de uma questão que tem de ser criteriosamente analisada e decidida à luz das circunstâncias especiais de cada caso. E por isso mesmo o artigo 407.º do Código de Processo Civil manda o requerente do arresto deduzir, não só os factos que tornem provável a existência do crédito (que não necessita de estar já vencido), mas também os factos concretos que *justificam* o receio invocado, por ser à luz dessa realidade factual que o juiz há-de avaliar a necessidade da providência.

Em princípio, só os bens do *devedor* podem ser arrestados, pois apenas sobre eles recai a execução forçada.

Todavia, admite-se a título excepcional (art. 619.º, 2) que o arresto seja requerido contra o adquirente dos bens do devedor, sempre que a transmissão tenha sido previamente impugnada através da pauliana ([2]).

([1]) Para que se prove o *justo receio* (como quem diz o receio *justificado* e não apenas o *receio*) da perda da garantia patrimonial, não basta a alegação de meras *convicções, desconfianças, suspeições* de carácter *subjectivo*. É preciso que haja razões *objectivas, convincentes,* capazes de explicar a pretensão drástica do requerente, que vai subtrair os bens ao poder de livre disposição do seu titular.

([2]) Também esta solução foi manifestamente inspirada na doutrina do n.º 2 do artigo 2905 do Código Civil italiano.

Das obrigações em geral

Quando assim suceda(¹), compreende-se que a lei faculte ao credor a apreensão judicial dos bens sobre que, graças à pauliana instaurada, pode vir a recair a execução forçada por ele posteriormente iniciada, apesar de os bens, à data do requerimento do arresto, não pertecerem ao devedor.

456. *Cautelas que rodeiam a providência.* O arresto atinge de tal modo os poderes de livre disposição do proprietário dos bens, numa altura em que não há ainda prova completa da existência e da violação do direito do credor, que bem se compreende a necessidade de prevenir os abusos a que uma arma de gume tão afiado como essa, embora necessária, se presta nas mãos de pessoas menos escrupulosas.

A primeira das providências adoptadas nesse sentido é a da exigibilidade de prestação de caução.

«O requerente do arresto, diz o artigo 620.º, é obrigado a prestar caução, se esta lhe for exigida pelo tribunal».

Como resulta do simples texto da lei, a caução pode ser oficiosamente exigida pelo tribunal, sem necessidade de ser solicitada pelo devedor (embora nada impeça que este a requeira), porque pode realmente haver situações em que a cautela se justifique, apesar de o dono dos bens se não encontrar em condições de requerê-la (²).

(¹) O requisito da *prévia impugnação judicial* da transmissão tem especialmente em vista a *impugnação pauliana.* Mas vale também para a hipótese de a transmissão ter sido impugnada através da declaração de *nulidade.*

Também neste caso, se a acção declaratória de nulidade proceder, os bens alienados retornam ao património do devedor, e por isso se compreende que, para garantir o efeito útil da acção já instaurada, a lei faculte ao credor o arresto de tais bens. Vide PIRES DE LIMA e ANTUNES VARELA, *Código Civil anotado,* I, 4.ª ed., pág. 637.

(²) Sendo o crédito condicional, por exemplo, caberá ao tribunal, mesmo que o devedor o não requeira, ordenar por via de regra a prestação da caução, dada a *incerteza* da futura existência *efectiva* do crédito.

O artigo 409.º, § 2.º, do Código de Processo de 1939 não permitia mesmo que, nesse caso, o arresto fosse decretado sem a prestação (obrigatória) de caução.

O facto de ter sido compreensivelmente abolida como medida *necessária* pela

Garantia geral das obrigações

Como o arresto é decretado, nos termos do artigo 408.º, n.º 1, do Código de Processo Civil, sem prévia audiência do dono dos bens, a fim de melhor alcançar os seus fins específicos, o valor da caução e a idoneidade dela não terão mesmo, em princípio, de ser apreciados pelo tribunal sem intervenção do interessado.

A segunda providência destinada a prevenir abusos, já de carácter *repressivo* (embora seja inevitável e desejável a sua eficácia *preventiva*), é a imposição feita ao credor de indemnizar o arrestado pelos prejuízos causados, se o arresto for julgado injustificado ou vier a caducar ([1]) (nos termos aplicáveis, genericamente previstos no n.º 1 do art. 390.º do Cód. Proc. Civil) «quando não tenha agido com a prudência normal» (art. 621.º do Cód. Civil e art. 390.º do C.P.C.).

A fórmula usada para delimitar o âmbito da responsabilidade do requerente veio substituir a anteriormente utilizada pelo n.º 1 do artigo 404.º do Código de Processo de 1961, com um sentido mais apertado: a de a providência vir a ser julgada insubsistente, por ter havido, da parte do requerente, «*intencional ocultação ou deturpação da verdade*».

A nova disposição da lei substantiva é mais exigente para o credor, na medida em que, não limitando a sua responsabilidade aos casos de dolo, a estende a todos os casos de *culpa* (por não ter o arrematante agido com a prudência normal).

457. *Efeitos.* Os efeitos do *arresto* medem-se, em princípio (guardadas as distâncias impostas pela sua diferente articulação com a acção de cumprimento e execução: art. 817.º), pelo regime

---

legislação (processual) posterior, que, deliberadamente, omitiu a sua exigência obrigatória, não obsta a que, em regra, o tribunal a deva impor nesses casos, sobretudo quando o devedor condicional não seja previamente ouvido.

([1]) A enumeração dos casos em que o *arresto caduca* (ou *fica sem efeito*, na terminologia da lei), por virtude de circunstâncias posteriores à sua decretação, mas que interferem com a razão de ser da sua persistência, vem feita hoje, em termos genericamente aplicáveis a todas as providências cautelares, no n.º 1 do artigo 390.º do Código de Processo Civil.

Das obrigações em geral

da *penhora* (que representa já, como se sabe, uma fase do processo de execução).

O principal desses efeitos (depois da *apreensão* dos bens, que importa a privação do uso deles, por parte do titular: cfr. arts. 838.º; 848.º, 1 e 856.º e segs. do Cód. Proc. Civil) é o da *ineficácia* dos actos de disposição ou oneração dos bens arrestados praticados pelo seu titular em relação ao arrestante.

«Os actos de disposição dos bens arrestados, determina efectivamente o artigo 622.º, são ineficazes em relação ao requerente do arresto, de acordo com as regras próprias da penhora».

E a regra própria da penhora, que a disposição tem especialmente em vista, é a do lacónico artigo 819.º, segundo o qual, «sem prejuízo das regras do registo, são ineficazes em relação ao exequente os actos de disposição ou oneração dos bens penhorados».

Considerando *ineficazes* (e não *inválidos, nulos* ou *anuláveis*) — e apenas *em relação ao arrestante* — os actos de *disposição* ou *oneração* praticados pelo devedor, titular dos bens arrestados, a lei quer manifestamente exprimir duas ideias.

Por um lado, o devedor continua a poder dispor *validamente* dos bens, não obstante o arresto que recai sobre eles.

Por outro lado, ressalvadas as limitações impostas pelo registo (quanto aos imóveis ou aos móveis sujeitos a registo), também o credor (arrestante) continua a dispor desses bens, mas só através da garantia patrimonial do seu crédito, como se os actos posteriores de alienação ou oneração praticados pelo devedor, apesar de válidos, não existissem.

O arrestante continua a ter *preferência* em relação aos demais credores do arrestado (art. 822.º) ([1]) e, logo que o arresto se con-

---

([1]) Para eliminar dúvidas quanto à data da preferência concedida ao arrestante, o artigo 822.º, n.º 2, prescreve expressamente que, «tendo os bens do executado sido previamente arrestados, a anterioridade da penhora *reporta-se à data do arresto*».

Garantia geral das obrigações

verta em penhora por força do disposto no artigo 846.º do Código de Processo Civil (¹), poderá prosseguir com a execução sobre os bens arrestados, mesmo que estes tenham saído do património do obrigado.

A *equiparação* do *arresto* à *penhora* não se limita, no entanto, à simples ineficácia dos actos de disposição ou oneração praticados pelo devedor. A lei considera ainda extensivos ao arresto, na parte aplicável, «*os demais efeitos da penhora*» (art. 622.º, n.º 2).

Entre os demais efeitos da penhora, além do direito de preferência sobre os restantes credores do arrestado, a que já se fez referência, destaca-se a cessação da preferência baseada na penhora (e, consequentemente, no arresto), logo que seja decretada a falência (art. 200.º, n.º 3, do *Cód. Proc. Esp. de Recup. da Empresa e de Fal.*).

(¹) Mesmo que, por qualquer razão, não chegue a haver a conversão do *arresto* na penhora, o *arrestante* goza do direito de preferência próprio da penhora, por força da ampla equiparação estabelecida no n.º 2 do artigo 622.º: ANSELMO DE CASTRO, *A acção executiva singular, comum e especial*, 3.ª ed., Coimbra, 1977, pág. 178.

CAPÍTULO VIII

GARANTIAS ESPECIAIS DAS OBRIGAÇÕES

458. *Sequência*. Depois de definir a garantia geral das obrigações, e de regular os meios da sua conservação, para que a segurança do crédito não seja em larga medida puramente platónica, a lei trata das *garantias especiais* das obrigações.

Dizem-se *garantias especiais* os meios destinados a reforçar, em benefício de determinado credor, a garantia *comum* dos credores, dada a todos eles, em pé de plena igualdade, pelo património do obrigado.

Algumas delas, como a fiança, o aval, e a *garantia autónoma* são prestadas por terceiro, que reforça com o seu património a expectativa de satisfação do crédito oferecida pelo património do devedor.

Outras, como os privilégios creditórios e o direito de retenção, incidem geralmente sobre bens do próprio devedor e traduzem-se no tratamento preferencial concedido ao titular da garantia sobre determinados bens desse património.

Outras, finalmente, como o penhor, a hipoteca, a caução e a consignação de rendimentos, tanto podem recair sobre bens do devedor como sobre coisas pertencentes a terceiro.

É o regime dessas garantias especiais, nos traços fundamentais que os caracterizam uns em face dos outros, o objecto do estudo subsequente.

SECÇÃO I

PRESTAÇÃO DE CAUÇÃO

459. *Noção*. No seu sentido corrente, a *caução* designa a entrega feita por uma das partes à outra de certa quantidade de coisas móveis (*fungíveis* algumas vezes — como o dinheiro, mercadorias, títulos ao portador; *não fungíveis* outras vezes — como jóias,

Das obrigações em geral

títulos nominativas, etc.), para garantia da cobertura do dano proveniente do não cumprimento de determinada obrigação ([1]).

No seu sentido legal, a *caução* tem um objecto mais amplo, pois abrange também, como se depreende da simples leitura dos n.ᵒˢ 1 e 2 do artigo 623.º, tanto a hipoteca como a própria fiança, seja bancária, seja não bancária ([2]).

Neste significado mais amplo, a *caução* é sinónimo de *segurança* ou de *garantia especial* da obrigação e serve para abranger genericamente todos os casos em que a lei ou a estipulação das partes exige a prestação de qualquer garantia especial ao credor, sem determinação da sua espécie ([3]).

Precisamente por não possuir natureza *intrínseca* própria (ao contrário das outras garantias especiais, como o penhor, a hipoteca ou a fiança) é que a *caução*, sem um lugar ao sol bem definido no direito substantivo, foi durante muito tempo apenas prevista e regulada no direito processual civil. Era no direito processual civil que encontravam lugar próprio os três momentos capitais da garantia: a prestação de caução, o reforço e a extinção da caução.

«O aspecto processual das cauções, escreveu o Doutor REIS ([4]), consiste em saber por que processo se *constitui*, se *modifica* ou se *extingue* uma caução».

([1]) MARTORANO, *Cauzione (dir. civ.)*, na *Enc. del dir.*, especialmente n.º 1.

([2]) Era precisamente neste sentido *genérico* que no 2.º livro da parte segunda do Código de 1867 surgia um capítulo (cap. X) subordinado à epígrafe «Da *caução* ou garantia dos contratos», sem que nesse capítulo fosse prevista ou regulada qualquer garantia *nominada* ou *especificada*, com a designação própria de *caução*.

([3]) A utilização genérica do termo *caução* como cobertura indiscriminada de qualquer das garantias típicas previstas na lei é ainda agora (no Código de 1966) patente aos olhos do observador, quando no n.º 1 do artigo 624.º, sempre que alguém seja obrigado ou autorizado por negócio jurídico, ou intimado pelo tribunal, a prestar caução, se lhe permite que o faça «por meio de qualquer garantia», real ou pessoal.»
Sinal evidente de que a caução cobre qualquer destas garantias.

([4]) *Código de Processo Civil anotado*, II, 3.ª ed., Coimbra, 1949, pág. 141.

Garantias especiais das obrigações

Pode, entretanto, acrescentar-se ainda que, além das formas *clássicas* ou *típicas* das garantias especiais (pessoais ou reais), a *caução* pode compreender o *depósito* de dinheiro, papéis de crédito, pedras ou metais preciosos.

460. *Formas da caução, consoante a origem do dever de a prestar.* Por serem múltiplos os meios pelos quais a necessidade de *caucionar* o crédito pode ser preenchida, distingue a lei (arts. 623.º e 624.º) entre as formas como a *caução* deve ser prestada, quando a sua prestação resulta duma imposição ou autorização legal, e as formas como pode ser satisfeita, quando a sua prestação corresponda a uma obrigação ou autorização proveniente de negócio jurídico ou a uma imposição do tribunal.

Como exemplos típicos de prestação de caução exigida por lei podem referir-se os casos previstos nos artigos 47.º, n.º 3 do Código de Processo Civil (pagamento do exequente, estando a sentença exequenda ainda pendente de recurso), 818.º, 1 do mesmo Código (suspensão da execução com o recebimento dos embargos) e 819.º, 1 ainda do Código de Processo (pagamento de qualquer credor na acção executiva, estando ainda pendentes os embargos contra ela deduzidos) ([1]).

Como casos de *caução* autorizada por lei podem referir-se o exemplo do credor sob condição suspensiva na situação prevista no artigo 614.º, n.º 2 e do fiador em qualquer das situações discriminadas no artigo 648.º ([2]).

Em todos estes casos, sempre que a lei não indique a espécie de garantia exigida ou autorizada, limita-se compreensivelmente o círculo dos meios de caução considerados idóneos, embora se não vá tão longe como, numa outra época, ia o artigo 509.º do Código de Processo de 1876, que, em tais circunstâncias, só reconhecia a

---

([1]) Haja ainda em vista os casos previstos nos artigos 93.º, 107.º, 620.º, 1898.º, 2236.º e 2246.º.

([2]) Cfr. ainda, além de outros, os artigos 673.º, 707.º; 1468.º, al. *b*).

Das obrigações em geral

idoneidade da hipoteca e do depósito de dinheiro, de fundos públicos, de objectos de ouro, prata ou pedras preciosas. Exige-se (art. 623.º) que a caução seja prestada por meio de depósito de dinheiro, de títulos de crédito (já não apenas de fundos públicos), de pedras ou metais preciosos (já não apenas de ouro e prata) — ou então por penhor, hipoteca ou fiança bancária.

A limitação relativa à fiança explica-se facilmente pelas possíveis oscilações da situação patrimonial do fiador, risco que é sensivelmente menor quando a fiança seja prestada por instituição bancária. Ainda assim, quando se mostre inviável a prestação de caução por qualquer dos meios seleccionados no n.º 1 do artigo 623.º, permite-se a sua realização através de qualquer outro tipo de fiança, contanto que o fiador renuncie ao benefício da excussão, a fim de poupar o credor garantido aos incómodos e dificuldades da própria excussão dos bens do devedor.

Claro que não basta seleccionar as *coisas* que podem constituir objecto da garantia para assegurar a *idoneidade* da caução. Os títulos de crédito oferecidos podem estar sujeitos a risco eminente de desvalorização. O depósito de dinheiro pode ser manifestamente insuficiente em face do montante da dívida que se pretende garantir.

Por isso mesmo, não contente com a selecção do objecto da caução, a lei (art. 623.º, 3) confia ao tribunal o poder de decidir sobre a idoneidade da caução, sempre que não haja acordo dos interessados.

Menor é a exigência da lei quando o dever de prestação da caução resulta de negócio jurídico ou da imposição do tribunal.

Como causa da caução determinável pelo tribunal podem referir-se os previstos nos artigos 107.º (curadores definitivos dos bens do ausente), 620.º (requerente do arresto), 2236.º (herdeiro ou legatário cuja vocação esteja sujeita a condição resolutiva) e 2246.º (instituição de herdeiro ou nomeação de legatário feitas com encargos).

Duas diferenças assinalam, nestes casos, a menor exigência da lei.

Garantias especiais das obrigações

Por um lado, a lei (art. 624.º) admite indiferentemente a prestação de garantia real ou pessoal, enquanto no primeiro núcleo de casos só se contenta com a prestação de garantias reais (bastante mais seguras e estáveis), excepção feita à fiança bancária.

Por outro lado, mesmo em relação à fiança, a lei só a reconhece como caução *idónea*, nos casos do primeiro tipo, quando se trate de fiança bancária ou quando o fiador renuncie ao benefício da excusão, ao passo que, nos casos do segundo tipo (caução exigida ou autorizada por negócio jurídico ou imposta pelo tribunal), o artigo 624.º não faz semelhante exigência.

De comum entre os dois núcleos de situações há o facto de ser ao juiz que compete, no caso de desacordo entre os interessados, decidir sobre a idoneidade da caução, tendo evidentemente em linha de conta o risco maior ou menor de desvalorização da garantia e o volume de encargos que envolva a execução da caução.

461. *Falta, insuficiência ou impropriedade superveniente da caução.* Se a pessoa obrigada a caução (seja por força da lei, seja por estipulação das partes, seja por determinação do tribunal) a não prestar, é grave a sanção a que fica exposta.

Na falta de disposição especial, o credor adquire o direito de constituir hipoteca sobre os bens do devedor ou qualquer *outra cautela idónea*.

Assim o prescreve o artigo 625.º, de cujo texto se depreende o seguinte:

a) que o credor não caucionado tanto pode exigir a constituição de hipoteca sobre bens do devedor, como (sobretudo se este não tiver imóveis no seu património) qualquer outro tipo de caução adequada;

b) que, entre as cautelas idóneas ao alcance do devedor, se destaca naturalmente o *arresto*.

Em qualquer caso, por uma questão de razoabilidade, apesar de na base da providência se encontrar um acto ilícito do devedor,

Das obrigações em geral

se limita a constituição da garantia aos *bens suficientes* (com todas as margens de segurança adequadas) para assegurar o direito do credor (art. 625.º, 2).

Como causa de sanção *especial* fixada na lei, cuja aplicação o artigo 625.º expressamente ressalva, podem mencionar-se o do artigo 1470.º (usufrutuário que não presta a caução exigida) e o do· n.º 2 do artigo 2238.º (herdeiro ou legatário sob condição ou a termo, ou sucessor onerado com a prestação de legado condicional, que não presta a caução exigida).

A *caução*, ainda que idónea no momento da sua constituição, pode tornar-se insuficiente ou até imprópria, mercê de circunstâncias supervenientes, quer em função da desvalorização ou da inapropriação dos bens, quer por virtude da elevação do montante do crédito.

Tal como, na hipótese inversa (de a garantia se tornar desnecessária ou excessiva), se confere ao interessado (art. 720.º) a faculdade de requerer a redução da garantia, também nos casos previstos no artigo 626.º se reconhece ao credor, sempre que a causa da insuficiência ou da impropriedade lhe não seja imputável, o direito de exigir o reforço ou a substituição da caução.

A forma de obter o reforço ou a substituição da garantia vem hoje regulada no capítulo II dos *processos especiais*, que abrange exactamente os processos referentes às garantias das obrigações, tendo a reforma do processo de 1995-96 aproveitado o espaço do Código sistematicamente aberto pela deslocação dos processos de cessação do arrendamento para o novo diploma regulador do *Arrendamento Urbano* (RAU).

SECÇÃO II

FIANÇA*

SUBSECÇÃO I

Noções gerais

462. *Definição. Confronto com o aval.* A *fiança* é o vínculo jurídico pelo qual um terceiro (fiador) se obriga pessoalmente perante o credor, garantindo com o seu património a satisfação do direito de crédito deste sobre o devedor ([1]).

"O fiador, diz o n.º 1 do artigo 627.º, garante a satisfação do direito de crédito, ficando pessoalmente obrigado perante o credor» ([2]).

O fiador, quer isto dizer, responde pela obrigação do devedor.

A definição dada deixa logo transparecer a *força* e a *fraqueza* da fiança, como garantia *especial* da obrigação.

O fiador, ao assegurar o cumprimento do devedor, obriga-se *pessoalmente* perante o credor. Isso significa, não que seja a *pessoa* coisificada do fiador o objecto da garantia, como sucederia na pri-

---

* VAZ SERRA, *Fiança e figuras análogas*, Lisboa, 1957; *Id., Fiança (algumas questões). Garantia de vícios na venda em execução*, Lisboa, 1960; ARU, *Della fideiussione, Com. di D'Amelio e Finzi*; FRAGALI, *Fideiussione. Mandato di credito*, no Com. de SCIALOJA e BRANCA; RAVAZZONI, *Fideiussione*, no *Nov. Dig. Ital.*; FRAGALI, *Fideiussione (dir. priv.)*, na *Enc. del dir.*; LARENZ, *Lehrbuch*, II, 11.a ed., § 64; WEBER, *Sicherungsgeschäfte*, 1973.

([1]) Dá-se também o nome de *fiança* à própria *fonte* do vínculo, que é o *contrato de fiança.*

([2]) Diferentes da *fiança*, mas estritamente relacionadas com ela, são as figuras da subfiança (art. 630.º) e da retrofiança, a que os alemães dão o nome, respectivamente, de *Nachbürge* e de *Rückbürge.*

A *sub-fiança* (art. 630.º) dá-se quando uma pessoa (sub-fiadora) responde pelo cumprimento do fiador perante o credor. A garantia patrimonial do credor fica assim reforçada com um novo património, colado ao do fiador, para a hipótese de o devedor não cumprir.

No caso da retro-fiança, o garantido não é o credor, mas sim o fiador. E o crédito garantido é o da *sub-rogação* do fiador nos direitos do credor primitivo (sobre o devedor), se o fiador cumpriu a sua obrigação *(acessória).*

Das obrigações em geral

mitiva fase do direito romano, mas ser a *pessoa* do fiador, com toda a projecção material da pessoa sobre os bens, que é o seu *património*, quem garante a realização da prestação debitória.

Objecto mediato da garantia é assim *todo o património* do terceiro e não apenas determinados bens ([1]), como ocorre nas garantias reais (penhor, hipoteca, caução, direito de retenção).

É um segundo baluarte que as partes (ou uma delas e terceiro) colocam ao lado da garantia comum para reforçar a confiança do credor na efectiva satisfação do seu direito de crédito.

É que para *fiador* de qualquer obrigação se escolhe naturalmente uma pessoa cujo património ofereça ao credor maiores condições de solvabilidade do que o património do devedor.

Por outro lado, porém, na precisa medida em que não incide sobre *bens determinados*, com a eficácia *absoluta* própria dos direitos reais, mas sobre todo o *património* do fiador (que é, simultaneamente, garantia comum dos credores deste), a fiança — como garantia *genérica*, não *específica* — sofre todas as oscilações, para mais ou para menos, desse património.

E aí reside o seu *calcanhar* de Aquiles. Por aí se explica o lugar relativamente secundário e cheio de cautelas para que o artigo 623.º, n.os 1 e 2, relega a fiança no elenco dos instrumentos jurídicos que podem caucionar a obrigação ([2]).

([1]) Isto não impede, obviamente, que, à semelhança do que ocorre com o devedor (art. 602.º), a responsabilidade do fiador possa ser limitada a alguns dos seus bens, sem constituir sobre estes verdadeiras *garantias reais*. Vide PIRES DE LIMA e ANTUNES VARELA, *Código Civil anotado*, I, 4.ª ed., com a colab. de H. MESQUITA, anot. ao art. 627.º.

([2]) O valor prático da fiança não se esgota no momento da execução da garantia, na cobertura efectiva da dívida quando falha o cumprimento da dívida ou a execução forçada do património do devedor. A *fiança*, como prestação de garantia ou reforço de crédito do devedor, tem já o maior interesse prático e teórico no período anterior. E é a *atribuição patrimonial* dessa prestação de garantia que conta decisivamente para a qualificação da fiança como *gratuita* ou *onerosa*. Se a *concessão da garantia* é remunerada, *mediante contraprestação adequada*, como sucede na *fiança bancária*, a fiança é onerosa; se a contraprestação não existe, como ocorre na generalidade dos casos da

Garantias especiais das obrigações

Do conceito dado se deduz ainda a principal *característica* que distingue a *obrigação* contraída pelo fiador da *obrigação* assumida pelo devedor.

O fiador, ao contrário do que sucede com o terceiro que constitui uma hipoteca ou um penhor sobre os seus bens a favor do credor ([1]), é verdadeiro *devedor* do credor ([2]). Mas a obrigação que o fiador assume é *acessória* da que recai sobre o obrigado, visto que ele apenas garante que a obrigação (afiançada) do devedor será satisfeita. A obrigação que ele assume é a obrigação do devedor.

Embora se possa dizer que a garantia patrimonial dada pelo fiador se coloca ao lado da garantia oferecida pelo obrigado, outro tanto se não pode afirmar da obrigação assumida pelo fiador, que está *por cima* da obrigação contraída pelo devedor, mas não *ao lado* dela.

É esta nota importantíssima da *acessoriedade* que a disposição introdutória da fiança no Código Civil (art. 627.º, n.º 2) intencionalmente salienta, ao prescrever que «a obrigação do fiador é acessória da que recai sobre o principal devedor».

Após a constituição da *fiança* passa assim a haver uma obrigação *principal*, a que vincula o (principal) devedor e, por cima dela, a cobri-la ([3]), tutelando o seu cumprimento, uma obrigação *acessória*, a que o fiador fica adstrito.

---

fiança civil, a *fiança* é gratuita, sem embargo da *sub-rogação* do fiador, depois do pagamento, nos direitos do credor.

([1]) No caso do penhor ou da hipoteca constituída por terceiro, este não se torna devedor do credor garantido. Os bens hipotecados ou empenhados (hoje pertença dele, amanhã possivelmente na titularidade de outrém) é que *respondem* pelo cumprimento, garantindo a *obrigação*, seja quem for o seu titular.

([2]) Porque é essencialmente destinada a proteger o *credor*, sem o menor prejuízo para o *devedor*, compreende-se que a *fiança*, como o artigo 628.º, n.º 2, expressamente prescreve, possa ser prestada sem necessidade de consentimento do devedor.

E também nada impede, uma vez que a fiança se destina a *beneficiar* e não a onerar o credor, que a garantia seja assumida sem intervenção do credor, nos termos em que é admitido o contrato a favor de terceiro.

([3]) A natureza *tutelar* da fiança resulta de várias disposições legais, entre as quais se destaca o artigo 634.º, segundo o qual «a fiança tem o conteúdo da obrigação principal e cobre as consequências legais e contratuais da mora ou culpa do devedor.»

Das obrigações em geral

Distinta da fiança, embora mantenha com ela estreitos laços de parentesco, é a figura do *aval*, garantia não só concedida pelo Estado e outros entes públicos, principalmente para a realização de certas operações de crédito externo (Lei n.º 1/73, de 2 de Janeiro), mas também bastante usada nos *títulos cambiários*. Nestes títulos, o *avalista* garante também (com o seu património) o cumprimento da obrigação cambiária subscrita pelo avalizado. Durante muito tempo, com base nas disposições do artigo 306.º e § único do artigo 336.º do Código Comercial, registou-se na doutrina uma forte e compreensível tendência para equiparar o regime do *aval* à *fiança*.

Com a entrada em vigor, no direito interno português, da *Lei uniforme relativa às letras e livranças*, a posição da doutrina e da jurisprudência sofreu uma alteração substancial ([1]), por virtude do disposto no artigo 32.º desse diploma, segundo o qual «o dador de aval é responsável *da mesma maneira* que a pessoa por ele afiançada. A sua obrigação mantém-se, mesmo no caso de a obrigação que ele garantiu ser nula por qualquer razão que não seja um vício de forma...»

Nesta disposição transparece, na verdade, a ideia de que, perante o credor, a obrigação do avalista é mais uma obrigação *paralela* da que recai sobre o avalizado do que uma obrigação *subsidiária*, como sucede na generalidade dos casos de fiança.

E desta ideia básica têm os autores e os tribunais retirado, além de outras, a conclusão de que o avalista, ao contrário do fiador, não goza do benefício da excussão.

Não pode considerar-se essencial à fiança a *gratuitidade* do negócio. E, por isso mesmo, a atribuição de uma remuneração ao fiador não converte a *fiança* num contrato *típico* diferente (como sucede com o comodato remunerado, que se converte em locação),

---

([1]) Vide d'ESPINOSA, *Avallo* na *Enc. del dir.*; FERRER CORREIA, *Lições de direito comercial*, III, 1966, pág. 195 e segs.; parecer da P.G.R., de 28 de Abril de 1983, pub. na *Rev. Leg. Jurisp.*, 118, pág. 173 e segs.; ac. do Sup. Trib. Just., de 23 de Fevereiro de 1986 (*Bol. Min. Just.*, 353, pág. 482) e, antes dele, os acórdãos de 20.6.73 (*Bol.* 230, pág. 100) e de 30.10.79 (*Bol.* 290, pág. 434).

nem sequer num contrato *atípico* ou *inominado*, porquanto a *fiança* remunerada, como a fiança bancária por exemplo, continua a ser uma *fiança*.

Sendo gratuita, como normalmente sucede, a fiança não se identifica com a doação. Não há nela um *aumento* do património do credor à *custa* do património do fiador. O credor tende a receber apenas o que lhe pertence, enquanto o fiador, mesmo que venha a cumprir em lugar do devedor, tende a receber, através da sub-rogação, tudo quanto houver desembolsado através da fiança.

É inegável que a fiança proporciona ao credor uma *vantagem* patrimonial (a maior segurança do crédito). Mas essa *vantagem* patrimonial não se confunde com a atribuição patrimonial *donativa*, i. é, característica da doação ([1]).

463. *A acessoriedade da fiança.* A natureza *acessória* da obrigação assumida pelo fiador reflecte-se em aspectos muito importantes da garantia fidejussória.

A mais destacada de todas as consequências da *acessoriedade* é a que se refere ao *conteúdo* da fiança.

«A fiança, diz o n.º 1 do artigo 631.º, não pode exceder a dívida principal nem ser contraída em condições mais onerosas, mas pode ser contraída por quantidade menor ou em menos onerosas condições» ([2]).

O facto de se acentuar que a obrigação do fiador não pode exceder o montante da obrigação principal, nem sequer ser contraída em condições mais onerosas, significa não serem válidas as cláusulas que estipulem o cumprimento pelo fiador em prazo mais curto que o daquela obrigação principal ou o cumprimento dentro de certo prazo, sendo *pura* a obrigação do devedor, etc. ([3]).

([1]) Para maiores desenvolvimentos, FRAGALI, *Fideiussione*, n. 6, na *Enc. del dir.*

([2]) Esta era já a doutrina expressamente consignada no artigo 823.º do Código de 1867, que a deve ter bebido no texto do artigo 2013 do *Code Civil*.

([3]) VAZ SERRA, *Fiança e figuras análogas*, Lisboa, 1957, n. 4.

No n.º 2 da mesma disposição (art. 631.º), em curial obediência ao princípio da *redução* do negócio parcialmente nulo, prescreve-se que, no caso de exceder a obrigação principal ou ser contraída em condições mais onerosas, a fiança não é nula (na totalidade), mas apenas redutível aos precisos termos da dívida afiançada.

Outro dos reflexos importantes da *acessoriedade* da fiança está na regra da *forma* exigível para a declaração de vontade do fiador.

A declaração de fiança necessita de revestir a *forma* exigida para a obrigação principal.

Não vigora, por conseguinte, para o contrato de fiança a regra da *liberdade da forma*, consagrada no artigo 219.º. O princípio que, nesse aspecto, domina a declaração de vontade do fiador é o da *equiparação à obrigação principal.*

E nem outra solução poderia ser razoavelmente adoptada.

Se a dívida contraída pelo fiador tem, por via de regra, o mesmo conteúdo da obrigação do devedor, não se compreenderia que a lei fosse menos exigente, quanto às garantias oferecidas pela forma negocial, para a criação do vínculo a cargo de terceiros do que é para o responsável directo pelo cumprimento da obrigação.

Mas a lei não se limita a este princípio de *equiparação formal* entre as duas obrigações: a do devedor, de um lado, e a do fiador, do outro.

Exige ainda que a declaração da vontade de prestar fiança seja *expressa* [1]. A vontade de cobrir a obrigação do vendedor, obrigando-se perante o credor a realizar a mesma prestação, tem que resultar *directamente* da declaração do fiador, e não através de deduções, inferências ou presunções, embora para esse efeito não haja fórmulas *precisas* ou *sacramentais*.

---

[1] No mesmo sentido o artigo 1937 do Código italiano. Cfr. VAZ SERRA, *ob. cit.*, pág. 33.

Garantias especiais das obrigações

Não basta assim que a pessoa informe alguém (o credor) sobre a honestidade do amigo, nem garanta a terceiro que o devedor vai cumprir pela certa, nem peça a terceiro que faça o empréstimo solicitado por alguém ([1]).

Essencial é que a pessoa (o fiador) *chame a si* a obrigação de realizar a prestação (a que o devedor se encontra adstrito), se este não cumprir ([2]) — declarando, v. gr., que «*eu respondo pelo devedor*».

Um outro aspecto em que aflora a natureza *acessória* da fiança é o que se refere à dependência em que a validade da fiança se encontra perante a validade da obrigação principal,

«A fiança não é válida, proclama o n.º 1 do artigo 632.º, se o não for a obrigação principal.» ([3]).

E compreende-se que assim seja.

([1]) Já é, entretanto, equiparado à fiança o caso de alguém *encarregar* outrem de dar crédito a terceiro, em nome e por conta do encarregado.

A esta curiosa figura, prevista e regulada entre nós no artigo 629.º, tem a doutrina dado o nome de mandato de crédito (*mandatum de pecuniá credenda*), que é mais sugestiva do que rigorosa.

No mandato, como se sabe, o mandatário age por conta do mandante e, muitas vezes até, em nome dele. No mandato de crédito, pelo contrário, o *encarregado* de conceder crédito a outra pessoa (o devedor) não age *em nome*, nem sequer *por conta do autor do encargo*. O creditante age *em nome próprio* e *por conta própria*.

Ao autor do encargo, que a lei equipara ao fiador, concedem-se entretanto duas faculdades importantes.

Por um lado, permite-se-lhe revogar o mandato, enquanto o crédito não for concedido. Por outro, reconhece-se-lhe o poder de, a todo o momento, denunciar o contrato, com obrigação de reparar os danos que entretanto tenha causado.

([2]) Só assim haverá a indicação segura de que a pessoa quer sair da área das puras *informações* sobre o crédito de alguém, que em princípio não responsabilizam quem as dá (art. 485.º), para entrar deliberadamente no círculo da garantia fidejussória.

([3]) A fiança extingue-se, por conseguinte, quer quando a obrigação principal seja declarada nula, quer quando seja anulada.

Se, porém, a obrigação principal for apenas anulável, e não nula, é ao devedor que cabe a opção entre a validade ou a anulação do respectivo negócio; e só depois de anulada essa obrigação (principal), o fiador pode anular a fiança.

Das obrigações em geral

Ao garantir o cumprimento da obrigação, o fiador conta as mais das vezes com a convicção de só ser chamado a responder pela dívida, na hipótese de o devedor não querer cumprir e o credor não poder satisfazer o seu crédito à custa do património do obrigado.

Por outro lado, mesmo quando não goze do benefício da excussão, o fiador conta sempre com a sua sub-rogação nos direitos do credor, quando cumpra em lugar do devedor.

Se qualquer destes pressupostos falha, porque a obrigação principal seja nula ou anulada, nenhuma razão há, em princípio, para manter a vinculação do fiador, até porque o credor nenhum fundamento terá para, nesses casos, pretender manter o seu crédito contra o garante, depois que se extinguiu o seu crédito contra o devedor principal ([1]).

Exceptua-se apenas o caso de a obrigação principal vir a ser anulada por incapacidade ou por falta ou vício da vontade do devedor, se o fiador tiver tido conhecimento da causa da anulabilidade da obrigação ao tempo em que a fiança foi constituída.

Em qualquer dos casos, pelas circunstâncias especiais em que intervém, o fiador como que garante implicitamente ao credor que o obrigado não requererá a anulação do acto que serve de fonte à obrigação. Se, contra as suas expectativas, o devedor vier requerer mais tarde a anulação do acto, não seria justo que, tendo ele garantido (implicitamente) perante o credor a não verificação do facto, fizesse reverter sobre o credor as consequências da sua frustração.

Haveria nesse caso um verdadeiro *venire contra factum proprium* que a lei civil, de acordo com os princípios ético-jurídicos que dominam a vasta área das obrigações, não podia deixar de condenar.

([1]) Sintetizando o exposto, dir-se-á que a *acessoriedade* da *fiança* se traduz em que:

a) ela não pode existir, se não for válida a obrigação (principal) que é chamada a cobrir (art. 632.º);

Garantias especiais das obrigações

464. *A estrutura negocial da fiança.* É bastante controvertida entre nós a questão de saber se a relação fidejussória é necessariamente uma relação contratual e, por isso, só deve considerar-se constituída, nos termos do artigo 232.º, quando houver mútuo consenso pleno das partes (do credor e do fiador: art. 628.º, 2; ou do fiador e do devedor: art. 443.º), ou se ela pode nascer da declaração unilateral do fiador, funcionando nesses casos como verdadeiro negócio unilateral ([1]).

VAZ SERRA, nos trabalhos preparatórios do Código ([2]), admitia abertamente a possibilidade da constituição unilateral da fiança. «Além de por contrato, escreve o insigne Mestre, pode a fiança ser constituída por negócio jurídico unilateral. Nessa hipótese, o fiador obriga-se, por declaração unilateral, para com o credor, e este pode não ser determinado na data em que o fiador se obriga.»

Diferente é a posição do Código alemão, cujas disposições inspiraram em larga medida o estudo de VAZ SERRA.

No § 765 desse diploma afirma-se expressamente o carácter *contratual* da fiança (*Durch den Bürgschaftsvertrag verpflicht sich der Bürge gegenüber dem Glaubiger eines Dritten, für die Erfüllung der Verbindlichkeit des Dritten einzustethen.*»). Em compensação, para prevenir o fiador

---

b) não pode exceder a dívida principal, nem ser contraída em condições mais onerosas (art. 631.º);

c) a sua forma é determinada pela forma exigida para a obrigação principal (art. 628.º);

d) a extinção da obrigação principal determina a extinção da fiança (art. 651.º);

e) o fiador pode, em princípio, opor ao credor os meios de defesa que competem ao devedor (art. 637.º).

([1]) Vide, em sentidos divergentes, os acs. da Rel. de Coimbra, de 7 de Outubro de 1986 (*Col. Jur.*, XI, 4 pág. 67) e do Sup. Trib. Just., de 11 de Fevereiro de 1988 (que admitem a fiança baseada na declaração unilateral do fiador) e MANUEL H. MESQUITA, *Fiança*, na *Col. Jur.* XI, 4, pág. 25 e segs. (parecer onde se sustenta doutrina oposta, baseada no disposto no art. 457.º).

([2]) *Ob. cit.*, pág. 11.

Das obrigações em geral

contra os riscos especiais da fiança([1]), a lei (§ 766) exige a declaração escrita do fiador (a forma escrita, para usar a expressão de LARENZ ([2]), «*auf seiten des Bürgen*»). Isto significa que, na prática, a fiança se constitui normalmente por um acordo (as mais das vezes verbal) assente numa declaração *escrita* (do fiador) *receptícia*.

Também no direito italiano, apesar da inexistência duma disposição expressa semelhante à do § 765 do Código alemão, se não pode duvidar do carácter *contratual* da fiança, uma vez que ela ocupa um dos 26 capítulos que o Código italiano consagra aos contratos nominados (*i singoli contratti*) ([3]).

O Código português, à semelhança do que sucede com o Código francês, não afirma directamente a natureza *contratual* da fiança, mas sublinha categoricamente, no artigo 457.º, o carácter excepcional dos negócios unilaterais.

Em contrapartida, afastando-se deliberadamente do modelo alemão, a lei civil portuguesa não exige, para a validade da fiança (não obstante o perigo especialíssimo que ela envolve), a forma *escrita* da declaração do fiador. Satisfaz-se com a forma *exigida* (*exigida* e não meramente *observada*) para a obrigação principal.

A solução assim delineada dá como resultado que:

a) A fiança deve resultar sempre de um acordo, seja entre o fiador e o credor, seja entre o fiador e o devedor;

([1]) Riscos que advêm, como LARENZ (*ob. cit.*, II, 11.ª ed.ª, § 64, II, pág. 421) justamente observa, da expectativa facilmente criada no espírito do fiador de que a sua responsabilidade não há-de funcionar, porque o devedor cumprirá, e ainda do fraco controle que ele tem sobre o desenvolvimento da obrigação principal, de cuja existência depende, em princípio, a da fiança.

([2]) *Ob.. vol., ed. e loc. cits.*

([3]) Como contrato *unilateral* a qualificam PESCATORE e RUPERTO (*Codice civile annotato*, 7.ª ed., anot. ao art. 1936, pág. 1927), vendo o fenómeno da fiança isolada, abstraindo do condicionalismo negocial concreto em que ele aparece muitas vezes emoldurado (v. gr., na fiança bancária).

FRAGALI (*est. cit.*, n.º 5, na *Enc. del dir.*) não deixa, no entanto, de referir e analisar com grande desenvolvimento os casos em que, excepcionalmente, deve ser reconhecida validade à declaração unilateral de fiança.

Garantias especiais das obrigações

b) Esse acordo pode ser puramente verbal (art. 219.º), salvo se a lei *exigir* a observância de forma especial para a obrigação principal;

c) Nos casos em que a lei não exija forma especial para a obrigação principal, pode provar-se por qualquer meio a existência do acordo (verbal) entre as partes, mesmo que a declaração de fiança conste de documento escrito apenas assinado ou subscrito pelo fiador; a promessa de prestação constante do escrito terá, neste caso, o valor probatório resultante do disposto nos n.ºs 1 e 2 do artigo 458.º;

d) Necessitando a obrigação principal de constar de documento escrito assinado por ambas as partes, igual forma deve revestir o contrato de fiança, sob pena de nulidade: nulidade que persiste, mesmo havendo declaração escrita assinada pelo fiador ([1]), por não haver, aos olhos da lei (passe a expressão), prova bastante de o fiador haver transitado da simples fase do projecto contratual para a conclusão firme do contrato.

SUBSECÇÃO II

Relações entre o credor e o fiador

465. *Benefício da excussão.* Nas relações entre o credor e o fiador, o direito que mais avulta e melhor espelha o reforço da garantia patrimonial trazido pela fiança é o que confere ao credor

---

([1]) Solução que não coincide, justificadamente, com a sustentada para o caso do contrato-promessa bilateral constante de escrito assinado por uma só das partes, quando o contrato necessita de escrito para ser válido.

Neste caso, a mancha da nulidade abrange apenas a declaração do promitente que não subscreve o documento e a declaração da outra parte pode constituir objecto dum outro contrato (promessa unilateral).

No caso da fiança, é diferente. O que as partes quiseram, na hipótese referida, não foi uma promessa de fiança, mas sim *afiançar*. E a fiança exige contrato, pressupõe acordo contratual.

Das obrigações em geral

o poder de exigir a realização da prestação devida, caso o devedor não tenha cumprido ([1]).

Em contrapartida, a faculdade que mais sobressai, do lado oposto, é a do *benefício* da excussão reconhecida ao fiador.

«Ao fiador é lícito recusar o cumprimento, determina o artigo 638.º, enquanto o credor não tiver excutido todos os bens do devedor sem obter a satisfação do seu crédito.»

O fiador pode assim opor-se (de acordo com a *subsidiaridade* que as partes imprimem, por via de regra, à fiança) à agressão dos bens (penhoráveis) que integram o seu património, enquanto se não tiverem executado todos os bens do devedor e, apesar disso, o direito do credor se mostre total ou parcialmente insatisfeito.

Embora a lei, com o clássico benefício da excussão, vise essencialmente evitar a agressão judicial dos bens do fiador, enquanto os bens do devedor não forem totalmente imolados à

([1]) A consequência lógica mais grave da obrigação que impende sobre o fiador é a de que ele responde, não apenas pela prestação inicial, mas também pelas consequências legais e contratuais do não cumprimento, incluindo a mora do devedor (art. 634.º).

O fiador responde, por conseguinte, não apenas pela prestação principal, mas também pelos juros moratórios, pela cláusula penal estabelecida e pelos danos que o devedor culposamente causar, a não ser que, nos termos da parte final do n.º 1 do artigo 631.º, outro regime tenha sido convencionado.

Nenhuma base séria tem, por isso, a dúvida que VAZ SERRA (*Algumas questões em matéria de fiança*, n.º 9) já refutou, sobre a inclusão dos lucros cessantes no âmbito da responsabilidade do fiador.

É o corolário lógico da obrigação assumida pelo fiador, ao assegurar o credor de que ele obterá o resultado do cumprimento da obrigação principal, a menos que expressamente, como se permite (art. 631.º, n.º 1), a fiança tenha sido contraída em condições menos onerosas.

Para que o fiador responda pelos juros moratórios, em especial, e pelos danos moratórios, em geral, não se torna necessário que ele tenha sido interpelado e constituído em mora. Basta que, atento o carácter *reflexo* (acessório) da sua responsabilidade, o devedor tenha incorrido em mora.

Uma excepção — e muito importante — abre a lei, no entanto, à responsabilidade *reflexa* do fiador, no tocante às *obrigações a prazo*, visto não se estender aos co--obrigados do devedor, por força do disposto no artigo 782.º, a perda do benefício do prazo infligido ao obrigado faltoso.

Garantias especiais das obrigações

satisfação da obrigação principal, não deixa de se fazer retroagir logicamente a eficácia do benefício até ao momento da interpelação do fiador, para proclamar *apertis verbis* a licitude da sua recusa em cumprir, desde que não se mostre realizada, sem pleno êxito, a prévia execução dos bens do principal obrigado.

Não quer isto significar, porém, que na acção de condenação destinada a obter o reconhecimento da existência e da violação do direito de crédito, o credor não possa demandar simultaneamente o devedor e o fiador, ou só o fiador, consoante a sua conveniência em se premunir de título executivo contra um ou outro dos obrigados.

Diz-se, com efeito, no artigo 641.º, depois da proclamação do benefício da excussão feita no artigo 638.º, que «o credor, ainda que o fiador goze do benefício da excussão, pode demandá-lo só ou juntamente com o devedor; se for demandado só, ainda que não goze do benefício da excussão, o fiador tem a faculdade de chamar o devedor à demanda, para com ele se defender ou ser conjuntamente condenado.»

A defesa que o benefício da excussão confere ao fiador consiste, mesmo nesses casos, em obstar à execução (e, desde logo, à penhora) dos bens do garante antes de prévia e insatisfatoriamente haverem sido excutidos todos os bens do devedor ([1]).

Num só ponto, embora de importância fundamental, a relação processual pode influir na sorte da relação substantiva. Se o fiador for demandado só e não chamar o devedor à demanda, ape-

---

([1]) Essa é a doutrina expressamente consagrada ao n.º 1 do artigo 828.º do Código de Processo Civil, segundo o qual, «na execução movida contra devedor subsidiário, não podem penhorar-se os bens deste, enquanto não estiverem excutidos todos os bens do devedor principal, desde que o devedor subsidiário fundamente invoque o benefício da excussão», no prazo a que se refere o n.º 1 do artigo 816.º».

E o texto do n.º 4 da mesma disposição completa o esquema processual traçado para a excussão, acrescentando o seguinte:

«Tendo os bens do devedor principal sido excutidos em primeiro lugar, pode o devedor subsdidiário fazer sustar a execução nos seus próprios bens, indicando bens do devedor principal que hajam sido posteriormente adquiridos ou que não fossem conhecidos.»

Das obrigações em geral

sar de gozar do benefício dado da excussão, presume-se (salvo declaração expressa em contrário nos próprios autos) que ele renunciou ao benefício da excussão.

O benefício da excussão, inspirado na ideia da subsidiaridade da fiança, tem raízes muito profundas no direito.

Não surpreende assim que já o Código de 1867 o tivesse consagrado no tríplice momento em que ele se desdobra: em termos gerais, no artigo 830.º; relativamente à acção de condenação, nos artigos 831.º e 832.º; dentro da própria execução, movida simultaneamente contra devedor e fiador, no artigo 833.º.

Ainda a propósito da real extensão do benefício da excussão, importa referir dois aspectos da relação fidejussória especialmente previstos e regulados na lei.

Pode, em primeiro lugar, suceder que, executados todos os bens do devedor, o crédito de um ou alguns dos credores garantidos com a fiança continuem ainda por satisfazer, no todo ou em parte, mas por culpa exclusiva do credor (que, v. gr., não exigiu o cumprimento da obrigação principal na época do vencimento, quando os bens do devedor asseguravam a sua plena solvência, ou não soube acautelar capazmente a garantia real que recaía sobre bens de terceiro, etc.).

Quando assim seja, continua a ser *lícita* a recusa de cumprimento por parte do fiador (o que pode equivaler praticamente à extinção da fiança). Solução nova, de algum modo revolucionária mas que documenta de forma bastante elucidativa, o alcance que a nova lei civil atribui ao princípio da *boa fé*, nos múltiplos aspectos em que se desdobra a relação obrigacional.

Pode, em segundo lugar, acontecer — e ocorre frequentes vezes — que, ao lado da fiança, outras garantias reais assegurem o cumprimento da obrigação principal.

Os credores receiam muito pela suficiência da garantia patrimonial oferecida pelo devedor, quer por virtude das constantes e

Garantias especiais das obrigações

profundas alterações a que está sujeito o património do devedor, quer por causa da concorrência dos demais credores do mesmo devedor.

E por isso se tornam relativamente frequentes os créditos com múltiplas garantias.

Quando assim suceda, torna-se naturalmente necessário conhecer a escala de prioridades existentes entre as diversas garantias.

Prevendo a concorrência entre a fiança, de um lado, e as garantias reais (como o penhor, a hipoteca ou a consignação de rendimentos) constituídas por terceiro, distingue a lei (art. 639.º) entre as garantias reais contemporâneas da fiança ou anteriores a ela, e as garantias reais posteriores.

Quanto ao primeiro caso, partindo compreensivelmente da presunção de que o fiador, ao responsabilizar-se pelo cumprimento da obrigação principal, teve já em linha de conta o valor das garantia reais existentes, a lei reconhece-lhe (art. 639.º, 1) a faculdade de exigir a execução prévia dos bens sobre os quais recaiem as garantias reais.

Ele responderá apenas, em princípio, pelo saldo negativo de tais garantias.

Se as garantias reais forem posteriores à fiança, já nenhuma razão existe para conceder ao fiador o mesmo benefício de execução prévia, porque, ao constituir a garantia pessoal, o garante não podia ter de modo nenhum em conta as garantias futuras.

Pode também suceder que os bens onerados pelas garantias reais que concorrem com a fiança na protecção da mesma dívida garantam ao mesmo tempo outros créditos do mesmo credor.

Neste caso, se os bens onerados com as garantias reais não chegarem para cobrir todos os créditos, não se pode conceder ao fiador o benefício da execução prévia relativamente à dívida afiançada, sob pena de ele poder exonerar-se por completo da responsabilidade por esta dívida, em prejuízo injusto do credor.

Das obrigações em geral

Perguntar-se-á, entretanto, se o autor da garantia real que, em obediência ao disposto no n.º 1 do artigo 639.º, foi executada para se não tocar na fiança, fica ou não sub-rogado, após o pagamento, nos direitos do credor contra o fiador.

Em face da *ratio legis* do preceito do n.º 1 do artigo 639.º, é evidente que não fica.

Presumindo-se, como neste preceito se faz, que o fiador só assegurou o cumprimento da obrigação principal por contar com o valor das garantias reais (anteriores ou contemporâneas) que asseguravam a realização da prestação, é evidente que os autores destas garantias não podem ressarcir-se em seguida à custa do fiador.

466. *Exclusão do benefício da excussão.* Precisamente porque a subsidiariedade, sendo um elemento *normal*, não é, todavia, um requisito *essencial* da fiança, ao contrário do que ocorre com a *acessoriedade*, casos há em que o fiador *não goza do benefício da excussão.*

Assim sucede (art. 640.º) quando o fiador houver renunciado a esse benefício, nomeadamente quando houver assumido (como não raras vezes ocorre) a posição do principal pagador ([1]).

O benefício da excussão não corresponde a nenhum interesse de ordem pública, visa apenas salvaguardar os legítimos interesses de um terceiro como o fiador. E, por isso, nenhuma razão existe para se negar validade à renúncia do fiador a esse benefício, contanto que não se desfigure a essência da relação fidejussória, que reside na sua *acessoriedade, dependência* ou *subalternidade.*

A segunda causa de exclusão do benefício já não assenta directamente na vontade do titular do interesse tutelado por lei, mas na circunstância objectiva de:

a) o devedor ou o dono dos bens onerados com garantia (real) não poder ser demandado ou executado no território continental ou das ilhas adjacentes;

([1]) Um dos casos em que a lei presume a renúncia ao benefício da excussão é, como vimos, o de o fiador demandado isoladamente não ter chamado o devedor à demanda (art. 641.º, n.º 2).

b) e essa impossibilidade de facto ser posterior à constituição da fiança (art. 640.º, al. *b*).

Em qualquer dos dois segmentos que, cumulativamente, integram a causa de exclusão do benefício, o espírito da lei é transparente.

Por um lado, se o credor não pode demandar o devedor ou o dono dos bens onerados com a garantia no território do continente ou no das Regiões Autónomas, justo é que possa agredir imediatamente os bens de quem se responsabilizou pelo principal obrigado.

Por outro lado, se tal impossibilidade já existia no momento da constituição da fiança, o credor já nessa altura devia contar com a dificuldade, não sendo por conseguinte razoável impor ao fiador a perda do benefício, em homenagem a expectativas que nenhuma razão há para se terem formado no espírito do credor.

467. *Meios de defesa oponíveis ao credor pelo fiador.* Outro aspecto que interessa de modo especial focar nas relações entre fiador e credor é o que respeita aos *meios de defesa* que o primeiro pode opor ao segundo, no exercício dos direitos deste.

Nesse ponto, atenta a *estrutura* e a *função* da fiança, dois núcleos de *meios de defesa* importa distinguir.

«Além dos *meios de defesa* que lhe são *próprios*, diz efectivamente o n.º 1 do artigo 637.º, o fiador tem o direito de opor ao credor aqueles que competem ao devedor, salvo se forem incompatíveis com a obrigação do fiador».

Há assim que contar, em primeiro lugar, com os *meios de defesa próprios* do fiador, como quem diz inerentes ao negócio de fiança, às relações entre fiador e credor.

O negócio constitutivo da fiança pode sofrer de qualquer dos vícios próprios dos contratos (incapacidade das partes, falta de forma, simulação, erro, dolo, coacção, etc.). O fiador pode ser credor do titular do crédito afiançado e haver lugar à compensação, o credor pode estar muitos anos sem exigir o cumprimento da obrigação (acessória) do fiador, etc., etc..

Das obrigações em geral

É todo este contingente de fundamentos de defesa, directamente ligados ao negócio da fiança ou à relação dela proveniente, que o artigo 637.º pretende compreender quando se refere aos meios de defesa próprios do fiador.

Mas há, em segundo lugar, os meios de defesa relativos à obrigação principal, fundados na relação existente entre o devedor e o credor.

Como, através da garantia pessoal prestada, o fiador responde pela obrigação (principal) que recai sobre o devedor, é evidente que aproveitam ao fiador, em princípio, todos os meios de defesa oponíveis pelo devedor ao credor.

Se a obrigação principal é nula ou vem a ser anulada, porque nulo ou anulável é o negócio jurídico donde a obrigação nasceu; se a obrigação se extingue porque prescreve ou porque foi cumprida, porque houve dação em cumprimento, todas estas objecções ou excepções aproveitam, em princípio, ao fiador, cumprindo apenas salientar que, no caso de mera *anulabilidade* da obrigação, é ao devedor — e não ao fiador — que cabe fazer a opção pessoal (entre a convalidação, a confirmação ou a anulação) facultada por lei ([1]).

([1]) Advirta-se, porém, que, enquanto o devedor se não decide — mas *ainda pode fazê-lo* — pela anulação da obrigação (principal), o fiador pode, por força do disposto no n.º 2 do artigo 642.º, recusar (licitamente) o cumprimento.

É a solução mais lógica e mais razoável, que a lei portuguesa foi beber na fonte do § 770 do Código alemão. Não faria realmente grande sentido obrigar *hoje* o fiador a cumprir a obrigação, para no dia seguinte vir o devedor impugnar o negócio donde procede a obrigação.

Disposição análoga, inspirada na mesma fonte, se aplica ao caso de o devedor ter condições para deduzir compensação contra o credor, mas ainda o não ter feito (vide LARENZ, *Lehrbuch*, II, 11.ª ed., § 64, I, pág. 418).

Não se concedendo ao fiador o poder de se substituir ou sub-rogar ao devedor no exercício do direito de *compensação*, porque se pretende, efectivamente, respeitar a liberdade de acção dos interessados, e tendo a compensação de ser assim exercida por qualquer dos devedores, a solução mais criteriosa consiste, sem dúvida, em atribuir ao fiador a faculdade de se recusar *licitamente* a cumprir, enquanto a compensação puder ser exercida.

Garantias especiais das obrigações

Exceptuam-se, porém, deste núcleo de *meios de defesa* emprestados pela obrigação principal à relação da fiança os que sejam incompatíveis com a obrigação do fiador.

Cabem na excepção, além de outros, os casos em que a obrigação principal tenha sido anulada por falta ou vício da vontade do devedor, conhecendo o fiador a causa da anulabilidade ao tempo em que a fiança foi prestada.

A obrigação nesse caso imposta por lei (art. 632.º, 2) ao fiador de *honrar* a responsabilidade que assumiu, com pleno conhecimento de causa, é realmente incompatível com a oposição ao credor da anulação da obrigação promovida pelo devedor. De acordo ainda com o princípio da *boa fé*, que domina todo o regime das obrigações, prescreve-se no n.º 2 do artigo 637.º que a renúncia do devedor a qualquer meio de defesa não inibe o fiador de o invocar em seu proveito.

Este princípio reflecte-se com toda a nitidez *num* dos *meios de defesa* que a lei submete a regime especial. Trata-se, como vamos ver, da renúncia à prescrição.

Há, efectivamente, alguns meios de defesa que, pela importância prática que assumem e pela delicadeza que revestem, necessitam de regime especial.

Caso julgado. O primeiro deles refere-se à eficácia do *caso julgado.*

A solução que a esse respeito se consagra no artigo 635.º, quer para o caso julgado entre credor e devedor, quer para o caso julgado entre credor e fiador tem muito a ver com a solução adoptada no artigo 522.º, para o caso julgado entre o credor e um dos devedores solidários, e no artigo 531.º para o caso julgado entre um dos credores solidários e o devedor.

O caso julgado entre credor e devedor não é oponível ao fiador, porque este não teve oportunidade de se defender na acção

Das obrigações em geral

contra a pretensão do credor e porque a solução oposta se prestaria a fáceis conluios entre as partes.

Mas o fiador pode aproveitar-se dele, porque, sendo desfavorável ao credor, não há o perigo de conluio entre as partes nem o de negligência do devedor na condução da sua defesa. Desta possibilidade de aproveitamento pelo fiador do caso julgado entre credor e devedor há naturalmente que ressalvar, à semelhança do que se prescreve para o caso julgado nas obrigações solidárias, a hipótese de a decisão (desfavorável ao credor) ter assentado em razões pessoais do devedor que não aproveitam ao fiador.

Paralelamente se passam as coisas com o caso julgado entre credor e fiador, que também não prejudica o devedor, mas pode aproveitar-lhe, nos termos que acabam de ser expostos.

Prescrição. Um dos aspectos de maior delicadeza nas relações entre credor e fiador, por virtude da interferência que tem com a formação moral das partes, é o *referente à prescrição*.

O *princípio* aceite neste ponto (em termos mais acentuados que no direito anterior: cfr. art. 556.º do Código de 1867) é o da *relativa independência* das duas obrigações, apesar do carácter acessório da fiança.

Nem a interrupção, nem a suspensão da prescrição em relação ao devedor, têm efeitos em relação ao fiador, tal como não produzem efeitos em relação ao devedor a interrupção ou a suspensão verificada quanto ao fiador (art. 636.º, n.ºs 1 e 2).

De igual modo, a renúncia à prescrição por parte de um dos obrigados (seja ele o devedor, seja o fiador) não produz efeitos em relação ao outro (art. 636.º, n.º 3).

Uma única excepção se abre, justificadamente, a este tratamento de recíproca independência entre os dois obrigados (devedor e fiador).

No caso de a prescrição ser interrompida quanto ao devedor, bastará para que ela seja também interrompida quanto ao fiador,

Garantias especiais das obrigações

a comunicação do facto ao fiador pelo credor, contando-se da data da comunicação a interrupção relativa ao garante.

Note-se que o facto de a prescrição ter sido interrompida em relação ao fiador, não havendo interrupção (da prescrição) em face do devedor, pouco adiantará por via de regra ao credor, porquanto, uma vez extinta a obrigação principal, não podendo deixar de vir à tona de água o carácter *acessório* da fiança, se extingue também a obrigação do fiador.

E recorde-se, por outro lado, que, invocando o devedor a prescrição e pagando o fiador a dívida, por não querer aproveitar da extinção por prescrição, não fica o *solvens* sub-rogado nos direitos do credor, ficando apenas a existir, entre o *solvens* e o devedor, uma verdadeira *obrigação natural* ([1]).

SUBSECÇÃO III

Relações entre o devedor e o fiador

468. *Sub-rogação do fiador nos direitos do credor.* No capítulo das relações entre o fiador e o devedor, são dois os direitos (do fiador) que cumpre destacar.

O primeiro, e o mais importante pela frequência da sua aplicação prática, é o da sub-rogação do fiador que cumpre a obrigação nos direitos do credor.

«O fiador que cumpre a obrigação, prescreve o artigo 644.º, fica sub-rogado nos direitos do credor, na medida em que estes foram por ele satisfeitos.»

A igual conclusão se chegaria, aliás, em face do preceituado em termos genéricos, no n.º 1 do artigo 592.º.

A forma como a lei se exprime, ao afirmar que o fiador, depois de cumprir a obrigação, fica *sub-rogado* nos *direitos* do credor

---

([1]) Cfr. vol. I, 9.ª ed., n. 203, pág. 746.

Das obrigações em geral

revela, em termos inequívocos, que o cumprimento do fiador lhe não confere um *simples* direito de regresso contra o devedor, porque gera uma verdadeira *transmissão* do crédito para o fiador.

A diferença entre a concessão dum *direito (novo) de regresso* e a *transmissão* do crédito anterior (apesar da satisfação dada ao direito do credor) exprime-se num duplo aspecto, do maior interesse teórico e prático.

Por um lado, para o fiador transfere-se, não apenas o direito à prestação principal, mas todos os *atributos* ou *qualidades* do direito encabeçado no credor. Se o credor tinha direito a *juros, ao cálculo de juros a certa taxa, a qualquer privilégio ou cláusula penal, todos esses atributos acompanham a sub-rogação operada a favor do fiador solvens*.

Se a dívida era solidária, o fiador também usufruirá do benefício da solidariedade de que gozava o credor, quer tenha afiançado apenas um dos devedores (solidários), quer os tenha afiançado a todos. Outra era, como se sabe ([1]), a solução proposta no *Anteprojecto* de VAZ SERRA (art. 200.º, 2), que limitava, no primeiro caso, o direito de o credor exigir a *totalidade* da dívida apenas ao devedor que ele afiançara, cingindo-se a responsabilidade dos outros à sua quota parte na dívida.

O Código não aceitou a solução, por não haver analogia entre o condevedor solidário, que paga toda a dívida, e o fiador, que paga a totalidade do débito, só porque é responsável. O primeiro tem de suportar a título definitivo a sua parte na dívida, ao passo que o fiador nada deve em definitivo ao credor.

Por outro lado, sucedendo ao credor na titularidade *dos direitos* deste, mediante sub-rogação na sua posição, o fiador adquire todos os direitos reais de garantia que acompanhavam o crédito.

Esta consequência lógico-jurídica da sub-rogação reveste especial importância quanto às garantias reais constituídas por terceiro após a assunção da fiança. Quanto às garantias anteriores à

([1]) PIRES DE LIMA e ANTUNES VARELA, *Código Civil anotado*, I, 4.ª ed., anot. ao art. 644.º, pág. 661.

Garantias especiais das obrigações

fiança ou contemporâneas dela, é já sabido que devem ser executadas antes de o fiador ser chamado a responder. Em relação às posteriores, cuja execução prévia o fiador não pode exigir, é que reveste naturalmente maior interesse a sucessão do fiador sub-rogado na titularidade do respectivo direito.

Ainda por virtude do fenómeno da *sub-rogação*, o devedor pode invocar contra o fiador que pagou as mesmas excepções que lhe seria permitido invocar contra o credor. Se, para exemplificar, o fiador pagou, não obstante o devedor e ele próprio estarem em condições de invocar a prescrição contra o credor (art. 637.º), nada obsta a que o devedor oponha essa excepção da prescrição ao fiador, como credor sub-rogado.

Ressalvam-se apenas, nos termos do artigo 647.º os meios de defesa de que o devedor não deu, mas devia ter dado conhecimento ao fiador, ao consentir no cumprimento deste ou ao ser avisado de que este ia cumprir. A consequência, radical mas justa, da omissão do facto é a proibição de o devedor opor doravante esses meios de defesa ao fiador, como credor sub-rogado.

Diversamente se passam as coisas, como é natural, no caso de o devedor afiançado vir a cair em falência.

Nesse caso, se for aprovada concordata, quer preventiva, quer suspensiva, o fiador pode continuar responsável pelo cumprimento integral da dívida e não apenas pela parte do débito mantida através da concordata, nos termos da nova doutrina fixada para o efeito pelo artigo 63.º do *Cód. Proc. Esp. de Recup. da Emp. e de Falência*, aprov. pelo Dec.-Lei n.º 132/93, de 23 de Abril.

Estreitamente ligado à *sub-rogação* do fiador que cumpre nos direitos do credor anda o *dever acessório de conduta* imposto a esse fiador no n.º 1 do artigo 645.º.

«O fiador que cumprir a obrigação, diz este artigo, deve avisar do cumprimento o devedor, sob pena de perder o seu direito

Das obrigações em geral

contra este no caso de o devedor, por erro, efectuar de novo a prestação».

Trata-se, manifestamente, pela sua natureza intrínseca e pelos termos da sua implantação, de um dever acessório de conduta, a cuja inobservância a Lei faz corresponder, não a indemnização pelos danos causados, nem a resolução do acto praticado, mas a *validade excepcional do novo pagamento feito pelo devedor ao credor aparente.* Com efeito, se o devedor, ignorando por culpa do fiador a sub-rogação entretanto ocorrida, pagar de novo ao antigo credor, considera o artigo 645.º, n.º 1, esse pagamento como bem feito. É ao fiador, credor sub-rogado, que impõe o ónus de exigir do credor a restituição do que lhe entregou, como se de prestação indevida se tratasse (art. 645.º, 2).

Se, pelo contrário, apesar de não avisado pelo fiador, o devedor já tinha conhecimento do pagamento da dívida quando a cumpriu junto do credor, não pode naturalmente falar-se em pagamento por erro. E, embora o credor haja recebido a prestação a que já não tinha direito, é ao devedor que incumbe exigir, com todos os riscos inerentes à operação, a repetição do indevido, não lhe sendo de modo nenhum lícito recusar a prestação exigida pelo credor sub-rogado.

Paralelo ao dever imposto ao fiador que cumpre é o dever acessório de conduta que recai, em análogas circunstâncias, sobre o devedor.

«O devedor que cumprir a obrigação, diz efectivamente o artigo 646.º, deve avisar o fiador, sob pena de responder pelo prejuízo que causar, se culposamente o não fizer».

Neste caso, não há dúvida de que, pagando depois de o devedor ter cumprido, é o fiador quem paga o indevido e tem direito à sua repetição. Este direito, exercitável contra o credor, pode, no entanto, falhar e, por isso, prevendo a hipótese de o fiador sofrer prejuízo, o artigo 646.º lhe concede o direito de se ressarcir à custa do culpado (devedor).

Garantias especiais das obrigações

469. *Direito à liberação ou à prestação de caução.* O segundo direito importante do fiador em face do devedor é o que se refere à liberação da garantia, ou à prestação de caução para garantia da sub-rogação.

Não se trata de uma inteira novidade do Código vigente, mas apenas do aperfeiçoamento de uma providência já consagrada no artigo 844.º do Código de 1867. Reconhecia-se então ao fiador o direito de, em certos casos, exigir do devedor que pagasse a dívida ao credor ou o desonerasse da fiança. O artigo 648.º do Código de 66 veio, em termos mais precisos e mais realistas, permitir ao fiador exigir do devedor ou do credor, consoante as circunstâncias, a sua liberação ou a prestação de caução para garantia do seu eventual direito de sub-rogação.

A liberação do fiador é uma fórmula mais ampla do que a do pagamento da dívida, visto abranger não só o cumprimento (realização pelo devedor da prestação devida), mas quaisquer outras formas de satisfação do direito do credor. Por outro lado, esclarece-se em que termos pode o fiador obter realmente a desoneração do grave *risco* que a fiança faz recair sobre o seu património ([1]).

a) O primeiro dos casos em que funciona a arma preventiva colocada, à beira do perigo, nas mãos do fiador, é a de o credor ter obtido contra o fiador sentença exequível (art. 648.º, al. *a)*). O artigo 844.º do Código de 1867 contentava-se nesse ponto com o facto de o fiador ter sido judicialmente demandado para o pagamento.

Houve, assim, visivelmente, o propósito, não apenas de definir com maior precisão o momento em que surge o direito do fiador, mas também de retardar o recurso à diligência, atendendo às dificuldades que ela pode criar para o devedor.

b) O segundo caso abrangido na previsão legal é o de se terem agravado sensivelmente os riscos da fiança, correspondente

---

([1]) Acerca dos modos possíveis de obter a desoneração da fiança na vigência da legislação anterior, vide *Rev. Leg. Jurisp.*, 71, pág. 227 e segs.

Das obrigações em geral

ao previsto no n.º 2.º do artigo 844.º do Código de 1867 (ter o devedor decaído de fortuna e haver risco de insolvência). A nova formulação da lei (inspirada no art. 506, n.º 3, do Cód. suíço([1])) é mais ampla do que a anterior, porque pode não ter havido diminuição de fortuna (diminuição do activo patrimonial) do devedor e terem-se agravado os riscos da fiança, por virtude de qualquer falta cometida pelo devedor no âmbito da relação obrigacional.

É evidente também que este agravamento dos riscos da fiança não está necessariamente ligado à culpa do devedor. Pode o perigo da fiança ter-se agravado, mercê de circunstâncias objectivas que atinjam seriamente a situação patrimonial do obrigado.

c) O terceiro caso em que o fiador pode exigir a liberação da garantia ou a prestação de caução é o de o devedor, após a assunção da fiança, se ter colocado em condições de não poder ser demandado no território continental ou das ilhas adjacentes (arts. 648.º, al. *c)* e 640.º, al. *b)*). Correspondia a esta hipótese, no n.º 3.º do artigo 844.º do Código de 1867, o facto de o devedor pretender ausentar-se do reino. Tratou-se, como é evidente, de adaptar a previsão da antiga lei às realidades dos novos tempos.

d) No quarto caso (art 648.º, al. *d)*) acrescentou-se à hipótese prevista no Código de 1867 (art. 844.º, n.º 4) — decurso do prazo dentro do qual o devedor se comprometeu a desonerar o fiador — a da verificação do evento a partir do qual ele fez a mesma promessa (regresso do filho do Canadá, tirada de cortiça duma herdade, etc.).

A primeira hipótese, proveniente do direito anterior, não se confunde com a *fiança por prazo determinado*, situação em que, passado o prazo estipulado, a fiança caduca imediatamente.

e) O último caso em que a liberação pode ser exigida é o de terem decorrido cinco anos, não tendo a obrigação principal um

---

([1]) PIRES DE LIMA e ANTUNES VARELA, *Código Civil anotado*, I, 4.ª ed., com a col. de H. MESQUITA, anot. ao art. 648.º, pág. 665.

Garantias especiais das obrigações

termo, ou de ter havido prorrogação legal da obrigação (prorrogação imposta a qualquer das partes), tendo ela um termo estabelecido.

Trata-se de evitar a duração indefinida, ou para além dum período razoável, do *pesadelo* que para o fiador pode constituir a fiança. Reduziu-se o prazo anterior (art. 844.º, n.º 6.º do Código de 1867) de dez para cinco anos, à semelhança do que se faz no Código italiano (art. 1953, n.º 5), mas exigiu-se que a obrigação não tivesse nesse caso um termo. Esse termo não necessita, porém, de ser um prazo com data certa, podendo bem tratar-se de um termo incerto ([1]).

O confronto do quadro fixado no artigo 648.º do Código vigente com o elenco de situações correspondentes do Código anterior (art. 844.º) revela que foi eliminada uma destas (n.º 5.º) que era a de a dívida se tornar exigível pelo vencimento do prazo.

O facto deixou, no novo diploma, de funcionar como fonte de uma exigência (liberação do fiador) contra o devedor, mas sim, em certo aspecto, como uma causa de possível liberação do fiador contra o credor, cuja inacção pode, nos termos do artigo 652.º, conduzir à extinção da fiança, por caducidade desta.

SUBSECÇÃO IV

Pluralidade de fiadores

470. *Responsabilidade perante o credor.* Pode bem suceder que a dívida, em lugar de um, tenha dois ou mais fiadores.

E, nesse caso, interessa naturalmente saber como responde cada um deles em face do credor e, bem assim, como se processam as relações entre eles, depois de algum ter pago.

Relativamente ao primeiro problema, há que distinguir duas situações diferentes.

([1]) PIRES DE LIMA e ANTUNES VARELA, *Código Civil anotado*, vol. I, cit., pág. 665-66.

Das obrigações em geral

A primeira é a de os fiadores terem intervindo *isoladamente*, cada um por si, sem ligação negocial concertada com os outros.

A segunda é a de os fiadores terem agido *conjuntamente*, ou no mesmo título, ou em actos diferentes, porventura até distanciados no tempo, mas relacionando-se um com o outro ou outros.

No primeiro caso, desde que cada um dos fiadoresa actua por si só, sem nenhuma relação com os outros, presume-se que cada um deles quer responder por toda a dívida. E o regime que melhor se adapta à pluralidade de garantes em tais circunstâncias é o da solidariedade entre eles.

Claro que a *presunção* — de responsabilidade de cada um pelo cumprimento integral da obrigação — cessa de existir, se, não obstante os fiadores actuarem isoladamente, tiver sido estipulado no contrato de fiança o benefício da divisão.

Na falta de tal estipulação (cláusula de divisão da responsabilidade), pode qualquer dos confiadores ser chamado a responder pela satisfação integral da obrigação. É certo que, nos termos do actual n.º 1 do artigo 329.º do Código de Processo Civil (¹), o fiador demandado pode promover a intervenção provocada de todos os outros. Mas enquanto no domínio do Código de 1867, apesar da regra da solidariedade entre os confiadores (sem distinção entre confiadores isolados e conjuntos), o antigo chamamento a demanda era feito, nos termos do artigo 835.º, para «serem conjuntamente condenados *cada um na sua parte*», no domínio do direito vigente a intervenção provocada não impede que, embora conjuntamente condenados, cada um deles continue a responder pelo cumprimento integral da obrigação.

(¹) A reforma do processo civil de 1995-96 introduziu profundas alterações, dentro do capítulo dos incidentes da instância, na secção que trata da intervenção de terceiros, eliminando as figuras da nomeação à acção, do chamamento à autoria e do chamamento à demanda e ampliando, em compensação, o alcance da figura genérica da intervenção.

Garantias especiais das obrigações

Na segunda situação — intervenção conjunta dos vários fiadores — não é necessária a *cláusula* da divisão, para que dela beneficiem. O simples facto de os confiadores terem agido concertadamente, de olhos postos uns nos outros, basta para se presumir que quiseram responsabilizar-se, proporcionalmente ao seu número (em *partes proporcionais* ao seu número), pelo cumprimento da dívida.

Ainda assim, mesmo neste caso em que o benefício da *divisão* (decalcado sobre o regime da *conjunção*) funciona como regra, um resíduo da solidariedade permanece no regime de responsabilidade dos confiadores.

É que. não obstante o benefício da divisão, cada um dos confiadores responde proporcionalmente, por força do disposto no n.º 2 do artigo 649.º, pela quota do confiador que se mostre *insolvente*.

E com a agravante (para os confiadores conjuntos) de serem equiparados, para este efeito, ao confiador insolvente aqueles que, nos termos da alínea *b*) do artigo 640.º, não puderem ser demandados no território do continente ou das ilhas adjacentes.

Note-se que, em nenhum dos casos em que funciona o benefício da divisão, o artigo 649.º torna a sua aplicação dependente da existência do benefício da excussão, como fazia o § único do artigo 835.º do Código de 1867.

E facilmente se compreende que assim seja. Uma coisa é a relação entre o fiador e o devedor; e outra coisa, diferente dela, é a relação entre os diversos fiadores da mesma dívida.

Observe-se ainda que o regime da divisão surge na lei como um *benefício* que a lei concede ao confiador e que ele há-de invocar (n.º 2 do art. 649.º), se quiser aproveitar dos seus efeitos.

Consequentemente, se o não invocar quando demandado, ainda que por erro, não poderá o confiador exigir do credor a repetição do que haja pago além da sua quota.

471. *Relação entre os confiadores.* No capítulo das relações entre os confiadores, convém de igual modo distinguir entre os casos de

Das obrigações em geral

responsabilidade *solidária* e os casos em que os confiadores gozam do benefício da *divisão*.

No primeiro caso, dá-se a circunstância curiosa, mas perfeitamente lógica, de o fiador que cumpra integralmente a obrigação adquirir um duplo direito: por um lado, como fiador *solvens* que é, fica *sub-rogado* nos direitos do credor sobre o devedor; por outro lado, como *co-obrigado solidário* que também é, goza do direito de regresso contra os outros fiadores, de acordo com as regras das obrigações solidárias.

É evidente que não pode exercer os dois direitos conjuntamente.

Se, através da sub-rogação, conseguir reaver do devedor tudo quanto (no interesse deste) pagou ao credor, nada pode obviamente exigir dos outros fiadores. Tudo se salda afinal com o pagamento de um dos fiadores ao credor e com o pagamento subsequente feito pelo devedor a esse fiador, sem necessidade da intervenção dos demais fiadores.

Se, pelo contrário, depois de pagar a totalidade da dívida ao credor, o fiador exercer o direito de regresso contra os demais confiadores, também é evidente que ele só fica sub-rogado perante o devedor na parte do crédito que não recebeu dos seus co-obrigados.

Diversamente se podem passar as coisas, quando haja lugar ao benefício da divisão.

Se o fiador, apesar de lhe ser lícito invocar este benefício, pagar a dívida integral, mas tendo sido demandado judicialmente, ele poderá exercer, logo a seguir, o seu direito de regresso contra os outros confiadores, em relação à quota parte que compete a cada um deles, mesmo que o devedor não esteja insolvente. E fica, como é evidente, sub-rogado perante o devedor, nas mesmas condições da hipótese anterior.

Se, porém, nas mesmas condições, o confiador pagar a totalidade da dívida, mas voluntariamente, sem ter sido judicialmente demandado, já lhe não será lícito exercer o *direito de regresso* contra

Garantias especiais das obrigações

os outros confiadores, sem previamente ter excutido todos os bens do devedor, no exercício da sub-rogação que lhe é concedida.

Tudo se passa, nesse caso, como se a lei, mercê da atitude espontânea do fiador que se adiantou a cumprir a obrigação na totalidade, concedesse aos outros confiadores uma espécie de benefício de excussão contra o confiador que pagou.

SUBSECÇÃO V

Extinção da fiança

472. *A acessoriedade da fiança e a sua extinção.* «A extinção da obrigação principal, prescreve o artigo 651, determina a extinção da fiança».

Trata-se, como é bem de ver, de um puro corolário do carácter acessório da fiança.

Se o fiador garante o cumprimento da obrigação principal, é claro que a obrigação por ele contraída perde, em princípio [1], a sua razão de ser, se a obrigação do devedor se extinguir [2].

Encontrando-se os casos de *invalidade* da obrigação (principal) especialmente previstos e regulados no artigo 632.º, fácil é concluir que no artigo 651.º se referem os casos em que a extinção da obrigação procede de causas posteriores à constituição da obrigação, nomeadamente da resolução ou revogação do contrato donde procede a obrigação.

---

[1] Recordem-se os casos de anulação da obrigação principal, previstos e regulados no artigo 632.º, n.º 2, em que, como vimos, o fiador implicitamente garante que o devedor não fará uso do seu poder de anulação.

[2] Como se sabe, no caso da *concordata* (como meio preventivo da falência), o abatimento dos créditos concertado entre os credores pode não beneficiar os fiadores (art. 63.º do *Cód. Proc. Esp. de Recup. da Empresa e de Falência*). Esta ressalva não envolve, porém, uma derrogação do carácter acessório da fiança, uma vez que o abatimento de parte dos créditos operado na concordata não envolve *extinção* dessa parte das obrigações do concordatado. Significará, apenas, como FRAGALI (*est. cit.*, n. 11, na *Enc. del dir.*) argutamente observa, que o *pactum de non petendo* subjacente à concordata não é extensivo, por óbvias razões, aos co-obrigados do concordatado.

Das obrigações em geral

O facto de o artigo 651.º, ao tratar das causas de extinção da fiança, se referir apenas à extinção da obrigação principal não significa que, ao lado delas, não haja as causas directas de extinção da relação fidejussória — com a relação *distinta*, embora acessória, da obrigação principal.

Basta, aliás, pensar no caso especial da prescrição (art. 636.º), em que é incontestavelmente possível a extinção, por prescrição, da fiança, sem necessária prescrição da obrigação principal ([1]).

Especial interesse, ainda relacionado com o aspecto da *acessoriedade* da fiança, merece a questão de saber que efeitos tem sobre a fiança a declaração de *nulidade* ou a *anulação* do acto extintivo da obrigação principal. Logicamente, tanto uma como outra deveriam importar o renascimento da fiança, de harmonia com a linha traçada no artigo 289.º.

Mas a essa solução, imposta pela lógica dos princípios, introduz a lei algumas excepções, com vista à protecção da *boa fé* do fiador.

Relativamente ao cumprimento (da obrigação principal), a excepção procede directamente do disposto no artigo 766.º, segundo o qual «se o cumprimento for declarado nulo ou anulado *por causa imputável* ao credor, não renascem as garantias prestadas por terceiro, salvo se este conhecia o vício na data em que teve notícia do cumprimento da obrigação».

Limitações paralelas, em perfeita coerência com a doutrina do artigo 766.º, estabelecem os artigos 839.º (quanto à dação em pagamento), 856.º (quanto à compensação), 860.º (quanto à novação), 866.º, n.º 3 (quanto à remissão) e 873.º, n.º 2 (quanto à confusão).

([1]) De igual modo se pode dar a extinção da fiança, por prescrição da obrigação principal, mesmo que a obrigação fidejussória (atenta a recíproca independência da prescrição de cada uma das obrigações: art. 636.º) não estivesse em condições de prescrever.

É então que vem inteiramente à superfície o carácter *acessório* da fiança.

Garantias especiais das obrigações

473. *Outros modos de extinção da fiança.* Além dos dois núcleos de causas extintivas que acabam de ser referidos, outras causas de extinção da redução fidejussória menciona a lei, que merecem especial destaque.

A primeira, já referida a propósito das causas de liberação do fiador, relaciona-se com o vencimento da obrigação principal a prazo.

Quando a obrigação (principal) a prazo se vença, o fiador que goze do benefício da excusão pode efectivamente exigir (para que a sua vinculação se não prolongue para além do razoável) que o credor proceda contra o devedor dentro do prazo de dois meses a contar do vencimento ou dentro de um mês sobre a data da notificação (na hipótese de os dois meses posteriores ao vencimento terminarem antes deste mês posterior à notificação). E a sanção aplicável ao credor, se o não fizer, é pura e simplesmente a *caducidade* da fiança.

Em obediência ao espírito da lei, entende-se que o prazo de vencimento da obrigação principal relevante para o efeito do procedimento exigido do credor é o resultante da obrigação ou da lei, e não o proveniente de qualquer moratória concedida pelo credor, sem consentimento do fiador ([1]).

Na mesma linha de pensamento, considerou-se justo não deixar completamente desprotegido o fiador de obrigação que não seja a prazo.

Também a esse, desde que não privado do benefício da excussão, se concedeu o direito de exigir do credor a interpelação do devedor (dentro do mesmo prazo e sob idêntica cominação), sempre que deste acto dependa o vencimento da obrigação e haja decorrido mais de um ano sobre a data da assunção da fiança (art. 652, n.º 2).

([1]) PIRES DE LIMA e ANTUNES VARELA, *Código Civil anot.*, *vol. cit.*, pág. 670.

Das obrigações em geral

Outra causa de extinção da fiança, herdada do Código de 1867 (art. 853.º), é a fundada na circunstância de, por facto imputável ao credor (quer se trate de facto positivo, quer negativo), o fiador não poder ficar sub-rogado nos direitos que a este competem (art. 653.º).

Embora esta disposição do Código vigente se não refira especificadamente, como fazia o artigo 853.º do Código anterior, à impossibilidade de sub-rogação nos privilégios e hipotecas do credor, não há a menor dúvida de que todos estes casos e outros análogos cabem na fórmula mais ampla e indiscriminada («nos direitos» — no plural, note-se; e não *no direito*, no singular — que competem ao credor) que o texto áctual utiliza.

A forma como neste texto se afirma que os fiadores ficam desonerados *na medida* em que não puderem ficar sub-rogados revela claramente que, sendo esta impossibilidade puramente parcial — e não total —, a solução resultante da lei é a *redução* e não a integral caducidade da fiança.

Outra alteração importante do texto legal — quando confrontado com a disposição da legislação anterior — está na declaração aberta de que a sanção cominada contra o credor vale tanto para os casos em que a impossibilidade prática da sub-rogação do fiador procede de factos *positivos* (renúncia a um privilégio, remissão da garantia de um dos confiadores), como para aqueles em que provém de um facto negativo (falta de reclamação do crédito no processo de falência do devedor, falta de invocação da preferência no concurso de credores, etc.).

Note-se, por último, que a impossibilidade de sub-rogação capaz de determinar a extinção da fiança tanto abrange a perda de direitos anteriores à fiança ou contemporâneos dela, como a de direitos posteriores à sua constituição ([1]).

([1]) Cfr. Vaz Serra, *ob. cit.*, n. 71.

Garantias especiais das obrigações

E é também incontestável que a sanção aplicável à perda culposa de qualquer dos direitos do credor procede de igual modo para a simples diminuição relevante de valor de alguns desses direitos.

Especial delicadeza reveste para o fiador a fiança de obrigação futura, cuja validade a lei (art. 628.º, n.º 2) expressamente reconhece.

O fiador corre aí um duplo risco especial: por um lado, o montante da obrigação prevista pode avolumar-se; por outro, a situação patrimonial do devedor pode deteriorar-se entre o momento da assunção da fiança e a constituição da obrigação.

Por esta razão se concede ao garante da obrigação futura (de montante possivelmente ainda indeterminado na altura da constituição da fiança) uma dupla possibilidade de pôr termo à garantia.

Enquanto a obrigação se não constituir, o fiador pode liberar-se da garantia, se a situação patrimonial do devedor se agravar em termos de pôr em risco a realização prática do seu direito de sub-rogação.

Por outro lado, dá-se-lhe também a possibilidade de pôr termo à fiança (de obrigação futura) depois de cinco anos terem decorrido sobre a sua constituição, se outro prazo não tiver sido estabelecido para a sua duração.

Neste caso, tem o fiador que dirigir uma declaração (receptícia) nesse sentido, visto que o decurso do prazo não determina a *caducidade* da garantia, dando apenas ao fiador, como no próprio texto legal se prescreve, a possibilidade de se liberar dela.

De regime especial de tutela goza também, justificadamente, no que respeita à sua duração, a fiança do locatário, frequentíssima na vida prática.

Em primeiro lugar, presume-se (na falta de estipulação em contrário) que a fiança abrange apenas o período inicial de duração do contrato. Esta limitação (temporal) presumida reveste o maior interesse prático, visto a generalidade dos arrendamentos de prédios

511

Das obrigações em geral

urbanos se encontrar sujeita, por força da determinação do artigo 68.º, n.º 2, do Regime do Arrendamento Urbano (aprovado pelo Dec.-Lei n.º 321-B/90, de 15 de Outubro) ao princípio da renovação obrigatória.

Em segundo lugar, nos casos em que o fiador se tenha obrigado pelos períodos de renovação da locação, mas sem fixar o número dos períodos de renovação que a fiança abrange, esta extinguir-se-á (salvo estipulação em contrário) logo que haja alteração (legal ou voluntária) da renda ou logo que decorra o prazo de cinco anos sobre a data do começo da primeira prorrogação.

Neste último caso, não há necessidade, para que a extinção se opere, de qualquer notificação do fiador ao senhorio, porque, como resulta do próprio texto da lei, a cessação se verifica imediatamente com o mero decurso do prazo.

Todas estas limitações revestem, como na própria disposição se prescreve, carácter supletivo. Assim mesmo, constituem um meio precioso de defesa do fiador, conhecendo-se a frequência com que, compreensivelmente aliás, os senhorios exigem a prestação de fiança, sobretudo nos contratos de arrendamento ([1]).

SECÇÃO III

CONTRATO DE GARANTIA AUTÓNOMA*

474. *Noção. A garantia autónoma e a sub-fiança.* O desenvolvimento das relações comerciais internacionais, especialmente entre os países da comunidade económica europeia, e a instabilidade

---

([1]) Vide, a propósito destes problemas, VAZ SERRA, *ob. cit.*, n. 13 e *Id., Algumas questões... cit.*, n.º 34.

* CICALA, *Sul contratto autonomo di garanzia*, na *Riv. dir. civ.*, 1991, I; BONELLI, *Le garanzie bancarie a prima demanda*, Milano, 1991; BOZZI, *L'autonomia negoziale nel sistema delle garanzie personali*, Napoli, 1990; MASTROPAOLO, *I contratti autonomi di garanzia*, Torino, 1994; TRABUCCHI, *Istituzioni*, 36.ª ed., 1995, n. 268, pág. 608 e seg.; SIMÕES PATRÍCIO, *Preliminares sobre a garantia «on first demand»*, na R.O.A., 43, III, pág. 677 e seg.;

financeira de muitas das novas empresas nascidas das profundas transformações impostas na economia dos diferentes países pelas instituições comunitárias acabaram por conferir um papel de grande relevo económico-social aos *contratos de garantia*, em *títulos cambiá-rios*, e até aos chamados *cartões de crédito* no plano internacional.

Numa primeira fase deste impetuoso surto de desenvolvimento económico, foi a *sub-fiança*, exercida através da *fiança bancá-ria*, uma das figuras em que o fenómeno do incremento das relações económicas entre os comerciantes dos vários países mais vivamente se reflectiu.

As pessoas singulares ou empresas que mais facilmente se disporiam a afiançar as dívidas das empresas do seu Estado não gozavam as mais das vezes do prestígio económico financeiro necessário para serem aceites como fiadores pelos empresários estrangeiros com os quais as empresas nacionais pretendessem negociar.

E nesse plano internacional foram os bancos nacionais, já com uma credibilidade económico-financeira superior à das restantes empresas, que começaram a aparecer a cada passo como *sub-fiadores* da operação, ou seja, como *fiadores* do *fiador*.

A *sub-fiança* é, como o próprio nome indica, uma figura negocial da galeria genérica dos *sub-contratos*.

E da própria definição um tanto descritiva que dela nos dá o artigo 630.º — «Sub-fiador é aquele que afiança o fiador perante o credor» —, não é difícil traçar o regime completo da sub-fiança.

Tal como o fiador, também o sub-fiador garante a satisfação do direito do crédito perante o credor, mas só depois do fiador. O

ALMEIDA COSTA e PINTO MONTEIRO, *Garantias bancárias. O contrato de garantia à primeira solicitação* (parecer), na *Col. Jurisp.*, XI, 5, pág. 75 e seg.; GALVÃO TELLES, *Garantia bancária autónoma, O Direito*, 120, n.ᵒˢ III e IV; JORGE PINHEIRO e FRANCISCO CORTEZ, *Garantia bancária autónoma*, na ROA, 52, II, pág. 417 e segs. e pág. 513 e segs..

E cfr. ainda, sobre as formas mais amplas de *garantia* nas relações comerciais, MENEZES CORDEIRO, *Das cartas de conforto no direito bancário*, Lisboa, 1993; SEGNI, *La lettre de patronage come garanzia impropria*, na *Riv. dir. civ.*, 1975, I, e S. CAMUZZI, *La lettera di patrocinio*, na *Riv. dir. comm.*, 1981, I.

Das obrigações em geral

benefício da excussão de que o fiador goza em relação ao devedor, nos termos do artigo 638.º, aproveita de igual modo ao sub-fiador em relação ao fiador. Também ao sub-fiador é lícito recusar ao credor o cumprimento, enquanto este não tiver excutido todos os bens (do devedor e) do fiador sem obter a satisfação do seu crédito.

Note-se, entretanto, o traço peculiar que, através da sua função própria, verdadeiramente caracteriza a *sub-fiança*. A sub-fiança é uma garantia destinada a reforçar a fiança, no interesse do credor. É uma *garantia* que acresce à fiança, no interesse do credor.

Assim, enquanto a sub-locação se traduz numa locação feita pelo próprio locatário, no seu próprio interesse, à custa da relação locatícia e a sub-empreitada representa uma verdadeira empreitada celebrada pelo próprio empreiteiro, no interesse deste, para realização de uma parte da obra confiada ao empreiteiro, acontece que a sub-fiança é um contrato realizado normalmente, não pelo fiador ou por iniciativa dele, mas pelo credor ou por sua iniciativa, para fortalecer a garantia de cumprimento da obrigação, dada pela fiança.

Diferente da sub-fiança é, porém o reforço de garantia oferecido pela *garantia autónoma*, a que no direito e na jurisprudência americana se dá de preferência o nome de garantia de pagamento *on* (ou *at*) *first demand*.

Que quer esta expressão significar? Que espécie de *vantagem* ou *segurança* oferece ao credor esta *garantia autónoma* que, à sombra do princípio da *liberdade contratual*, acabou por se instalar na prática comercial, sobretudo na esfera das *actividades bancárias?*

Todos os peritos em matéria de *garantia* de cumprimento das obrigações, nas relações comerciais internacionais, sabem que o *calcanhar* de *Aquiles da fiança*, sem excepção da *fiança bancária*, provém do disposto no artigo 637.º.

Como a *fiança* não constitui, de facto, um negócio *abstracto*, solto ou desprendido da relação fundamental que ela cobre em

Garantias especiais das obrigações

parte, a lei (art. 637.º) permite ao fiador que, além dos meios de defesa próprios, ele possa opor ao credor que o demanda todos os meios de defesa que competem ao devedor.

Com essa arma temível que a lei compreensivelmente coloca nas mãos do fiador, pode este, no momento em que o credor, por insuficiência do património do devedor, exige dele o cumprimento da obrigação afiançada, levantar as *excepções* que ao devedor seria lícito suscitar, além das fundadas na própria relação contratual da fiança (art. 637.º).

E foi esse obstáculo — constituído pelo risco de controvérsias sobre a validade ou eficácia do contrato donde o crédito procede — que as empresas estrangeiras (de nacionalidade diferente da devedora), fornecedoras de mercadoria, de representação exclusiva de certas marcas de vestuário, de vendedoras de máquinas especializadas, etc. começaram a tentar ultrapassar, mediante o recurso a formas de garantia *autónoma*, como a da fiança *on first demand*.

Noção. A *garantia autónoma*, nas diversas variantes que comporta na actual prática comercial, pode assim ser genericamente definida como o contrato oneroso em que *alguém* (o *garante*, geralmente a *instituição bancária* ou a seguradora de créditos) assume perante o credor o dever de assegurar o pagamento da dívida de terceiro, independentemente da *validade* ou *eficácia* da relação contratual que serve de fonte ao crédito.

475. *Regime.* O contrato de *garantia autónoma* distingue-se essencialmente da *fiança*, como TRABUCCHI justamente observa ([1]), pelo facto de substituir ao laço de *subsidiariedade*, que marca a posição do *fiador* em face da obrigação do *devedor* (art. 638.º), o nexo de *alternatividade* entre as duas obrigações, que permite ao

---

([1]) *Ob. e ed. cits.*, pág. 609.

Das obrigações em geral

credor demandar, à sua escolha, um ou outro, com actos distintos de interpelação e de constituição em mora.

Em face do *aval*, ligado à *obrigação principal* pelo mesmo laço de *alternatividade* (ou de *livre substituição*), a nota característica da *obrigação autónoma* reside exactamente na *independência* da obrigação do *vinculado (garante) a prima richiesta* em face da relação contratual que serve de fonte ao direito do credor, independência que não existe na esfera das relações causais, quer com o fiador (ou sub-fiador), quer com o avalista.

Note-se, entretanto, que o contrato de garantia autónoma não consta nem das *garantias especiais* das obrigações reguladas no Livro das Obrigações, nem da galeria dos contratos *em especial*, previstos e regulados no 2.º Título do mesmo Livro do Código Civil.

Apesar disso, não pode duvidar-se, em princípio, da admissibilidade do contrato de garantia autónoma ao abrigo do princípio geral da liberdade contratual (art. 405.º, n.º 1).

Essencial é que o *objecto* do contrato obedeça aos requisitos de âmbito mais amplo, fixados nos artigos 280.º e seguintes, nomeadamente às prescrições das leis fiscais (que se oponham à realização de certas formas de garantia autónoma, capazes de encapotadamente lesarem os interesses do Fisco).

Quanto ao *conteúdo* do contrato de garantia autónoma realizado, uma vez que a lei não prevê nem regula a figura contratual *paradigmática* desse nome, e sabido que o disposto no artigo 637.º não traduz nenhum princípio geral de interesse e ordem pública, tudo dependerá da interpretação e integração das cláusulas de cada contrato singular, contanto que haja o cuidado elementar de obstar à violação das mesmas que assentem, de facto, em imperativo de interesse e ordem pública.

Importará, portanto, de modo especial, averiguar, caso por caso, quais foram as *excepções*, dentro da área da fiança especial-

Garantias especiais das obrigações

mente focada no artigo 637.°, que as partes (credor e garante) quiseram afastar no contrato (de fiança *on first demand*, ou *a prima richiesta*, como os italianos lhe chamam) concretamente realizado.

SECÇÃO IV

CONSIGNAÇÃO DE RENDIMENTOS*

476. *Noção. Confronto com figuras afins. A consignação de rendimentos*, a terceira das garantias especiais previstas e reguladas na lei civil (arts. 656.° a 665.°), consiste na estipulação pela qual o cumprimento da obrigação é assegurado mediante a atribuição ao credor dos rendimentos de certos imóveis ou de certos móveis sujeitos a registo, pertencentes ao devedor ou a terceiro[2].

À figura correspondente à actual consignação de rendimentos dava-se, no direito anterior ao Código de 1867, a designação de *anticrese*[3].

Há, no entanto, uma diferença fundamental entre os dois institutos. A *anticrese* funcionava apenas como um *complemento* ou *aces-*

---

* Vide VAZ SERRA, *Consignação de rendimentos*, Lisboa, 1957, sep. do *Bol. Min. Just.*, n.° 65; CABERLOTTO, *Anticresi*, no *Dig. Ital.* e no *Nuovo Dig. Ital.*: ABELLO, *Anticresi* (*Diz. prat. del dir. priv.*); TEDESCHI, *L'anticresi*, Torino, 1954; *Id., Anticresi*, no *Novissimo Dig. Ital.*; GUALAZZINI, *Anticresi (dir. rom.)*, na *Enc. del dir.*; PERSICO, *Anticresi*, na *Enc. del dir.*; PLANIOL e RIPERT, com a col. de BECQUÉ, *Traité prat.*, XII, Paris, 1927, n. 280 e segs., pág. 270 e segs.

[2] De acordo com a boa doutrina, já sustentada em face do Código de 1867 (GUILHERME MOREIRA, *ob. cit.*, n. 128; C. GONÇALVES, *Tratado*, V, n. 676 e PIRES DE LIMA e ANTUNES VARELA, *Noções fundamentais de direito civil*, I, 1945, pág. 360, nota 1) e com a solução preconizada por VAZ SERRA (*Consignação de rendimentos*, Lisboa, 1957, pág. 24), o Código vigente admite expressamente a consignação constituída por terceiro.

Essa é, com efeito, a solução que melhor se coaduna com os termos amplos em que a lei (art. 767.°, 1) permite o cumprimento por terceiro.

[3] Trata-se de uma palavra de origem grega, que significa «em uso». E serviu para indicar, já no direito romano, a estipulação pela qual se concedia ao credor (pignoratício), não os simples juros duma soma, mas os próprios *frutos* da coisa empenhada. *Vide* GUALAZZINI, *Anticresi* (dir. rom.), na *Enc. del dir.*

Das obrigações em geral

sório da hipoteca ou do penhor, quando os bens hipotecados ou empenhados fossem entregues ao credor, para que este se pudesse ir pagando do seu crédito com os réditos dos bens recebidos [1].

Hoje em dia a consignação de rendimentos funciona como um instituto *autónomo*, embora no penhor, por força do disposto no n.º 1 do artigo 672.º, haja ainda, em regra, uma espécie de consignação mobiliária.

Essa autonomia já existia também no Código de 1867, cujo artigo 873.º considerava a consignação de rendimentos como um contrato inteiramente distinto da constituição de hipoteca.

Confrontando, porém, a noção da consignação (de rendimentos) dada no artigo 873.º do Código de Seabra com a nova definição da mesma figura formulada no artigo 656.º do Código vigente, duas diferenças importantes saltam imediatamente à vista do leitor.

Por um lado, o Código anterior circunscrevia o objecto da consignação aos rendimentos de bens imobiliários, enquanto o Código de 1966, atento à subida relativa do valor de certos bens móveis, estendeu o domínio da figura aos rendimentos dos bens móveis sujeitos a registo [2].

Por outro lado, o Código de 1867, embora incluisse a consignação de rendimentos no capítulo (X) que tratava da *caução* ou *garantia* dos contratos, definia o respectivo contrato como se se tratasse de uma forma especial de *solução* da dívida. «Dá-se o contrato de consignação de rendimentos, dizia o artigo 873.º, quando o devedor estipula o pagamento sucessivo da dívida e seus juros, ou só do capital, ou só dos juros, por meio da aplicação dos rendimentos de certos e determinados bens imobiliários» [3] [4] .

---

[1] *Vide*, por todos, COELHO DA ROCHA, *Instituições*, §§ 688 e segs.

[2] Entre os móveis sujeitos a registo, incluídos no âmbito da garantia, menciona o n.º 2 do artigo 660.º os títulos de crédito nominativos, para cuja consignação de rendimentos vigoram, porém, regras especiais de *forma*.

[3] Quanto à possibilidade de a consignação garantir obrigações *futuras* ou *condicionais*, o Código de 1867 era omisso, ao passo que o Código de 1966 (art. 656.º, n.º 1), em perfeita coerência com a linha de orientação traçada para as outras garantias

Garantias especiais das obrigações

O artigo 656.º do Código vigente não só refere a função *garantística* (ou garantidora) da consignação, como a salienta em termos de visivelmente pôr nela o *acento tónico* da convenção.

«O cumprimento da obrigação, ainda que condicional ou futura, diz-se com efeito naquela disposição (art. 656.º), pode ser *garantido* mediante a consignação dos rendimentos de certos bens...»

Destacando deliberadamente a *garantia* do cumprimento da obrigação como elemento essencial da consignação, dando consequentemente a entender, com suficiente clareza, que a *obrigação* se mantém mesmo depois de efectuada a consignação, até completa e futura extinção do débito, o legislador matou dois coelhos com uma só cajadada, afastando inequivocamente duas das teses que chegaram a ser sustentadas na doutrina anterior acerca da natureza jurídica da consignação.

Ficou, de facto, bem assente que, não passando de uma *garantia* (do cumprimento) da obrigação, a consignação não constitui uma *novação*, pela simples razão de não haver, com a celebração dela, nem a *extinção* da obrigação antiga, nem a *constituição* de uma obrigação *nova* em substituição desta ([1]). Por outro lado, fica ao mesmo

---

especiais (fiança — art. 628.º; penhor — art. 666.º, n.º 3; hipoteca — art. 686.º, n.º 2), admite expressamente a afectação dos rendimentos à garantia de obrigações dessa natureza.

É evidente, entretanto, que os rendimentos percebidos pelo credor condicional ou futuro devem ser imediatamente restituídos, se a obrigação condicional, mercê da não verificação ou da verificação da condição (consoante se trate de condição suspensiva ou de condição resolutiva), vier a não produzir efeitos ou se a obrigação prevista para futuro não chegar a constituir-se.

([4]) Diferente da posição do Código português é a do Código italiano (art. 1960) que, limitando o objecto da anticrese aos bens *imóveis*, não deixa de consignar na definição (legal) que a entrega dos bens ao credor se faz para garantia do crédito. Vide PERSICO, *Anticresi*, n. 1, na *Enc. del dir.*

([1]) A consequência prática mais importante de as partes, através da consignação, não pretenderem *novar*, mas apenas *garantir* o cumprimento, está no facto de o devedor poder a todo o tempo extinguir por outra via (v. gr. por pagamento) a dívida e exigir ou a restituição dos rendimentos percebidos pelo credor ou a imputação destes no montante da dívida.

Das obrigações em geral

tempo claramente afastada a tese de que a consignação se traduza numa autêntica *dação em cumprimento*, além do mais porque a obrigação se não extingue com o puro acto de consignação; feita a consignação, a obrigação *não se extingue*, fica apenas *garantida* ([1]).

O que há de *típico* e verdadeiramente *característico* na *consignação* (figura hoje em dia de escasso interesse preático) é o facto de a garantia consistir na *satisfação* gradual e assegurada do crédito à custa dos frutos de certos bens ([2]). E assim se compreende que, ao invés das demais garantias, ela funcione independentemente do não-cumprimento da obrigação.

477. *Modalidades.* Percorrendo atentamente as disposições reguladoràs desta garantia curiosa, verifica-se serem várias as *modalidades* que a consignação pode revestir e serem diversos os aspectos por que essas distintas variantes se repartem.

Quanto aos bens cujos rendimentos são afectados, como garantia, ao cumprimento da obrigação, cumpre distinguir entre os bens imóveis e os móveis sujeitos a registo (art. 656.º, 1)([3]). Relati-

---

([1]) Vide, a propósito da questão, na vigência do Código de 1867, para muito maiores desenvolvimentos, Vaz Serra, *ob. cit.*, pág. 6, nota 4.

([2]) Essa função *solutória* da consignação transparece claramente, quer no artigo 659.º, n.º 1, onde expressamente se alude à possibilidade de a consignação se fazer até *ao pagamento* da dívida *garantida*, quer no artigo 661.º, n.º 2, onde também se mandam *imputar* os frutos da coisa, primeiro nos *juros* e, depois, no *capital*.

Também Persico (*est. cit.*, n. 3) põe em devido realce a função mista que a *anticrese* é chamada a preencher, ao afirmar que aquilo que, antes de tudo, importa pôr em relevo, ao definir a sua natureza jurídica, é a natureza satisfativa e, ao mesmo tempo, de garantia de tal contrato, definido por alguns como um meio de sujeição voluntária à responsabilidade patrimonial, ou como medida de reforço do direito do credor, e que melhor poderá considerar-se como direito de gozo sobre coisa alheia para fins de garantia e de satisfação (do crédito).

([3]) Apesar de a *consignação* ter por objecto *os rendimentos* dos bens — e não os próprios *bens* —, não pode esquecer-se que ela constitui uma *oneração* (real) dos próprios bens. E por isso mesmo o artigo 660.º exige a redução a *escritura pública* do acto constitutivo da consignação (tratando-se de negócio entre vivos), sempre que ela se refira aos rendimentos de *bens imóveis* (cfr. ainda a al. *c*) do n.º 2 do art. 80.º do *Cód.*

Garantias especiais das obrigações

vamente ao crédito garantido, distingue a lei, dum ponto de vista mais *escolástico* do que *científico*, entre as consignações destinadas a garantir o pagamento do capital e dos juros, ou só do capital, ou apenas dos juros (art. 656.º, 2). No que respeita à sua fonte, a consignação diz-se *voluntária* ou *judicial*, consoante nasça de negócio jurídico (da vontade das partes [1] ou do testador [2]) ou brote directamente de decisão do tribunal (art. 658.º [3]).

No tocante à sua duração, a distinção de maior interesse faz-se entre a consignação por determinado número de anos [4] e a

---

Not.), ao mesmo tempo que sujeita a consignação a registo (art. 2.º, n.º 1, als. *h*), *i*) e *o*) do Cód. Reg. Predial).

Por outro lado, porém, atendendo exactamente a que a garantia tem por objecto, não os próprios bens onerados, mas os *rendimentos* dos bens, o artigo 657.º reconhece *legitimidade* para efectuar a consignação, não a quem dispõe dos *bens*, mas a quem pode dispor dos *rendimentos* deles — distinção que reveste todo o interesse, quer em relação ao usufrutuário (que pode dispor dos *rendimentos* — e não da *raiz* dos bens, enquanto durar o usufruto), quer em relação ao comproprietário (que não pode dispor da coisa, nem de parte especificada da coisa comum, mas pode dispor livremente dos rendimentos da sua quota). Vide VAZ SERRA, *ob. cit.*, pág. 25 e nota 35.

[1] Ao falar-se na vontade das partes, quer-se aludir tanto à vontade do credor e do devedor, como à vontade do credor e do terceiro, a quem o artigo 658.º, n.º 2, reconhece expressamente a possibilidade de constituir a consignação sobre os rendimentos de bens seus para garantia de dívida alheia.

[2] Foi por sugestão de VAZ SERRA (*ob. cit.*, n.º 5, pág. 25) que passou a admitir-se no novo Código a constituição da consignação por meio de *testamento*.

[3] A esta *consignação*, por *decisão judicial*, dava a própria lei, antes do Decreto-Lei n.º 47690, de 11 de Maio de 1967, o nome de *adjudicação de rendimentos*. Com a adaptação da lei processual à nova lei civil feita por este diploma, a constituição da garantia passou a ter a mesma designação, quer quando proceda de negócio jurídico, quer quando nasça de decisão judicial.

E compreende-se que assim seja, quer por ser o mesmo, num e noutro caso, o regime da garantia, quer porque na própria constituição judicial da consignação esta acaba por assentar na vontade das partes; ela tem, com efeito, de ser requerida pelo exequente, e não será deferida, se o executado, necessariamente ouvido sobre o requerimento, pedir se proceda antes à venda dos bens.

Na prática, todos sabem que a consignação judicial de rendimentos (antiga adjudicação de rendimentos) é uma forma de evitar a venda ruinosa dos bens.

[4] Ao contrário do Código italiano (art. 1962), que estabelece o prazo de dez anos como duração máxima da anticrese, por virtude dos ponderosos inconvenientes

Das obrigações em geral

consignação até ao pagamento da dívida (art. 659.º, 1). Por fim, tomando como base a situação dos bèns cujos rendimentos são consignados, distingue o artigo 661.º as seguintes variantes:

a) Consignação em que os bens continuam em poder do concedente;

b) Consignação em que os bens passam para o poder do credor;

c) Consignação em que os bens transitam para o poder de terceiro, a título de locação ou por qualquer outro título diferente.

478 *Regime.* O regime aplicável à consignação está dependente da *modalidade* dela que as partes tenham convencionado ou que o testador ou o juiz tiverem determinado.

A) Se os bens cujos rendimentos são consignados ao credor continuarem em poder do devedor — ou do terceiro que constituiu a garantia —, o regime da consignação não levantará dificuldades, se as partes ou o testador tiverem fixado a quantia periódica que o administrador dos bens deve entregar ao credor.

Nesse caso não interessa averiguar se, neste ou naquele período, os rendimentos efectivos dos bens foram superiores ou inferiores ao montante estipulado, porque é apenas este o quantitativo devido e o que, de acordo com a ordem de prioridade estabelecida no n.º 2 do artigo 661.º, deve ser imputado nos juros e no capital em dívida.

Mais delicada é a situação, quando as partes não estipulem a quantia fixa que o credor deva receber no fim de cada período.

Nesse caso, não há outra saída que não seja a de dar ao credor o direito de exigir do devedor ou do terceiro a prestação (anual) de contas, nos termos fixado na lei processual civil (arts. 1 014.º e

---

da exploração duradoura de imóveis por quem não é proprietário dos bens, o artigo 659.º do Código português não fixa nenhum limite de duração para a garantia, por não considerá-lo necessário.

Garantias especiais das obrigações

segs. do Cód. Proc. Civil), para poder controlar a exactidão do montante que lhe é devido (art. 662.º, n.º 1).

B) Mais complexa, na sua estrutura, é a solução de os bens — cujos rendimentos são objecto da consignação passarem para o poder do credor.

Nesse caso, salvo estipulação em contrário, o credor tem o direito de fruir directamente os bens ou de cedê-los a outrém em locação (art. 661.º, n.º 1, al. *b*)). Quer numa, quer noutra hipótese, o credor tem naturalmente o dever de administrar os bens com a diligência de um bom proprietário (art. 663.º, n.º 1).

Se os bens forem alugados ou arrendados ([1]), não haverá por via de regra grande dificuldade no apuramento dos rendimentos que, no termo de cada período, devem ser imputados no montante da dívida garantida.

A situação que pode dar lugar, com mais frequência, a dissídios entre as partes é a de os bens serem directamente fruidos pelo credor, todos sabendo que foram os abusos por parte do credor facultados por essa variante da consignação que geraram, na prática negocial, um movimento de generalizada reacção contra este tipo de garantia real.

Também neste caso a única forma eficiente de o devedor controlar o efectivo rendimento (periódico) dos bens está no direito, que a lei (art. 662.º, n.º 2) confere ao devedor ou ao terceiro, de exigir a prestação de contas por parte do credor.

C) Outra modalidade de execução da consignação é a de entregar os bens — não ao credor, nem ao concedente — mas a um terceiro, seja na qualidade de locatário, seja na qualidade de

---

([1]) Nesse caso, o tomador dos bens não é considerado como *sub-locatário* (porque o credor, que lhe cede o gozo temporário da coisa não é, em bom rigor, locatário dos bens), mas sim como *locatário*, embora sujeito à causa especial de caducidade prescrita na alínea *c*) do n.º 1 do artigo 1051.º.

Das obrigações em geral

administrador ou até a outro título, ficando o credor com o direito de receber os respectivos frutos (art. 661.º, n.º 1, al. *c*)).

Tal como na hipótese anterior, a grande dificuldades deste caso está na fiscalização dos efectivos rendimentos produzidos pelos bens até o final de cada período. E a única forma eficiente de tentar solucioná-la está, como se depreende do disposto no n.º 2 do artigo 662.º, em sujeitar o credor (de cujos conluios com o terceiro mais há que recear) à obrigação de prestar contas.

Interessa ainda ao regime da consignação a remissão contida no artigo 665.º, com as devidas adaptações, para o disposto nos artigos 692.º, 694.º a 696.º, 701 e 702.º.

Logo em relação ao artigo 692.º — que no caso de perda ou deterioração da coisa hipotecada transfere para a indemnização devida ao dono *as preferências* de que o credor hipotecário era titular —, a adaptação prescrita no artigo 665.º para a consignação tem de tomar em conta que esta garantia não cria para o credor nenhum direito de preferência em sentido técnico, mas sim um direito de *satisfação* do crédito à custa dos rendimentos da coisa, que exclui por natureza a comparticipação de outros credores no âmbito da consignação.

Quanto à substituição ou reforço da hipoteca (a que se refere o art. 701.º) e quanto ao seguro dos bens hipotecados (regulado no art. 702.º), haverá também que ter sempre em linha de conta que a consignação tem por objecto os rendimentos dos bens e não os próprios bens onerados.

Na prática surgirão naturalmente muitas dificuldades e divergências quanto à questão da suficiência dos bens oferecidos ao credor para garantirem o direito de satisfação do crédito, no caso da perda ou deterioração dos bens onerados ([1]).

([1]) Se os bens cujos rendimentos se encontram consignados forem vendidos em execução, a consignação não se extingue. Mas transfere-se, por força do disposto no artigo 824.º, n.ᵒˢ 2 e 3, para o produto da venda desses bens.

Garantias especiais das obrigações

479. *Extinção.* As duas causas principais de extinção da consignação, estreitamente relacionadas com a duração directa ou indirectamente fixada para a garantia, são as seguintes:

1.ª O decurso do prazo estabelecido para a duração da garantia (arts. 664.º e 659.º, n.º 1).

2.ª A satisfação integral do crédito, mercê das sucessivas entregas de rendimentos feitas ao credor ou das receitas periódicas por ele cobradas.

O artigo 664.º manda ainda aplicar, no entanto, à extinção da consignação as causas de cessação da hipoteca, excepção feita à indicada na alínea *b*) do artigo 730.º.

Ora, a primeira dessas causas (de extinção da hipoteca) é dada pela extinção da obrigação a que a hipoteca serve de garantia ([1]). A remissão não deixa de ter interesse prático real, na medida em que a obrigação garantida pode extinguir-se por outros modos que não a satisfação proporcionada pela consignação ([2]).

Depois, a solução que na alínea *c*) do artigo 730.º se manda aplicar à hipoteca, no caso de perecimento total da coisa hipotecada, também tem aplicação ao caso do perecimento da coisa cujos rendimentos foram consignados, importando salientar apenas que a extinção da garantia (consignação) não envolve a extinção da obrigação assegurada.

Por último, também se considera aplicável à consignação a última das causas extintivas da hipoteca, que é a renúncia do credor.

Por força da remissão, é naturalmente aplicável à renúncia da consignação todas as especialidades do regime fixado no artigo 731.º para a renúncia da hipoteca: a renúncia tem que ser expressa;

([1]) Trata-se, é bem de ver, de um puro corolário do carácter acessório de toda a garantia.

([2]) Haja mesmo em vista a possibilidade de extinção da obrigação por verificação da condição resolutiva ou por não verificação da condição suspensiva a que ela estivesse sujeita, por anulação ou declaração da sua nulidade, etc.

Das obrigações em geral

é puramente abdicativa e, por isso, não necessita de aceitação do devedor, nem do terceiro que a haja constituído; está sujeita à forma exigida para a sua constituição, e não é permitido aos administradores de patrimónios alheios renunciar à consignação efectuada em benefício das pessoas cujos patrimónios administram.

SECÇÃO V

PENHOR*

480. *Noção.* O penhor é concebido no artigo 666.º como o direito conferido ao credor de se pagar do seu crédito, com *preferência* sobre os demais credores, pelo *valor* de certa coisa móvel (incluindo na expressão coisa móvel, não só os direitos de crédito, mas também os outros direitos patrimoniais não susceptíveis de hipoteca) ([1]).

Embora se trate de uma garantia *real* — e nesse aspecto se distinga da *fiança* ([2]) e se assemelhe à *anticrese* —, duas diferenças fundamentais separam o *penhor* da *consignação de rendimentos*.

Por um lado, *enquanto a consignação incide apenas sobre os frutos* (rendimentos) da coisa onerada, o penhor abrange *toda a coisa*, constituindo assim uma garantia real *plena*, no duplo aspecto em que a

---

* VAZ SERRA, *Penhor de coisas-Penhor de direitos)*, Lisboa, 1956, sep. do *Bol. Min. Just.*, n.ºˢ 58 e 59; RUBINO, *Il pegno*, no *Trat. di dir. civ. ital.* de VASSALI, reimpressão da 2.ª ed., 1952; LORDI, *Il pegno*, no *Com. del cod. civ.*, de D'AMELIO, 1943; MONTEL, *Pegno (dir. vig.)*, *Nov. Dig. Ital.*, 1965; GORLA, *Del pegno, delle ipoteche*, no *Com. di* SCIALOJA e de BRANCA, 1968; CICCARELLO, *Pegno (dir. priv.)*, na *Enc. del dir.*; PERSIANI, *Pegno*, na *Enc. forense*, 1959-60.

([1]) A nova disciplina do penhor não revogou os numerosos diplomas extravagantes que regulam, em termos especiais, o penhor destinado a garantir determinados créditos. A lista dos mais importantes desses diplomas é dada por PIRES DE LIMA e ANTUNES VARELA, *Código Civil anotado*, I, 4.ª ed., com a col. de H. MESQUITA, anot. ao art. 668.º.

([2]) Note-se, porém, o traço de semelhança existente entre a fiança e o penhor (afinidade, aliás, extensiva às outras garantias reais), que é o de o penhor poder ser constituído, não apenas pelo devedor, mas também por terceiro.

garantia se desdobra: no *direito* de exigir a *venda* da coisa empenhada, na falta de cumprimento da obrigação garantida (¹); e no direito de se pagar sobre o preço (de venda) dela, com prioridade sobre os demais credores.

Por outro lado, o penhor é uma *garantia* que desemboca num direito de preferência (sobre o produto da alienação da coisa empenhada), ao passo que a consignação (tal como a remota *anticrese*, sua predecessora histórica) se traduz numa via satisfatativa privilegiada do crédito.

O *penhor* é essencialmente um direito real de garantia, consubstanciado na preferência do credor pignoratício, em regra sobre uma parcela determinada da garantia patrimonial; a *consignação* é, por seu turno, um modo especial de satisfação do crédito, em que o tratamento preferencial do credor é *conatural* ao funcionamento da *garantia*.

Note-se, entretanto, que a palavra *penhor* é usada, quer na linguagem corrente, quer no vocabulário técnico dos juristas, num tríplice sentido. *Penhor* é o direito de preferência conferido ao credor, tal como o artigo 666.º o descreve; mas *penhor* é também a coisa (móvel) dada como garantia (loja de penhores, leilão de penhores, venda judicial do penhor, etc.); e *penhor* se chama ainda ao contrato que serve de fonte ao direito especial de garantia conferido ao credor (²).

(¹) Precisamente porque o direito de penhor começa por envolver o direito de exigir, verificados certos pressupostos, a venda (judicial) da coisa empenhada é que o artigo 667.º, n.º 1, só reconhece legitimidade para dar bens em penhor a quem tiver poder para os alienar — não bastando, para o efeito, o simples poder de os administrar.

(²) É exactamente a deslocação da perspectiva do fenómeno (da sua *fonte* para o seu *efeito*) que explica, como CICCARELLO (*est. cit.*, n.º 1) observa, a diferente colocação sistemática do *penhor* (contrato) no Código italiano de 1865 e do *penhor* (direito real de garantia, ao lado da hipoteca e dos privilégios) no Código italiano de 1942 (arts. 2784 e segs.).

Das obrigações em geral

A distinção entre o *penhor* e a *hipoteca* (com uma importância prática incomparavelmente superior na área do direito civil) procede da diversidade do seu objecto (¹).

A hipoteca incide normalmente sobre coisas imóveis ou equiparadas, ao passo que o penhor tem por via de regra como objecto as coisas móveis.

Relativamente aos *direitos* (coisas essencialmente incorpóreas) que podem ser objecto de uma e outra garantia, o artigo 666.º, n.º 1, faz a delimitação do penhor por exclusão de partes: podem ser objecto de penhor todos os direitos (penhoráveis) não susceptíveis de hipoteca.

Mas este critério de demarcação prática vale também, de acordo com o espírito da lei, para as próprias coisas (corpóreas).

Assim se tem entendido, com razão, que os automóveis, os barcos e as aeronaves não podem ser dados em penhor.

Tem-se de igual modo entendido, com base no texto e no espírito do artigo 666.º («...pelo valor de *certa* coisa móvel...»), que a coisa objecto do penhor necessita de ser *certa*, não podendo consequentemente constituir objecto desta garantia as universalidades, como o estabelecimento comercial, cuja constituição *concreta* se encontra em permanente modificação.

Note-se também que o penhor constituído sobre determinada coisa (acções, direito de crédito, etc.) não abrange as suas pertenças ou coisas acessórias, salvo estipulação em contrário, como resulta da disposição geral contida no n.º 2 do artigo 210.º.

A possibilidade de constituição do penhor, para garantia de obrigação, quer futura, quer condicional, expressamente afirmada

---

(¹) Ao lado desta diferença, baseada na diversa natureza do seu objecto, mas estreitamente ligada a ela, está a outra diferença que tradicionalmente separa os dois institutos: a necessidade de *desapossamento* da coisa exigida, em princípio, pelo penhor e a *desnecessidade* da entrega da coisa, no caso da hipoteca.

Garantias especiais das obrigações

no n.º 3 do artigo 666.º, não constitui inovação do Código vigente. Era já essa a solução defendida em face da legislação anterior (¹) (²).

Da própria noção legal de penhor se deduz uma das características importantes dele (comum aliás à hipoteca), que é a da sua *indivisibilidade*, na dupla vertente em que esta se subdivide.

Por um lado, a *coisa móvel* empenhada garante o cumprimento da obrigação até a sua integral satisfação. Mesmo que a obrigação seja parcialmente satisfeita, o penhor continua, na sua *totalidade*, a assegurar o cumprimento da parte restante da prestação devida.

Por outro lado, se abranger várias coisas móveis, o penhor incide *por inteiro* sobre *cada uma delas*, mesmo que algumas pereçam ou venham a conhecer outro dono.

Esse é, aliás, o princípio (da *indivisibilidade*) expressamente consagrado no artigo 678.º, mediante a remissão feita, entre outros, para o artigo 696.º, que proclama essa regra (*supletiva*, é bem de ver) para as hipotecas.

SUBSECÇÃO I

Penhor de coisas

481. *Constituição do penhor. A entrega da coisa empenhada.* Além de ter admitido abertamente o *penhor de direitos*, com especial destaque para o *penhor de créditos* (ao contrário do Código de 1867 que, além dos *objectos* móveis: arts. 855.º e 856.º, apenas aludia timidamente aos *títulos de crédito*, de algum modo *corporizados, coisificados* ou *objectivados* no próprio título), o novo Código Civil tratou em subsecções separadas do *penhor de coisas* e do *penhor de direitos*.

_____

(¹) VAZ SERRA, *Penhor de coisas, Penhor de direitos*, Lisboa, 1966, n. 3, al. *e*), pág. 74 e segs.

(²) Dada a acessoriedade do penhor, é evidente entretanto que ele se *extingue*, quando a obrigação prevista (futura) não vier definitivamente a constituir-se ou quando se não verifique a condição de que dependia a existência da obrigação: CICCARELLO, *est. cit.*, n. 3.

Das obrigações em geral

E é do *penhor de coisas* que importa começar por tratar, de acordo com o plano sistemático da lei.

O primeiro problema que o *penhor de coisas*, segundo a ordem natural das questões, coloca ao jurista é o de saber como se constitui o direito *especial* do credor pignoratício.

Como incide sobre *coisas móveis* e o novo Código continua ainda compreensivelmente cativo da velha ideia do menor valor relativo dos móveis em face dos bens imóveis, a constituição do *penhor* não depende da observância de nenhuma *forma externa especial.*

Vale, por conseguinte, para o penhor (ao invés do que sucede para a hipoteca: arts. 687.° do Cód. Civil e 80.°, n.° 2, al. *g*), do Cód. do Not.), a regra da *liberdade de forma* (art. 219.°) (¹).

Em compensação há uma formalidade externa que desde cedo caracterizou a constituição do penhor, que é a *entrega* da coisa (empenhada)(¹).

Já o artigo 855.° do Código de 1867, para destacar a importância fundamental do requisito da *entrega* da coisa na *constituição* da garantia, o incluía automaticamente na noção dela, ao prescrever o seguinte: «O devedor pode assegurar o cumprimento da sua obrigação, *entregando* ao credor... algum objecto móvel, para que lhe sirva de segurança. É o que se chama penhor». E, não contente com esta inclusão significativa da entrega da *res* no conceito da garantia pignoratícia, o Código anterior acrescentava ainda, no

---

(¹) Quanto à questão de saber se o *penhor* nasce necessariamente de *contrato* (ou da vontade das partes em geral) ou pode também nascer da *lei*, é sintomático o facto de o artigo 666.° ter definido o *penhor*, não em função da sua *fonte*, mas do seu *efeito*. Como casos de verdadeiro *penhor legal*, embora enxertados no penhor negocialmente constituído, podem referir-se os resultantes da aplicação do artigo 692.° (aplicável ao penhor *ex vi* do art. 678.°) e do artigo 685.°, n.° 1, *in fine*.

(¹) Sendo a entrega feita ao credor, como normalmente sucede, ao efeito *publicitário* do acto, proveniente do desapossamento da coisa imposta ao autor do penhor (em regra, o devedor), junta-se o efeito da *segurança* com que é beneficiado o credor, podendo reter consigo o objecto da sua especial garantia patrimonial: CICCA-RELLO, *est. cit.*, n. 12.

Garantias especiais das obrigações

artigo 858.º, que *o contrato de penhor só pode produzir os seus efeitos entre as partes, pela entrega* da coisa empenhada.

O Código de 1966 não hesitou em excluir o requisito da *entrega* da coisa do conceito do penhor, até porque o penhor passou declaradamente a ter por objecto os direitos de crédito e outros direitos, em relação aos quais a entrega material não tem cabimento.

Mas não deixou de referir o *requisito* como peça fundamental do penhor de coisas ([1]), embora dando à *entrega* da coisa uma *flexibilidade* mais adequada às novas circunstâncias da vida.

«O penhor, diz-se no n.º 1 do artigo 669.º, só produz os seus efeitos pela entrega da coisa empenhada, ou de documento que confira a exclusiva disponibilidade dela, ao credor ou a terceiro» ([2]).

E o n.º 2, tornando ainda mais flexível o elemento da *tradítio* para este efeito, acrescenta que «a entrega pode consistir na simples atribuição da composse ao credor, se essa atribuição privar o autor do penhor da possibilidade de dispor materialmente da coisa» ([3]).

([1]) É esta, aliás, a única *formalidade (externa)* especial exigida para a validade e eficácia do penhor, visto o artigo 669.º do Código vigente, não ter deliberadamente introduzido a segunda exigência do artigo 858.º do Código de 1867, segundo a qual, para o penhor possuir eficácia em relação a terceiros, devia ainda constar de auto autêntico ou autenticado a soma devida, e a espécie e natureza do objecto do penhor.

([2]) O terceiro a quem a coisa seja entregue, porque o devedor não confie inteiramente no credor ou por qualquer outra razão, funciona como um verdadeiro depositário da coisa empenhada.

([3]) «A substituição da entrega pela atribuição da composse ao credor, prevista no n.º 2 deste artigo 669.º, escrevem a propósito PIRES DE LIMA e ANTUNES VARELA (*ob. e vol. cits.*, pág. 688), inspira-se no § 1206 do Código alemão e no artigo 2786 do Código italiano. É o caso, por exemplo, de a coisa ser introduzida num cofre com duas chaves, uma das quais fica em poder do credor e outra no do devedor, de forma que só pelos dois possa ser aberto, ou de uma adega de vinhos ser fechada com dois cadeados diferentes, cujas chaves ficam nos mesmos termos em poder do credor e do devedor.

Ao lado desta composse *imediata*, referem os autores casos de composse *mediata*, como no de a coisa ser locada, e, portanto, entregue a terceiro, com a convenção de que o locatário só a poderá entregar ao credor e ao autor do penhor conjuntamente.»

Das obrigações em geral

É, aliás, muito fácil de explicar a exigência especial da lei quanto à *entrega*, seja ao credor, seja a terceiro, como elemento essencial do penhor.

Constituindo o penhor um direito real (de garantia), como tal oponível *erga omnes*, a principiar pelos demais credores do mesmo devedor, torna-se naturalmente da maior conveniência assegurar a *publicidade* do acto. A publicidade da *hipoteca*, pela natureza e regime especial dos bens sobre que incide, consegue-se naturalmente através do *registo*, sem nenhuma necessidade de desapossamento da coisa.

Quanto aos móveis, porém, sobre que incida o penhor, o único meio de assegurar um mínimo de *publicidade* à existência da garantia e garantir alguma consistência prática ao direito do credor reside no *desapossamento* da coisa empenhada, imposto ao autor do penhor.

E assim se explica, facilmente, o especial rigor com que o Código de 1867 proclamou a essencialidade desse requisito externo.

A partir, no entanto, de certa época, começou a sentir-se e a salientar-se a necessidade de, em certos sectores especiais, abrir mão do requisito da *entrega* da coisa empenhada, para não privar o devedor do seu uso, até de algum modo no interesse do próprio credor.

Foi o que aconteceu principalmente em matéria de crédito agrícola, onde a frequente necessidade do lavrador de empenhar as alfaias de que dispunha se conjugava as mais das vezes com a impossibilidade de abrir mão delas no exercício da sua actividade sem prejudicar gravemente os seus compromissos com os credores.

E assim surgiram e se foram multiplicando as excepções à regra, não só no domínio do crédito agrícola, mas também na área dos empréstimos da Caixa Geral de Depósitos, do penhor de créditos hipotecários, e de empréstimos concedidos por instituições bancárias autorizadas ([1]).

([1]) *Vide* a esse propósito a legislação especial citada, primeiro, por VAZ SERRA (*ob. cit.*, n.º 2, al. *b*)) e, depois, por PIRES DE LIMA e ANTUNES VARELA (*ob. cit.*, I, 4.ª ed., anot. ao art. 668.º).

Garantias especiais das obrigações

É já nesta nova linha de orientação que afinal se vem a inserir a parte final do n.º 1 do artigo 669.º. por força da qual à entrega da coisa empenhada equivale a entrega «de documento que confira a exclusiva disponibilidade dela, ao credor ou a terceiro» ([1]).

A entrega da coisa, nos casos em que continua a ser exigida, como expressamente se prescreve no n.º 1 do artigo 669.º, tanto pode ser feita ao credor, como a terceiro, que não funciona necessariamente, ao invés do que parecia ressaltar do texto do artigo 855.º do Código de 1867, em nome e no interesse do credor (como seu representante) ([2]).

482.. *Direitos do credor pignoratício.* O primeiro dos direitos do credor pignoratício referido no levantamento topográfico que deles faz o artigo 670.º ([3]) reflecte significativamente, num duplo aspecto, a orientação que, em matéria de posse, segue a nova lei civil.

Por um lado, da atribuição especial, que na alínea *a*) se faz ao credor pignoratício, do direito de usar das acções possessórias (arts. 1276.º e segs.), depreende-se claramente que a lei (fiel à sua concepção matriz da posse: arts. 1251.º e 1253.º) o *não considera como possuidor.*

Por outro lado, à semelhança do que faz em relação a todos os casos análogos, não deixa por isso de atribuir ao credor pignoratício os instrumentos jurídicos essenciais à defesa da sua detenção, contra o próprio dono da coisa empenhada.

Quanto à acção de reivindicação, é que o credor pignoratício só poderá usar dela em relação aos frutos da coisa empenhada, se estes lhe pertencerem, de acordo com o disposto no artigo 672.º.

([1]) No mesmo sentido a disposição precursora do artigo 2786, n.º 1, do Código italiano.

([2]) Sobre as condições de substituição do terceiro inicialmente escolhido, *vide* VAZ SERRA, *ob. cit.*, n. 5.

([3]) O artigo 670.º deixa pensadamente de fora da lista sucinta dos direitos essenciais do autor pignoratício o de se pagar sobre o *valor* da coisa empenhada, com preferência sobre os demais credores, por estar já incluído na própria definição do penhor e ainda por ser objecto de regulamentação especial nos artigos 674.º e 675.º.

Das obrigações em geral

O segundo dos direitos destacados, estreitamente relacionado ainda com o direito de retenção do credor pignoratício, refere-se ao regime jurídico das *benfeitorias* por ele realizadas.

Quanto às benfeitorias *necessárias* — e quanto às próprias benfeitorias *úteis*, não obstante a sua má fé —, concede-se ao credor o direito de indemnização. Quanto às benfeitorias úteis, o direito ao seu levantamento só existe se puder ser efectuado sem detrimento da coisa (arts. 670.º, *b*) e 1273.º). Não sendo possível o levantamento nessas condições, o credor só terá direito a indemnização nos termos mitigados do enriquecimento sem causa.

Se o dono da coisa empenhada, uma vez extinto o crédito pignoratício, for forçado a exigir a entrega da coisa, porque o credor a não entrega sem a indemnização pelas benfeitorias realizadas, poderá hoje haver lugar à aplicação do disposto no artigo 929.º, n.os 1 e 2, do Código de Processo Civil.

Note-se que o crédito por benfeitorias não está incluído na *garantia* do penhor, conforme logo se depreende da definição deste dada no artigo 666.º. Mas pode perfeitamente ser abrangido pela preferência resultante do direito de retenção que as benfeitorias realizadas podem facultar ao credor pignoratício, nos termos do artigo 754.º.

O terceiro direito conferido ao credor pignoratício refere-se à hipótese de a coisa empenhada ter perecido ou se ter tornado insuficiente para a segurança da dívida (art. 670.º, al. *c*)).

Quando assim suceda, dá-se ao credor a faculdade de exigir a substituição ou o reforço da garantia, sob pena de lhe ser lícito exigir mesmo o cumprimento imediato da obrigação, nos termos estabelecidos para a garantia hipotecária. Essa é a solução inequivocamente resultante da remissão contida na parte final da alínea *c*) do artigo 670.º para o artigo 701.º, relativamente à substituição ou reforço da hipoteca.

A reforma do processo (de 1995-96) deslocou para a área dos processos especiais — no capítulo que engloba os *processos* refe-

Garantias especiais das obrigações

rentes *às garantias especiais das obrigações* (arts. 981.º e segs. do Cód. Proc. Civil) — a regulamentação da acção destinada a exigir o reforço ou a substituição do penhor, tal como da hipoteca ou da consignação de rendimentos (art. 991.º, red. actual).

Direito-dever do credor pignoratício, quando seja frutífera a coisa empenhada, é ainda o de promover a frutificação normal do penhor, como o faria um proprietário diligente (art. 671.º, al. *a*)).

Os frutos obtidos pelo detentor da coisa (credor ou terceiro) destinar-se-ão sucessivamente a cobrir as despesas feitas com a coisa, a pagar os juros vencidos e, por fim, a amortizar o capital devido (salvo convenção em contrário).

A imputação dos frutos da coisa no capital da dívida, consagrada supletivamente na lei, mostra que o penhor das coisas frutíferas funciona, em princípio, como uma *anticrese mobiliária*.

Se a coisa empenhada não for frutífera, já não é de presumir que as partes tenham querido associar ao penhor o *pacto anticrético*. Já não há fundamento para supor que as partes tenham querido autorizar o credor a *locar* a coisa empenhada. Se o credor pignoratício não pode, em princípio, *usar* dela sem consentimento do autor do penhor, por igual razão a não poderá *alugar*, visto ser o aluguel, no fundo, uma forma de *uso* da coisa (consequentemente, interditada por lei) ([1]).

483. *Deveres do credor (pignoratício)*. O primeiro — e principal — dos deveres impostos ao credor pignoratício é o de *guardar* e *administrar* a coisa como um proprietário diligente. E por isso ele responde, quer pela existência, quer pela conservação da coisa empenhada.

([1]) Não havendo direito a reter os frutos, para os fins mencionados na lei, não os considera a lei, compreensivelmente, abrangidos pelo penhor (art. 672.º, n.º 2), a menos que haja convenção em contrário. Nesse caso devem ser imediatamente restituídos, visto nenhum direito possuir o credor pignoratício sobre eles.

Das obrigações em geral

A ideia é a mesma da obrigação imposta pelo n.º 1.º do artigo 861.º do Código de 1867, mas enquanto este obrigava o credor a *conservar* a coisa empenhada como *se fora sua própria*, a fórmula do Código vigente destaca com mais rigor o caracter *objectivo* da responsabilidade, ao mesmo tempo que desdobra analiticamente, também com mais precisão, a antiga obrigação de *conservar* no dueto do dever de *guardar* (típica do *depositário*) e do dever de *administrar* (própria do gestor de coisa alheia).

A indemnização pela violação de qualquer dos deveres impostos ao credor pignoratício pode ser exigida pelo autor do penhor, logo que a falta se verifique, independentemente de o crédito se ter já vencido ou de se ter iniciado a execução do penhor.

O segundo dever imposto ao credor pignoratício é o de *não usar* da coisa, sem consentimento do autor do penhor, salvo se o uso for indispensável à conservação da coisa (art. 671.º, *b*)).

Enquanto a consignação de rendimento pressupõe, por via de regra, a fruição dos bens onerados, no penhor (onde a garantia tem por objecto o valor da coisa) a regra é a do não uso da coisa por parte do credor, apesar de ela normalmente lhe ser entregue, para constituição da garantia.

Regime diferente era fixado no artigo 862.º do Código de 1867, que facultava ao credor pignoratício a possibilidade de usar a coisa empenhada, sempre que do seu exercício não resultasse perda ou deterioração dela. E mesmo que do uso da coisa pudesse resultar perda ou deterioração, o que o devedor podia exigir não era a interdição desse uso, mas apenas a prestação de fiança ou de penhor, ou a entrega da coisa, em depósito, a terceiro.

Com o novo Código, por inspiração sobretudo do Código italiano (art. 2792), a *regra* passou a ser a do *não-uso* da coisa empenhada. A excepção — a *possibilidade* de *uso* — passou a vigorar apenas no caso de o uso ser essencial à conservação da coisa ([1]).

([1]) Se, contra o disposto na alínea *b*) do artigo 671.º, o credor usar da coisa empenhada, ou agir de modo que a coisa corra o risco de perder-se ou deteriorar-se

Garantias especiais das obrigações

Trata-se, de qualquer modo, de um regime supletivo, em qualquer das suas vertentes, nenhuma razão de interesse e ordem pública obstando assim a que as partes acordem em cláusulas diferentes (¹).

O terceiro e último dever imposto ao credor é, logicamente, o de restituir a coisa, logo que a obrigação se extinga.

Se a obrigação (principal) se extinguir, mas a dívida de juros persistir, o penhor manter-se-á, por duas razões: primeiro, porque a garantia cobre os juros, como resulta do disposto no artigo 666.°; depois, porque o princípio da *indivisibilidade* do penhor se estende, como vimos, não só à dívida de *capital*, mas também à obrigação de *juros* (²).

É a doutrina que resulta do disposto no artigo 696.° (quanto à hipoteca), aplicável ao penhor por força da remissão contida no artigo 678.°.

484. *Execução do penhor. Venda antecipada.* Logo que a obrigação se vença e o devedor (interpelado para cumprir, se for caso disso) não cumpra, tem o credor o direito de, nos termos do artigo 675.°, promover a execução para pagamento da dívida, na qual se poderá satisfazer do seu crédito pelo valor da coisa empenhada, com preferência aos restantes credores.

Para tal efeito existia na lei processual um processo *especial*, que tinha exactamente por nome o processo da *venda e adjudicação do penhor* (arts. 1008.° e segs. do Cód. Proc. Civil na sua anterior redacção).

(infringindo o preceituado na al. *a*) da mesma disposição), tem o autor do penhor, à semelhança do que sucedia no Código de 1867, por força da disposição contida no artigo 862.°, a faculdade de exigir que o credor preste caução idónea ou que a coisa seja depositada em poder de terceiro (art. 673.°).

(¹) Esta mesma reflexão se pode aplicar à questão, bastante debatida na Itália, da admissibilidade do *sub-penhor*, ou seja, da possibilidade de o credor pignoratício dar o penhor em seu poder como garantia no seu próprio credor. Sobre o problema, vide CICCARELLO, *est. cit.*, n. 9.

(²) No mesmo sentido o artigo 2794, I, do Código italiano.

Das obrigações em geral

Pelo facto, porém, de dispor deste processo expedito (para o qual nem sequer necessitava de possuir título da dívida: art. 1008.º, 2 do Cód. Proc. Civil na redacção anterior), não ficava o credor pignoratício impedido de, possuindo título bastante, recorrer à acção executiva, nem sequer de, não possuindo título, recorrer à acção (comum) de condenação na dívida e à subsequente execução(¹).

O recurso ao processo especial tinha a grande vantagem para o credor de evitar a promoção da penhora, visto a venda do penhor ser ordenada logo que o devedor, citado para pagar a dívida ou contestar o pedido, não cumprisse nem contestasse (art. 1009.º, 1 do Cód. Proc. Civil na sua anterior redacção).

Na contestação, não era a existência do penhor que impedia, obviamente, o demandado de deduzir todos os meios de defesa oponíveis à pretensão do credor (demandante). Além disso, reconhecia-se ao autor da garantia a faculdade de resgatar o penhor até à realização da venda, pagando a dívida, os juros (se a eles houvesse lugar) e as custas do processo.

A venda do penhor podia realizar-se extrajudicialmente (evitando às partes as delongas e as despesas da venda judicial, embora com menos garantias do que esta), tal como já era permitido na vigência do Código de 1867 (art. 864.º), mas sendo agora necessário para isso que as partes o tivessem *convencionado* (antes da pressão do processo).

O que a lei continua a não permitir, fiel à clássica *proibição do pacto comissório*, é que o credor possa ficar com a coisa empenhada, sem avaliação ou mediante avaliação por ele efectuada. Já se permite, no entanto, ainda na sequência do regime prescrito no Código de 1867, que a coisa (empenhada) seja adjudicada ao credor, por avaliação confiada (não aos louvados, como no art. 864.º

(¹) Vide nesse sentido o ac. do Sup. Trib. Just., de 12 de Julho de 1979, na *Rev. Leg. Jurisp.*, 113, pág. 8, anot. por VAZ SERRA.

Garantias especiais das obrigações

do velho Código, mas) ao tribunal, nos termos da nova redacção que, para o efeito, o Decreto-Lei n.º 47 690, de 11 de Maio de 1967, deu nessa altura ao artigo 1011.º do Código de Processo Civil.

A lei processual vigente veio entretanto (com a reforma de 1995-1996) eliminar o processo especial da venda e adjudicação do penhor, mediante a revogação dos artigos 1008.º a 1012.º do Código de Processo Civil.

A razão justificativa da eliminação desse processo especial, dada no próprio preâmbulo da reforma, consistiu na natureza *híbrida* desse processo — misto de acção declarativa e de acção executiva —, à qual se procurou pôr termo, alargando o núcleo dos documentos particulares que constituem títulos executivos (art. 46.º, al. *c*), novo texto).

Quer isto dizer, portanto, que a realização coactiva do crédito pignoratício, em vez de ser obtida através do processo especial da venda e adjudicação do penhor, passou a ser processada através da execução para pagamento de quantia certa.

Venda antecipada (do penhor). Sucede por vezes que a coisa empenhada (especialmente quando se trata, v. gr., de conservas de produtos alimentícios) ameaça repentinamente deteriorar-se ou corre o risco sério de desvalorizar-se (tratando-se, por ex., de acções sujeitas a cotação na bolsa), de tal modo que, quer o credor pignoratício, por uma razão, quer o autor do penhor, por outra, têm interesse em vendê-la com a maior urgência possível.

São situações de uma precariedade diferente das previstas e reguladas, quer no artigo 670.º, alínea *c*), quer no artigo 701.º

(²) Dispondo o credor para a garantia da (mesma) dívida de um penhor e de uma hipoteca, goza ele naturalmente de plena liberdade de escolha pela execução da garantia que melhores condições lhe ofereça ou pela execução simultânea de ambas, visto não haver nesse caso o benefício da excussão que no artigo 639.º se estabelece em favor do fiador.

Das obrigações em geral

(a propósito da hipoteca), em que a perda ou a insuficiência da garantia constitui mal consumado.

Para os casos de receio fundado de perda, deterioração ou desvalorização do penhor, concede o artigo 674.º, tanto ao credor como ao autor do penhor, o direito de procederem à venda antecipada da coisa, mediante prévia autorização judicial ([1]).

Como a venda não é, porém, determinada pela falta de cumprimento da obrigação, mas pela necessidade de preservar o valor da garantia, o preço da alienação não é naturalmente entregue ao credor pignoratício, para satisfação do crédito.

O preço poderá ficar nas mãos do credor, não para pagamento do crédito, mas como penhor, podendo o tribunal ordenar mesmo, se houver razões para tal, o depósito da quantia recebida (art. 674.º, 2). Nesse caso, o depósito, apenas determinado pelo maior perigo de o dinheiro desaparecer nas mãos do credor, não tira à *quantia depositada* a natureza de penhor que ela continua a revestir.

Dada a natureza puramente preventiva ou cautelar da *venda*, concede a lei (art. 674.º, n.º 3) ao autor do penhor a possibilidade de impedi-la, mediante oferta de garantia real idónea ([2]), capaz de substituir ou reforçar o penhor inicialmente constituído.

485. *Outros aspectos do regime do penhor (de coisas).* Dos aspectos restantes do regime do penhor de coisas, interessa ainda desta-

---

([1]) É no artigo 1013.º do Código de Processo Civil que se regula a obtenção da autorização judicial para a realização da venda antecipada, bem como o depósito do preço obtido, que o tribunal considere necessário ou conveniente.

Este processo especial da venda antecipada do penhor, depois da eliminação do processo especial da venda e adjudicação do penhor, levada a cabo pela reforma de 1995-96, ficou aqui, como norma única desse processo, à ilharga dos *processos especiais referentes às garantias das obrigações*, bastante *metido a martelo* no Código.

([2]) Garantia real idónea (por ser, em princípio, mais segura e mais estável), porque *real* é já garantia do penhor.

Garantias especiais das obrigações

car os que se referem à sua transmissão, às causas de extinção e aqueles que a lei regula mediante remissão para o regime da garantia hipotecária.

Quanto à *transmissão*, a novidade do Código de 1966 reside na possibilidade de transmissão do *penhor* (garantia), independentemente da transmissão do crédito garantido.

O credor pignoratício pode, sem perda da sua qualidade de credor (como quem diz do seu direito de crédito) ceder a terceiro (credor do mesmo devedor) o seu direito de penhor.

A fim de acautelar, porém, os legítimos interesses do autor do penhor, o artigo 676.º, manda aplicar, justificadamente, à *cessão* da garantia pignoratícia, com as necessárias adaptações, as normas que disciplinam a transmissão da garantia hipotecária (arts. 727.º e segs.).

Desta aplicação resulta, fundamentalmente, o seguinte:

a) Só é transmissível o penhor que não for inseparável da pessoa do devedor (art. 727.º, n.º 1);

b) A transmissão do penhor, independentemente da cessão do crédito garantido, só é possível a favor de outro credor do mesmo devedor (art. 727.º, n.º 1);

c) Se o penhor tiver sido constituído por terceiro, não pode a transmissão autónoma ou isolada ser efectuada sem o consentimento do autor (art. 727.º, 1);

d) O penhor cedido só pode garantir o novo crédito por ele coberto nos limites do crédito originariamente garantido (art. 727.º, 2);

e) Se o penhor recair sobre várias coisas só pode ser transmitido na totalidade e a favor da mesma pessoa (art. 728.º, n.º 1).

Relativamente à *extinção* do penhor, vigoram as causas relacionadas com a sua *acessoriedade* ([1]) e ainda uma outra, especialmente ligada ao modo específico da sua constituição.

([1]) Sobre a *acessoriedade* do penhor, resultante da sua função de mera garantia da obrigação, *vide* MONTEL, *Pegno* (*dir. vig.*), *Nov. Dig. Ital.*, XII, pág. 791, e RUBINO, *Il pegno*, no *Com.* de SCIALOJA e BRANCA, pág. 188 e segs.

Das obrigações em geral

Sabe-se, com efeito, que à constituição do penhor, para a necessária tutela das expectativas de terceiros, é por via de regra essencial, nos termos do artigo 669.º, a entrega ao credor ou a terceiro da coisa ou do documento que confîra a exclusiva disponibilidade dela. Consequentemente, a *restituição* da coisa ou do documento determina a extinção da garantia, sem necessidade de alegar nem de provar que essa foi a intenção das partes.

As restantes causas de extinção (do penhor) refere-as o artigo 677.º, mediante simples remissão para as causas extintivas da hipoteca (mencionadas no art. 730.º), com excepção da indicada na alínea *b*) deste artigo([1]).

A primeira das causas *genéricas* de extinção abrangidas por semelhante remissão é a que marca em cheio o carácter *acessório* do penhor.

O direito de penhor cessa com a extinção da obrigação a que serve de garantia, quer a extinção resulte do meio *normal* que é o cumprimento, quer provenha de qualquer dos outros meios anómalos previstos e regulados nos artigos 837.º e seguintes, quer nasça mesmo de outras formas de destruição da obrigação (como a declaração de nulidade, a anulação, a resolução, a revogação ou a denúncia do contrato donde nasceu a obrigação).

O perecimento da coisa empenhada (cfr. art. 730.º, alínea *c*)) — sem prejuízo dos casos de *sub-rogação real* (previstos no art. 692.º) e de reforço ou substituição de garantia (regulados, por seu

---

([1]) A *prescrição* de que trata a alínea *b*) do artigo 730.º como causa de extinção da hipoteca não é realmente aplicável ao penhor, por duas razões.

a) primeiro, porque não há nenhuma necessidade de protecção especial do terceiro adquirente da coisa empenhada, visto esta dever estar na detenção do credor ou do terceiro a quem haja sido entregue;

b) segundo, porque o prazo prescricional de vinte anos que, no caso da hipoteca, se manda contar sobre o registo da aquisição do terceiro adquirente, não tem cabimento quanto às coisas móveis empenhadas, que não estão sujeitas a registo.

Garantias especiais das obrigações

turno, no art. 701.º)(¹) também gera, em princípio, a extinção da garantia.

E de igual modo a *renúncia* vale como causa extintiva autónoma do penhor(²).

Como negócio jurídico unilateral que é, diferente da remissão (art. 863.º, 1), a *renúncia* não necessita de aceitação do devedor, nem do autor do penhor.

Os aspectos do regime do penhor compreendidos na remissão em bloco feita no artigo 678.º são os referidos nos artigos 692.º, 694.º a 699.º, 701 e 702.º

Trata-se de disposições que, ou já foram analisadas, ou serão desenvolvidamente examinadas no estudo subsequente da hipoteca.

SUBSECÇÃO II

Penhor de direitos

486. *Regime subsidiário. Objecto do penhor de direitos.* Pela simples leitura do artigo 679.º se verifica que o regime do penhor de coisas, analisado na subsecção antecedente, é subsidiariamente aplicável ao penhor de direitos(³).

Note-se, porém que as normas especialmente ditadas nesta subsecção para o penhor de direito não abrangem directamente os

---

(¹) Exactamente porque nem sempre o perecimento da coisa empenhada produz a extinção do penhor é que esse facto merece ser considerado como causa extintiva autónoma, ao contrário do que pretende MONTEL (*est. cit.*, pág. 796). No sentido da melhor orientação, CICCARELLO, *est. cit.*, n. 21.

(²) Trata-se aqui, obviamente, da *renúncia* ao penhor — e não da *remissão* do crédito garantido, de raiz contratual.

A remissão do crédito dá lugar à extinção do penhor, mas porque determina a extinção da obrigação garantida e se cai assim na primeira das causas genéricas da cessação da garantia (baseada na sua *acessoriedade*).

(³) Sobre a estrutura e a natureza jurídica do penhor de direitos, vivamente discutidas na doutrina italiana, *vide* GORLA, *ob. cit.*, pág. 122 e segs.

Das obrigações em geral

títulos de crédito, cuja regulamentação o novo Código Civil deliberadamente deixou para a lei comercial.

Por outro lado, também importa saber que o penhor só é admitido em relação aos direitos que tenham por objecto coisas móveis e que sejam, além disso, susceptíveis de transmissão (art. 680.°).

O direito de superfície, o direito do condómino, o usufruto de imóveis, por exemplo, podem constituir objecto de hipoteca (art. 688.°), mas já não podem ser objectos do penhor, por força da limitação traçada no artigo 680.°.

Há, no entanto, que distinguir sempre entre o *objecto* do direito e o objecto da *garantia* do direito. Nada obsta, com efeito, a que um direito de crédito tendo por objecto coisa *móvel* (uma *jóia*, uma *raridade bibliográfica*, um conjunto valioso de selos) seja *garantido* por uma *hipoteca* sobre determinado imóvel.

Assim se explica que tanto o Código do Notariado como o Código do Registo Predial se refiram expressamente ao *penhor* de créditos *hipotecários*, o primeiro para exigir a redução a escritura pública do acto da sua constituição (atenta a natureza do *objecto* da sua garantia); o segundo, para exigir o registo do acto, sob pena de ineficácia em relação a terceiros, tendo também especialmente em vista o objecto da garantia (e não o objecto do direito de crédito).

Por força da limitação imposta pelo artigo 680.°, não pode constituir objecto de penhor o direito a uma prestação de facto (quer se trate de prestação negativa, quer de prestação positiva), nem o direito a um quinhão hereditário do qual façam parte bens imóveis, etc. ([1]).

Relativamente à *forma* e *publicidade* do penhor de direitos, duas regras importantes dominam a matéria.

([1]) Quanto ao *penhor* dos direitos patrimoniais de autor, *vide* o artigo 50.° do Decreto-Lei n.° 63/85, de 14 de Março, e sobre o penhor dos *brevets* industriais cfr. o artigo 69.° do Decreto de 29 de Junho de 1929.

Garantias especiais das obrigações

A primeira é a que transporta para a constituição do penhor (de direitos) as mesmas exigências que a lei formula para a *transmissão* do direito empenhado, regime que bem se compreende pelo facto de o penhor envolver sempre uma alienação virtual (potencial, possível) do objecto empenhado.

A segunda é a que torna a eficácia do *penhor de créditos* (vulgaríssimo na prática) dependente da *notificação* ou da *aceitação* do devedor, que é, como adiante se verá, a personagem fundamental, ou um dos personagens centrais pelo menos, do fenómeno do penhor desses direitos.

Há, neste caso, um notório desvio da solução fixada para o *penhor* de créditos em relação ao regime estabelecido para a cessão (transmissão entre vivos) de créditos.

Na cessão, o negócio produz imediatamente efeitos entre as partes (cedente e cessionário) e em relação a terceiros e só a sua *eficácia em relação ao devedor* fica dependente da notificação deste ou do conhecimento do acto por parte deste.

No penhor de créditos, onde falta o meio essencial de publicidade que é, no penhor de coisas, a *entrega* delas ao credor ou a terceiro, entende-se que só da *notificação* do devedor se pode fiar, em príncipio, a advertência para este de que o penhor existe e a publicidade do acto em relação a terceiros ([1]).

Duas excepções abre a lei, entretanto, a esta regra da subordinação da eficácia geral do penhor de créditos à notificação ou aceitação do devedor.

A primeira (excepção) refere-se aos casos do penhor sujeito a registo. Como o elemento de *publicidade* do penhor reside nestes casos no registo, é a partir do acto do *registo* que a lei (art. 681.º, n.º 2) manda desencadear os seus efeitos.

Entre os casos de penhor sujeito a registo, contam-se o penhor de créditos hipotecários e o penhor de créditos garantidos

---

([1]) Vaz Serra, *est. cit.*, pág. 447 e segs.

Das obrigações em geral

por consignação de rendimentos sobre bens imóveis (art. 2.º, n.º 1, al. *o*) do Cód. Reg. Pred.).

A segunda excepção, aberta no n.º 3 do artigo 681.º, tem por base a disposição contida no n.º 2 do artigo 583.º, que se refere directamente à *cessão* de créditos, mas que o artigo 681.º (n.º 3) torna realmente extensiva ao próprio penhor de créditos.

Se o devedor, antes da notificação ou da aceitação, pagar à pessoa que constituiu o penhor ou realizar com ele qualquer negócio jurídico relativo ao crédito empenhado, nem o pagamento nem o negócio serão oponíveis ao credor pignoratício, se este alegar e provar que o devedor tinha conhecimento da existência do penhor.

Sinal de que o conhecimento efectivo da existência do penhor por parte do devedor pode bem suprir a falta de notificação e de aceitação.

487. *Cobrança dos créditos empenhados.* De acordo com o lema normativo de que o credor pignoratício deve administrar a coisa como um proprietário diligente (art. 671.º, al. *a*)), também no caso do penhor de créditos se declara (art. 683.º) que o credor (pignoratício) é «obrigado a praticar os actos indispensáveis à conservação do direito empenhado e a cobrar os juros e mais prestações acessórias compreendidas na garantia» e se prescreve (art. 685.º) que ele «deve cobrar o crédito empenhado logo que este seja exigível.»

E compreende-se que assim seja.

Embora se não possa afirmar, com rigorosa propriedade, que o credor — o credor, *tout court* — tem o *dever* de cobrar o seu crédito logo que ele se torne exigível, porque é livre de correr os riscos que entender, não será ousado afirmar, como a lei faz (n.º 1 do art. 685.º), que o credor pignoratício tem o dever de cobrar o crédito empenhado, logo que este se vença, porque ele não tem o direito de sujeitar o autor do penhor aos riscos graves (de perecimento da coisa devida, de prescrição do crédito, de insolvência posterior do devedor, etc.) que envolve a interpelação retardada do devedor.

Cobrado o crédito (empenhado), não se dá evidentemente a satisfação imediata do crédito garantido, que pode, inclusivamente, não se ter vencido ainda. Com a cobrança do crédito empenhado, é outro o fenómeno jurídico que se opera. O penhor, diz o n.º 1 do artigo 685.º, passa a incidir sobre a coisa prestada em satisfação do ·crédito.

O penhor que até aí tinha por objecto uma *coisa incorpórea*, uma coisa ideal, um direito subjectivo, passa a incidir sobre a coisa *material*, a *res mobilis*, as mais das vezes *o dinheiro* que era objecto da prestação debitória *(res succedit in locum nominis)*.

Esta sub-rogação real a que conduz a cobrança do crédito empenhado corresponde à solução natural da situação e nenhum prejuízo causa a qualquer das partes ([1]). Se fosse o autor do penhor quem cobrasse o crédito, naturalmente que o destino que ele daria à prestação recebida seria a de entregá-la ao credor pignoratício em lugar do crédito, que se extinguia com o pagamento. E o credor pignoratício nenhum prejuízo tem, por seu turno, com a permuta: em lugar do crédito que garantia o seu direito, e entretanto se extinguiu, surge agora com a mesma função o objecto da prestação devida, exactamente com o mesmo valor do direito extintivo.

No n.º 2 do artigo 685.º, prevê-se entretanto a hipótese — vulgaríssima na prática — de a prestação efectuada em satisfação do crédito empenhado consistir em dinheiro ou outra coisa fungível.

A entrega de coisas dessa natureza, que facilmente poderiam desaparecer das mãos do credor pignoratício, envolveria um sério risco a que o autor do penhor do crédito se não quis sujeitar.

Por isso, a lei impõe ao devedor a realização da prestação aos dois credores, conjuntamente; e, não havendo acordo entre eles,

---

([1]) Vaz Serra (*ob. cit.*, pág. 480 e segs.) refere e aprecia minuciosamente, à luz do direito comparado, as várias soluções possíveis da situação.

Das obrigações em geral

quanto à pessoa que deva retê-la, obriga-o a depositar à ordem de ambos eles [1].

Prevê-se no n.º 3 do artigo 685.º a hipótese de sobre o mesmo crédito recaírem vários penhores. Como o penhor é, tipicamente, um direito real de garantia, fonte da *preferência* do respectivo titular sobre *todos os* demais credores, só ao credor cujo direito prefira a todos os outros se reconhece legitimidade para cobrar o crédito empenhado e gozar em seguida da sub-rogação real correspondente. Não estando, porém, o penhor sujeito a registo, a determinação da prioridade entre os vários credores pignoratícios tem de ir buscar-se ao critério geral estabelecido no n.º 2 do artigo 681.º.

Credor *prioritário* sobre os demais será assim aquele cujo direito de penhor (sobre o crédito empenhado) foi primeiramente notificado ao devedor ou por este primeiramente aceite — mesmo que não seja o constituído em data mais antiga.

Tratando-se de penhores (de créditos) sujeitos a registo, a prioridade será naturalmente determinada pela data do registo.

Aos credores pignoratícios (sobre o mesmo crédito) não prioritários confere a lei (art. 685.º, n.º 3, *in fine*) a faculdade de compelirem o devedor a satisfazer a prestação ao credor preferente, não para os meter, evidentemente, numa camisa de onze varas de altruismo forçado, mas para que, satisfeito o crédito ou os créditos que predecem o seu, eles possam ainda aproveitar, segundo a ordem de prioridade estabelecida entre os vários penhores sobre o mesmo crédito, alguma coisa do saldo da garantia.

Como corolário do direito de cobrança do crédito empenhado atribuído ao credor pignoratício, prescreve-se no n.º 4 do artigo 685.º que o titular do crédito empenhado só o pode cobrar, recebendo a prestação devida, com o consentimento do titular do penhor (credor pignoratício).

---

[1] Vaz Serra, *ob. cit.*, pág. 483 e segs.

Nesse caso, porém, como o titular do penhor se deixa voluntariamente desapossar do objecto da garantia, esta perde o seu principal instrumento de eficácia.

E, por isso mesmo, se considera nesse caso logicamente extinto o penhor (art. 685.º, n.º 4, *in fine*).

SECÇÃO VI

HIPOTECA*

SUBSECÇÃO I

Noções gerais

488. *Noção e valor da hipoteca.* A hipoteca é a garantia especial que confere ao credor o direito de se pagar do seu crédito, com preferência sobre os demais credores, pelo valor de certas coisas imóveis ou a elas equiparadas, pertencentes ao devedor ou a terceiros (art. 686.º, 1).

Continua a ser assim a natureza do seu *objecto* — coisas imóveis ou equiparadas — que caracteriza a *hipoteca* em face das duas outras garantias reais anteriormente analisadas (o penhor e a consignação de rendimentos).

E é ainda a natureza (imobiliária) dos bens por ela abrangidos que não só explica a importância prática extraordinária que a hipoteca reveste em todas as operações de crédito, como justifica ainda a solução excepcional de a eficácia da hipoteca depender do seu registo, mesmo em relação às partes (art. 687.º).

---

* VAZ SERRA, *Hipoteca*, sep. do *Bol. Min. Just.*, 62 e 63; PLANIOL, RIPERT e BECQUÉ, *Sûretés réelles*, n.ᵒˢ 1433 e segs.; MAIORCA, *Ipoteca (dir. civ.)*, no *Nov. Dig. Ital.*; DEGNI, *Delle ipoteche*, no *Com. de D'AMELIO e FINZI*: GORLA, *Del pegno. Delle ipoteche*, no Com. de SCIALLOJA e BRANCA: RUBINO, *L'ipoteca immobiliare e mobiliare*, no *Trattato de* CICU e MESSINEO; FRAGALI, *Ipoteca (dir. priv.)*, na *Enc. del dir.*

Das obrigações em geral

Embora seja, como as restantes garantias (quer pessoais, quer reais), um direito *acessório*, que só existe ([1]) em função da obrigação cujo cumprimento assegura, a hipoteca pode garantir uma *obrigação futura* ou uma *obrigação condicional* (art. 686.º, 2). E pode mesmo acrescentar-se que são *obrigações futuras* as que as chamadas hipotecas legais visam, por via de regra, garantir.

A constituição da hipoteca antes de a obrigação existir (em casos como os de gestores de fundos públicos, responsáveis pela tutela ou curatela dos bens do incapaz, pela prestação de alimentos, etc.) tem para o credor uma vantagem prática enorme. É que, no caso de o gestor, o tutor, o curador, o devedor da prestação alimentícia virem a incorrer na obrigação de indemnizar, se a hipoteca estiver devidamente constituída antes de a obrigação surgir, o credor hipotecário tem sobre os demais credores, em relação aos bens hipotecados, a posição de prioridade correspondente à data da inscrição da hipoteca (no registo) e não à data da constituição efectiva da obrigação.

E, à semelhança do que sucede com o penhor (art. 676.º), também não é a *acessoriedade* da hipoteca que impede a transmissão dela para cobertura de um *outro* crédito do mesmo devedor ou para outro credor com garantia hipotecária sobre os mesmos bens (arts. 727.º a 729.º).

A hipoteca, di-lo expressamente o artigo 686.º, sendo em regra constituída sobre bens do devedor, também pode recair sobre

---

([1]) A lei portuguesa, continuando a conceber a hipoteca como um direito acessório do crédito, não aceita a concepção *mista* adoptada no direito alemão, que em certos casos admite a *hipoteca* como o direito de levantamento de certa soma sobre o preço de venda do imóvel, que pode competir ao próprio dono da coisa.

Esta hipoteca do proprietário — negação do carácter *acessório* da garantia, tal como as legislações latinas a concebem — verifica-se, no direito alemão, quando por exemplo falta a dívida futura ou condicional que a hipoteca visava garantir, ou quando se extingue o crédito garantido ou o credor renuncia à garantia (cfr. os §§ 1163 e 1168 do BGB).

Garantias especiais das obrigações

bens de terceiro. É o corolário lógico da regra sobre o cumprimento.

Se, recaindo embora a obrigação sobre o devedor, qualquer terceiro, interessado ou não no cumprimento, pode realizar, em princípio, a prestação devida (art. 767.º, n.º 1), por maioria de razão poderá garantir, com imóveis seus, o cumprimento da obrigação de outrém.

Não há processo especial para a venda da coisa hipotecada e o subsequente pagamento do credor hipotecário.

Há, todavia, duas disposições especiais que interessam de modo particular à execução do crédito hipotecário.

Relativamente à legitimidade das partes, diz-se no artigo 56.º, n.º 2, do Código de Processo Civil, com a sua actual redacção, que a execução por dívida provida de garantia real sobre bens do terceiro seguirá directamente contra este, se o exequente pretender fazer valer a garantia».

Quer isto significar que, encontrando-se os bens hipotecados na posse de terceiro (seja por ter sido ele quem constituiu a hipoteca, seja por ter sido ele quem adquiriu da mão de terceiro ou do devedor a coisa hipotecada), o possuidor tem legitimidade (passiva) para ser executado na execução hipotecária, apesar de não ser devedor do exequente. E se os bens hipotecados não chegarem para satisfação integral do crédito exequendo, pode a execução prosseguir, no mesmo processo, contra o património do devedor, se o exequente tiver chamado este logo na proposição da acção. Não tendo o devedor sido inicialmente chamado, poderá a execução prosseguir contra ele, nos termos do n.º 3 do mesmo artigo 56.º.

Acrescenta-se, por outro lado, no artigo 835.º do mesmo diploma, ainda a propósito da execução, que, tratando-se de dívida com garantia real, que onere bens pertencentes ao devedor, a penhora começará, independentemente de nomeação, pelos bens sobre que incida a garantia, só podendo recair sobre outros, quan-

Das obrigações em geral

do se reconheça a insuficiência deles para conseguir o fim da execução.

A preferência resultante da hipoteca cede, no entanto, perante os privilégios creditórios imobiliários, mesmo que posteriormente constituídos (art. 751.º).

E de idêntica prioridade gozará o titular do direito de retenção sobre coisa imóvel (art. 759.º, 2), pelas razões adiante expostas.

489. *Objecto.* Depois de referir, no artigo 686.º, que a hipoteca recai sobre coisas imóveis ou a elas equiparadas, a lei (art. 688.º) concretiza os bens que podem ser hipotecados.

A primeira categoria de bens destacada como objecto possível da garantia hipotecária é constituída pelos prédios rústicos (parte delimitada do solo, incluindo as construções nele existentes sem autonomia económica: art. 204.º, 2) e os prédios urbanos (edifícios incorporados no solo, com os terrenos que lhe sirvam de logradouro: *ibid.*).

Quer uns, quer outros, mas principalmente os prédios rústicos, podem ser hipotecados em toda a sua extensão (e com os limites na vertical, resultantes do disposto no art. 1344.º) ou apenas em parte dela. E o preceito do n.º 2 do artigo 688.º permite mesmo que a hipoteca recaia sobre as partes do prédio que possam ser objecto de propriedade autónoma sem perda da sua natureza imobiliária.

Pode assim constituir-se hipoteca sobre uma quota ideal do prédio, visto nada impedir, na nossa lei, que o proprietário singular, alienando uma fracção ideal dela, constitua uma compropriedade sobre ele ([1]). De igual modo, se sobre o imóvel recair um direito de usufruto, também o nu-proprietário ou proprietário de raiz pode hipotecar o seu direito. E o mesmo pode afirmar-se,

---

([1]) Vaz Serra, *ob. cit.*, n. 19.

Garantias especiais das obrigações

mutatis mutandis, quando sobre o imóvel recaia um direito de superfície, quer em relação ao titular do solo, quer relativamente ao superficiário (cfr. art. 1540.º e 1541.º).

Mas já não será possível hipotecar, isoladamente, as partes integrantes do prédio (as janelas, as portas, o pára-raios, etc.), visto se tratar de coisas que, uma vez separadas materialmente do prédio, passam à categoria de móveis, perdendo a sua qualidade imobiliária, resultante da ligação permanente ao imóvel.

A referência à *hipoteca* do domínio directo (do senhorio) e do domínio útil (pertencente ao enfiteuta), feita na alínea *b*) do n.º 1 do artigo 688.º, está hoje prejudicada pela abolição legal da *enfiteuse*, quer dos prédios rústicos (Dec.-Lei n.º 195-A/76, de 16.3), quer dos prédios urbanos (Dec.-Lei n.º 233/77, de 2.4) — instituto que a evolução das necessidades económico-sociais poderia ir extinguindo lenta e gradualmente, mas que os critérios revolucionários da Praça do Comércio, distanciados das realidades práticas do país, condenaram a morte súbita.

Admite-se, também expressamente a hipoteca do direito de superfície, em qualquer das modalidades que ele pode revestir (art. 688.º, 1, *c*)), importando, entretanto, ter em conta as repercussões que, por força da lei (arts. 1539.º, 2 e 1541.º), pode ter a extinção do direito de superfície hipotecado sobre a garantia ainda não executada ([1]).

Tal como, na hipoteca do direito resultante de concessão em bens que sejam do domínio público, importa naturalmente atender às condições em que esse direito pode ser transmitido.

Relativamente ao usufruto, cuja *hipotecabilidade* (passe o neologismo) também é admitida, interessa apenas salientar que só o usufrutuário — em relação, por conseguinte, ao usufruto já constituído — terá condições de hipotecá-lo. Não poderá, por con-

---

([1]) PIRES DE LIMA e ANTUNES VARELA, *Código Civil anot.*, I, 4.ª ed., com a col. de H. MESQUITA, pág. 709.

Das obrigações em geral

seguinte, fazê-lo o proprietário pleno, por faltar nesse caso, como VAZ SERRA ([1]) justamente observa, o ponto de referência da duração do usufruto dado pela vida do usufrutuário (art. 1443.º).

São, por fim, hipotecáveis as coisas móveis que a lei, *para o efeito da constituição da garantia hipotecária*, equipara aos imóveis (art. 688.º, 1), *f*).

Não bastaria, com efeito, para justificar a solução o facto de, relativamente a alguns móveis (como os automóveis, os navios e os aviões), haver um sistema de registo equivalente àquele que existe para os imóveis.

Diz-se, com efeito, no artigo 205.º, n.º 2, que «às coisas móveis sujeitas a registo público é aplicável o regime das coisas móveis em tudo o que não seja especialmente regulado.»

Simplesmente, há neste aspecto, quanto a constituição da hipoteca, legislação especial que equipara aos imóveis as coisas móveis sujeitas a registo (navios: arts. 584.º e segs. do Cód. Com.; automóveis: Dec.-Lei n.º 47 952, de 22.9.1967; e aeronaves: Dec. n.º 20 062, de 30.7.1931).

Já o mesmo não sucede com os casos de penhor sem entrega, que a lei não equipara à garantia hipotecária([2]).

490. *Princípios gerais aplicáveis.* Entre os princípios gerais aplicáveis às hipotecas, destacam-se, pelo seu interesse teórico e importância prática, a *proibição do pacto comissório* (art. 694.º) e a *indivisibilidade da hipoteca* (art. 696.º).

À semelhança do que sucede com a consignação de rendimentos (art. 665.º) e com o penhor (art. 678.º), e pelas mesmas razões de fundo, a lei não permite que o credor e devedor convencionem que aquele fique com a coisa hipotecada, no caso de este não cumprir.

([1]) VAZ SERRA, *ob. cit.*, n. 19.

([2]) Sobre a questão de saber se pode ou não constituir-se hipoteca sobre o direito real de habitação periódica (*time sharing*), vide ALMEIDA COSTA, na *Rev. Leg. Jurisp.*, 127, pág. 9.

Garantias especiais das obrigações

Era uma cláusula fácil de extorquir para o credor e que o devedor facilmente aceitaria, dado o estado de necessidade económica em que geralmente se encontra à data da constituição da dívida e do oferecimento da garantia.

E nenhumas garantias podem existir de que, reconhecida a validade da cláusula, ela se não prestaria a graves injustiças e a reprováveis extorsões por parte do credor.

Por isso, o pacto comissório — assim se chama às cláusulas desse estilo — aparece proibido, não apenas na lei portuguesa, mas também na generalidade das legislações estrangeiras.

O fundamento da proibição do pacto identifica-se, não só com a *ratio* da norma que pune a usura (art. 1146.°), mas ainda com o pensamento subjacente à condenação dos negócios usurários em geral (art. 282.°).

Tem-se perguntado se a proibição só atinge a cláusula anterior ao vencimento da obrigação ou abrange de igual modo a convenção posterior a esse momento.

Para ser coerente com o pensamento do legislador e garantir a liberdade de decisão que a lei pretende preservar, o intérprete não pode deixar de estender o campo de aplicação da proibição às próprias cláusulas subsequentes ao vencimento, que permitissem ao credor extorquir o consentimento do devedor para uma operação prejudicial a este, com a ameaça de recurso às vias judiciais para execução da dívida.

O credor pode só ter concedido a dilação do prazo pedido pelo devedor mediante a inserção do pacto comissório posterior ao vencimento da obrigação. E só o espectro dessa suspeição repugna ao espírito da lei.

O princípio da indivisibilidade da hipoteca, enunciado no artigo 696.°, não corresponde a um preceito imperativo da lei. A indivisibilidade da garantia pode ser afastada por convenção das partes em *contrário*.

Das obrigações em geral

A *regra* da *indivisibilidade* (da hipoteca) desdobra-se num duplo aspecto.

Por um lado, se a hipoteca recair sobre dois ou mais prédios, homogéneos, a garantia recai *por inteiro* sobre cada um deles e não apenas parcelarmente, ou fragmentariamente, em proporção ao valor de cada um deles. Se o crédito de 50 mil contos estivesse garantido por dois prédios, cada um dos quais valha aproximadamente também 50 mil contos, o credor pode executar a sua garantria por inteiro sobre qualquer dos imóveis.

E o mesmo regime se aplica à hipótese de o prédio onerado com a hipoteca vir a ser dividido em dois ou mais prédios distintos. Sobre cada uma das partes do imóvel dividido ou fraccionado recai, por inteiro, o encargo da dívida assegurada.

Por outro lado, se o crédito garantido se fraccionar, v. gr. mercê da sua cessão parcial a um ou mais cessionários, qualquer dos credores goza do poder de executar o seu crédito, por inteiro, sobre o imóvel ou imóveis onerada.

A aplicação do princípio, sobretudo no que respeita ao seu primeiro aspecto, tem sido alvo de algumas reservas. Graças à faculdade reconhecida ao credor hipotecário de executar o seu crédito, por inteiro, sobre qualquer dos imóveis compreendidos na garantia, coloca-se nas suas mãos o poder de prejudicar arbitrariamente os segundos credores hipotecários de um ou outro dos imóveis onerados.

Apesar dessa possibilidade, que é real e incontestável, tem-se entendido que a orientação supletiva da lei deve ser mantida, pela justa vantagem que se concede ao credor hipotecário de se libertar do risco da perda ou desvalorização de uma das coisas hipotecadas ou de uma ou outra parte do prédio posteriormente dividido.

Além disso, não pode esquecer-se a possibilidade de os segundos credores hipotecários se sub-rogarem na posição jurídica dos primeiros credores, mediante o pagamento dos seus créditos.

SUBSECÇÃO II

Espécies de hipotecas

491. *Espécies de hipotecas: legais, judiciais e voluntárias.* São três as espécies de *hipotecas* que o novo Código (art. 703.º) distingue, atendendo à sua fonte: *as legais*, as *judiciais* e as *voluntárias*.

O Código de 1867 (art. 904.º) referia apenas duas destas variantes: as *legais* e as *voluntárias*.

O Código de 1966, coerente com os critérios de classificação e sistematização das relações jurídicas que adoptou, não hesitou em trazer para a área do direito civil as hipotecas judiciais, que o Código de Processo Civil de 1961 chamara ao domínio do direito processual codificado (art. 676.º).

Diz-se no artigo 704.º, a propósito da primeira das três espécies, que «as hipotecas legais resultam imediatamente da lei, sem dependência da vontade das partes, e podem constituir-se desde que exista a obrigação a que servem de segurança.»

A leitura atenta da disposição revela que a *possibilidade* de constituição da hipoteca legal resulta imediatamente da *lei*, não depende da vontade das partes. Mas também mostra que a constituição das hipotecas *(legais)* nasce dum acto posterior à criação da respectiva norma («as hipotecas legais... *podem constituir-se*», como quem diz por acto das partes), que não pode deixar de ser, em obediência ao disposto no artigo 687.º, o *registo* da garantia.

Com uma particularidade que importa realçar.

Nas hipotecas judiciais e nas hipotecas voluntárias, a hipoteca nasce da sentença, do contrato ou da declaração unilateral, que é o seu título constitutivo, não sendo o *registo* senão um requisito de *eficácia* da garantia, quer em relação a terceiros, quer perante as próprias partes (art. 687.º).

Nas hipotecas legais, o acto de registo é que constitui o berço da garantia, porque a hipoteca não tem existência jurídica antes do registo, no qual se especificam os bens onerados e se fixa a identidade, especialmente o montante, do crédito assegurado.

Das obrigações em geral

A selecção dos credores com direito a hipoteca legal, feita no artigo 705.º, tem manifestamente por base a necessidade especial de assegurar o cumprimento de certos créditos, em atenção à qualidade dos credores (o Estado e demais pessoas colectivas públicas), à *posição* do credor em face do devedor (art. 705.º, al. *c*)) ou à natureza da dívida.

A hipoteca judicial ([1]), a que se refere o artigo 710.º, é a que nasce da *sentença* que condene o devedor à realização de uma prestação em dinheiro ou outra coisa fungível.

A forma como o artigo 710.º define o papel da sentença condenatória na constituição da hipoteca, dizendo que ela «é título bastante» para o seu registo, indica de modo claro que é com base na sentença, juntando certidão dela, que o autor há-de promover, através do registo requerido ao conservador, a constituição da hipoteca. E há-de obviamente especificar, na altura, os bens do devedor (condenado), devidamente identificados, sobre os quais a hipoteca deve recair ([2]).

O facto de na lei (art. 710.º) se prescrever que a hipoteca (judicial) pode incidir «sobre quaisquer bens do obrigado» não significa, de modo nenhum, que ao requerente seja permitido obter hipotecas sobre bens que, no seu conjunto, excedam manifestamente o valor do crédito objecto da condenação.

Se, na sua indicação, o requerente desprezar essa regra elementar de bom senso, como o excesso pode prejudicar grave-

---

([1]) Sobre a evolução da hipoteca judicial desde o Decreto n.º 21 287, de 26 de Maio de 1932, até à sua transplantação para o Código de Processo de 1939, vide ALBERTO DOS REIS, *Código de Processo Civil anotado*, V, pág. 200 e segs.

([2]) Têm-se levantado entretando a cada passo, na jurisprudência, algumas dúvidas sobre a questão de saber se o credor que registou a hipoteca judicial sobre bens que o devedor alienara anteriormente, mas que continuaram inscritos no registo em nome do devedor alienante, é ou não *terceiro* em face do adquirente. No sentido afirmativo, vide VAZ SERRA, anotação ao ac. do S.T.J., de 17-4-1980 (na *Rev. Leg. Jurisp.*, 114, pág. 347 e A. VARELA e H. MESQUITA, anot. ao ac. de 3-6-1992, na *Rev. cit.*, 126, pág. 374 e segs.

Garantias especiais das obrigações

mente, quer o dévedor, quer outros credores do condenado, reconhece-se a qualquer dos interessados a faculdade de requerer a redução da hipoteca a limites adequados (art. 720.º).

Apesar de ser incluído ao lado das duas outras espécies de hipotecas, sem qualquer discriminação, a verdade é que a hipoteca judicial não tem, compreensivelmente, a mesma força que possuem as hipotecas voluntárias e as hipotecas legais.

Decretada a falência (cfr. art. 200.º, n.º 3, do *Cod. Proc. Esp. de Recup. da Emp. e de Falência*), a hipoteca judicial, à semelhança, aliás, do que ocorre com a penhora, não é atendida na graduação de créditos dos vários concorrentes à massa falida.

No rol das espécies de hipoteca distinguidas no artigo 703.º figuram, por último, as hipotecas voluntárias, que são as mais importantes na prática negocial. Como o próprio nome indica, as hipotecas voluntárias são as que nascem dum acto de vontade das partes.

Hipoteca voluntária, diz ainda com mais precisão o artigo 712.º, é a que nasce de contrato ou declaração unilateral. Já os artigos 910.º e 936.º do Código de 1867 prescreviam que as hipotecas voluntárias nascem de contrato ou de disposição de última vontade. Confrontando as duas formulações, conclui-se que o Código de 1966 pretendeu ampliar as fontes das hipotecas, no domínio dos negócios unilaterais, para além das disposições testamentárias.

Reconheceu-se efectivamente, com a nova formulação adoptada, a possibilidade de o proprietário dos bens, à semelhança do que permitem a lei italiana (art. 2 821 do Cód. Civil) e a lei espanhola (Lei hipotecária, art. 138), constituir a hipoteca a favor do credor por mera declaração unilateral *inter-vivos*.

É um dos casos excepcionais (de declaração unilateral vinculativa) previstas no artigo 457.º, que se justifica por duas razões: primeiro, porque o acto só benefícios pode trazer ao credor, seu destinatário e beneficiário; segundo, porque a concordância do credor com o benefício propiciado pelo acto (unilateral) do pro-

Das obrigações em geral

prietário dos bens se manifestará, por via de regra, no requerimento do registo ([1]), sem cuja realização o acto não produz efeitos, nem sequer entre as partes.

Contra a constituição da hipoteca por meio de disposição testamentária tem-se já argumentado com a pretensa imoralidade do acto, por meio do qual o testador beneficia, sem nenhuma razão justificativa, um dos seus credores em detrimento dos demais.

A verdade, porém, é que o acto nada tem de imoral. Se o testador podia legar ao credor a propriedade da coisa (hipotecada), por que razão lhe há-de ser censurado o facto de o ter distinguido com um simples direito real de garantia sobre a coisa? E o perigo de beneficiação injustificada de um dos credores em detrimento dos outros, por meio da hipoteca testamentária, não existe de igual modo na hipoteca contratual ou convencional? ([1]).

SUBSECÇÃO III

Redução, expurgação e transmissão da hipoteca

492. *Redução, expurgação e transmissão da hipoteca.* Entre as vicissitudes específicas da relação de garantia hipotecária, interessa conhecer, pela importância especial que revestem, a redução, a expurgação e a transmissão da hipoteca.

A) *Redução da hipoteca.* Desde que a finalidade essencial da hipoteca, como relação acessória que é, consiste em assegurar o cumprimento de certo crédito, é perfeitamente compreensível que tanto o devedor como os demais credores dele (que não o titular

---

([1]) Essa era já uma das principais razões invocadas na doutrina italiana para justificar a solução. «Declarada pelo devedor ou por um terceiro, em documento, a vontade de conceder hipoteca, dizia-se na *Relazione* do *Guarda dos Selos* sobre o texto definitivo do Código italiano, a aceitação da oferta estava implícita na apresentação da nota de inscrição ao conservador das hipotecas...» (apud VAZ SERRA, *ob. cit.*, n. 27, pág. 326).

([1]) Vide, no mesmo sentido, a argumentação de VAZ SERRA (*ob. cit.*, n. 27, pág. 327 e segs.).

Garantias especiais das obrigações

da hipoteca) queiram em certas circunstâncias obter a redução da hipoteca, seja porque os bens hipotecados aumentaram entretanto de valor, seja porque a dívida diminuíu ou se revela aquém do montante previsto.

Já o Código de 1867 se referia, nos artigos 909.º e 936.º, à redução da hipoteca, mas apenas à redução *judicial*, embora a primeira das disposições cuidasse das hipotecas *legais*, e a segunda tratasse das hipotecas *voluntárias*. O facto de a lei regular apenas a redução judicial, aquela que era requerida pelo devedor independentemente da vontade do credor, não significa que na legislação da época houvesse qualquer oposição, de princípio, à redução *voluntária, consensual* ou por acordo dos interessados.

O Código vigente (art. 718.º) alude, porém, de modo explícito, à redução *voluntária* e à redução *judicial*, querendo abranger tanto as hipotecas legais e judiciais (art. 720.º), como as hipotecas *voluntárias*. Essencial é que, no caso da redução voluntária, o credor possua a necessária capacidade de disposição, mandando a lei compreensivelmente aplicar à redução da garantia o *regime* estabelecido para a renúncia à hipoteca (vide arts. 719.º e 730.º, alínea *d*) e 731.º).

Quer isto dizer que, tal como a *renúncia*, também a *redução voluntária* necessita de declaração *expressa*, está sujeita à *forma* exigida para a constituição da hipoteca e não precisa de *aceitação*, nem do devedor, nem do autor da garantia.

Do que não pode é prescindir-se da capacidade de disposição do credor, mesmo que a redução não vá abaixo do valor do prédio hipotecado, visto a redução importar numa diminuição da garantia prestada e, consequentemente, a disposição de um direito do credor.

Quando, porém, se trate de hipoteca voluntária ou de hipoteca legal ou judicial com menção expressa dos bens onerados ou da quantia assegurada, a lei é compreensivelmente mais exigente quanto à possibilidade de redução judicial.

Das obrigações em geral

Nesses casos, a redução (judicial) só é permitida em dois grupos de situações:

a) primeiro, se, por virtude do cumprimento parcial ou de outra causa de extinção, o crédito garantido ficar reduzido a menos de dois terços do seu montante inicial. Se o abatimento for menor, a diminuição da dívida ficará dentro da faixa de carência ou imodificabilidade da hipoteca (art. 720.º, 2, *a*));

b) segundo, se, mercê de acessões naturais ou benfeitorias, os bens hipotecados se tiverem valorizado em mais de um terço do seu valor, à data da constituição da hipoteca (art. 720.º, 2, *b*)).

Pela forma como os requisitos da redução judicial são formulados nesses casos (hipoteca voluntária e hipoteca legal ou judicial com indicação da coisa onerada ou da quantia assegurada), o interessado requerente terá logo na petição de redução de alegar o montante da diminuição do crédito ou da valorização dos bens onerados.

B) *Expurgação* (da *hipoteca*). A expurgação da hipoteca consiste na faculdade reconhecida ao adquirente do imóvel onerado de eliminar (expurgar) a hipoteca, para que o imóvel fique nas suas mãos livre de encargos.

Não se trata de *limpar* ou *expurgar* a hipoteca, mas de limpar os *bens imóveis* da *sujidade* (do *fardo* ou *encargo*) que é a execução hipotecária.

Claro que essa faculdade concedida ao novo proprietário só se compreende desde que ela não envolva demasiado sacrifício para o credor hipotecário (¹).

(¹) Há, evidentemente, um sacrifício para o credor hipotecário que à lei não custa impor-lhe: a de aceitar o pagamento do crédito que ainda se não tivesse vencido ou que ele preferisse só cobrar mais tarde, tendo o prazo sido estabelecido a seu favor.

E só assim se compreende, aliás, que a lei não conceda o benefício da expurgação ao novo dono dos imóveis que seja pessoalmente responsável pelo cumprimento da obrigação garantida, como suede no caso de ele ser fiador ou herdeiro do devedor.

Garantias especiais das obrigações

E a lei considera esta ressalva satisfeita por uma de duas vias:

a) ou pagando o adquirente dos bens todas as dívidas dos credores hipotecários, que oneram os bens adquiridos;

b) ou prontificando-se a entregar aos credores, para satisfação dos seus créditos, até à garantia pela qual obteve os bens (quando a título oneroso os tenha adquirido), ou até à quantia em que os avalia, quando os tenha adquirido a título gratuito ou não tenha havido fixação de preço (apesar do carácter oneroso da aquisição).

No primeiro caso, porque os credores não sofrem prejuízo, a não ser eventualmente o da perda do prazo estabelecido a seu favor, a operação processual da expurgação é muito simples (arts. 998.º a 1000.º do Cód. Proc. Civil), na hipótese de os interessados não acordarem na sua realização extrajudicial [1].

Pagas as dívidas hipotecárias e depositadas as quantias que não forem recebidas, o tribunal pode considerar expurgados os bens e mandar cancelar as hipotecas registadas a favor dos credores citados (art. 1000.º do Cód. Proc. Civil).

Mais difícil e complexo é naturalmente o segundo caso, quer porque o preço de aquisição pode ser inferior ao valor real dos bens hipotecados (e ao preço que muito provavelmente se conseguiria obter com a sua alienação na execução hipotecária), quer porque pode ser também inferior a este valor a estimativa feita pelo novo proprietário.

Neste caso, tem naturalmente de conceder-se aos credores hipotecários a oportunidade de impugnarem o preço da aquisição ou o valor oferecido pelo requerente da expurgação (art. 1002.º do Cód. Proc. Civil), desde que a quantia declarada por este seja inferior ao montante dos créditos hipotecários registados (aditando,

---

[1] Se a aquisição da coisa hipotecada tiver lugar em processo de execução, a expurgação faz-se nos termos dos artigos 864.º e segs.; no caso de se ter realizado em processo especial (art. 463.º, 2), aplicar-se-ão as mesmas regras com as necessárias adaptações (cfr. ABÍLIO NETO, *ob.* e *ed. cits.*, anot. ao antigo artigo 1001.º, pág. 1034).

Das obrigações em geral

evidentemente, à dívida de capital os juros cobertos pela garantia: art. 693.º, n.º 2) e dos créditos privilegiados (art. 1003.º do Cód. Proc. Civil).

Havendo impugnação, terão os bens que ser postos em hasta pública para serem arrematados pelo maior lanço que obtiverem acima do valor declarado pelo adquirente, nada impedindo que este concorra à arrematação, dispondo-se a entregar todo o valor nela oferecido para pagamento dos credores.

Não havendo na praça oferta superior ao valor declarado pelo adquirente, será essa indicação aceite como boa, com todas as consequências daí decorrentes (art. 1003.º, n.º 3).

O risco que o novo proprietário, requerente da expurgação, corre deste modo de ver decretada a venda judicial dos bens por ele adquiridos e de os bens se lhe escaparem das mãos através da arrematação em hasta pública [1] fá-lo-á, por certo, pensar duas vezes antes do requerimento da expurgação e da indicação da quantia que está disposto a depositar para pagamento dos credores [2].

C) *Transmissão da hipoteca. A hipoteca*, como direito *acessório* que é do crédito garantido, transmite-se, em princípio, com o próprio crédito que ela guarnece.

---

[1] Atenda-se, no entanto, ao disposto no artigo 724.º, que determina, no caso de execução ou de expurgação da hipoteca, o renascimento de qualquer direito real que o adquirente da coisa hipotecada tivesse sobre ela, anteriormente à aquisição. Vide PIRES DE LIMA e ANTUNES VARELA, Código Civil anotado, I, 4.ª ed., anot. ao art. 724.º.

[2] O Decreto-Lei n.º 379/86, de 11 de Novembro, mantendo a inovação que procedia já do Decreto-Lei n.º 236/80, de 18 de Julho, através da nova redacção dada ao artigo 830.º, veio permitir, como se sabe, ao requerente da execução específica do contrato-promessa, quando a promessa se refira à celebração de contrato oneroso de transmissão ou constituição do direito real sobre edifício ou fracção autónoma dele, incluir na condenação requerida do promitente faltoso a soma necessária para promover a expurgação da hipoteca que eventualmente recaia sobre o imóvel.

Sobre as dificuldades a que o exercício dessa faculdade se presta, por carência de regulamentação adequada, vide ANTUNES VARELA, *Sobre o contrato-promessa*, Coimbra, 1988, n.º 42, pág. 168 e segs..

Garantias especiais das obrigações

A transmissão do crédito hipotecário, quer a transmissão se dê *inter-vivos*, quer se opere por sucessão *moretis causa*, envolve normalmente, como mero efeito da modificação da pessoa do credor, a titularidade da hipoteca.

Quando, porém, no Código Civil (arts. 727.º e segs.) se alude à transmissão da hipoteca, não é a esta transferência por *mero arrastamento* do crédito, mas à transferência *autónoma* da garantia que a lei pretende aludir ([3]).

São duas as formas de transmissão *(autónoma)* da hipoteca previstas e reguladas na lei: uma, feita pelo credor hipotecário a favor do credor comum do mesmo devedor, que abrange toda a garantia; outra, mais sofisticada, realizada pelo credor hipotecário a favor de outro hipotecário, que no fundo se limita a uma simples cessão do grau da hipoteca.

A primeira, já conhecida do direito romano, mas afastada por algumas legislações([1]), conduz à *sub-hipoteca*, como quem diz à *hipoteca da hipoteca*, contra a qual importa sobretudo acautelar os interesses do autor da hipoteca (aquele que constituiu a garantia). Objectivo que a lei procura alcançar através de duas disposições adequadas: por um lado, limita a garantia cedida à importância do crédito originário (art. 728.º, 1); por outro, exige o consentimento

---

([1]) Cfr. a *Rev. Leg. Jur.*, 65.º, pág. 343 e segs. e 66.º, pág. 248 e segs.

([1]) Entende-se, efectivamente, para justificar essa posição, que o credor hipotecário que pretenda utilizar a sua garantia como instrumento de negociação pode recorrer ao *penhor do crédito hipotecário*. O credor pode, no entanto, não ter interesse em sacrificar o seu crédito e preferir abdicar definitivamente da sua garantia, sem correr o risco de perder definitivamente o crédito (empenhado). Foi esta a necessidade a que se procurou acudir (sem eliminar, obviamente, a figura do penhor do crédito hipotecário), para melhor servir os interesses da prática. Vide VAZ SERRA, *ob. cit.*, pág. 65. Cfr. acerca do problema no direito italiano, M. FRAGALI, *Ipoteca (dir. priv.)*, n. 54, na *Enc. del dir.*; e GORLA, *Del pegno. Delle ipoteche*, no *Com.* de SCIALOJA e BRANCA, 3.ª ed., 1968, anot. ao art. 2843.º, n. 4; e, no direito civil espanhol, DIEZ-PICAZO e GULLÓN, *Sistema de derecho civil*, III, 2.ª ed., 1981, segundo o qual «*la transmissión de la hipoteca solo es posible unida a la transmissión del credito.*»

Das obrigações em geral

do autor da hipoteca, no caso de a hipoteca ter sido constituída por terceiro (art. 727.º, 1).

Dois requisitos estabelece a lei para que a transmissão da hipoteca se possa assim efectuar.

Exige-se, em primeiro lugar, que a hipoteca não seja *inseparável* da *pessoa* do devedor. A hipoteca que recaia, por exemplo, sobre os bens do tutor, curador ou administrador legal de bens ou do obrigado à prestação alimentícia (art. 705.º, als. *c*) e *e*)) não pode ser transmitida a outro credor do mesmo devedor, porque elas são inerentes à qualidade ou posição em que o obrigado se encontra. Há nestes casos uma espécie de não fungibilidade da hipoteca, porque ela nasce para reforçar determinado crédito e não pode, consequentemente, ser transferida para guarnecer outro crédito, sem quebra do nexo teleológico essencial que a prende àquele vínculo creditício.

Torna-se necessário, em segundo lugar, que o cessionário seja credor do mesmo devedor.

À perturbação que a admissibilidade de transmissão da hipoteca a favor de credor de outro devedor poderia causar nas relações entre as partes não encontra compensação nas necessidades práticas que a operação pudesse satisfazer.

E é evidente que, para não prejudicar injustamente os demais credores, quer comuns ou quirografários, quer hipotecários, a cessão só pode aproveitar ao cessionário nos limites do crédito originariamente garantido (art. 728.º, 1).

Admitamos que *A*, devedor, tinha três credores: *B*, credor hipotecário, pela soma de 5.000 contos; *C* e *D*, credores comuns, respectivamente pelo valor de 10.000 e de 20.000.

Se, em determinado momento, *B* quisesse ceder a sua hipoteca a *D* e a cessão aproveitasse ao cessionário em toda a extensão do seu crédito, é evidente que *C* poderia ficar grave e injustamente lesado. E o mesmo poderia afirmar-se em relação a um segundo credor hipotecário do mesmo devedor.

Garantias especiais das obrigações

E é esse prejuízo injustificado que o artigo 728.º, n.º 1, pretende decididamente esconjurar.

A cessão da hipoteca está sujeita, por força do disposto no artigo 727.º, n.º 1, ao regime da cessão de créditos (arts. 577.º e segs.). Aliás, a mesma solução resultaria já do disposto no artigo 588.º.

A cessão da hipoteca necessita ainda de ser registada (art. 2.º, n.º 1, al. *h*) do Cód. Reg. Predial), tal como sucede com a hipoteca.

Com uma diferença, aliás não despicienda.

Se não for registada, a cessão da hipoteca não produz efeitos em relação a terceiros, de harmonia com a directriz de ordem geral traçada para os actos sujeitos a registo. Mas não deixa de ser eficaz entre as partes, visto a norma excepcional do artigo 687.º ser aplicável à *constituição*, mas não à cessão da hipoteca ([1]).

A limitação imposta no n.º 2 do artigo 728.º, por força da qual o credor hipotecário cuja garantia incide sobre mais de uma coisa ou direito só pode cedê-la à mesma pessoa e na sua totalidade, constitui um simples corolário do princípio da *unidade*.

Obviamente, nada impede que o devedor obtenha a redução da hipoteca e que, depois de reduzida, o credor a transmita a outro credor, sobre os bens a que ela ficou limitada.

A segunda modalidade de cessão da hipoteca é, como vimos, a que se reduz à simples cessão do grau hipotecário (art. 729.º). Modalidade que o próprio Código italiano — sob a designação de *postergazione di grado* —, não obstante a rejeição da cessão ao credor quirografário, admite expressamente no artigo 2843 ([2]).

O grau hipotecário — a ordem de prioridade no direito de prelação — é, como se sabe, determinado pela data do registo.

([1]) Vide VAZ SERRA, anot. ao ac. do Sup. Trib. Just., de 28 de Novembro de 1969, na *Revista*, 103.º, pág. 575.

RUBINO, *ob. cit.*, anot. ao art. 2843, pág. 308.

Das obrigações em geral

E o que a lei permite aos interessados é a possibilidade de o credor hipotecário anteriormente inscrito ceder ao posteriormente colocado a sua posição de relativa preferência na ordem dos pagamentos à custa do preço do imóvel onerado.

À cessão do grau hipotecário são aplicáveis, de igual modo, as normas reguladoras da cessão de créditos, a necessidade de inscrição no registo (com a sanção indicada para a modalidade anterior) e ainda a própria circunscrição dos efeitos da cessão aos limites do crédito primeiramente graduado.

SUBSECÇÃO IV

Extinção da hipoteca

493. *Extinção da hipoteca.* Resta, para concluir o exame dos rasgos essenciais da *rainha* das garantias do crédito, conhecer as causas de extinção da hipoteca.

São quatro as causas *extintivas* da garantia hipotecária, que o artigo 730.º menciona.

A primeira delas, relacionada com o carácter acessório da hipoteca, consiste na extinção da obrigação a que ela serve de garantia, seja qual for a causa extintiva da obrigação.

Trata-se, como vimos, de uma consequência necessária da *acessoriedade* que caracteriza no direito português e nas legislações de raiz latina a constituição e a própria transmissão da hipoteca. Concepção diferente vigora no direito alemão (§§ 1163 e 1168), onde se admite a *hipoteca* a favor do proprietário do imóvel, passando a hipoteca a ser nesse caso, por uma espécie de metamorfose interessante, não uma garantia do crédito, mas um direito de prelevantamento de certa soma à custa do preço de alienação do imóvel onerado.

Fiel à concepção tradicional dos direitos reais de garantia, a alínea *a)* do artigo 730.º considera extinta a hipoteca logo que, por qualquer causa, se extinga a obrigação garantida, incluindo neste

Garantias especiais das obrigações

núcleo de casos, quer a sentença passada em julgado, quer a expurgação da hipoteca, quer a prescrição, a que se referia o artigo 1027.º do Código de 1867.

A prescrição aparece, no entanto, na alínea *b)* do artigo 730.º, como *causa extintiva* autónoma da hipoteca (já não da obrigação garantida), sob uma veste curiosa e singular no direito português constituído.

A prescrição surge aqui como causa extintiva da hipoteca, não a favor do devedor ou do terceiro autor da hipoteca, mas a favor do terceiro adquirente do prédio hipotecado.

A lei não considera a prescrição como causa extintiva de ordem geral da garantia real, mesmo em circunstâncias paralelas às descritas na alínea *b)* do artigo 730.º, como se verifica através das excepções consignadas no artigo 664.º, quanto à consignação de rendimentos, e no artigo 667.º, relativamente ao penhor.

No que respeita à hipoteca, pela natureza dos bens em causa, entendeu-se que devia proteger-se a situação do terceiro adquirente do prédio hipotecado, quando a garantia não seja exercida para além de certo período de tempo. Esse período, para acautelar em termos razoáveis o direito do credor e para justificar a tutela excepcional do adquirente do imóvel onerado, define-se por uma dupla coordenada temporal. Para que esta espécie de *favor libertatis* funcione em favor do terceiro adquirente, é efectivamente necessário que tenham decorrido, por um lado, vinte anos sobre o registo da aquisição e, por outro, cinco sobre o vencimento da obrigação.

Enquanto se não tiverem verificado, conjuntamente, os dois prazos, a hipoteca persiste.

Embora, em princípio, se possa discutir a natureza desta causa extintiva da hipoteca, o facto de a lei expressamente a designar como *prescrição* e não como *caducidade*, com pleno conhecimento dos aspectos que distinguem o regime de uma e outra (art. 298.º), revela em termos iniludíveis que devem aplicar-se à prescrição da hipoteca as regras específicas da prescrição em geral (notadamente

Das obrigações em geral

as causas de *suspensão* e de *interrupção* deste processo extintivo da relação jurídica).

A terceira causa extintiva da garantia hipotecária é dada pelo perecimento da coisa hipotecada (art. 730.º, al. *c*).

O perecimento que a lei prevê nesta disposição é, manifestamente, a perda total. Porquanto, se a perda for meramente parcial, a hipoteca persiste sobre a parte que restar, desde que esta possua ainda algum valor patrimonial.

Mesmo, porém, que a perda do imóvel hipotecado seja total, dois núcleos de situações podem verificar-se, em que a hipoteca se não extingue, por virtude da ressalva contida na parte final da alínea *c*).

O primeiro, regulado no artigo 692.º, é o dos casos em que a perda da coisa ou direito hipotecado cria para o dono ou titular o direito a qualquer indemnização. Nesse caso, transfere-se para o objecto da indemnização o direito que o credor hipotecário tinha de ser pago, com preferência sobre os demais credores, pelo valor da coisa hipotecada.

O segundo, previsto e regulado no artigo 701.º, é o dos casos em que a coisa hipotecada perece por causa não imputável ao credor e em que o credor hipotecário tem possibilidade *efectiva* de exigir do devedor a substituição da coisa perecida ou em que, sendo a hipoteca constituída por terceiro e perecendo a coisa por culpa deste, o credor tem a possibilidade efectiva de exigir dele a substituição ([1]).

A última causa de extinção da hipoteca é a *renúncia* do credor (art. 730.º, al. *d*)).

Para ser válida, a renúncia necessita de ser *expressa* (arts. 731.º e 217.º) e de revestir a *forma* exigida para a sua constituição.

([1]) Sobre os restantes direitos conferidos nestes casos ao credor hipotecário, *vide* os n.ᵒˢ 1 e 2 do artigo 701.

Garantias especiais das obrigações

Mas não precisa, como negócio jurídico unilateral que é, de ser aceita pelo devedor ou autor da hipoteca (art. 731.º, n.º 1).

Anote-se, entretanto, que a renúncia à hipoteca não envolve a extinção da obrigação garantida, nem sequer a presunção de *remissão* dela, por força da disposição genérica contida no artigo 867.º.

Para que haja extinção voluntária da dívida, por liberalidade do credor, é necessário que haja contrato de *remissão* (art. 863.º).

SECÇÃO VII

PRIVILÉGIOS CREDITÓRIOS

494. *Noção. Privilégio creditório* é o direito conferido a certos credores de serem pagos com preferência sobre os demais, em atenção à *natureza* dos seus créditos, independentemente de registo (art. 733.º).

Trata-se, no fundo, da noção já aceite no Código de 1867, cujo artigo 878.º, cingindo-se apenas à *estrutura* do privilégio, não punha, no entanto, o dedo sobre o fundamento da sua preferência sem necessidade do registo, ao contrário do que faz hoje o artigo 733.º, apelando expressamente para a *causa* do crédito.

Todo o privilégio tem realmente por fonte a *lei*, não havendo privilégios nascidos de negócio jurídico.

E a lei soluciona os credores privilegiados, como se verifica pela simples leitura dos artigos 736.º e seguintes, em atenção à *origem* dos seus créditos.

Os créditos do Estado e das autarquias locais, por exemplo, que gozam de privilégio mobiliário geral são apenas os que nascem de *impostos indirectos* e de alguns *impostos directos*, tal como sucede em larga medida com os créditos do Estado por despesas de justiça (arts. 738.º, 1 e 743.º).

Não é fácil, no entanto, definir a *natureza jurídica* dos *privilégios*, porque nem sempre o seu regime obedece ao mesmo perfil.

Das obrigações em geral

O privilégio mobiliário geral, por exemplo, que em princípio se estende a todos os bens móveis existentes no património do devedor, não vale contra terceiros titulares de direitos que, recaindo sobre esses móveis, sejam oponíveis ao exequente (direitos reais de gozo e direitos reais de garantia entretanto constituídos). Mas já os privilégios imobiliários são francamente oponíveis a terceiros e preferem à consignação de rendimentos, à hipoteca ou ao direito de retenção, ainda que estes sejam anteriores ao privilégio (art. 751.º).

O grande perigo dos privilégios para a segurança do comércio jurídico provém do facto de eles valerem em face de terceiros, independentemente de registo. Não tendo um mínimo de publicidade a assinalar a sua presença, eles constituem um perigo grave para a *navegação* comum do comércio jurídico, podendo atingir seriamente os terceiros que contratam com o devedor, na ignorância da sua existência e dos seus reflexos sobre a garantia patrimonial por ele oferecida.

Assim se explica a orientação vincada no Código Civil (art. 8.º da Lei de introdução — Dec.-Lei n.º 47344, de 26.11.1966), de declarada reacção contra a proliferação de privilégios da legislação anterior, em benefício sobretudo do Estado e das autarquias locais [1]. Infelizmente, a tendência para usar e abusar dos privilégios creditórios renasceu na legislação posterior [2], com graves repercussões para a economia nacional em muitas das acções propostas contra empresas em situação financeira difícil.

---

[1] PIRES DE LIMA e ANTUNES VARELA, *Código Civil anot.*, I, com a colab. de H. MESQUITA, 4.ª ed., anot. aos artigos 733.º e 744.º.

[2] Contra essa nova linha de orientação, há no entanto que registar, como reacção francamente louvável, a solução do artigo 152.º do novo *Código dos Processos Especiais de Recuperação das Empresas e de Falência*, que considera imediatamente extinta, com a declaração de *falência* da empresa devedora, os privilégios creditórios do Estado, das autarquias locais e das instituições de segurança social.

495. *Classes de privilégios.* São duas as classes ou espécies de privilégios reconhecidos e distinguidos na lei, em atenção ao seu objecto: os privilégios *mobiliários*, de um lado; e os privilégios *imobiliários*, do outro (art. 735.º).

Os privilégios *mobiliários* que, como o próprio nome indica, são os que recaiem sobre bens móveis, podem ser *gerais* ou *especiais*, consoante incidam sobre *todos* os móveis do devedor existentes à data da penhora ou de acto equivalente ou apenas onerem os bens móveis de determinada natureza ou origem. Os artigos 736.º e 737.º indicam os créditos que gozam de privilégio mobiliário *geral*, enquanto os artigos 738.º a 742.º discriminam os créditos contemplados com privilégio mobiliário especial.

Os privilégios imobiliários, de acordo com a directriz traçada no artigo 735.º, seriam sempre *especiais*, recairiam *necessariamente* apenas sobre *determinados* imóveis.

Lamentavelmente, o Decreto-Lei n.º 512/76, de 3 de Julho, afastou-se do princípio estabelecido no artigo 735.º do Código, ao criar para os créditos por contribuições do regime geral da previdência e dos respectivos juros um *privilégio imobiliário geral*. Anomalia mantida no Decreto-Lei n.º 103/80, de 9 de Maio, em cujo artigo 11.º se prescreve, com efeito, que os créditos pelas contribuições para a Previdência e respectivos juros de mora «gozam de privilégio imobiliário sobre os bens imóveis existentes no património das entidades patronais à data da instauração do processo executivo, graduando-se logo após os créditos referidos no artigo 748.º do Código Civil» ([1]).

Analisando com atenção o texto do artigo 736.º, facilmente se verifica que, mesmo em relação aos impostos devido ao Estado e às autarquias locais, o Código Civil foi bastante parcimonioso na

---

([1]) Recorde-se entretanto a salutar reacção do artigo 152.º do *Cód. dos Proc. Esp. de Recuperação da Emp. e de Falência* que extinguiu com a declaração de falência os privilégios creditórios, não apenas do Estado e das autarquias locais, mas também das instituições de segurança social.

Das obrigações em geral

atribuição dos privilégios creditórios, procurando não acumular injustificadamente benefícios de regime em torno desses créditos.

Por um lado, quanto aos impostos directos, só se atribui privilégio mobiliário geral relativamente aos inscritos para cobrança no ano corrente à data da penhora, ou acto equivalente, e nos dois anos anteriores ([1]).

Por outro lado, excluem-se do âmbito do privilégio (mobiliário geral) tanto a sisa (que é cobrada, em regra, por antecipação) e o imposto sobre sucessões e doações (que goza de privilégio sobre os bens transmitidos, quer eles sejam móveis: art. 738.º, n.º 2, quer sejam imóveis: art. 747.º, n.º 2), como qualquer outro imposto que goze de privilégio especial (art. 736.º; n.º 2).

496. *Concorrência de privilégios.* Como dois ou mais privilégios podem incidir simultaneamente sobre as mesmas coisas, há necessidade de saber qual a ordem de prioridade que a lei estabelece entre eles.

O problema da prioridade relativa dos diferentes privilégios é solucionado nos artigos 746.º a 748.º; enquanto os artigos 749.º a 751.º prevêem e regulam os conflitos possíveis entre os privilégios e as demais garantias reais.

No primeiro domínio — da graduação relativa dos privilégios — três regras cumpre destacar.

A primeira é a da prioridade absoluta concedida aos créditos correspondentes a *despesas de justiça.*

Os privilégios por *despesas* de justiça — expressão que VAZ SERRA preferiu à designação tradicional de *custas judiciais* — gozam

---

([1]) Dizem-se impostos *directos*, de acordo com a melhor doutrina tributária, os que incidem de modo imediato sobre o património possuído ou o rendimento obtido pelo contribuinte. E indirectos serão aqueles que procuram atingir, não o património possuído ou o rendimento obtido, mas as utilizações que se fazem de um ou de outro. Vide, para explicitação e fundamentação do critério, TEIXEIRA RIBEIRO, *Lições de finanças públicas*, Coimbra, 1977, pág. 309.

Garantias especiais das obrigações

realmente de preferência, quer sejam imobiliários, quer sejam mobiliários, sobre todos os demais privilégios, e bem assim sobre quaisquer outras garantias reais, ainda que constituídas anteriormente sobre os mesmos bens (art. 746.º).

O critério de prioridade temporal estabelecido em termos gerais no artigo 750.º, para o caso de conflito entre o privilégio mobiliário especial e um direito de terceiro, é assim manifestamente derrogado em face do privilégio mobiliário especial consignado no artigo 738.º, n.º 1 em benefício dos créditos por despesas de justiça.

Este tratamento prioritário das despesas judiciais justifica-se facilmente em face da delimitação dessas despesas traçada no n.º 1 do artigo 738.º; são despesas feitas directamente no *interesse comum* dos credores, para a conservação, execução ou liquidação dos bens do devedor ou garantia da obrigação.

Sendo realizadas no interesse da generalidade dos credores, compreende-se perfeitamente que os demais credores cedam perante o Estado na cobertura dessas despesas.

A segunda regra que importa referir é a da escala de prioridade traçada no artigo 747.º, quanto aos privilégios mobiliários gerais, e no artigo 748.º, relativamente aos privilégios imobiliários.

A leitura da alínea *f)* do artigo 747.º revela que o Código deu prioridade aos privilégios mobiliários especiais sobre os privilégios mobiliários gerais, sufragando assim a orientação dominante na doutrina anterior.

A terceira regra limita-se à hipótese da concorrência entre créditos *igualmente* privilegiados, ou seja, colocados no mesmo degrau da escala de preferências.

A solução adoptada, que é a de proceder ao rateio entre os diferentes credores (no caso de os bens onerados não cobrirem todos os créditos), na proporção dos respectivos montantes, é a que melhor reflecte a igualdade da colocação dos credores na escala de prioridade dos privilégios.

Das obrigações em geral

497. *Regime e extinção dos privilégios.* Para além dos que acabam de ser destacados, outros rasgos do regime dos privilégios creditórios são definidos na lei mediante simples remissão para a disciplina paradigmática da hipoteca, igual processo de técnica legislativa se adaptando para as causas de extinção dos privilégios.

No primeiro aspecto, manda o artigo 753.º aplicar aos privilégios, com as necessárias adaptações, o disposto nos artigos 692.º e 694.º a 699.º.

A doutrina do artigo 692.º — que transfere a garantia da obrigação (no caso de a coisa onerada se perder, deteriorar ou diminuir de valor e o dono ter direito a indemnização) para o objecto da indemnização resultaria já, em bom rigor, do preceito do artigo 752.º que estende aos privilégios as causas que determinam a extinção da hipoteca (art. 730.º).

As disposições dos artigos posteriormente referidos (694.º a 699.º) não levantam dificuldades especiais de adaptação aos privilégios creditórios, bastando remeter para o que a propósito deles se encontra referido no estudo da hipoteca.

Quanto às causas de extinção, é o artigo 752.º que manda aplicar aos privilégios o regime próprio da hipoteca (art. 730.º).

A primeira das causas extintivas dos privilégios abrangidas na remissão — a extinção da obrigação coberta pelo privilégio — é uma pura consequência da acessoriedade da garantia.

Extinta a obrigação, findo tem de considerar-se também o privilégio que a tutelava.

De igual modo se compreende a extinção do privilégio por prescrição, em benefício do adquirente do imóvel onerado, nos termos em que a prescrição é concebida na alínea *b*) do artigo 730.º.

A terceira causa extintiva provém da perda da coisa onerada, com a ressalva do disposto no artigo 692.º, mas já não com a do

Garantias especiais das obrigações

artigo 701.º, visto não ter neste caso cabimento a substituição do objecto da garantia ([1]).

Os privilégios extinguem-se também por renúncia do credor, à qual é perfeitamente aplicável a doutrina do artigo 731.º, mas já não a do artigo 732.º, pelo facto de os privilégios não estarem sujeitos a registo.

Digna de grande realce foi, como já se salientou, a extinção dos *privilégios creditórios* do Estado, das autarquias locais e das instituições de segurança social, decretada no novo *Código dos Processos Especiais de Recuperação da Empresa e de Falência* (de 23-4-93), no artigo 152.º, logo que é decretada a falência da empresa devedora

SECÇÃO VIII
DIREITO DE RETENÇÃO *

498. *Noção.* Figura mal definida, de contornos muito imprecisos, no domínio da legislação anterior, o direito de retenção passou a ser, com o regime traçado nos artigos 754.º e seguintes, um verdadeiro direito real de garantia.

É que, durante muito tempo, cativo do seu *nomen iuris*, o direito de retenção foi concebido como um simples meio de coacção. O credor que, por determinadas circunstâncias, tivesse em seu poder uma coisa pertencente ao seu devedor, poderia recusar a entrega dela enquanto este lhe não pagasse o que devia. A retenção da coisa funcionava, assim, como uma espécie de aguilhão cravado na vontade do vendedor para que ele cumprisse a obrigação a que se encontrava adstrito.

([1]) Cfr. PIRES DE LIMA e ANTUNES VARELA, *Código Civil anot.*, vol. cit., pág. 771

* Vide, além de VAZ SERRA, *Direito retenção*, sep. do B.U.D., no *Bol. Min. Just.*, 65, pág. 160 e seg., a bib. cit. por CALVÃO DA SILVA, *Cumprimento e sanção pecuniária compulsória*, Coimbra, 1987, pág. 347, nota 626.

Adde: GRANITO, *Ritenzione (Dir. di)*, *Dig. Ital.*; WALTER D'AVANZO, *Ritenzione (Diritto di)*, *Nov. Dig. Ital.*; LARENZ, *Lehrbuch*, I, ed. cit., § 16.

Mas não passava deste instrumento de coerção a função que vagamente se atribuía ao *direito de retenção.*

Assim se explica, aliás, que o Código Civil de 1867 não consagrasse a essa figura nenhuma divisão especial na vasta galeria do capítulo da *caução* ou *garantia* dos contratos (arts. 818.° e segs.) e a deixasse andar aos baldões em várias disposições perdidas no meio do diploma (arts. 498.° e § 2.°, 499.°, § 2.°; 1349.°; 1407.°; 1414.°; 1450.°, § único; 1614.° e 2251.°). E do mesmo passo se compreende a interrogação a cada momento levantada na doutrina sobre o carácter *integral* ou *excepcional* (contrária à regra da *par conditio creditorum*) da figura.

O Código de 1966 tomou posição categórica em face de uma e outra das questões.

Por um lado, deixou bem claro, em duas das disposições mais significativas desta secção (VII), que o direito de retenção, não constituindo apenas um *meio de coerção* do cumprimento da obrigação, encorpora um verdadeiro *direito real* da garantia ([1]).

O artigo 758.° equipara, com efeito, o titular do direito de retenção sobre coisas móveis ao credor pignoratício ([2]).

O artigo 759.° equipara, por seu turno, o titular do direito de retenção de coisas imóveis no credor hipotecário e dá-lhe declaradamente a faculdade de executar a coisa para pagamento do seu crédito e o direito de ser pago com preferência sobre os demais credores do devedor. E vai neste ponto ao extremo de conceder prioridade ao titular do direito de retenção sobre o credor hipotecário, ainda que a hipoteca tenha sido registada anteriormente.

([1]) Em *dupla* função do direito de retenção — função de *garantia* e função *coercitiva* — fala CALVÃO DA SILVA (*ob. cit.*, n.° 89, pág. 345) ao caracterizar a figura.

([2]) A propósito desta extensão do regime dos direitos reais de garantia ao *direito de retenção, no que respeita aos bens móveis,* escreve VAZ SERRA (*Direito de retenção,* n.° 19): «Não parece que deva criar-se um penhor legal sempre que se julgue legítimo o direito de retenção. O que parece mais aceitável será estender ao direito de retenção, na parte aplicável, a disciplina do penhor e continuar a não admitir a figura do penhor legal.»

Garantias especiais das obrigações

Por outro lado, procurou também definir com bastante rigor, através de duas coordenadas bem distintas na sua concepção, o campo de aplicação do direito do retentor.

No artigo 755.º enumeram-se *especificadamente* os casos em que o credor goza do direito de retenção (o transportador, o albergueiro e o comodatário e, por fim, o beneficiário de certos contratos-promessa).

Antes disso, porém, no artigo 754.º, o Código fixa, em termos *genéricos*, embora bastante limitados, as circunstâncias abstractas de cuja verificação depende a existência do direito de retenção.

Deste modo, torna-se já possível definir o direito de retenção, com a necessária segurança, como o direito conferido ao credor, que se encontra na posse de certa coisa pertencente ao devedor de, não só recusar a entrega dela enquanto o devedor não cumprir, mas também, de executar a coisa e se pagar à custa do valor dela, com preferência sobre os demais credores.

499. *Campo genérico de aplicação do direito de retenção.* São duas as circunstâncias de cuja verificação, em alternativa, a lei faz depender a existência do direito de retenção.

Para que a recusa de entrega da coisa ao dono ou seu legítimo possuidor seja legítima, torna-se necessário que o crédito do recusante sobre o titular da coisa tenha resultado de despesas feitas por causa dela ou de danos por ela causados.

O arrendatário, por exemplo, obrigado a restituir o imóvel no fim do prazo contratual, se não tiver havido renovação ou prorrogação do contrato, gozará do direito de retenção se o seu crédito resultar de obras de conservação do prédio (benfeitorias necessárias) ou de danos causados pelo ruir do imóvel.

Só nestes casos, em que o crédito do retentor nasce de despesas feitas com a coisa, que a devem ter valorizado no interesse da generalidade dos credores, ou de prejuízos provenientes da própria

Das obrigações em geral

coisa detida, considera a lei justificada, sobretudo a preferência concedida ao detentor na satisfação do seu crédito ([1]).

O simples enunciado destes requisitos, conjugado com a ausência do empreiteiro da lista de retentores legais fixada no artigo 755.º, mostra que o empreiteiro não goza do direito de retenção sobre a obra em construção ou já construída.

As despesas efectuadas pelo empreiteiro na execução da obra não são despesas feitas por causa da *coisa*, visto que a coisa (obra realizada) ainda não existe, quando elas são construídas. Elas não são *determinadas* ou *provocadas* pela *coisa* que se pretende reter, embora possam ser efectuadas para que a coisa (a *obra*) venha a existir([2]).

Tal como lei o recebeu da tradição jurídica, o direito de retenção não se confunde com a *excepção non adimpleti contractus*.

A *exceptio inadimpleti contratus* permite ao *excipiente* não realizar a prestação a que se encontra adstrito (que tanto pode ser uma prestação de coisa, como uma prestação de facto) enquanto a outra parte não efectuar a *contraprestação* que lhe corresponde, dentro do contrato bilateral ou sinalagmático que a ambos engloba.

No direito de retenção, a obrigação que recai sobre o retentor é sempre uma obrigação de *prestação de coisa*; e entre essa obrigação e a obrigação que recai sobre a outra parte não existe um nexo *sinalagmático*([3]), embora haja uma outra *relação de conexão funcional —*

([1]) Se o credor, na detenção da coisa, subordinar a entrega dela ao pagamento, não só das despesas feitas por causa dela (ou da indemnização dos danos por ela causados), mas também de outros créditos, ele passa a exercer ilegitimamente o direito de retenção, embora em relação apenas a estes créditos que extravasam do recipiente próprio da retenção. Mais radical é o juízo feito no ac. do Sup. Trib. Just., de 3 de Dezembro de 1974; no *Bol. Min. Just.*, 242, pág. 275 e na *Rev. Leg. Jurisp.*, 108, pág. 380.

([2]) Neste sentido, PIRES DE LIMA e ANTUNES VARELA, *Código Civil anotado*, I, 4.ª ed., anot. ao art. 754.º, n.º 5; em sentido diferente, CALVÃO DA SILVA, *Cumprimento e sanção pecuniária compulsória*, Coimbra, 1987, pág. 342 e segs.

([3]) O artigo 754.º revela mesmo que o Código nem sequer foi ao ponto de se contentar, para a existência do direito de retenção, como propunha VAZ SERRA (*ob*

Garantias especiais das obrigações

expressa em termos *gerais* no artigo 754.º e traduzida em termos concretos ou especificados nas várias alíneas do artigo 755.º.

Só através da diferença essencial que separa a *exceptio* — instrumento de garantia do cumprimento das obrigações recíprocas integradoras da *causa* do contrato bilateral — do *direito de retenção*, que é apenas a garantia do crédito do retentor sobre o dono da coisa, se compreende, como LARENZ ([1]) justamente salienta, que a *exceptio* não possa ser afastadas mediante a prestação de garantias (art. 428.º, 2), ao passo que o direito de retenção pode, em princípio, ser afastado mediante prestação de caução suficiente (art. 756.º, al. *d*)).

---

cit., pág. 160), com o facto de as duas dívidas se fundarem na mesma relação jurídica. É preciso algo mais, como resulta do disposto na parte final do artigo 754.º. E esse algo mais não consiste, de modo nenhum, no vínculo sinalagmático ou bilateral que liga a prestação à contraprestação nos contratos bilaterais.

([1]) *Ob. cit.*, I, 14.ª ed., § 16, pág. 212-13.

ÍNDICE IDEOGRÁFICO·

A

Abuso de direito — 563 ss.

Acção directa — 573 ss. (vd. Causas justificativas do facto)

Anatocismo — vd. Obrigação de juros.

Animais (Danos causados por...) — 674
  - — Danos indemnizáveis — 690 ss
  - — Pessoa responsável — 678 ss.

Arresto — 463 ss. (II).

Assunção de dívida — 358 ss. (II).
  - — Consentimento do credor — 372 (II)
  - — Figuras próximas — 363 ss. (II).
  - — Meios de defesa oponíveis pelo assuntor — 379 ss. (II).
  - — Natureza do vínculo entre os dois devedores, no caso de assunção cumulativa — 378 ss. (II).
  - — Noção e variantes — 358 ss. (II).
  - — Regime — 378 ss. (II).
  - — Requisitos de validade — 372 ss. (II).
  - — Transmissão dos acessórios do crédito e manutenção das respectivas garantias 382 ss. (II).
  - —Validade da dívida transmitida e do contrato de transmissão — 375 ss. (II).

Automóveis (Danos causados por veículos...) —Vd.Veículos (Danos causados por...).

Auxiliares (Responsabilidade do devedor pelos actos dos...) — Vd. Não cumprimento das obrigações.

B

Boa fé (Princípio da...) — Vd. Cumprimento das obrigações.

---

* Os números indicam a página e, salvo indicação em contrário, referem-se ao I volume.
⁹ ª edição

Das obrigações em geral

C

Caução (Prestação de) — 471 ss. (II).

Causa — 497 ss. (Vd. Enriquecimento sem causa)

Causas de exclusão da ilicitude — 571 ss. (Vd. Ilicitude).

Causas justificativas do facto — 571 ss. (Vd. Ilicitude)

Causa virtual — 951.
— Conclusões assentes na doutrina — 956 ss
— Relevância negativa — 955.
— Soluções — 956 ss.

Causalidade — 909 ss.
— Causa como condição *sine qua non* — 909
— Causa como factor substancialmente distinto da condição no processo factual conducente ao dano — 913 ss.
— Causalidade adequada — 916 ss.
— Nexo de causalidade em face do direito constituído — 928 ss

Cessão de bens aos credores — 155 ss. (II).

Cessão de créditos — 294 ss. (II).
— Aplicação das regras da cessão de créditos à cessão0 de outros direitos — 332 ss. (II).
— Causa da cessão. O contrato de cessão como contrato policausal ou polivalente — 299 ss. (II).
— Cedibilidade do direito — 304 ss. (II).
— Créditos litigiosos — 307 ss. (II).
— Efectiva constituição ou aquisição do crédito na cessão de créditos futuros — 316 ss. (II).
— Efeitos — 319 ss. (II).
— Exemplos — 294 ss. (II).
— Garantia da existência e exigibilidade do crédito — 330 (II)
— Garantia da solvência do devedor — 331 ss. (II).
— Inserção sistemática — 297 ss. (II).
— Meios de defesa oponíveis pelo devedor — 327 (II)
— Momentos da perfeição do contrato — 310 ss. (II).
— Noção — 295 ss. (II).
— Notificação ou aceitação da cessão, ou conhecimento dela por parte do *debitor cessus* — 310 ss. (II).
— Regime — 303 ss. (II).
— Requisitos atinentes à causa — 303 ss. (II).
— Requisitos específicos da transmissão do crédito — 304 ss. (II)
— Total e parcial — 319 ss. (II).
— Transmissão do direito à prestação — 319 ss. (II).
— Trasmissão das garantias e outros acessórios do crédito — 323 ss. (II).

Índice ideográfico

Cessão da posição contratual — 383 ss. (II).
— Cónsagração legislativa — 387 ss. (II).
— Contrato instrumento da cessão — 392 (II).
— Contrato objecto da cessão — 392 (II).
— Evolução histórica — 387 ss. (II).
— Efeitos — 396 ss. (II).
— Nas relações entre cedente e cessionário — 396 ss. (II).
— Nas relações entre cedente e contraente cedido — 402 ss. (II).
— Nas relações entre cessionário e cedido — 404 ss. (II).
— Exemplos — 383 ss. (II).
— Figuras próximas — 389 ss. (II).
— Noção — 385 ss. (II).
— Legitimidade para a impugnação do contrato básico, após a cessão da posição contratual — 408 ss. (II).
— Natureza jurídica — 415 ss. (II).
— Recusa do consentimento do cedido — 400 ss. (II).
— Relevância dos vícios de vontade sofridos pelo cedente ou pelo cessionário no contrato de cessão — 391 ss. (II).
— Requisitos — 393 ss. (II).
Cláusulas gerais dos contratos — 266.
Cláusulas de irresponsabilidade de certos bens — 427 (II).
Coisa futura — vd. Prestação de coisa futura.
Coligação de contratos — vd. União ou coligação de contratos.
Comitente (Responsabilidade do...) 660 ss.
— Natureza — 668 ss.
— Noção de comissão — 662 ss.
— Prática do facto ilícito no exercício da função — 664 ss.
— Pressupostos — 662 ss.
— Responsabilidade do comissário — 666 s.
—Vínculo entre comitente e comissário (Liberdade de escolha e relação de subordinação) — 662 ss.
Compensação — 195 ss. (II).
— Causas de exclusão — 208 ss. (II).
— Impenhorabilidade do crédito principal — 210 (II).
— Lesão de direitos de terceiro — 211 ss. (II).
— Pertença do crédito principal ao Estado ou a outras pessoas colectivas públicas — 210 ss. (II).
— Proveniência do crédito principal de facto ilícito doloso — 208 ss. (II).
— Contratual — 227 ss. (II).
— Declaração de compensação— compensação em juízo — 214 ss. (II).
— Efeitos — 224 ss. (II).
— Natureza jurídica — 221 ss. (II).
— Noção e modalidades — 197 ss. (II).
— Pressupostos — 200 ss. (II).

Das obrigações em geral

— Existência e validade do crédito principal — 207 ss. (II).
— Fungibilidade do objecto das obrigações — 205 ss. (II).
— Reciprocidade de crédito — 200 (II).
— Validade, exigibilidade e exequibilidade do contracrédito — 204 ss. (II).
— Razões da extinção — 196 ss. (II).
Commodum subrogationis — 113 ss. (II) vd. Não cumprimento das obrigações).
Concursos públicos — vd. Negócios unilaterais.
Conduta deficiente — vd. Culpa.
Confusão — 258 ss. (II).
— Cessão — 272 ss. (II).
— Imprópria — 270 ss. (II).
— Regime — 266 ss. (II).
Consentimento do lesado — 580 ss. (vd. Causas justificativas do facto).
Consignação em depósito — 185 ss. (II).
— Dupla relação jurídica criada — 187 ss. (II).
— Efeitos sobre a obrigação — 193 ss. (II).
— Justificação prática — 185 ss. (II).
— Noção — 186 ss. (II).
— Pressupostos — 189 ss. (I)I).
— Relação substantiva criada — 190 ss. (II).
Consignação de rendimentos — 517 ss. (II).
Contrato — 221 s.
— Disciplina legislativa — 236 ss.
— Evolução do conceito — 224 s.
— Noção — 221.
Vd. também: Liberdade contratual, Contrato misto, Junção de contratos, Contrato com eficácia real, Contrato promessa, Pactos de preferência, Contratos sinalagmáticos, Contratos bilaterais, Contratos a favor de terceiro, Contrato para pessoa a nomear.

Contratos de adesão — 265 ss.
Contratos bilaterais ou sinalagmáticos — 405 ss.
— Contrato bilateral ou sinalagmático — 408.
— Excepção de não cumprimento do contrato — 408 ss.
— Sinalagma funcional — 406 ss.
— Sinalagma genético — 406 ss.
(Vd. Contratos gratuitos e Contratos onerosos).

Contratos com eficácia real — 308 ss.
— Noção — 308 ss.
Contrato combinado — vd. Contrato misto.
Contrato a favor de terceiro — 418 ss.
— Direitos do promissário — 434 ss.
— Direitos do terceiro beneficiário — 431 ss.
— Dupla relação que o contrato integra — 429 ss.

Índice ideográfico

— Figuras próximas — 424 ss.
— Noção — 421 ss.
— Prestação em benefício de pessoa indeterminada ou no interesse público — 438 s.
— Relação de cobertura ou provisão — 429 ss.
— Relação entre o promissário e o terceiro — 431 ss.
— Revogação — 432 ss.

Contrato gratuito — 414 ss. (Vd. Contratos bilaterais e Contrato unilaterais).

Contratos mistos — 285 ss.
— Contratos combinados — 293.
— Doação mista — 302.
— Junção de contratos — 288 ss.
— Modalidades — 292 ss.
— Teoria da absorção — 294 s.
— Teoria da aplicação analógica — 297.
— Teoria da combinação — 296 s.
— União ou coligação de contratos — 288 ss.

Contrato normativo ou contrato tipo — 280 ss.

Contratos onerosos — 414 ss. (Vd. também Contratos bilaterais e Contratos unilaterais).

Contratos para pessoa a nomear — 439 ss.
— Figuras próximas — 441 ss.
— Natureza jurídica — 446 ss.
— Regime — 443.

Contratos-promessa — 315 ss.
— Consagração legal — 321 ss.
— Efeitos — 335 ss.
— Exclusão da execução específica — 343 ss.
— Execução específica relativa a contrato-promessa cuja celebração deva constar de escritura pública — 375 ss.
— Execução específica — 343 ss.
— Figuras próximas — 318 ss.
— Noção — 315 ss.
— Promessa bilateral — 375 ss.
— Promessa unilateral — 319.
— Recusa de cumprimento da promessa — 354 ss.
— Requisitos de forma e substância — 324 ss.
— Trnsmissão dos direitos e obrigações dos promitentes — 342.
— Violação — 381 ss.

Contratos sinalagmáticos — vd. Contratos bilaterais.
Contratos de tipo duplo — vd. Contratos mistos.
Contratos unilaterais — 405 ss. (Vd. também Contratos gratuitos e onerosos).
Culpa — 586 ss.
— Deficiência da vontade ou conduta deficiente? — 598 ss.
— Distinção da ilicitude — 606.

587

Das obrigações em geral

— Distinção entre dolo e negligência — 603 ss.
— Dolo e teoria finalista da acção — 603 ss.
— Modalidade — 590 ss.
— Presunção — 611 ss.
— Prova — 611 ss.
— Violação do dever objectivo de cuidado como elemento da ilicitude e não da negligência — 605 ss.

Culpa e ilicitude (distinção) — 606 ss.
Cumprimento defeituoso — vd. Não cumprimento das obrigações.
Cumprimento das obrigações — 7 ss. (II).
— A quem pode ser feita a prestação — 30 ss. (II).
— Capacidade do credor — 21 ss. (II).
— Capacidade do devedor — 19 ss. (II).
— Critérios especiais de fixação indirecta do prazo — 46 ss. (II).
— Direitos do terceiro que efectua a prestação — 28 ss. (II).
— Diminuição das garantias prestadas ou falta das garantias prometidas por causa imputável ao devedor — 49 ss. (II).
— Falta de cumprimento de uma prestação nas dívidas pagáveis em prestações — 52 ss. (II).
— Impossibilidade da prestação no lugar fixado — 39 ss. (II).
— Imputação do cumprimento — 56 ss. (II).
— Imputação pelo devedor — 56 ss. (II).
— Insolvência do devedor e perda do benefício do prazo — 47 ss. (II).
— Legitimidade do devedor para dispor do objecto da prestação — 22 ss. (II).
— Limites da eficácia atribuída à perda do benefício do prazo — 55 ss. (II).
— Lugar da prestação — 36 ss. (II).
— Lugar do resultado — 36 ss. (II).
— Mudança de domicílio do credor — 39 ss. (II).
— Noção — 7 ss. (II).
— Nulidade e anulação do cumprimento — 24 ss. (II).
— Obrigações e prazo — 41 ss. (II).
— Obrigações puras — 40 ss. (II).
— Perda do benefício do prazo — 47 ss. (II).
— Prazo da prestação — 40 ss. (II).
— Quem pode cumprir — 25 ss. (II).
— Regra da pontualidade — 14 ss. (II).
— Requisitos do cumprimento — 19 ss. (II).

D

Dação em cumprimento — 170 ss. (II).
— Efeitos da nulidade ou da anulação da dação — 181 ss. (II).
— Efeito extintivo do vínculo obrigacional — 178 ss. (II).

Índice ideográfico

— Exemplos — 170 ss. (II).
— Figuras próximas — 173 ss. (II).
— Natureza jurídica —182 ss. (II).
— Noção — 170 ss. (II).
— Regime — 178 ss. (II).
—Vícios da coisa ou do direito transmitido — 179 ss. (II).

Dano — 619 ss.
— Moral — 624 ss.
— Morte da vítima — 630 ss.

Danos causados por animais — vd. Animais (Danos causados por...).
Danos causados por coisa, animais ou actividades — 674 ss.
Danos causados por instalações de energia eléctrica ou gás — vd. Gás (Danos causados por instalações de energia eléctrica ou...).
Deficiência da vontade — vd. Culpa.
Delegação — 369 ss. (II).
Denúncia do contrato — 274 ss.
Deslocações patrimoniais— 492.
Dever jurídico — 121 ss.
Dever objectivo de cuidado — vd. Culpa.
Deveres principais ou típicos de prestação — 124 ss.
Deveres secundários de prestação — 124 ss.
— Deveres acessórios de conduta — 128 ss.

Direito de crédito — vd. Obrigação.
Direito das obrigações.
— Importância prática da disciplina — 20 ss.
— Inserção sistemática nos quadros do direito civil — Crítica da classificação germânica e a sua breve refutação — 35 ss.
— Interesse doutrinário da teoria geral do... — 28 ss.
— Objecto da disciplina — 15 ss.
— Plano da disciplina — 15 ss.
— Reservas postas à figura da relação jurídica — 40 ss.
— Sistematização do Código Civil — 46 ss.

Direito potestativo — 63.
Direito de preferência — vd. Obrigações e direitos reais e Pacto de preferência.
Direito de sequela — vd. obrigações e direitos reais.
Doação mista — vd. Contratos mistos.
Dolo — 590 ss.

E

Eficácia externa das obrigações — 182 ss.
Eléctrica (Danos causados por instalações de energia... ou gás) — 736 ss.

Das obrigações em geral

Enriquecimento sem causa — 484 ss.
— À custa de outrem — 504 ss.
— Campo de aplicação — 492 ss.
— Causa — 498.
— da obrigação negocial — 499.
— da prestação — 499.
— das restantes deslocações patrimoniais — 501 ss.
— Colisão de valores opostos tutelados pelo direito — 488 ss.
— Deslocações patrimoniais — 492 ss.
— Enriquecimento — 495 ss.
— Objecto da obrigação de restituir — 527.
— Requisitos — 495 ss.
— Restituição medida pelo enriquecimento — 529 ss.
— Situações geradoras do injusto locupletamento — 489 ss.
— Subsidiariedade da obrigação de restituir — 513 ss. (Vd. também Repetição do indevido).
Estado de necessidade — 577 ss. (Vd. Causas justificativas do facto).
Estado de sujeição — 55 ss.
Excepção de não cumprimento do contrato — 408 ss.
Expromissão — 363 ss. (II).
Expurgação (de hipotecas) — 560 ss. (II).
Extinção dsas obrigações — 169 ss. (II).
Extinção das relações obrigacionais complexas — 273 ss. (II).

F

Factos ilícitos — vd. Responsabilidade por factos ilícitos.
Factos de terceiro — vd. Prestação — de facto de terceiro.
Factos voluntários do lesante — 545 ss. (Vd. também Responsabilidade por factos ilícitos — Pressupostos).
Fiança — 477 ss. (II).
First demand (Fiança *on*) — 514 s. (II).
Fontes das obrigações — 213 ss.
— Crítica da sistematização clássica — 216 ss.
— Definição — 213.
— Sistematização — 213 ss.
— Sistematização adoptada pelo novo Código português — 216.
Função da obrigação — vd. Obrigação.
Fungibilidade da prestação — vd. Prestação — fungível e não fungível.

G

Garantia— 132 ss.
Garantia autónoma — 512 ss. (II).
Garantia geral das obrigações — 419 ss. (II).

Índice ideográfico

Gás (Danos causados por instalação de energia eléctrica ou...) — 736 ss.
Gestão de negócios — 460 ss.
— Actuação no interesse e por conta do *dominus negotii* — 466 ss.
— Aprovação — 481 ss.
— Aviso e informação do dono do negócio — 480.
— Conflito entre o interesse e a vontade do *dominus* — 476 ss.
— Continuação da gestão — 471 ss.
— Deveres do dono do negócio para o gestor — 480 ss.
— Deveres do gestor para com o dono do negócio — 471 ss.
— Dever de fidelidade ao interesse e à vontade do dono do negócio — 472 ss.
— Direcção de negócio alheio — 464 ss.
— Entrega dos valores detidos e prestação de contas — 478 ss.
— Falta de autorização — 470.
— Padrão de actividade do gestor — 474 ss.
— Posição do dono do negócio em face de terceiros — 483 ss.
— Relações entre o gestor e o dono do negócio — 471 ss.
Hipoteca — 549 ss. (II).
Hipotecas legais — 557 ss. (II).
Hipoteca judicial — 557 ss. (II).
Hipotecas voluntárias — 557 ss. (II).

I

Ilicitude — 548 ss.
— Distinção da culpa— 606 ss.
— Factos ilícitos especialmente previstos na lei — 567 ss.
— Formas — 552 ss.
— Justificação e sentido — 561 ss.
— Violação do direito de outrem — 552 ss.
— Violação da lei que protege interesses alheios — 554 ss.
Vd. também Causas justificativas do facto e Responsabilidade por factos ilícitos — Pressupostos.
Imputabilidade — 583 ss.
— Responsabilidade especial das pessoas inimputáveis — 584 ss.
Indemnização (Direito à...) — Titularidade — 643 ss.
— Prescrição — 648 ss.
Indevido — vd. Repetição do...
Indivisibilidade — vd. Obrigações divisíveis e indivisíveis.
Inimputabilidade — vd. Imputabilidade.
Interesse de confiança — vd. Não cumprimento das obrigações.
Interesse negativo — vd. Não cumprimento das obrigações.

J

Junção de contratos — 288.
Juros — Vd. Obrigação de Juros.

Das obrigações em geral

L

Legítima defesa — 575 ss. (Vd. Causas justificativas do facto).
Liberdade contratual (Princípio da...) — 242 ss.
Limitações à livre fixação do conteúdo dos contratos — 258 ss.
Livre fixação do conteúdo dos contratos — vd. Liberdade contratual.

M

Meios de conservação da garantia patrimonial — 433 ss. (II).
Mera culpa — vd. Negligência.
Modalidades das obrigações — 743 ss.
  — Quanto ao objecto — 828 ss.
  — Quanto ao sujeito — 766 ss.
  — Quanto ao vínculo — 743 ss.
Modalidades da prestação — vd. Prestação — Principais modalidades da...
Mora — vd. Não cumprimento das obrigações.
Morte da vítima (indemnização) — 630 ss.

N

Não cumprimento das obrigações — 60 ss. (II).
  — *Commodum* de representação — 82 ss. (II).
  — *Commodum subrogationis* — 113 ss. (II).
  — Conversão da mora em não cumprimento definitivo — 124 ss. (II).
  — Cumprimento defeituoso — 63, 126 ss. (II).
  — Extinção da obrigação, por responsabilidade da prestação — 81 ss. (II).
  — Falta de cumprimento — 63 ss., 91 ss. (II).
  — Frustração do fim da prestação — 74 ss. (II).
  — Impossibilidade do cumprimento — 65 ss. (II).
    — Efeitos — 81 ss. (II).
    — Imputável ao credor — 62 ss. (II).
    — Imputável ao devedor — 62 ss. (II).
    — Não imputável ao devedor — 65 ss. (II).
    — Objectiva — 71 ss. (II).
    — Parcial — 89 ss., 112 ss. (II).
    — Da prestação — 74 ss. (II).
    — Regime — 81 ss. (II).
    — Subjectiva — 71 ss. (II).
    — Temporário — 71 ss., 78 ss. (II).
    — Interesse negativo ou de confiança — 106 ss. (II).
  — Modalidades — 62 ss. (II).
    — Quanto à causa — 62 ss. (II).
    — Quanto ao efeito — 63 ss. (II).
  — Noção — 60 ss. (II).

Índice ideográfico

— Realização do fim da prestação por outra via — 74 ss. (II).
— Resolução do contrato — 106 ss. (II).
Natureza jurídica da obrigação — vd. Obrigação (Natureza jurídica da...).
Necessidade de consentimento, assentimento ou aprovação de outrem para contratar
— vd. Liberdade contratual.
Negligência — 593 ss.
— Distinção do dolo — 590 ss.
—Vd. também Culpa.
Negócios unilaterais — 448 ss.
— Concursos públicos — 459 ss.
— Cooperação de várias pessoas no resultado previsto — 458.
— Eficácia — 448 ss.
— Princípio do contrato — 448 ss.
— Promessas públicas — 455 ss.
Negotium mixtum cum donatione — vd. Contratos mistos.
Nexo de causalidade — vd. Causalidade.
Nexo de imputação do facto ao lesante — 582 ss.
    Vd. também Imputabilidade e Culpa.
Nominalismo — vd. Obrigações de quantidade.
Novação — 229 ss. (II).
— *Animus novandi* (Existência e prova) — 236 ss. (II).
— Antiga obrigação (Efeitos da extinção) — 240 ss. (II).
— Exemplos — 229 ss. (II).
— Figuras próximas — 232 ss. (II).
— Interesse legislativo — 235 ss. (II).
— Modalidades — 229 ss. (II).
— Noção — 229 ss. (II).
— Nova obrigação (Invalidade) — 240 (II).
— Obrigação primitiva (Inexistência ou invalidade) — 238 ss. (II):
— Regime — 236 ss. (II).

O

Objecto da obrigação — 828 ss.
— Determinabilidade — 832 ss.
— Licitude — 831 s.
— Possibilidade física e legal — 828 ss.
Vd. também Obrigações divisíveis e indivíseis, Obrigações específicas e genéricas,
    Obrigações cumulativas, alternativas e com faculdade alternativa, Obrigações pecu-
    niárias, Obrigações de quantidade, Obrigações de moeda específica, Obrigações
    valutárias, Obrigações de juros, Obrigações de indemnização.
Obrigação — 51 ss.
— ... como poder do credor sobre a pessoa do devedor — 137 ss.
— ... como poder do credor sobre os bens do devedor — 140 ss.

Das obrigações em geral

— ... como relação entre patrimónios — 145 ss.

— ... como relação complexa, integrada pelo débito e pela responsabilidade — 148 ss.

— ... como direito pessoal e relação unitária (Teoria clássica) — 158 ss.

— Conceito — 51 ss.

— Credor — 74 s.

— Devedor — 75 s.

— Diversas acepções do termo — 51 ss.

— Elementos constitutivos — 74 ss.

— Estrutura — 74 ss.

— Função — 163 ss.

— Natureza jurídica — 136 ss.

— Objecto — 80 ss.

— imediato — 80 ss.

— Prestação debitória — 80 ss.

— modalidades principais — 83 ss.

— Sujeitos — 74 ss.

— Alteração — 78 ss.

Obrigações alternativas — 856 ss.

— Escolha — 860 ss.

— Impossibilidade de uma das prestações — 864 ss.

— Impossibilidade originária — 865 ss.

— Impossibilidade superveniente — 866 ss.

— Por causa não imputável às partes — 860 ss.

— Por causa imputável ao devedor — 867 ss.

— Por causa imputável ao credor — 869.

— Sendo a escolha de terceiro — 870.

Obrigações a prazo — 40 ss. (II).

Obrigações civis — 743 ss.

Obrigações com faculdade alternativa — 870 ss.

Vd. também Obrigações alternativas.

Obrigações conjuntas — 773 ss.

— Conjunção com regra — 775.

Obrigações cumulativas — 874 ss.

Obrigação como poder do credor sobre os bens do devedor — vd. Obrigação.

Obrigação como relação complexa integrada por dois elementos: débito e responsabilidade — vd. Obrigação.

Obrigação como poder do credor sobre a pessoa do devedor — vd. Obrigação.

Obrigação como relação entre patrimónios — vd. Obrigação.

Obrigação como direito pessoal e relação unitária — vd. Obrigação.

Obrigações e direitos reais — 170 ss.

— Afinidades — 198 ss.

— As obrigações como direitos relativos e os direitos reais como direitos absolutos — 172 ss.

Índice ideográfico

— Eficácia externa das obrigações —182 ss.
— O direito real como poder directo e imediato sobre a coisa. A obrigação como direito pessoal à prestação ou como dever de cooperação — 189.
— Outras diferenças — 197 ss.
— Subordinação dos direitos reais ao princípio da tipicidade (*numerus clausus*); validade da regra da atipicidade para as obrigações — 192 ss.

Obrigação ou dever jurídico de contratar — vd. Liberdade contratual.
Obrigações e direitos de família — Diferenças e pontos de contacto — 206.
Obrigações e direitos sucessórios — 209 ss.
Obrigações divisíveis e indivisíveis — 834 ss.
— Indivisibilidade — Noção — Espécies — 834 ss.
— Regimde — 838 ss.

Obrigações específicas — 846 ss.
Obrigações genéricas — 846 ss.
— Concentração da obrigação — 849 ss.
— Envio para local diferente do lugar do cumprimento — 852.
— Exoneração do devedor — 852 ss.
— Extinção parcial do género — 851 ss.
— Mora do credor — 852.
— Regime — 849.

Obrigação de indemnização — 905 ss.
— Cálculo da indemnização em dinheiro — 936 ss.
— *Compensatio lucri cum damno* — 968.
— Culpa do próprio lesado — 946 ss.
— Exclusão ou limitação convencional da responsabilidade — 944 ss.
— Fontes — 905 ss.
— Formas de indemnização — 933 ss.
— Graduação da indemnização — 936 ss.
— Indemnização sob a forma de renda — 972 ss.
— Inserção sistemática no Código Civil — 905 ss.
— Teoria do fim tutelado pelo contrato ou pela norma legal infringida — 930 ss.

Obrigação de juros — 897 ss.
— Anatocismo — 899 ss.
— Créditos de juros e dívida de capital — 903 ss.
— Noção de juros — 897 ss.
— Taxa de juros — 899 ss.

Obrigações de moeda específica — 890 ss.
— Concretização da soma devida e da espécie monetária — 892 ss.
— Cumprimento em moedas de dois ou mais metais ou de entre vários metais — 894 ss.
— Falta de moeda estipulada — 894.
— Noção — 890.
— Simples concretização da espécie monetária — 891 ss.
— Validade legal — 890 ss.

Das obrigações em geral

Obrigações não autónomas — 70 ss.
— Inserção sistemática — 70 ss.
Obrigações naturais — 743 ss.
— Natureza jurídica — 763 ss.
— Princípio da equiparação às obrigações civis — 757 ss.
— Regime — 753 ss.

Obrigações pecuniárias — 874 ss.
Obrigações plurais — 773 ss.
Obrigações de quantidade — 880 ss.
— Actualização das prestações pecuniárias — 888 ss.
— Dívidas de valor — 887 ss.
— Princípio nominalista — 881 ss.
— Regime — 880 ss.
Obrigações solidárias — 776 ss.
— Comunhão de fim? — 788 ss.
— Direito à prestação integral ou dever de prestação integral — 781 ss.
— Efeito extinto recíproco ou comum — 781 ss.
— Identidade de causa ou fonte da obrigação? — 785 ss.
— Identidade da prestação? — 783 ss.
— Justificação do regime — 779 ss.

Obrigações de sujeito activo indeterminado — 768 ss.
Obrigações valutárias — 895 ss.
Ofertas ao público — vd. Negócios unilaterais.
Ónus jurídico — 63 ss.
Ónus reais — 200 ss.

P

Pacto de opção — 386.
Pactos de preferência — 383 ss.
— Efeitos — 386 ss.
— Exercício do direito de preferência — 388 ss.
— Figuras próximas — 385 ss.
— Natureza jurídica — 402 ss.
— Notificação para preferência — 389.
— Pluralidade de preferentes — 400 ss.
— Requisitos — 386 ss.
— Violação — 391 ss.
Pactum reservati domini — 313 ss.
Patrimonialidade da prestação — vd. Prestação (Patrimonialidade da...).
Património do devedor como garantia comum dos devedores — 429 ss. (II).
Pauliana (impugnação) — 445 ss. (II).
Penhor — 526 ss. (II).

Índice ideográfico

Posição contratual — vd. Cessão da posição contratual.
Preferência (direito de) — vd. Pactos de preferência.
Prestação (Principais modalidades da...) — 83 ss.
Prestação — 80 ss.
   — de coisa — 83 ss.
   — de coisa futura — 89 ss.
   — de execução continuada — 94 ss.
   — de facto — 83 ss.
   — de facto de terceiro — 86 ss.
   — duradoura — 94 ss.
   — fraccionada, dividida ou repartida — 96 ss.
   — fungível — 99 ss.
   — instantânea — 94 ss.
   — reiterada, periódica ou de trato sucessivo — 94 ss.
Prestação (lugar da...) — vd. Cumprimento das obrigações.
Prestação (Patrimonialidade da...) — 103 ss.
   — Resposta ao problema no plano do direito constituído — 108 ss.
Prestação (Prazo da...) — vd. Cumprimento das obrigações.
Princípio nominalista — vd. Obrigações de quantidade.
Privilégios creditórios — 571 ss. (II).
Proibição de contratar com determinadas pessoas — vd. Liberdade contratual.
Promessa bilateral — vd. Contrato promessa.
Promessa pública — vd. Negócio unilaterais.
Promessa unilateral — vd. Contrato promessa.

Q

Quasi-contratos — 215 ss.
Quasi-delitos — 215 ss.

R

Relações contratuais de facto — 231 ss.
Relação obrigacional complexa — 65 ss.
Relação obrigacional simples — 65 ss.
Remissão — 242 ss. (II).
   — Efeitos 252 ss. (II).
   — Figuras próximas — 249 ss. (II).
   — Novo sentido jurídico e ético-jurídico do instituto 244 ss. (II).
   — Nulidade ou anulação — 256 ss. (II).
Renovação ou transmissão do contrato imposta a um dos contraentes —Vd. Liberdade
   contratual.
Repetição do indevido — 523 ss.
   — Cumprimento de obrigação alheia na convicção errónea de se tratar da dívida
      própria — 524 ss.

Das obrigações em geral

— Cumprimento de obrigação alheia na convicção errónea de se estar vinculado perante o devedor ao cumprimento dela — 524.

— Cumprimento de obrigação inexistente — 524.

Representantes legais (Responsabilidade do devedor pelos actos dos...) — vd. Não cumprimento das obrigações.

Reserva de propriedade — 313 ss.

Resolução do contrato — 106 ss. (II).

Responsabilidade civil — 536 ss.

Vd. também Responsabilidade pelo risco, Responsabilidade por factos ilícitos, Responsabilidade por factos lícitos.

Responsabilidade civil e extracontratual — Sistematização do Código Civil — 536 ss.

Responsabilidade do Estado e demais pessoas colectivas públicas — Regime legal — 669 ss.

Responsabilidade por factos ilícitos — 543 ss.

— Pressupostos — 543 ss.

Vd. também Ilicitude, Nexo de imputação do facto ao lesante, Culpa, Dolo, Negligência, Dano, Causalidade, Responsabilidade pelo risco.

Responsabilidade por factos lícitos danosos — 737 ss.

Responsabilidade objectiva — vd. Responsabilidade pelo risco.

Responsabilidade pelo risco — 653 ss.

— Fundamentação — 653 ss.

— Socialização do risco — 658 ss.

Vd. também: Responsabilidade do comitente, Responsabilidade do Estado e demais pessoas colectivas públicas, Danos causados por animais, Danos causados por veículos, Danos causados por instalações de energia eléctrica ou gás.

Responsabilidade sem culpa — vd. Responsabilidade pelo risco.

Retenção (Direito de) — 577 ss. (II).

Revogação do contrato — 274 ss. (II).

Risco — vd. Responsabilidade pelo risco.

S

Sinalagma — vd. Contratos bilaterais.

Solidariedade activa — 818 ss.

— Efeitos — 820 ss.

— Caso julgado — 826 ss.

— Confusão — 825.

— Direito de regresso — 827.

— Escolha do credor para o cumprimento — 820.

— Impossibilidade da prestação — 827.

— Interpelação do devedor — 825.

— Interrupção da prescrição — 825.

— Meios de defesa — 822.

— Prescrição — 824.

Índice ideográfico

— Remissão — 824.
— Renúncia à prescrição — 825.
Vd. também Obrigações solidárias.
Solidariedade passiva — 791 ss.
— Caso julgado — 804.
— Confusão — 801.
— Direito do credor — 793.
— Direito de regresso — 807 ss.
— Efeitos — 793.
— Fontes — 791.
— Impossibilidade da prestação — 806.
— Interpelação do devedor — 803.
— Interrupção de prescrição — 803.
— Meios de defesa dos devedores — 796 ss.
— Modos de satisfação do direito do credor — 799.
— Natureza jurídica — 810.
— Prescrição — 802.
— Remissão — 801.
— Renúncia à prescrição — 804.
— Renúncia à solidariedade — 803.
Vd. também Obrigações solidárias.
Sub-rogação — 334 ss. (II).
— e direito de regresso — 345 ss. (II).
— Efeitos — 348 ss. (II).
— Eficácia em relação ao devedor e a terceiros 350 (II).
— Exemplos — 334 ss. (II).
— Legal — 338 ss. (II).
— Meios de defesa oponíveis ao sub-rogado — 351 ss. (II).
— Natureza jurídica — 353 ss. (II).
— Noção — 335 ss. (II).
— Requisitos — 341 ss., (II).
— Total e parcial — 348 (II).
— Transmissão do crédito — 348 (II).
— Transmissão das garantias e outros acessórios do crédito — 349 ss. (II).
— Variantes — 338 ss. (II).
— Voluntária — 338 ss. (II).
Sujeito activo indeterminado — vd. Obrigações de...

T

Teoria finalista da acção — vd. Culpa.
Teoria clássica da obrigação — vd. Obrigação — Natureza jurídica da...

Das obrigações em geral

Tipicidade (princípio da...) dos direitos reais — 192 ss.
Titularidade do direito à indemnização — 643 ss.
— Prescrição — 648.
Transmissão de créditos e a sua importância prática — 285 ss. (II).
Transmissão das obrigações — 285 ss. (II).
— Carácter estritamente pessoal da *obligatio* e revolução histórica do conceito de relação obrigacional — 291 ss. (II).
— variantes — 293 (II).
Transmissão, novação e sucessão na relação obrigacional — 288 ss. (II).
Transmissão singular de dívidas — vd. Assunção de dívidas.

U

União ou coligação de contrato — 288 ss.

V

Veículo (Danos causados por....).
— Acidente imputável ao próprio lesado — 702 ss.
— Acidente imputável a terceiro — 704.
— Ausência de culpa dos condutores — 707 ss.
— Beneficiário da responsabilidade — 693.
— Causa de força maior estranha ao funcionamento do veículo — 705 s.
— Causas de exclusão da responsabilidade — 699 ss.
— Colisão de veículos — 705 ss.
— Culpa de ambos os condutores — 706.
— Culpa de um dos condutotres — 706.
— Danos causados por ambos os veículos — 706 s.
— Danos provenientes da colisão para os condutores, para as pessoas transportadas nos veículos ou para as coisas que estas levarem consigo e para as pessoas e coisas não transportadas — 710 ss.
— Danos causados por acidente que seja simultaneamente acidente de viação e de trabalho — 722 ss.
— Direcção efectiva do veículo — 680.
— Limites da responsabilidade objectiva — 714 ss.
— Pessoas responsáveis — 678 ss.
— Riscos próprios do veículo — 690 s.
— Utilização no próprio interesse — 681 ss.
Vigilância de outrem (pessoas obrigadas à...) — 611 ss.
Vínculo jurídico obrigacional — 112 ss.
— Análise — 118 ss.
— Como núcleo central da relação — 112 ss.
Violação de um direito de outrem — vd. Ilicitude.
Violação da lei que protege interesses alheios — vd. Ilicitude.

ÍNDICE GERAL DO 2.º VOLUME

CAPÍTULO IV
Cumprimento e não-cumprimento

SECÇÃO I
CUMPRIMENTO

SUBSECÇÃO I
Noções gerais

274.	Noção de cumprimento	7
275.	O cumprimento e o princípio da boa fé	10
276.	Regra da pontualidade	14
277.	Requisitos do cumprimento. *A*) Capacidade do devedor	19
278.	Cont. *B*) Capacidade do credor	21
279.	Cont. *C*) Legitimidade do devedor para dispor do objecto da prestação	22
280.	Nulidade e anulação do cumprimento: as suas causas e efeitos	24

SUBSECÇÃO II
Quem pode fazer e a quem pode ser feita a prestação

281.	Quem pode cumprir	25
282.	Direitos do terceiro que efectua a prestação	28
283.	A quem pode ser feita a prestação	30

SUBSECÇÃO III
Lugar e tempo da prestação

284.	Princípio geral. Lugar da prestação e lugar do resultado	36
285.	Impossibilidade da prestação no lugar fixado	39
286.	Tempo da prestação. Classificação das obrigações quanto ao tempo do cumprimento; obrigações exigíveis e obrigações pagáveis; obrigações puras e obrigações a prazo. Ideias gerais	40
287.	Critérios especiais de fixação indirecta do prazo	46
288.	Perda do benefício do prazo: *A*) Insolvência do devedor	47

Das obrigações em geral

289.	*B)* Diminuição das garantias prestadas ou falta das garantias prometidas, por causa imputável ao devedor	49
290.	*C)* Falta de cumprimento de uma prestação, nas dívidas pagáveis em prestações. Venda a prestações	52
291.	Limites da eficácia atribuída à perda do benefício do prazo	55

SUBSECÇÃO IV

Imputação do cumprimento

292.	Imputação pelo devedor. Limitações	56
293.	Regras supletivas	58

SECÇÃO II

NÃO-CUMPRIMENTO

SUBSECÇÃO I

Noções gerais

294.	Não-cumprimento. Noção	60
295.	Modalidades do não cumprimento quanto à causa: *A)* Inimputável ao devedor; *B)* Imputável ao devedor	62
296.	Modalidades do não-cumprimento quanto ao efeito: *A)* Falta de cumprimento; *B)* mora; *C)* cumprimento defeituoso	63

SUBSECÇÃO II

Impossibilidade do cumprimento e mora não imputáveis ao devedor

297.	Impossibilidade não imputável ao devedor	65
298.	Impossibilidade objectiva e impossibilidade subjectiva	71
299.	A impossibilidade da prestação, a frustação do fim da prestação e a realização do fim da prestação por outra via	74
300.	Não exercício (definitivo) do direito, por causa imputável ao credor	78
301.	Impossibilidade temporária: mora não imputável ao devedor	79
302.	Efeitos da impossibilidade: *A)* Extinção da obrigação	81
303.	*B)* «Commodum» de representação	82
304.	*C)* Perda do direito à contraprestação	83
305.	*D)* A questão do risco	85
306.	Regime da impossibilidade parcial. Resolução do contrato	89

SUBSECÇÃO III

Falta de cumprimento e mora imputáveis ao devedor

307.	Falta de cumprimento. Noção	91
308.	Efeitos da falta de cumprimento: *I)* Obrigação de indemnizar	92

Índice geral do 2.º volume

309.	Pressupostos da obrigação de indemnizar a cargo de devedor: *A*) Ilicitude	94
310.	*B*) Culpa. Noção. Modalidades. Grau de culpa	96
311.	Presunção de culpa	100
312.	Responsabilidade do devedor pelos actos dos seus representantes legais ou auxiliares	102
313.	*C*) Dano. Nexo de causalidade entre o facto e o dano	105
314.	*II*) Direito de resolução do contrato. Indemnização do interesse negativo ou de confiança	106
315.	Impossibilidade parcial	112
316.	*III*) Commodum subrogationis	113
317.	Mora do devedor. Noção. Requisitos	113
318.	Momento da constituição em mora	117
319.	Efeitos da mora: *A*) Reparação dos danos moratórios	121
320.	*B*) Inversão do risco (perpetuatio obligationis)	122
321.	*C*) Conversão da mora em não cumprimento definitivo. Notificação ou intimação admonitória	124

SUBSECÇÃO IV

Cumprimento defeituoso. Responsabilidade (objectiva) do produtor

322.	Noção	126
323.	Regime	130
324.	Responsabilidade civil do produtor de coisas defeituosas	131

SUBSECÇÃO V

Fixação contratual dos direitos do credor

325.	Nulidade das cláusulas de exclusão da responsabilidade civil	135
326.	Ressalva relativa aos actos dos representantes legais ou auxiliares	138
327.	Cláusula penal (ou pena convencional). Reforço ou predeterminação das sanções contra o não cumprimento	139
328.	Regime da cláusula penal na versão primitiva do Código	142
329.	Alterações introduzidas pela legislação posterior. O Decreto n.º 200--C/80, de 24-6	143
330.	Exame do Decreto-Lei n.º 262/83, de 16 de Junho	146

SUBSECÇÃO VI

Realização coactiva da prestação

331.	Acção de cumprimento, execução específica e execução por equivalente	149
332.	A penhora e a venda judicial ao serviço da execução por equivalente	152

Das obrigações em geral

SUBSECÇÃO VII

Cessação de bens aos credores

333. Noção 155
334. Regime 156

SUBSECÇÃO VIII

Mora do credor

335. Noção. Requisitos 160
336. Figuras próximas da mora credendi: a perda do direito pelo não exercício dele ou por virtude do risco a cargo do credor 163
337. Efeitos 164

CAPÍTULO V

Extinção das obrigações

338. Sequência 169

SECÇÃO I

DAÇÃO EM CUMPRIMENTO

339. Exemplos. Noção 170
340. Figuras próximas. Referência especial à dação «pro solvendo» 173
341. Regime: *a)* Efeito extintivo do vínculo obrigacional, aceite pelo credor 178
342. *b)* Vícios da coisa ou do direito transmitido 179
343. *c)* Efeitos da nulidade ou da anulação da dação 181
344. Natureza jurídica 182

SECÇÃO II

CONSIGNAÇÃO EM DEPÓSITO

345. Justificação prática da providência. Noção 185
346. Dupla relação jurídica criada pela consignação 187
347. Pressupostos da consignação 189
348. Relação substantiva criada pela consignação 190
349. Efeitos da consignação sobre a obrigação 193

SECÇÃO III

COMPENSAÇÃO

350. Reciprocidade de créditos 195
351. Pressupostos: *A)* Reciprocidade dos créditos 200

Índice geral do 2.º volume

352.	B) Validade, exigibilidade e exequibilidade do contracrédito (do compensante), do crédito activo	204
353.	C) Fungibilidade do objecto das obrigações	205
354.	D) Existência e validade do crédito principal	207
355.	Causas de exclusão da compensação: A) Proveniência (do crédito principal) de facto ilícito doloso	208
356.	B) Impenhorabilidade do crédito principal	210
357.	C) Pertença do crédito principal ao Estado ou a outras pessoas colectivas públicas	210
358.	D) Lesão de direitos de terceiro	211
359.	E) Renúncia do devedor	213
360.	Declaração de compensação. Alusão à declaração de compensação em juízo	214
361.	Natureza jurídica da compensação invocada em juízo pelo réu: refutação de objecções à doutrina exposta	221
362.	Efeitos da compensação	224
363.	Compensação contratual	227

SECÇÃO IV

NOVAÇÃO

364.	Noção. Modalidades	229
365.	Figuras próximas	232
366.	Interesse legislativo do instituto	235
367.	Regime: a) Existência e prova do animus novandi	236
368.	b) Existência e validade da obrigação primitiva	238
369.	c) Validade da nova obrigação	239
370.	d) Efeitos da extinção da antiga obrigação	240

SECÇÃO V

REMISSÃO

371.	Noção	242
372.	Novo sentido jurídico e ético-jurídico do instituto	244
373.	Figuras próximas	249
374.	Efeitos da remissão	252
375.	Nulidade ou anulação da remissão	256

SECÇÃO VI

CONFUSÃO

376.	Noção	258
377.	Eficácia extintiva da confusão	260
378.	Regime da confusão	266

Das obrigações em geral

379.	A confusão nas obrigações solidárias	268
380.	A confusão nas obrigações indivisíveis	269
381.	Confusão imprópria	270
382.	Cessação da confusão	272

SECÇÃO VII

EXTINÇÃO DAS RELAÇÕES OBRIGACIONAIS COMPLEXAS

383.	Destruição do contrato (fonte da relação contratual) e extinção da relação contratual	273
384.	Resolução, revogação e denúncia do contrato	274
385.	Resolução do contrato por alteração das circunstâncias	281

CAPÍTULO VI

Transmissão das obrigações

SECÇÃO I

NOÇÕES INTRODUTÓRIAS

386.	A transmissão de créditos e a sua importância prática	285
387.	A transmissão das obrigações no direito civil e a sua importância teórica. O crédito como elemento do património do credor	287
388.	A transmissão, a novação e a sucessão da relação obrigacional	288
389.	A transmissão das obrigações, o carácter estritamente pessoal da *obbligatio* e a evolução histórica do conceito da relação obrigacional ..	291
390.	Variantes da transmissão das obrigações. Sequência	293

SECÇÃO II

CESSÃO DE CRÉDITOS

SUBSECÇÃO I

Princípios gerais

391.	Cessão de créditos: exemplos; noção	294
392.	Inserção sistemática do instituto	297
393.	A cessão e a sua causa. O contrato de cessão como contrato policausal ou polivalente	299

Índice geral do 2.º volume

SUBSECÇÃO II

Regime

394.	*A*) Requisitos de validade atinentes à causa da cessão	303
395.	*B*) Requisitos específicos da transmissão do crédito: I) Cedibilidade do direito	304
396.	II) Carácter não litigioso do direito, quanto a determinadas pessoas ..	307
397.	III) Notificação ou aceitação da cessão, ou conhecimento dela por parte do *debitor cessus*. O problema do momento da perfeição do contrato	310
398.	IV) A efectiva constituição ou aquisição do crédito na cessão de créditos futuros	316
399.	*C*) Efeitos: I) Transmissão do direito à prestação. Cessão total ou parcial	319
400.	II) Transmissão das garantias e outros acessórios do crédito. Ressalvas	323
401.	III) Meios de defesa oponíveis pelo devedor	327
402.	*D*) Garantia da existência e exigibilidade do crédito	330
403.	Garantia da solvência do devedor..	331

SUBSECÇÃO III

Aplicação das regras da cessão de crédito a outras figuras

404.	Cessão de outros direitos. Transmissão legal ou judicial de créditos ...	332

SECÇÃO III

SUB-ROGAÇÃO

405.	Exemplos. Noção	334
406.	Variantes da sub-rogação, consoante a sua proveniência: *a*) Sub-rogação voluntária (por vontade do credor ou do devedor); *b*) Sub-rogação legal	338
407.	Requisitos de que depende a sub-rogação: *A*) Quando proveniente da vontade do credor	341
408.	*B*) Quando assente na vontade do devedor.....................................	342
409.	*C*) Quando exclusivamente fundada na lei	343
410.	A sub-rogação e o direito de regresso..	345
411.	Efeitos da sub-rogação: *A*) Transmissão do crédito. Sub-rogação total e parcial. A regra *nemo contra se subrogasse censetur*	348
412.	*B*) Transmissão das garantias e outros acessórios do crédito	349
413.	*C*) Eficácia da sub-rogação em relação ao devedor e a terceiros	350
414.	Meios de defesa oponíveis ao sub-rogado	351
415.	Natureza jurídica da sub-rogação	353

Das obrigações em geral

SECÇÃO IV

ASSUNÇÃO DE DÍVIDA
(Transmissão singular de dívida)

416. A transmissão singular das dívidas e o processo de despersonalização da relação obrigacional. Noção e variantes da assunção da dívida 358
417. Confronto da assunção de dívida com as figuras próximas: promessa de liberação; fiança; contrato a favor de terceiro; novação; expromissão e delegação 363
418. Requisitos específicos de validade da assunção: *A*) Consentimento do credor 372
419. *B*) Validade da dívida transmitida e do contrato de transmissão 375
420. Regime da assunção: I) Natureza do vínculo entre os dois devedores (primitivo e novo devedor), no caso da assunção cumulativa 378
421. II) Meios de defesa oponíveis pelo assuntor 379
422. III) Transmissão dos acessórios do crédito e manutenção das respectivas garantias 382

SECÇÃO V

CESSÃO DA POSIÇÃO CONTRATUAL

423. Exemplos. Noção 383
424. Consagração legislativa. Evolução histórica do fenómeno da transmissão no campo das obrigações 387
425. Confronto com as figuras próximas: *a*) Sub-contrato; *b*) Sub-rogação ex lege na posição contratual; *c*) Adesão ao contrato (*Vertragsbeitritt*) 389
426. O contrato (instrumento) da cessão da posição contratual e o contrato que é objecto da cessão. Requisitos do primeiro 392
427. Efeitos do contrato de cessão: *A*) Nas relações entre o cedente e o cessionário 396
428. Recusa do consentimento do cedido: sua repercussão nas relações entre cedente e cessionário 400
429. *B*) Nas relações entre o cedente e o contraente cedido 402
430. *C*) Nas relações entre o cessionário e o cedido 404
431. A questão da legitimidade para a impugnação do contrato básico, após a cessão da posição contratual 408
432. Condições de relevância dos vícios da vontade sofridos pelo cedente ou pelo cessionário da cessão: teoria atomista (*Zerlegungstheorie*) e teoria unitária (*Einheitstheorie*) 415

Índice geral do 2.º volume

CAPÍTULO VII
Garantia geral das obrigações

SECÇÃO I
NOÇÕES GERAIS

434.	Sistematização das matérias	419
435.	Objecto da garantia geral	421
436.	Limitação da garantia (patrimonial)	426
437.	Cláusulas de irresponsabilização de determinados bens	427
438.	O património do devedor como garantia comum dos credores	429

SECÇÃO II
MEIOS DE CONSERVAÇÃO DA GARANTIA PATRIMONIAL

SUBSECÇÃO I
Declaração de nulidade

439.	Meios de conservação concedidos por lei	433
440.	Interesse da acção de nulidade	434

SUBSECÇÃO II
Sub-rogação do credor ao devedor

441.	O antecedente da acção sub-rogatória	436
442.	Carácter geral da nova sub-rogação	438
443.	Requisitos da sub-rogação atinentes às omissões do devedor	440
444.	Credores a prazo e credores condicionais	443
445.	Exercício e efeitos da sub-rogação	444

SUBSECÇÃO III
Impugnação pauliana

446.	Noção. Origens	445
447.	Requisitos da pauliana: *A)* Acto lesivo da garantia patrimonial (*eventus damni*)	447
448.	Cont. *B)* Anterioridade do crédito. A fraude preordenada	449
449.	O requisito da má fé nos actos a título oneroso	451
450.	Actos abrangidos pela pauliana	453

Das obrigações em geral

451. Efeitos da pauliana: *A*) Em relação ao credor 456
452. Confronto com o regime do direito anterior 459
453. Cont. *B*) Em relação ao devedor 460
454. Caducidade da pauliana 462

SUBSECÇÃO IV

Arresto

455. Noção e requisitos 463
456. Cautelas que rodeiam a providência 466
457. Efeitos 467

CAPÍTULO VIII
Garantias especiais das obrigações

458. Sequência 471

SECÇÃO I

PRESTAÇÃO DE CAUÇÃO

459. Noção 471
460. Formas da caução, consoante a origem do dever de a prestar 473
461. Falta, insuficiência ou impropriedade superveniente da caução 475

SECÇÃO II

FIANÇA

SUBSECÇÃO I

Noções gerais

462. Definição. Confronto com o aval 477
463. A acessoriedade da fiança 481
464. A estrutura negocial da fiança 485

SUBSECÇÃO II

Relações entre o credor e o fiador

465. Benefício da excussão 487
466. Exclusão do benefício da excussão 492
467. Meios de defesa oponíveis ao credor pelo fiador 493

Índice geral do 2.º volume

SUBSECÇÃO III
Relações entre o devedor e o fiador

468.	Sub-rogação do fiador nos direitos do credor	497
469.	Direito à liberação ou à prestação de caução	501

SUBSECÇÃO IV
Pluralidade de fiadores

470.	Responsabilidade perante o credor	503
471.	Relação entre os confiadores	505

SUBSECÇÃO V
Extinção da fiança

472.	A acessoriedade da fiança e sua extinção	507
473.	Outros modos de extinção da fiança	509

SECÇÃO III
CONTRATO DE GARANTIA AUTÓNOMA

474.	Noção. A garantia autónoma e a sub-fiança	512
475.	Regime	515

SECÇÃO IV
CONSIGNAÇÃO DE RENDIMENTOS

476.	Noção. Confronto com figuras afins	517
477.	Modalidades	520
478.	Regime	522
479.	Extinção	525

SECÇÃO V
PENHOR

480.	Noção	526

SUBSECÇÃO I
Penhor de coisas

481.	Constituição do penhor. A entrega da coisa empenhada	529
482.	Direitos do credor pignoratício	533
483.	Deveres do credor (pignoratício)	535
484.	Execução do penhor. Venda antecipada	537
485.	Outros aspectos do regime do penhor (de coisas)	541

Das obrigações em geral

SUBSECÇÃO II
Penhor de direitos

486. Regime subsidiário. Objecto do penhor de direitos 543
487. Cobrança dos créditos empenhados 546

SECÇÃO VI

HIPOTECA

SUBSECÇÃO I
Noções gerais

488. Noção e valor da hipoteca 549
489. Objecto 552
490. Princípios gerais aplicáveis 554

SUBSECÇÃO II
Espécies de hipotecas

491. Espécies de hipotecas: legais, judiciais e voluntárias 557

SUBSECÇÃO III
Redução, expurgação e transmissão da hipoteca

492. Redução, expurgação e transmissão da hipoteca 560

SUBSECÇÃO IV
Extinção da hipoteca

493. Extinção da hipoteca 568

SECÇÃO VII

PRIVILÉGIOS CREDITÓRIOS

494. Noção 571
495. Classes de privilégios 573
496. Concorrência de privilégios 574
497. Regime e extinção dos privilégios 576

SECÇÃO VIII

DIREITO DE RETENÇÃO

498. Noção 577
499. Campo genérico de aplicação do direito de retenção 579